外汇短线交易的24堂精品课

（上册）

第3版

面向高级交易者

For Senior Traders

魏强斌 [芬] 马丁·泰勒（Martin Taylor）
王 浩 ———— 著

经济管理出版社
ECONOMY & MANAGEMENT PUBLISHING HOUSE

图书在版编目（CIP）数据

外汇短线交易的 24 堂精品课：面向高级交易者/魏强斌，（芬）马丁·泰勒（Martin Taylor），王浩著.
—3 版. —北京：经济管理出版社，2021.1
ISBN 978-7-5096-7709-4

Ⅰ. ①外… Ⅱ. ①魏… ②马… ③王… Ⅲ. ①外汇交易—基本知识 Ⅳ. ①F830.92

中国版本图书馆 CIP 数据核字（2021）第 027202 号

策划编辑：勇 生
责任编辑：勇 生 刘 宏
责任印制：黄章平
责任校对：陈 颖

出版发行：经济管理出版社
（北京市海淀区北蜂窝 8 号中雅大厦 A 座 11 层 100038）
网 址：www. E-mp. com. cn
电 话：（010）51915602
印 刷：唐山昊达印刷有限公司
经 销：新华书店
开 本：787mm×1092mm/16
印 张：21
字 数：386 千字
版 次：2021 年 8 月第 3 版 2021 年 8 月第 1 次印刷
书 号：ISBN 978-7-5096-7709-4
定 价：138.00 元（上、下册）

我们将在本书中向你传授涉及外汇市场的各种策略、技巧和观点，这些东西可以帮助你在外汇交易中获利。在本书中你将看到非常多的行情图表、指标的特别用法，数据和新闻等基本面信息的用法，以及各种交易策略。本书中呈现的部分交易策略是我们历经多年实践得以发掘的，并最终付诸于亲身交易运用之中。而另外的一些交易策略则来自于我们认识的某位非常成功的外汇职业交易者。

请翻开本书，
让我们迈向

更高的外汇交易水平！

读者赞誉（第一、第二版）

本书是我至今为止读到的最好的一本中文外汇交易的书。中国人写书现在往往都是抄来抄去，讲大道理不讲实例。这本书看完后，就知道作者不是为了卖书而写书。作者应该是一个真正的实践者和优秀的交易者。正如书中所写，这本书是面向高级交易者的。初级和刚入门的交易员也许很难体会到书中作者写的交易心理和交易技巧。作为一个有5年丰富交易经验的人来看这本书，的确很难得。但我想说的是，交易不是看几本经典著作就能做好的。交易是要在尝试过所有成功与失败后剩下来的东西加以运用与总结，你也许就会成为那1%的成功者。

——smartyfx

做外汇一年半来，历经爆仓三次，以前没有系统交易的观念，这一星期将24堂精品课反复读了N遍，每个章节都做了大量的精华摘抄和心得笔记，彻底纠正了我的交易观念和交易方法。对照实际交易的感悟，觉得书中处处皆是精华和血泪经验！凌晨突然灵感一动，找到了适合自己的趋势交易系统，适应各个交易市场和所有4小时以上的周期操作，方法在《外汇交易圣经》已经提到过，胜率不错，报酬比也较高。特别在股市。这是我交易路上的第一次开悟。非常感谢魏老师及著书的各位前辈！你们的无私已经在这么多书中处处体现。你们所有的书我在一年前全部看过数遍，并且全部做了笔记。另外，在这说一点超重要的个人认识：大家都在寻找方法区别现在是震荡还是趋势行情，我觉得根本没必要。既然只有趋势交易系统才能长期稳定盈利，那么拿着你的趋势交易系统，只找现成的趋势行情去做就行了，这个货币兑没有，我换一个货币兑。外汇市场没有，我去股票或者期货市场找现成的趋势行情去做就行了。我只做明显的趋势行情，别的我根本不去碰，只在趋势行情中盈利！我不管市场和品种。

所以，你不必在交易系统中增加一个判断趋势还是震荡的指标！如果按照我说的话，你的每一次交易都是高胜算机会！菜鸟深夜梦呓，高手勿笑。

——shanwenlong1234

在这里感谢帝娜，2019年1月18日到4月18日，5400美元到150000美元！不多说了，由衷感谢。

——Eryk

魏老师的书，对我交易生涯起到很大的帮助，第一版已经看过，这次再版，新添加内容，果断收藏。这套书应该是已经交易了一段时间的投资者可以看一下的书，有些很不错的理念，让人豁然开朗。

——围城未成

魏老师的书很值得拜读，内容很翔实，曾经有很多疑惑都在魏老师的书里找到了答案。总体来说第二版要比第一版讲解得详细，实例更多。该书可操作性很强！

——Koncouju

这是入行五年之后第二次读魏老师的书，第一次看的时候相当不屑，觉得里面太绕了。这么多年过后，现在再看，想想自己当初也是TOO YOUNG。好书！推荐！特别是有一定的交易经验的人，应该看起来比较爽。

——代***你

首先推荐最后两章，这也是作者自己最看重的两章。讲的是进场和出场。进场分为见位、顶位和破位。出场分前中后出场（其实是前同后）。其实很多人都知道这些进出场的规则，只不过这是我第一次看到书中有这么系统写出来的。N字型曲线很帅，我正在研究，结合着资金管理和止损控制，不想用布林线，就简单的RS稍微给点buffer就行。不是说科学与艺术的交融嘛，咱也艺术一把，哈哈。这本书确实是一本进阶读物。追求N多必杀的K线形态是初级，知道它没多大用随时会变成中级，晓得用它来控制仓位才是魏老师说的黑段选手。盲利、凯利和复利，就像三得利啤酒，洞察K线背后的市场心理则是更高明的手段。赚钱不容易啊，就像Larry Williams所说，有份工作的人都知道每年的圣诞节是在12月，可我们，今年有没有圣诞节，在几月份，都是看老天爷赏饭啊。不过如果你一直在做对的事情，圣诞老人迟早会找到你家的烟囱的。

——燕青

外汇的第一本书，非常简单明了，受益颇多。逐渐有了自己的交易系统之后，还是觉得，这本书里的很多东西，都非常有用！

——暂时不能决定

作为一本国人写的书，在好几章中写出了不少经典里没有又比较有价值的内容，五星。

——TX

果然属于高阶学习的书！！！努力看完了，对外汇的短线交易有了一定认识。

——Rosamy W

4.5 星，综合了历史各大家的心得，加上作者们的实践和体会，有术有道的一本书。

——Elact

出乎意料得好，非常值得一看。

——掐出新鲜

个人认为最具实际操作价值的一本好书。

——不羁帝

不可多得的进阶读物，替作者再强调一遍，交易技能思想传播广度决定了它所发挥的效用，当秘密广为人知时，超额利润将下降。

——MrWang_Trader

此书于我如甘露……使我的交易思维系统化。

——阿飞·知行合一

外汇投机应该知道的，这本书都有了，不是做外汇的看这本书也会很有收获。说得非常专业，没有几年投机经验的人看这本书收获不会太大。这本书的精华都在最后的两章。对我这种没有经过科班交易员培训的人来说，可以系统化地帮我整理交易思路，进一步规范化我的交易。新手看这本书确实不合适，新手应该先去认识什么是正确的交易理念，最好有了自己的交易系统后，再来看这本书，会更有帮助。这本书侧重于实战，而且内容比较新。我觉得国内，甚至大部分国外的书籍都不会比这本书把实战的内容说得这么透彻。看这本书令我有一种故地重游的感觉，里面列举的很多例子我都交易过，呵呵。

——我的剑会笑

学习外汇经典之作！值得一看！外汇，黄金，股票系列书都买了！基本上都看了，魏老师是实战派！

——y***6

一看就知道是实战派高手写出来的书，强烈推荐魏强斌全系列的书。魏老师的书必须支持！！！

——涔 ***

全书虽然每一章讲的侧重点不同，并且介绍的各个交易系统也不同，明显是建立在不同理念之上的，但是这些要点却是一笔成功交易中必不可少的组成部分。从对待交易的观念，到交易者身心的协调统一，从整体观到每一步的具体操作方法，全书虽然看似杂乱无章，其实却包含了交易的心法和招式。我想作者这种编排方法，一来是假定本书的读者是已经有交易经验的，至少已经有自己的理念和操作方式，所以只提了一些要点，根本不需如入门书籍一样系统；二来从书中隐约感受到作者的一点态度，把东西拿出来，但是不会轻易地喂给读者，有缘人能得到就拿去，这一点其实书中已经多次提到了，特别是最后两章的编排更是有如此意味。偶然机缘读了本书，特别是第四课，我才发现，作者的境界绝对不低，呵呵，如果懂一点中医、修行之类的东西，对中国传统哲学思想有了解，或者现代心理学之类，就会有更好的体会了。

——砖头

书的编排并不重要。我看了之后觉得作者功力相当深厚。把市面上很多追求胜率的书批评了一番，也提出了报酬率为上的概念。对于已经误入歧途的大众来说是很好的帮助。事实上，一本书只要对读者有帮助就是好书。而不在于什么人的推荐。书中的很多理念相当独特，当然也讲了一些交易的大白话。不过即便如此，我觉得对于我个人的交易，也是有帮助的，起码帮助我反思自己以前的交易和成功的方向。

——鹰击长空

新手就别看了，耽误时间。花了一天的时间看此书写得确实不错，但必须要有一定的操盘基础的人才能看明白，此书主要就是介绍投机的正确理念是什么！对投机没有任何理念的人来说，此书不一定能看懂的！

——JENNIFER

这书我看了不下10遍，床头必备的书，写得非常好!!! 道出了外汇交易的精髓，职业交易员成功的必然之路。

——妖娆妩媚

在经过几年交易的洗礼后阅读此书会给你思路上有很大的转变，也许在交易过程中已经有所觉悟，但此书会帮你将你的部分体悟整理并加以总结，尤其是启发对哲学的思考，哲学不仅仅是指在交易过程中，在其他行业也都是一样的。我很赞同书中说的："交易哲学水准直接决定了你的潜在高度。"

——Jiang

首先是国人国语习惯写的交易书，容易阅读和理解……其次作者是做过交易的，这点比很多夸夸其谈的写书人好100倍，这种人国内最多。虽然写书的严谨性不是很完美，但基本上说到点了，对我理清和总结思路有点作用。再次作者有把操练的具体细节进行描写，这点尤其难得，因为除非有老师一直带，不然很难知晓具体操作的步骤和细节，这点对我们这种自学的交易者特别好，虽然不是100%详细，但却实属难得。还有一部分简单系统的演练过程都属于细节描写，特别好，能借鉴评估的过程。

——facetime

名为外汇短线，其实对股票、期货也有很大的指导意义。大部分交易者都在寻找圣杯的路上郁郁而终，读此书如在局外观棋，豁然开朗。一年的股票交易无非是一个月甚至更短时间的外汇交易，就交易行为和人的趋利避害天性而言，无甚差别。读此书可以知己，兵法云：不知彼而知己，一胜一负。读此书可以悟市场之天道，诚如书中所言：市场行为的本质就是让绝大多数交易者亏损，市场的一切行为都是围绕着这个原理展开的。大道至简，顺道而为，加以精诚之志，笃信之行，胡为不胜。

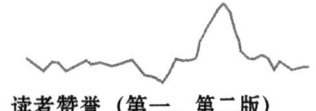

——螃蟹大仙

首先要点明的是此书乃上佳之作，但切切不能运用于中国股市。此书专为从事外汇和现货黄金交易的人而写，不能应用于中国股市，否则会张冠李戴，吃力不讨好。交易量越大的商品交易，比如现货黄金和EUR/USD，此书提出的原则和方法越适用。反之，则越不适用，甚至根本不能用。看了第一课和第二课，深觉有大宗师的气派，文字精练流畅，观念高妙重要。提出“有纪律的生活是快乐的生活”、“在进场和出场上悟出自己的方法和哲学，直到整个交易流程都用我的来代替别人的”。其他关于本书技术方面的观念就不说了，已有网友指出精妙之处。没有实际从事过现货黄金和外汇交易的人，即使看了书，也难得其精髓。因为现货黄金和外汇交易都是实践性的，而不是认知性的。只做股票的无须看此书，看了也没用，用了反而会埋怨此书无用。

——优美如梦

我是个股票交易者，经常在图书馆里看股票方面的书籍，馆里面大多数股票方面的书都看过了。无意中看到这本外汇交易书，只看了第一课，我就知道这是我必须要拥有的书——好书！第一时间网上购买。炒股里做中线、长线的建议不用看。今天买明天卖的人要看，做期货的必看。以上观点纯属个人观点，不构成买入建议，买与不买自己决定。

——波波湖

比较适合有交易经验的人读，配合《外汇交易三部曲》一起读最好。魏强斌的书有交易理念的深度，初级交易者可能不太喜欢。

——Jason

今天读到第九课，深深为作者的博学和深邃所震撼，体会深良，许多“定律”反复研读，感受颇深，希望日后能多出些这样的书，实在是写得太经典，这本书应当叫“圣经”，而不是之前那版《外汇交易圣经》!! 建议炒汇者必读!!

——Sunri

给人耳目一新的感觉，一般书籍只是一味地罗列问题，告诉你应该怎样，而本书想要告诉你的并非是应该怎样，而是教会你如何才能把那些很好的想法用于实践。初学者可能看不懂，因此初学者购买时需要慎重考虑。但是只要有过一定交易经验的人，我相信这本书对你绝对是一本画龙点睛之作，绝对能带给你新的东西，你值得拥有。

——Baboo

建议交易一年以上的交易者，迷失方向的交易者可以看一下。

——Rocky

国内最好的外汇书籍!

——如意宝珠

这本书将我带入了外汇大门! 我觉得里面教授的方法很实用。看了很多遍，非常赞的一本书!!

——jianf

非常值得做外汇的朋友学习。

——Tojad

此书非常不错，实战性很强。是外汇投机者的必读书。不可多得的交易书籍，里面好多的内容非常有用，符合市场的思维模式，建议每个交易员都有这么一本书，书中的很多内容值得反复研读!

——梦中客

只想说一句话，此书是我所读过的最好的一本交易类书——我是当股票书来读的。

——Aiaac

一本非常好的书。以我十几年的“专业投机”眼光看，这本书可以和《海龟交易法则》《幽灵的礼物》媲美。用心去读。

——壹梦洳是

这本书非常好，从心理、技术和策略等方面阐述如何做好交易，非常实用，强烈推荐!

——大眼镜蛇1

帮我理清了头绪，树立了正确的理念。是想在市场中成功的交易者必看的书。

——wy518

看了一遍，感觉很有用，建议每个做交易的都看看。

——孙镇坤

此书乃交易者经过实战后，可读之精要读物。

——当阿伟

里面的内容很有价值，当然只适合有实盘经验的交易者。

——David

进场出场写得好，实在。

——星梦千年

此书写得确实不错，但必须要有一定的操盘基础的人才能看明白。

——haizh

之前看他的书，觉得没啥东西，写得也粗糙。这本一看，顿时觉得他是牛人。

——六月阴

我是新手，还是看了这本书。看的过程中我发现我之前亏损的原因，这本书我至少看了3遍以上，现在每天还是在反复看，每次看都有不同的心得体会。我很感谢作者，让我少走很多弯路。我是花68元买的，但是这本书的价值在我看来，可以价值百万，真的是发自内心的评价，发自内心地感谢作者。

——Gaoch

需要有些经验再看此书，书中的方法很实用。

——it二手书

这是我看过的最优秀的交易书籍。我交易多年来，看过几百本交易类书籍了，当我看到这本书的时候，我很惊诧，魏强斌的书章节里的内容，正是我要出书的内容。看来英雄所见略同。本书的思想和做法既然也是我要写出来的东西，那就说说本书的价值吧，此书是你外汇交易路上的指路明灯，没有此书的指引，你或许一辈子还在黑暗中摸索。重视此书做法的背后理念吧：追求风险回报比第一。从而在技法上反映这个理念。理念和技法，是交易的内外结合，是交易的真谛。那么本书，你看过之后，觉得值得关注吗?

——孙浩

这本书很好，适合有一定交易经验并且已经在期货上有所悟性的交易人士，虽然讲的是外汇，但当中的内容对于国内的期货和股票都有一定实战借鉴作用，进出加减，这是所有市场的操盘手法，个人认为，有此书，什么外汇圣经和进阶已经没必要再看了，把24堂课多看几次，这本书已经集大成。期货原理没有100%，也已经包括了

80%。

——YIFIJIE

交易系统书籍中的精品，对于多年交易的高水平人士有很大帮助！

——jiachunyuan

其中有几个交易法，很不错，鞍马；四小时图的均线和MACD能量柱状的详解。

——372186886

本书是从事外汇交易的人必看的经典书籍，书中重点是让你树立正确的交易理念，对于技术也有涉及。如果你想在交易界实现稳定盈利，把这本书看10遍吧！

——利华

名不虚传！值得立志从事交易人士仔细、深入研读。每读一课，都要掩卷长思，对照自身，斧正自己。实为"秘笈"类训练手册。

——缤纷

国内很少见到这样有价值的外汇书籍，可能在具体操作上有些过时，但在仓位管理、交易心理等方面有很丰富的内容。

——奔跑的风

很不错的书，改变了我的很多观念！日内交易者可以看看。

——Kofii

作为一个有5年丰富交易经验的人来看这本书，的确很难得。但我想说的是，交易不是看几本经典著作就能做好的。交易是要在尝试过所有成功与失败后将剩下来的东西加以运用与总结，你也许就会成为那1%的成功者。

——花无缺

本书很重要，即使不炒外汇也值得一读。国内金融投资的书很多，多是剪刀加糨糊形式的，千人一面千人一腔，东拼西凑，信口胡吹自己的一些投资投机战功。魏老师的书不在此列，是少有的引导你学会金融投资的好书。

——宝岛的雨水

此书不错。对于有交易经验的人应该都能看出点东西来。本书第一版我当时看了只知其然不知其所以然就送人了；第二版我买了看了十几遍，再加上几年的实盘总结，才领悟到魏老师书中的真谛啊！有所获就是有价值了。

——DeDeRa

初看这本书，的确是一本含金量挺高的书，以前看美国人写的书，都是东一点西一点地拼凑一些知识。本人做期货有4年时间了，书籍看了百来本。其实很多知识需要自己深刻地体会，这就需要大量的交易时间的积累，刚入门的时候总想找“圣杯”，结果发现耶稣用的东西不一定适合自己使用。“圣杯”其实并非存在，当自个修行到一定的程度，也就不太对“圣杯”感兴趣了，反而去发现自我和深入研究哲学或许能找到更好的答案。

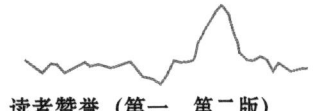

交易是什么，就是你赚了他们都亏了，怎么样才能你赚了，这个没有人能教你带你，只有自发地洗心革面，亏到自己不断反思，每次做单都能琢磨琢磨，为何这样做，赚了是为什么赚，亏了是为什么亏，持续亏钱是因为自己病了，持续赚钱是因为发现了原因。魏老师和他的同仁的确是外汇交易界的一盏明灯，燃烧了自己点亮了他人，在国内愿意把交易真谛拿出来分享的人不多，能做到靠交易为生的人也不多，这条路有太多的荆棘，要付出多少钱和力，只有过来人才清楚。祝各位汇友，汇运长久。

——Jimfx

看完 24 堂精品课后的最后一课让我真正明白了道氏理论。这本书把我所有的知识点都贯穿起来，交易策略大成。

——wsnibbniyy

此书大有来头，不错，要好好品读！技术实用，易于思考！

——j*** 罅

很好！很强大！很牛！很厉害！这一系列基本买齐了吧，确实言之有物，值得反复揣摩。

——看 *** 景

去年 8 月份的时候，开始有意识地总结自己的进场方法，看到了目录上的进场四法就买了。很庆幸，最近这段时间再拿起来读的时候，发现已经读懂了大概一半的内容。这是我所读到的对交易规律的总结和揭露最多最深刻的一本书，是交易者的思想宝库。出于私心，我希望越少交易者读到这本书越好。因为整本书里面都是本质和规律的东西，这种东西自己掌握就好了，掌握的人多了就可怕了。生手勿近。

——Ithink

我只交易了一年，但是我发现只有这本书才是我最想看的，其他的书我都看过了，但只是看一次就没再看了，但是这本书跳跃着看了都不知道多少次了，这本书我觉得我们更应该重视其中的交易哲学而不是具体的方法，不过确实如楼主所说没有一定的积累可能难以理解。就算理解了也未必能真正消化。其实我现在是否消化我自己都不清楚。不过我觉得不能简单地用时间来衡量经验。如果一开始有好的交易习惯的话就是记录自己的思维、分析自己的判断然后再记录，那样看盘 1 年可能顶别人 3 年。我不知道是否是这样？再次强调我只做了 1 年。

——towater

确实是本好书，反复实践，反复失败，反复看书，再反复实践，终于体会到系统性思维的重要性，相信会慢慢学到更多，谢谢魏老师写出这么好的书，非常感谢魏老师！

——Zsm

外汇交易经典，强烈推荐！魏老师的书绝对精品！颇为不错的一本书，内容值得阅读学习。

——j***8

这本书适合有一定外汇基础的学习者看，是进阶的课程。写得很透彻，深入的列举，通俗易懂。好好研读，对自己会有帮助。

——C***g

看了上册，写得真好！纠正炒家的许多错误思想，值得细细揣摩。我是做程序员的，岁数大，下岗在家，想找挣钱的路子，知道外汇不是低收入者玩的游戏，可是确实适合程序员宅男的性格，也需要动脑子研究，小心谨慎，这些真的匹配，总比开滴滴挣力气钱强吧？这年头，没资金，想靠脑力吃饭的工作难找。

——g***d

专业人士在看的书！外汇短线交易有了理论知识的支撑，你的实战就更有保障、更有希望！

——j***s1990

有高手说这书不错！看了我也觉得是不错的书，特别是后面几章内容不错，有启发。推荐给爱好者、对交易有兴趣的人们！

——jd_136693qbs

这是我读过最好的外汇交易书！kindle 上看了觉得不错，值得学习品味，所以就买来纸质的看，感觉好些。

——柔风侠骨

外汇短线交易这本书很好，很满意！实用，权威，有独到的见解，大幅提高交易绩效！

——jd_151552vdf

不错的书，在中国作者关于外汇的书中应该是最好的之一！很有用的书籍，不过实践大于理论！

——jd_152032zjb

才看了几十页，就感觉学到了太多的好知识，很有用！本书可以作为交易员培训手册了。

——j***u

魏老师的书都是经典，百看不厌！本教程是很好的书，对外汇、期货都有很大的帮助！特别是对外汇操作这一块来说，是比较权威的经典！具有很强的操作性！

——z***e

看了魏老师的系列丛书，受益匪浅！本书已经是第二次购买和阅读了，温故知新，总结一下提高更快！书的内容真的很不错，建议在外汇行业的各位同仁好好地读一读！

——蓝 ***3

迄今为止，见过最优秀的中文交易指导书籍，他山之石，可以攻玉。

——会 *** 江

圈内大哥推荐的书，非常棒，教你规则、纪律、原则。很不错，一直很喜欢的一本书，值得购买。

——零 *** 话

本书主要传授涉及外汇市场的各种策略、技巧和观点，这些东西可以帮助你在外汇交易中获利！值得看的好书，基础知识要扎实，加油吧！

——j***qI

强悍的内容！经验之谈，相见恨晚，但也唯有吃过亏，才会相信!! 书不错，但需要理论结合实践好好研究。

——i***5

的确写得非常好，也是外汇新手的盲点！不像一些书净给你讲一些什么套路技术，他就给你讲心态还有一些东西！非常不错！很有实战意义，很不错的书！

——P*** 浩

魏老师的书很不错，实操经验背景使书的内容更有实操性。适合国内投资者仔细研读，希望中国也能出现在国际市场上叱咤风云的人物。

——b***2

实战的经验之谈，分析透彻！在图书馆看见的，借来翻了几页，刚好京东搞活动，就凑单买了。目前看了 1/3 的样子，内容与众不同，有学习和操作价值！

——疯 *** 豆

内容不错，非常值得购买的一本书，很受益。有较强的参考借鉴意义！朋友推荐买的，慢慢读一读。一次买了好几本，都有塑封，都很精美，非常好！

——j***Ka

非常好的两本书，对自己有很大帮助！！非常不错的，很有启发性，总结得比较系统，操作方法写得很细，想成为高手必须看！

——飞 ***i

外汇交易已经成为我一生当中不可或缺的一部分，虽然多有受挫，但始终不离不弃！魏老师的书让我少走不少弯路，也让我走进了外汇赢家之列！

——柯 ***8

好书，需要推荐给大家好好看看！建议一定要有过交易经验的再去看。绝对经典，尤其最后两堂课，交易必读。值得读好几遍！

——只 *** 眠

一个字好，两个字很好，三个字太好了！超值的书，学了不少技术。哈哈……书中的内容确实需要有一定交易经验的人才可以体会，写得不错，还在学习中。

——不 *** 子

大牛巨作，以至于我韦编三绝啊！以前的书都看烂了，决定再次购买。对我很有帮助，很不错！不过，这本书适合有一定基础的交易者学习。

——紫 ***u

非常好，看了不少外汇的书，这本绝对是实用性最高的一本！对交易有实战指导价值，读后受益匪浅。

——成 *** 之

很好的教科书！仔细研读下大神写的书，对自己大有启发！

——D***7

这本书值得一读，书中一直强调不是初学者看的书，前半部分讲究交易的心理因素比较多，后半部分讲述操作上的东西比较多。综合来说对交易体系的完善化有帮助，但是对于我来说可能更多的是纠正交易的一些心理误区。

——m***6

三年来，几百本书中最好的一本。

——Wending

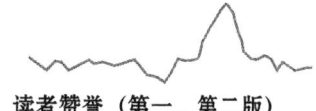

魏老师这本《外汇短线交易的24堂精品课》应当是目前中国国内由中国人写的公开发行最有水平最有价值的外汇交易实践之书。这本书在2009年9月第一版我就买了，并且看了不低于18遍，两年半以前第二版刚出来又买来看了三遍以上。今天再次买是送给朋友的。好书，说真的，让人少走五到八年的弯路都不止。

——jd_650420129

导言　成为伟大交易者的秘密

◇ 伟大并非偶然！

◇ 常人的失败在于期望用同样的方法达到不一样的效果！

◇ 如果辨别不正确的说法是件很容易的事，那么就不会存在这么多的伪真理了。

金融交易是全世界最自由的职业，每个交易者都可以为自己量身定做一套盈利模式。从市场中“提取”金钱的具体方式各异，而这却是金融市场最令人神往之处。但是，正如大千世界的诡异多变由少数几条定律支配一样，仅有的“圣杯”也为众多伟大的交易圣者所朝拜。现在，我们就来一一细数其中的最伟大代表吧。

作为技术交易（Technical Trading）的代表性人物，理查德·丹尼斯（Richard Dannis）闻名于世，他以区区 2000 美元的资本累积了高达 10 亿美元的利润，而且持续了十数年的交易时间。更令人惊奇的是，他以技术分析方法进行商品期货买卖，也就是以价格作为分析的核心。但是，理查德·丹尼斯的伟大远不止于此，这就好比亚历山大的伟大远不止于建立地跨欧、亚、非的大帝国一样，理查德·丹尼斯的“海龟计划”使得目前世界排名前十的 CTA 基金经理有六位是其门徒。“海龟交易法”从此名扬天下，纵横寰球数十载，今天中国内地也刮起了一股“海龟交易法”的超级风暴。其实，“海龟交易”的核心在于两点：一是“周规则”蕴含的趋势交易思想；二是资金管理和风险控制中蕴含的机械和系统交易思想。所谓“周规则”（Weeks’ Rules），简单而言就是价格突破 N 周内高点做多（低点做空）的简单规则，“突破而做”（Trading as Breaking）彰显的就是趋势跟踪交易（Trend Following Trading）。深入下去，“周规则”其实是一个交易系统，其中首先体现了“系统交易”（Systematic Trading）的原则，其次体现了“机械交易”（Mechanical Trading）的原则。对于这两个原则，我们暂不深入，让我们看看更令人惊奇的事实。

巴菲特（Warren Buffett）和索罗斯（Georgy Soros）是基本面交易（Fundamental Investment & Speculation）的最伟大代表，前者 2007 年再次登上首富的宝座，能够时隔

多年后再次登榜，实力自不待言，后者则被誉为“全世界唯一拥有独立外交政策的平民”，两位大师能够“登榜首”和“上尊号”基本上都源于他们的巨额财富。从根本上讲，是卓越的金融投资才使得他们能够“坐拥天下”。巴菲特刚踏入投资大门就被信息论巨擘认定是未来的世界首富，因为这位学界巨擘认为巴菲特对概率论的实践实在是无人能出其右，巴菲特的妻子更是将巴菲特的投资秘诀和盘托出，其中不难看出巴菲特系统交易思维的“强悍”程度。套用一句时下流行的口头禅“很好很强大”，恐怕连那些以定量著称的技术投机客都要俯首称臣。巴菲特自称85%的思想受传于本杰明·格雷厄姆的教诲，而此君则是一个以会计精算式思维进行投资的代表，其中需要的概率性思维和系统性思维不需多言便可以看出“九分”！巴菲特精于桥牌，比尔·盖茨是其搭档，桥牌游戏需要的是严密的概率思维，也就是系统思维，怪不得巴菲特首先在牌桌上征服了信息论巨擘，随后征服了整个金融界。以此看来，巴菲特在金融王国的“加冕”早在桥牌游戏中就已经显出端倪！

索罗斯的著作一大箩筐，以《金融炼金术》最为出名，其中他尝试构建一个投机的系统。他师承卡尔·波普和哈耶克，两人都认为人的认知天生存在缺陷，所以索罗斯认为情绪和有限理性导致了市场的“盛衰周期”（Boom and Burst Cycles），而要成为一个伟大的交易者则需要避免受到此种缺陷的影响，并且进而利用这些波动。索罗斯力图构建一个系统的交易框架，其中以卡尔·波普的哲学和哈耶克的经济学思想为基础，“反身性”是这个系统的核心所在。

还可以举出太多以系统交易和机械交易为原则的金融大师们，比如伯恩斯坦（短线交易大师）、比尔·威廉姆（混沌交易大师）等，太多了，实在无法一一述及。

那么，从抽象的角度来讲，我们为什么要迈向系统交易和机械交易的道路呢？请让我们给出几条显而易见的理由吧。

第一，人的认知和行为极易受到市场和参与群体的影响，当你处于其中超过5分钟时，你将受到环境的催眠，此后你的决策将受到非理性因素的影响，你的行为将被外界接管。而机械交易和系统交易可以极大地避免这种情况的发生。

第二，任何交易都是由行情分析和仓位管理构成的，其中涉及的不仅是进场，还涉及出场，而出场则涉及盈利状态下的出场和亏损状态下的出场，进场和出场之间还涉及加仓和减仓等问题。此外，上述操作还都涉及多次决策，在短线交易中更是如此。复杂和高频率的决策任务使得带有情绪且精力有限的人脑无法胜任。疲累和焦虑下的决策会导致失误，对此想必每个外汇和黄金短线客都是深有体会的。系统交易和机械交易可以流程化地反复管理这些过程，省去了不少人力成本。

第三，人的决策行为随意性较强，更为重要的是每次交易中使用的策略都有某种程度上的不一致，这使得绩效很难评价，因为不清楚 N 次交易中特定因素的作用到底如何。由于交易绩效很难评价，所以也就谈不上提高。这也是国内很多炒股者十年无长进的根本原因。任何交易技术和策略的评价都要基于足够多的交易样本，而随意决策下的交易则无法做到这一点，因为每次交易其实都运用了存在某些差异的策略，样本实际上来自不同的总体，无法用于统计分析。而机械交易和系统交易由于每次使用的策略一致，这样得到的样本也能用于绩效统计，所以很快就能发现问题。比如，一个交易者很可能在 1，2，3，…，21 次交易中，混杂使用了 A、B、C、D 四种策略，21 次交易下来，他无法对四种策略的效率做出有效评价，因为这 21 次交易中四种策略的使用程度并不一致。而机械交易和系统交易则完全可以解决这一问题。所以，要想客观评价交易策略的绩效，更快提高交易水平，应该以系统交易和机械交易为原则。

第四，目前金融市场飞速发展，股票、外汇、黄金、商品期货、股指期货、利率期货，还有期权等品种不断翻出新花样，这使得交易机会大量涌现，如果仅仅依靠人的随机决策能力来把握市场机会无异于杯水车薪。而且大型基金的不断涌现，使得单靠基金经理临场判断的压力和风险大大提高。机械交易和系统交易借助编程技术“上位”已成为这个时代的既定趋势。况且，期权类衍生品根本离不开系统交易和机械交易，因为其中牵涉大量的数理模型运用，靠人工是应付不了的。

中国人相信人脑胜过电脑，这绝对没有错，但也不完全对。毕竟人脑的功能在于创造性解决新问题，而且人脑的特点还在于容易受到情绪和最近经验的影响。在现代的金融交易中，交易者的主要作用不是盯盘和执行交易，这些都是交易系统的责任，交易者的主要作用是设计交易系统，定期统计交易系统的绩效，并做出改进。这一流程利用了人的创造性和机器的一致性。交易者的成功，离不开灵机一动，也离不开严守纪律。当交易者参与交易执行时，纪律成了最大问题；当既有交易系统让后来者放弃思考时，创新成了最大问题。但是，如果让交易者和交易系统各司其职，则需要的仅仅是从市场中提取利润！

作为内地最早倡导机械交易和系统交易的理念提供商（Trading Ideas Provider），希望我们策划出版的书籍能够为你带来最快的进步。当然，金融市场没有白拿的利润，长期的生存不可能夹杂任何的侥幸，请一定努力！高超的技能、完善的心智、卓越的眼光、坚韧的意志、广博的知识，这些都是一个至高无上的交易者应该具备的素质。请允许我们助你跻身于这个世纪最伟大的交易者行列！

Introduction Secret to Become a Great Trader!

◇ Greatness does not derive from mere luck!

◇ The reason that an ordinary man fails is that he hopes to achieve different outcome using the same old way!

◇ There would not be so plenty fake truths if it was an easy thing to distinguish correct sayings from incorrect ones.

Financial trading is the freest occupation in the world, for every trader can develop a set of profit-making methods tailored exclusively for himself. There are various specific methods of soliciting money from market; while this is the very reason that why financial market is so fascinating. However, just like the ever-changing world is indeed dictated by a few rules, the only "Holy Grail" is worshipped by numerous great traders as well. In the following, we will examine the greatest representatives among them one by one.

As a representative of Techincal Trading, Richard Dannis is known worldwide. He has accumulated a profit as staggering as 1 billion dollar while the cost was merely 2000 bucks! He has been a trader for more than a decade. The inspiring thing about him is that he conducted commodity futures trading with a technical analysis method which in essence is price acting as the core of such analysis. Never the less, the greatness of Richard Dannis is far beyond this which is like the greatness of Alexander was more than the great empire across both Europe and Asia built by him. Thanks to his "Turtle Plan", 6 out of the world top 10 CTA fund managers are his adherents. And the Turtle Trading Method is frantically well-known ever since for a couple of decades. Today in mainland China, a storm of "Turtle Trading Method" is sweeping across the entire country. The core of Turtle Trading Method lies in two factors: first, the philosophy of trendy trading implied in "Weeks' Rules"; second, the philosophy of mechanical trading and systematic trading implied in fund management and risk control. The so-called "Weeks' Rules" can be simplified as simples rules that going long at high and short at low within N weeks since price breakthrough. While Trading as breaking illustrates trend following trading. If we go deeper, we will find that "Weeks' Rules" is a trading system in nature. It tells us the principle of systematic trading and the principle of mechanical trading. Well, let's just put these two principles aside and look at some amazing facts in the first place.

The greatest representatives of fundamental investment and speculation are undoubtedly Warren Buffett and George Soros. The former claimed the title of richest man in the world in 2007 again. You can imagine how powerful he is; the latter is accredited as "the only civilian who has independent diplomatic policies in the world". The two masters win these glamorous titles because of their possession of enormous wealth. In essence, it is due to unparalleled financial trading that makes them admired by the whole world. Fresh with his feet in the field of investment, Buffett was regarded by the guru of Information Theory as the richest man in the future world for this guru considered that the practice by Buffett of Probability Theory is unparallel by anyone; Buffett' wife even made his investment secrets public. It is not hard to see that the trading system of Buffett is really powerful that even those technical speculators famous for quantity theory have to bow before him. Buffet said himself that 85% of his ideas are inherited from Benjamin Graham who is a representative of investing in a accountant's actuarial method which requires probability and systematic thinking. The interesting thing is that Buffett is a good player of bridge and his partner is Bill Gates! Playing bridge requires mentality of strict probability which is systematic thinking, no wonder that Buffett conquered the guru of Information Theory on bridge table and then conquered the whole financial world. From these facts we can see that even in his early plays of bridge, Buffett had shown his ambition to become king of the financial world.

Soros has written a large bucket of books among which the most famous is *The Alchemy of Finance*. In this book he tried to build a system of speculation. His teachers are Karl Popper and Hayek. The two thought that human perception has some inherent flaws, so their students Soros consequently deems that emotion and limited rationality lead to "Boom and Burst Cycles" of market; while if a man wants to become a great trader, he must overcome influences of such flaws and furthermore take advantage of them. Soros tried to build a systematic framework for trading based on economic ideas of Hayek and philosophic thoughts of

Karl Popper. Reflexivity is the very core of this system.

I may still tell you so many financial gurus taking systematic trading and mechanical trading as their principles, for instance, Bernstein (master of short line trading), Bill Williams (master of Chaos Trading), etc. Too many. Let's just forget about them.

Well, from the abstract perspective, why shall we take the road to systematic trading and mechanical trading? Please let me show you some very obvious reasons.

First, A man's perception and action are easily affected by market and participating groups. When you are staying in market or a group for more than 5 minutes, you will be hypnotized by ambient setting and ever since that your decisions will be affected by irrational elements.

Second, Any trading is composed of situation analysis and account management. It involves not only entrance but exit which may be either exit at profit or exit at a loss, and there are problems such as selling out and buying in. All these require multiple decision-makings, particularly in short line trading. Complicated and frequent decision-making is beyond the average brain of emotional and busy people. I bet every short line player of forex or gold knows it well that decision-making in fatigue and anxiety usually leads to failure. Well, systematic trading and machanical trading are able to manage these procedures repeatedly in a process and thus can save lots of time and energy.

Third, People make decisions in a quite casual manner. A more important factor is that people use different strategies in varying degrees in trading. This makes it difficult to evaluate the performance of such trading because in that way you will not know how much a specific factor plays in the N tradings. And the player can not improve his skills consequently. This is the very reason that many domestic retail investors make no progress at all for many years. Evaluation of trading techniques and strategies shall be based on plenty enough trading samples while it's simply impossible for tradings casually made for every trading adopts a variant strategy and samples accordingly derive from a different totality which can not be used for calculating and analysis. On the contrary, systematic trading and mechanical trading adopt the same strategy every time so they have applicable samples for performance evaluation and it's easier to pinpoint problems, for instance, a player may in first, second... twenty-first tradings used strategies A, B, C, D. He himself could not make effective evaluation of each strategy for he used them in varying degrees in these tradings, but systematic trading and mechanical trading can shoot this trouble completely. Therefore, if you want to evaluate your trading strategies rationally and make quicker progress, you have to take systematic trading and mechanical trading as principles.

Fourth, Currently the financial market is developing at a staggering speed. Stock, forex, gold, commodity, index futures, interest rate futures, options, etc., everything new is coming out. So many opportunities! Well, if we just rely on human mind in grasping these opportunities, it is absolutely not enough. The emergence of large-scale funds makes the risk of personal judgment of fund managers pretty high. Take it easy, anyway, because we now have mechanical trading and systematic trading which has become an irrevocable trend of this age. Furthermore, derivatives such as options can not live without systematic trading and mechanical trading for it involves usage of large amount of mathematic and physical models which are simply beyond the reach of human strength.

Chinese people believe that human mind is superior to computer. Well, this is not wrong, but it is not completely right either. The greatness of human mind is its creativity; while its weakness is that it's vulnerable to emotion and past experiences. In modern financial trading, the main function of a trader is not looking at the board and executing deals—these are the responsibilities of the trading system—instead, his main function is to design the trading system and examine the performance of it and make according improvements. This process unifies human creativity and mechanical uniformity. The success of a trader is derived from tow factors: smart idea and discipline. When the trader is executing deals, discipline becomes a problem; when existing trading system makes newcomers give up thinking, creativity becomes dead. If, we let the trader and the trading system do their respective jobs well, what we need to do is soliciting profit from market only!

As the earliest Trading Ideas Provider who advocates mechanical trading and systematic trading in the mainland, we hope that our books will bring real progress to you. Of course, there is no free lunch. Long-term existence does not merely rely on luck. Please make some efforts! Superb skill, perfect mind, excellent eyesight, strong will, rich knowledge—all these are merits that a great trader shall have to command. Finally, please allow us to help you squeeze into the queue of the greatest traders of this century!

第三版前言
逻辑、周期、结构和仓位

随着国民财富数量的持续积累以及人民币国际化的深入，“中国资本，全球配置”是不可悖逆的历史潮流。在不动产和股票之外，我们应该对外汇市场和商品市场有所关注和投入。

在全球资产配置格局之中，高等级国债、外汇、黄金和原油是流动性最好的四大品种。

其中，外汇更是绕不开的一个媒介品种。为什么这样说呢?

如果你购买跨国资产，无论是国债还是黄金或原油，无论是地产还是股票，以及ETF或者是衍生品，免不了外汇兑换过程。即便是一直持有美元进行国际投资，在对非美资产投资时也需要关注美元汇率。

本书积累了不同国家的数位顶级外汇交易员的实践经验和理论素养，历经十多年的更新再版，收获了一批又一批读者的称赞。不少读者也给出了有价值的反馈，我们在这些反馈的基础上也对本教程进行了认真的修订。

本书第一版是2009年上市的，广受好评。应广大读者的要求，全面修订后的第二版于2016年上市。第二版受到了许多大专院校的追捧，成了他们外汇投资课程的教程。为了让本书更适合课堂需要，故而进行了再次增订，这就是第三版推出的一个主要理由。

值此第三版上市之际，我们想谈一谈外汇分析与交易中的三个核心要点——逻辑、周期与逻辑。

在《外汇交易三部曲》当中，我们提出了驱动分析、心理分析和行为分析三个流程。从一个宽泛的角度来看：

驱动分析的对象就是逻辑；

心理分析的对象就是周期；

行为分析的对象就是结构。

一段走势有一段走势的逻辑！一个经济数据、一个事件等都可以成为某段走势的逻辑。在一段时间内，驱动因素有许多，但真正起到主导作用的只有一个。**逻辑就是主要矛盾，就是阶段性主导因素。**

在所有驱动因素之中，什么因素最容易成为逻辑呢？风险偏好和货币息差！任何其他驱动因素实际上都是通过作用这两个关键因素，进而主导了汇率的阶段性走势！

外汇走势的逻辑就好比股市中的题材和主题，外汇短线交易与股票题材投机有异曲同工之妙。

那是不是懂了逻辑和题材就能做好交易了呢？

许多人可能就永远止步于基本面/驱动分析的环节了。索罗斯在《金融炼金术》里面提到了两个东西：第一个是基本面的逻辑；第二个是心理面的周期。

许多人只读出了逻辑，却忽略了周期。

你看出了大多数没有看出的逻辑，这就是找到了超额利润的来源——大众的盲点！但交易远远不是如此简单，你还要搞清楚大众的情绪周期。

已被兑现的逻辑，应该反向操作，这时候的大众情绪周期处于共识高度一致的时候；还未兑现的逻辑，无论是正在萌芽还是发酵，都应该顺向操作，这时候的大众情绪周期处于难以达成一致的分歧阶段。

行情在分歧中延续，在共识中反转！心理和情绪周期的精髓即在此！

外汇交易之中，除了逻辑，交易者还需要搞清楚现在市场的共识预期是否高度一致。如果不一致，那么将行情延续，如果高度一致那么至少回调是免不了的。

预判是在逻辑上，确认是在周期上。

有了逻辑和周期的认知是否足够盈利了呢？

否也！

为什么呢？

外汇交易赚的是差价，一切交易如果不落实到价格判断上都是耍流氓！

因此，我们需要在逻辑和周期的前提下剖析价格波动的结构。

势、位、态是结构的三要素，也是行为分析的细分对象。

逻辑是势的先行指标，而势是逻辑的确认指标。

确认位和态是为了“取势”。“顺势而为”四个字如果离开了位和态，那么也是无法落地的。

在本书中，我们没有明确地指出什么地方在讲逻辑、什么地方在讲周期、什么地方在讲结构，不过现在这个总纲提出来了，自然你一眼就能判定了。

逻辑、周期与结构是厘清风险报酬率和胜算率的基础，在此基础上我们根据凯利公式的原则决定仓位。

仓位就是最后一个要点了。

最后，我们要和盘托出外汇交易的心髓了——

逻辑、周期、结构和仓位！

知者自知！随着你体悟见长，豁然开朗是必然的。

2021年1月20日

前　言

盈利者永远不会告诉你的秘密：技巧是建立在特定观念之上的

世界最顶尖的交易者或许在赚钱方法的技巧上存在不少差异，但是他们都具有伟大交易者的某些共同心理特征。成为一个成功的外汇交易者要求你具备恰当的心态。如果你想在外汇交易中获得持续的成功，那么你必须拥有这些心态。任何技巧都建立在特定的观念之上，而观念的外化就是心态，如果你缺乏某些心态，则你绝对不可能正确运用某些技巧，更为常见的情况是你根本不接受这些技巧。

成功的外汇交易者必须有负责的态度，你掌控着自己的命运，并对自己的行为负责。你不能怨天尤人。现代社会，我们的责任感正在消失殆尽，卸责心理人皆有之，你总能找到责怪他人和境遇的理由。但是，外汇交易的成功要求你必须承担起责任，对自己负责，而不是让他人和环境对自己负责。失败的外汇交易者倾向于在失败后把责任推给那些向他提供交易建议的同行、财经媒体和经纪商。这其实并不是他人的错误，而是你自己造成的。当你决定进场交易时，你要搞清楚自己能否对这笔交易的盈亏负起全部责任，如果你不愿和不敢自己承担责任的话，则停止交易。反省自己的责任可以帮助你更好地理解市场环境，同时理性地对待亏损和利润。

不断自我提高是成功外汇交易者前进的动力。许多外汇交易者喜欢从朋友和经纪商那里听取现成的建议，他们忽略了市场本身的运动情况。这种道听途说的做法使得他们注定失败。如果你没有学习怎么开车，你就不会贸然上路行驶，外汇交易何尝不是如此。在你开始交易之前，你应该花时间下功夫学习如何进行交易。这看起来是如此地显而易见，不过有不少交易者不愿意去学习哪怕最基础的东西。当你决定踏入外汇交易大门之时，你需要学习交易的所有方面，从交易心理到交易技巧，以及交易策略。一旦你对自己所处的学习环境有所认识，接下来你就需要发展一种令你感到自在的交易方式。绝大多数交易者都讲求速效，他们从不认为交易是一门技能，他们将交易看作一种知识，他们认为只要足够聪明就能很快搞清楚其中的关键之处，这种观念造成的态度毒害了他们的行为，自然也就无法找到真正能够盈利的技巧。

成功的外汇交易者都有一套适合自己的交易方法。当你发展一套外汇交易策略时，你需要确认这套方法适合你的个性，并且是你所擅长的方法，能够与你的秉性兼容。最伟大的交易员之一 Randy Mackay 坚称："任何一个伟大的交易者最终都得益于发展出了适合自己个性的交易风格。"这或许是不少人购买了交易系统后不能盈利的原因之一，其实这些出售的交易系统中有少数还是能够盈利的。寻找到一套能够累计盈利的交易策略的概率是非常小的，而要找到一套既能累计盈利，又适合交易者个性的方法则是更难的。如果你无法容忍较大幅度的利润回吐，则一个中长期交易策略可能并不适合你的个性，即使这个方法从中长期来看是能够盈利的。在可供选择的交易方法上，你有很多的选择：长期交易策略、短期交易策略、突破交易策略、反转交易策略，等等，太多了。你需要决定：什么样的交易策略适合你的胃口，什么样交易策略的背后逻辑为你所深刻理解，什么样的交易策略你对其有信心，知道这些之后，你才能找到真正盈利的策略，这本高级教程会帮助你完成第一步，剩下的步骤则需要你自己去践行，交易是一门技能，而不是知识，技能的学习肯定需要三年五载！超高强度的密集训练可以缩短到几个月，但是这是绝大多数交易者无法做到的。

所有成功的外汇交易者都深信，只要时间足够，他们能够达成其财务上的合理目标。这是成功的外汇交易者的普遍特征。Van Tharpe 的《通向金融王国的自由之路》就一再强调成功交易者的这一特征。Van Tharpe 是全球顶尖的交易心理学专家和交易教练，他研究了世界上那些最顶尖的交易大师，发现他们在交易开始之前就有了自己将赢得胜利的信念。

恪守纪律是任何外汇交易成功者的特点，纪律源于信心。坚守交易纪律是任何顶尖外汇交易者共有的最关键特征，无论怎样强调这一特征都不为过。之所以认定纪律性是外汇交易的关键，主要是因为：第一，纪律有助于保持恰当的风险控制，并且在一段亏损期能够帮助你继续按照交易策略行动，要知道这一时期对任何交易系统而言都是非常正常的，如果你没有纪律的约束，则往往在盈利到来之前就放弃了；第二，纪律可以避免你在交易中非理性地怀疑自己的交易策略，如果你放任自己去猜测和犹豫就会把交易搞砸。

交易者倾向于做令自己感到舒服的交易，而舒服的结果往往是违背仓位管理的根本原则，舒服的交易往往等于失败的交易。Bill Eckhardt 是理查德·丹尼斯的搭档，他们开展了著名的海龟培训计划，这在交易界被传为佳话，如果你对此比较陌生，可以去网上搜一下"海龟交易"。他说了一句流传甚广的话：令你感到舒服的交易操作往往是错误的操作（“what feels good is often the wrong thing to do!”）这句话点出了交易中的悖论，那就是你感觉正确的做法往往是错误的做法，你做出的预期盈利行为往往导致你亏损。这就是交易中的最大现实。当你被各种建议和传言包围时，你很难做出明智的决策，你做出的都是感觉舒服的错误决策。而成功的外汇交易者不会盲从大众和顺从自己的本性，他们不会去做那些令自己本能感到舒服的决策。他们谋求的是利润，而不是“舒服”！遵守纪律同时适应“不舒服”的感觉是长期交易获胜的关键。要想获得对错误交易习惯的永久免疫是不太可能的，没有任何人能够做到，因为我们都是有情众生。唯一的现实做法就是坚守“戒律”，“戒定慧”的修炼之道用在外汇交易上也不无适合。管理好自己的情绪，同时恪守纪律是外汇交易获胜的关键之一，随时反省自己的情绪对于外汇交易者而言是非常重要的。

做最好的打算，成功的外汇交易者都将资金管理放在极其重要的位置。绝大多数交易者只考虑他们能从一笔交易中赚取的利润，却从不考虑有可能遭受的损失。他们是贪婪的，更为重要的是他们自我感觉良好。成功的外汇交易者倾向于在交易时思考可能的亏损，并且以此判定当下的交易是否值得去进行。资金管理对外汇交易的成功而言是关键的，正确的做法是只有在评估交易的风险和亏损之后才做出进场决策。有一个外汇交易同行反复给我灌输一句话：“总是设想最坏的情况，结果却往往不会让你失望。”我爽快地接受了他的忠告。

没有一个策略能够永不亏损，也没有一个外汇交易者能够笔笔都赚。所以，严格的资金管理能够帮助你度过亏损期，资金管理也可以说是仓位管理可以帮助你尽可能地保存资本。坦诚而言，仓位管理的方法比行情研判技巧更为重要。或许你有一种不错的交易方法，但是如果它无法帮助你度过亏损期也是没用的废物，因为当这种方法开始盈利时，你已经没有资本可供交易了。你需要尽最大努力地保存资本，使自己在市场中长期生存。设想最坏的情况，然后据此进行交易。

成功的外汇交易者总是非常明白自己的优势所在。在外汇市场上，超过90%的参与者长期都是亏钱。你的优势必须能够把自己与这些失败交易者区分开来。任何一个成功的外汇交易者都有一些能够把自己与普通交易者区别开来的特点。你需要一个优势，这个优势能够为你所拥有，同时让你有信心打败参与大众。如果你不知道自己的优势所在，那么你可能就没有优势！在这本高级教程中，我们让你明白真正的优势聚焦在三利公式上，也就是“盲利公式、凯利公式、复利公式”。

成功的外汇交易者都喜欢交易这行，毕竟交易是一项心智的活动，它对人性提出了不断的挑战，并不是所有人都愿意接受这种挑战。不少人因为承受不了亏损的压力，最终走上了不归路。三百六十五行，没有人天生就能成为好的外汇交易员。如果行情波动让你感到恐惧、愤怒、失望，并因此采取行动的话，那么你就不是在为自己做交易，你开始失控，开始对交易本身丧失兴趣。“会其者，不如好其者，好其者不如乐其者！”对交易本身的痴迷使得交易者最终迈向了成功之门。他们喜欢挑战，喜欢挑战带来的回报，处理压力则是应对挑战不可避免的一部分。市场不会在乎你紧张与否，你的心情并不能影响行情本身的发展。

上述这些成功交易者的心态特点刻画看起来也许如此的不言自明，但是绝大多数交易者都不具备这些“看起来如此平常”的特点，他们的失败因此变得不可避免。如果你想要成为成功的外汇交易者，则需要反省你的心态和个性。你要对所处的环境有所了解，并判断当下的交易是否适合你。外汇交易是全世界最难从事的工作之一，如果你没有接受充分的学习，做好充分的准备，那你就不能奢望它带来的巨额利润。你必须通过本书来改变自己的观念，这样才能为获得有效率的技巧敞开大门！

目 录

上 册

能的提高，有效果比有道理重要，一个成功的外汇交易者必然是一个务实的外汇交易者，我们需要的是有效果的做法，而不是有道理的说法。

◇ 市场行为的本质就是让绝大多数交易者亏损，市场的一切行为都是围绕这个原理展开的，否则市场本身无法存在。

第四课　外汇交易的心理控制术：潜意识沟通策略 …………………………… 027

◇ 交易的过程恰恰是“随机强化”的，如果你在乎自己的感觉，则你会陷入错误的行为反应中，对亏损和盈利的直接感觉往往会影响你习得真正有益的行为。金融交易的心法精髓在于：重要的是你的行为，而不是你的感觉！

◇ 高谈大道理的同时缺乏可供操作的高效步骤，是市面上所有交易心理辅导书毫无用处的根本原因。将你的恐惧和贪婪变得相对可控和有弹性，能够适应交易规则，这才是交易的上乘境界。

第五课　真正的高手一定明白的道理：高胜率和高报酬率的悖论 ………………… 047

◇ 胜率可以依靠迅速地兑现较小盈利来实现，通过放任亏损和截短盈利，任何一个交易者都可以得到一个足够高的胜率，这是一种违背交易本质的做法。不过，这种做法却在各类媒体和别有用心的软件推销者的宣传下得到强化，他们往往自称有一个胜率超过90%的交易软件。追求胜率、追求成功率是每个人的天性，顺着这个天性去发掘交易的真谛是永远都找不到的，因为你本身的天性已经使你无法找到自己需要的东西。

◇ 最为成功的交易者，无论是外汇市场上这些好手，还是股票、期货等其他领域的顶尖高手，都有一个根本的特点，那就是上乘的仓位管理能力，但是，他们未必有一个“分析”和“预测”上的优势。

第六课　外汇交易失败者的最大盲点：仓位管理 ……………………………… 063

◇ 金字塔加仓法基于趋势的持续性，这是实现金字塔加仓法的可能性，而它能解决趋势稀缺性带来的盈利机会不足问题，这是利用金字塔加仓法的必要性。要让趋势自己来证明自己是趋势，就需要等待价格走势突破震荡区间之后一定幅度再加仓，如果价格运动呈现单边趋势，则必然在这一幅度的突破之后继续上行，所以你的加仓必然盈利，如果价格运动只是随机的突破，则必然在短暂突破之后就匆忙下行，所以你也没有机会加仓，在突破持续一段时间再入场加仓，这是让趋势自己来证明自己的有效方法，也是金字塔加仓开始的前提。

◇ 不少交易者，包括外汇交易者之所以失败，最为关键的原因之一是他们将行情分析当作交易的全部，仿佛只要分析了行情就可以决定胜负了。其实行情只是一个最基础的工作，长期下来真正决定胜负的却是行情分析之后的工作，而这个工作几乎极少有人重视，当然也就极少有人做好，这就是仓位管理，包括了资金管理和风险控制等主要事项。

第七课 “奥卡姆剃刀”下的简洁美：以“欧元动能交易系统”为例 …………… 075

◇ 越是复杂的生物体其适应性越差，这是生物界的现实；实用主义哲学中的“奥卡姆剃刀原理”强调“等效的学说取其简单者”；交易界公认的系统设计标准是“简单有效”，如果过于复杂则往往无法验证其是否有效，因为涉及的参数过多加上复杂的市况使得验证几乎没有可能。

◇ 简单的系统体现在可以通过较少的参数去估算市场特定走势的风险报酬率和胜率的概率分布结构，这也使得仓位管理变得高效和迅速。严格来说，仓位管理是动态过程，而交易系统是静态结构，两者一个是功能性的，另一个是器质性的，谁也离不开谁。

第八课 悖逆交易成功法则的天性：不兑现亏损的心理倾向 ………………………… 085

◇ 交易者选择了结的盈利头寸在接下来的数月中却倾向于有超过不了结的亏损头寸的表现，这估计就是绝大多数交易者折戟于金融市场的最大原因：是天性使我们亏损，而不是因为我们没有更好的交易指标和圣杯策略。

◇ 个人交易者具有很强的倾向了结浮利头寸并继续持有亏损头寸，这是比如Andreassen Paul这样的行为金融学家长期实证研究得出的结论。这样的交易天性使得账户倾向于遭受更高的平均亏损和获得更低的平均盈利。

第九课 可证伪的假定才是科学的交易决策：当被证伪时，坦然接受 …………… 107

◇ 在技术交易中，一个科学的交易决策必须具有可证伪性，也就是说给定该交易决策错误的条件，这就是“停损点”。所以，一个科学的交易决策必然具有可证伪性，也就是说交易决策的可证伪性等于交易有具体的停损点。没有停损设置，则交易决策不能被证伪，也就是说不能证明为错误，这样的交易决策自然也不是科学的，因此也无法做出有效的评价和改进。

◇ 索罗斯不是技术交易者，但是却仍旧属于“准短线交易”的阵列，他对于外汇交易的最大贡献在于其将可证伪性引入到交易实践中，虽然他从来没有提到过技术交易者如何运用可证伪性，但是伟大的技术交易者，比如理查德·丹尼斯和杰西·利弗摩尔都以停损设置来实现技术交易的可证伪性。

第十课　交易是一门艺术：谈谈我们的另类交易理念 …………………………… 127

◇ 通过结构性和非结构性因素的驱动分析和心理分析（博弈主体分析）假定市场是单边还是震荡，再经由大时间结构和市场间分析确认市场性质，最后借助良好风险报酬比的行为分析系统跟踪和管理交易，也就是“大处着眼预测，小处着手跟随”。

◇ 趋势是技术交易的对象，趋势是持续的，同时也是稀缺的，趋势源于强劲的驱动因素和心理因素，只有把握这两者才能把握稀缺的趋势。加码是应对趋势稀缺性的一种次优方法和手段。通过行为分析进行仓位管理，通过驱动和心理分析进行趋势甄别，是缔造持续交易奇迹的关键！只有市场中最本质和恒久的结构才能作为仓位管理的基础，这就是N字结构（分形）。

第十一课　趋势是你的朋友：以“MACD 4小时交易系统”为例 ………………… 145

◇ 趋势是你的朋友，第一层意思强调了趋势对于交易的重要性，第二层意思则表明我们应该顺应趋势进行交易，不过这里还有第三层意思，就是说你往往不拿趋势当朋友，为什么会这样呢？这就是我们在第八课讲的倾向性效应，也就是人类的天性让你不拿趋势当朋友。为了顺应趋势，我们需要跟潜意识沟通，这就是前面提到的交易心理平衡法和自如法，同时还要利用意志力去重复正确的行为。

◇ 我们要明白“应该去做正确的行为，而不是舒服的行为”“重要的是你的行为，而不是你的感觉”，那么什么是正确的行为呢？“截短亏损，让利润奔腾”，具体如何行动呢？为每笔交易设定合理的止损，然后采取跟进止损为主的出场策略，按照帝娜仓位管理模型来进行总体操作。

◇ 市场方向根本上不过上下而已，恰若阴阳，但阴阳之变不可胜数，一阴一阳谓之道，道生一，一生二，二生三，三生万物。市场涨跌同样也能演变出不可穷尽的情形，而我们所有的基本分析和技术分析，科学地讲不过是概率武器，在市场的混沌涡流中作用十分有限，明显存在瓶颈，分析市场方向的能力的学习曲线是斜率递减的，所以我们花的时间越多，边际收益越是下降，并且边际收益趋向于0。而判断进场出场位置的学习曲线斜率是递增的，逐渐趋向正无穷。

◇ 如果问做交易的最高秘诀是什么？只有四个字——“进场出场”。市场的方向倒是无所谓的东西，但绝大多数人的注意力始终在方向上，新手和高手在判断方向上没有任何大的差别，但新手没有进场和出场的路线图，只是认为方向对了就能赚钱，其实进场和出场搭配好了，才能赚钱。

◇ 在形态的讲解中最容易被忽视的问题有三个：第一个问题是这个形态提出的各种可能发展情景的概率各是多少，这是从统计角度看形态；第二个问题是如何具体交易这个形态，具体而言就是在什么位置进场，什么位置设定止损，以及如何出场，说白了就是机会结构的具体操作问题，许多交易方面的书籍在谈到形态的时候往往忽略了这一最重要的问题；第三个问题是绝大多数讲解形态的书籍没有提供背后的心理基础，这就违背了形态分析有效的基础，形态是可变的，其背后的心理意义才是重点，“透过现象看本质，通过形态看心理”，如果你从这个角度去看技术分析，你才能大有长进。

◇ 形态学习的三个重点是：统计意义、操作步骤和心理意义，忽视一者，你都会得不偿失。

◇ 一个交易日或者一个交易时段的开盘时段走势往往成为市场关注的焦点，有许多交易策略专注于此，这使得开盘时段走势往往为后市的走势提供参照基准。著名的 TPO 市场轮廓理论就是以开盘区间来作为交易的参考基

下 册

交易者一样平庸的交易绩效。

◇ 金融市场之间的关系是金融交易界常常淡忘的古老话题，这个话题与金融市场本身一样历久弥新。对于市场间的联动，只有少数的日内交易者会去密切关注，他们会关注联动关系的最新动态，并且利用这种相对恒定的关系谋求超额利润。

◇ 光是提出一个形态，而不给出具体的止损策略是毫无用处的，目前的形态学者重于预测行情走势，而不是帮助交易者管理仓位，这是最大的误区之一。我们应该如何去掌握形态呢？第一，应该找到那些有效但是还未被普遍觉察和广为传播的形态，这就是寻找“有效形态的大众盲区”。第二，对于已经广为人知的形态侧重从被人忽略的有效角度去重新认识它，本书前面的课程就作了这方面的努力。第一个角度是心理意义的角度，第二个角度是统计意义的角度，第三个角度是仓位管理的角度。

◇ 一个想要觉悟的交易者必须有能力从市场制造的幻境中独立出来，所以交易是最好的修炼，交易就是学习如何脱离幻境，最终觉悟！

◇ K线能够在市场分析中发挥显著作用和日益繁荣的一个原因是它表征了宇宙的对立统一规律。而周规则能够如此有效就是因为它是基于行为因素的波动率特征。布林带是波动率分析的集大成者，是主流外汇技术分析指标中最不能忽视的一个！

◇ 市场行为总是表现为敛散两种形态，这种形态可以从市场最基本的运动结构中得到理解，这就是N字结构。市场主要的进场方式不过两种，这就是见位交易和破位交易，而这两种进场方式要求交易者必须能够确认关键水平的阻挡和支撑是否有效，敛散形态恰好是解决这个问题的最有效和最简捷手段。

◇ 外汇的日内周期性是非常重要的一个规律，这是一个日内交易者必须注意和必须利用起来的规律，但是不少交易者往往只停留在“亚澳时段交投清

第一课

不爽的交易：追求高胜率的恶果

千万年进化留下的人类天性恰恰妨碍了我们在金融市场上的成功！

——Martin Talyor

认知行为治疗中很重要的一部分内容是用于帮助患者识别并改变适应不良的各种自动思维和图式。最经常用到的方法就是苏格拉底式提问。思维记录在认知行为治疗中也有大量运用。以书面形式捕捉自动思维常常能够唤醒更为理性的思维方式。

——Jesse H.Wright

许多外汇交易者都遇到过下面的情况，本书的读者也不例外：你曾经如此忠实于自己的交易计划和规则，这些计划和规则是你为自己的交易定下的。现在的情况是你发现手头正在进行的这笔交易有些不妙，而这笔交易是按照先前的计划和规则进行的。同时，你发现交易计划和规则让自己错失了一个很大的获利机会。交易自己的计划，使得你处在一笔糟糕的交易中，同时还错失了一笔不错的交易，你因此感觉非常不爽。怀疑开始弥漫开来，你反问自己："我的交易计划是不是不太好?"**你开始认为这里存在更好的交易方法。这种可能存在的好方法可以避免目前自己遭遇的窘境。**由于认为自己找到了更好的方法，你开始思考改变目前的交易计划和规则。于是，你开始谋划创建一种新的交易策略，用来改变甚至替换旧的交易策略。你认为这种新的方法能够让你捕捉到旧方法失之交臂的机会，同时避免旧方法带来的糟糕交易。

根据单笔交易的绩效来修正和选择交易策略是每一个交易者都容易犯的错。追求完美，而又忽略统计学关于样本的基本原理，使得不少人永远处于寻找最佳方法的过程中。最终变得越来越迷茫。

你遇到过上述情况吗？这里还有另外一种情况。你的交易规则让你过早结束一笔交易，而你几乎没有赚到什么利润，最好的情况也就是赚到一些蝇头小利。在你结束了交易之后不久，汇价出现了有利于你持仓的重大运动。在你看来，你失去了本应获利的重大机会。你开始抱怨自己真蠢，进而开始怀疑自己的方法是不是存在一些问题。你开始否定自己的交易规则和交易计划，你开始着手改变规则和计划。之所以这样做，是因为你不想再遇到这种看对行情赚不了钱的情况。**你否定了自己先前辛苦进行的工作，而这些工作的成果本来可以让你在不远的未来持续获利。**你否定了自己所受的交易教育和交易学习历程。你否定了普遍的交易智能，而这些智能完全可以帮助你成为一个成功的外汇交易员。你是以历史来交易未来，这或许有些问题，你是在交易那些已经发生了的走势，而不是即将发生的走势。当你想要按照自己的计划和规则进行交易的时候，你会受到贪婪情绪的袭扰。因为贪婪“永远都不会满足”，你不能让贪婪因为得到满足而自动停止。**贪婪促使外汇交易者去不断索取、索取，而不管自己的承受能力和客观的市场走势。**

否定自己是追求完美交易者的通病，自我批判过度的结果就是吹毛求疵，这样就会使得系统过度优化。

贪婪本身是中性的，如果你放在恰当的格局中，它是积极的，如果你放在错误的格局中，它就是消极的。无脑的交易者总是将失败归结于贪婪和恐惧，将成功归结于勇敢和谨慎。其实，贪婪与勇敢、恐惧和谨慎是同一事物。

外汇交易者需要明白的一个事实是，**并不是每笔交易都是你的交易，并不是每笔交易都能为你所把握。**外汇交易者应该满足于把握属于自己的少数交易，而这些交易符合我们关于“好交易”的定义。一些交易会成为精彩的手笔，另外一些交易则显得不错，但是一定有相当数量的交易是亏损的，这是无法避免的问题。并不是每笔交易都能成为精彩的部分，当你按照自己的计划和规则进入一笔交易时，你并不能预先确知当下这笔交易是亏损还是盈利。你只能按照概率来操作，因为你不能准确地预知未来。

当我们错失一个大行情时，我们都有寻找更优交易策略的冲动，我们会去寻找某些臆想中更好的形态、指标、交易规则或者是一些优化措施以便我们在此后的交易中不再错过那些大行情，这就是我们寻找神奇交易“圣杯”过程的一个部分，我们会把系统变得无比复杂，如图 1–1 所示。这其实是我们对自己犯下的可怕错误。**一个外汇交易者的成功总是基于一系列微薄的利润和一系列丰厚的利润**。这个过程中必然存在亏损，这是再正常不过的事情了，但是绝大多数交易者拒不接受这种亏损，因为这令他们“非常不爽”。我们总是按照规则将损失限制在极少的范围之内，但是仍然可能因为跳空和滑点而遭受高于我们预期的损失。如果你的交易经常遭受这种巨大的亏损，则你就真的应该停下来检查和反思你的交易方法。你的交易计划必定伴随着亏损和亏损带来的失望。除非你一直遭受单笔极大的亏损，否则你就应该对自己的交易存有信任，这样才能保证你能够恪守你的规则和计划，最终获得持续的累计盈利。**当你因为不能忍受小额连续亏损开始改变自己的交易计划、交易规则时，你就走上了确定无疑的输家道路**。这样做带来的更为糟糕的结果是你开始失去你的交易信心，没有了信心你什么交易都无法做。

大家如果有机会的话可以看看成功交易者的胜率，他们的胜率基本上并不高，50%左右居多，30%也不少。

大家要树立一个观念，市场赢家并非胜率很高。当你一味追求高胜率时，往往已经无法正确对待亏损了。一个拒绝亏损的人，想要掌控一切，结果自然是不断受挫，最终失去勇气和机会。

出于上述这些理由，**我们鼓励你在每笔交易中写下你的进场条件和出场条件，必须明确，同时能够涵盖一切情况。在交易完成之后，你也需要对自己的交易进行总结**。你必须为自己能够从事的交易确定一个标准，你必须为你意图进行的每笔交易制订严密的交易计划。如果你没有时间来为每笔交易制订充分的计划，那么你一定要在交易完成之后审视这些缺乏计划的交易。**通过回溯已经发生的交易，你将发现自己什么时候是成功的以及成功的原因是什么？**

复盘是成功的唯一道路，书本只能作为启发，他人的经验也是如此，只有复盘自己的经验才能真正成长。

在每天的例行交易之前，一个成功的外汇交易者或许会采用下列步骤：

第一，查看你想要交易的货币的走势，看看有没有一些较大规模的典型形态。查看当下是否存在潜在的成交密集区，是否有重大行情启动的迹象。为了对整个行情走势有一个更为清晰的认识，应该**对更长期的行情走势进行审视，得到一种“大视角”和“整体意识”**。

大视角才能看到大格局，只有大格局才能孕育出大行情，而只有大行情才能带来暴利。

第二，写下你从行情走势图中找到的所有可能的进场点

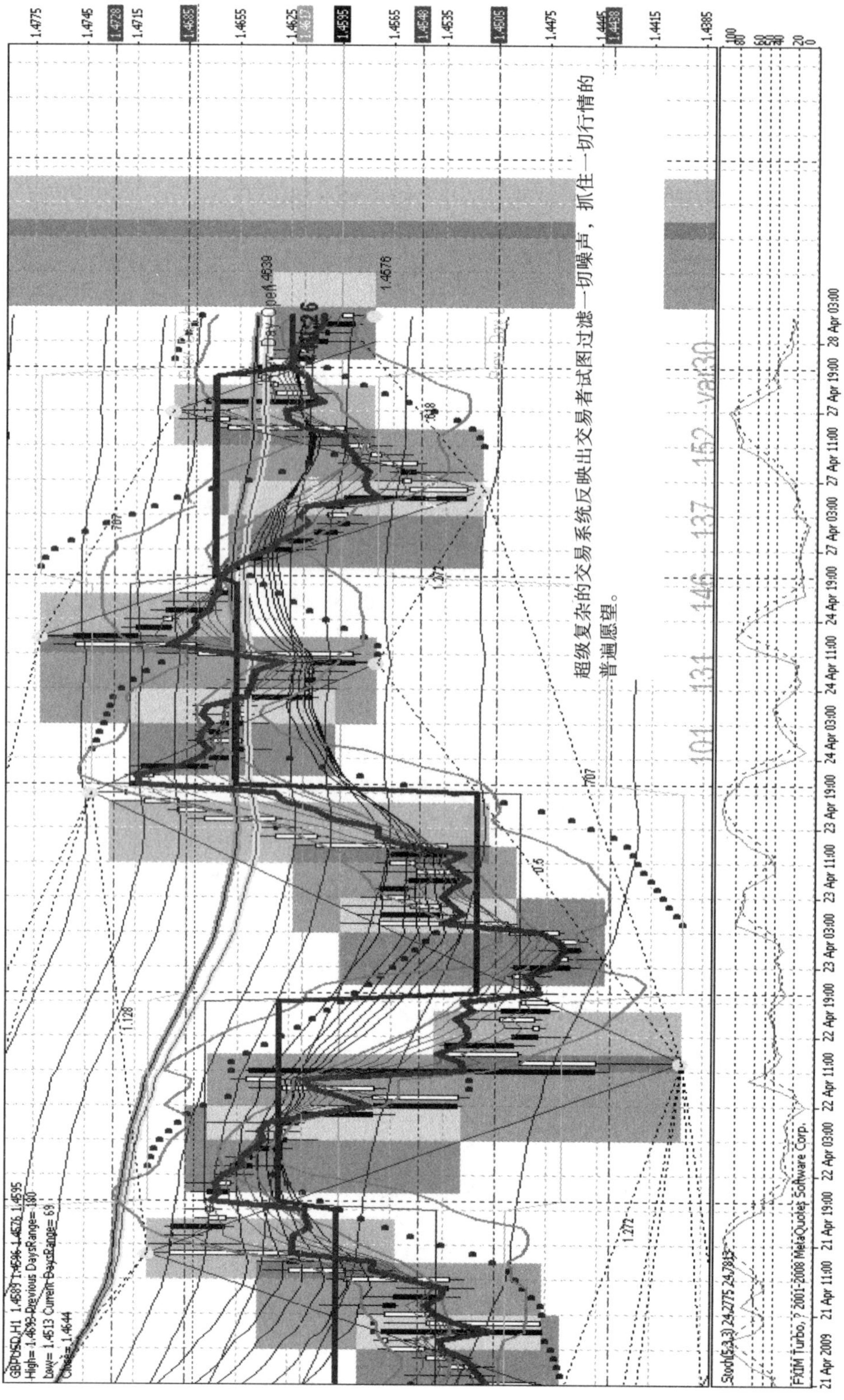

图 1-1　不断增加指标的复杂系统反映了交易者追求高胜率的天性

以及出场条件。

你每天都需要完整地执行上述两个步骤，每笔交易都需要这样操作，你必须把这样的操作当作纪律来完成。如果你能在自己的操作中**不断重复这些步骤**，你就能最终将自己塑造成为一个成功的外汇交易者。如果你认为自己太忙了，而不能有纪律地进行交易，那么你也会因为太忙了而无法做好交易。如果你不能很好地按照交易纪律来操作，那么你很快就会被外汇市场淘汰出场。

重复和反馈是对立统一的，没有反馈的重复是轮回，没有重复的反馈是迷惑。

你是否曾经在了结一个亏损头寸之后发现如果再等一会儿，这个交易会扭亏为盈？你是否曾经在了结一个亏损头寸之后在反方向新开一个头寸，结果再度亏损？我们在最初从事交易的时候也犯过许多同样的错误，甚至更多。你是否急不可耐地结束一个盈利头寸，而失去了把握此后更大盈利行情的机会？

我们一再强调纪律就是解决所有这些问题的答案。有纪律的交易者持续成功，而缺乏纪律的交易者则不断失败。问题的答案其实就这么简单。

我们这里不介绍具体的行情研判技巧，我们在本书中关心的是如何帮助你获得更多的纪律性，这将帮助你成为一个更好的外汇交易者，前提是你接受并努力实践我们在这里提到的一切建议。如果你能够养成**一定的纪律性**，则你或许发现有一大堆的交易策略能够获利，但是如果你缺乏纪律，则你会发现这些策略中没有一个能够为你带来利润。

纪律是建立在策略的基础上的，当你有了完整可行的策略才谈得上纪律。如果没有清晰的策略，所谓的纪律就会沦为“心态”这类不可证伪的“马后炮”式归因。

绝大多数外汇交易策略的问题都在于它们假定你已经具备执行这些策略所需要的纪律。我们从金融交易一路走来，也看了不少原创性的交易好书，它们对我们的交易起到了积极作用。但是，在刚开始交易的时候，我们都如此缺乏纪律。我们拥有不少的好点子和策略，但是却**没有纪律去执行它**。从亏损到盈利，少数外汇交易成功者的实践表明纪律是获利和实现梦想的关键。我们逐渐意识到交易的失败和成功都可以追溯到纪律的缺失或者存在。

纪律提供了足够的样本数量。当你没有纪律的时候，你就缺乏足够的样本数量，自然也就无法检验和提高。

策略都有其实用的格局，都有有效的前提条件。世界是对立统一的，策略不可能真的坚固对立性质的行情。一味追求完美，只能陷入疲于奔命，最终理论一箩筐，钱却始终没有赚到一分。

只有完美的纪律，没有完美的策略，这是外汇交易的现实。追求完美的策略，违背纪律，这是人类追求高胜率的天性导致的。我们将告诉你如何成为成功的外汇交易者，这些道理也可以用到人生的其他领域，甚至整个人生。事实上更关乎一个人的成功的是纪律，而不是策略。**纪律超乎策略，超乎技巧。**这不是胡话，这是事实，违背纪律是你一直亏损的根本原因之一，另外一个原因是你拙劣的仓位管理能力。

我们仍旧在不断训练自己的纪律性，正如我们写在这里的建议一样。纪律区分了成功的他们和失败的你们，有效的交易和无效的交易源自纪律。忽略纪律是绝大多数交易者的盲点和误区。同样，优秀的交易者和伟大的交易者也为纪律所区分。纪律体现在人生的各个方面，缺乏纪律导致人生各个层面的失败。**没有纪律人生照样过，**但是会过得很差。我们相信纪律是制胜的关键因素之一，这是因为我们不断体会到纪律带来的好处和缺乏纪律带来的坏处。我们和成千上万的人谈论过这个话题，他们深有同感，他们也同样赞同这样一句话：**有纪律的生活是快乐的生活！**

纪律和道德的核心是节制，节制能量是为了最大化能量的运用。

在刚进入外汇交易界的时候，我们都感觉自己是个失败者。Norman Hallett是欧美地区著名的交易心理专家，不少外汇交易员认为是他揭开交易成功的秘密。他认为一个外汇交易者要想获得成功就必须训练自己的心智，使得情绪趋势能够在交易时处于自身的控制下。能够控制好自己的交易情绪并非易事，但是成功的交易员都是这方面的行家。事实上，如果你不能控制好自己的情绪，你就不能成为一个成功的外汇交易者。那么为什么这么多的外汇交易者仅仅对交易心理表示了口头上的重视呢？正如Norman Hallett指出的那样，**绝大多数外汇交易者都沉浸于寻找所谓的“交易技术圣杯”，因而他们完全忽略了最重要的交易变量，这就是交易自己，具体而言就是交易者按照纪律交易的能力，这才是最重要的因素。**正如外汇交易者自己经历的那样，你们总是从一个交易策略转向另外一个交易策略，从一个交易导师转向另外一个交易导

没有可重复性的流程是无法改善的，也是无法评价的。

师。挫折伴随着你们，失败永远是学习的结果。但是，**这些交易者却从来没有反省过失败的真正来源，这就是你们自己。**

Norman Hallett 向外汇交易者们指出了迈向交易成功的正确道路，这就是加强心智的修炼和纪律的塑造，而追求高胜率恰恰是执行这些步骤的障碍。重塑心智是外汇交易者追求成功首先要面对的问题，如果你真的非常希望成为一个成功的外汇交易者，就应该尽最大的努力去反省和重塑自己，这会真正为你打开外汇**交易成功的大门。**

人生的意义在于翻越内心筑起的未被满足的高墙，只有了解你自己才能突破观念和情节上带来的束缚。

为什么这么多人拥有一个非常不错的交易系统，却仍旧在持续亏损呢？不少外汇交易者花费大量的精力和时间在寻找一个卓越的交易系统，或者说策略，他们或者寻求某位大师的交易秘诀，或者自己动手“配制”类似的“秘方”。当你自认为找到这样的上乘策略之后，你通常是目测过去历史走势来验证这个交易策略是否有效。

你往往会发现这个策略发出的进场信号真的不错，于是你信心十足地开始了你的真实交易。第一单你就亏了，不过你认为这并不是什么问题。因为你知道“亏损是整个交易的一部分，成功的交易者不可能是每笔交易中都获利”。你满怀信心地开始了第二笔交易，仍旧是损失。你发现自己止损不久市场就折回来了。你认为如果你止损的话，行情一定会走到你的盈利目标价位。然后，你开始决定不为自己的交易设定止损，这样就可以避免被市场的反向波动击中。这样做了好几笔交易之后，你发现市场还真的如你预期那样每次都走到你的盈利目标。不过，突然有**一笔交易进行得很不顺利，市场反向走了很远就是不回头，账户被打爆了。**

不设立恰当止损的做法可以极大提高胜率，但是却会功亏一篑。人无远虑必有近忧，讲的就是只看重眼前的盈利，而忽略了这种做法的巨大潜在风险。

虽然市场上能够持续盈利的策略不多，但是绝对数量也不少，但是这些本来不错的策略一旦到了普通投资者手里却变成了亏损，最后他们干脆放弃了这些策略。交易者很难接受那些胜率较低的系统，他们为了追求胜率往往更改这些系统的出场策略。追求高胜率是阻碍我们成功的内部因素，随机强化则是阻碍我们成功的外部因素，这个将在第二课剖析。

【开放式思考题】

在研读完第一课的内容之后，可以进一步思考下列问题。虽然这些问题并没有固定的标准答案，但能够启发思考，跳出来看某些观点。

1. 本课提到“你只能按照概率来操作，因为你不能准确地预知未来”。那么，我们是否就只能被动地接受一个既定的概率呢？

提示：**在努力获得一个良好期望值的前提下接受概率。**

2. 本课提到“通过回溯已经发生的交易，你将发现自己什么时候是成功的以及成功原因是什么？”事实上，遭受重大亏损的失败交易也非常有价值，你应该如何利用它们呢？

提示：归纳出失败的普遍特征，并且尝试解决它！

【进一步学习和运用指南】

1. 基于“期望值”来提高和对待自己的交易绩效，这需要一些观念上的转变，进一步可以阅读 Van K. Tharp 的“*Trade your way to financial freedom*”。

2. 采用统计方式来对待你的交易样本，这个习惯需要落到具体的行动上。想一想，你可以采用一些什么统计工具来分析和提高你的绩效。

第二课

达成完美：随机强化下的困境

觉悟吧！市场从来不想我们的资金得到最有效的配置，催眠和随机强化是它的武器！

——魏强斌

将注意力集中在你所能掌控的领域，不要去操心能力范围之外的事物。

——J.Alpert

追求质量，而不是数量！攫取交易规则中的精髓！**要有大格局观念！**如果你之前没有对这些交易建议进行过深思，或者你对这些建议有过思考但是并没有想办法实行它们，那么现在就应该将这些建议铭记于心，并且奉行不渝了。交易抉择与充分的交易计划是密切相关的。**绝大多数潜在的成功交易者往往对此认识不深，更多的利润来自于恰当的计划和机会甄别，而不是来自于不停地交易那些粗看起来感觉不错的“机会”。**很难搞懂人们为什么要如此频繁地交易，或许是心中充满了对暴利的渴望，但这并不是问题的关键。**频繁交易最根本的原因在于交易者没有明确自己的交易规则和计划，这样就很容易被纷繁变化的市场所迷惑和引诱，频繁交易本身不是问题。**交易或许只有一种方法是正确的，这种方法或许是那些追求暴利、想要达成完美的外汇交易者需要恪守的方法。这种方法的特点就是恰当而必要的管理：计划性、组织性、简明性和可控性，以及最为重要的可操作性等。这些属性必须在你的交易管理和交易执行中得到明确的体现。或

最睿智和老练的交易者会选择一种容易取胜的格局，这种格局往往与基本面重大变化相关。

行为一致性才能保证结果的一致性，高频交易是坚持既定规则下的频繁交易，而激情交易则是完全为情绪主导的频繁交易。

者，这些属性是重叠的，是一枚硬币的两面。虽然计划性是交易管理的最主要属性，或许也是可能的交易完美的守护神，但是除非你能够很好地把握交易管理的组织性，否则也很可能功亏一篑。

你必须让你的交易工具处于恰当的位置，比如你的交易软件、交易数据、恰当的辅助设备等。这些也是一个恰当的交易管理流程所需要考虑的问题。在交易的时候你**必须处于充满精力的状态，如果你刚熬了夜，或者是处于生病还未康复的状态，则你就应该停止交易。恰当的休息、必要的锻炼，这些可以使你的交易处于受控的状态，疲劳和糟糕的心情往往使得我们的交易跟着糟糕起来，但是这一点并不为许多外汇新手所承认，他们往往认为身体和心情是否舒适对于交易的成败并无太大的意义，所以他们往往抱着一个未平头寸熬夜，身心都很疲惫，然后就是一连串的重大亏损，这在外汇日内交易者身上屡见不鲜。**但却并没有引起他们足够的反思。如果交易真的可以达于化境，那么上述这些问题你绝对不能忽视，交易者过于忽视了自己的身体状态，这是很重要的一个问题，“身态决定心态”是现代心理学的一个观点。

缺乏经验交易者的一个共同倾向是低估了身体状态对交易绩效的影响。精神状态和心情往往直接受到生理状态的影响。

要成为一个成功的外汇交易者，你必须成为外汇交易者中占极少数的精英分子。这里没有中间地带，只有极少数的**成功者和绝大多数的失败者。**成功者之所以成功是因为他们相当关注失败者忽视的环节，失败者重视行情分析，忽视资金管理，成功者就重视资金管理；失败者重视进场，忽视出场，成功者就重视出场；失败者重视心理层面，忽视生理层面，成功者就重视生理层面。就后面一句话，我们还想多说几句：**一个成功的短线投机客必然相当注意有规律的生活和锻炼，从来没有看见哪个生活极其没有规律、成天身体无力、精神萎靡的人能够持续几月甚至几年战胜市场的平均收益。**

交易永远是一个零和博弈的游戏，哪怕投资也是如此。如果说投机是现实利益的再分配，那么投资则还包括了潜在利益的再分配。

市场仅有赢家和输家，要成为一个赢家就必须成为冠军。外汇市场是一个赢家通吃的短线竞技场。冠军的特点是严守纪律、超强自制、有意愿进行持续不断的“刻意训练”。冠军或许让你觉得他如此有天分，但是每个冠军都经历了大量不为人知的刻苦训练。外汇交易中只有亏钱的和赚钱的，你不是索取就是给予；外汇短线交易就是典型的零和游戏；外汇交易中掌握交易规律并能身体力行的人在持续不断获利，而其他那些人则在不断亏损，**"富有的还会有更多，亏损的却将失去更多"**。这就是典型的"马太效应"。

仔细想想你的竞争优势究竟是什么？这个问题极少有人去思考，所以他们必然成为羔羊，任强者和智者宰割。

外汇赢家是怎样炼成的？好书可以让你省下一年左右的时间，但是代替不了你3~5年的磨炼，因为市场的经验和交易的技能是不能通过阅读和思考获得的，**外汇交易是一门技能，而不是知识。更为重要的是外汇交易学习面对的是随机强化，而不是一致性强化。那么，外汇赢家究竟是怎样炼成的呢？**

重视复盘是真正迈向持续盈利之路的关键。任何交易界的赢家都是从自己的经验中延伸出方法的，从自己的经验中引证出理论的。

当别人都在参加聚会或者观看体育赛事时，你在聚精会神地浏览行情走势，你研究其中的规律，思考如何介入和退出，你在纸面上进行模拟交易。

当别人都在悠闲地欣赏音乐或者看电视打发时间时，你在马不停蹄地训练自己的交易技能，提高自己对每个交易环节的把握水平，你通过实际努力成为一个更加出色的外汇交易者。

追求外汇交易境界的完美是一个过程，纵然完美永远不能企及。"如果凡事触手可及，那么天堂的意义又何在呢？"供求因素是影响外汇市场走势的直接因素，但是却不是最直接的因素，最直接的因素**是市场中的参与者**。你越早意识到这一点，越能够更好地迈向自己的交易者成功之路，正是由于市场是博弈游戏，这使得随机强化成为外汇交易者学习的关键特征。

如果你不了解格局，不了解对手，那么你必输无疑。

一幅行情走势图向你传达的信息不仅仅是典型的价格形态，还有更多重要的信息，比如市场的心理。**货币的走势图反映出了人类的情绪模式，他们对新闻、传言、事件、数据等基本面信息的反应**。货币走势反映了市场参与者们的预期，而不是已经发生的事情。**一个晋升高级外汇交易者行列的人**

将信息和价格走势结合起来理解，你将看到本质。如果你仅仅观察价格，那么你会失去对行情的预测，如果你仅仅看信息而忽略了价格对此的反应，那么你就忽略了对手盘的影响。

必须能够区分“预期”和“当下”，市场当下的行情是按照参与大众的预期来走的。

你或许会说价格运动是市场上所有参与者行为的综合效应。在行情走势图上，还有一些被参与者忽略掉的因素。这就是某些主流交易者，比如宏观对冲基金的操作在行情的两端与散户基本是相反的。所以，**一个追求完美的外汇交易者必须考察价格走势之外的因素**，比如市场主流参与者的动向和市场小交易者的动向，这可以通过外汇期货持仓和小交易者持仓来了解，在 www.dailyfx.com.hk 上有相关的信息。当然，了解市场上的情绪还有其他方法，比如看汇评和多空情绪调查。一个多空情绪调查比较出名的国外网站是 www.profinanceservice.com，当然在新浪外汇等国内网站上也有相同的服务。

永远要问价格为什么这样走？高手喜欢问为什么，这是所有领域的通则。

在不确定性的外汇市场中寻找确定性，这是永恒的外汇成功法则，什么是确定性，合理的资金管理能够带来长期交易结果的确定性。外汇交易中不存在不证自明的道理，即使一些公认的交易规则，如果没有经过你的检验，也很难得到你的信服。

突破而作是公认的进场交易方法之一，但是当汇价突破的时候，没有一个交易者能够完全肯定这是一个真突破。即使这样，如果你选择突破而作。那么就需要坚守突破而作的规则，如果你任意改变其中的规则，则一定得不到确定性的结果。随着交易经验的累积，你会发展出独特的定义“真突破”的方法，但是仍然有很大一部分你认为是“真突破”的价格走势其实是虚假的价格突破走势。但是，你不能因此而随意改变自己关于“真突破”的定义，否则你就会因为自己交易行为的不一致而导致交易结果的不确定性，交易者之所以经常犯策略和行为不一致的错误，最主要的外部因素是市场的**随机强化特性，也就是你做对了不一定赚钱，做错了不一定亏钱。**

随机强化是遮住市场真相的面纱。只有通过足够的样本和足够高质量的复盘，你才能撩开面纱。

那么，一个追求完美的外汇交易者如何甄别趋势呢？如何把握趋势，这是一个交易者努力的主要方向。趋势具有持续性，正因为这样才使得突破而作后的加仓变得可能和有必要。趋势下的真突破与假突破的最大区别在于前者可以在突破后行走更远，也可以这样来理解，**如果一段走势突破之后走了可观的距离，那么此后它继续发展的可能性和幅度都会很大**。正是基于这一规则，我们才必须而且敢于在价格突破之后不断加仓。但是，由于趋势是稀缺的，所以我们经常会消耗在假突破上。但是，我们几乎没有机会在假突破上加仓，因为市场很快就以实际走势打消了我们加仓的念头——突破很快夭折。甄别趋势是一个要力图完美的外汇交易者必须要做的一件事情，不过需要注意两点：第一，我们永远不可能确定性地知道当下市场是否处于趋势，所以我们凡事要给自己的判断留下容错的余地，要设定停损；第二，趋势甄别有很多方法，从而也就使得趋势的定义有很多，不过趋势最根本的属性一定要考虑进去，这就是持续性和稀缺性，**现存关于趋势的定义一般都忽略了如何适应趋势的稀缺属性。趋势的持续性没有得到很好的运用，比如加仓，这些问题基本都是由于交易者很难解决趋势稀缺性带来的难题，如果能很好地解决这个问题，则很多交易者遇到的普遍难题都能迎刃而解了。**

趋势之所以稀缺是因为基本面重大变化是稀缺的。

趋势只有持续的时候才能称为趋势，当市场处于趋势时，这就给了交易者一种确定性，趋势是稀缺的，所以确定性在市场中也是稀缺的。趋势会发生改变，但是确定性的东西会一直存在，这就是趋势的持续性，如果你没有做过外汇交易，或者你仅仅是一个新手，那么你大可不必看这本书。原因很简单：第一，没有亲身经历，很多东西在你看来是无用的大白话，因为你是从字面上去解析，而不是从经验上体悟；第二，新手要的主要是具体的技巧，追求的是完美的技术指标和价格形态，这个过程是每个交易者都要经历的，没有这个肯定的过程就不会有其后的进步性否定，妄想一来就明白对交易真正有用的东西是不现实的。**如果你没有经历过寒冷，**

对比中，你才明白事物的真正价值。没有对比就很难做出有效的评价。

就不知道温暖为何物；如果你没有沉迷过糟粕，就不知道精髓是什么。

外汇交易者趋向完美的过程，就是一个不断向自己靠拢的过程，外部的技巧和内部的自我走向一致，合二为一是交易走向完美的表现。**刚开始做交易，我们做的是别人的交易、别人的观点、别人的策略、别人的技术、别人的判断、别人的系统，然后我们会不断碰壁，开始反思，在进场上悟出自己的方法和哲学，在出场上悟出自己的方法和哲学，直到整个交易流程都用“我的”来代替“别人的”，**这个过程其实也是成功应对外部随机强化和内部倾向性效应的过程（关于倾向性效应将在后面的课程提到）。

复盘加速了内化的过程，并且能够真正推动我们迈向成功。

“人剑合一”是武侠电影中宣扬的哲学和境界，虽然从逻辑上分析是“美好的废话”，但是如果你真的有交易经验的话，会发现其实完美的交易确实如此。只有你完全用自己的实践加体悟得出的交易策略进行操作，你才能取得持续和必然的成功，“I trade one way ，my way!”这是我们写在《黄金高胜算交易》一书扉页上的一句话，你认为这是“美好的废话”吗？如果你没有进行一段足够长时间的独立交易，没有经历过自己的思考，你看到这句话一定觉得不过是“装饰性的话”而已。完美的交易必然是自己的交易！所谓自己的交易，是用自己的方法，遵守自己的纪律，根据自己的判断做出的交易。如果你从别人那里学来一招半式用了几下就认为是自己的方法了；如果你连某种方法每个步骤的实际意义和整体价值都没有搞透彻就认为是自己的方法了；如果你对于某种方法的好坏只从当下的几笔交易的盈亏去理解而不顾方法基于的交易原则和市场哲学，那么你就永远是在用别人的方法和思维在交易，这种交易不可能长期盈利。原因是什么呢？第一，交易涉及三者：**交易者**、市场和交易方法；第二，世界上没有任何两者是一样的。市场在不同层面上，也就是不同品种、不同时间框架上有不同的特性，而交易者的差别更是大得惊人，这就决定了交易方法不可能完全一样，也就

交易者永远不是计算机，自然有优劣和偏好。计算机也永远不可能超过人类，除非它能自动识别和处理新变量。

是交易者应对市场随机强化的策略肯定是不同的。

发展出自己的外汇交易策略，并且只进行“自己的交易”。交易那些你“体认”过的形态和模式，何谓“体认”？就是经历过而悟出和确认。如果你是从什么书本或者语言中得到了某种“形态”，那么我只能诚恳地告诉你：**别人的是别人的，对你毫无意义，真正对交易有价值的东西是你自己“体认”过的东西**，或许是一种交易哲学、一种价格形态、一种盘面动向、一种资金管理思路。

那么，你究竟怎样才能发展出自己的一套东西呢？实践—总结—再实践—再总结，通过这样反复不断的“体认”过程，你才能发展出自己的交易策略，你才能够以自己“体认”的东西对有效突破下定义，对交易进场和出场的条件下定义。**外汇交易是实践性的，而不是认知性的，这是不少人犯错误的关键**，外汇交易要的不是精细化的聪明，而是整体化的睿智。为什么外汇交易有这样的特性呢？这主要是因为外汇市场面对外汇交易者在局部呈现出“随机强化”的特点，在整体才呈现出“一致强化”的特点。所谓“随机强化”，是指你做对了，不一定能够获利，你做错了，不一定会亏损；所谓“一致强化”，是指你做对了，一定能够获利，做错了，一定会亏损。**正是因为市场在局部呈现出“随机强化”的特点，所以绝大部分抱着精细化思维的人都无法最终形成一套相对稳定的外汇交易策略。**

【开放式思考题】

在研读完第二课的内容之后，可以进一步思考下列问题。虽然这些问题并没有固定的标准答案，但能够启发思考，跳出来看某些观点。

1. J. Alpert 指出：“将注意力集中在你所能掌控的领域，不要去操心能力范围之外的事物。”在交易中，哪些是你能够掌控的领域呢？哪些在你能力范围之外呢？

提示：拿出一张纸，写下你的答案。然后思考目前掌控的领域能否扩大？如何扩大？自己是否经常做能力范围之外的交易？

2. 本课提到“正是因为市场在局部呈现出‘随机强化’的特点，所以绝大部分抱着精细化思维的人都无法最终形成一套相对稳定的外汇交易策略”。刻意练习能够解决这个问题吗？

提示：结合后面的课程来作答。

【进一步学习和运用指南】

1. 关于能力范围的概念，巴菲特（Warren E. Buffett）和查理·芒格（Charlie Thomas Munger）都讲了不少。其实，投资者比投机者往往更能够意识到自己能力的边界。

2. 让自己更加清醒和稳健，外汇投机者也应该阅读一些价值投资的理念和原则类书籍，推荐我们的《投资巨擘的圭臬》一书，特别是其中关于能力范围的阐述。

3. 有规律的生活和体育锻炼是保持冷静理性的关键。为什么我们无法很好地处理随机强化问题？因为这类问题很容易让我们焦躁。从今天开始，给自己一点时间运动吧！

第三课

外汇“无压力交易”心法：追求有效果的做法和观念

有效果比有道理重要。

——王浩

不是说终其一生你都要整天闭着眼睛一直练习，而是说就像做体能训练得到的好体力，会在日常生活中对你有所帮助，这种对心的训练，也同样会令你强壮。

——William Hart

在本课你将会学到“无压力交易”的具体技巧，这些东西对于减轻日内外汇交易者的紧张非常有效。无压力交易是成功外汇交易者追求的境界，也部分甚至全部在这些精英交易者身上得到体现。无压力交易是成为一个成功外汇交易者需要掌握的最重要的概念和技巧。**如果你能够很好地掌握这些具体的技巧，你就能够打开外汇交易的第一道关口，这就是观念和心态，一般的书籍都是泛泛而谈的心态，它们着眼于定义需要什么样的心态，关注的是“什么”；而我们关注的是“怎么样”，如何达到这样的心态。如果仅仅知道什么样的心态对于外汇交易有用并不能促进我们实际交易技能的提高，有效果比有道理重要，一个成功的外汇交易者必然是一个务实的外汇交易者，我们需要的是有效果的做法，而不是有道理的说法。**如果我们专注于效果，就必然去寻找具体的技巧，而不是抽象的观点（并非观念）。如果你能够从自己的实际出

葛印卡开创的内观流派对于交易者提高自己的大脑系统的运作水平非常有效。

发，专注于从具体行为入手改善自己的观念和心态，则持续从外汇市场赚取利润并不是什么难事。如果你从书本出发，从抽象的论述出发，专注于寻找纸面意义上的最佳概念，则徒劳无功必然伴随着你。

正如你所看到的那样，外汇交易与其他几乎所有职业都非常不同，这或许是最具时间和空间自由度的职业。你可以在任何时间和任何地点接入互联网开始你的工作。外汇交易的自由度还体现在你可以控制这项工作的诸多环节和环境。外汇交易唯一让你不开心的事情是亏钱，即使如此你仍旧是自由的，你可以在其他时间安排自己想从事的休闲活动。

但是，外汇交易这种极端的自由也伴随着严格的规律制约。在外汇交易中，你不能控制市场的运动。无论你多么期望在特定方向运动特定的距离，你也没有能力决定其实际的运动方向和距离。**我们不能控制市场行为，在外汇交易中唯一可以控制的是我们自己，这可以保证我们成为成功的外汇交易者。**不过，知易行难仍是我们面临的最主要问题。外汇交易中的一个最大现实是：**一个纪律严明但是技巧拙劣的交易者的绩效远远超过一个毫无纪律但是技巧高明的交易者的绩效。**纪律得不到遵守的最大原因在于交易者无法很好地处理压力，所以纪律并不是完全靠意志力才能坚持的，本课传授的技巧可以很好地解决这一问题。

正如知见心理学宣称的那样，我们可以选择顺流。

无压力交易技巧比完美的具体交易策略更为重要。有一天，一个入行不到3年的职业外汇交易者兴奋地告诉我他持有三手英镑兑美元多头合约，平均盈利800点。不过，即使有这么丰厚的浮动盈利，他仍旧以亏损出局。当我询问他为什么不利用跟进止损保护浮动盈利时，他说自己惧怕市场在下幅度回撤后又大幅度飙升，所以不想采用跟进止损，他这样的回答让我感觉他将自己置于一个充满期待和压力的境地中。**我们当然希望“吃尽”一波走势带来的利润，但是我们需要始终明白一点：我们不能控制市场的走势，所以我们要随时为自己的做法留下容错空间。**一旦留下容错空间，则我们的交易压力就减少了不少。**我们之所以会感觉到压力大，主要原因有两个：第一个原因是我们没有给自己的操作留下容错空间；第二个原因是我们留下的容错空间超过了自己的承受极限。**如果你能够从具体行为入手解决这两个问题，则你在外汇日内交易中的压力将下降不少。

宽容，你可以理解为留下足够的容错空间。当我们对人和物过于苛刻的时候，其实是忽略了宇宙的复杂性，自然也就会处于经常碰壁的状态。过高的要求其实就是减少了足够的保护。

就我们多年沉浸交易界的经验而言，几乎所有成功的外汇交易者都是目标定向的，或者说效果定向的。事实上，只有当交易者具有明确目标和绩效导向时，才能保证自己处于最佳状态。这是由人脑运作方式决定的。当我们的大脑中有一个明确、清晰、具体的目标时，我们的潜意识将很好地工作以便调动内外一切资源帮助我们达成这一目标。一个交易者的目标必须符合下面四个具体标准：

◇ 第一个标准是你的目标必须是现实的。

◇ 第二个标准是你的目标必须是可达成的。

◇ 第三个标准是你的目标必须是可度量的。

◇ 第四个标准是你的目标最好是技术性的，而不是结果性的。

你的交易目标必须是现实的，这意味着它必须在你的能力范围之内。或许你可能在第一年的交易生涯中用 1 万美元赚到 100 万美元，但是这绝不可能在你能力范围之内，所以这样的目标并不是现实的。**如果你将自己的目标设定在能力范围之外，则你势必会处于强大的心理压力之下，最终结果往往比你没有交易目标的绩效还差。**

你的交易目标必须是可达成的，这点与目标的现实性有一定的关系。目标有一定的高度，保证你需要付出适度的努力才能达成，但是又不能过高，以至于身心憔悴也很难达成。过高的目标容易造成自己的心理压力过大，从而违背资金管理和风险控制的具体要求。

你的交易目标必须是可以度量的，而不是“官话类型”的语言，说了之后让别人感觉大而不当，要解决这一问题就应该使之可以定量化。“赚钱”不能算作一个目标，只能算作状态和梦想。但是，**许多交易者之所以失败就是将这些“大而空”的概念当作目标，这样既不利于自己的提高，也不利于自己的实际操作。**

对于成功者而言，这点最为重要。如果你关注的焦点是技术性的，而不是结果性的，那么你就不太容易过度紧张。

交易目标最好是技术性的，而不是结果性的。所谓的技术性，就是你将注意力集中于满足一些操作技术上的要求，比如每次交易设定止损，止损的最大金额不能超过总资金的2%等，这样可以保证你在“顺应市场运行和资金管理法则的轨道”上运行。**如果你的目标集中于盈利这样的结果上，则很容易适得其反。**这点可以说是交易者目标设定中最为重要的一条，但也是最易被忽略的一条。**由于外汇交易是一个局部随机强化的工作，所以以结果性为导向的目标容易将交易者导向误区。**

当你与成功交易者交谈得越多，你就会发现他们都是以“技术性导向”为主，而不是以“结果性导向”为主。盈亏是最终目标，但是不能用来指导具体的交易实践，否则就会起到相反效果——“越是想要，越是得不到”。这就是“排斥力法则”：当你着眼于结果，而不是过程时，你往往得不到你想要的结果。外汇交易受到“排斥力法则”的主导，**从这个角度来看遵循道家“无欲则达”的哲学未必是坏事。**

成功是有规律的，技术性目标正是基于这一点。不能过于相信“潜意识自动实现梦想”这类说法，因为这类说法容易将人引入歧途，一味关注结果性目标。

任何一个成功的外汇交易者必然有符合上面四个特征的目标，但光是有这样的目标还不够，你必须将目标分解，落实到每日的基础上，“下切”到每笔交易的基础上。如果你能够将你的目标视觉化，则可以帮助你更快地实现最终的愿望。过于抽象的想法无法引发我们内在的动力，如果你不能“看到”自己的目标，则你也无法高效地实现自己的目标，无论是技术性目标，还是结果性目标都是这样的。有一位居住在加拿大的华裔职业外汇交易者曾经对我说：“具体的目标对于外汇交易者而言是非常重要的，但是将具体目标视觉化也是同样重要的，如果你能将目标在每日和每笔交易的框架中视觉化，那么你不但有动力而且有能力去实现这些目标。”关于将目标视觉化的技术，我们后面还会谈到很多，不过现在我们只要你记住一点，一个成功的外汇交易者必然要有具体明确的目标。

一个成功的外汇交易者除了要在目标设定上下足功夫，还需要培养正确对待亏损的认知和心态。**只有你恰如其分地认识到了亏损在全部交易中的意义，你才能以无压力的心态进行当下的操作。**除非你能够坦然地接受单笔的亏损，否则你不会成为一个盈利的外汇交易者。为了追求全局的盈利，你就要接受局部的亏损，这是由外汇交易的概率性质决定的。**局部的亏损是你进行外汇交易这门生意的成本，而全局的盈利则是你进行外汇交易这门生意的收益。**

风物长宜放眼量，用辩证的观点，用统计学的观点来看待亏损则心态要平和得多。

绝大多数外汇交易者在最终养成接纳合理亏损之前就放弃了外汇交易本身。成功的外汇交易者不会听任浮动亏损自行发展，他们会在亏损扩大前及时停损，以较小的亏损杜绝较大的亏损发生，这就是“丢车保帅”的明智之举。能够接纳合理的亏损，可以使得外汇交易者在停损时毫不犹豫，这对于整个交易的成败非常必要。

交易者不能将亏损的交易看作是对自身能力的贬低，一定不要将胜算率与自己的交易能力画等号，应该将一段时期内整体的交易盈亏作为评价自己交易能力的关键标准。初学者之所以失败，往往是采取了错误的能力评价体系，这样当然只能南辕北辙了。但是，不少人还是执迷不悟，这些人往往醉心于某个胜率95%以上的神奇指标或者系统。这些人之所以不能及时止损是因为他们认为亏损意味着对自己能力的贬低，他们认为亏损的交易对他们自身下了评价。这种观念使得交易者更加远离交易的真相，可怕的还不止这个，**最可怕的是不少交易类书籍还一本正经地这样去宣传，这些书的作者要么绝对是没有做过交易的“专家”，要么是故意误导交易者，他们宣传的无非是某种极高胜率的形态或者策略。这正好迎合了人类的天性，而这一天性是有害于你的真正盈利的。**亏损与你的交易能力没有相关性，控制亏损却与你的交易能力直接相关，要准确区分亏损与控制亏损。同样，盈利

以偏概全，容易导致过度乐观或者过度悲观。

从来都是跳出局外的干掉迷在局内的。

的交易并不能说明你的能力，**你必须跳出具体的交易，学会从整体去观察盈亏，这样才能正确地对待盈亏。**如果你没有足够时间的交易经验和反思，那么上述这些话在你看来是不痛不痒的“空话”，不过这有点“曲高和寡”的因素在里面。

亏损是交易的必要部分、是交易的正常部分、是交易这门生意的必要成本，**“空手套白狼”绝对不适合交易这门生意。顶尖的外汇交易者每天都在亏损，这并不妨碍他们的伟大。**他们并不会抱着亏损不放，将亏损与自己的能力联系起来，他们知道应该从整体上看待自己的亏损。**他们意识到亏损早晚会被盈利所冲抵，这是他们基于整体所下的结论，这种认知也保证了他们能够严格按照自己的纪律进行操作。**

Martin 有一位朋友从事标准普尔 500 指数期货交易 15 年，他算得上顶尖的杠杆金融品交易大师。我们可不是从他的理论有多么高深的角度来定义他是“大师”的，我们是从他从金融市场上挣得的利润将他定义为大师的，他的别墅有 14 个卧室和 6 个车库，如果一个靠交易为生的人能够为自己创造如此优越的居住条件，那也足以证明他绝非一般的交易行家。他对待交易中亏损的态度在我多年前认识他的时候让我非常吃惊，他每天的亏损占到了整个交易笔数的一半，他每天的亏损足以在国内买上一辆普通的轿车，他在交易中的亏损如此频繁，以至于你从局部根本看不出他能够盈利，但是最后他真的盈利了，每天都是如此。他在局部的表现并不抢眼，但是一个月下来的盈利足以让那些号称 90%以上胜率的“大师”相形见绌。Martin 的这位朋友并不是特例，他与其他成功交易者一样，只是正确地认识到了必要亏损的意义和价值。如果他能做到，为什么你不能做到呢？要知道，他的智商也只是平均水平而已。

马克·道格拉斯是 *The Disciplined Trader* 一书的作者，关于接纳必要的亏损他有过精彩的论述：一旦你觉察到超限亏损的存在，就应该立即将其兑现。如果预先定义了停损的条件，而且毫不犹豫地执行了停损操作，那么就没有必要再去估量停损行为本身，应该继续当下的交易，而不是为此前的交易所困扰。一旦停损，你就不会面临灾难性潜在亏损的威胁。如果你没有事先定义停损的条件，或者对执行停损心存犹豫，而且市场并没有对此采取惩罚，你浮动亏损的单子最终却盈利，这将进一步强化你的错误行为，直到你遭受不可承受的亏损。如果你能够坚持绝对的停损，那么你将创造一个良性循环，在全局上得到“一致性强化”。

“恐惧会让交易者放弃进步的可能，如果你对自己将要采取的行动感到恐惧，则你必然不能掌握到市场行为的本质”，**市场行为的本质就是让绝大多数交易者亏损，市场的一切行为都是围绕这个原理展开的，否则市场本身无法存在，因为市场存在的一个前提是经纪费用等中间成本的充足持续供给，这些都来自于交易者，所以即使交易价格不变，交易者已经有亏损了。市场要造成绝大多数交易者的亏损，就必须利用绝大多数交易者的普遍特性，这或许就是人的天性。所以，成功的交易者都是“异常心理者”，如果你的心理跟大家一样，你注定是个输家，这就是金融游戏的终极规律。**

外汇交易的收益不能以直接用于交易的时间多寡来衡量。大家赚钱的方式有两种：一种是与时间和劳动力付出多寡密切相关的，单位时间只能挣那么多钱；另外一种则是与时间无关，在单位时间内挣的钱可以是没有上限的。绝大部分的人是用时间来赚钱的，时间付出得越多，则赚的钱也就越多，但是这种方式并不适合外汇交易这样的工作。一个外汇交易者可能在几分钟内挣上万美元，也可能在几秒钟内达成这一目标，这与绝大多数人日常赚钱的思维存在差别。所以，**不少人认为在外汇交易中直接花的时间越多则赚的钱一定同比例提高。**

但是，如果你将越多的精力投在最重要的方向上，那么你所投的精力肯定是与绩效呈正相关的。如果你没有找到与外汇交易绩效高相关性的活动，那么就很可能事倍功半。

正因为外汇交易的盈亏在瞬间确定，所以绝大部分从事日常工作的人士都无法很好地适应这一点。但是，一个成功的外汇交易者必须适应每日经历这种情形。由于快速盈利不符合我们从小到大养成的信念，所以会导致两个严重的问题：

第一个问题是：如果你潜意识里觉得自己不配如此快地赚钱，那么你的潜意识可能会说："你怎么可能这么快地赚到钱呢，你应该还给市场！"无论你是否相信这个理由，你基本都是以上述的结局收场。如果你有一个特定的观念，则潜意识会让这个观念在外部实现。"Our Beliefs Shape Our Reality！"一个外汇交易者也不能逃脱这个定律的制约，所以你能成为一个多高水平的外汇交易者，基本上取决于你的观念最终能有多高，**一个观念不能拔高的外汇交易者其成就也非常有限。观念藏于潜意识中，彰显于意识中，但意识通常并不自知。**潜意识如此有力量，它力图让信念为主的各种观念外化（实现）。如果内在的你对于快速获利感到不"合理"，则你的行为持续不了多久就会被潜意识阻止。也许你在意识层面非常兴奋，但是你内心深处是没有底的，你缺乏底气和信心（我们提供了一个潜意识 MP3 文件和一些放松音乐来帮助你解决这一问题，大家可以从网站上免费下载这些资源）。

人都是自己观念的囚徒，但是从来不会觉得自己可怜。

第二个问题是：心理上的冲突会使得交易者们的进步停滞。如果市场给予你超越期望的更多的利润，你不能期待下次会有这样的待遇，但是很多交易者并不明白这个道理，因为他们在"指定"市场应该给他们多少利润，这违背了交易获利的根本原理，这就是通过控制亏损来追求尽可能多的利润，能把握的是亏损，**利润只能等待市场的给予。**有交易者喜欢设定一个主观的盈利目标，这往往导致他们忽视了市场的潜在利润幅度。

随着跨品种和跨市场交易的盛行，你可以选择交易对象了，这意味着某种程度上你选择品种的能力决定了你的潜在盈利空间。

交易的信念最终会形成对自己能力的评价，以及对自己行为的指导，通过有效地约束自己的行为，交易者对自己能力的评价才有了坚实的基础。外汇交易中比较普遍的约束规则是：

◇ 绝对止损，绝不进行一笔没有停损设置的交易。停损是短线外汇交易者最好的朋友。

◇ 当盈利幅度超过风险幅度（停损幅度）时，将停损移动到盈亏平衡点。

◇ 根据明确的条件进场，根据明确的条件出场。

◇ 你不必抓住每次机会，只把握那些在你能力范围之内的机会。**不要因为怕错失大行情而进行你能力范围之外的交易。**

一张网不能网住所有鱼。

◇ **交易中把注意力放在操作是否符合技术要求上，而不是结果上。**

◇ 不要抱着希望和祈祷在市场中生存。你怎么能寄希望于市场按照你的想法来运动呢？相反，你应该随时琢磨市场的想法，是你顺应市场，而不是市场顺应你。

除了以行为恪守上述这些规则，我们还需要对潜意识本身进行调整，这样才能实现“无压力交易”。下一节课，我们将介绍一些具体的技巧，以便帮助你从潜意识层面进一步提高自己的交易水平。

【开放式思考题】

在研读完第三课的内容之后，可以进一步思考下列问题。虽然这些问题并没有固定的标准答案，但能够启发思考，跳出来看某些观点。

1. 本课提到“一个纪律严明但是技巧拙劣交易者的绩效远远超过一个毫无纪律但是技巧高明交易者的绩效”。为什么纪律对交易如此重要呢？从概率和复利原理的角度思考。

提示：稳定的期望值！

2. 本课提到“我们不能控制市场的走势，所以我们要随时为自己的做法留下容错空间”。容错空间和止损对于交易而言，具有什么样的重大意义？

提示：低成本地修正自己的错误。

3. 本课提到“随着跨品种和跨市场交易的盛行，你可以选择交易对象了，这意味着某种程度上你选择品种的能力决定了你的潜在盈利空间”。就逻辑、周期和结构而言，谁是决定潜在利润幅度的最大因素？

提示：逻辑！

【进一步学习和运用指南】

1. 如何让你的交易变成技术导向，而非结果导向？想一想，你需要做一些什么来达成这一要求。

2. 杰克·D. 施瓦格（Jack D. Schwager）有几本采访顶级交易员的书可以看一看，从中了解下他们是如何克服一些技术和心态问题的。

第四课

外汇交易的心理控制术：潜意识沟通策略

我将一切沟通潜意识的方法归纳为四种，有此四种方法的帮助，我们真的可以梦想成真：放松、想象、暗示、重复！

——魏强斌

人类是通过言语和图像来和自己沟通的……可视化联想是在自我催眠过程中你在脑海中勾勒出的图片和影像。而你的思维会利用语言和图像来重塑大脑和身体中的物理反馈。

——Judith Pearson

意象是无意识的语言，一种用象征性的符号进行无意识表达的语言。意象也是无意识的重要构成内容，无意识通过意象得以表达。

——朱建军

在外汇交易中，我们经常因为内在恐惧而搞糟我们的交易，虽然生活中恐惧对我们是有正面意义的。每个从事过外汇交易的人都知道恐惧对于交易本身是非常不利的。**恐惧是人类进化的动力，它帮助我们及时发现环境中潜在的威胁，从而避免遭受真正的危险。**不过，当恐惧来临时，它并不会区分真正的危险与臆造的危险。当一个小孩子被一只狗咬了之后，此后他对所有的狗都产生了恐惧。但实际情况却是并非每只狗都会咬他。如果每只狗都会咬人，则这个小孩的恐惧就会帮助到他，这时小孩子面对的就是“一致强化”，他的恐惧感促进的行为学习是有益的。但是，如果只有小部分狗

交感神经过度活跃，而副交感神经处于抑制状态就会导致焦虑、紧张和恐惧。刺激交感神经的方法往往与呼吸、禅定、运动有关。

会咬人，则这个小孩的恐惧则会有害他与宠物们玩乐，这时小孩子面对的就是“随机强化”，他的恐惧感反而阻碍了他有效的行为学习过程。交易的过程恰恰是“随机强化”的，如果你在乎自己的感觉，则你会陷入错误的行为反应中，对亏损和盈利的直接感觉往往会影响你习得真正有益的行为。**金融交易的心法精髓在于：重要的是你的行为，而不是你的感觉！**

行为可以诱导出相应的感觉。对于神经症患者而言，做心理斗争是家常便饭，最终搞得筋疲力尽。其实，通过运用身体，通过行为，你可以克服掉这些心理问题。

人类的恐惧和高兴本性在面对一致强化时非常有效，但是在面对随机强化时却往往带来灾难，所以我们要想办法驾驭这两种情绪行为。情绪本身是在向我们发出信号，促动我们采取行为避免危险、追求快乐。**情绪植根于潜意识之中，潜意识不会像意识那样直接受我们的驱使，我们需要特别的技术来驯服恐惧和贪婪的情绪。**

不少证券交易书和“大师”都说恐惧和贪婪是交易者失败的根本原因，这其实并不正确，恐惧和贪婪导致交易者的行为违背了风险控制条例，这是交易者失败的根本原因。如果恐惧和贪婪能够促进交易者遵守风险控制条例，那么恐惧和贪婪就是交易者成功的动力。恐惧和贪婪在交易中是中性的，关键看你怎么去运用它们，如果没有恐惧和贪婪，你也不会到外汇市场中来淘金和享受人生。**将你的恐惧和贪婪变得相对可控和有弹性，能够适应交易规则，这才是交易的上乘境界。**那么，如何做到这点呢？第一种驯服交易情绪的方法是靠意志力，这就是意识的作用，强制自己的情绪服从于交易规则，这条方法用起来阻力很大，不少伟大的交易者就是这样做操作的，但是往往免不了“功亏一篑”，比如杰西·利弗摩尔和罗伯特·江恩。第二种驯服交易情绪的方法是靠有规律的中高强度体育锻炼，这种方法通过身体疲劳来加强对情绪的控制，我（魏强斌）自己看过至少两例这样的超级短线高手（其中一例是咏飞），不过这种方法与第一种方法近似。第三种驯服交易情绪的方法则是靠我们本课介绍的心理控制术，**这套方法结合了精神分析、渐次肌肉放松、超觉静坐、自我催眠、心理控制论、神经语言程式学、森田疗法、**

性格和心态是没有绝对优劣的，这往往取决于所处的环境。而思维方式却是有相对优劣的，是可以被证伪的，是可以被提高的。

认知疗法等现代心理学的高效部分。下面，我们就来详述自己总结的这套方法在外汇交易中的实际运用。

心理控制术相当于是优化电脑的操作系统，而具体的分析方法和交易方法则相当于是应用软件。

我们的方法主要是以想象力运用和身体运用为主的，一方面想象力更容易深入到潜意识，进而驾驭情绪；另一方面情绪与身体密切相关，所以通过掌控身体我们可以驾驭情绪。目前市面上关于交易心理辅导的书基本都是在谈“应该”，而没有谈“如何”，其实我们每个交易者都知道“应该”怎样，关键是“如何”。**高谈大道理的同时缺乏可供操作的高效步骤，是市面上所有交易心理辅导书毫无用处的根本原因。**

驾驭情绪和潜意识有两种方法：一是平衡法；二是自如法。我们按照这两种方法大类来分别介绍外汇交易员心理控制的具体策略，注意这里是具体可操作的策略，而不是一些“空对空”的观点，我们绝不告诉你“不要恐惧和贪婪”这样大而不当的建议，我们的注意力放在“如何更好地驾驭恐惧和贪婪”。

外汇交易心理平衡法是第一大类，这是我们最好在进行外汇交易心理自如法之前进行的一类心理训练，这类方法可以更加方便而直接地在外汇短线过程中采用。真正的交易是需要全方位地应对的，或许你看了不少关于交易策略本身的书籍，也看了一些泛泛而谈交易心理的书籍，但是这些书籍对于如何具体地进行交易心理掌控都没有太多的方法。行为金融学和行为经济学都着重去谈一些关于交易者心理倾向的问题，但是对于如何有效克服这些倾向并没有太多的具体可供操作的方法（外汇心理平衡法最好配合我们的 MP3 一起使用，主要是价值 800 元的全脑大师和其他专门的放松音乐，这些大家都可以从我们的网站免费下载使用）。

外汇交易心理平衡策略之一**“超觉静坐策略”。**静坐可以帮助我们更好地掌控自己，不少人在长年累月的生活中，特别是在激烈的外汇短线交易中丧失了对心灵的控制权，所以他们的情绪和脾气变得很差，经常处于紧张和失控的状态。**如果他们想让自己的思维停下来，很快就会发现自己根本无**

内观是公益性和效果兼具的超绝静坐策略，大家可以上网去查一下，这个是全球免费在做的一件大好事。

能为力，这表明外汇交易者已经失去了对自己思维的掌控权。如果你都不能掌控自己了，你还怎么去掌控你的交易？这时候我们迫切需要进行“夺回主动权”的“内在战争”，这场“战争”是在寂静中展开的。长期战斗在外汇交易的第一线，我们明白这种“思维主动权”对于交易取胜的关键意义，所以我们始终在“捍卫主动权”，采用的方法就是“超觉静坐策略”。

“静坐”的表面意义很浅显，无非就是坐着不动，如果深究其含义就会发现其意义深奥无比。自古以来，佛家、道家、儒家、武家、兵家等都讲求静坐的功夫，现代心理学也将静坐视为很好的心灵重塑技术。我们这里就不再去深究静坐本身的哲学和心理学含义，我们要的是效果，而不是道理！“超觉静坐”（Transcendental Meditation，TM）是得到现代心理学基本认可的一种主流静坐方法，是一种可以促进交易者个性优化与自我成长的方法，也是一种使交易者摆脱交易压力和情绪焦虑的具体方法。**外汇短线交易导致的疲惫、挫折、焦虑以及其他许多损害神经系统正常功能的身心异常现象都可以借由超觉静坐而得以消除，从而大大提高外汇短线交易者的绩效。**通过坚持定期练习超觉静坐，外汇交易者不仅可以消除焦虑和压力，以及避免各种心因性疾病，更能促进交易兴趣和交易绩效的提高。长期进行超觉静坐的外汇短线交易者可以发挥自己的全部潜能，而交易的理想境界也能最终实现。当然，超觉静坐对人的提升是全面的，不仅仅限于交易水平本身。

要想单靠意志力压制住焦虑和恐惧是不可能的。

超觉静坐的具体步骤是：

第一步，在安静的房间内，灯光柔和，交易者盘坐在垫子上，闭上眼睛。

第二步，逐步放松全身的肌肉，从脚步开始，一直放松到头部，肩膀一定要放下去，而不是耸肩。这一步随着超觉静坐的技能水平提高会越做越好，因为完全放松并不是一朝一夕就能掌握的。放松是交易心理平衡法经常用到的子策略，也是交易心理自如法得以进行的基础。

第三步，闭上嘴巴用鼻子呼吸，去细细感觉空气从鼻孔进出的状态。在每次呼气时，心中默念“1”，坚持 20 分钟，但不能用闹钟提醒自己，在估计够 20 分钟时睁开眼睛查看时间，如果不够则继续。在准备停止之前，再闭上眼睛休息两分钟左右，然后睁开眼睛。

超觉静坐要求练习者处于轻松、舒适、安静和自然的状态。每天练习一次或者两次，只要坚持练习即可，不要急功近利，更不必担心进步。饭后两个小时才能开始练习。在交易心理平衡法中，“超觉静坐”是效果最为显著而且容易操作的方法，**我们的每个交易员都必须把这一技术当作一门每日必修课来进行。所以，在交易开始前和交易中场休息时，我们都督促交易员进行超觉静坐练习。**本课讲到的方法不是让你从理论逻辑上去“理解学习”的，而是让你从亲身实践中去“体认受用”的。本课的方法光看什么都得不到，要实践！实践！坚持实践！超觉静坐的功效可以从下列统计数据看出：

最著名的对冲基金经理 Ray Dalio 说禅定对其交易生涯和个人生活影响很大，他每天都坚持禅定。

统计数据一：耗氧量是身体休息的度量指标，4 小时的睡眠减少氧气消耗量 8%左右，而 20 分钟的超觉静坐可以使耗氧量减少 20%，一次超觉静坐对身体的恢复能力相当于 10 小时的睡眠。

统计数据二：心跳速率是焦虑和紧张程度的度量指标，超觉静坐可以使得每分钟平均心跳减少 3 次。

外汇交易心理平衡策略之二**“渐次肌肉放松策略”**。渐次肌肉放松可以是一种独立的交易心理平衡策略，也可以组合到其他策略中。当外汇短线交易者通过一段时间的强化训练能够掌握到肌肉放松的要领时，可以随时随地地进行肌肉放松训练。在简快疗法心理学上有一条重要的规则，就是“Calm Body，Calm Mind！”换句话说就是“身态决定心态，不安的心无法存在于放松的躯体中”。不那么正规的渐次肌肉放松可以在短线交易中随时使用，但是在你能够熟练进行放松之前，还是需要一段时间进行专门的强化训练，然后每隔一段时间进行补充强化训练，比如说每周抽两天进行，**最好是每天睡觉前进行渐次肌肉放松，这样做可以显著地提高自己的睡眠质量。**“交易的功夫在交易之外”，不要以为短线交易高手都是在临盘那段时间才下功夫，在交易时间之外，我们仍旧需要下足功夫。

渐次肌肉放松的方法有很多种，我们这里介绍一种不需要音频设备辅助提示的方法，你按照这种方法提到的顺序去操作即可。

渐次肌肉放松的步骤如下：

第一步，固定一个安静和安全、光线柔和的房间进行放松训练。

第二步，在舒适的床上或者沙发上躺下。

第三步，让自己的衣裤变得宽松。

第四步，深呼吸三下，每次吸气之后尽力忍住不呼出，紧握拳头，全身肌肉刻意紧张起来，注意去体会紧张的感觉。在每次忍不住的时候再将气缓缓呼出，注意去体会轻松的感觉。

第五步，按照身体部位的特定顺序依次进行细致周全的放松，要对全身每处都逐一进行放松，去体会当下放松处的“沉重感”，这个过程至少持续10分钟，如果时间不够，则说明你放松还不到位。

第六步，完成全身所有部位的逐一放松之后，想象一股暖流从头顶缓缓地流向你的脚底，感受其带来的舒适。

第七步，静静躺着，享受这种放松的美好感觉。

渐次肌肉放松熟练到一定程度之后，可以坐在沙发上或者凳子上进行，交易间隙可以进行简短的渐次肌肉放松的训练。

呼吸对于瑜伽而言是非常重要的一门课程，大家可以借鉴一下瑜伽的呼吸技巧。

外汇交易心理平衡策略之三**“深呼吸法策略”**。外汇短线交易者往往长时间坐着进行脑力劳动，所以基本是胸式呼吸，这种呼吸不利于身体能量代谢，所以交易者的身心状态处于极差的水平之上，甚至在贝茨疗法看来胸式呼吸是近视眼的三大原因之一。深呼吸策略较超觉静坐和渐次肌肉放松更便于实行，可以在外汇短线交易中随时采用。深呼吸法在现代发展成了专门的心理学疗法，比如捷克心理学家创立的格罗夫疗法和日本心理学家创立的中心疗法。我们这里介绍的是便于在外汇短线交易者身上采用的“简单深呼吸法”。

简单深呼吸法包括呼气和吸气两个技术环节，这两个环节有各自的不同意义和效果，外汇交易中进行自我调整时可以分别采用，也可以结合起来使用。

吸气时用手按住腹部，体会腹部随着吸气深入不断鼓起的状态，同时感受力量充满全身的感觉。吸气主要帮助交易者积聚力量，在单独运用时强调吸气的技术要领即可。

呼气时缓慢绵长，将自己的注意力放在双肩上，由耸肩状态到垂肩状态，感受放松的状态。呼气主要是帮助交易者放松平和，更好地做出交易决策和更好地遵守交易规则，在单独运用时强调呼气的技术要领即可。

外汇交易心理平衡策略之四**“浑元桩策略”**。经常做外汇短线交易的职业人士免不了腰酸背痛，出现失眠和抑郁状态也是常事。更为糟糕的是，身体状况每况愈下。我认识的一个西安交易者，从入行时全身肌肉健硕到现在只剩下一身骨头，也就是三四年的光景。外汇交易使得我们每天进行室外锻炼的时间大为减少了，心理状态和生理状况都是这样的差。浑元桩是大成拳中的一个最基本、最核心的技巧，利用交易空隙站上一小段时间，你会明显感觉到身心很快充满力量感。浑元桩刺激了你的内在活力和先天禀赋，在西欧和北欧，有很多普通老百姓热衷于浑元桩的练习，因为它能激发你的不少潜能，提高你对身心力量的运用能力。我们作者之一经常进行浑元桩的练习，获益颇深，消除了外汇日内交易带来的疲劳和紧张感，将恐惧和贪婪等狂躁情绪很好地降伏。

浑元桩的一般要领如下：

◇ 在安静之处，头直，身正，两脚分开与肩同宽，平踏于地，下肢微微弯曲，两膝不能超过脚尖。

◇ 双臂展开水平环抱于胸前，两手相对相距 40 厘米左右，五指略微分开，想象抱着一个大气球。

◇ 两眼微闭，凝神定意，心平气和。

浑元桩其实源自《黄帝内经》中的“提挈天地，把握阴阳，呼吸精气，独立守神，肌肉若一”，之所以其能够流传至今，是因为它对人身心的巨大功效。看似简单，好像没有什么高深之处，这恰恰是浑元桩适合即日交易者实行的好处之一，要去“体认”

其好处，而不是思考甄别其好处。

外汇交易心理平衡策略之五**"眼动策略"**。重大的亏损造成的心灵创伤会极大地影响交易者后续的交易决策，同时，一些生活和工作中的不愉快事件也能够影响到交易时的心态，怎样快速走出这些负面的状态呢？眼动策略可以帮助你快速实现这一目标。在所有的交易心理平衡法中，此法是专门针对过去事情造成的负面情绪的，可以帮助我们迅速从干扰交易的过去事件中恢复过来。眼动疗法的全称是"快速眼动疗法"，是实用心理学中使用频率最高的技巧之一，其创立人是 Francine Shapiro ，她因此获得了心理治疗界的最高奖项弗洛伊德奖。眼动策略的关键作用在于让交易者同时处于过去和现在，将情绪和理智联系起来，从而自动去除过去事件遗留的负面情绪，留下其正面意义。我们这里的眼动策略针对交易员而言，与心理治疗中的眼动策略存在些许差异，因为我们需要独立完成整个过程。眼动策略的具体步骤很简单：第一，脑海中呈现让你感觉痛苦的情景，这一情景是在过去交易或者生活中发生的真实事件，并且对你造成了很大的情绪困扰，以至于你现在想起来都感觉很难受，比如你最近一次爆仓，你最近的连续亏损等；第二，在回想的同时，两眼水平左右晃动，以 90 度为大致幅度。一般来回 25 次为一组，完成一组后深呼吸可以进行第二组。对于非生理性负面情绪而言，眼动策略可以在 90 分钟的总治疗时间内帮助你获得神奇的情绪改观。90 分钟的总治疗时间可以分布在 30 天内完成，不少经历过重大人生变故和亏损的交易员可以从中获益，效果是神奇的，但效果的获得需要你的实践。眼动策略其实是将意识与潜意识、左脑与右脑、理智与情感、过去和当下重新联结，从而走出负面情绪，留下有益的结论。

外汇交易心理自如法是第二大类，可以帮助我们在一个合理的时间内完善交易心理，甚至交易技能本身。进行外汇交易心理自如法之前，往往需要进行外汇交易心理平衡法，具体而言是进行放松训练。外汇交易心理平衡法对外汇交易绩效的影响要大于外汇交易心理自如法，这是因为自如法对交易绩效的提高最终还是要通过交易者对交易策略本身的掌握才能发挥作用。**如果一个外汇交易者自己还没有找到具体可操作的盈利方面，那么交易心理自如法的意义不大，不过是水中捞月而已。**我们下面介绍的外汇交易心理自如法已经融合了一些普遍有效的交易策略，所以已经不是纯粹的心理技巧了，里面暗含了有效的交易策略，只不过是让交易策略在"心灵屏幕"上演绎而已。

外汇交易心理自如法诸多策略的主体是"视觉化技术"，而基础则是"身体放松技术"，关于使用"视觉化技术"或者说"想象力技术"，我们需要注意以下几个要点：

第一个要点是当你运用视觉化技术时，你必须处于放松状态。篮球巨星迈克尔·乔丹在自己脑海中的“魔力篮球训练场”上进行“训练”时，他要求自己一定要处于显著的放松状态。如果你的身体没有放松，则你的心灵也没有放松，这样是不可能成功的。下面我们会向大家演示一个简单的“身体放松技术”，当然你也可以直接用交易心理平衡法的放松技术。坐在舒适的椅子和沙发上也能帮助你放松，这是我们需要借助的外部条件。

第二个要点是在你的想象中，你必须按照想成为的交易员那样操作，而且你要认为你就是那个交易员本身，这是心理自如法的关键。通过这样的“角色扮演”，在不久之后，你的潜意识将逐渐变成这一角色。

第三个要点是你必须每天至少进行一次训练，并且是在每天的相同时间。心理学和行为科学试验表明，要改变一个行为习惯或者心理习惯需要21天，简而言之，我们需要进行至少21天的训练才能铸造新的习惯模式。所以，你不能寄希望于我们在一天的训练之后就会有奇迹发生。但是，如果你坚持下面的21天训练，则你将对自己交易习惯的改变和交易能力的提高感到惊奇。你甚至可以把这些训练延伸到生活和工作中的其他部分，而不仅仅是惠及外汇交易本身，我们的这套技术几乎可以提高你人生的方方面面，当然也不是万能的，因为具体的问题解决技巧和技能步骤不是这套技术关注的重点。

在正式介绍外汇交易心理自如策略之前，我们还要演示一下简单放松技术，这是每个交易心理自如策略的热身技术。在进行具体的交易心理自如训练之前，进行身心的放松是非常有用的，下面就是简单放松技术的具体步骤：

第一步，坐在舒适的椅子或者躺在舒适的床上，整个环境必须是安静的，没有干扰。为此，你需要关掉电视机、音响和电灯。开启你的想象力，进入想象力剧场。想象你进入了舒适的心灵剧院中，准备观赏一部你自己是主角的电影。

第二步，将注意力集中于心灵剧院的细节上，看看剧院里面的座位，看看剧院里面的屏幕，你是坐在什么位置的，你放在扶手上的手感觉如何，等等，总之你要通过想象力将注意力导向细节，这会使你的身体和心灵保持放松。

第三步，想象你自己的身体是一系列大气球组成的。现在你的脚底有两个气门，当这两个气门打开的时候，空气就从你的脚底泄漏出去了，这时候你的腿就整个瘫软下去了。接着，再想象你的胸口存在一个气门，然后你打开这个气门，你的整个躯体也瘫软下去了。然后你再对手和头进行相同的操作。

你可以在交易的间歇进行上述放松，并在此基础上进行交易心理自如训练。当你有规律地进行放松时，你会发现一个很重要的规律：身体上的放松会导致心灵的放松，而心灵的放松则会带来大脑的高效率警觉和工作，而这对于交易者而言是非常重要的。当你每日坚持进行这类锻炼时，你会发现放松的状态促使我们更好地控制自己的日常行为和交易行为。每次你进行放松训练的同时应该进行柔缓的语言暗示：放松身体，放松心灵！随着你放松训练的次数累计增加，你会发现你进行放松的时间越来越短了。最终，你将在任何时间和任何情况下迅速放松，这对于外汇短线交易者而言，无异于是强大的身心调整工具。外汇短线交易的激烈使得每个交易者都面临身心憔悴的危险，而我们在本课提供的技术无疑是强有力的应对身心失控和危险的工具。

外汇交易心理自如策略之一**"目标设定策略"**。目标设定对于交易成功而言意义重大，如果你不能每日、每周、每月和每年为你的交易设定目标，则你就很难进行广泛的心理自如训练，你将缺乏具体的方向作为目标。为了处于最佳状态，我们经常需要一个清晰的、可度量的目标为之努力。当你有一个明确的目标时，你很容易处于最佳状态。在进行目标设定策略之前，你应该进行简单放松训练，下面是目标设定策略的具体实施步骤：

第一步，进入你的心灵剧场，尽量坐在舒适的位置上，一个舒适柔软的座位是你所必需的。对心灵剧场内的细节环境进行"观察"，细节、细节、细节，只有对细节进行想象，才能保证我们心灵足够地进入潜意识中。如果你不能清晰地看到心灵剧场的细节，不要担心，随着你的练习增加，你将逐渐胜任这一任务。

第二步，我们将想象自己在这个交易日结束时已经达成了目标。你需要明白的一点是目标的现实性和可度量性是非常重要的要求。目标的可度量性比较容易得到满足，因为一定数量的金钱应该算得上是符合了可度量标准。但是，目标的现实性却往往被违背，短线交易者总是为自己设定了短期内高不可攀的目标，**"强求奇迹反而使得正常绩效都无法实现"**这是对不少短线外汇交易者的真实写照。如果你想在10000美元的基础上一天赚进250美元，这是比较现实的目标，如果你想在10000美元的基础上一天赚进25000美元，则是非常不现实的目标。

第三步，回顾那些你交易结果不错的日子具有的普遍特征，比如你下单时的情况等，回忆那些成功交易的细节，一定要进入细节。对于那些没有成功经验或者已经淡忘的交易者而言，你可以在脑海中"制造"出一个"成功的经验"，看看你如何取得了这次成功。人的大脑是不能准确地区别真实和想象出来的画面的。想象制造出来的成功经历不一定是关于交易的，也可以是生活和工作中其他方面的成功经历。

第四步，现在我们将想象力转向达成每天的交易目标，比如每天赚250美元。心理自如策略成功的一个关键因素是“看到”成功时的场面和“体会”到成功时的感受，然后让潜意识帮助你完成剩下的工作。“看到”你在星期一赚了250美元，“看到”你在交易日结束后坐在心灵剧场中，总之对完成目标后的场景细节和感受细节进行想象，要逼真，越逼真越好。

第五步，在星期二进行同样的想象，着意于细节本身。细节是我们在本课中强调的关键要素之一，如果你不能在交易心理自如法中专注于想象的细节，则心理自如法不能发挥作用。我们这里给出**潜意识沟通三要素：放松、想象与重复。**如果你能够把握这三个要素，则能够很好地调动你的潜意识为你的交易成功出力，很多交易者失败是因为他们的信念和态度不支持他们的行为，而信念和态度主要存在于潜意识中，而行为主要受到意识的操控，通过我们在本课介绍的潜意识沟通方法，我们能够很好地协调潜意识和意识。每天进行这个训练的时间不能短于30分钟，否则你就没有达到某些要求，比如没有把握想象的细节。

第六步，当你从星期一到星期五都以上述方式进行训练后，你需要在一周交易结束的时候再次进入到心灵剧场中，回顾一下本周进行得不错的交易的细节，回顾交易完成前后的感受。

目标设定训练是极其重要的交易心理自如策略，如果没有一个清晰和具体的目标，交易的成功是不可能的。首先，从来都没有一个成功的外汇交易者缺乏明确的目标；其次，设定目标将会帮助你在其他交易心理自如训练中更好地利用潜意识机制。目标设定练习每天至少进行30分钟，每天的形式差不多，但是进行这些练习之前一定要让自己处于放松状态，这样才能变得有效率。

外汇交易心理自如策略之二**“掌控大额利润心理策略”。**对于绝大多数外汇短线交易者而言，询问他们在突然赚到一大笔钱的时候是否感受自在，他们的回答是“当然自在”。但是，只有极少数人的潜意识能够对此感到自在，这是因为绝大多数交易者的潜意识中对于一段时间内能赚到多少钱都是有具体观念的。

无论你是否相信这一点，由于不少交易者在获得大额利润时并不能自在地接受，导致他们无意识地将赚到的利润又重新还给了市场。潜意识里的自我设限信念是能够得到改变的，其中一个较为快速的软性方法是执行我们这里的“掌控大额利润心理策略”。通过下列步骤，你将调整你的潜意识来接纳短期内交易获得的大额利润：

第一步，利用简单放松技巧放松你的身体，进而放松你的心灵。

第二步，利用想象力进入你的心灵剧场中，对剧场的细节进行想象。

第三步，像“目标设定策略”一样，我们将努力逼真地想象达成交易目标后的场景和感受，当你以足够的时间完成这一步骤时，潜意识将为实现你的目标发挥影响力。在本步骤中，你必须清晰地看到你的目标。

第四步，我们的目标是保住大额利润，不让市场重新吞噬掉。进入到你的心灵剧场，想象你如何刚刚了结一笔获利甚丰的交易，比如说是2500美元。现在，当这一情况发生时，绝大多数人都感觉不错，这里并没有什么失误的地方。但是，你或许会认为自己比市场更聪明，赚取利润对你而言是件非常容易的事情。

第五步，接下来你要想象的场景不是你在赚钱的良好状态，取而代之的是你采取了防御性的谨慎姿态。很显然，当你赚到这笔钱时，你应该握住它，而不是归还给市场。你想象你将进行的下一笔交易。想象你比通常采取更保守、风险更小的决策。如果一笔交易没有迅速给你带来利润你也愿意去了结它。这一想象是告诉潜意识不要采取绝大多数交易者在大额获利后的行动：采取比平时更激进的交易决策。在这个练习中，我们要学到一种新的习惯，以便保护我们既有盈利，同时去除其他交易者经常犯的错误。记住，你可以根据交易的一般规则和自己的需要来操纵“心灵电影”，经过一段时间之后你将逐渐习得这种新的习惯，从而不再犯错。如果你按照平常的交易学习过程进行，则你需要经历多年的磨炼才能让习惯发生改变。我们的方法在于帮助你更快地与潜意识沟通，从而改变一些有碍交易的信念、态度和习惯。

心灵剧场是高水平运动员经常用到的策略，现在管理界也在大规模地运用。

在**心灵剧场**你可以做一些与绝大多数人相反的交易行为演练，一定要注意细节，想象出细节。每天进行一次这样的训练，一个月后你的潜意识就会帮助你进行更好的交易，更好的交易就是与绝大多数人习惯相反的交易，同时你会变得更加适应一种违背人类天性的交易方法。

外汇交易心理自如策略之三**“账户利润增长心理策略”**。本交易心理自如策略我们已经用了差不多4年了，准确说是练习了4年，从2005年6月开始。就我们个人的体验而言，它确实非常有效。这个策略是想象你的账户净值持续增长，它也是要求每日进行的。这一策略的具体步骤如下：

第一步，利用前面介绍的简单放松技术进行放松，让你的身体放松，进而让你的心灵放松。

第二步，你将需要在心灵剧场中呈现你的账户增长曲线图。MT4 交易软件提供了账户净值的变化曲线图，你可以通过查看交易账户报告看到这幅图，这样可以为你的心灵想象提供一点素材。当然，如果你采用的是其他交易软件，则需要进行同样的步骤。

第三步，你需要用想象力去查看账户报告和净值变化图上的每个项目，比如经纪商的名字、每笔交易的记录等，用你的想象力去看看账户报告上的所有细节。甚至你可以想象你拿到传真过来的账户详单。总而言之，你需要想象账户增长后的一切细节，特别是关于账户报告和净值增长图的细节。

第四步，现在你应该将你的每日目标考虑进来。比如说你的日盈利目标是 500 美元，我们希望你能够把这个目标在账户详单上呈现出来，通过你的想象力将它呈现出来。

第五步，仅仅想象净值的增长还不够，我们必须通过更细节化的想象来使整个情景显得逼真。比如，我们需要"看到"那笔挣了 500 美元的交易。因此，你就需要在账户详单上专门看到这笔交易。

账户利润增长心理训练的素材可以是过去的成功经历，也可以是你"制造"出来的。这个练习最好是在市场开盘之前进行，你需要"看到"你自己尽可能逼真地实现了你的目标。通过该练习，潜意识将启动最大的力量帮助你获得交易的成功。无论你是否相信，这个训练将帮助你避免交易犯错，因为你的潜意识已经确定无疑地锁定了意识给出的目标。因此，如果你的意识在交易中出现纰漏，潜意识将迅速接管你的交易以便修正你的错误。不过，这一过程要发挥效果，只有在你经历了足够的练习之后。不能奢望今天练习，明天就能看到显著的效果，只有每日坚持练习才能得到如此的效果。

外汇交易心理自如策略之四**"促动交易决心策略"**。交易者们会因为这样或者那样的原因而不能下交易指令，最直接的原因是他们的恐惧。但是，他们并不是恐惧市场，而是对自己没有信心。

你怀疑自己没有能力去进行你需要采取的行动，当你需要进行它时，你如此的犹豫。处于恐惧状态使得交易者处于被动状态，不能执行交易决策。短期内会导致交易者丧失弥补先前亏损的机会，长期内会导致你过晚介入交易而导致亏损。由于我们恐惧而错失了一次交易良机，我们在心灵剧场中呈现这一情景。举例说，我们想做多英镑兑美元，当我们想要行动的时候，恐惧感抓住了我们，让我们迟迟不敢行动，因此我们没有立即进场，接着最坏的情况发生了（注意，上述过程都是我们心灵剧场中展开的）。市场之后展开了上升，我们开始对错失的交易计算“赚了多少钱”。如果市场向上运动了 500 点，我们认为自己本来应该已经赚了 5000 美元的。这就是错误的潜意识机制在发挥作用。这种想法对我们的交易是有害的，我们因为错失了交易而在心理上打败了自己，我们暗暗责备自己“亏损”了 5000 美元。上述过程是我们在心灵剧场演示了较为普遍的错误心理过程。

为了抵御上述错误心理过程的影响，我们需要一种心理练习来帮助我们及时执行交易决策。我们需要对恐惧释然，以便及时扣动交易的扳机。我们不能改变过去的一切，但是我们能够改变未来。具体的练习步骤如下：

第一步，利用前面介绍的简单放松技术彻底放松自己，通过放松你的身体，你可以放松自己的心灵。

第二步，进入心灵剧场，记得想象出剧场的具体细节，“看到”你自己正在决定是否介入一笔交易。细节、细节、细节！你“看到”自己在深思熟虑之后迅速而果断地介入了交易。你能够感觉到下单时的情景吗？你能够体会到点击成交的触感吗？等等，进入细节中去感受。

第三步，想象交易按照你的决定完成后你的心情是如何轻松，具体去感受。如果你缺乏这样的交易感受，则你可以去其他事情中找到这样的感受。

第四步，想象自己觉得交易应该了结时迅速地出场的情形，同时去感受。

这个练习最好也是每日进行，如果你仅仅进行了一次练习，那么你不能指望它会有什么效果。这个练习最好在每天的同一时间进行，这样你会得到更好的效果。经过几周的不间断训练之后，你将会获得极高的交易自信，这是由内向外的力量。不要强迫自己在糟糕的交易之后立即进行这一训练，因为这种情况下你可能不太容易放松，也不太容易进入状态。最好给自己更多的时间来放松，然后再进行这一训练，当然你可以利用眼动策略来先平衡自己的心理状态。

外汇交易心理自如策略之五**“限制风险心理策略”**。正如我们在本教程其他课程学到的那样，随时尽最大努力限制交易的风险是成功交易的关键所在。绝大多数新手在开始进行外汇短线交易的时候都忽视了这一原则，甚至在经历了多年的交易之后，不少交易者对于风险控制仍然极不重视，**“口头上说控制风险如何重要，实际交易中从来都不当回事”这就是今天外汇交易界的“怪现状”**。他们认为交易的成败取决于盈利的交易，只要你对自己和他人的交易过程有足够的反思，你就会发现真理与之相差甚远。

外汇短线交易盈利的关键之一在于远离风险不恰当的交易，同时避免不恰当的亏损。如果你缺乏具体的技巧去实现这一目标，则盈利交易也不能挽救你于最终失败的境地。对于绝大多数交易者而言，他们最终都意识到了要采取防御性的交易策略，但是他们意识到这点的时候都太迟了。而且，他们的意识已经无法对抗长期以来养成的恶习，更何况这种恶习已扎根于人类的某些天性。

我们遇到过无数的交易者，不幸的是他们都陷于同样的问题中而不能自拔，因为他们的问题根源在潜意识中，一般的认识和道理是无法对抗潜意识的强大力量的，除非你能够在“想象、放松和重复”三个要素上下功夫。**对于那些没有掌握想象和放松要素的大多数交易者而言，他们一般是通过无数次重复训练来完成对潜意识的“说服”**。如此的重复大概需要 10000 小时，才能铸就短线交易的奇才，而短线交易界的严酷现实是“只有奇才才是赢家”。**重复法和刻意训练是传统的高水平交易员的训练方法，其遵循“10000 小时原则”。**

德国柏林音乐学院一项最新研究结果显示，要想成为顶尖运动员、音乐家、棋手等，至少要苦练 10000 小时。美国发明家托马斯·爱迪生有句名言：“天才是百分之一的灵感加上百分之九十九的汗水。”柏林音乐学院这项研究则向人们揭示，成就天才的“汗水”就是大约 10000 小时的训练。英国《每日邮报》23 日报道，柏林音乐学院以一组小提琴练习者为研究对象。这些小提琴练习者 5 岁开始学习拉小提琴，每周练习 2~3 小时，练习时间随年龄增长而增加。到 20 岁时，这批学生中的佼佼者人均练习时间达 10000 小时左右；那些表现略为逊色的学生练习时间为 8000 小时。研究人员作出结论说，**灵感和天分固然重要，但练习时间是区分天才和庸才的决定性因素。**

神经科学家丹尼尔·利维廷告诉英国广播公司旗下的科学杂志《焦点》月刊记者：**“大脑可能需要 10000 小时消化吸收，从而真正掌握一种技能。”**《焦点》月刊曾刊登美国作家马尔科姆·格拉德韦尔所著《出类拔萃之辈》中的一个成功故事，讲述英国甲壳虫乐队的成功源自刻苦练习。乐队 4 名成员在早期职业生涯中每周演出 7 天，每天 8 小时。到甲壳虫乐队成名时，他们已公开表演 1200 次，表演时长将近 10000 小时，超过同期多数其他乐队整个职业生涯的演出时间。

在 2008 年北京奥运会上，美国游泳天才菲尔普斯夺得 8 枚金牌，超越无数巨星成为奥林匹克运动的第一人。面对菲尔普斯的巨大成功，有人说他是外星人，有人说他是超人，还有人感叹他来自未来，媒体和人们习惯用“碧波神童”、“泳池天才”、“飞鱼”等来称呼他。那么，菲尔普斯的成功真的只是因为天赋异禀吗？虽然他的确拥有过人的水上天赋和身体条件，但是，通过研究菲尔普斯的成长经历，人们不难发现，一个游泳神童的炼成，更重要的是后天的努力。菲尔普斯本人也认为他的成功很大部分归功于训练。现年 23 岁的菲尔普斯从 7 岁开始学游泳，11 岁起就以夺取奥运会金牌为目标开始极其艰苦的训练，正常孩子的娱乐活动从此与他远离。他每天都会在早晨 5 时 30 分起床去训练，即使圣诞节也不例外；训练严格时，他每周要在水里游 100 公里。菲尔普斯自己说："我知道没有人比我训练更刻苦。"从 12 岁起，菲尔普斯每周都要比对手多训练一天，所以实际训练的天数往往是 6~7 天，每天 2~5 小时。因为鲍曼告诉他，只有这样，他的身体才能比对手优异 1/7。从高中毕业后，菲尔普斯大多数时间都是从早晨 7 时开始长达 2 个半小时的训练，午餐后稍稍打个盹，然后接着训练，一直从下午 3 时 30 分到 6 时。总之，他每天游的距离多达 19.2 公里，他说："我知道没有人比我训练更刻苦。"即便已经成为世界冠军，菲尔普斯也毫不懈怠。北京奥运会之前，他每天早晨从 4 时开始训练，每日有三次池中训练以及 1 小时的陆上运动。

华裔小提琴家陈美用流行音乐的表达方式演绎古典音乐，震撼古典音乐界，迅速蜚声国际，打入《泰晤士报》富豪榜，现有身家近 4000 万英镑。陈美 3 岁开始学习钢琴，5 岁学拉小提琴，在正规的课堂受教育之余，她每天还要花半天集中练习小提琴。过人的天赋加上刻苦的训练令她在 10 岁那年就获得与伦敦爱乐乐团同台演出的机会。11 岁时，陈美入读英国皇家音乐学院，年龄比同学小 7 岁。13 岁时她就能独奏贝多芬和柴可夫斯基的作品，成为独奏两位大师作品的最年轻的小提琴手。1990 年，陈美推出首张唱片，全球大卖 1000 万张。在正确的交易哲学、理念、方法、技术指导下，你的交易训练有 10000 小时吗？如果采取传统的单纯"重复"方法来"说服"潜意识，则一个顶尖的**外汇交易员需要完成 10000 小时的交易训练**，如表 4-1 所示，你推算出成为一个交易天才所需要的总时间。

坚持复盘是提升绩效的最快方法，没有之一。

表 4-1　10000 小时原则

每天训练的时间（小时）	成为天才所需天数	成为天才所需年数
24	416.67	1.16
12	833.33	2.31
6	1666.67	4.63
3	3333.33	9.26
2	5000.00	13.89
1	10000.00	27.78
0.5	20000.00	55.56

在“重复”法的基础上，我们可以通过“放松”和“想象”来加快自己的成长过程，极大地缩短了一个顶尖外汇交易员的成长过程。下面是我们就限制交易风险所进行的心理自如法训练步骤：

第一步，先利用前面介绍的简单放松法进行身心放松，这是进行心理自如法训练的基础。

第二步，在本心理自如法训练中，我们想要对移动止损行为进行潜意识沟通。在实际交易中，通过正确的移动止损我们可以锁定利润，避免不恰当的亏损。在实际交易中，通过采取防御性的态度可以帮助我们更好地进行下去。你可以通过回忆一些你过去做得不错的移动止损行为，也可以“制造”一些在你大脑中呈现出栩栩如生的细节来，同时要用心去感受当时那种积极和顺畅的情绪。你要按照设定移动止损的通常步骤去想象，首先是介入交易，然后是市场按照你的预想方向发展，当浮动利润恰好等于你的停损幅度时你开始将停损移动到盈亏平衡点处。此后，市场继续发展，则你可以在预留市场活动空间的前提下，将停损移到距离市场最近的一个支撑/阻力位置外侧，具体的方法可以参看本教程的其他课程。在心灵剧场进行移动止损的时候一定要对细节进行呈现，比如每次设定停损的价位之类的。

第三步，现在“看到”市场往回走，并且触动了你的移动停损，你现在锁定了一笔不错的利润，感受那种获利后的喜悦吧。现在让自己重新聚焦于下一笔交易，忘掉上一笔交易。

一般来说，进行完这个练习之后你都很难忘掉“下一笔交易”，所以我们还需要进行下一个练习。

外汇交易心理自如策略之六**“归零策略”。**这个练习基于“高能意象”。一个“高能意象”是一幅心理想象图片，或者是心理电影，栩栩如生，让人印象深刻，能够显著地影响心理过程。计算器归零想必大家都知道是怎么回事，我们这里的“归零策略”

可以帮助我们对过去的交易释怀，并满怀信心地进入到下一笔交易中，这就是“交易当下”。所有短线交易者都面临一个问题，这就是他们无法对此前的交易释怀，此前的交易无论盈亏都紧紧地抓住了他们的注意力，他们带着前一笔交易的情绪走入当下的交易中，他们往往是把现在的交易当作之前一笔交易来做，当然就会导致**“交易心理和市场走势的错配”。交易当下，这是成功短线交易者的共性。**人的天性倾向于让交易者活在过去，或者是活在未来，很少活在当下。要改变人类这种天性，有两种办法：第一是重复，通过长时间的实际交易去磨炼；第二是通过想象和放松来更改。两种办法结合起来使用的效果是最大的。**如果仅仅是靠意志力来控制自己的行为会遇到非常大的阻力，如果能够直接与潜意识沟通则可以避免绝大部分阻力。**我们在本课介绍的这些具体技术可以看作是“零阻力自控法”。作为外汇短线交易者，我们需要一些专门的训练来帮助我们忘掉过去的交易，无论过去的交易甚至日常生活带给我们什么困扰，我们都不能因此受到打扰，基于“高能意象”的归零策略可以很好地帮助保持“交易当下的状态”，避免此前的交易影响你，这是不是一剂良药呢？归零策略的具体步骤如下：

第一步，利用简单放松法进入状态，准备好与潜意识进行沟通。

第二步，想象你持有一个简易计算器，仔细看看计算器的颜色，仔细掂量一下简易计算器的重量，仔细看看计算器的按键和屏幕，用手去抚摸一下。想象你在计算器上键入了你最近的一笔买卖的价格。

第三步，现在我们需要忘记这笔交易。无论这笔交易让你亏损，还是让你盈利，我们仍旧需要忘掉它，然后专注于下一笔交易，即使你要总结这笔交易的得失，也应该等到今天的交易结束后。无论过去如何，我们无法改变过去，从理智上来讲谁都知道这点，关键是怎么样让自己真正的释怀。要通过潜意识沟通法去改变自己的状态和习惯，而这是归零策略要带给我们的东西。“看看”你手中持有的计算器，我们需要对它进行归零。用你的“心眼”去观察你自己的食指对计算器进行归零的操作，看看自己是怎样按键的，按键的感觉又是怎么样的。当你放开归零键之后，深吸一口气，释放你的紧张，现在你永远地对这笔交易释怀了。

第四步，现在你“看到”计算器的屏幕显示“0”，告诉自己“过去的交易也无法改变，活在当下”，感受一下自己的放松状态。

这个练习刚开始不太适应，随着练习次数增加，会变得越来越熟练和简单。这个练习最好每天进行，直到你在真实交易中能够保持良好的“当下”状态。

上面这些练习应该有规律地做，完成后不要马上起身，应该告诉自己“从10数到

1，当数到 1 时，我将饱含力量地清醒过来”，然后开始数数。

现在你已经对一系列的交易心理自如法有所了解，随着你对这些方法的体会的逐渐增加，你可以发展出自己的交易心理自如训练法，以便提高自己需要完善的地方。心理自如法可以帮助你更好地与潜意识沟通，从而扬弃人类的某些天性和倾向，进而提高自己的短期外汇交易绩效。对于人类而言，金融交易是一项阻力很大的工作，阻力来自于内在的潜意识中存在的某些倾向，这些倾向是人类进化中习得的，但是却对交易工作有害，如果单靠意志力去克服这些倾向，那么习得交易技能的可能性较小，过程也较长，我们在本课中介绍的方法可以帮你达成“零阻力交易”的愿望。潜意识沟通方法可以帮助我们真实地实现这一愿望，这不是玄学，因为我们的亲身实践可以证明它的有效性。“有效果比有道理重要”，不过这一方法有一个前提，即你知道怎样的交易行为是正确有效的行为，然后才能运用交易心理自如平衡法，而确定什么交易行为是正确有效的行为必须依赖于本书中其他课程提供的知识。

最后，我们想补充两点：**第一点，交易心理平衡法为激发短线外汇交易者的潜能奠定了坚实的基础，而交易心理自如法则为实现这种潜能力提供了途径；第二点，交易心理自如法主要用于“零阻力实现技术性目标”，而不是“零阻力实现绩效性目标”。**何谓技术性目标？比如交易行为的技术性细节、恰当设定止损的技术性细节行为等，而交易的绩效性目标则是比如赚 10000 美元等。利用潜意识沟通法直接实现绩效性目标的效果比直接实现技术性目标差，但是一旦实现技术性目标，则绩效性目标可以间接得以实现。

【开放式思考题】

在研读完第四课的内容之后，可以进一步思考下列问题。虽然这些问题并没有固定的标准答案，但能够启发思考，跳出来看某些观点。

本课提到“恐惧和贪婪导致交易者的行为违背了风险控制条例，这是交易者失败的根本原因。如果恐惧和贪婪能够促进交易者遵守风险控制条例，那么恐惧和贪婪就是交易者成功的动力。恐惧和贪婪在交易中是中性的，关键看你怎么去运用它们，如果没有恐惧和贪婪，你也不会到外汇市场中来淘金和享受人生。将你的恐惧和贪婪变得相对可控和有弹性，能够适应交易规则，这才是交易的上乘境界”。那么，什么是有益的情绪？什么是有害的情绪？

提示：不能以结果来区分！

【进一步学习和运用指南】

1. 现在有许多纯粹公益性质的内观（Vipassana）课程，特别是葛印卡（S.N Goenka）推广的内观课程可以去参加一下，体验一下如何平静自己的身心。具体网址是 http：//www.vipassana.org.cn，可以查询自己附近的免费课程。另外，也可以先阅读威廉·哈特（William Hart）的《内观：葛印卡的解脱之道》（*The Art of Living*：*Vipassana Meditation*）一书。

2. 放松是关键！推荐阅读克里斯蒂安·博格（Kristian Berg）的《精准拉伸》（*Prescriptive Stretching*）一书。

3. 最好是每天睡觉前进行渐次肌肉放松，这样做可以显著地提高自己的睡眠质量。落实吧！

4. 建议阅读安德斯·艾利克森（Anders Ericsson）的《刻意练习》（*Peak*：*Secrets from the New Science of Expertise*）一书。

第五课

真正的高手一定明白的道理：高胜率和高报酬率的悖论

高胜率和高报酬率是不相容的，这是从心理学和统计学的角度得出的结论。

——魏强斌

既定反比曲线上的胜率和报酬率是彼此替代的，通过“跃升”到更高水平的曲线上则可以同时提升胜率和报酬率。

——魏强斌

一个脚本无法涵盖所有的可能性，但是能帮助你做好最充分的准备。

——R.M.Shapiro

金融工程专家、数量分析师 David Rodriguez 从一个易于理解的角度证实了趋势交易和区间交易思想的相对有效性，我们就部分引用他的论文来阐述这个问题。不过其中更为根本的意义在于说明**“外汇交易中至关重要的成败因素是仓位管理，集中于一点就是出场问题，而出场决定了高胜率和高报酬率的反比关系”**。仓位管理的水平直接决定外汇交易水平的高低，而交易者的心理偏向则往往将仓位管理引向失败！

严格来讲，纯技术交易中才能完全体现这种反比关系。如果你不断提升自己的驱动分析和心理分析水平，则可以不断跃升到新的水平上。新水平中的风险报酬率和胜率会整体高于此前的水平。但是，在既定的水平上这种反比关系是一定存在的。

外汇市场的剧烈波动和网络媒体铺天盖地的宣传使得外汇交易越来越普及，外汇市场在短短的数十年间就成了全球第一大金融市场。虽然每天有如此之多的新手涌入，但也不能忽略一个事实，那就是真正能够持续盈利的外汇短线交易者几乎是凤毛麟角。外汇市场与其他金融市场一样，在诱人的利润后面潜藏着莫大的财务风险，外汇交易者面临的挑战一如既往。从持续亏损到持续盈利是绝大多数外汇交易者望尘莫及的目标，失败者采用了各种各样的交易策略，为什么这么多的手段在外汇市场都无法发挥预期的成效，其实最为根本的原因在于人类天性中追求高胜率的本性。

胜率可以依靠迅速地兑现较小盈利来实现，通过放任亏损和截短盈利，任何一个交易者都可以得到一个足够高的胜率，这是一种违背交易本质的做法。不过，这种做法却在各类媒体和别有用心的软件推销者的宣传下得到强化，他们往往自称有一个胜率超过90%的交易软件。追求胜率，追求成功率是每个人的天性，顺着这个天性去发掘交易的真谛是永远都找不到的，因为你本身的天性已经使你无法找到自己需要的东西。下面我们就来简明扼要地解释为什么会有如此多的外汇交易者在持续地亏钱。

黑夜给了我黑色的眼睛，我却用它来寻找光明。

我们发现绝大多数外汇交易者之所以不能持续盈利的关键在于他们缺乏恰当的仓位管理技巧。许多外汇交易者是从其他金融领域转过来的，他们擅长“分析”甚至“预测”，他们的专长是技术分析和基础分析，但是他们仍旧难逃失败的厄运，最为根本的原因在于他们拙劣的**仓位管理能力和心理控制技巧。最为成功的交易者，无论是外汇市场上这些好手，还是股票、期货等其他领域的顶尖高手，都有一个根本的特点，那就是上乘的仓位管理能力，但是他们未必有一个“分析”和“预测”上的优势。**外汇市场上尸骨累累，**大家都拼命想要在技术分析或者基本分析上胜人一筹，殊不知真正的盈利者往往注重的是仓位管理。**

交易是一门职业，这就决定了其技术含量不低。而绝大多数人仅仅将其认为是一个主要凭日常智商的活动。这就严重低估了交易的严肃性和专业性。

基本分析其实是非常重要的，只不过一般人的基本分析往往沦为简单浏览一下消息。不过，任何分析都要落地仓位管理，这是直接决定绩效的因素。

那些注定失败的新手有一个共同的特点，那就是将焦点集中于“最好的分析和预测技术”，而对于仓位管理则置之不理。**在大众眼中没什么价值的仓位管理其实是持续盈利者的法宝。一个好的外汇分析师并不能带来真正的盈利，因为仓位管理才是最终能否胜出的关键！**

任何分析最终都会体现为仓位，而仓位是否恰当是存在客观规律的。

那么，什么是良好或者说恰当的资金管理呢？截短亏损，让利润奔腾！许多有价值的交易书籍都提醒交易者应该这样去交易。问题在于：在理论上做到这点很容易，只要让利润目标大于止损目标即可，但实践中却存在这样和那样的难题，绝大部分外汇交易者在运用这一策略的时候都表现得如此糟糕。如何“截短亏损，让利润奔腾”，这才是交易最本质的问题，“Not What，But How”！

全美排名靠前的外汇经纪商 FXCM 曾经进行过一个广泛的交易绩效统计，这些数据来自于在该经纪商开户的外汇交易者，这些数据是不记名的，包括了从 2005 年到 2008 年的欧元兑美元的交易。图 5-1 就是这些数据经过统计加工后得到的，图 5-1 向我们展示了外汇交易者的盈亏特征。纵轴是天数，横轴是当天亏损或者盈利的点数，正数代表盈利的点数，负数代表亏损的点数。最大单日亏损是 180 点，而最大单日盈利是 130 点，这反映出交易者存在一种普遍的倾向：截短利润，让亏损奔跑！图 5-1 还表明，交易者们在大概 54%的日子中都是盈利的，尽管如此，他们最终还是亏损的，因为他们倾向于赢小输大，**这就得到了一个很差的报酬风险比，这是所有职业交易员的大忌！**

较差的风险报酬率直接受到仓位管理的影响。但是如果仅仅关注仓位管理，则会面临胜算率较低的困境。如何解决这个问题呢？要重视非技术分析，具体而言就是驱动分析和心理分析。

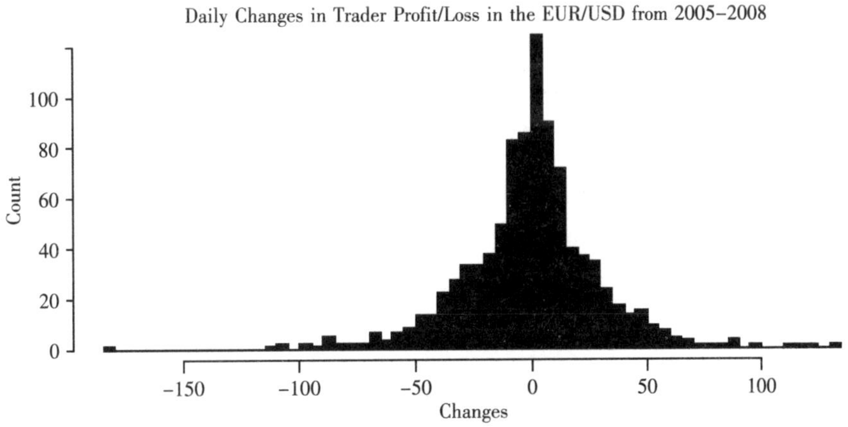

图 5-1 外汇交易者的盈亏统计特征

没有对比，就不能找到关键因素。没有找到关键因素，就很难有进步。

成功的外汇交易者和失败的外汇交易者的策略差异究竟是什么样的呢？我们用一个简单的模型来说明这点，当读者看完这个例子之后很快就会恍然大悟。通过这个简单的模型我们可以区分出外汇交易中**被普遍使用的失败策略和极少被采用的成功策略。**

这个简单的模型将外汇交易界的现实简化了，这里存在两种类型的交易者。第一类交易者的做法会引起本书读者的不少共鸣，因为你就是这样操作的。第一类交易者通常发现自己操作的成功率很高，在某段时间内胜率甚至为 100%。他们的单笔亏损总是很大，而单笔盈利则相对较小。通常而言，普通外汇交易者的最大亏损是最大盈利的 4 倍，一句话：这些交易者都缺乏必要的仓位管理技术，或者说资金管理技术。即使一个交易者连续盈利 18 笔单，平均每单盈利 90 点，接着一笔亏损却损失了 1620 点，那么此前的一切盈利都化为灰烬，功亏一篑！这些交易者总是责怪运气很差或者市场不公，却不知正是自己的交易策略所致，看似偶然的结果中却蕴含必然的成分。

第二类交易者在每个月回顾自己的交易绩效时，不太关心胜率是不是很高，他们在乎的是盈亏本身，特别是报酬风险率，也就是平均盈利是否大于平均亏损。通常而言，一个成功的外汇交易者的单笔最大盈利是单笔最大亏损的 2 倍。很显然，这种交易方法不太适合那些惧怕亏损的交易者。第二类交易者知道自己亏损的次数比盈利的次数多，所以他必须确保平均盈利大于平均亏损。“截短亏损，让利润奔腾”是这类交易者的座右铭！

从这两个简单的交易者模型中我们可以发现绝大多数外汇交易者持续亏损的最关键原因！仓位管理是外汇交易者最终能否取胜的决定性因素。一个交易策略是否成功要看其是否有恰当的仓位管理措施。

第一类交易者喜欢区间交易，我们以 RSI（相对强弱指标）交易为例（见表 5-1 和表 5-2）。这是一个胜率很高的策略，但这一策略要求更加严格的资金管理措施，因为少数几单亏损就可能让所有的利润化为乌有。

表 5-1 两种类型交易者

	交易者 1 高胜率交易者	交易者 2 高盈亏比交易者
采用技术指标	相对强弱指标 RSI	简单移动平均线 SMA
做多规则	当 14 期 RSI 信号线向上穿越 30 信号线时	当 50 期简单移动平均线向上穿越 100 期和 200 期简单移动平均线时
做空规则	当 14 期 RSI 信号线向下穿越 70 信号线时	当 50 期简单移动平均线向下穿越 100 期和 200 期简单移动平均线时
胜率	57.89%	37.41%
平均盈利	+90 点	+241 点
平均亏损	-154 点	-115 点
最大单笔盈利	+375 点	+1272 点
最大单笔亏损	-1586 点	-449 点
平均单笔盈亏	-15 点	+18 点

表 5-2 两种类型交易策略

	交易者 1 RSI 策略	交易者 2 SMA 策略
交易总笔数	247	147
盈利笔数	143	55
亏损笔数	104	92
胜率	57.89%	37.41%
最大单笔盈利	+375 点	+1272 点
最大单笔亏损	-1586 点	-449 点
平均每笔交易盈亏	-15 点	+18 点

第二类交易者喜欢趋势交易，我们以 MA（移动平均线）交易为例。这是一个高报酬风险率的策略，平均盈利要大于平均亏损。长期来看，趋势交易策略的绩效胜过区间交易策略。当然，这并不是说趋势交易策略本身没有缺点，在这个利用 MA 进行交易的例子中可以看到在震荡的 4 年中这个策略基本上没有盈利，净资产不断起伏，直到 2008 年才有了显著的资产上升，这有点类似于关天豪的“5 分钟动量交易系统”（见图 5-2）。

新手都倾向于采用胜率更高的第一类交易策略，但是这对资金管理要求很高。在我们无法及时区分震荡市场和单边市场时，采用这种策略很难累计盈利。所以，这个市场中成功的交易者大多采用趋势交易策略，如趋势跟踪策略、趋势突破策略等，不

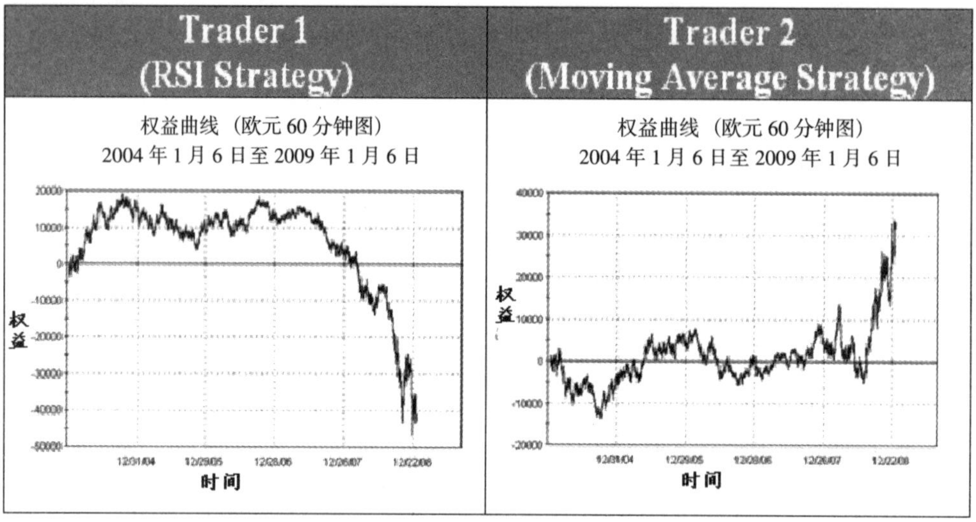

图 5-2　交易绩效比较（横轴是年度，纵轴是资产净值）

过，上述两种类型的交易策略都能从更好的仓位管理方法中获益，良好的仓位管理策略是外汇交易成功最关键的部分（但是区间交易策略的仓位管理非常困难）。

一个良好的仓位管理策略简要勾勒为“截短亏损，让利润奔腾”。几乎所有的交易理论都是在阐释这个道理，但是它们却很少为初学者提供一些具体的例子来说明如何做到这一点。要做到这一点其实就是需要良好的资金管理策略，首先我们以第一类交易者倾向使用的区间交易策略为例说明如何确定良好的资金管理策略（对于第一类策略而言，好的仓位管理只能减小其亏损，从长期来看这仍旧是一个累计亏损的策略，绝大多数交易者都采用这类策略，这样的策略注定了无论什么样的仓位管理在长期都很难取胜于市场）。下面我们以 RSI 交易策略作为例子。

在以 RSI 交易策略为代表的区间交易策略中，什么是相应恰当的仓位管理策略？这是我们首先要讲到的问题。如何截短亏损，如何让利润奔腾，这些都是仓位管理关注的核心问题。不过，**在现实交易中对于这个核心问题却并没有唯一正确的答案，也就是说符合“截短亏损，让利润奔腾”要求的仓位管理方法并不是只有一种。**我们这里的主要目的是让大家掌握在特定情形下如何操作。我们再来仔细分析下前面提到的 RSI 区间交易策略。

思考 RSI 交易策略背后的理念是非常有意义的。在这个交易策略中，我们在 RSI 信号线从超卖区域反弹时买入，在信号线从超买区域跌落时卖出。换而言之，我们试图根据先前的价格涨跌区域来抓住现在价格上涨的高点和低点。

理论上，我们在货币跌势终结时买入是一种非常好的策略。但是，在实践中我们经常发现这样的策略往往使得我们亏损巨大，因为 RSI 信号线可能会长时间停留在极端区域，也即指标出现了钝化，这时候按照 RSI 超买和超卖信号操作往往会带来灾难性的结果（见图 5-3）。

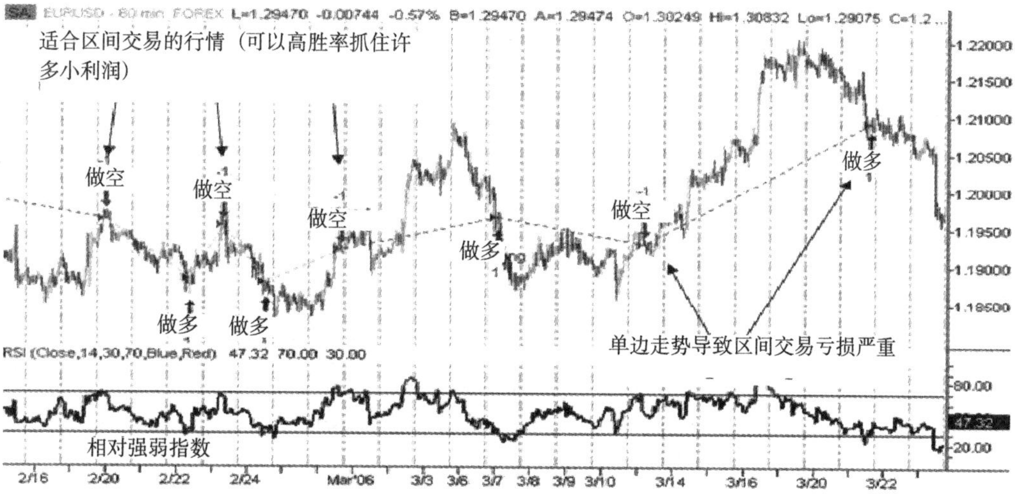

图 5-3　震荡指标带来的破产风险

如何采用类似 RSI 交易法这样的策略，如何防止上述情况的出现呢？既然我们知道该策略会带来相对较大的亏损，则我们可以设定保护性止损来防止这种情况上演。那么，我们应该在什么位置放置这些保护性止损呢？我们应该对该策略过往的交易记录进行分析，进而找到一个合适的保护性止损放置范围。现在有很多外汇交易平台提供了交易记录分析功能，这里我们采用交易软件来测试，当然也可以采用分析常用的 MT4 软件。

我们来看如何为上述这个简单的 RSI 区间交易策略设定止损点。在考虑止损点位置时，我们需要分析的一个最重要因素是最大不利变动幅度，英美交易者称之为“Maximum Adverse Excursion”。这个概念衡量的是在头寸了结之前，持仓所经历的最大浮动亏损。很显然，我们需要将止损设定在这样一个水准：能够让可盈利头寸发展的同时也能及早结束那些亏损的头寸。从最大不利变动幅度的统计中，我们可以找到这样一个水准。图 5-4 清晰地显示了我们按照 RSI 区间交易法操作，头寸兑现时的盈亏（纵轴）以及持仓时的最大浮动亏损（横轴），向上的箭头点代表盈利交易，向下的箭头点代表亏损交易。

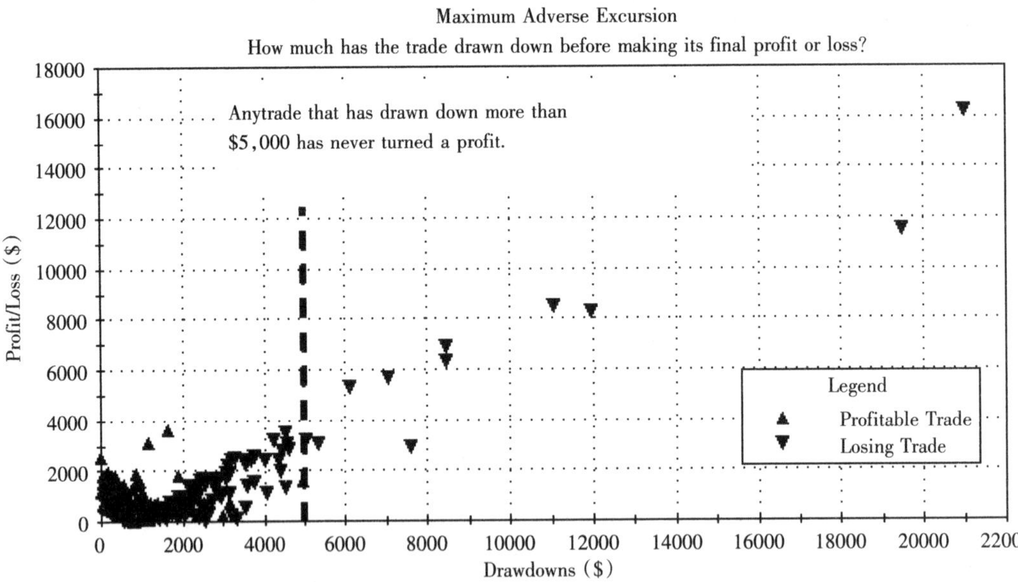

图 5-4 RSI 策略最大浮动亏损的统计特征

图 5-4 显示，最终盈利的头寸极少出现极大的持仓浮亏（这点对于所有的交易者而言都很重要，这表明初始止损没有必要设定得很大）。具体而言，任何一笔盈利交易的最大浮动亏损没有超过 500 点（标准头寸下等于 5000 美元）。这样我们就可以立即为 RSI 区间交易策略设定一个合理的停损设定位置。根据上述统计分析，我们将停损放置在 500 点以外一点，就可以避免出现重大的亏损，同时也不会降低胜率。更为重要的是，我们从上述统计分析中发现，绝大多数盈利交易都只遭受了很小的浮动亏损，这就是支持了较为严格的仓位管理策略。

接下来，我们需要确定具体的最优停损位置，并以此进行实际操作。为此，我们利用欧元兑美元的历史数据对交易策略进行了检验，得出的最优停损幅度是 35 点，图 5-5 显示了无止损 RSI 策略和 35 点止损 RSI 策略的绩效对比。这个测试结果告诉我们，就 RSI 区间交易策略而言，截短亏损是绝对必要的。

这个交易策略有了保护性停损之后并不能保证其累计盈利，但是我们看到保护性停损策略使得交易者在市场中生存得更久了，交易策略的绩效有了显著的提高。事实上，权益曲线显示 RSI 策略在 2004 年至 2007 年初有非常卓越的表现，但是此后的市场剧烈运动使得 RSI 区间交易策略赖以存在的市场条件弱化了。

但重要的是我们已经从 RSI 区间交易策略中学到了不少东西，这就是为了显著提高这一交易策略的绩效必须采用较窄幅度的止损（降低风险，在报酬不变的情况下，风险报酬率优化了，胜率却下降了）。实际上，对区间交易策略而言都是同样的情况，

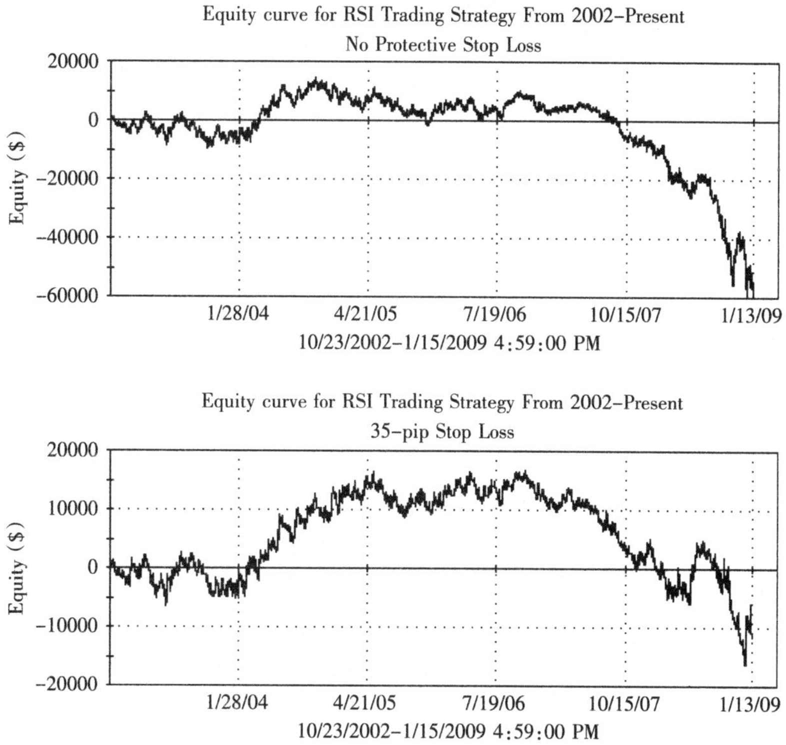

图 5–5 无止损 RSI 策略和 35 点止损 RSI 策略的绩效对比

都需要窄幅止损。**如果我们对其他类似交易策略进行分析，就会发现它们极有可能从窄幅保护性止损中获益。**

截短亏损，这是市场中提高生存率的第一要点。

可以将我们的仓位管理分析技术用于几乎所有的交易策略，不过一个显然的难题是如何对那些不容易自动化的交易策略进行这类分析。对于区间交易策略而言，持续交易的结果都不太理想，**除非交易者能够预先辨识出市场是处于区间震荡还是处于单边走势。**（这个不能完全做到，所以区间交易策略总是存在灾难性风险）

驱动分析水平较高的交易者可以部分完成这一任务。

从上面这个简单的分析可以发现，风险报酬率和胜算率的交替原理，下面我们进行更深入的讲解。要讲清这对要素的关系，就要搞清楚支撑和阻力这对要素，因为胜率和风险报酬率与阻力支撑直接相关。支撑简写为 S，阻力简写为 R，但是两者在市场运动中是相互转化的，所以一般我们标注一个关键价格水平为 R/S，表明这一位置在不同的市况下可以充当阻力或者是支撑。支撑和阻力往往是备选的进场点，在跟进止损时也是备选的出场点。在做多交易中，见位进场往往在价格位于最近支撑线处确认企稳时介入，初始停损设定在该支撑线之下，然后再根据价格发展逐步抬高止损，跟进止损放置在较近且缓冲空间合适的支撑阻力线之下，如图5-6所示。

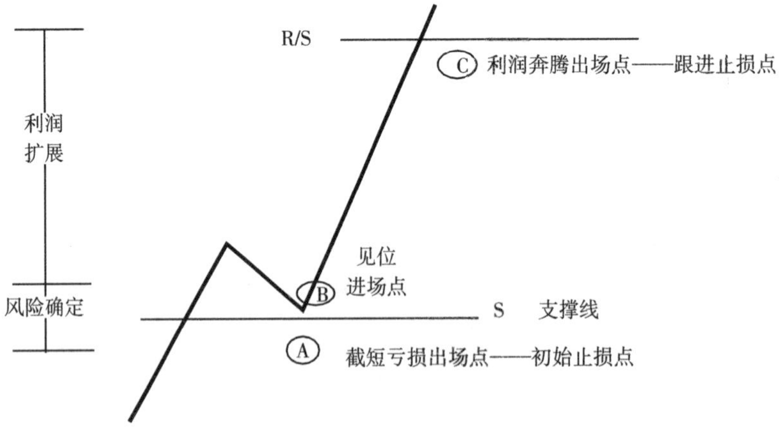

图5-6 做多见位进场策略与风险报酬率优化

在做空交易中，见位进场往往在价格位于最近阻力线处确认企稳时介入，初始停损点设定在该阻力线之“山谷”，然后再根据价格发展逐步降低止损，跟进止损点放置在较近且缓冲空间合适的支撑阻力线之上，如图5-7所示。

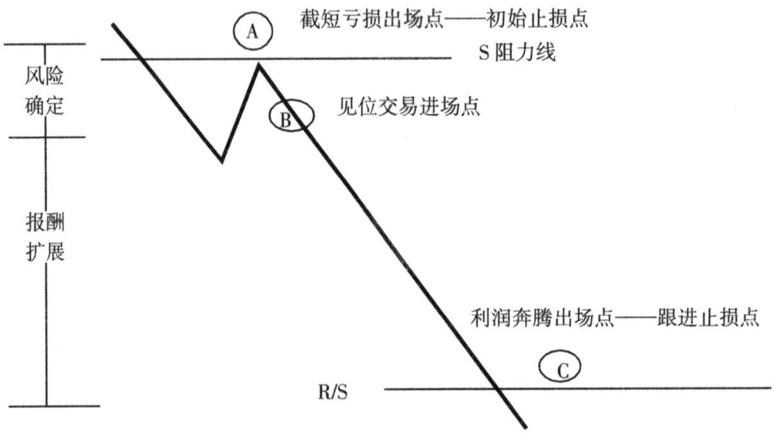

图5-7 做空见位进场策略与风险报酬率优化

在做多交易中，破位进场往往在价格有效突破阻力线时介入，初始停损设定在阻力线之下一定距离，然后再根据行情的发展逐步抬高止损，跟进止损放置在较近且缓冲空间合适的支撑阻力线之下，如图 5-8 所示。

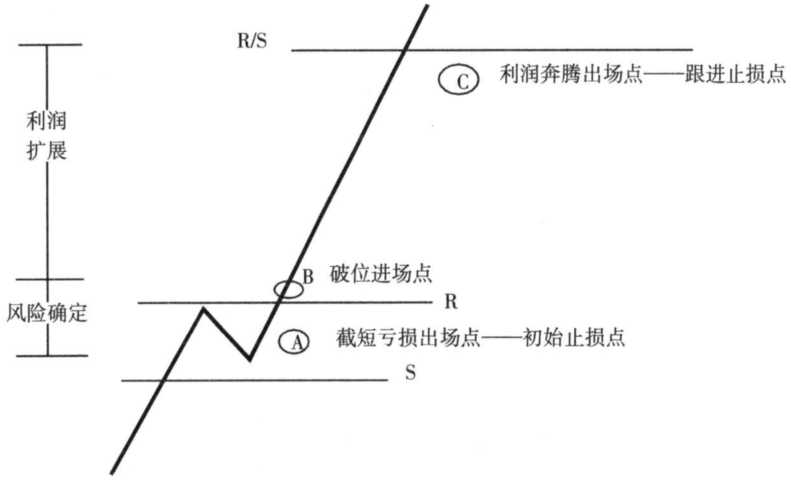

图 5-8　做多破位进场策略与风险报酬率优化

在做空交易中，破位进场往往在价格有效跌破支撑线时介入，初始止损设定在支撑线之上一定距离，然后再根据行情的发展逐步降低止损，跟进止损放置在较近且缓冲空间合适的支撑阻力线之上，如图 5-9 所示。

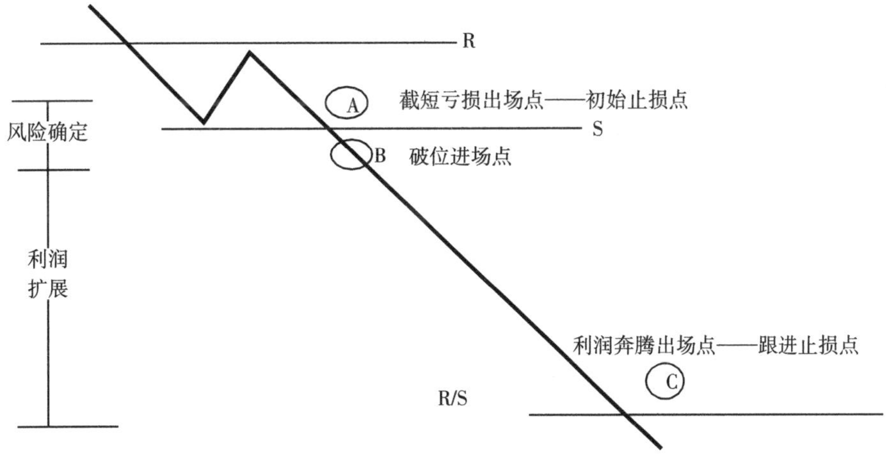

图 5-9　做空破位进场策略与风险报酬率优化

从上面四种进出场情形我们可以发现，风险报酬比主要是靠支撑阻力线来确定，具体的进场点和出场点都与支撑线和阻力线有关。更进一步来讲，也就是出场点决定的风险报酬比与支撑线和阻力线有关，进场点决定的胜率与支撑线和阻力线也有关。**能够持续盈利的短线交易者不多，但是他们都有一个共同的特征，那就是非常重视利**

通过观察盘面和复盘日线，你可以在不长的一段时间内积累起对支撑阻力线的体悟。但是，对于真正的高水平交易而言，明白行情的灵魂才是更为重要的事情，也是需要花更多时间来磨砺的事情。

用阻力线和支撑线来提高胜算率和报酬率。支撑线和阻力线可以看作是交易的生命线。支撑线体现了一种上升特性，阻力线体现了一种下降特性，两者之间又可以相互转化，**如果你能够在支撑线和阻力线上有所体悟，那么你的实际交易功底将有很大的提升。**阻力和支撑的阴阳之道我们用下面这个太极图来表示，如图 5-10 所示。

图 5-10 阻力和支撑的阴阳之道

支撑和阻力这对阴阳引出了另外一对关键要素，这就是报酬率和胜率。人的天性是追求高胜率，所谓高胜率，就是盈利交易笔数占总交易笔数的比率，追求每单获利是每个初次从事交易的人的通性。无论是基本面还是技术面都无法准确预测行情的波段走势，所以要得到一个较高的胜率就要通过“快速兑现浮动利润，让浮动亏损自动抹平”的手段达到，也就是“截短利润，让亏损奔腾”的做法。在实际操作中，这种策略会满足交易者的成就感，但是要不了多久就往往会因为几笔甚至一笔交易功亏一篑，不仅会亏出去到手的利润，连本金往往也保不住。这类交易者往往会在这笔亏损的单子上不停逆势加仓，所以账户很快就被赔光。

但是这类交易者往往并不认为自己这种交易策略有问题，因为他们的高胜率蒙蔽了他们，他们认为自己是运气不好。其实正是这种策略本身带来了“坏运气”。市面上不少交易类的书籍都是不做交易的人写的，即使是做过交易，也**肯定**不是成功的交易者。**我们所见的长年成功的交易者（价值投资和套利交易除外）都具有较低的胜率，一般就是 50%~30%，这里面有辽宁籍的外汇保证金短线交易者，有湖南籍的权证和期货短线交易者，有身在美国的黄金保证金和黄金期货短线交易者等。如果你看见一个胜率超过 80%，而且能够持续 5 年累计盈利（有连续可靠交易账单）的交易者，那么你一定要告知我们。**

这样的交易者是顶级的，也不可能是纯粹技术交易者。

“截短亏损，放足盈利”会保证交易者的潜在报酬相对于潜在风险更高，也就是一个较高的报酬率。我们所见的成功短线交易者的报酬率都大于 1，也就是潜在风险与潜在利润之比小于 1，从技术图表上来讲就是进场点到初始止损点的距离小于利润空间。我们所见的成功短线交易者（我们的成功定义为账户价值是累计增长的，而不是赚钱的单子有多少）的胜率基本很难过 50%的门槛，短期内可能超越 50%，但是中长期会拉平到 50%以下。**要大幅度提高胜率，就要“截短利润，让亏损奔腾”，而要显著提高报酬率，就要“截短亏损，让利润奔腾”。报酬率和胜率在一定空间内是明显的反比关系，这个空间从我们经验来讲在 0.4~1 的胜率值域内。**

我们将报酬率和胜率的关系用图 5-11 表示出来，这幅图的内容经过一些初步的统计检验和长时间的经验论证，美国系统交易专家佩里·考夫曼在这方面有一些定量的研究。图 5-11 表达我们的经验和观点，是我们独创的，也表达了我们对读者的一种热望。从中可以看到报酬率，也就是潜在利润除以潜在风险的值，这个值的范围从 0 到无穷大，而胜率也就是盈利交易笔数占总交易的笔数，这个值的范围为 0~1。成功短线交易者位于报酬率大于等于 1，胜率在 0.3~0.5 的区域，失败短线交易者位于报酬率小于等于 1，胜率大于 0.5 的区域。

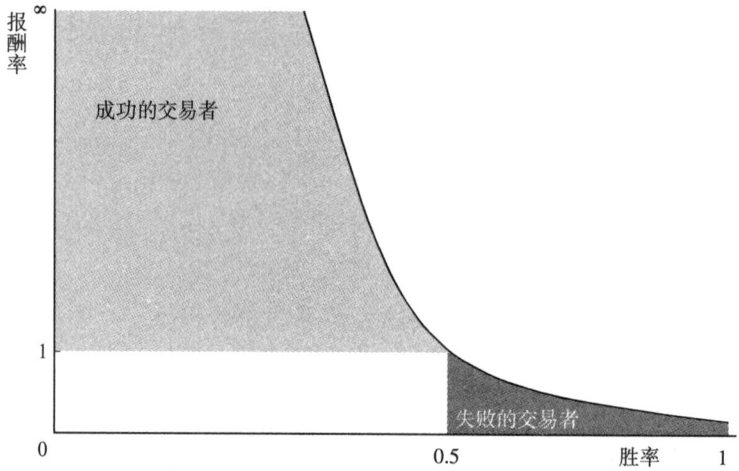

图 5-11　报酬率和胜率的关系

胜率和报酬率好比一太极中的阴阳两仪（见图 5-12），**胜率是一个显著的因素，短期内即可观察到，而报酬率则是一个隐藏的因素，要经过一段客观时间的数理计算才能得到。胜率和报酬率的显隐特性使得普通大众往往追求极高的胜率而忽视了风险报酬率，由于胜算率的高低与进场点的选择关系更大，而报酬率的高低与出场点的选择关系更大，所以整个市场的群众性思维总是追寻极高的胜率，宣扬一种“进场万能主义”**，现在你接触的不少证券类交易书籍都在竭力宣传其神奇的进场方法，比如若干种看涨形态，若干种飙升形态，若干种高胜率策略等。而极少数长期赚钱的成功交易者则反其道而行之，他们首先专注于报酬率，通过恰当的出场来限定风险，扩展利润，**“永远要把考虑出场放在第一位”可以说是一种不大肆宣扬的交易秘密，如果一定说交易有什么圣杯的话，那这个圣杯一定关乎出场。正确的交易学习之路是从出场入手，着眼提高报酬率，然后再从进场入手，着眼提高胜率**（以不牺牲报酬率为前提）。我们是这样训练独立交易员的：让他在随意的时刻扔硬币决定做多还是做空，一旦开始持仓就要不断判断是否应该出场。如果你的出场能够做到“截短亏损，让利润奔腾”这两点，那么你就可以开始学习进场。本书的技术部分针对外汇和黄金交易者，不过这里提到

出场的目标是最终实现截短亏损，赚足利润。光靠技术位来确定盈利目标是不够的，必须结合驱动面和心理面。对于止损而言，则一定要结合技术位。

的内容适用于所有市场的短线交易者。

图 5-12　显隐的胜率和报酬率

【开放式思考题】

在研读完第五课的内容之后，可以进一步思考下列问题。虽然这些问题并没有固定的标准答案，但能够启发思考，跳出来看某些观点。

1. 本课提到“胜率可以依靠迅速地兑现较小盈利来实现，通过放任亏损和截短盈利，任何一个交易者都可以得到一个足够高的胜率，这是一种违背交易本质的做法。”如何克服这一点呢？

提示：首先分析自己交易样本的风险报酬率特征，看看是否过低，然后尝试提高风险报酬率。有了合理的风险报酬率之后，再尝试提高胜算率。依次从逻辑、周期、结构和仓位入手改善绩效。

2. 本课提到“能够持续盈利的短线交易者不多，但是他们都有一个共同的特征，那就是非常重视利用阻力线和支撑线来提高胜算率和报酬率。支撑线和阻力线可以看作是交易的生命线”。那么，短线交易是否只注重支撑阻力点位即可呢？

提示：周期，特别是情绪周期对于短线交易也是非常重要的。

【进一步学习和运用指南】

1. 思考一下提高风险报酬率的方法有哪些？提高胜算率的方法有哪些？逐一尝试

这些方法，每种方法至少做30笔交易，然后进行分析，反思成功和失败的教训，然后融入自己的交易系统中。

2. 有没有什么方法可以同时提高风险报酬率和胜算率呢？寻找能够带来重大机会的逻辑线索！

第六课

外汇交易失败者的最大盲点：仓位管理

仓位管理是系统交易的核心，是交易程序的盲点！

——Bull

决策者的任务就是要权衡各种可能出现的情形，既不能低估风险，也不能草木皆兵，并且在概率发生变化时持续地进行调整。

——Kenneth Posner

即使做好准备，坚守原则，我们也难以做到尽善尽美，因为我们总是难免犯错。然而，习惯做准备的人总能吸取教训，适时调整，为接下来的任务或下一次挑战做好准备。

——R.M.Shapiro

无论是基本面还是技术面，无论是驱动分析还是行为分析，都只涉及了交易的一个方面，这就是行情分析。**不少交易者，包括外汇交易者之所以失败，最为关键的原因之一是他们将行情分析当作交易的全部，仿佛只要分析了行情就可以决定胜负了。其实行情只是一个最基础的工作（对于纯技术交易者而言），长期下来真正决定胜负的却是行情分析之后的工作，而这个工作几乎极少有人重视（大众盲点所在），当然也就极少有人做好，这就是仓位管理，包括了资金管理和风险控制等主要事项。**行情分析和仓位管理是关系整个交易过程成败的一对阴阳因素，如图 6-1 所示。行情仅仅是整个交易的开始，仓位管理，也就是“进场、加仓、减仓、出场

仓位管理是整个交易落地的关键。再好的行情分析，没有科学的仓位管理最终也难以结出硕果。再差的行情分析，如果结合科学的仓位管理也难以出现糟糕的情况。

的路线图设计”才是交易得以确认的重要步骤，而这恰恰是交易大众的盲点所在，**大众的盲点意味着成功交易者的焦点。**仓位管理中一个比较有效的策略是依据凯利公式配置资金，具体而言就是根据交易的胜率和报酬率来调配资金。至于胜率和报酬率，利用 MT4 这类软件对你的交易历史进行统计就很容易得到了，当然你也可以利用支撑阻力位置来预估风险报酬率。

图 6-1　仓位管理和行情分析的对立统一关系

没有流程的工作是不能提高的，流程显示了系统的力量。

当然，**仓位管理和行情分析还不足以构成整个交易流程。**完整的交易流程我们可以用下面的流程图（见图 6-2）来示范，其中最不重要的步骤是第一步的行情分析，当然这是相对后面三个步骤而言，一个成功的外汇交易者必然在所有这四个步骤中齐备。首先是行情分析，你可以利用任何方式，当然第四步骤你需要不断根据足够的交易数据对交易绩效进行检讨，以便提高你的行情分析能力和优化你的行情分析工具。行情分析的主要手段是基本分析和技术分析，还有介于两者之间的心理分析，**心理分析不采用价格信息，也不采用政经类等方面的信息，而是以持仓量和成交量，以及相应的情绪指标作为分析对象（心理分析是真正短线巨擘的焦**

心理分析的关键在于找出对手盘可能怎么想，怎么做。

点）。本书主要涉及技术分析，**技术分析的目的是找出具有恰当报酬率和胜率搭配的市场交易结构**，然后根据凯利公式展开第二步骤，这就是仓位管理。凯利公式的基本原理是报酬率越高，动用的资金越多，胜率越高，动用的资金越多。仓位为 0 就是出场或者不持仓，而进场、减仓和加仓的道理可以以此类推。进场和加仓的理由是潜在报酬率上升或者是潜在胜率上升，而出场和减仓的理由是潜在报酬率下降或者是潜在胜率下降。

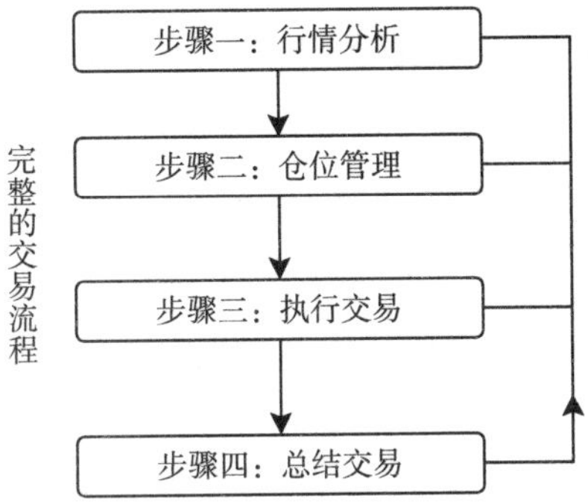

图 6-2 交易流程

一旦根据凯利公式大致推定了“进出加减”的路线图，接下来则就需要认真地和严格地执行交易了。每次交易完成后，都需要连带之前一段时间的交易进行回顾，回顾的样本应该跨越上涨、下跌和震荡三种市态（A 股的不少炒家从来就不回顾熊市，他们只看到自己策略在牛市中如何赚钱，然后就以为一直都是这样），然后在此基础上对行情分析、仓位管理，以及执行交易的过程进行改善和优化提高。

行情分析是大众重视的焦点，而资金管理或者说仓位管理则是交易大众的盲点所在。下面，我们对资金管理或者说仓位管理进行较为深入的分析。

仓位管理好比亡羊补牢之举，也好比锦上添花之举。无论如何，持续不合理的仓位管理必然导致彻底失败。

仓位管理是外汇交易游戏中发挥 90%权重影响的重头戏，当交易者涉及盈亏问题时，仓位管理是最重要的方面。之所以重要，一方面是因为绝大多数交易者忽视它，所以这项技术能够给交易者带来超额利润；另一方面是因为交易的最终盈亏取决于仓位管理的模型。著名的短线交易大师拉瑞·威廉姆斯将区区1万美元在一年内变成了110万美元，他认为帮助自己实现奇迹的关键是仓位管理。**事实上，许多成功的交易者，包括外汇短线交易者都将仓位管理看作是对交易盈利贡献率最大的因素。**如果仓位管理是如此关键的因素，那么外汇短线交易者彻底掌握仓位管理的重要性就非常高了。

仓位管理究竟是什么呢？它又不是什么呢？关于仓位管理的定义有很多，这些定义对于交易界来说都有某些合理的成分。我们将以自己的使用经历来定义它，你也将在阅读和实践本书的过程中逐渐理解它的含义。仓位管理就是资金管理，**绝大多数人只是在口头上宣称仓位管理是如何的重要，我们亲眼看到不少"大师"反复提到风险控制和仓位管理的重要性，但是却从来没有给出具体的仓位管理方法，更为可笑的是，他们传授的内容和引导的重点居然是"反仓位管理"的，他们让读者和学员们去学习所谓的必胜形态和"抓顶兜底预测术"。**我们也许也会探讨这样的内容，但是我们从来不会掩盖仓位管理的首要性。仓位管理涉及的是交易的整体成败和绩效，而**所谓的行情分析只是仓位管理控制下的一个次要的局部行为。**"80/20原理"是现代管理界流行的一个话题，我们可以从这个原理的角度去看待仓位管理在整个外汇短线交易中的重要性：在交易中决定交易80%绩效的环节恰恰是占交易系统构建20%内容的仓位管理。

仓位管理或者说资金管理被不少人狭义地理解为"保护性止损"或者是"初始停损"，这种理解比那些从来不考虑仓位管理的交易者强，但是却对仓位管理存在根本的误解。

从有利于操作的角度来定义仓位管理应该是这样的：在给定的风险报酬率和胜率条件下，应该动用多少资金进行这笔潜在的交易。通过诸如凯利公式这样的工具我们可以大致确定用于"冒险"的资本额，这部分资金可以看作是我们从事一笔特定外汇交易的"成本"。

仓位管理能够被分解为两个不同的范畴：恰当的仓位管理和不恰当的仓位管理。**恰当的仓位管理会同时考虑风险和回报因素，**而不恰当的仓位管理则只考虑其中一者，比如风险或者是回报，对于新手而言风险是最容易被忽略的因素。恰当的仓位管理会考虑整个账户的盈亏情况，而不恰当的仓位管理仅考虑特定交易涉及的盈亏或者是诸如胜率这样的特征。恰当的仓位管理会对那些不能被定量证明的因素赋予更低的权重，不恰当的仓位管理则对那些不能被定量证明的因素赋予了更高的权重。恰当的仓位管理一般会说如果A和B条件满足，则应该按照C来操作，而不恰当的仓位管理则会说如果A和B条件满足，则有时候可以按照C来操作。恰当的仓位管理从不会盲目地决定介入或者退出交易，条件必须简单明确，毫不含糊，因为**含糊是交易生涯走向衰败的开始**。然而，绝大部分的外汇短线交易策略，比如你经常看到或者听到一些策略，却往往忽略了仓位管理的原则。

当然，一些绝大多数外汇短线交易者讨论到的概念，比如止损，也会在我们本课程中得到阐释，这也应该算作是仓位管理策略的一个部分。止损策略会告诉你在特定的交易中，什么条件下应该了结部分或者全部仓位，这涉及仓位的变化，所以应该算得上一种仓位管理策略。仓位管理涉及具体的“进场”、“加仓”、“减仓”和“出场”，恰当的仓位管理会告诉你如何放置停损以便于退出一笔交易。金字塔加仓法（Pyramiding）是非常出名的仓位管理策略，由杰西·利弗摩尔最先提出来，在后面的帝娜仓位管理模型中，我们会对此加以介绍。但是，切不可以为金字塔加仓法就是仓位管理的全部内涵，仓位管理更多是关注整个账户在交易中的风险报酬变化，而金字塔加仓法则关注的是某一个市场某一段走势对仓位变化的要求。**金字塔加仓法基于趋势的持续性，这保证了实现金字塔加仓法的可能性，而金字塔加仓法本身是为了解决趋势稀缺性带来的盈利机会不足问题，这是利用金字塔加仓法的必要性。**金字塔加仓法认为，如果一笔交易处于盈利状态，则交易者应该力图利用汇价趋势的持续性来增加头寸，但是金字塔加仓法要求后续加仓量要轻于之前的加仓量，这个要求既符合仓位管理的本身要求，也适应了人类的心理安全倾向。**要让趋势自己来证明自己是趋势，就需要等待价格走势突破震荡区间之后一定幅度再加仓：如果价格运动呈现单边趋势，则必然在这一幅度的突破之后继续上行，所以你的加仓必然盈利，如果价格运动只是随机的突破，则必然在短暂突破之后就匆忙下行，所以你也没有机会加仓，在突破一段时候再入场加仓，这是让趋势自己来证明自己的有效方法，也是金字塔加仓开始的前提。**

没有基本面/驱动面分析来提供指引，做到恰当加仓其实很难。

外汇短线交易中，特别是日内交易中，加仓和减仓的操作要求更高，这是由于外汇日内走势幅度较小、反复较多造成的，所以外汇日内交易中的仓位管理水平要求很高。无论是初次进场，还是持仓中的加仓和减仓，以及最终的出场，都可以看作是根据汇价当下走势导致的风险报酬率和胜率结构变化对仓位进行的相应调整，从这个角度来理解仓位管理和交易的"进出加减"才是正途。**由于市场处于不停运动中，所以相应的风险报酬率和胜率结构也在不停变化，自然我们的仓位也要相应地不停微调。低水平的仓位加减是根据固定的主观规则，**比如传统的金字塔加仓法；**高水平的仓位加减是根据市场结构（报酬率和高胜率）的变化，**比如广义的凯利公式仓位管理法则。总而言之，恰当的仓位管理必须同时考虑风险报酬率和胜率结构，考虑整个账户净值的变化情景，同时必须能够被定量化地处理。

下面就帝娜仓位管理模型进行介绍。帝娜仓位管理模型基于支撑线和阻力线，我们简称为R/S水平，在市场中对于风险报酬率最为有效的界定工具是R/S水平，比如我们进行一例做多美元兑日元的日内交易，则我们必须找到一个能够界定潜在风险和报酬的交易机会，至少我们界定潜在风险幅度，以及确认潜在的利润幅度大于次风险幅度，这时候我们就需要用到R/S水平线。如图6-3所示，我们首先要找到进场点，如果在现价附近存在较强的支撑线，则现价附近、支撑线之上无疑是很好的进场做多点，为什么呢？因为支撑线可以作为我们对市场行为的某种可证伪假定：当市场处于支撑线之上时，趋势向上，当市场跌破支撑线时，趋势向下；更为重要的是支撑线也为我们界定的一笔交易的潜在风险报酬结构，当我们根据对市场的可证伪假定将初始止损放置在此支撑线之下时，潜在风险幅度被确定了，这就是假定进场点B和假定初始止损点A之间的价格幅度。那么，潜在报酬幅度呢？因为我们假定价格在支撑线之上，市场向上的趋势就没有结束，所以潜在报酬幅度理论是无限的，如果是日内交易的话，我们会假定为日均波幅减去当日已有波幅。进场后，我们会根据市场的发展，也就是相应的风险报酬结构变化来改变仓位管理，而**移动止损则是一种动态仓位管理的有效技术，**当市场如我们假定的那样继续前进时，则我们应该把止损移动到离汇价较近而且留有缓冲余地的支撑线之下（见图6-3中的C点附近）。**移动止损就是在不停地改变暴露在市场中的风险幅度，当你锁定浮动盈利时，你就是在改变风险报酬结构，让它朝着有利于你的水平前进，同时你也是在管理仓位，意味着你其实是在通过"变相减仓"来减少风险暴露，至少你的减仓来自于既有头寸的盈利，而不是减少既有头寸本身。**

请你仔细揣摩图6-3中的实用思想和技巧，虽然其中只包含了一种进场策略（见位进场）和一种出场策略（后位出场），剩下的进场和出场策略将在本教程的最后两课

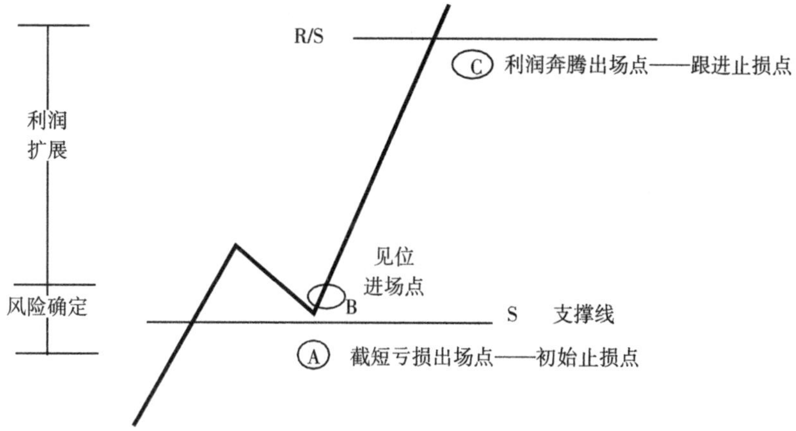

图 6–3　做多交易中的简单头寸管理

讲解，但是你仍旧可以从中学习到我们心中最为看重的策略之一。当然，图 6–3 展示的是简单头寸的管理技巧，也是日内交易中用得最多的仓位管理技巧之一，因为日内交易往往是单一头寸，而不是复合式头寸。当然，也有跨越日间，以波段交易作为短线交易模式的交易者，他们往往以复合式头寸为主，这就比较类似于杰西·利弗摩尔的操作，也与当今绝大多数期货交易者的仓位管理模式类似，比如说理查德·丹尼斯的操作。

下面我们来介绍帝娜仓位管理模型，这个模型可以用于一切“加减进出”操作，**其核心思想是微调仓位，也就是说，根据市场的变动进行仓位逐步调整，而不是像绝大多数交易者那样全仓进出。**之所以要微调，而不是一步到位，有两个原因：第一，市场的风险报酬率和胜率结构的变化往往是逐步的，存在一个过程，因此对应的仓位调整也应该有一个过程；第二，人的心理比较能够适应逐步调整，这也是绝大多数交易者倾向于盯着行情发展的原因，这样做可以避免在两次看盘之间出现较大幅度的价格变化从而造成交易者的心理落差，在实际交易中，比如股票交易中，要让被套交易者全仓割肉基本上不太可能，而分仓卖出却能够让交易者执行，这也是人类心理的固有特点。**微调仓位是帝娜仓位管理模型的主要思想，同时帝娜仓位管理模型还有一个核心，这就是**

微调是高手之道，中庸之道才是高手，行事偏激非长存之道，非王道。

金字塔加仓和减仓：无论是加仓还是减仓都应该是递减的。加仓之所以是递减的，其最为主要的原因是为了控制加仓的风险，如果加仓过大，则经不起市场的回调；减仓之所以是递减的，其最为主要的原因是为了及时限制风险的扩大，在触及停损区域的开始阶段就应该了结大部分的仓位。但是，**又不能了结全部仓位，主要是为了避免市场噪声造成我们停损错误，故而是分仓出场，而不是一次出尽。**

凡事多些“宽容”，则可以给自己留下不少后路。刚开始就对错误留下防备空间，则后续处理起来就非常轻松。如果一开始就按照理想情形来运作，则后面往往会措手不及。

我们已经从逻辑文字上对帝娜仓位管理模型进行了一个大致的介绍，下面我们结合具体的行情走势对我们的仓位管理模型进行更贴近实际运用的介绍。请看图 6-4，我们这里示范一下帝娜仓位管理模型在英镑兑美元做多交易中的运用。前期高点在 A 点附近处构成初步支撑，我们以此 R/S 水平作为防守线在 A 附近入场做多交易，并在防守线之下设定初始停损区域，如果英镑兑美元在我们入场之后就掉头向下，触及了防守线之下的初始停损区域，则应该先平掉大部分仓位，然后随着汇价的继续下跌而逐步递减平仓，直到平掉所有的仓位。如果英镑兑美元在我们入场做多之后上涨，则我们应该在原有仓位的基础上加仓，但是应该递减加仓，比如最初

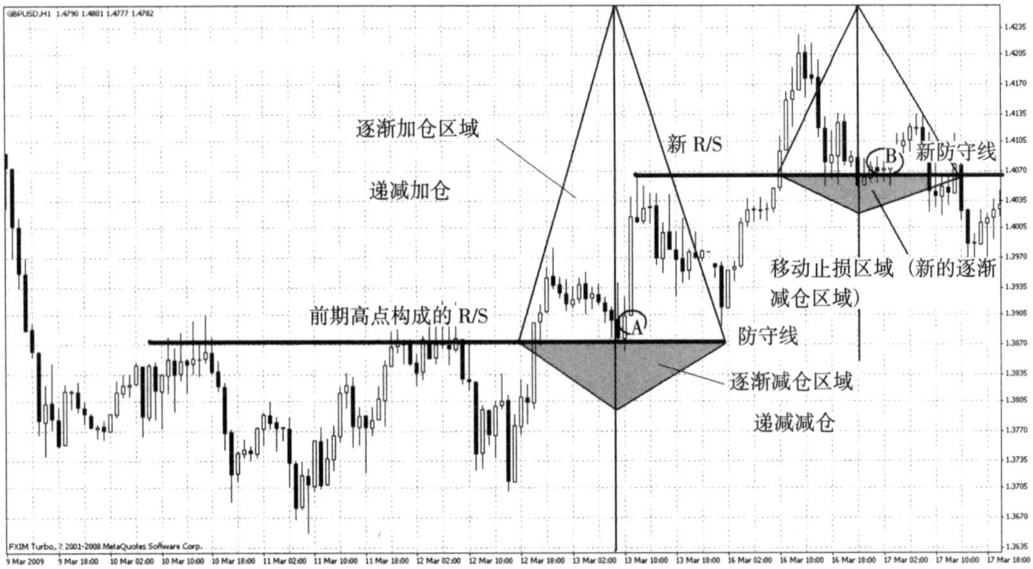

图 6-4 做多交易中的帝娜仓位管理模型示范

入场是 5 手，那么在每上涨一段合适距离，并可以移动止损时增加少于 5 手的仓位，比如第一次加仓 3 手，第二次加仓 2 手，第三次加仓 1 手。我们这里的入场是见位做多入场，也就是汇价回落到某一水平支撑位入场，当然，帝娜仓位管理模型也可以用于破位做多入场，也就是汇价突破某一水平阻力位之后入场做多，这时候阻力位就是防守线所在。

那么，做多交易中的减仓和出场如何利用帝娜仓位管理模型呢？请继续看图 6-4 这个例子，当汇价升到新的防守线时，也就是新 R/S 水平构成新支撑位之后，我们可以将其看作新的入场点，然后以新防守线构筑加仓和减仓路线图。我们可以看到，B 点可以作为加仓点（新进场点），但是此后英镑兑美元快速回落，触及新的减仓区域，这时候我们就要逐步了结全部仓位。这个出场过程是以新防守线为基准，而且是做多后位出场，如果是其他合理的做多出场方式，比如做多同位出场则也可以利用帝娜仓位管理模型。下面我们对帝娜仓位管理模型在做多交易中的运用做一个总结，如图 6-5 所示，这是理想的做多交易中的帝娜仓位管理模型。首先，我们需要找到一条防守线，这条防守线在交易时必须充当支撑线作用，如果是见位交易，则这条支撑线是既有的，如果是破位交易，则这条支撑线是刚由阻力线转化而来。当汇价上升远离防守立足线时，我们逐渐加仓，加仓必须是金字塔般递减的，比如初始仓位是 10，然后加仓则可以是 6、4、2、1 等，加仓的仓量严格说应该考虑到新的防守立足线和凯利公式估算结果。汇价上升是情景规划一，而汇价下跌则是情景规划二，当汇价下跌逐步远离防守立足线时我们逐步减仓，减仓必须是金字塔般递减的，比如初始仓位是 10，则我们可

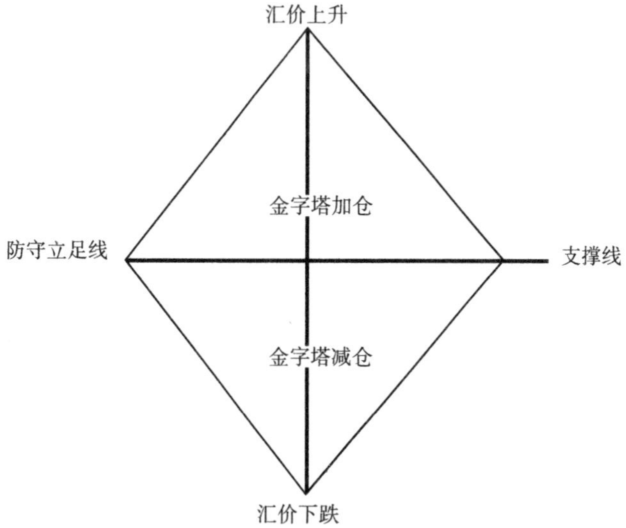

图 6-5 帝娜仓位管理模型（做多交易）

以先减仓 6，然后减仓 3，然后减仓 1 等，减仓的仓量严格说是应该用初始买入量减去凯利公式计算出的新持仓量得到。我们在交易中运用了情景规划（Scenario Planning），这门学科的方法与博弈论的博弈树方法一样对我们交易促进颇多，有兴趣的读者可以去了解一下情景规划的相关内容。

这个仓位管理模型曾经被别人抄袭，其实理论的东西要讲透彻是非常困难的事情，并不是简单地就事论事，也不是简单地纸上谈兵，复盘和系统地训练更为重要。

做多交易中如何运用**帝娜仓位管理模型**想必大家已经从理论上掌握了，至于真正的掌握还需要进一步的实践操作，大家可以模拟账户上将帝娜仓位管理模型与自己的交易策略结合起来操作，为了能够很好地使用这一策略，应该让自己的账户可以动用较小的单位头寸规模，比如 10000 美元的账户可以动用“迷你手”。下面再来看帝娜仓位管理模型在做空交易中的运用，如图 6-6 所示，我们这里的进场以见位做空为例，当汇价在下跌过程中反弹到前期高点构成的阻力水平时，我们寻找进场做空的机会，如果我们在 A 处附近进场做空，则以 R/S 水平建立防守线。情景一是我们进场之后汇价上升，则我们应该递减减仓，并在开始阶段减去大部分仓位；情景二是我们进场之后汇价下跌，则我们应该递减加仓，如图 6-6 所示，原理与做多交易中利用帝娜仓位管理模型一样。

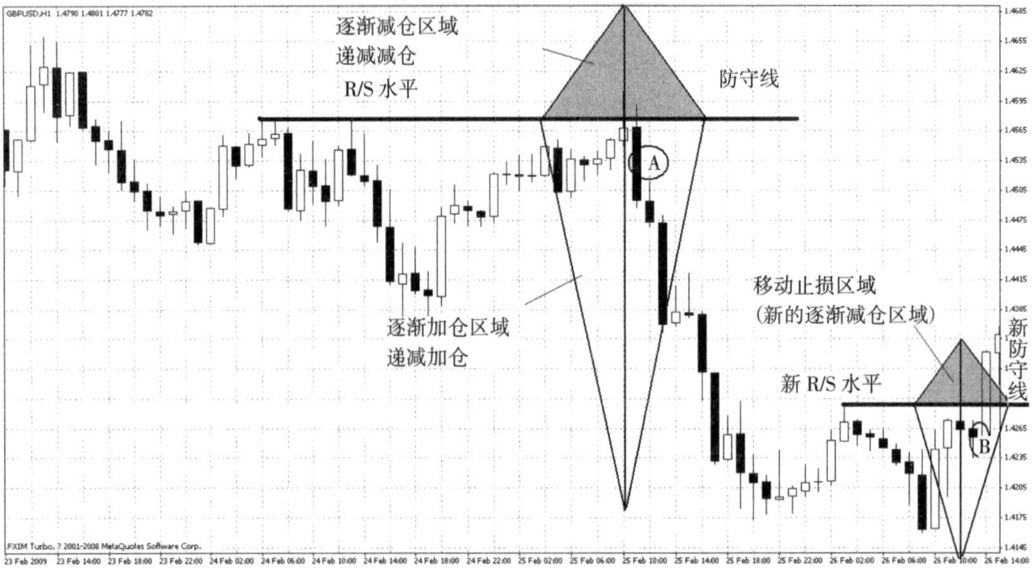

图 6-6 做空交易中的帝娜仓位管理模型示范

随着汇价此后不断发展，我们会移动防守线，同时也会移动仓位管理的金字塔。当汇价下跌到图 6-6 中 B 附近的水平时，我们会根据新的 R/S 水平构建防守线和仓位管理金字塔，此后汇价回升触及新的逐渐减仓区域，我们就要先减掉大部分仓位，然后随着反弹逐步减仓。

下面我们总结一下做空交易中利用帝娜仓位管理模型的要点，如图 6-7 所示，当汇价反弹到防守立足线（既有的阻力水平）附近，或者有效跌破防守立足线（既有支撑转化来的阻力水平），我们可以在此入场，然后面临两种情景：情景一，入场之后汇价上升，则我们采用金字塔减仓限制风险扩大；情景二，入场之后汇价下跌，则我们利用金字塔加仓扩大利润。

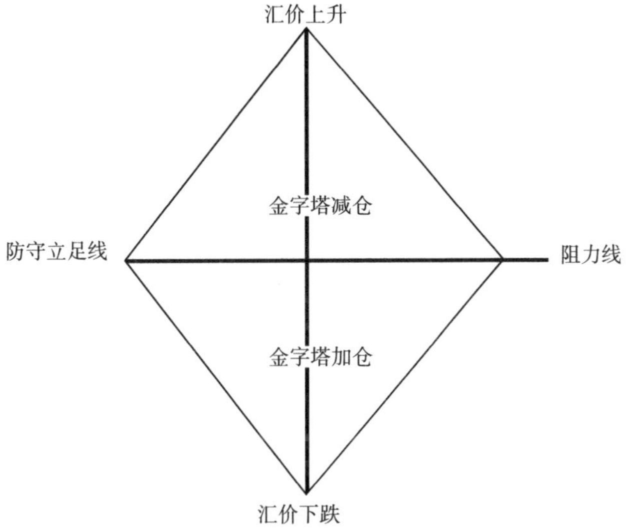

图 6-7 帝娜仓位管理模型（做空交易）

【开放式思考题】

在研读完第六课的内容之后，可以进一步思考下列问题。虽然这些问题并没有固定的标准答案，但能够启发思考，跳出来看某些观点。

1. 本课提到“大众的盲点意味着成功交易者的焦点”。除了本教程提到的盲点之外，大众还有哪些盲点我们可以利用呢？

提示：从交易心理学和社会心理学的角度出发。

2. 仓位管理是最重要的，为什么呢？

提示：没有仓位管理，其他一切都无法落实和兑现。所有的一切分析最终都体现为仓位！

【进一步学习和运用指南】

1. 建议进一步阅读拙作《股票大作手操盘术：原著新解和实践指南》一书中关于进出加减的一些手法，特别是金字塔加仓法（Pyramiding）。

2. 瑙泽·鲍尔绍拉（*Nauzer J. Balsara*）的《期货交易者资金管理策略》（*Money Management Strategies for Futures Traders*）

第七课

“奥卡姆剃刀”下的简洁美：以“欧元动能交易系统”为例

截拳道的精神是直接、有效！

——李小龙（Bruce Lee）

最重要的决定不是你要做什么，而是你决定不做什么。

——无名氏

如果我们能够看见的整幅图画，一幅非常不同的图画将会展现，让我们有更大的空间感。

——A.T.Palmo

越是复杂的生物体其适应性越差，这是生物界的现实；实用主义哲学中的“奥卡姆剃刀原理”强调“等效的学说取其简单者”；交易界公认的系统设计标准是“简单有效”，如果过于复杂了则往往无法验证其是否有效，因为涉及的参数过多加上复杂的市况使得验证几乎没有可能。

简单的系统体现在可以通过较少的参数去估算市场特定走势的风险报酬率和胜率的概率分布结构，这也使得仓位管理变得高效和迅速。我们在前面一课阐述了仓位管理的一般原理和特定策略，但是仓位管理必须经由具体的交易系统来实现，**严格来说，仓位管理是动态过程，而交易系统是静态结构，两者一个是功能性的，另一个是器质性的，谁也离不开谁。**

外汇交易界存在普遍的盲点就是认为交易策略越复杂越好，体现某一策略的交易系统如果比较简单，则让大多数交易者觉得这一系统缺乏专业度和先进性。不少交易者都把交易系统与现代科学仪器等同起来，因为科学仪器是越复杂越先进，自然交易系统也就是越复杂越先进了。其实，在选择外汇短线交易系统时，我们需要时刻谨记“奥卡姆剃刀原理”，在不降低交易系统绩效的情况下尽量去除其中重叠和不必要的部分。比如，不少交易者的策略中采用了四五种以上的趋势指标，或者好几种震荡指标，这就是违反了“奥卡姆剃刀原理”，一个系统中有两个趋势指标或者一个震荡指标就足够了，多余的部分并不能带来什么显著的改变，反而会带来交易效率的下降，这就是同类型技术指标的边际效用递减和边际成本递增效应。更为重要的是**简单的交易系统往往便于进行验证和改进，这对于交易绩效的长期提高来说是最为重要的要求。**

复盘可行性的前提是流程和系统不能太复杂。

那么，什么才是符合“奥卡姆剃刀原理”的简单交易系统呢？我们以“欧元动能交易系统”为例来进行说明，这个机械交易系统是全球享有盛名的《货币交易员》研发组推出的，虽然其绩效饱受诟病，但是你可以从中看到一个简单而便于改进的交易系统模型。**我们将看到简单的模型更便于进行检验和改进，如果一个交易系统不能有效检验和改进，那么做一个交易系统还有什么用处呢？**

机械交易系统的绩效往往会因为新的外推检验而降低，尽管交易系统的设计者付出了巨大的努力，但仍旧没有考虑到市场条件的显著差异，越是复杂的交易系统越是无法很好地适应市场条件的差异。“欧元动能交易系统”于 2008 年夏天被《货币交易员》研发组提出来，该系统主要根据短期和长期的动能差异，进行针对欧元兑美元的短期交易。该交易策略在提出之后受到了全球外汇交易界的广泛关注，其交易信号的绩效备受瞩目，但是提出后的外推检验和提出时的内推检验得到的绩效有明显差异，绩效检验的便捷高效性得益于该交易系统的简洁。

在该交易系统发表之后的几个月，该策略的表现有些下滑，这是由于金融市场在 2008 年下半年发生了结构性的变化，次贷危机引发的金融海啸接踵而来，外汇市场受到明显影响。

“欧元动能交易系统”的设计思路很简单，它基于一种典型的动量统计：计算当前的价格相对于过去 N 根价格线构成区域的位置。这是一种非常简单的交易思想，基于的是流传已久的动量统计思维。举例来讲，如果一个货币过去 10 根价格线一直在 1.2800~1.2850 交易，也就是过去 10 个单位时间内在 50 个基点范围内交易，而目前的汇价处于 1.2845，那么动量指标数值就应该是 0.0045/0.0050 = 0.90 或者 90%。整个动量指标值域为 0~1.00，也就是 0~100%。如果现价位于过去 10根价格线构成区域的顶部，则其动量指标数值就是 100%。现在，动量指标值域也可以等价地改变为–1.00~1.00。比如，如果最近的汇价是 1.2805，那么动量指标的数值就应该是–0.90，或者说–90%，而不是 0.10（10%）。

这个简单便于测试的交易系统是利用一个指标的长期版本去定义趋势，再用这个指标的短期版本去定义趋势内的相反移动。如果长期的动量指标发出了一个有效上升的信号（也就是相对较高的指标数值），同时短期的动量指标处于超卖状态，则该系统就会发出进场做多的信号。进场做空的信号则要求与此相反的指标状态。研发组的最初研究显示在做多和做空交易中采取同样的指标设定表现并不是同样的好，这主要是因为当时的测试环境中欧元正处于多年的牛市中。因此，研发组决定区别对待两种交易测验期的长度：用于做空交易内推检验的回溯期要比做多交易的回溯期更长。“欧元动量交易”主要由下列规则组成，这组规则的测试期从 1998 年 6 月 2 日持续到 2003 年 6 月 2 日：

◇ 规则 1：当 30 日动量指标的数值超过 0.60，同时 5 日动量指标的数值低于–0.80（–80%）则进场做多。

◇ 规则 2：当 30 日动量指标的数值低于–0.60，同时 5 日动量指标的数值超过+0.80（80%）则进场做空。

这里再次得益于系统本身的简洁性，所以策略很容易就高效地完成了。最初的测试结果显示出一些应用前景，但是并不是很吸引人。而且，这些测试是内推检验，也就是基于过去的历史数据，并不意味着市场会在未来复制自己过去的走势。欧元兑美元的上升走势或许会持续 1 年甚至 10 年，**但是如果趋势彻底反转，或者是走入像 2005 年那样的中期调整，则现在这组规则和设置也许就会表现不佳。**这就是系统交易的迷思所在，但是简单的系统更便于交易者走出迷思的困境。

当然，如果你认为欧元兑美元的走势会持续其测试期的特征，则你可以使用不同的长期和短期指标参数，这里也存在一些使市场保持倾向性走势的因素，比如在股票市场中就存在长期向上的倾向，或许原油市场也存在这种长期倾向。欧元兑美元存在

根据表象建立的规则必然没有根据本质建立的规则有效。

这种向上的倾向吗？欧元上市后7年的走势给予了肯定回答，但是外汇市场绝对不是股票市场，“风水轮流转”嘛。

股票市场在2008年进入到了自“大萧条”以来最为糟糕的时期，原油市场也崩盘了，而欧元也处于其10年历史的最大下跌状态，图7-1是欧元兑美元的月度走势幅度图。**明确而简单的系统规则使得我们在外推检验中可以清楚地看到“欧元动能交易系统”没有很好地适应这次市场条件大转折**。不过因为它是一个简单的系统，所以我们可以很快发觉问题所在，并快速完善它，这就是简单系统的最大好处，一个复杂的系统缺乏这种快速适应的先天优势。

纯技术交易者的有效性取决于市场性质，而基本面重大变化会改变市场性质。

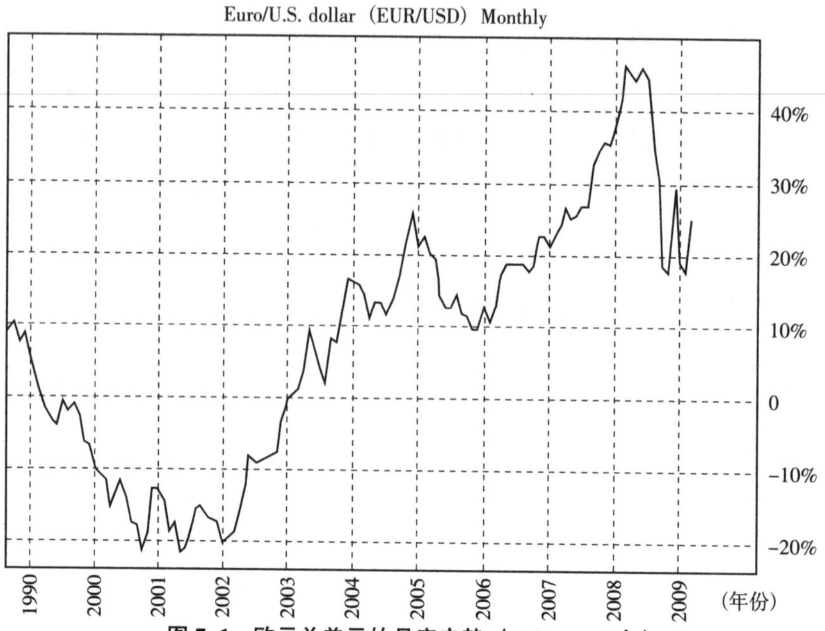

图7-1 欧元兑美元的月度走势（1990~2009年）

2008年6月《货币交易员》研发组的报告发现这个系统容易在市场的大转折点出现错误信号，比如当市场向上大转折时，它会发出做空信号或者是当市场向下大转折时，它会发出做多信号。报告指出，应该为上述主要规则再添加一条止损规则和一个额外盈利出场策略。具体而言，研发组增加了下列简单的交易规则，看交易系统是否提高了绩效，由于

“欧元动能交易系统”本来就非常简单，加上一组简单的规则自然也非常容易办到：

◇ 规则 1：利润目标：当开仓利润为 3%时退出交易。

◇ 规则 2：止损：当开仓损失为 0.085%时退出交易。

◇ 规则 3：在持仓 9 天之后退出任何交易。

上述参数被采纳是因为它们是最初测试阶段得到的稳定参数范围的中值。上述这些规则提高了“欧元动能交易系统”在历史测试期（2000 年 3 月到 2008 年 5 月）的绩效表现，但是这些规则对系统在接下来 10 个月的表现没有明显的效用，在这 10 个月中欧元兑美元的波动率大幅上升，同时突然大反转。“欧元动能交易系统”在 2008 年 6 月到 2009 年 3 月中旬的表现不好，图 7-2 显示了这段时间交易系统的信号分布。

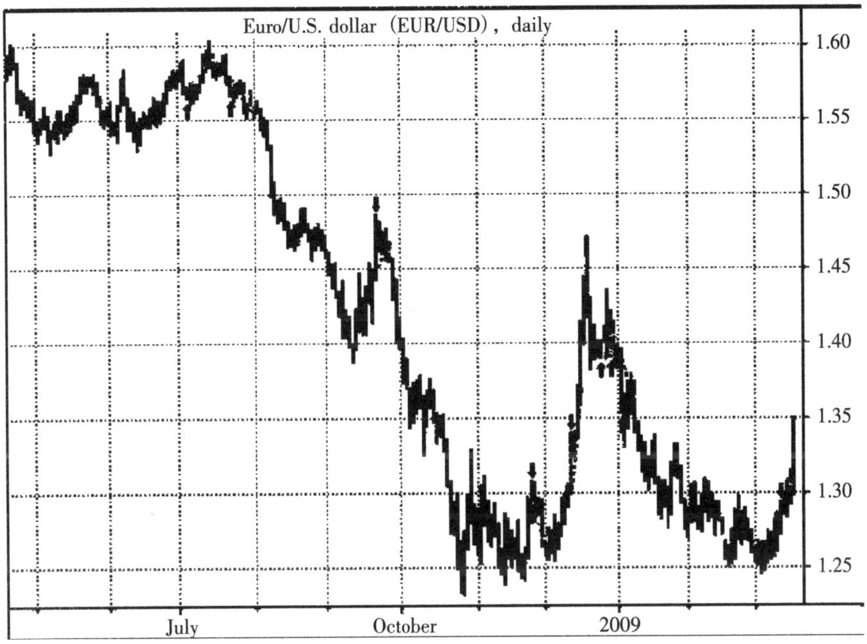

图 7-2 2008 年夏天开始“欧元动能交易系统”的表现不佳

如表 7-1 所示，“欧元动能交易系统”的绩效测试分为三个部分，第一组数据是 2000 年 3 月到 2008 年 5 月的绩效，第二组数据是 2008 年 6 月到 2009 年 3 月的绩效。当市场从 2008 年 6 月开始由上升趋势转为下降趋势时，这个交易策略是净亏损状态，期间市场波动率的变动产生了很重要的影响，在 2009 年初多笔做多交易被触发后市场又转而下跌，同时又触发了两笔最终亏损的做空交易。

表 7-1 中的第三组数据是系统升级后进行的回测，回测时间跨度是该系统表现不佳的 2008 年 6 月到 2009 年 3 月。系统升级的具体方法是：利用 5 日和 30 日指标进行

做空交易，利用 10 日和 60 日指标进行做多交易，这样系统在这 10 个月就处于总体盈利状态，图 7–3 是系统升级后的交易信号和行情走势图。参数的调整使得系统能够同

表 7–1 “欧元动能交易系统”的绩效测试

	2000 年 3 月至 2008 年 5 月			2008 年 6 月至 2009 年 3 月			2008 年 6 月至 2009 年 3 月（系统规则升级）		
	所有交易	做多交易	做空交易	所有交易	做多交易	做空交易	所有交易	做多交易	做空交易
总净利润（美元）	38330.00	29099.00	9231.00	−7883.00	−981.00	−6902.00	7287.00	−3318.00	10605.00
利润因子	2.37	2.59	1.95	0.44	0.78	0.27	3.2	0	n/a
浮动盈亏（美元）	0.00	0.00	0.00	−1394.00	0.00	−1394.00	0.00	0.00	0.00
总交易数	60	40	20	9	5	4	5	1	4
胜率（%）	63.33	65.00	60.00	44.44	60.00	25.00	80.00	0.00	100.00
平均净利润（美元）	638.83	727.47	461.55	−875.89	−196.20	−1725.50	1457.40	−3318.00	2651.25
平均盈利（美元）	1747.16	1824.08	1580.50	1522.75	1168.67	2585.00	2651.25	0.00	2651.25
平均亏损（美元）	−1275.55	−1309.07	−1216.87	−2794.80	−2243.50	−3162.33	−3318.00	−3318.00	0.00
平均盈利/平均亏损	1.37	1.39	1.30	0.54	0.52	0.82	0.8	0	n/a
最大单笔盈利（美元）	4159.00	4159.00	3460.00	2585.00	2129.00	2585.00	3696.00	0.00	3696.00
最大单笔亏损（美元）	−2340.00	−2330.00	−2340.00	−6721.00	−2565.00	−6721.00	−3318.00	−3318.00	0.00
最大连续盈利数	7	5	4	2	2	1	2	0	4
最大连续亏损数	4	3	4	2	1	2	1	1	0

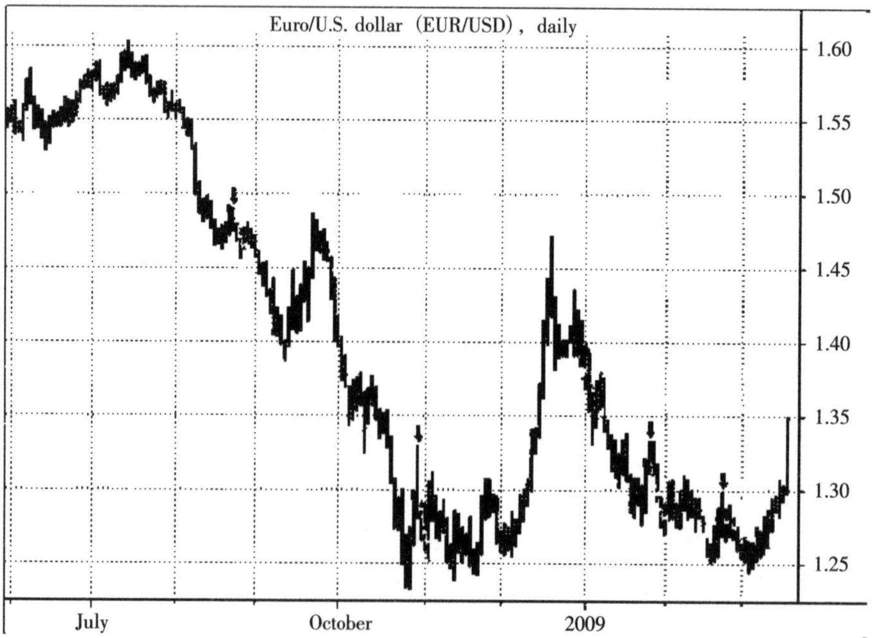

图 7–3 欧元动能系统升级后信号

时对做多交易和做空交易恰当效应，从而带来整体的盈利，但是策略本身不能预测到市场条件的改变。

图 7-4 显示了未升级的欧元动能交易系统从 2008 年夏天开始的绩效下滑情形，这是该系统历史测试自 2000 年来首次显著下滑。

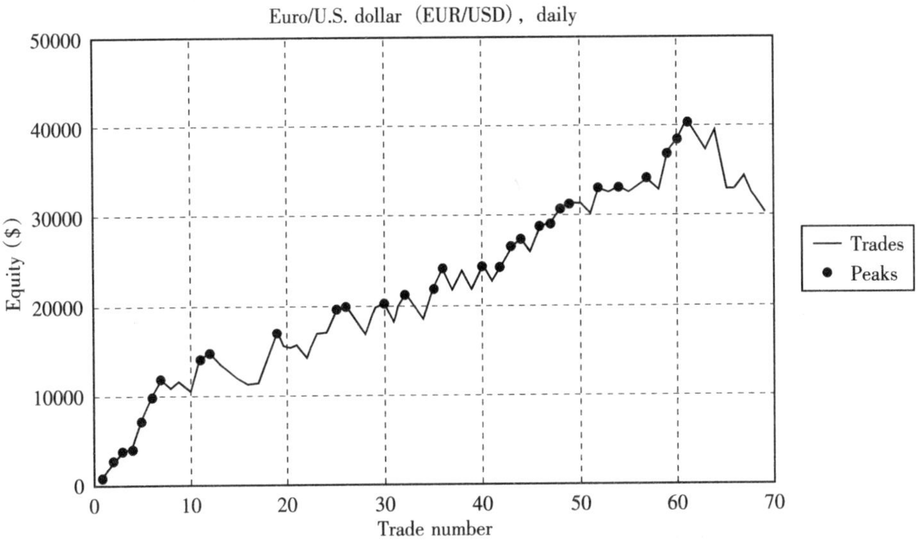

图 7-4 未升级的欧元动能交易系统绩效的下滑

从"欧元动能交易系统"的测试和调适过程，我们可以发现：简单的系统无论是在绩效的内推检验，还是外推检验都具有明显的优势，更为重要的是简单系统的改进也比复杂系统更高效和便捷。即使在使用过程中，像"欧元动能交易系统"这样的简单策略也比复杂的策略更便捷和简洁，与此相对的是如图 7-5 所示的超级复杂交易系统，这是一个有着十几种界面颜色和 10 种以上指标信号综合的交易系统，名为 DOLLY 交易系统，你可以从我们的网站上下载到这个系统，这是一款在国外非常著名的交易系统，我们之所以认为它著名，是因为它的复杂程度使它颇具迷惑性：一方面，复杂很容易与交易大众头脑中的"先进"挂上钩；另一方面，也是更为重要的，像这样的系统对于绝大多数交易者而言，乃至对于超级计算机而言都是无法彻底检验其有效性的，也就是说是一个不能证伪的交易策略和系统。

如果一个交易系统过于复杂，则往往不能被证伪，因为事后都能找到自圆其说的理由，这样的系统往往倾向于被"供奉"，而不是拿来使用。**简单交易系统的最大优点在于能够被证伪，而能否被证伪是交易系统是否科学和具有可提升潜能的关键特性。**

当今交易界已经大规模使用电脑，不少人可以利用电脑对过去的历史行情进行

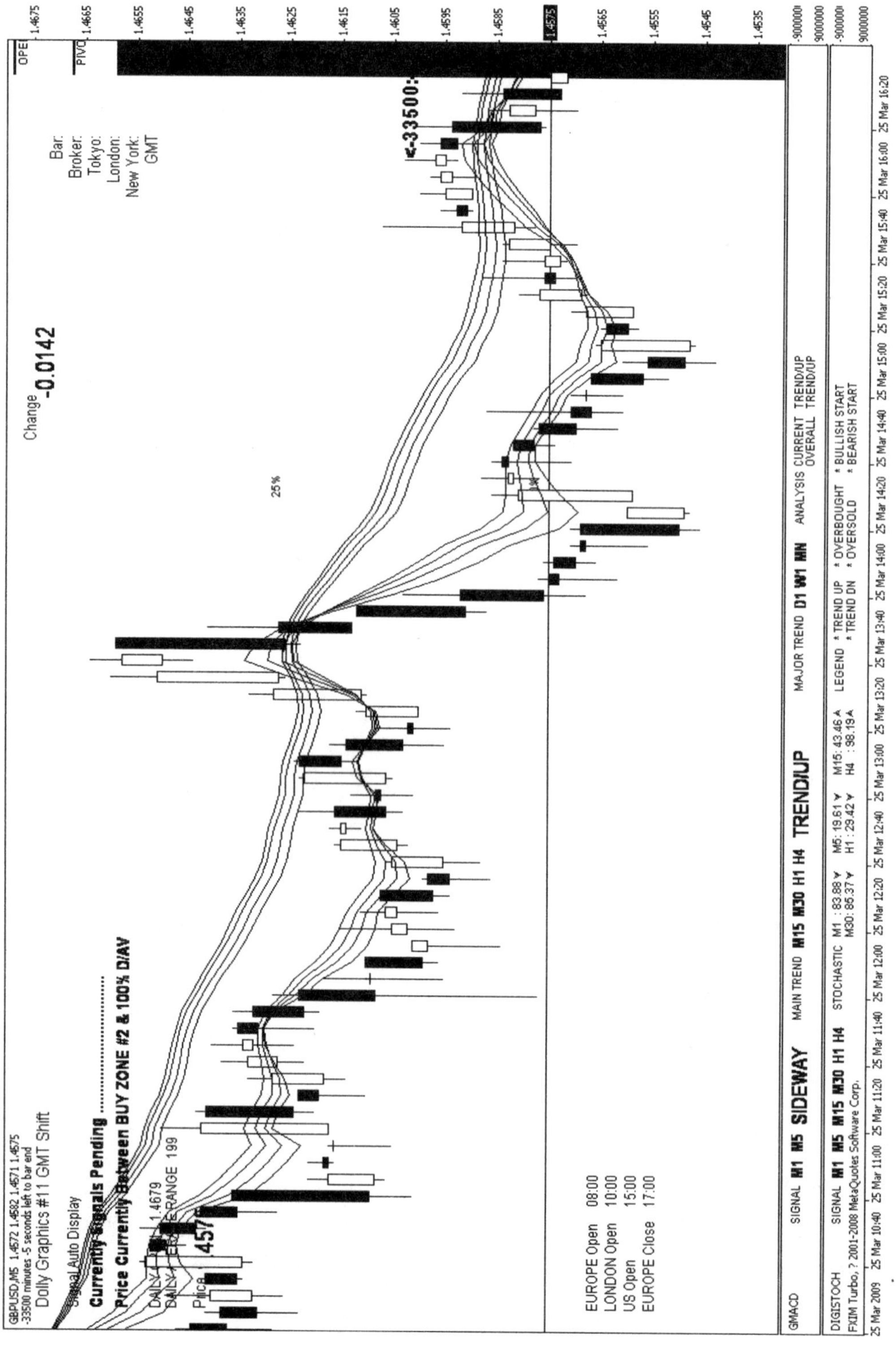

图7-5 复杂的DOLLY交易系统（采纳了10个以上指标信号的DOLLY交易系统）

“曲线匹配”（Curve-Fitted）。“曲线匹配”得到的系统在历史交易（内推检验）上的表现会让人飘飘然，但是在未来交易（外推检验）上的表现却会不尽如人意。其实，“曲线匹配”并不是什么新概念，也不是在电脑时代才有的产物，“曲线匹配”不过是人类追求高胜率天性的另一种形式而已。**“曲线匹配”系统的一个显著特点就是其具有复杂的交易规则，按照西方著名系统交易专家 Bruce Babucock 的话来说就是“曲线匹配”交易系统试图不断把握“例外以及例外中的例外”。**“曲线匹配”交易系统之所以以复杂性著称是因为其系统的开发者要找出在各种情况下都能够获利的方法，最初从最简单的一组交易规则开始，每次发现一种情况无法获利就增加新的规则，或者是修改规则使其变得更加复杂，通过复杂化使得这组规则对先前检验过的价格数据仍然有效，同时避免刚发现的失效情况。系统开发者会这样不断努力下去，直到这套交易规则在所有检测过的历史价格运用中都能获利。恰当的“曲线匹配”，也就是适度的优化是正确的，比如开发组在“欧元动能交易系统”上的适当优化，不过恰当的优化一般不会被称为“曲线匹配”，只有过度的优化才会被称为“曲线匹配”，这个度就需要交易者去把握。我们要尽力利用“奥卡姆剃刀原理”而不是“曲线匹配原理”，成为一个追求简洁交易法则的外汇短线交易员。

对于交易者而言，复盘和可证伪是两个比较重要的东西，因为真正的提高必然来自于复盘和可证伪性。

【开放式思考题】

在研读完第七课的内容之后，可以进一步思考下列问题。虽然这些问题并没有固定的标准答案，但能够启发思考，跳出来看某些观点。

1. 本课提到“简单的系统体现在可以通过较少的参数去估算市场特定走势的风险报酬率和胜算率的概率分布结构，这也使得仓位管理变得高效和迅速”。就外汇驱动分析而言，较少的参数是什么？

提示：风险偏好和利差！

2. 本课提到“严格来说仓位管理是动态过程”。那么，“动态”主要体现在什么操作上呢？

提示：跟进停损！

3. 本课提到“根据表象建立的规则必然没有根据本质建立的规则有效”。那么，在外汇市场中什么是表象？什么是本质呢？

提示：结构是表象，逻辑是本质，周期介于两者之间。

【进一步学习和运用指南】

1. 在你现在的外汇交易系统当中，最应该去除的部分是什么？哪一部分效率最高？去除最差的部分，扩展最好的部分！

2. 推荐阅读艾略特·索泊尔（Elliott Sober）的《奥卡姆剃刀定律》（*Ockhams Razors*）。

第八课

悖逆交易成功法则的天性：不兑现亏损的心理倾向

绝大多数交易者内心深处都在不停默念：截短利润，让亏损奔腾吧！

——魏强斌

答案或许不只在外面，一部分或许在内心。

——A.T.Palmo

若要更好，你必须愿意不断改变。你不会成真正的你以外的某物或者某人，但是你将回到更真实且本质的本我。了悟你是受到召唤、要做出改变的人，然后完成它，然后一切昭然若揭。

——Chuck Spezzano

直到现在为止，正统的金融投资（交易）理论都认为人具备理性的思考能力，而且可以获得充分的信息以便进行全局和长期最优化的投资（交易）决策。其实，这显然误读了人的能力范围，**无论是巴菲特还是索罗斯，他们都认为人的投资能力无论是从认知能力的角度还是信息处理的角度来看都存在明显的局限性。**巴菲特用“能力范围”将自己从查理·芒格那里获取的心理学知识概括起来，而索罗斯则用“预定错误”预先就告诫自己任何判断都可能存在问题，然后在此基础上预先为投资失败留下退路，索罗斯的这些思想源自其父亲和卡尔·波普，前者认为人应该随时预见可能的灾难，而后者认为人的认识能力天生就存在缺陷。

竞技场上，实力是最实在的东西，你的竞争优势是什么？我与对手们能量优势的确定是寻找竞争优势的关键。什么是我能做好而对手很难做好的，什么是对手能够做好而我做不好的。你想过没有，没有想过这些，你就很难确定你的优势是什么，自然也就玩不好这个游戏。

行为金融学和行为经济学试图将人性和人的认知能力限制纳入经济学和金融学的研究范畴，但是主流的经济学和金融学几乎没有为此发生改变，或许是他们认为自己的责任是给出理想状态下的规律，至于投资实践中面临的此类问题应该让投资者自己结合主流投资理论的框架和心理学的框架进行理解和运用。过去几十年，金融学以及包含其中的投资学都建立在两个假定之上，格雷厄姆的理论基本也是如此（他认为自己的理论可以帮助投资者理性行事，投资者可以估计出价值），这也是早年巴菲特存在较大失误的原因之一：假定一，人的判断决策是理性的，会追求全局和长期的最优；假定二，人的预期是准确合理的，不会存在偏差。

直线预期是人类的天性。不是所有直线预期都是错误的，只有所有人都跳入到同一个观点中并采取同样仓位的时候才是错误的。

稍微有点常识的人都知道人通常追求局部和眼前的最优，同时对于未来的看法都是直线的，往往根据现在推断未来，要么过于乐观，要么过于悲观。正是由于交易者追求局部和眼前的最优，所以急忙兑现盈利以便获得高胜率才成为“永恒的风气”！

初学者乃至做了一辈子交易的人都在追求胜率，追求胜率会导致过早砍掉盈利，套牢亏损；有些人虽然追求提高胜量（提高单笔盈利），同时又想提高胜率，结果追求胜率的动机同样会导致上面的问题，最后还是无法提高胜量，而没有胜量，胜率再高最后账户也不能持续增长，结果是赚的次数多，但总资金是亏损的。**个人交易者具有很强的倾向了结浮利头寸和持有继续亏损的头寸，这是诸如 Andreassen Paul 这样的行为金融学家长期实证研究得出的结论。这样的交易天性使得账户倾向于遭受更高的平均亏损和获得更低的平均盈利。**为了让读者在内心深处明白我们这里给出的结论，我们将 Terrance Odean 对于股票交易者的实证研究深入介绍给大家，外汇交易者的情况也与此一致，大家可以通过对试验数据的感知更好地洞悉自己的“错误冲动”，从而借助于理性来控制住这种破坏性冲动，并通过前面课程提供的交易心理平衡法和交易心理自如法来更好地与潜意识沟通，从而完全驾驭自己的潜在倾向。

交易者倾向于持有浮动亏损的头寸更久，同时倾向于了结浮动盈利的头寸更快，这种效应被 Shfrin 和 Statman 在 1985 年定义为倾向效应（Disposition Effect）。对于应纳税交易者而言，这个效应会受到税收条款的一些影响，我们这里忽略这一点，因为外汇交易中基本不存在这种问题。Terrance Odean 为了测试倾向性效应，采集了 10000 个股票账户从 1987 年到 1993 年的账户交易记录，这些账户来自于一家大型的折扣证券交易商。对这些交易记录的一个分析表明股票交易者们更快地兑现盈利而不是亏损，而一些微小的外部条件也会促使交易者了结其头寸，比如美国税收政策导致的年底股票大抛售。Terrance Odean 尝试给出几种可供选择的答案来解释为什么交易者普遍存在倾向性效应。交易者们可能是理性地或者非理性地认为他们当前持有的浮动亏损头寸会在未来带来超过目前持有的浮动盈利头寸带来的获利。交易者可能是为了平衡账户而兑现浮动盈利的头寸。但是，交易者选择了结的盈利头寸在接下来的数月中却倾向于有超过不了结的亏损头寸的表现，这估计就是绝大多数交易者折戟于金融市场的最大原因：天性使我们亏损，而不是我们没有好的交易指标和圣杯策略。那么究竟什么是倾向性效应呢？我们从中可以学到些什么以便大幅度提高我们的交易绩效呢？下面我们就以 Terrance Odean 上述统计检验为基础展开更加深入的论述。

倾向性效应是 Kahnneman 和 Tversky 投资前景理论的一个延伸含义，在前景理论中，当投资者面临简单选择时，其行为透出一个 S 形的效用函数。什么是"倾向性幻觉"呢？以买彩票为例，如果你连续坚持同一个号码买了好几期的福利彩票，但是你一直没有中过大奖，突然有一天你决定换成另外一组数字来买彩票，结果该期开出来的大奖恰好是以前你一直买的那个号码，这下你就马上责怪自己没有坚持买这个号码，内心充满了后悔和遗憾。图 8-1 是一个较为特殊的效用函数，因为横轴的左半轴代表交易者面临的亏损，而右半轴则代表交易者面临的盈利，纵轴则是效用值。如果你对经济学的效应函数不是很理解的话，理解起来会有一些吃力，不过你通过我们对图 8-1 的描述应该大致能够掌握其含义要点。交易者的效用函数在面临亏损时呈现"凹形"，在面临盈利时呈现"凸性"，这些是经济数学的术语，大家能够理解最好，不能理解也没有关系。从图 8-1 中可以看到，面临亏损时，交易者的效用函数更加陡峭，这是效用递增的表现，也就是说亏损减少带来的正面效用是递增的，而亏损增加带来的负面效用是递减的；面临盈利时，交易者的效用函数更加平滑，也就是说盈利增加带来的正面效用是递减的，而盈利减少带来的负面效用是递增的。人们以进场价位作为盈亏参照的标准，比如一个股票投资者因为相信一只股票的期望回报足够补偿其风险而买入了这只股票，此后这只股票股价开始上扬，而这位投资者则继续以买入价作为参照点，投资者效用函数的右侧部分在发挥心理影响力，这时候价格继续上升的边际正面效用下降，交易者倾向于尽快卖出获利的股票。如果这位投资者买入之后，这只股票价格出现了下滑，以买入价作为参考点，则投资者效用函数的左侧部分在发挥心理影响力，这时候价格继续下跌的边际负面效用是递减的，比如从亏损 0 元到亏损 500 元的边际负面效用要远远大于亏损 500 元到亏损 1000 元的边际负面效用，这使得交易者倾向于继续持有亏损的头寸。Terrance Odean 发现交易者经常以进场价作为参考点，然后随着价格的下降和上升，分别以递增和递减的效用函数来判断交易的心理价值。不过，有时候由于持有头寸太久，（做多）交易者可能以近期的价格高点或者低点作为参照点，这时候交易者在面对低于该参照点的价格时，会以效用函数的左侧部分应对，在处理高于该参照点的价格时会以效用函数右侧的部分应对。总而言之，交易者倾向于将参照点的价格作为效用函数坐标的 0 点，然后分别以递增效用函数应对相对参照点亏损的头寸，以递减效用函数应对相对参照点盈利的头寸。

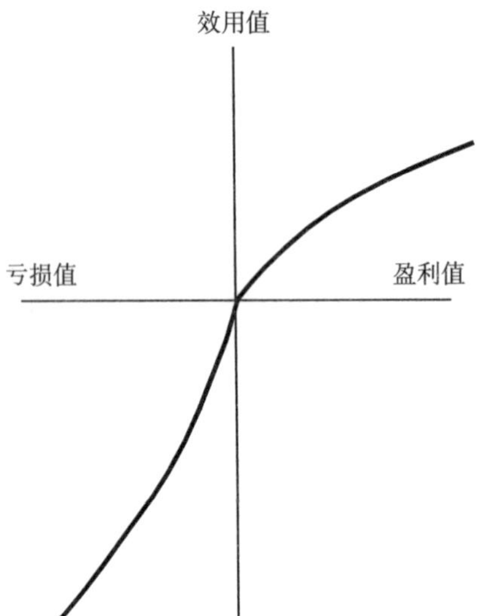

图 8-1　交易者（投资者和投机者）的效用函数

交易者的先递增再递减的效用函数使得他们在交易中倾向于扩大平均亏损，进而缩小平均盈利，长期交易下来则其盈亏比倾向于很低，也就是说风险报酬率很低（可以通过历史的平均盈利除以平均亏损近似得到），这就使得交易者绩效三要素之一的风险报酬率大幅度降低了（绩效三要素在《外汇交易圣经》一书中有专门论述，分别是风险报酬率、胜率和周转率）。**交易者这种典型的效用函数表明了一种厌恶风险胜于追求盈利的倾向，这是人类进化中发展出来的风险防范意识，人在受教育过程中也容易受到这种意识的影响，特别是中国内地“宁可不做大事，也不做错事”的传统对交易者负面影响较大。**这种消极保守的信念体现在交易绩效上的一个表现就是风险报酬率很低，亏的基本是大钱，赚的基本是小钱，如图 8-2 所示。这种效用函数之所以形成还有一个原因是交易者倾向于认为当前浮动亏损的头寸会在未来变成盈利头寸，至少亏损幅度会减少，而当前浮动盈利的头寸会在未来变成亏损头寸，至少盈利幅度会减少，这是人类在长期学习实践过程中发现的“回归中值”原理，也就是认为涨得越高跌得越凶，跌得越凶涨得越高，而“中庸哲学”则是这种思想的另一种形式。中值原理在中期是容易得到验证的，所以不少浮动亏损的头寸确实可以在中期得到抵补，甚至变成盈利。**在外汇市场中，同一个价位在 12 天内一般可以两次经过，所以回归中值原理会得到很好的体现，回归中值原理符合大数法则，但是那些永不回归中值的行情只会给不兑现浮动亏损的交易者一个结果，那就是爆仓。不管是否回归，是否爆仓，最终交易者都会承担资金的机会成本和时间成本。**一个有着“正常”信念结构和效用偏好结果的交易者往往会抱着亏损头寸不放，恰好大部分亏损头寸最后会真的回到进场价位，甚至还能盈利，而对于盈利头寸尽早兑现，长期下来必然获得一个很好的胜率，如图 8-2 所示。图 8-2 所示的恰好是绝大部分交易者的情况，而金融市场中绝大多数人都是输家。而图 8-3 则显示了 A 股交易者的群体倾向性效应。

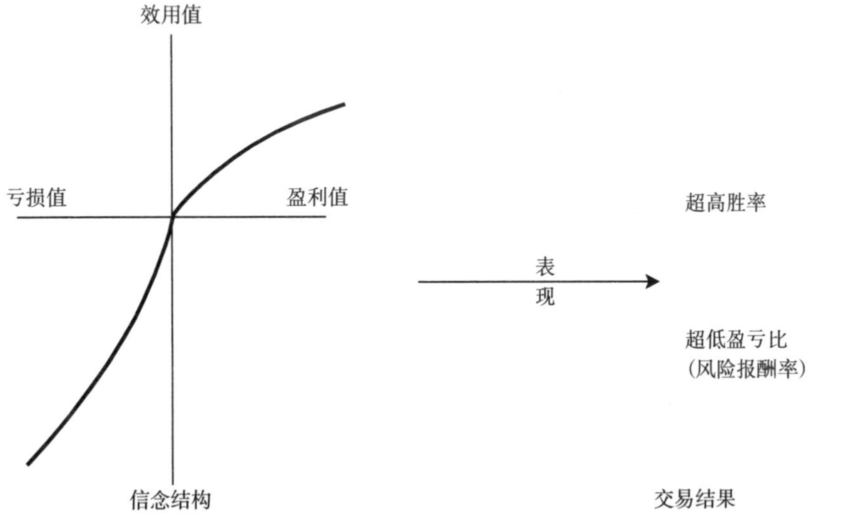

图 8-2　交易者的信念结构和交易绩效（信念决定行为，间接决定结果）

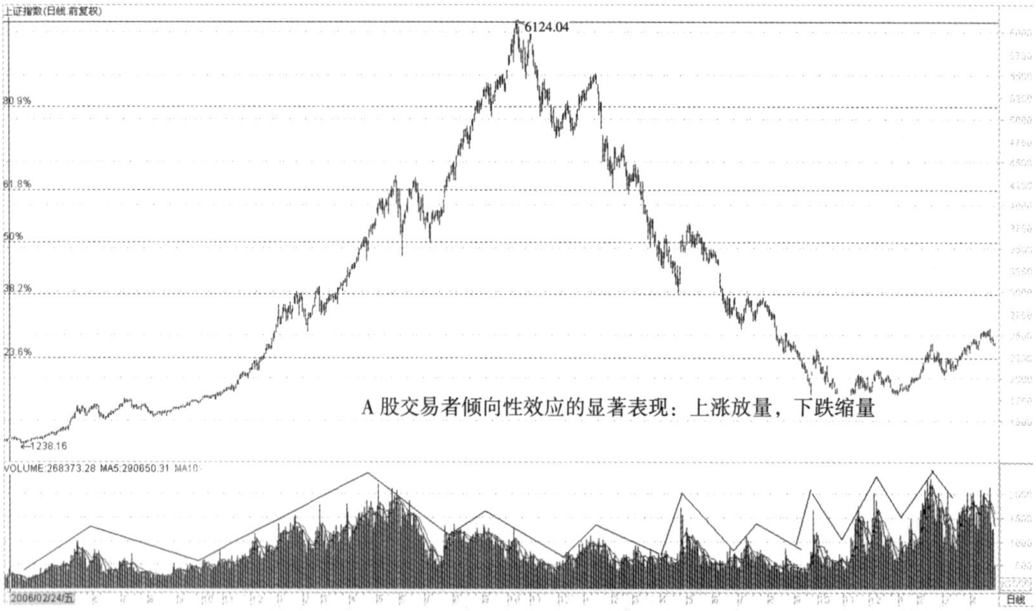

图 8-3　A 股交易者体现出来的倾向性效应

“倾向性幻觉”来自于人类避免遗憾、追求自豪的倾向。人类在长期的进化过程中，出现了一些特定的情绪用于抑制一些无用的既往行为再度出现，并鼓励一些有效的既往行为反复出现，社会生物学的研究表明了人类所有情绪在进化中的意义。但是任何事情都有两面性，人类的这些情绪也不例外，遗憾和自豪鼓励了人类的有效行为，但是在金融交易中容易使得投资者做出非理性的行为。投资者如果发现一项先前的决策被事实证明为错误时，就将产生遗憾情绪，而投资者如果发现事实证明先前的一项决策是正确时就会产生自豪情绪。这两种情绪导致了“倾向性幻觉”的出现。人类为了获得进化的动力，逐渐掌握了利用遗憾情绪来丢掉那些无用的行为，这种情绪也极大地影响了投资者的决策行为。避免遗憾和后悔的心理使得投资者总是过早卖出那些盈利的证券头寸，而追求自豪的情绪使得投资者一直持有那些亏损的头寸，以便维护自己的自尊心和自豪感。如果一个投资者持有一个证券投资组合，其中一些股票处于亏损，而另外的一些股票则处于盈利状态，几乎绝大部分投资者都会先卖出那些盈利的头寸，以便锁定盈利，同时留着那些亏损的头寸，寄希望于亏损自动抹平，他们总是认为实际亏损和浮动亏损完全是两回事，通过延迟平仓行为可以避免实际亏损的发生。投资者倾向于卖出盈利头寸，保留那些亏损头寸，以便避免遗憾和获得自豪感，这就是倾向性行为，也就是人们不会中立和理性地对待证券头寸，对于头寸的处理更多是依据心理需求而不是交易法则。“倾向性幻觉”使得人们认为盈利头寸如果不赶快兑现就会被市场蚕食，最后竹篮打水一场空，同时使得人们认识亏损头寸如果立即平仓，就会使得浮动亏损变成真实的亏损，他们的头脑中往往出现一幅画面，**认为浮动的亏损在不久的未来将变成盈亏相抵，甚至还有盈利。**

什么让我们截短利润，让亏损奔腾，就是倾向效应。

行为金融学家观察了很多交易个案，也跟交易者进行了面对面的访谈，同时他们还统计了成交量变化，他们发现上涨的股票有较高的成交量，而下跌的股票具有较低成交量，上涨的股票是大多数人盈利的头寸所在，而下跌的股票则是大多数人亏损的头寸所在。同时他们还发现持有期限较短的股票通常是盈利的头寸所在，而持有期限较长的股票则是亏损的头寸所在。同时，这些行为金融学家还发现如果一周前市场出现过大涨，则投资者卖出股票的可能性在增加，无论是专业投资者还是业余投资者，无论是机构投资者还是个人投资者都具有这样的倾向。无论根据价值投资的长期持有法则，还是根据技术投资的让利润奔腾法则，“倾向性幻觉”都是错误的。价值投资者认为股价的涨跌并不会危及自己的真实利益，因为公司经营仍旧正常，收益水平仍旧令人满意，而且价值投资者通常在市盈率较低的水平介入；而技术分析派则认为股价的运动具有趋势性，上涨的股票继续上涨的可能性要大于下跌的可能性，而下跌股票继续下跌的可能性要大于上涨的可能性。“截短亏损，让利润奔腾”是技术交易者的最高理念，顺势而为是技术交易的最高真理，而“倾向性幻觉”则完全违背了这一思想，这一心理偏差使得交易者“截短利润，让亏损奔腾”。而价值投资者则认为受到“倾向性幻觉”影响的投资者是那些被“市场先生”弄迷糊的投机分子，这些人卖出盈利头寸的做法往往违背了价值投资“长期持有”和“复利原理”的法则，这些深受“倾向性幻觉”影响的投机分子还违背了价值投资者的基础信条：买进公司，而非股票，根据公司变化卖出股票。**巴菲特这类价值投资者，甚至在知道股价出现短期泡沫的时候，也不会抛出那些决定长期持有的股票，因为他们认为过于频繁的交易会使得投资**

不过，巴菲特并不是迂腐的守旧派，他也曾经在高位卖掉那些价值高估且未来缺乏成长性的烟蒂股。他说不做衍生品，但是后来还是做了，他说不做科技股，后来还是做了。你的巴菲特还在20年前，这就是我们刻板头脑造成的幻象。

者沉浸在“倾向性幻觉”的影响下。

无论是采用技术分析还是基本面分析的交易者都会受到“倾向性幻觉”的影响，可以说这是人的第一本能，而通过学习正确交易方法和思维习惯则是培养人的第二本能。通过更长时间地持有那些盈利的资产，缩短持有亏损资产的时间，投资者可以抵御有害的第一本能。“倾向性幻觉”使得投资者的行为违背了利润最大化的投资策略。错误的心态决定了错误的行为，而错误的行为决定了糟糕的结果，投资（交易）很多时候都是心与市场在交流，就像混沌交易大师比尔·威廉姆斯说的那样，**我们是在交易着自己的信念。**

我们的交易受制于我们的信念。

技术派交易要求及时止损，也就是停掉那些亏损的头寸，而价值投资者则认为应该持有那些公司基本面正常的股票，同时卖出那些基本面出现问题的股票，但是人天性中的“倾向于幻觉”则使得人不愿意平掉亏损的仓位。当头寸出现浮动亏损时，交易者经常寄希望于价格能够回来，平掉亏损的头寸让交易者陷入遗憾的境地，交易者会认为是自己先前的错误造成的。很多交易者从小出生在一个鼓励少犯错的环境中，他们总是认为错误会代表一个人的能力等方面存在问题，而且很多推销交易系统和提供交易咨询的个人和机构总是宣传他们的不败战绩和令人羡慕的胜率，使得交易大众认为交易高手都是那些极少亏损的人和极少犯错误的人，所以很多交易者不愿意承认错误，退出那些被证明为错误的交易，平掉亏损的投资，这些行为都是由于内心的自尊在作怪。如果他们能够明白，交易是一项概率游戏，交易的成败不取决于胜率，而是取决于报酬率，特别是风险报酬比，这样他们就会去掉那些虚假的自尊，将遵守交易规则作为自己的自尊，那些随意更改交易规则和违背市场趋势及公司收益趋势的做法才是打击自尊的做法，因为这是一个人前后不一致的表现。如果交易者能够认识到错误是人类对金融市场和公司经营的不完全认知引起的，而这种不完全认知是人类先天的特征，那么就不会那么固执于亏损的头寸了。

我们已经知道了股票交易者倾向于卖出那些盈利的头寸，固守那些亏损的头寸，这使得交易者的操作与利润最大化原则恰好相反。但是也应该明白盈亏的变化是促进人类不断进化的原因，那么盈亏的变化是以什么作为参考点的呢？也就是说交易者是以什么作为盈亏的判断的呢？这与人类的天性也有关系，如果选择恰当的参考点，则投资者可以更为理性地处理头寸，从而符合利润最大化原则。通常而言，交易者都是选择进场位置作为盈亏参考点。当现价高于进场价格时，交易者的头寸处于盈利状态，此时自豪占了主导，为了保住自豪，同时避免后悔，交易者倾向于立即结束头寸；现价低于进场价格时，交易者的头寸处于亏损状态，此时投资者处于痛苦状态，但是如果立即兑现亏损则交易者的自尊遭到打击，如果交易者固守亏损头寸，则这时自尊得以暂时保全。另外，交易者经常担心结束亏损头寸后价格反弹，为了避免后悔，交易者也会固守亏损投资。如果交易者能够重新选择参考点，那么他会更为理智地处理现在的问题，更为清晰地判断形势，从而作出最有利于利润最大化的决策。有一种方法叫作归零法，也就是交易者不要去关注浮动亏损和盈利的情况，将现价作为参考点，以现价作为盈亏的参考点，当交易者以现价作为参考点时，他就摆脱了之前决策的影响。通常而言，交易者可以想象另外一个还未入场的交易者，没有建立头寸交易者的参考点就是现价，然后以这位交易者的角度审视形势，如果这位想象中的交易者决定买进，则交易者可以继续持有头寸，如果这位想象中的交易者决定不买入这只股票，则交易者应该立即卖出，了结头寸。这类决策的要点在于不要关心先前的盈亏，那些都是过去的决策，现在的决策应该独立于先前的决策，将每次买卖当作新的买卖，这样才能进行理智的决策。具体而言，一个价值投资者在决定如何处理已有头寸时，应该根据价值投资的原则进行判断，如果公司已经不符合投资的原则了，则应该立即卖出股票，而不应该考虑头寸目前是盈利的还是亏损的，如果公司仍旧符合投资的原则，则应该继续持有这只股票，而不应该考虑该头寸目前是亏损的还是盈利的。技术派投资也是相同的道理，当价格过了临界线表明趋势发生转变时，不管头寸目前是否盈利都应该立即结束头寸，当价格没有过临界线，趋势继续持续时，这时就应该坚定地持有头寸。如果能够做到这样，则一个投资者可以很好地击败“倾向性幻觉”的影响。**我们认识很多杰出的交易者，也认识很多不那么杰出的交易者，更认识很多整体上一直亏钱的交易者，其最为关键的区别在于越是优秀的交易者，其决策之间越是相互独立的，此前的决策不会影响此后的决策，决策都是坚守同样的原则，进场决策不会影响出场决策，买入决策不会影响卖出决策，卖出决策不会影响买进决策，决策之间是平等而独立的，一个决策不能凌驾于另一个决策之上，决策只受到同样交易原则的节制。**

活在当下的一个具体的方法就是留意你现在的感官。听听周围那些单调无意义的声音，动用触觉，或者凝视。这一技巧配合呼吸可以快速帮助你活在放松而专注的状态中。

活在当下，是我们作者之一在接受心智培训时听到最多的一句话，作为一个交易者只能活在当下，以当下的价格作为参考点，以同一的交易哲学和投资原则作为准绳。这好比修道，宇宙大道是始终不变的，但是每天我们都需要活在现在，遵循不变的宇宙大道，不能让前天的情绪和决策影响了今天的情绪和决策。在中国内地，大家都知晓的戴尔·卡耐基和拿破仑·希尔，以及安东尼·罗宾和斯蒂芬·科维都提倡一种活在当下的哲学。作为一个交易者更是如此，每时每刻都将当下的交易作为一项新的交易，以当下的价格作为参考点，根据始终如一的交易法则进行权衡，此前的盈亏不能影响当下的决策。这就好比武侠小说里面的刀剑合一，瞻前顾后总是影响自己的发挥。**交易员，无论是价值投资者，还是技术投资者都需要专心于当下的交易，不要活在过去，也不要活在未来。**活在过去的交易者，始终在为先前的交易做决策，抱着扳回本金的希望，活在未来的交易者，始终在为未来的交易做决策，抱着不切实际的美梦。巴菲特在纺织业务上犯了前一个错误，而千禧年之初的IT股投资者则犯了后面一个错误。但是，大师就是大师，最后能够亡羊补牢，而部分IT股投资者们恐怕永远没有机会来改正错误了。

接纳现在，创造未来。人的痛苦在于拒绝接受现在，人的悲惨在于懒于创造未来。对交易者而言，对于盈亏只能接纳，然后将注意力集中于做好手头进行中的分析和头寸中。

总而言之，绝大多数交易者的表现是“高胜率加上低风险报酬率”，而金融市场中的输家就是这部分人，我们需要反其道而行之才能成为赢家。

为了实现上述目标，我们需要从两方面入手：第一个方面是找出错误行为背后的信念，第二个方面是以正确的行为和信念替代之。我们前面介绍的心理平衡法和自如法可以帮助交易者完成第二个方面的部分任务，下面我们介绍的外汇交易者认知行为疗法则可以帮助交易者完成第一个方面的任务。

我们在本课程不同阶段已经反复提到“绩效、行为和信念的一致性原理”，如果说绩效是a，行为是b，信念是c，则改变绩效就要求改变行为，而改变行为就要求改变信念，信念改变了行为也就改变了，行为比起信念容易改变，但是离开信念的行为是不稳定的，绝大多数股民、汇民、期民之所以长期徘徊在交易持续盈利的大门之外，最为根本的原因是他们始终在结果上打转，顶多想从行为上找些秘诀，殊不知他们找到秘诀之后往往坚持不了多久就放弃了，要么认为秘诀是骗人的，要么认为秘诀还需要完善，其实**最根本的原因在于他们内在的信念结构根本接受不了这样的行为方式**。结合本课的内容来理解就是绝大多数交易者接受不了低胜率和高风险报酬率的交易方法，他们能够接受的往往是相对的方法，而后面这种方法用起来比较舒服，为什么舒服，因为符合自己的信念结构和认知体系，所以绝大多数人就算见到了“盈利秘籍”也不会当回事，就算坚持了几天，一看这么多假信号，马上放弃了，这个过程我们称为“放弃赢家”。光“放弃赢家”还不会让交易者输得这么惨，关键是他们的信念结构会让他们去追求一种高胜率的方法，而不顾风险报酬率多么低。恰好，市场上这么多书籍、媒体、“交易大师”、“私募名人”在这里吹捧“90%以上胜率”的方法和软件，其隐含的前提就被绝大多数交易者的潜意识收到了：赚钱的方法就是高胜率的方法。这就是一个最大的陷阱，**今天要成为一个赢家很难，因为周围的环境不允许你成为赢家，它们合起来催眠你，让你固守天性，也就是固守失败，他们迎合你对高胜率的追求，并强化这种需求，如果你不“觉悟”，你永远都是“南辕北辙”，因为真正的赢家追求的东西恰好与此相反**。这本教程的第五课专门对此有揭露，大家可以自己下去后多多反思，我们已经反复把交易的真谛和正途透露给大家了，但是大家为什么没有真正去操作还是在追求高胜率，总是问为什么假信号这么多，为什么胜率没有90%，有没有什么交易策略 10 笔交易 9 笔赚的，看着不少读者的来信和在论坛的发帖，我们非常痛心：真是“本性难改”啊！**什么在阻挠着世界上绝大部分交易者的成功，是你们自己的内在信念结构，你们一手葬送了自己的前程，虽然花了不少力气，但是越走越远，离成功越来越远而不自知**。可以说，我们在《黄金高胜算交易》和《外汇短线交易的 24 堂精品课》中经常插入了“解药”，告诉你什么是交易的真谛，什么是歧路，这里再一次重复强调一些东西，希望读者以后不要来问我们关于胜率的问题，不要来问我们关于假信号如何过滤的问题，去除一些假信号其实就是想提高交易的胜率，你抱着这样的想法去进行纯技术类的交易表明你已经走上歧途了，而绝大多数人都在歧途上，所以你们感觉良好，“相互催眠”。**当然提高胜率不是不对，只是应该在保证高风险报酬率的前提下，至少达到 1：1 这一水平，然后再靠提高胜率赢得整个交易的胜利**。

为了找到制约我们走向成功之路的罪魁祸首，我们需要利用认知行为疗法，正本清源，肃清流毒。菲利普·费雪的儿子肯尼斯·费雪写过一本关于交易的巨作《成功投资

技术分析属于边际分析，很难打破胜率和风险报酬率的对立，只有驱动和心理分析才能做到超越，这属于超边际分析。

要问的三个问题》就是这方面的指南，这本书比他的《超级强势股》更能大大改善你的交易能力，因为后者基本属于基本面交易的分析技巧，而“三个问题”才是决定交易者水平的关键，这三个问题归纳起来无非就是讲**“究竟什么信念（认知）在使得你的交易出错?”**

我们采用了更为具体的措施来拔出你的“病根”，这种方法具有很强的可操作性，其来源于现代心理学的认知疗法(CBT)。其实，外汇市场何尝又不是一面镜子，照出“你这个妖怪”的模样。镜子具有高效反馈的作用，外汇市场何尝不是如此，外汇市场这面镜子照出了你的信念，你想赚钱，这是你的目标，但是你的行为无效，因为市场给了你反馈，所以你应该保持**行为的弹性**，改变行为以便达成**目标**。当然有些人是无视市场的反馈，他们缺乏**敏锐的感官**，这导致他们往往视若无睹，企图用同样的行为达成不一样的结果，与市场建立**亲和力**才能获利，顺势而为就是建立亲和力。**目标明确，感官敏锐，行为富有弹性，与市场建立一致性（亲和力），这就是伟大交易者的成长之路和成功法宝。水就是如此，它寻找阻力最小路径前进，不断接受周围的反馈以调整自己的流向，顺应地势，一心流向海洋，它完全符合了伟大交易者的四个要素，水是最伟大的交易员，“上善若水”确实没错!**

外汇交易者在早期成长的时候会面临非常多的问题，这些问题往往不是外部原因造成的，具体而言这些问题不是缺乏技术和策略，而是交易者本身许多错误的观念导致的，**正确的方法随时都在你周围存在，你也可能采用过，但是由于你本身错误观念的存在使得你无法持续和正确执行这些策略，**本书的前言说得很明确：**技巧是基于特定观念之上的，如果你无法改变自己的观念，则你就无法采用特定的技巧。任何外汇交易的进步都是观念和技巧同时发生改变得来的。技巧存在盲区，观念也存在盲点，这就是绝大多数外汇交易者无法持续盈利的关键，**通过如表8-1“外汇交易者认知行为疗法专用表”所示的程序，我们可以随时监控和检视自己的交易行为和观念。

表 8-1 外汇交易者认知行为疗法专用表

<table>
<tr><td colspan="4">外汇交易者认知行为疗法专用表格
CBT FORM FOR FOREX TRADERS</td></tr>
<tr><td colspan="4">A 市场走势</td></tr>
<tr><td>C 交易行为和情感</td><td rowspan="2">干预</td><td>D1 行为干预</td><td></td></tr>
<tr><td>B 交易行为背后的想法和信念</td><td>D2 认知干预</td><td></td></tr>
</table>

第一步，我们需要界定目前的市场走势特征，你可以将走势图截下来贴在“A 市场走势”一栏，然后加以陈述。第二步，你需要将自己的交易行为标注在走势图上，放到“C 交易行为和情感”，然后对自己的交易行为以及心理感受加以陈述。第三步，要求你找出该行为和想法背后的原因，这通常涉及信念层面的内容，你将这些深入探讨得到的东西放到“B 交易行为背后的想法和信念”一栏。第四步，你要找出替代错误行为方式的正确行为方式，比如你此前的错误行为方式表现为只考虑到进场，不考虑出场，那么正确的替代行为方式就是在交易计划的时候同时考虑进场和出场。替代错误行为的正确行为被称为“行为干预”，你找出的具体干预手段应该填写在“D1 行为干预”。第五步，我们需要将不恰当的交易信念替代为有效的交易信念，比如此前的交易信念是“高胜率是交易水平高的标准”，则一个有效的替代信念可以这样表述：“交易水平的高低与高胜率没有相关性，而往往与恰当的风险报酬率高度相关”，这一个步骤被称为认知干预，你总结的相关内容放置在“D2 认知干预”一栏中。

交易是一种提高自我根本信念的有力工具，但是如果你不借助认知疗法，则很难有效和快速提高自己，**如果你能够找出每个交易行为背后的观念，则你可以较一般交易者更迅速地提高自己的水平。**

结果是树叶和果实，而信念才是树根和树干。

什么是交易的正途？先得到一个不低于 1 的风险报酬率，也就是说你的平均盈利应该不低于平均亏损，或者说你的潜

在盈利应该不低于停损幅度，然后在此基础上提高胜率，这样可以避免走入“高胜率陷阱”，避免追求高胜率而陷入错误的盈利模式而不能自觉和自拔。如果你按照我们这个道路去走，3~5 年肯定能够持续盈利；如果你不按照我们这个道路去走，要么折回来走这条路，那就是要多走 N 年，如果你不折回来，很简单，你就一辈子也别想持续盈利，因为你想走向北方，却往南方走，除非你走在球体上，这可能吗？**你的信念让你保持在正确方向的反方向上，这是信念的魔力，所以绝大多数交易者会在心中、口头、行为上，甚至认知上攻击我们的论断，很正常，绝大多数读者都会这样，如果不这样，那交易的盈利法则就会更改，毕竟金融市场必须让多数人亏损才能运作，这是我们在本书反复提到的第二个重大秘密。**图 8-4 示范了正确的交易进阶之路，这个进阶之路可不是《外汇交易进阶》里呈现的那种具体技术的进阶式学习，这个进阶之路是真正迈上交易正途的人士必然经历的过程，也是绝大多数向往交易职业生涯的人士不能错过的过程。**正确的交易进阶之路始终伴随着两点思维：“关注大众的焦点，专注大众的盲点”，通过提问你可以紧握两点思维的精髓。**以两点思维我们要在仓位管理、交易观念、交易心态以及交易行为四个层面上全面提升自己。澳大利亚的 NLP 执行师马克·泰尔醉心于金融交易，而 NLP 作为一种追求卓越的心理学提供很好的复制成功的工具，作者之一早在 1997 年就开始研习 NLP，其中文全名为神经语言程序学，在中国台湾翻译为身心语法学。马克·泰尔早年从事交易咨询工作，但其本人的投资业绩非常之差，后来痛下决心。他采用了 NLP 里面的模仿技术将交易大师的信念、习惯、技能和行为进行分解，然后得出了若干要素，然后自己加以模仿，好比对自己的思维程序进行了重新编程，此后其交易绩效一日千里，不可同日而语。这里的交易进阶之路也是按照从信念到行为的层次对交易者的身心程序进行全面重塑。

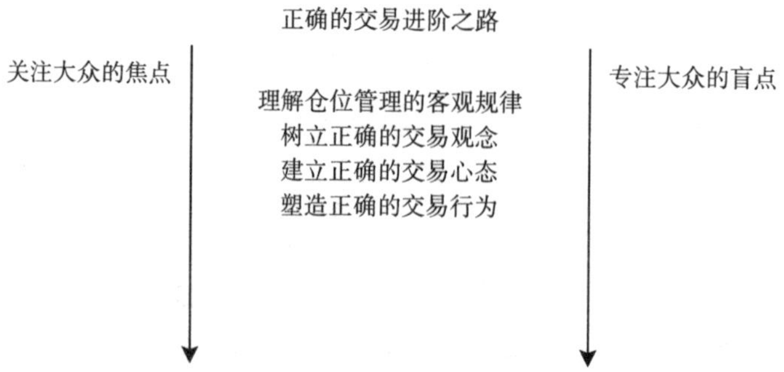

图 8-4　正确的交易进阶之路

仓位管理的客观规律是我们要“排毒扶正”的第一个层次，这是所有交易成功的基础，这个基础是不以主观意志为转移的，把握这个不变的客观规律，我们才能谈得上具体的交易。仓位管理的盲点在哪里？参与交易大众几乎不怎么关心仓位管理，有那么一两本专门讲仓位管理的引进版图书被内地读者认为是“无用之物”，原因很简单，这类书不讲什么技术指标，不讲什么K线形态，不讲什么秘籍绝招。**当今参与A股买卖的人士有几个关心过仓位管理问题，市面上流行的证券图书也都是将仓位管理等闲视之的那一类，“病态的书籍迎合了病态的需求”。**大众对仓位管理还有一个盲点，这就是没有仓位加减微调的观念，几乎清一色的“单一头寸进出”。那么，大众在仓位管理上的焦点一般是什么呢？大众在仓位管理上注重进场，其他的一概不管！涉及仓位管理，绝大多数交易者关注的都是如何进场，但是对于进场，绝大多数交易者往往也停留在简单的看涨看跌上，根本不可能有精细化和科学化的设计，这是焦点中的盲点，也是我们可以挖掘超额利润的地方，我们这本高级教程的最后部分会涉及科学化进场的问题，这就是抓住大众的盲点攫取利润的“招”！

正确仓位管理观念围绕的是凯利公式，而仓位管理的基础是三个比率：胜率、风险报酬率和周转率，仓位管理的具体措施是“进出加减”，具体而言就是“进场、出场、加仓和减仓”。凯利公式是什么模样，大家可以去网络上搜索一下，我们这里介绍一下其大意：报酬率越高，则仓位越重，胜率越高，则仓位越重。风险报酬率可以利用两种方式得到，第一是根据历史的单笔平均盈利比上单笔平均亏损，第二是根据保守盈利目标比上止损幅度。胜率也可以根据历史交易数据统计得到，或者是根据现状预估，当然后面这种方法的可靠性较低。只有当你持续采用某种策略一段时间，才有可能有效地利用凯利公式来管理仓位。进场和加仓是一组的，出场和减仓是一组的。进场主要是帝娜进场三式，包括见位进场、破位进场和顶位进场，这个内容将在本教程的第23课学到。出场主要是帝娜出场三式，包括前位出场、同位出场和后位出场，这个内容将在本教程的第24课学到。**一旦你对凯利公式、三个比率，以及进场三式和出场三式，加上帝娜仓位管理模型有实践上的认识，则你的外汇日内交易绩效将有显著的提高。**

仓位管理方面，建议大家阅读《期货交易者资金管理策略》，这本书比较全面地介绍了仓位管理的细节和主要技巧，大家着重从凯利公式和三率的角度去理解，同时一定要结合本书的帝娜三式和仓位管理模型去研习。

仓位管理是一个客观的规律，这个规律不会随着掌握的人数增加而改变，改变的永远是行情的走法，而不是基于行情走法的仓位管理模式，毕竟仓位管理模式是基于数学的一套分析方式，计量的是客观的概率分布关系。**当交易者以仓位管理的正确观念来看待和分析交易时，后面的路就不会走偏了。**可以这样说，一旦对仓位管理背后的客观规律和持续盈利的数学逻辑关系有了深入了解之后，交易者就真正入门了。**现在绝大多数交易者之所以长期都处于自我感觉不错，但内心相当“没底”的状态，就是因为他们往往都是从交易行为入手，在错误的观念上始终无法建立其正确的交易行为。仓位管理的客观规律是交易者的“锚”，将少数掌握这个规律的交易者锚定在波涛汹涌的金融海洋之中。**

仓位管理的首要目的是防止交易破产，很多技术分析派大师都破产过至少一次以上，但是这些破产都发生在他们从事金融交易的开始阶段，这类破产使得部分菜鸟级的交易者很快成熟起来，开始领悟到“生存”两字的意义，然后开始注意停损和资金管理。但是，对于那些在交易初级阶段没有经历过破产，或者对破产认识不深的交易者而言，此后的交易行为往往是冒失而风险巨大的。

在交易的开始阶段，交易者投入的资金往往非常少，这时破产的教育价值胜过了损失的经济价值。但是，到了交易者开始投入大量资金的阶段时，破产则往往意味着“死亡”，因为本金在亏损后已经处于不能继续交易的状况，而且心理上也遭受到了重创，**交易信心崩溃，要想在短期内重建几乎不可能。**只是因为这一阶段的破产带来了资金和心理的双重巨亏，所以我们一定要避免因为遭受到这样的破产而过早地结束自己的交易生涯。

重仓造成的致命亏损是交易者的催命鬼，历史上那些跳楼的金融巨擘往往都是因为重仓亏损后心理崩溃导致的。

那么如何做到避免这样的破产出现呢？我们认为只要投资者按照下列步骤和要领去操作就不会面临“死亡”。

第一个步骤是认识到破产的危害，要认识到破产的危害就必须清楚破产带来的长期影响，**特别是对心理上的影响。**通常而言，**对破产危害的最有效认识却是来自于早期小规模交易的破产。早期的小规模破产就是在给交易者打疫苗。没有经历过破产和较大亏损的投资者是不会下定决心戒绝那些导致破产的习惯的。**认识破产的危害除了经历破产本身之外，还需要理性上的认识，这就需要从概率论的角度来认识破产了，关于这一方面的知识希望大家可以去认真读读《期货交易者的资金管理策略》这本书，重点看看《破产动态学》一章的数理分析。

第二个步骤是科学地管理风险，这就要求大家将风险放在首要位置予以考虑，其次才是收益问题。很多交易者在行情研判时往往只看到收益，看不到风险，或者是低估风险。在交易的时候总是不停地盘算哪个交易品种的收益水平更高，而不管其对应的风险水平。这种思维习惯将极大地危害本金的安全，交易者如果具有这种错误思维的话将不可避免地迅速走向破产。要科学地进行风险管理，就必须遵循凯利公式 $K=[(1+W)R-1]/W$。

第三个步骤是计划你的交易和交易你的计划。人的非理性是导致破产的根源所在，要避免破产，最为根本的办法是走向理性。但是，完全走向理性是不可能的，所以我们只能尽最大努力做到理性。要成为一个理性的交易者，最为关键的一点是在交易前制订计划，在交易中执行计划，在交易后反省计划。索罗斯在每次交易前都会进行审慎的考虑，并据此制订一个交易计划。这一做法使得索罗斯的绩效远远超过绝大多数宏观对冲基金。但是，制订交易计划并不能保证成功，只有严格地执行既定的交易计划才能带来正确的交易行为，从而得到一个优良的交易结果。

通过上述三个步骤我们就能够部分避免破产带来的金融“死亡”了，这就是达到了仓位管理的首要目的。但是知道做什么并不足够，还需要知道不做什么（这里面不仅涉及仓位管理本身，还涉及交易理念和行为等层面，但由于与避免破产这个仓位管理的首要目标相关，所以我们当作仓位管理的内容来教学）。下面我们就来看看什么做法会导致破产。

第一，情绪化的交易。**所谓情绪化交易，就是交易的目标函数并不是利润最大化，而是其他某种因素的最大化。**比如在 2007 年末的期货市场上出现了一位将资金从 4 万元炒到 2000 万元的女中豪杰。由于媒体的宣传使得她开始以名誉最大化为交易的目标函数，在此后的交易中，虽然遇到市场大幅度转折，但是她仍旧持仓不出，为的就是不愧对自己头上的光环，最终当资金又重新回到 4 万元附近时被期货公司强行平仓了。交易的目的是利润最大化，而不是其他什么最大化，但是很多交易者并不是朝着利润最大化来的，或许是为了证明自己是股神，是高手而进行交易，凡是抱着错误的心态进行交易，必然为情绪所干扰，最后落得个郁郁寡欢的下场。交易中，虚名虚誉是最害人的东西，索罗斯虽然拥有不少市场大众给予的头衔，但是他并没有就此陷入“光环综合征”。在中国 2007 年的权证市场上，出现过一位权证高手，此人尽量不与媒体接触，后来干脆隐居退出，抱着 7 万元到 3 亿元的收入继续金融市场的游戏。要避免情绪化交易，就要做到“淡泊明志，宁静致远”。只要做到了这点，则可以轻易地避免情绪化交易。

第二，仓位过重的交易。想要快速致富的梦想加上对自己的能力估计过高，对收益估计乐观，而对风险完全忽视必然导致仓位过重的交易。当一个投资者以不合理的重仓介入一项交易时，他要么低估了风险，高估收益，导致报酬率过高，要么是高估了胜率。仓位过重的人似乎只看到了收益，看到了重仓的好处，却没有看到风险，看到重仓的害处。要避免重仓交易的冲动，只需要做到两点：首先不要超过一个单笔亏损上限，那就是5%；其次要根据凯利公式来进行仓位计算。

高频交易与过度频繁交易的区别在于你是基于原则还是感情。高频交易是基于原则的高频率交易，过度频繁交易是基于感情的高频率交易。原则和感情谁在市场中更有竞争优势？感情造成非理性，而利用对手盘非理性却是取胜的原则。

第三，**过度频繁的交易**。过度频繁的交易来自两种原因：一是交易者追求过高的资金增长率，对自己的盈利能力过度乐观；二是交易者急于扳回先前的亏损。过度频繁的交易使得交易者陷入情绪化中，同时减少了每次交易花费的精力和时间，进而从整体上降低了交易绩效。更为重要的是频繁的交易还会累计大量的手续费，多次下来就会消耗投资者不少资金。

第四，疲劳状态下的交易。由于身体抱恙，或者心情低落，又或者是长时间持续工作导致的疲劳状态会使得交易者无法做出理性和清醒的判断。我们见过许多外汇和期货交易者在长时间盯盘后注意力和思考能力出现了急剧的下降，此后的交易绩效一落千丈。所以，不要自负地认为你足以避免疲劳状态下的低效率决策，其实没有人能够逃过这一关。疲劳状态下继续交易经常会把先前赚到手的利润全部亏出去，甚至还会危及本金安全。

第五，没有停损设置的交易。不设置停损指令，这是一般交易者的通病，甚至那些多年从事交易的交易者也是如此。索罗斯认为这样做的交易者根本就没有搞清楚交易是一项概率优势，必须随时做好犯错的准备。交易者不设置停损主要有两个原因：第一个原因是交易者盲目地认为自己不会犯错，所以不必设置止损；第二个原因是交易者惧怕自己的止损被市场噪声波动触发，造成不必要的损失，这种想法是交易者根本没有搞懂止损意义的表现，建议有这种想法的读者好好想想“概率”一词的含义。

第六，抱着侥幸心理的交易。很多时候，交易者会因为亏损而拒绝退出，一直抱着回本的心理在市场中生存；也有一些交易者抱着一个不顾当前走势的过高盈利目标。前者因为亏损而抱有侥幸心理，后者因为盈利而抱有侥幸心理。其实，这两种交易者忘了最为根本的一条：市场从来就不关心你在想什么。无论你是亏损，还是盈利，无论你认为市场将回转，还是认为市场将继续前进，这些都是你认为的罢了，市场不一定会按照你的设想走，你怎么能够为市场定下路线图。但是，可笑的是，市场中有很多这类抱着一厢情愿想法的投资者，他们认为市场会照顾他们的想法和心情，这真是大错特错了。

第七，没有交易计划，或者随意改动交易机会的交易。人的天性趋向于散漫，人的天性不喜欢规则和约束，这也正是绝大部分投资者不能长久在市场中生存的最关键原因。要在金融交易中生存，不是做自己喜欢的事情，不是做自己感兴趣的事情，而是要反其道而行之。

我们在上面揭示了导致破产的七种情况，基本上“正常”的交易者身上都同时出现上面几种情况，而要在金融市场中成功就不要做“正常”的交易者。

一旦掌握了仓位管理的规律，交易者就有了强有力的武器来对抗天性中的“交易陷阱”，比如“倾向性效应”、“后悔效应”、“蛇咬效应”等，仓位管理的客观规律从概率的角度重新定义了一些交易结果，从而使得交易者的认知得到替代，无效的观念被有效的观念替代，正确的交易观念被树立起来了。正确的交易观念都是从仓位管理的客观规律中衍生出来的，背后透着概率论的身影。正确的交易观念很多，在《*Trading Rules that Work*》一书中给出了20多条有效的交易观念（好像这本书的中文版已经出版了，大家可以找来看看，这是一本介绍交易观念不可多得的好书）：

◇ 法则 1　了解你的游戏；

◇ 法则 2　制订交易计划；

◇ 法则 3　用概率思考；

◇ 法则 4　了解你的时间框架；

◇ 法则 5　定义你的风险；

◇ 法则 6　止损指令时刻需要；

◇ 法则 7　第一笔损失是你的最佳损失；

◇ 法则8　绝不为亏损交易加码；
◇ 法则9　别过度交易；
◇ 法则10　保持良好记录并注意审视；
◇ 法则11　为盈利交易加码；
◇ 法则12　采用多重时间框架；
◇ 法则13　了解你的盈利目标；
◇ 法则14　别二度揣摩盈利交易；
◇ 法则15　了解市场分析的短处；
◇ 法则16　跟随趋势交易；
◇ 法则17　有效管理资金；
◇ 法则18　了解你的比率；
◇ 法则19　知道何时休息一下；
◇ 法则20　别根据消息交易；
◇ 法则21　别听信提示；
◇ 法则22　定期收回资金；
◇ 法则23　做一个离经叛道者；
◇ 法则24　所有市场都是熊市；
◇ 法则25　回调50%时买卖；
◇ 法则26　你所需要的唯一指标；
◇ 法则27　研究盈利交易者；
◇ 法则28　做自己的学生。

看书是学不会交易的，正如看书学不会游泳，那么书有没有用呢？游泳教练看不看书？高水平的教练没有不看书的。

交易观念的动态化就是交易态度，**像《通过金融王国的自由之路》和《海龟交易法则》、《投资心理学》都是这方面比较好的书籍，大家可以找来看看。**一旦交易观点和态度开始良性变化，就应该及时找出交易行为的变化，这时候可以看诸如《高级技术分析》和《机械交易系统》等书，从统计的角度来塑造交易行为。

可以这样说，真正有价值的交易书籍基本都是国外职业人士写的，而且都不太符合大众的胃口，大众喜欢的是“点金”、“涨停”、“跟庄”等这些类型的书籍，而这些有价值的书籍往往让读者们觉得复杂和专业化，让读者对交易的那点幻想很快褪去。记住我们的良言：交易是比现实更残酷的东西！这种残酷是对人性的考验，是对天性的灼伤！

本课就要结束了，我们想提一个问题让你来回答：人的天性中究竟是哪一种最能阻碍交易者在仓位管理、观念、态度和行为等层面上的有效运作？

答案是：不兑现止损的倾向！这种倾向违反了交易决策的可验证性，或者说交易的可证伪性。任何伟大的交易者都会为自己的交易设定验证的条件，否则行情的任何变动都不能证明自己当初的规划是错误的，这样也就无法对自己的交易绩效进行测定和提升。

【开放式思考题】

在研读完第八课的内容之后，可以进一步思考下列问题。虽然这些问题并没有固定的标准答案，但能够启发思考，跳出来看某些观点。

1. 本课提到“人通常追求局部和眼前的最优，同时对于未来的看法都是直线的，往往根据现在推断未来，要么过于乐观，要么过于悲观”。想一想，为什么震荡指标比趋势指标更受人追捧？

提示：答案有很多。其中一个是震荡指标追求局部最优。

2. 本课提到“在外汇市场中，同一个价位在 12 天内一般可以两次经过，所以回归中值原理会得到很好的体现，回归中值原理符合大数法则，但是那些长期不回归中值的行情只会给不兑现浮动亏损的交易者一个结果，那就是爆仓”。那么，回归中值原理与周期是什么关系呢？

提示：周期与震荡指标关系密切，周期围绕中值展开。

【进一步学习和运用指南】

1. 什么是你能做好而对手很难做好的，什么是对手能够做好而你做不好的？思考并动笔写下来。然后围绕这个建立你的外汇交易原则和策略。

2. 可以进一步阅读一些行为金融学和行为经济学的经典著作。

第九课

可证伪的假定才是科学的交易决策：当被证伪时，坦然接受

可证伪的交易是科学的交易，交易首先是一门科学，其次才能从艺术的角度加以发挥！

——魏强斌

不管我们已经观察到多少只白天鹅，都不能确立“所有天鹅皆为白色”的理论。只要看见一只黑天鹅就可以驳倒它。

——卡尔·波普

承认错误是件值得骄傲的事情。我能承认错误，也就会原谅别人犯错。这是我与他人和谐共事的基础。犯错误并没有什么好羞耻的，只有知错不改才是耻辱。

——乔治·索罗斯

索罗斯不是技术交易者，但是却仍属于“准短线交易”的阵列，他对于外汇交易的最大贡献在于其将可证伪性引入到交易实践中，虽然他从来没有提到过技术交易者如何运用可证伪性。但是，伟大的技术交易者，比如理查德·丹尼斯和杰西·利弗摩尔都以停损设置实现了技术交易的可证伪性。可以证伪的交易决策才是科学的交易决策，这是本课将透露的重要原则，也是外汇交易者提高自己的准绳。下面我们先从索罗斯与可证伪性谈起，因为对本书读者而言，可证伪性仍旧是一个十分生疏的概念，也就是说：**交易的可证伪性是大众的盲点，也就是成功交易者的焦点。**狭义的可证伪性（Flasifiability）指从一个理论推导出来的结论（解释、预见）在逻辑上或原则上有可能与一个或一组观察陈述发生冲突或抵触。所有科学命题都要有可证伪性，不可能为伪的理论不能成为科学理论。这里举两个例子：

◇ 论断 1　任何无理数必然存在连续 100 个 1。这个论断就是一个不具备可证伪性的论断，你只能证实它而不能推翻它。以圆周率来说，人类目前好像已经把圆周率算到了小数点后面 10 亿位了，即使仍然没有发现存在连续 100 个 1，也不能证明论断 1 是错误的。

◇ 论断 2　任何无理数必然不存在连续 100 个 1。这个论断就是一个具备可证伪性的论断，只要你发现任何一个无理数里包含连续 100 个 1，论断 2 即被证伪。

绝大多数交易者在基本分析的时候没有注重结论的可证伪性，在仓位管理上没有落实这种可证伪性。宏观分析师高善文先生的逻辑分析非常注重"可证伪性"，这也是他判断能力出众的一个重要因素。

可证伪性是科学和非科学的重要差别，任何科学的论断必然包含可证伪性，不能证伪的那是非科学的论断。

索罗斯在任何交易决策之前，总是假定自己存在错误，然后看能不能找到证据，如果找不到确实合理的证据，他就会放手一搏。索罗斯预先假定自己存在错误的做法与卡尔·波普的哲学有密切关系。

波普的一生是一个化绚烂于平淡的故事，他是索罗斯在伦敦经济学院的老师。索罗斯对金融市场（特别是外汇市场）的认识充满了波普哲学的影子。波普从研究科学方法论出发，提出了科学真理的可证伪性。然后，将科学方法论应用到社会、历史、政治哲学中。他认为，**科学的标准不是可证实性，而是可证伪性**，反对归纳，强调真理的相对性。人类的认知活动具有不完备性，人只能在一个不断批判的过程中接近真理，在这个过程中一切判断都是暂时有效的，并且都将是被证伪的对象。索罗斯在日常的投资工作中遵循"假设—求证"的工作方式。他说："我从假设入手，对于日后可能发生的事，首先建立一套构想，再一一从现实中求证，以建立一套用以衡量这些假说的准则。"这正是波普提倡的科学的方法论。

在技术交易中，一个科学的交易决策必须具有可证伪性，也就是说给定该交易决策错误的条件，这就是"停损点"。所以，一个科学的交易决策必然具有可证伪性，也就是说，交易决策的可证伪性等于交易有具体的停损点。没有停损的交易决策不能被证伪，也就是说不能证明为错误，这样的交易决策自然也不是科学的，因此也无法作出有效的评价和改进。请看图 9-1，这是美元兑日元 1 小时走势图，当行情发展到圆圈标注处的时候，交易者面临决策情景，新手此时一般会对可能展开的交易进行分析，他们分析的焦点集中于“接下来市场是涨还是跌?”新手对市场接下来的涨跌有判断之后（其实，“接下来”是多久，这些交易者自己通常也没有概念，他们经常将多个时间框架混乱地掺杂在一起得出一些缺乏逻辑层次的判断），他们就会急不可耐地进场进行操作，这时候他们往往抱着“最好的预期”，他们不会为自己的判断设定可验证的条件，**这样他们对市场的判断就变成了不可证伪的。**不为自己的交易设定止损点，就无法对自己当初的判断作出及时的定性。**交易的科学性不在于可以证明是正确的，而在于可以证明是错误的，这就是交易的可证伪性，新手往往将焦点聚焦于交易的可证明为正确的一面，而忽视了交易的可证明为错误的一面。**

每次分析和交易都要思考你的对手盘是怎么想的，你看多的时候，别人为什么看空，你看空的时候，别人为什么看多。相比较而言，是你的逻辑有问题，还是对方的逻辑有问题。

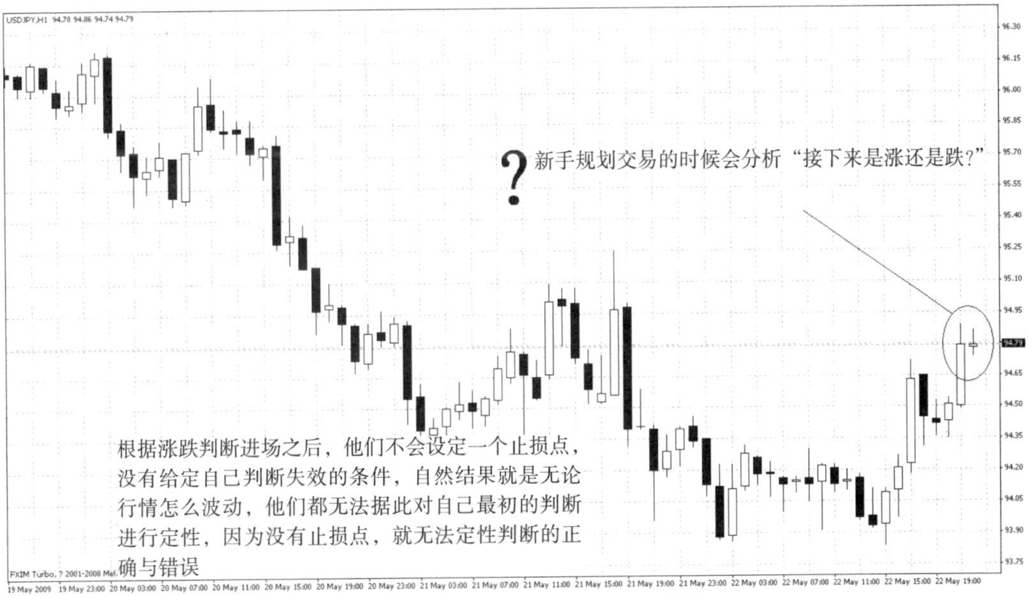

图 9-1　新手忽略了交易的可证伪性

我们之所以要注重交易的可证伪性，最为重要的原因是人的认知能力是有限的。既然认知能力有限，当然认知的结论也存在局限性，为了避免这种局限性带来灾难性的后果，交易者就必须认识到这种局限性，这就是坚持交易可证伪性的原因。

索罗斯从卡尔·波普和哈耶克那里学习到了“局限性”的意义，面对人类普遍具有的认知局限性和能力局限性，索罗斯采用了积极的应对方法，而不是消极逃避——拒绝承认自己的局限性或者是避免任何金融交易。

索罗斯认为既然我们承认了自我认知能力的缺陷，那么接下来如何处理这一问题就是需要考虑的问题了。止损认错是索罗斯倡导的积极应对办法。那么什么是止损认错呢，为什么说停损认错既是一门科学，又是一门艺术呢？

止损就是“结束错误的交易带来的亏损继续扩大态势”，这句话中最为关键的修饰语有两处，第一处是“错误的”，第二处是“继续扩大”。**所谓“错误的”交易是指当初交易的前提假设已经被否决了，继续持有该交易头寸的理由已经不存在了。**前提假设分为两种类型，第一种类型是基本面型，第二种类型是技术面型。比如，一项做多英镑交易的基本面假设前提是英格兰银行将在明天继续升息，如果英格兰银行没有在第二天加息，则做多英镑的基本面前提已经不存在了，那么就应该止损退出交易。又比如，我们假定英镑兑美元在2.0000以上将保持上升态势，所以我们做多，但是如果英镑兑美元跌破2.0000则我们持有多仓的理由就被否决了，也就是说继续持有多头的技术面前提假设已经被否决了，应该立即退出交易。

我们已经搞清楚了“错误的”的含义，接下来我们来谈谈“继续扩大”的含义。止损的目的是制止亏损继续扩大以致危及本金安全，进而削弱以后的交易能力。在什么情况下，损失会或者说容易出现继续扩大呢？具体而言，就是前提假设被否决的时候，也就是说基本面或者技术面因素反向突破临界点的时候。

上面讲了止损认错的含义，那么什么是止损的科学成分呢？止损的设置充满了科学的成分。通常而言，**止损的设置需要考虑到四个关键因素。**

第一个因素是技术上的临界点，具体而言就是支撑阻力位置。当我们进行做多交易的时候，止损应该放在支撑位置的下方；当我们进行做空交易的时候，止损应该放置在阻力位置的上方。为什么做多的时候止损应该放在支撑位置的下方呢？这是因为支撑位置是一个临界点，当价格在支撑位置之上运动时，其继续向上运动的概率和幅度都会更大，而当价格跌破支撑位置时，则其反转向下运动的概率和幅度都会更大。那么为什么做空的时候止损应该放在阻力位置之上呢？这同样是因为阻力位置是一个临界点，当价格在阻力位置之下运动时，则其继续下跌的概率和幅度都会更大，而当价格突破阻力位置时，则其反转向上运动的概率和幅度都会更大。当然，**基本面因素**

也有临界点，也可以进行上述类比，但是理解起来比较困难，所以这里就不再深入。

支撑阻力位置为什么会有效？这个问题是真正的问题。

第二个因素是过滤市场噪声，一般是通过布林带和ATR（平均真实波幅）指标来过滤。设置止损的时候要避免被那些非真实的临界点突破所欺骗，布林带和ATR可以过滤大部分这样的市场噪声，或者说假突破。通常而言，止损应该设置在布林线的外轨之外，当进行做空交易时，止损放在布林线上轨之上，当进行做多交易时，止损放在布林线下轨之下。对于ATR的运用我们就不再介绍了，大家可参看相关书籍。

第三个因素是资金管理要求，具体而言有两种方法，第一种方法是固定每次动用的资金比率，比如不高于8%；还有一种是根据凯利公式 $K=[(1+W)R-1]/W$，其中，W是胜率，R是风险回报率，K是承受风险的资金比率。我们推荐使用凯利公式作为资金管理的具体方法。

第四个因素是时间止损点，除了基本面和技术面的止损要求外，我们还应该对交易进行持仓时间上的限制，**如果在规定的时间内价格没有出现预期方向和幅度的运动则应该退出交易**。另外，我们也会对止损点进行回撤幅度的规定，一般要求止损，幅度不超过前一波段回撤幅度的50%。

当然，前三个因素是科学止损必需的基本要素，第四个则是可选择的要素。

我们讲完了止损的科学要素，那么现在来讲讲止损的艺术成分。止损的艺术成分蕴含在其科学成分之中，我们现在就分别述及。索罗斯也承认即使所谓的科学也正是因为其具有某种局限才能被当作科学，上述四条止损设置的科学原则本身也有局限性，那就是它们存在一些不确定的因素，而人性可能因为这些不确定部分而犯下主观性过强的错误。

第一，我们来看看阻力位置和支撑位置的寻找。阻力和支撑位置可能是前期价格的高点和低点，也可能是前期成交密集区，当然还可能是黄金分割率位置，黄金延伸率位置等，这么多潜在的阻力位置和支撑位置需要我们加以确认，这其

市场参与者对于某些位置的认定和预期最终决定了支撑阻力位。技术分析的广泛传播使得支撑阻力位的认定存在大致相同的一套标准。支撑阻力位会引发或多或少的抵抗，至于能不能最终有效则往往取决于驱动面的因素。支撑阻力位置很多，最终哪一个有效取决于资金面和驱动面，特别是驱动面。

中难免夹杂不少主观性的成分，所以虽然我们说做多的时候止损放置在支撑位置之下，做空的时候止损放置在阻力位置之上，但是支撑位置和阻力位置的确认却存在极大的主观性。**要提高我们准确判断支撑阻力位置的能力需要借助于长年累月的实践，而这无疑是止损设置具有艺术性的一面。**

第二，我们来看看布林带的运用。通常而言，布林带可以将市场的噪声运动筛选出来，但是很多时候一些噪声运动仍旧突破布林带，也就是说布林带对假信号的过滤也存在局限。**要弥补这一不足之处就需要结合 K 线进行过滤，**而这就是涉及止损的艺术，而不是科学。

第三，在我们运用凯利公式 K=［(1+W) R-1］/W 进行资金管理的时候，我们需要输入两个变量值，一个是胜率 W 的值，另一个是风险报酬率 R 的值。胜率 W 的值可以根据历史数据得出，但是这并不表明当下和未来的交易具有同样的胜率，因为市场结构在不断变化，而这会影响到历史数据的有效性，对于风险回报率而言也存在同样的问题。

索罗斯将价值投资以短线投机的形式展示给了世人，这使得很多人都错误地认为索罗斯是一个非价值投资者，其实这是一个非常错误的认识。凯利公式运用的集大成者——索普与青年巴菲特有过一次桥牌对局，索普认为巴菲特是这个世界上少数几个能够在金融市场上熟练运用凯利公式的投资者。那么，什么是凯利公式呢？索罗斯与之又有什么关系呢？

所谓的凯利公式是指 K=［(1+W) R-1］/W，其中的 K 代表此次交易动用的资金比率，而 R 则是此次交易的风险回报率，W 则是此次交易的胜率。无论是巴菲特这样的长期投资者，还是索罗斯这样的短期投资者，在运用凯利公式上都是一流的高手。索罗斯认为任何一次投资下注都涉及取胜概率和风险回报率两个方面，如果忽视其中的一个因素，连续几次交易之后必然犯下不可挽回的错误。

只有趋近于凯利公式的资金管理策略才能保证金融交易者在市场中站稳脚跟，长期生存。可以这样说：**凯利公式首**

先是一个生存法则，其次才是一个盈利法则，当然生存和盈利在金融市场中是两位一体的。**当你重视生存时，利润自然来到你的身边，但是当你只追求利润时，则死亡已经离你不远了。**

索罗斯相当重视报酬率问题，他之所以选择在临界点正是因为这个原因。报酬率是风险和报酬的比率，也就是说以多大的风险去追求多大的潜在利润。在临界处，市场继续向前运动的幅度很小，但是回归运动的幅度很大，所以在临界点反向操作的风险较小，但是潜在利润却很大。比如，市场先前向上运动，数据和推理都显示市场目前位于临界点附近，此时我们入场做空，理由是市场继续上行的空间很小，但是下跌的空间却很大，做空的止损可以放置很小，但是做空的盈利目标却较大，这样就得到了一个理想的风险报酬率。

在凯利公式中，风险报酬率还不是唯一的资金分配决定要素，胜率也很重要，索罗斯在临界点交易的另外一个原因是可以因此获得一个较高的胜率。比如市场先前的走势向下，现在位于临界点处，继续向下的概率小于反转向上的概率，因此做多的胜率高于做空的胜率。

通过临界点，索罗斯可以获得较高的报酬率和胜率，这样就可以动用较大份额的资金介入到一项交易中。但是更多的交易者却在趋势继续向上的时候做空，在趋势继续向下的时候做多，或者是在临界点处跟随先前的趋势做交易，这样的交易只能带来较低的胜率和报酬率，但是这些交易者却没有相应地降低动用资金份额，其最终结果当然是很快就在市场中破产了。

索罗斯很早就认识到动用资金份额应该随着当下交易的胜率和报酬率而相应变化，只有在胜率高和报酬率高的时候动用更多资金，在胜率低和报酬率低的时候动用更少资金才能够在市场中长期生存下来，利润自然也就随之而来了。但是，一般的投资者基本上没有听说过凯利公式，当然也没有几个人能够直觉地遵从凯利公式的引导。

财富的产生来自于确保本金，只有确保了本金才能带来增值。可以说巴菲特将复利原理的运用送入了顶峰，而索罗斯则是运用凯利公式的集大成者，因为他在较短期交易中充分地考虑了胜率和报酬率在资金分配中的决定性作用。**基本的财富公式有两个，一个是复利公式，一个是凯利公式，凯利公式保证一个较高资金增长率的获得，而复利公式保证了长久下来财富能够得到指数式的增长。**

生存是第一要务，复利公式中有一个本金项，有一个复利项，有一个交易年数，或者说交易次数项。只有遵循凯利公式的资金分配原则，才能保证本金，才能真正实现本金项的指数式增长。只有遵循了凯利公式的资金分配原则，才能保证一个较高的

盲点即利润，这个盲利公式也不要忘记了。

复利水平，从而保证一个出色的终值。只有遵循了凯利公式的资金分配原则，才能把握更多的高效能交易机会，从而得到一个较大的交易次数，实现更大的指数式增长。

对于复利原理，交易者只能被动地接受，它告诉了我们一个客观的规律和事实，一个实证的真相。而凯利公式则教导交易者要主动地处理交易仓位，通过明晰胜率和报酬率的影响来决定具体的仓位，主动控制自己的交易成败。复利原理是中性的，它可以让资本逐渐消失，也可以让资本不断增加。而凯利公式则是非中性的，它告诉交易者如何更久更好地在市场中生存。

索罗斯非常伟大，因为他明白凯利公式带来的积极意义，所以他总是在计算了胜率和报酬率后积极主动地管理自己的交易，在自然法则之内处理交易仓位。但是，又有几个人知道积极管理仓位的重要性，他们都沉迷于判断行情的各类技巧，对于资金管理策略从不过问，最多关心下止损问题。

索罗斯不止一次地向自己的助手强调了概率的意义，他认为市场的运动并不在乎交易者的想法和利益，而交易者也无法确知市场下一刻的运动方向和幅度，以及持续时间等。正是因为索罗斯对于交易的不确定性有充分的认识，才使得他坚持以概率的思维和原则来把握交易，而凯利公式正是一个非常好的概率管理工具。

复利公式强调“与时间为友”，而凯利公式则强调“与概率为友”。一般的投资方法和投机方法都会随着时间的延长而露出丑陋的面目，但是高效的时间方法却可以借助市场而日益发达。时间是宇宙优胜劣汰法则得以贯彻的保证，而复利公式则是进化论的一种体现。对于坏的交易方法而言，时间是最大的敌人，因为侥幸的成功将很快让位于不可挽回的失败；而对于好的交易方法而言，时间是最好的朋友，因为偶然的失败将很快让位于持续的成功。坏的交易方法总是将交易建立在确定性上，因此它忽略了失败的可能性，进而忽略了止损的必要性，结果可想而知；而好的交易方法则知道

"谋事在人，成事在天"的道理，所以会积极应对糟糕情况的出现。

索罗斯认为一个好的交易方法必然具有两个特征，那就是：第一，这个方法一定是"与时间为友"的；第二，这个方法一定是"与概率为友"的。索罗斯建议那些想要从事金融交易的年轻人好好想想"与时间和概率为友"的问题，如果找不到符合这一要求的交易方法，那么就永远不要参与到交易中去。很多人在没有亲自确认某一方法能够持续获利之前就匆忙入市交易，交易中屡屡犯下违背"与时间和概率为友"的错误，很快就被市场淘汰了。

要想在市场上生存，就必须长期做正确的事情。**要做正确的事情，就要以凯利公式为准绳**（止损是凯利公式推导的一个必然结论）；而之所以要长期做正确的事情则是因为复利公式的缘故。

凯利公式其实是让我们从决定期望值的几个因素去综合思考仓位。这是一种思路，大家也并非一定要死板地按照这一公式去计算仓位。

从上述这些止损的艺术成分，我们就可以得出一个非常关键的结论：止损是任何交易都不可或缺的一个组成部分，但是关于如何设置止损却是一个同时包含科学成分和艺术成分的问题。

设置止损的科学一面在于通过支撑阻力线筛选出高概率和高回报率的交易机会，同时通过布林线过滤绝大部分虚假的交易信号，然后利用凯利公式决定介入交易的资金比率。而设置停损的艺术一面在于如何确认支撑阻力线，如何进一步过滤布林线发出的假信号，以及如何准确地估计风险报酬率和胜率。

设置止损是索罗斯交易哲学的最直接体现，其中的科学成分可以很快从书面上加以掌握，但是对于其中的艺术成分，则是必须经过大量和长期的实践才能领悟的。关于止损设定的 4 个要点，我们在表 9-1 中做了归纳，大家在总结出自己的止损设定标准之前，一定要牢记这 4 个要点，并且坚持实践足够长的时间。单笔交易的可证伪性主要是依靠具体的止损点设定来实现的，而所谓的"止盈点"则更多地意味着

“交易者的可证真性”，止盈点对于科学的交易而言并不是必要成分，在后面我们也会提到“后位出场的必要性”和“前位出场的非必要性”，而止损点就属于后位出场，而止盈点则属于前位出场！出场和进场都涉及仓位管理，而仓位管理整个交易中少数符合自然数理的环节，也是交易者能够获得足够程度确定性的环节！

表 9-1　单笔交易可证伪性——设定止损点

止损点设定的 4 个要点	
第一个要点	关键水平外侧（做空止损放置在阻力线之上，做多止损放置在支撑线之下）
第二个要点	布林带异侧外（做空止损放置在布林带上轨之上；做多止损放置在布林带下轨之下）
第三个要点	符合资金管理比率要求（一般是 2%~8%）
第四个要点	给予市场一定的回旋空间（一般是允许行情回撤不超过前一波段的 50%）

抽象的止损设定要求可能让不少读者对于本课的内容感到枯燥和生涩，下面我们就结合一些具体的例子来介绍止损点设定的每个要求，一旦你掌握了止损点设定的 4 个要点，特别是前 3 个要点，你就能大大地提升自己交易的可证伪性，进而也就提升了交易的科学性，最终将长期提升交易的绩效！

止损点设定的第一个要点是止损点必须设定在关键水平的外侧，就做多交易而言，止损应该放置在支撑线之下，至于什么是支撑线（一般标注为 S），如何确认潜在的支撑线，我们在本书中已经有较多的论述，在本书的最后两课还会有更加详细和深入的论述。请看图 9-2，这是英镑兑美元的 5 分钟走势图。假定交易者在 A 点附近进场做

图 9-2　止损点设定的第一个要点——做多止损放置在支撑线之下

多，则止损点应该放在就近且合适的支撑线下方。就本例而言，止损点可以放置在近期波段低点附近，如图 9-2 所示。当然，单从止损设定标准 1 出发，得到的是一个止损设定区域，这个区域位于支撑线之下。当行情走势触及这一区域的时候，交易已经被证明为错误的了（交易判断的错误不能由最终的盈亏来认定）。

做空交易设定的止损的第一条要求是止损必须设定在阻力线之上，无论你是见位进场做空，还是破位进场做空，甚至是顶位进场做空，都应该遵守这一条要求。请看图 9-3，这是美元兑日元小时走势图，假定交易者在 A 点进场做空，最近的恰当阻力线是近期的波段高点。当交易者计划在 A 点进场做空的时候，就需要规划止损，而止损设定的第一条必要条件就是阻力线之上。

图 9-3 止损点设定的第一个要点——做空止损放置在阻力线之上

阻力线给予做空交易者一个防守位置，并且利用阻力线构筑了一个恰当的风险报酬率和胜算率，而且阻力线实际上标注了可能的进场做空区域，对于交易者而言，“位”是技术分析中最为关键的一个要素，是“势、位、态”三要素中能

阻力线属于表象，实质是背后的格局，而格局取决于驱动面。

够被交易者把握，同时有很高交易价值的要素，相对而言，"势"要素具有很高交易价值，但是却很难被交易者所把握，"态"要素能够被交易者把握，但是交易价值相对较低，请看表 9–2。巴菲特当年也受益于所谓的"重要性和确定性"分析矩阵，得出了所谓的"能力范围原则"，巴菲特注重把握那些"同时具有较高重要性和确定性的因素"。**在行为分析的三要素中，"位"因素就是"同时具有较高重要性和确定性的因素"，**所以需要我们重要把握，当然这并不是说忽略掉"势"和"位"要素。

表 9–2 "势、位、态"三要素的重要性和确定性分析

	势	位	态
重要性	较高	较高	较低
确定性	较低	较高	较高

关键水平提供了"位"，这是仓位管理的基础。而仓位管理是整个交易的核心和基础，因为这是人类利用数理原理打败市场的手段。除了关键水平这个止损设定的必要条件之外，还需要注意一个问题，那就是市场的随机性。任何趋势方向上的走势都是反复的，没有估计到的反趋势波动被称为"市场噪声"。当交易者确定了持仓方向之后，遇到的最大困难就是如何"过滤市场噪声"。**持仓正确但是没有挣到钱最主要的原因是出场不当，而出场不当的一个重要原因是被市场噪声给震了出来。如何过滤市场噪声？绝大多数交易者应该去想，而没有花工夫去想具体的解决办法。**我们给出的第二条止损设定要求就是为了过滤市场噪声，在日内交易中，我们采取 13 期均线和 1.618 到 1 个标准差构造的布林带，具体参数不是那么死板，你可以根据自己所交易的市场波动性进行设定，我们一般采用（13，1.618）、（13，1.382）和（13，1）三种参数模式。下面举的例子中，我们都是采用（13，1.618）这组参数，要想设定这种参数必须采纳 bands 这个 MT4 指标，这个指标可以从 MT4 的自定义指标中找到，填入参数后叠加到主图即可。做多交易中，止损除了满足条件一之外还需要让止损点同时位于布林带下轨之下。请看图 9–4，这是澳元兑美元 5 分钟走势图，该图叠加了参数为（13，0，1.618）的 bands 指标。假定交易者在 A 点附近进场做多，则进场时放置初始止损点应该位于对应 A 点的布林带下轨之下区域，本条要求和第一条要求其实是规定了止损设定的最小值。

做空交易则要求止损点放置在**布林带上轨之上**，请看图 9–5。假定交易者在 A 点进场做空，那么止损点就应该设定在对应进场点的布林带上轨之上（如果上轨过远，你有两种选择：如上轨经常都远离进场点，则需要修改布林带的标准差参数；如上轨偶尔远离进场点，则可能要求交易者放弃当下的交易）。关键水平和布林带外轨在初始

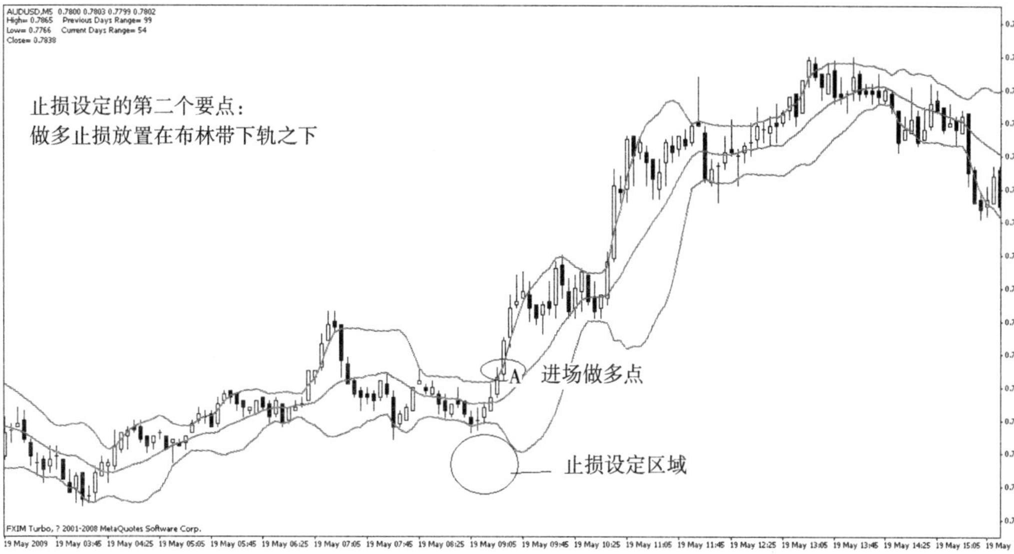

图 9-4　止损点设定的第二个要点——做多止损放置在布林带下轨之下

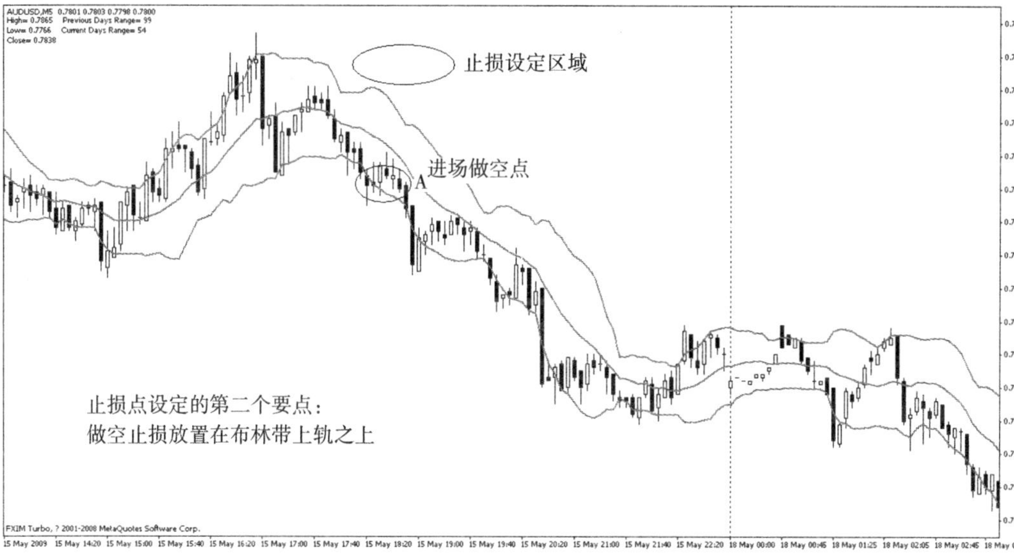

图 9-5　止损点设定的第二个要点——做空止损放置在布林带上轨之上

止损和跟进止损中都是要用到的基准，除了盈亏平衡点跟进止损之外，其他的空间止损技术都要用到关键水平和布林带水平。这里大家可以对止损的分类有一个利于操作上的认识：**止损分为初始止损、盈亏平衡点止损、跟进止损（又被称为追击止损或者是移动止损），在任何交易中此三类止损的采用顺序是先设定初始止损，当行情带来了等于初始风险幅度的**

布林带衡量的是常态，常态就是基本面变化不大的情况下出现的市场状态。

浮动盈利后移动止损到盈亏平衡点，当行情继续发展则采用跟进止损。大家不要认为我们这里是在进行“死板教科书式”的概念分解，这里提到的三种止损，其实就是三种后位出场策略，**其顺序和策略对交易绩效的意义十分重大。**这里要补充一点，关天豪的“5分钟动量交易系统”就是高效利用三种止损方式的典范，他先设定初始止损，然后根据行情的发展移动止损到盈亏平衡点，最后利用移动平均线进行跟进止损。（具体参见《25位顶尖外汇交易员的秘密（1）：5分钟动量交易系统》一书）

那么，如何将止损点设定的第三个条件确实地运用起来呢？第一，就前位出场而言，一旦确定了进场点和初始止损点（包括此后的跟进止损点），则风险报酬率就确定了，胜算率则可以根据自己既往的交易经验大致估算出（应该稍微保守地估计），这样凯利公式就可以利用起来了；第二，对于后位出场而言，则风险报酬率的估计存在难度，但是可以借用潜在的前位出场点来估计以后位出场为主的交易的潜在报酬，从而得到一个较为保守的风险报酬率；第三，对于同位出场而言，可以仿照后位出场的上述做法来计算风险报酬率。对于特定的交易而言，一旦风险报酬率和胜率确定，则用于承担风险的资金比率也就确定了，这个过程不需要多么精确，真正要求较高的部分是风险报酬率的确定，这个比率通常是通过“后位出场点，进场点和前位出场点”三点来确定的，其中由后位出场点和进场点计算出潜在风险，由前位出场点和进场点计算出潜在报酬，潜在报酬除以潜在风险就得到了这个比率。对于机械交易系统而言，则可以利用历史的每笔平均盈利除以每笔平均亏损得到这一比率，因此又被称为“盈亏比”。当你经由凯利公式估算出的承担风险资金比率无法满足止损设定的第一条和第二条要求时，则应该放弃交易。比如你经由凯利公式计算出应该动用5%的资金承担风险（作为止损额），但是你账户的5%只能够承担10点的亏损，则必然无法满足止损设定的第一条和第二条要求，这笔交易就不能进行。

止损设定的第三条要求是从概率角度出发的一条相对不变交易规律（当然你可以对这条规律进行完善，但是总体而言，所有交易条例中，估计只有这条配得上“硬科学”的称号）。虽然凯利公式是计算恰当仓量的好工具，但是我们在实际交易中更多的是根据经验法则，这个法则基本上也是符合凯利公式的，就是承担风险的资金不能超过账户净值的8%，当然这是一个Martin所谓的“拇指法则”，你可以根据自己交易的需要缩小这一比率，至于放大这一比率则很容易滑向“赌徒的范畴”。下面，我们来看一个简单的实例，请看图9-6，这是美元兑澳元的5分钟走势图。假定交易者在0.7792进场做空，而恰当的停损点需要设定在关键水平之上，在本例中也就是要设定在0.7823这一水平之上，如果你把停损设定在0.7823之上的0.7892，而你的交易此时的交易本金是 1000 美元，则用于承担风险的资金就占到了本金的 8%，也就超过了第三条要求，所以止损设定在 0.7892 并不符合止损设定的第三条要求，如果要符合这条规则，则交易的止损幅度必须缩小，这就间接涉及改变风险报酬率。如果我们想要更好地管理自己的仓位，进而更好地完成交易，则最好还是利用凯利公式来操作，尽量提高盈亏比（等价于风险报酬率）和胜算率，然后以适当的仓位参与进来。一个比较好的方式，是先估计出较好的风险报酬率交易涉及的一般风险水平，这个风险水平等于多少具体点数，比如对于英镑日内交易，30 点的止损估计就是较好的风险报酬比率对应的风险水平，接下来你在实际分析中就去寻找那些止损范围在这个点数之内，且具有较好风险报酬率水平的交易机会，所以固定点数与固定比率比较起来可能更适合外汇日内交易者，因为相对直观一些，而且也避免了与仓位管理的相互影响。这个过程是这样的：第一步，确定合理风险报酬率下的恰当止损幅度，比如对于英镑日内交易而言，30 点或许是满足大约 1∶1 到 3∶1 的风险报酬率（报酬比上风险的值）的恰当止损幅度；第二步，寻找那些大致小于或者等于 30 点止损幅度的进场机会，具体而言就是进场点和初始止损点的距离在 30 点以内，而且估计利润应该超过 30 点，一般我们要求两倍以上；第三步，估计潜在的利润目标，估计保守的风险报酬率，根据经验计算胜算率（一般用 50%），代入凯利公式，算出合理的仓位。这个过程大家应该掌握得较为清楚了，这里强调一遍，这不是我们拿给读者"研究"的知识，而是真实交易中涉及的经验和技能，我们的目的是**"不只让你知道，要让你做到！"**

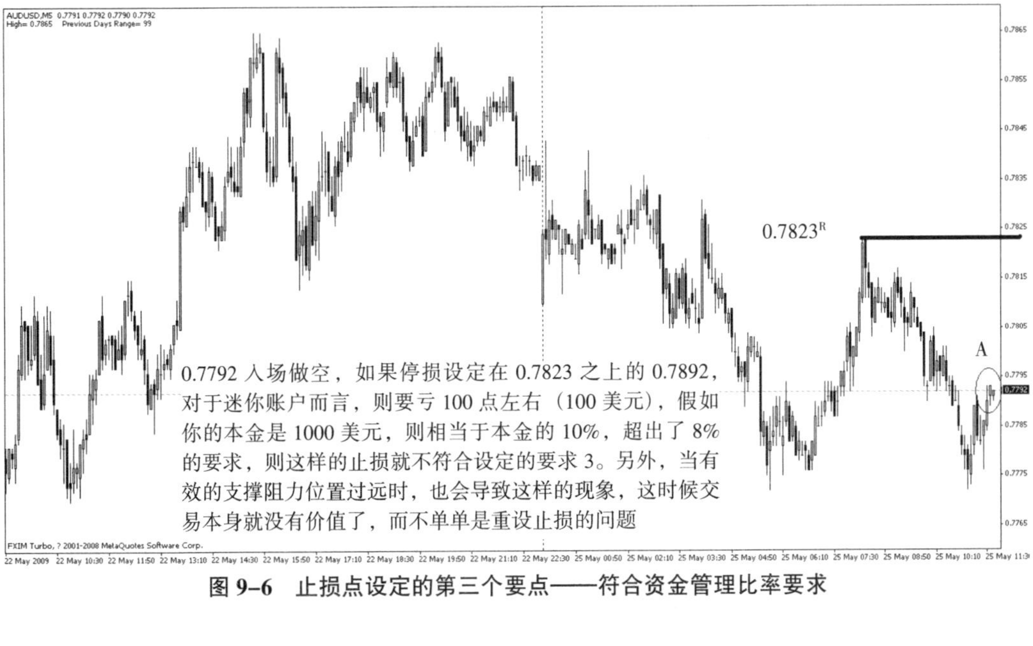

图 9-6　止损点设定的第三个要点——符合资金管理比率要求

任何类似斐波那契点位的技术都基于表象。在符合驱动面方向上的价格运动会不断击穿点位，而在反方向上的点位却往往有效。

止损设定的第四点实际上用到了所谓的波浪理论的规则，这个规则从其他角度来解释也可以，也就是说 **50%的回调线可以看成是市场力量的分水岭**，这个从东方的蜡烛线理论解释也好，从西方的波浪理论解释也好，都可以说出不少道理来，但是我们这里不谈这些道理，大家自己去实践和琢磨才能真正理解这一工具。通常我们不会容忍市场反过来走超过前一波段的 50%，这一法则适用于一切止损，无论是初始止损，还是跟进止损。止损设定的第三条和第四条实际规定了止损设定的最大值，而止损设定的第一条和第二条实际规定了止损设定的最小值。止损设定的四条规则就决定了你的“主观能动范围”，而第四条规则的妙用主要体现在陡直发展行情后的止损点确定上，这时候几乎找不到关键水平，而斐波那契点位在日内走势上显得过于密集，仅仅采用 0.5 这一最具效率的点位作为参照点也是有效之举。

我们来看第四条规则的具体例子，不通过具体例子，读者很可能不知道如何去具体运用这一规则。请看图 9–7，这是美元兑瑞郎的 4 小时走势图，假如你在 C 点进场做空，则设定止损的时候一定要让止损点位于 AB 波段的 0.5 回撤点位之

图 9–7　止损点设定的第四个要点——给予市场一定的回旋空间

下。如果你将止损点设在 0.764 回撤点位附近，我们觉得没什么意义了，因为这样大的回撤已经远远高于 0.5 回撤点位，这时候行情再反过来下跌的可能不大了，毕竟 0.5 是多空力量的分水岭，你这样去理解，在 0.5 以上的回撤幅度设置止损点理论上表明你的胜率降到 50%以下了，除非风险报酬率足够好，否则这笔交易不如不做。

对于单笔交易而言，止损点是可证伪性的来源，对于交易策略而言，明确具体的操作条件则是可证伪性的来源。目前市面上绝大部分的证券和外汇交易书籍提供的策略是无法被证伪的，因为这些策略并没有具体的操作条件，或者说条件不够充分，这样的策略往往是以事后的少数例子来证明，缺乏概率上的支持，更没有给出该策略失效的具体表现。无论最后的交易结果怎样，都无法证明该策略的无效性，这就是市面上绝大多数交易策略缺乏可证伪性，也即缺乏科学性的主要表现。请看表 9-3，其实交易策略的可证伪性具体体现在提供了充分明确的进场条件和出场条件，现在不少股票类书籍提到的交易策略基本上不能算作策略，因为都缺乏充分的进场条件，他们往往提供了太多的研判工具和形态，而且往往涉及涨跌和跟踪，也就是说基本还停留在行情分析阶段，几乎不涉及进场点和出场点的问题，所以这些理论都是好看但是不好用的，而且往往含糊不清，让交易者无法验证，也就是不可证伪，你无法证明这些策略是无效或者低效的，但是你可以找到不少证明这个策略有效的案例，这就是这类策略长年不衰但是没有实效的根本原因。很多时候，股票书籍，以及某些期货、外汇和黄金交易书籍的策略都不能保证提供进场和出场的充分条件，甚至根本**不讲进场，只是归纳一下形态和指标，这对于交易毫无用处！**毫无用处！这些人肯定不做交易！这些人肯定不做交易！我们强调了两遍，**希望你牢记，出场和进场才是交易，看涨看跌那是分析，分析得再好不落实到交易上也是白搭。**

表 9-3　交易策略的可证伪性

交易策略的可证伪性	
进场条件充分	出场条件充分

交易必须可证伪，否则你怎么才知道自己错了，亏损并不能告诉你交易是错误的，盈利也不能告诉你交易是错误的，只有止损点被触及才能告诉你交易是错误的。记得很多年前送给内训学员一副来自互联网的对联，横批“绝对止损”，上联“止损永远是对的，错了也对！”，下联“死抗永远是错的，对了也错！”，其实这里强调了交易可证伪性的重要性，**只有赋予交易可证伪性，才谈得上科学的仓位管理，才谈得上提高交易的绩效**，如果你对此感到“毫无意义”，建议你做 5 个月以上的真实交易再来理解，

句子后面的意义比表面的意义重要，**表面的意义是从文字来理解的，背后的意义是从经验来理解的**。交易的可证伪不仅来自于止损的设定，而且来自于合理的设定，所以“绝对止损”只谈到一半，这就是止损的必要性，另外一半就是我们本课重点着墨讲到的止损设定4原则，也就是止损的合理性。**如何设定合理的止损，这是一个大众的盲点，不少反对止损的“高手”就是在吃尽了不合理止损的苦头之后开始“反攻倒算”，其实错不在止损，要怪就怪自己设定了不合理的止损**，本课的价值更多在于告诉你如何合理化止损。现在的“高手”很多，记得某位“高手”曾经写了一篇类似“道德经”的文章，大谈“止损的最高境界就是不设止损”，这种论点连基本的常识和前提都漏掉了，这就是“人类认知能力的局限性”，或者说“交易的本质是概率的”。好了，不多“闲扯”，下一课我们重点来分享“一些不为主流交易界认可的观念和策略”，可以说是“离经叛道”的观点，相信不少读者会“大肆鞭挞”，其实，我们无所谓，读者自己看着办吧！

止损本身的合理性在很大程度上并不完全取决于自己。驱动分析和心理分析的有效性往往会决定止损的整体合理水平。

【开放式思考题】

在研读完第九课的内容之后，可以进一步思考下列问题。虽然这些问题并没有固定的标准答案，但能够启发思考，跳出来看某些观点。

1. 本课提到“交易的可证伪性是大众的盲点，也就是成功交易者的焦点”。那么，具体如何实现交易的可证伪性呢？

提示：答案已经明确地写在了课程中——在技术交易中，一个科学的交易决策必须具有可证伪性，也就是说给定该交易决策错误的条件，这就是“停损点”。

2. 我们可以在结构层面设定可证伪性，也可以在逻辑层面设定可证伪性，如何实现这一点？

提示：贝叶斯推理是一个可能的选项。

3. 本课提到“除了基本面和技术面的停损要求外，我们还应该对交易进行持仓时间上的限制，如果在规定的时间内价格没有出现预期方向和幅度的运动则应该退出交易”。短线交易和中长线交易两者之中，谁更需要时间停损？

提示：类比一下 A 股市场上的价值投资者和打板交易者，谁更需要时间停损？

4. 本课提到“位是技术分析中最为关键的一个要素，是势、位、态三要素中能够为交易者把握，同时有很高交易价值的一个要素，相对而言，势要素具有很高交易价值，但是却很难为交易者所把握，态要素能够为交易者把握，但是交易价值相对较低……”那么，没有趋势的位有没有交易价值呢？

提示：自己思考一下吧。

5. 本课提到“持仓正确但是没有挣到钱最主要的原因是出场不当，而出场不当的一个重要原因是被市场噪声给震了出来”。除了噪声之外，还有什么会导致趋势判断正确，却挣不了钱呢？

提示：周期！

【进一步学习和运用指南】

1. 想一想，为什么要让交易从艺术变为科学？

2. 想一想，如何让交易从艺术变为科学？

3. 复利公式强调“与时间为友”，而凯利公式则强调“与概率为友”。思考一下，在外汇交易中如何具体运用复利公式和凯利公式。特别是凯利公式，如何根据此前的交易绩效和统计数据，以及潜在波动率来估算相关参数。

4. 威廉·庞德斯通（William Poundstone）的《财富公式》（*Fortune's Formula*）可以看一下。

5. 思考并且尝试一下，能不能利用震荡指标来设定停损点呢？

第十课

交易是一门艺术：谈谈我们的另类交易理念

现在脑袋一片空白！

——王浩

打破日常生活的路径！

——Carlos Castaneda

想别人未曾想过的事情，做别人未曾做过的事情。

——Luke Williams

贯穿本书的一个主要观念是：交易是一门科学，因为我们需要科学地交易。但是，我们还是需要在这本书中专门开一课讲述交易艺术的一面。“科学地交易”告诉我们关于交易普遍和公认的规则，但是交易往往还有不为许多人承认或者知晓的内容，这就是交易艺术的一面。一谈到交易的艺术性，大家就开始与“天赋”挂上钩了。其实，交易的艺术性不是说“不可捉摸性”和“不可学习性”，**交易的艺术性是说交易技能的独特性。**每个人的交易观念都是不同的，但是绝大多数交易者的观念是“基本”一样的，**你与交易大众的观念在多大程度上不同，决定了你的交易水平有多高，这就是交易艺术性的一面。**越是重要的交易观念领域，则你寻求不同观念的价值越大。本课会介绍一些我们的独特交易观念，希望大家千万不要站在你看过的和接触过的“常识”角度上看待这些观念，如果你一来就是想办法批判这些观念，则你什么

通过观念差异来建立竞争优势是一条康庄大道。观念极其隐蔽，但是却决定了大师和凡夫之间的差别。

都学不到。**寻找与自己和大众“常识”不同的观念，然后去实践这种观念，这才是交易水平提高的“王道”。**

在本课我们会分两部分展开，第一部分介绍“帝娜金融市场运行四定律”，这四条定律不是从正统金融学和市场有效理论的角度去数量化地定义和描述金融市场运作，而是从交易者价值的角度来看待市场。我们在这四条定律中告诉大家的是“追求效果”，而不是“证明道理”。

金融市场运行第一定律：驱动因素经过心理因素过滤导致行为因素变动，驱动因素和心理因素决定了市场的二元性质（单边还是震荡）。技术交易者寻找的圣杯绝对不在技术分析本身，这是绝大多数技术交易者不明白的道理，**聪明的技术交易者会从仓位管理入手来规避技术分析对市场二元性质带来的困境，“试探—加仓”策略是主要的解决手段**。技术分析本身绝对不能告诉你当下市场是单边还是震荡，而技术分析的手段要么对单边走势有效，要么对震荡走势有效，无论你的技术分析功力多高，都无法摆脱这个最大的限制，**如果你能甄别当下的市场性质，则具体采纳何种技术指标并不重要。要想最大限度地做到甄别出当下的市场性质，只能从驱动因素分析和市场心理分析入手，这就是技术交易者寻找的圣杯！**

技术分析只能在价格运动完成后告诉你这是单边走势还是震荡走势，技术分析是后视镜。

读者可能对此抱有怀疑，毕竟大家经常读到的书都强调“技术交易者绝对不要去管什么基本面，价格走势包含和吸纳了一切”，如果我们告诉读者自己并不是这样做的，而且取得了不错的绩效，大家肯定不会相信，下面我们就以一个被大众媒体和专门私募基金评级机构认可的短线炒家作为实例（这个实例来自公开的媒体采访和私募实盘比赛的相关报道，注意我们强调的文字部分）。

2007 年，在朝阳永续作为第三方见证人的实盘大赛中，当时 25 岁的杨永兴操盘的硅谷基金收益率令人称奇。短短的 3 个月中，硅谷基金在实盘大赛中由 630 多万元初始资金迅速增长为 3948 万元，收益率高达 524.57%，而同期上证综指的上涨幅度大概为40%（短线交易的周转率是其实现暴富的关键，但同时也要考虑到交易成本和由此带来的情绪干扰）。在整个比赛中，他花了10个月时间，以高达1497%的收益率，将600多万元资金变成了1亿元，其成绩远远超过当时参加评比的其他阳光私募和券商集合理财，我们对于其绩效并不感兴趣，我们的目的是通过这个例子告诉大家一些“反主流”和“反传统”的交易思路，如果大家能够从中悟到有价值的东西，则创出相同增长率的奇迹并不是什么难事（当然，持续维持这样的高增长率是不现实的，平台和流动性，以及交易者的倾向性效应都会限制你资金的高速增长。“肯定是要转型的，我的操作方法只适合现在”，在探讨如此超短的短线能否适应将来的市场时，杨永兴如是回答）。

杨永兴**热衷于参与各类大赛（通过不断地参与比赛，可以迅速得到有关自己的交易水平的反馈，同时比赛本身利用了人竞争的天性，比起单纯的独自练习，比赛可以使初学者更加持久地投入到自我成长的道路之中）**，用真金白银的交易来提升和证实自己的交易能力。他的交易原则之一是“**持股时间不超过两小时**”（交易时间），**以便回避风险、累计收益（对于外汇日内交易而言，这种“速战速决”的思路也是有效的，《孙子兵法》就非常重视速度在博弈中的价值，外汇日内走势反复性强、波动高，采取小鸡啄米的方式更容易取胜，德国股神老托也非常赞成速战的思路）**。

群体的力量就是系统的力量，当你在一个积极奋发的群体中前行时，自然就不会觉得那么辛苦。

他下午一点半之后才真正决定买入哪只股票（交易计划和执行分开来进行，在交易时段不去计划，这可以避免情绪的干扰，外汇日内交易者最大的问题在于交易中才来匆忙分析全天的情况和制订总体的交易计划），第二天上午便卖出，每天买入的资金量和卖出的资金量平均各是一个亿，**涉及的股票数达七八只之多**（交易与投资是两回事，交易强调概率和统计思维，确定性在交易中处于第二位，格雷厄姆的精算师思维比巴菲特的企业家思维更适合应对交易）。他像一个极好的猎手，大部分时间都在耐心等待，持币和寻找目标是他

资金的流动是心理分析的一个核心要素。

的常态，**“第一天收盘后便要做功课，寻找第二天要买入的目标，目标就是追逐市场热点，钱往哪里流，我就跟着往哪里走”**。（注意，这里是驱动分析和心理分析环节，真正的短线高手都非常重视这两个“前技术分析”环节）

在确定介入目标后，他并不急于在早盘进入，而是将进场的时间选在午盘。在他看来，**时机选择是控制风险的重要方式（择时往往是传统交易界的大忌，趋势跟踪交易者往往都反对择时策略，但实际上择时却是甄别市况的结果，驱动分析和心理分析为择时提供了基础，特别是心理分析），持股时间越短风险越小**，“早盘的时间风险在4小时以上，午盘的时间风险相比要小得多”。（价格走势的时段特征在几乎所有交易品种中都有体现，比如期货走势的季节性、外汇走势的时区性、股票走势的时段性等，但是目前市面上流传的交易策略基本都忽略了这种时段特征，毕竟主流的交易策略都是基于“价格消化和包含一切”的纯技术分析）在买入之后，第二天早盘便一准卖出。“我只赚取早盘属于我的那部分利润，不要太贪，以后的上涨和我没有关系。”（这种心态避免了“后悔效应”对交易的影响）

经历过四年熊市的**杨永兴将回避风险作为他操盘的第一要务**：“四年大熊给我的经验就是要非常非常小心，牛市中也要非常小心，要以回避风险为主（正如我们在《外汇交易圣经》中反复强调的一样——先立于不败之地，而后求胜），任何风吹草动都要跑掉（出场涉及的问题更为复杂，出场的价值和意义在于交易本身的盈亏都取决于出场，同时也是因为出场为绝大多数交易者所忽视）。”在实盘大赛524.57%的收益中，他没有参与过哪怕一单的权证交易（这反映了成熟交易者对于“能力范围”的自知之明，失败交易者往往追求“全能交易者”的美誉，什么“股汇期三栖天才”，单个人很难做到这点，除非是团队，而且是宏观交易团队）。杨永兴的成功并非偶然，背后的付出也是常人难以企及的。为了寻找第二天的买入目标，他头一天收盘后就要做大量的准备工作。**“每天收**

盘后就开始做功课，寻找第二天要买入的目标，追逐市场热点，钱往哪里流，我就跟着往哪里走。其实我每天最重要的工作就是收集信息，分析信息。”他多年来雷打不动的习惯就是，每一天收盘之后，便潜心研究第二天需要买入哪些股票，尤其寻找那些不为人所注意的公告中蕴含的金子和多份券商研究报告一致认定的内容（心理分析是非常重要的工具，对于甄别机会和市况，心理分析是最有效的工具，同时盲点就是利润，也就是说，盲利公式也是历史上和未来那些传奇交易者的瑰宝）。杨永兴自称是在2001年后才真正找到市场的感觉，**就是把握别人不注意的东西，从已有的信息中掘金（盲点就是超额利润的源泉，本书提出的三利公式之一——盲利公式就是揭露一流交易者秘密的有力武器）**。比方说，股改时有很多公司承诺将作资产注入，这些公司如上海机场、北京城建都有很好的表现，作为信息本身不占优势的散户，他建议要从这些已知信息中挖掘金子（盲点利用追求的是“信息不对称优势”），而不是四处捕风捉影打听子虚乌有的消息，落入别有用心者的圈套。“资产注入是**市场追逐的热点（热点和焦点，以及盲点的关系要弄清楚，这三点往往是心理分析的关键所在，本书的精髓思想无非就是这三点的演绎）**，上市公司股改时承诺过的资产注入事项，一般会做到的，所以在承诺到期的前几个月，会是很好的介入机会，用不着四处打听消息。”又如，高比例送转也是市场追逐的热点，黄金周到来之前要介入旅游板块，奥运来临之前抢筹奥运板块等，都是一些常规的手法。

在杨永兴的锦囊中，**他自己最看重的一个就是各大券商的研究报告。“如果市场一致预期会比较好，一般错不了。”**（“预期”往往是心理分析力图把握的一个对象，外汇交易者必须对于市场的预期有所了解，这个可以从主流汇评和数据预期，以及周月走势展望中获得，这就是交易艺术的一面，不过这一艺术肯定是有科学成分的）“2003年以后，券商研究报告开始多了起来，它们预测得那么准确，而获取的成本又那么低，尤其在业绩预测方面，与最后结果相差无几，所以提前介入券商研究报告中业绩预增的公司，会取得不错收益。”（券商报告不受重视，而它们又如此有效，这就是盲点套利的机会）

多年的操作使得他对1300多家上市公司的基本面几乎了如指掌，**在此基础上的短线操作，不能完全算是脱离基本面。**（驱动分析是短线交易者的盲点，但是却是杨永兴的焦点之一）

“如果两市每日的成交金额高于2000亿元，我这种做法就是允许的，我的成交金额不到市场的1‰，一条小鱼而已。如果市场活跃度下降，低于2000亿元，我没把握。”（流动性是短线炒家必须关注的一个重要问题，外汇市场造就比杨永兴，乃至比3

年从7万元至2亿元的湖南股神咏飞更厉害的短线交易者是可能的，毕竟杨永兴和咏飞都是在A股市场上操作，外汇即日交易提供的流动性足够短线炒家活动，只是平台支持要受到限制，当交易量达到一定水平时，外汇炒家就不能利用电子平台了。外汇市场诞生超级短线炒家的另三项优势是24小时交易和可以做空，以及高杠杆，这是杨永兴和咏飞从事A股买卖所欠缺的，本书作者自认为天赋差一些，希望成就未来超级投机大师的垫脚石，本书的读者中能够出一两个这样的奇人，我们就倍感欣慰了）

与此同时，资金量也是制约杨永兴短线生存法则的重要因素，因为杨永兴所操盘的基金目前只有1.3亿元，快速成长能力是小基金能在市场存活的法宝。**“钱少有钱少的做法，钱多有钱多的玩法，如果资金量很大，市场是不允许你转身的，无法找到短线交易对手，只能长线价值投资。”**（外汇市场对于投机者而言无疑是天堂，毕竟过亿的资金在外汇市场投机也不算难事）

股市下跌时的印花税上调使得杨永兴深刻地感受到短线操作的困难，**“印花税上调对我的操作手法是重重一击**，按照我目前的超短线做法，意味着百分之百的收益中将有96%交给国家，4%才能留给基金持有人。我宁愿它是资本利得税，那大家在同一起跑线上”。（除了流动性，交易成本也是制约超短交易策略的要素，外汇即日交易者往往认为“只要功夫好，不怕点差高”，其实这是非常错误的认识，即日交易的绩效直接与点差高低有关）

当杨永兴的短线收益率吸引了大众的视线时，这个独特的青年选择了暂时关闭自己管理的私募基金。“我目前不接受任何资金了，因为我知道这些资金是冲着暴利来的，心态极其不稳，做投资是很平静的事，怕他们反而会影响我的心态。”（资金的性质往往会决定交易的绩效，比如借来的钱对交易者的心态有很大的影响，自然风险控制就会出现偏差）

2009年4月2日，《每日经济新闻》专访了杨永兴的团队，我们就继续节选其中的部分段落，来说明我们的金融市场运行第一定律。

杨永兴团队认为自己的最大优势在于**极强的风险控制意识（这是大部分交易者的盲点所在）和把握短期趋势的能力（这个主要依靠心理分析来甄别市况）。“首先，我们在投资前想的第一件事就是此次投资最大的风险在哪里？可能会有多大的亏损？有什么应对措施？（情景规划是交易者的一些重要前期工作，绩效不佳的交易者基本都没有情景规划，他们只设想了进场之后市场就会朝自己期望的方向发展，对于相反情况和如何出场完全没有计划）在做好了最充分的准备之后，我们才会开始考虑潜在收益等因素。正是这种保守的风格，让我们的研究团队充分规避了2008年熊市的风险。其**

次，我们研究团队对中短期趋势的判断能力要远远强于对中长期趋势的判断。当前中国 A 股市场游资和散户的力量相当强大，它们的交易偏好以及反映在盘面上的特征都很有规律，充分认识并利用这些规律，只参与其中风险最小、利润最大的几个时间阶段（时段规律和心理分析是短线炒家们经常忽视的领域，自然也是少数赢家应该专注的领域，盲点就是利！），就有可能实现持续复利（复利公式是我们在本书提出的三利公式之一）。在操作上，我们基本不参与盘整和下跌，我们只参与上涨趋势。"

"我们做股票首先看当时的大市有没有赚钱的机会，其次操作的股票一定是当时**热点**，还有一点是所选股票未来有**想象空间**，但我指的未来还是短期。"（热点，想象空间都属于心理分析的范畴，这个试想有几个做短线交易的人会去花大精力琢磨，咏飞也是精于此道的高手，大家可以去看一篇文章《己亥股潮》，《时尚先生》2007 年 9 月期，看看记者们对他的专访，这篇专访的电子版链接可以从我们的网站找到，可以申明的是，咏飞的交易单据经过多位记者和律师，以及证券界人士耗时 3 天的审查，完全没有问题，所以大家不必在此事上花时间来证明"奇迹"不可能，你要做的应该是想办法去超越他，在外汇市场上。咏飞的部分连续交易数据我们在网站提供下载，对提供该数据的原咏飞助手吴进先生表示感谢，大家应该去研究这些历史交易数据的特点，这是我们鼓励的方向，千万不要认为我们是在帮别人做软广告）

关于如何能提早关注一只股票，杨永兴说道：**"这需要做大量功课，要对众多股票的基本面比较熟悉，阅读大量的券商研究报告，对国内外的大宗商品、国外各大指数都要了如指掌，这些因素都可能影响到 A 股的某些板块。"**

心理分析的一个重要方面是**资金流向**分析。这个团队跟深交所、上交所合作，直接从他们提供的数据源进行分析，比如上交所的 Level2 数据。**他们看研究报告，首先想到的是看研究报告的其他人会有什么反应，而不是这个研究报告本身。**（这就是心理分析的关键，也就是看博弈主力的预期）"比如中金、明星研究员发布研究报告后，第二天股票常常会涨停，我们就会提前分析那些基金经理看到报告后是否会作出买入决定，如果答案是肯定的，我们就比别人早半步去买，当然这需要经验。"（市面上销售最好的书都是坚称"价格吸纳包含一切"这一技术分析旗帜的，其实连作者本人可能都不做交易，这类股票书大行其道，其基本内容就是技术指标用法讲解，不会涉及心理分析，博弈参与者解析等内容，如何去读懂新闻和消息，如何研判参与大众和主力的行为和想法，这些是主流书籍和媒体所不提的，但这正是高手盈利的关键，本书的读者绝对不会多到让"盲利公式"失效的程度，毕竟买了本书而看不懂或者不采纳的人肯定是占多数的，这就是人的天性在作祟）

天下大势，浩浩汤汤，顺之者昌，逆之者亡。

谈到如何把握好买入时机，杨永兴指出："首先看**大盘**，一般情况是下午买。持股时间长短只是每个投资者操作的策略，风险是不可能被消灭的，要做的就是充分规避风险，持股时间越短，越能规避风险。"

谈到操作的时候要考虑的主要因素，杨永兴给出的回答是：**"首先还是大盘，这是最重要的因素，大市决定了仓位，买多少。再就是当前的热点，要善于反向推理，比如每天大涨的股票或者涨停的股票，要去研究它有什么特点，然后再思考这种股票以后有没有可能提前找到。（像这种研究基本都是心理层面和驱动层面的，如果单靠技术分析去把握，绝对不可能做到如此的绩效，当然我们说这些不是根据杨永兴这个例子才得到的，贯穿我们交易哲学和学说全部的观点都可以从本课找到，至于更深入和全面的解析，则请阅读《外汇交易的三部曲》一书）**比如这两天送转股实施的股票都非常强势，我们就要思考，那些还没实施送转的股票是不是也有可能大涨，然后去寻找这些股票（伟大的交易员基本爱问两个问题：'为什么'和'怎么样'，第一个问题对于交易绩效的长期提高甚为关键）。比如以前的中兵光电，高送转后成为一个强势股票，那么就要寻找下一个中兵光电在哪里？举一个例子，2007年4月我们看中央二套的证券时间栏目，当时在该节目结束时，主持人说了一句话，下次节目采访TCL总裁李东生。该节目前一期采访的是古越龙山的总裁，结果节目播出后，第二天古越龙山开盘涨停，那么采访李东生，TCL可不可能涨停？看完节目后，我就觉得这是一个交易性机会，于是在节目播出前一天尾盘买入了TCL，结果节目播出后，第二天TCL涨停（这里的分析难道可以看成是技术分析?）。我在涨停价卖掉股票，持股时间非常短，可能不到30分钟，这就是我们的思路。"

当《每日经济新闻》询问杨永兴其投研团队构成时，他回答道："有研究策略的，有分析数据的，有研究资金流向的，有汇总各方面资讯、从信息中挖掘东西的，跟其他私募差不多。”（注意！基本数据，资金流向，资讯，信息等基本都与纯技术分析无关，试问读者平时看的证券，外汇，期货书籍当中，又有几本强调了非技术分析的重要性。在响当当的短线交易派中，估计只有威廉·欧奈尔的 Canslim 股票买卖法强调了非技术分析的重大意义！现在知道为什么高手少了吧，**你与绝大多数人看一样的书，做一样的交易，所以得到一样的结果是再自然不过的事情了！**）

接着《每日经济新闻》接连提了三个问题：投研团队如何分析资金流向？挖掘什么样的资讯？或者从哪一类新闻中发现机会？（杨给的答案就是我们一直强调的内容）杨永兴的回答是：**“首先思考哪些因素会影响股价波动（这涉及驱动分析），**比如公司业绩、国家政策，甚至传闻都会影响股价波动，这些都在我们的研究范围之内。我们**通过基本面选股，技术面买入，但基本面和技术面是要互相验证的，任何利好若不转化为市场中的需求，股价就绝不会上涨，相反亦然，这取决于市场的认知**（基本面分析相当于驱动分析，市场认知分析相当于心理分析，而技术面相当于行为分析，这就是交易分析的三部曲）。**只有两者都验证通过了才会考虑。还有一种方式是从技术面反推。股价表现很强，就要思考为什么会很强，是否有基本面的支持，有的话我们就会关注。”**

接着，他给记者举了一个例子：“前段时间迪康药业 ST 摘帽，之后连续三个涨停，这给市场带来无限的**想象空间**：下一个 ST 摘帽的是谁？我们**分析了基本面、技术面后**，认为最有可能的是 ST 平能；同时，该股符合当时的热点，国际油价上涨，导致国内煤炭价格形成向上的趋势，这就形成了两个**热点**。最终，我们选择了 ST 平能，结果果然符合预期。把握住 ST 平能后，我们又想：摘帽的大涨，申请摘帽的、可能申请摘帽的会不会涨呢？再举个例子，之前牛奶事件，三元没有查出三聚氰胺，它就大涨；那时候人们怕喝牛奶，可能会喝豆奶、喝羊奶，相应的公司也会被炒作。再比如，汶川大地震之后，肯定要新修房屋，水泥、钢材等类似公司都被热炒（想象空间，热点等都涉及心理分析为主的层面，大家扪心自问在外汇即日交易之前是否进行过系统的心理分析，如果没有，那么你就别指望能够超越一般交易者的表现了）。”

杨永兴 1998 年入市，一直到 2001 年都处于学习阶段。2001~2005 年，他完成了个人的交易系统，这段时间每年收益都超过 100%。2005 年启动的这波前所未有的大牛市，促使他在交易哲学上完成了从量变到质变的转化，2008 年这轮熊市他也没受到任何的影响，他认为**最大原因就是风险控制**。

谈到如何控制风险？他回答道：**“炒股有三大要诀，首先是看准大市，其次是控制仓位，最后是操盘技巧。”**杨永兴说，只要看准了大市，再怎么也亏不到哪里去。不过，目前很多投资者的看市方法都反了。现在市场上通行的市场分析方法都是自上而下，先宏观后微观。其实，这种方法有弊端，**大盘是由板块构成，而板块的启动是由各板块的龙头股决定，经济面的转暖或者一个利好消息，在股市中的首个着力点一定是龙头股，随后才是板块，最后大盘才会在板块的带动下走出行情。**

我们发现一个特点，**大市好的情况下，即使你买错了，也亏不了多少；大市不好，即使买对也是错误的。你说茅台强不强，中国船舶强不强，在大市下跌的背景下，仍是扛不住的。没有哪一只股票能抵挡大市的影响，**每个板块之间有一个比价关系（**市场间分析和品种间分析往往为交易者所忽视，这是盲点所在，从此展开来讲，联动分析会让交易者有特别的优势，这在本书的其他课程会有更深入的展开**），比如银行、地产有一个比价关系，但当银行估值下移后，地产也会相应下跌，因为这个比价关系不能拉得太大。我们对大市的判断，主要基于大量的实战经验。**大盘是由各个板块组成的，每个板块的权重都是很清楚的。我们的优势就是对短期趋势的判断，比如分析银行、地产、有色占多大的比重，这些核心板块在短期内向下的空间大不大；如果重心都在向下，大盘能否往上走等。**每个板块是由龙头股票组成的，当这些龙头股都往下走时，这个板块还能往上走吗？所以**判断大市，要看龙头股的表现。**（美元指数和直盘货币对的关系与此非常相似，做外汇离不开相关指数，比如美元指数，CRB指数，主要股指等，外汇即日交易者往往做到最后就是盯着单一货币对的价格看，美其名曰是真正的技术分析者，恪守“技术分析就不要掺杂其他东西”的信条，殊不知是“愚忠”）

仓位管理也是交易者的盲区，绝大多数外汇交易者都关注技术分析，除此之外的驱动面，心理面和仓位管理，以及执行和总结都不是他们努力的方向，但恰恰这些领域才是超额利润所在。杨认为**“仓位的多少视当时的大市而定”。**

杨永兴是这样归纳其交易规则或者交易系统和纪律的：“如果一定要总结的话，就是**在提前挖掘和深入分析可能造成股价异常波动的事件基础上，通过充分把握交易时机获取超额投资回报。”**（导致波动率异常的事件涉及驱动和心理分析，驱动分析就是分析“能量”的变化，它与心理分析结合起来可以告诉交易者市场的性质，是处于震荡的概率更大，还是处于单边的概率更大，而交易时机的具体把握则涉及技术分析）

杨永兴关于交易中驱动分析和心理分析重要性的精彩言论还有很多，限于篇幅，我们摘录一些非常精辟的相关言论论述一下，借杨之口我们对本书读者吐露一下自己的交易哲学和心得吧：

◇ 我们**一般买龙头股**，但也不一定。面对股价波动时，投资者的心态是不一样的，必须要冷静。（外汇即日走势中，肯定是有“龙头品种”的，这是由一周的市场焦点所

决定的，而这个焦点往往与驱动面和心理面有关，你往往可以从诸如“一周展望”这样的栏目中找到这个市场焦点所在)

◇ **我们一般不会预测目标位，中长期不是我们的特长，因为可变因素太多了。**(预测目标价位属于本书后面课程提到的“前位出场点”，这种出场规划在新手中很常见，单独采用这一方法，或者滥用这一方法代价是非常大的)

◇ **更重要的一点是，在某个技术形态上，处于方向选择的时候，我们要想象明天哪些能涨，哪些板块能带动大盘向上走，如果没有，大盘向下概率就很大。**(技术分析只有在市场走出来之后才能知道所以然，小处着手跟随，这是技术分析的本质，而大处着眼预测，则是驱动分析的本质，介于两者之间的则是心理分析)

◇ 价值投资我们有一定的研究，但这不是我们最擅长的投资方法，**主要是觉得这有点脱离中国目前的国情。**其实无论是价值投资还是趋势投资，都是投资方法，投资目的只有一个，就是获利赚钱。很多人错把方法当成目的了。若我们买入即持有一只股票，假如亏损 50%，要再涨 100%才能回来，这里面需要很多时间成本，可能我们在 2007 年犯了一次错误，要 3~5 年才能涨回来，这是很不划算的。(为大众普遍实际认可和执行的交易思想往往是无效的，注意必须是普遍执行的，而不是口头认可的。任何具体的交易策略都必然基于既定的前提，搞不清楚这个前提，你就别用这个方法，知道具体交易策略的前提才能采用这一方法)

一切从实际出发，而不是盲信巴菲特那一套东西。

◇ 说到投资类的书籍，要提醒大家不要过分迷信所谓的专家或大师的书籍，毕竟时代在变，环境也在变，不可能有一种方法通行于任何时代、任何市场。(交易方法的局限性与有效性是一枚硬币的两面，如果有效，必然具有局限性，这个局限就体现于前提之上。也许有读者会觉得本课，甚至本书的语言让他觉得“憋气”，因为他需要那种讲某某指标怎么用的“秘诀”，透露一个神奇的交易系统，这类读者应该去读《外汇交易进阶》这样的初级书籍，本书针对高级交易者，制约高级交易者提高的因素是观念和哲学，以及经验，而不是基础知识和有形的指标用法。谈谈交易书籍，大家不要去看热闹，人人都在看的证券和外汇书籍往往是没用的，除非看的人看了都没当回事，即使嘴上说的如何厉害，行为上也没有受到影响）

独到的见解在于看到别人没有看到的东西，而这个东西未来确实又很可能为大众所知晓，这就是独到见解的实际意义。

◇ **炒股一定要有“想法”。**要想靠炒股赚钱，就不能跟一般散户一样，要转变操作思路，要有自己的想法。（交易赚钱要靠脑子，但是绝大部分交易者都不想动脑子，就想躺在那里等待一个好的方法和点子从别人那里传到自己手里）

◇ **只要看准了大市其实股票就很好炒了，把各大板块的龙头股都选出来，看着买就行了。**（股市大盘的分析往往要从驱动面和心理面去分析，比如从政策、资金、宏观经济、市场情绪等角度去分析，而某一汇率的趋势也往往要从驱动面和心理面去分析才行，技术面只能帮助你“顺势”，而“判势”则要靠驱动面和心理面）

对手盘思维很重要，你赚的就是对手盘的钱，或者你亏的钱就是被对手盘赚了。既然这样，你为什么还不重视对手盘呢？外汇市场中的对手盘可能没那么显而易见，但是如果你没有搞清楚多空双方是怎么想的，基于什么理由就贸然入场，则亏损是大概率事件。

◇ **炒股只要考虑对手在想什么，将要做什么，早他一步就可以了。**（这种做法听起来很困难，其实做起来并没有想象的那么困难，外汇市场的主要参与者无非就是那几种，官方干预者，进出口商，投机商，投资商，投机散户等。关键是有几个即日交易者下了一点功夫去做这种心理分析，或者说博弈分析）

◇ 炒股的最高境界就是随波逐流，顺势而为。投资者也应该在实践过程中，逐渐形成自己的炒股风格和盈利模式，只有自己悟出来的东西最“靠谱”。（本书不会有马上让你成为赚钱高手的“现货”，只有经过你消化和总结的东西才能最终奠定你的交易成功之路）

金融市场运行第一定律是我们从事任何交易的基础，而第二定律和第三定律则是在此基础上展开的，如果掌握了第一定律则后面两个定律就非常容易掌握了，也正是因为这个原因，我们对第一定律的介绍非常详细，我们不太愿意直接叙述第一定律的意义，只是想通过杨永兴透露的心得来旁敲侧击地“供出”其中的含义，如果你是有心人，几个月的交易和思考就足以让你真正洞悉金融市场运动第一定律的操作含义和价值。我们接下来介绍金融市场运行的第二定律和第三定律。

这条规律其实讲的是行情的灵魂。所谓的技术指标那些都是表象，你追着表象跑会越来越累，越来越迷茫。

金融市场运行第二定律：行为因素逐渐实现最近和最重要的驱动因素预期价值直到该驱动因素的实际价值公布和确认。简单来讲，每周或者每月将要公布的经济数据，以及展开的经济事件是预定的，比如 CPI 公布，利率会议召开等，在这个数据公布前（包括一些经济事件带来的政策公布前），市场有一定“主流偏向”，这就是市场预期，这个预期也就是“新兴的市场焦点”，这个焦点是可以从本月展望和本周展望这样的汇评中归纳得出的，这就是驱动因素和心理因素分析的要点，随着数据公布日期的临近，汇价逐渐向预期靠拢，注意这个预期通常是可知的，可以归纳得出。汇价走到数据公布当日或者是公布前几个小时，就会出现观望或者调整，当实际公布时，汇价会根据实际值和预期值的差异进行调整，具体情况有三种：第一种情况是走预期行情的时候，走过头了，预期值超过实际值，这种情况下汇价通常会折返；第二种情况是走预期行情的时候，没有走到位，预期值不及实际值，这种情况下汇价会继续向前发展；第三种情况是走预期的行情基本到位，预期值与实际值基本一致，则接下来的市场焦点会引导走势，也就是说有关下一个重要数据的预期会引导市场走势。怎么去利用这一定律呢？你可以找一张纸，把本月的市场焦点和预期，以及本周和下周的焦点和预期按照日期序列记下来，然后查看目前的汇价位置，将市场心理和汇价结合起来看，这样你可以推出最近几个交易日的最可能趋势，这就是“判势”过程，接下来你再根据技术面进行具体仓位管理，这就是“顺势”，土办法就是不去判什么趋势，直接跟着趋势走。如果你遇到这种“土族”，千万不要和他争辩，特别是那些能够利用这种方法持续盈利的交易者，因为“土办法”并没有错，仍旧有效，只是效果低一些而已。

金融市场运行第三定律：行为因素的极点对应着驱动因素实现价值的极点，特定行为体现了特定的驱动因素价值预期，价格等于价值预期，价值预期越大，实现的价值越大，则价格越大。所谓行为因素的极点，就是显著的高点和低点，这些位置一般都与具体的驱动和心理因素极端状况有关，比如利率趋势预期变动点，某某大银行破产引发的市场风险厌恶情绪抬头等，也就是说价格走势背后一定有特定的驱动因素和心理因素，一定要透过价格去看心理面和驱动面，通过心理面和驱动面来看价格。当主流参与者的某一价值预期开始显得强劲，而汇价还未充分朝该方向运动时，则汇价运动的潜在空间很大。关于这一定律还有一种用法，比如找到相邻的显著高点和低点，然后标出这些高点和低点出现时的驱动面和心理面情形，然后查看现在的驱动面和心理面情形，看是否在程度上有超越的可能，如有则期待单边市的到来，如无则继续当作震荡市来做。这可是我们的撒手锏，透露给大家了，希望大家好好琢磨，留着自己用，别到处声张！我们写在此处也是对自己理念的总结和超越，希望大家好好利用，力图超越和创新。

每一个重点点位背后都有特定的基本面大背景，你没搞清楚这个大背景，就不知道什么时候这一点位会被突破。

金融市场运行第四定律：驱动因素涉及博弈的支付矩阵，心理因素涉及博弈的参与主体，行为因素涉及博弈的动态均衡结果。交易必须当作博弈来对待，如果你缺乏这样的态度，则你要么失败，要么干不出什么大成就来。不少交易者买了几本书来看后就认为某某技术指标，某某机械的体系就是市场真谛所在，其实这是大错特错的想法。市场是由人构成的，除去人来研判交易是走入死胡同的做法，无论你是否采用机械交易，无论你是否采用技术指标，都必须记住，如果你对价格运动的原因不清楚，只是希望拿着价格本身去寻找价格未来的运动，则结果一定不好，长期下来都可能被市场愚弄，因为价格可供交易的特征都是基于特定的驱动和心理层面因素，这些因素相对于价格而言是稳定的，但是中长期来看又是不稳定的。即使你抓住那些倾向于长期稳定的人类天性带来的价格形态，也会因为知道的人太多而不断变异，从而使得你既有的交易策略逐渐失效。只有从一个角度去研究市场才能不断适应价格特征的变化，这就是博弈的角度。你要明白当下这个局，明白其中的主要参与群体，这样你才能立于不败之地！

知道了金融市场运行的四大定律，我们就可以得出交易的第一定律，这个定律也是我们交易流程的全面浓缩，各位"看官"，自己看好了！

交易第一定律：通过结构性和非结构性因素的驱动分析和心理分析（博弈主体分析）假定市场是单边还是震荡，再经由大时间结构和市场间分析确认市场性质，最后借助良好风险报酬比的行为分析系统跟踪和管理交易。大处着眼预测，小处着手跟随。所谓结构性和非结构性就是指基本面变化是持续的，还是暂时的，是趋势性的，还是一次性的，这个在《外汇交易圣经》一书的"帝娜外汇基本分析矩阵"中有涉及。如果你实在无法区分什么基本面变动是结构性的，什么是非结构性的，那么你就去寻找最近的市场焦点，看看最近的市场焦点能否导致市场出现单边走势，通过这个步骤，你可以大致得出市场性质是单边，还是震荡，然后在进行市场间分析，并在较大的时间结构上查看趋势，进一步确认市场性质，最后则根据对市场性质的判断来采用相应的技术工具管理仓位，进行顺势操作。驱动分析和心理分析是"判势"，行为分析是"顺势"，这个一定要理解清楚。在《外汇交易圣经》的"第五章 交易心理和实务"中我们给出了几张分析表格，这些表格主要用于技术交易者，当你读了本书之后，就应该将三种分析和一种管理融合起来，请看表 10-1，如果你看过我们的系列书或者说你看完了本书，则你对这 4 个步骤一定有具体和独到的理解，而这就是交易第一定律的具体化。千万不要把这个表当成是理论和知识去研究，更别觉得这个表毫无用处，没有具体的指标和策略有用，要知道这是我们交易的"秘密"流程之一。

表 10-1 交易的 3+1 步

第一步	第二步	第三步	第四步
驱动分析	心理分析	行为分析	仓位管理
重要因素确定性结构变化	市场新兴焦点	分形和 R/S	凯利公式
博弈的支付矩阵分析	博弈的主体分析	博弈的行为分析	寻找占有策略

除了上面这些定律，我们还有一些比较散乱的交易理念有必要与本书的读者分享，下面我们就把这些理念逐条列出来，并配以说明：

◇ **趋势是技术交易的对象，趋势是持续的，同时也是稀缺的，趋势源于强劲的驱动因素和心理因素，只有把握这两者才能把握稀缺的趋势。加码是弥补稀缺性的一种**

趋势很少，所以要珍惜，如何珍惜？学会加码！

次优方法和手段。加码是弥补技术分析缺陷的次优方法，而驱动分析和心理分析则是弥补技术分析缺陷的较优方法。现在市面上几乎所有技术分析书籍都抓住了趋势持续性的一面，却忘掉了趋势的稀缺性，当然也就无视驱动分析和心理分析的巨大价值和实战意义，自然也就搞不清楚“试探—加码”策略合理性的根源所在。外汇日内走势的趋势稀缺性特征更加明显，所以套用“教科书”的理论显得更加致命和“水土不服”！想必做过几天外汇的读者都应该清楚这一现实！

◇ 通过行为分析进行仓位管理，通过驱动分析进行趋势甄别，是缔造持续交易奇迹的关键！行为分析不能用于研判趋势，只能表征趋势，这就好比温度计只能衡量温度，而不能预测温度一样，驱动分析则是用来研判趋势的，它相当于温度本身。无论你如何设计温度计，都不能通过温度计本身来预测温度，当时现有的技术分析却一直试图将自己往“预测”角色上提升，这就是“勉为其难”的做法了。

◇ 市场中最本质和恒久的结构才能作为仓位管理的基础，这就是N字结构（分形）。行为中最本质的结构是分形和N字。市场唯一恒久的特征就是N字。这是唯一一个持久的特征。市面上那些技术都基于一个短暂的市场特征，所以很容易失效。寻找不确定中的确定性，这是巴菲特等大师一生努力的方向，在交易界也是如此，市场结构中唯一确定就是分形和N字结构。如果交易方法忽略了这一不变结构，而将交易策略建立在其他复杂的容易变化的形态特征上，则难免导致最终的失败，这也是理查德·丹尼斯等技术交易大师遭遇“滑铁卢”的原因所在。

天下熙熙皆为利来，天下攘攘皆为利往。夫千乘之王，万家之侯，百室之君，尚犹患贫，而况匹夫。

◇ 驱动中最本质的因素是收益差别，**准确而言是风险抵扣后的真实收益差别。**金融市场波动的基本面因素从根本上来讲都是由于计入风险后的收益差引起的，逐利是金融市场的本质。收益率是驱动分析的关键，而波动率则是行为分析的关键，敛散形态理论就是针对波动率分析而来的。那么心理分析的关键呢？你可以认为是关注率！

◇ 驱动和行为之间的不一致是由心理引起的。预期是最为重要的一种形式。

◇ 成功的技术交易者不敢将基本分析纳入自己的体系，**所以他们只是被动等待市场出现单边。**

守株待兔。

◇ 成功的基本交易者不屑于将技术分析纳入自己的体系，**所以他们不敢进行自己的高杠杆的操作，**自然收益减少许多。毕竟基本分析不好管理价位波动的风险，而技术分析可以。但是技术分析不能主动找到特定市场的单边，而基本分析可以。

杠杆交易必须关注技术面/行为面。

◇ 基本分析的要点在于趋势甄别，技术分析的要点在于仓位管理，不能创造暴利，在于缺少了其中一者，不能盈利是因为两者都缺。

◇ 市面上的技术分析之所以失效，**根本的原因在于他们所研究的是不稳定和持久的特征。**

特征是表象，表象是变动的，只有搞清楚本质，知道了原因，才能举一反三。

◇ 追进止损是改变风险报酬比的利器，在最初下单的时候我们要设定至少 1：1 的风险报酬比，并根据这个比率寻找合适的进场点，并在进场点上下设立初步的止损和止赢点(可以不设立)，当市场逐步向我们假设的方向前进时，我们要在途中进行加减维持一个合适的风险报酬比率，另外，我们要将最初的固定止损改变为追进止损，将风险削减为零直到正，将报酬目标交给市场去决定。总而言之，加减和止损浮动是改变风险报酬比的利器。

我们将自己交易中得到的一些宝贵经验总结出不完整的理论与本书读者分享，希望大家能够从中找到大众的盲点和赢家的焦点，“觉悟”才能带来交易的成功，而真正的醒悟在交易界是稀少的，而且“当局者迷”，看的书越多可能越迷，这就是当今交易界之怪现状！交易的艺术就在于绝大多数人注定是错误的，这是他们内心天性与外界“勾结”起来蒙蔽自己的必然结果，艺术一词表明了交易在某种程度上的非主流性，而非主流的东西很难被接受和传承！

【开放式思考题】

在研读完第十课的内容之后，可以进一步思考下列问题。虽然这些问题并没有固定的标准答案，但能够启发思考，跳出来看某些观点。

1. 本课提到“驱动因素经过心理因素过滤导致行为因素变动，驱动因素和心理因素决定了市场的二元性质（单边还是震荡）”。单边和震荡的交替体现了市场的周期性，单边可以看成是波动更大的阶段。那么，驱动因素和心理因素对周期究竟有什么样的影响呢？

提示：心理因素决定了周期，驱动因素决定了周期内各阶段的波动幅度！

2. 本课提到“外汇日内走势反复性强、波动高，采取小鸡啄米的方式更容易取胜”。如何在外汇日内交易中获得满意的风险报酬率和胜算率呢？

提示：利用多重时间框架，把握日内波动的周期性。

【进一步学习和运用指南】

1. 关于“预期差”可以阅读一下黄燕铭先生的一些精辟论述。

2. 霍华德·马克斯（Howard Marks）对于利用大众的盲点和周期都非常有心得，可以阅读其相关著作。

第十一课

趋势是你的朋友：以“MACD 4 小时交易系统”为例

截短亏损，让利润奔腾！

——杰西·利弗摩尔

水因地而制流，兵因敌而制胜。故兵无常势，水无常形；能因敌而取胜者，谓之神！

——孙武子

任何模型如果不注重态势，只强调其他各类因素，即使包含了基本面因素，这个模型也是有致命缺陷的。

——Jack Ablin

趋势不同于方向，这是我们在《黄金高胜算交易》中没有完全展开的问题，**方向是当下的，趋势是持续的**，交易者如果将方向等同于趋势，或者搞不清楚趋势与方向的区别，则往往会在外汇短线交易中犯下不小的错误，如果交易者又缺乏止损措施，则错误会变得无法弥补。**趋势是你的朋友，第一层意思是强调了趋势对于交易的重要性，第二层意思则表明我们应该顺应趋势进行交易，不过这里还有第三层意思，这就是说你往往不拿趋势当朋友，为什么会这样呢？这就是我们在第八课讲的倾向性效应，也就是人类的天性让你不拿趋势当朋友，为了顺应趋势，我们需要跟潜意识沟通，这就是前面提到的交易心理平衡法和自如法，同时还要利用意志**

方向是局部，趋势是整体。方向将我们误导，而趋势则是我们的明灯。

力去重复正确的行为，我们要明白“应该去做正确的行为，而不是舒服的行为”，“重要的是你的行为，而不是你的感觉”，那么什么是正确的行为呢？“截短亏损，让利润奔腾”，具体如何行动呢？为每笔交易设定合理的止损，然后采取跟进止损为主的出场方法，按照帝娜仓位管理模型来进行总体操作。

技术指标一般分为两大类，第一是震荡指标，第二是趋势指标。所谓的趋势指标其实就是趋势走出来之后的指标。

辨明趋势对于绝大多数交易者而言都是依靠趋势指标，这个指标属于滞后指标，当然你也可以依靠诸如N字结构这样的同步指标（N字结构在《黄金高胜算》一书中有详细的介绍，简单来讲就是两个推动浪之间夹着一个调整浪）。在趋势指标中，最为出名的无非是移动平均线和MACD，而MACD指标也是在移动平均线的基础上形成的，它将两条均线的趋势意义直观化了。“势、位、态”三要素中，“趋势”是最为重要的，但也是最不确定的，判别趋势对于交易者是必要的，但是却不必一定准确。趋势甄别的方法有很多，我们简单归纳一下。

西方技术分析按理说应该受到西方分解思维的影响更加倾向于局部思维，而日本技术分析则应该受到东方整体思维的影响更加倾向于全局思维。但是，真实的情况却恰恰相反，西方技术分析关于趋势分析的方法很多，而东方技术分析关于趋势分析的方法则相对较少。东方人似乎更喜欢在金融交易中寻求“一叶而知秋”的技术，也许这是一种全新思维方法，但实际交易效果往往不如预期的好。

道氏理论是趋势交易者对市场结构的最简洁理解。道氏理论的重要性不在于所谓的三段论，而在于他提出了趋势，次级折返，日内杂波的市场运动三层次框架。

西方技术分析的趋势识别技术发端于伟大的投机客杰西·利弗摩尔，他对于趋势和加仓操作有很多奠基性的论述，而道氏理论则可以看成是股票市场趋势整体的一种构想，艾略特波浪理论则是对道氏理论的一种超越，将市场趋势的研究推到了极致，这也颇招人非议。**道氏理论和艾略特波浪理论在今天的境遇恰恰印证了“奥卡姆剃刀”原理，道氏理论对趋势的研究没有艾略特波浪理论那么精细和复杂，但是就趋势研判而言两者的实际作用相差不大，**波浪理论不仅想抓住“驱动浪”，还想针对“调整浪”交易，这使得不少波浪理论的信徒实际操作绩效都不尽如人意。由于波浪理论过于精巧复杂，使得运用起来非常花时间，往往也经不起市场变化和非标准化运动的折腾。

在本课中，我们先介绍西方技术分析中的趋势识别技术，如果你以掌握本课所有这些技术为目的，大可不必，因为精简才是真正的制胜之道，你应该全力发展出一套简单符合自己和外汇日内市场交易的技术。周规则是一套趋势识别技术，源于趋势线理论，它的简单使得不少人怀疑其效能，但是无可辩驳的交易绩效使得它历久弥新，成为经过第三方机构统计证明的最佳趋势识别方法之一。所以，简单而有效也应该是你阅读本课寻找趋势识别技术的宗旨。

下面我们就步入本课的主题吧。第一种是基于图表的趋势识别方法——OX 图。标示价格走势的方法有很多种，OX 图曾经是最为流行的一种，这是由当时的技术条件决定的。20 世纪初没有专门的股票行情系统，价格更新较慢，往往需要交易者亲自动手记录价格。市场的趋势走势更为明显，所谓的假突破还没有成为市场的普遍现象，人们开始采用诸如 OX 图这类簿记法来研究市场动向。关于 OX 图运用的专著在 20 世纪 50 年代就没有推陈出新了，在当代技术分析书籍中只是有简要的介绍，比如约翰·墨菲等人的技术分析综述类著作就只是大概提及了 OX 图的原理。OX 图在西方一些资深的期货交易者手头仍旧发挥巨大的威力，年青一代的交易者不再对这种方法抱有热情。为什么 OX 图能够在期货市场有如此强的生命力，这是由商品期货和 OX 图两方面因素共同决定的。**首先，商品期货的日常走势是盘整，但是每年有 1~3 波单边中级行情，至于大行情则往往与经济周期有关；其次，OX 恰好是一种很好的噪声过滤工具，它可以将盘整行情过滤掉，只对特定幅度以上的突破作出标识，这恰好适应了期货交易者的需要。**OX 图的主要功用是识别出显著的突破，OX 图利用 O 和 X 两种符号分别标记市场的跌涨运动，当然符号的采用与个人习惯有关，总有人爱反其道而行之，只有市场的运动幅度超过一定的程度才会记录一个符号。OX 图是一种直接用价格来标识趋势的图表，这使得它受到一些交易者的青睐。同样是从事期货交易的理查德·丹尼斯则运用周规则来识别市场的趋势，与 OX 图有异曲同工之妙。不管交易者运用 OX 图还是周规则都会在一个低胜算率和高报酬率的交易策略中运作，而这恰好是不少交易者所不适应的。绝大部分软件都不支持 OX 图，所以 OX 图并不是一项易于实现的趋势甄别手段。不过，如果你是在日线图以上的时间结构上交易外汇，则你可以利用 OX 图来帮助你识别趋势，当 X 或者 O 突破前面的符号时，趋势往往被认为形成了，这是最简单的 OX 图用法，也是较有效的方法之一。

第二种是基于市场情绪周期的趋势识别方法——道氏理论。**道氏理论认为市场的**

对市场的理解越透彻，我们对行情的把握也就越到位。你觉得价格运动，各种技术指标对市场的理解是透彻的吗？当然不是，市场运动不是因为这些指标，而是因为有人交易，那么为什么人要交易呢？这是因为追逐利润。什么样的情况下利润会变动呢？这基于基本面的变化。极端情况下则是因为大资金通过操控来制造勉强的盈利机会。

上涨或者说发展是三段的，“一波三折”往往是市场一波行情演化的常态。道氏理论源于查理·道对股票市场的长年观察，后来经过助手的整理大放异彩。道氏理论强调区分趋势和噪声，通过市场走势，指数间相互印证和大众情绪来察觉目前市态所处的市场阶段。道氏理论是艾略特波浪理论的基础，波浪理论除了主要三次趋势方向上的运动外，还着力研究了期间的两次调整和趋势结束后的调整。**波浪理论的交易者往往都将调整浪本身当作盈利的机会，这使得他们往往都违背“顺势而为”的原则。正确的做法应该是利用调整浪进场，而不是交易调整浪本身，从调整浪中获利的想法是危险的，虽然理论上看起来无懈可击，但操作起来往往是得不偿失。**为什么会这样呢？第一，调整浪本身是逆趋势的行为，所以很不稳定，幅度也很小，既不持续，也很杂乱；第二，交易调整浪使得交易者往往沉浸在市场局部特征，从而忽略了市场的整体走势，盲点由此形成。波浪理论作为趋势识别的主要策略，其最大的贡献应该是提出了“驱动浪”和“调整浪”的区别，我们从中汲取的交易智能应该是**“利用调整浪，交易驱动浪”**。而所谓的见位交易正是利用调整浪交易驱动浪的典范，如图 11-1 所示。

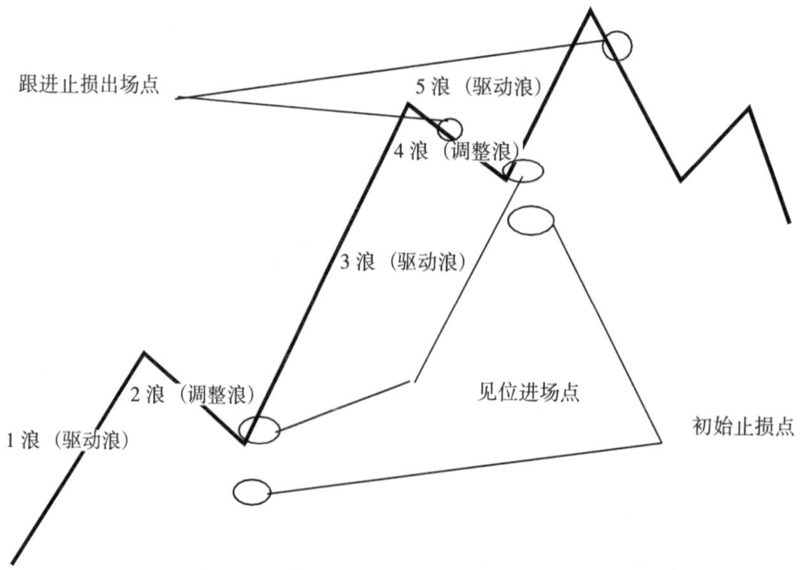

图 11-1 艾略特波浪理论的正确运用之道

第三种是基于**形态边界的趋势识别方法——趋势线和形态理论**。在西方技术分析领域被最广泛使用的趋势识别方法就是趋势线和形态理论。西方技术分析总结出了一些属于中观层次的经典形态，这些形态在广大交易者那里耳熟能详，比如三角形、旗形、楔形、矩形、三重顶和三重底、双顶和双底、头肩顶和头肩底等，这些形态的边界线往往是某种类型的趋势线，与交易最为相关的是所谓的“颈线”，最为常用的趋势线是直边趋势线，主要分为水平趋势线和倾斜趋势线，倾斜趋势线的关键要点是两点确定一条射线，也有一点决定一条趋势线，这就是水平趋势线，一般是前期高点低点和成交密集区来确定。趋势线的作用主要是两个：第一，为交易者甄别目前的市场趋势，这是趋势线最传统的用法。第二，为交易者提供进场位置，并提供设定初始停损和跟进停损的位置，这是趋势线的一种衍生功能。在使用趋势线甄别趋势和管理交易时要注意一个问题就是：如何定义和处理假突破，这是绝大多数交易者，包括外汇交易者都会遇到的难题。成交量是一个较好的甄别真假突破工具，但是这主要用于股票市场，恰当的放量往往是向上真突破的特征。在外汇市场上，我们更多地运用K线来甄别真假突破。我们再回过头来谈谈形态与K线的关系，在三角形等形态的边界处往往对应着K线的反转形态，而在突破边界处则往往对应着K线的持续形态。K线在趋势突破上发挥了确认的作用，这是我们在利用K线组合识别趋势时需要注意的一个问题。

形态有效的前提是什么？第一，形态背后的社会心理学基础是牢固的。第二，驱动面支持。看出来门道没有？形态属于价格层面，属于行为层面，属于表象，它的有效性取决于心理层面、资金层面和驱动层面，价格不能决定价格。

第四种是基于趋势技术指标的趋势识别方法——移动平均线和其衍生指标。人们总是希望有某个权威来告知其合理有效的行为，逃避自由是人类的天性，在金融交易领域的一个具体表现就是人们希望找到一种“万能指标”或者说是“交易的圣杯指标”，这样就省却了自己思考和判断的劳苦，可以直接引用指标的信息，所以技术指标在交易领域“颇获芳心”。找到一种确认趋势的技术指标，这是交易界最大的努力方向。**早期的金融标的走势都比较简单和清晰，随着采用**

高频交易和高杠杆交易加剧了市场的波动，市场噪声也越来越多。

技术分析的交易者越来越多，价格走势的趋势特征越来越复杂，市场噪声越来越大。最为出名的趋势识别指标是移动平均线，这条线由移动平均数得到，也就是最近N期的价格数计算得到的平均数作为其现值，依次类推地移动计算其他平均值，将平均值连成线条，这就是移动平均线。移动平均线在目前也是使用最广泛的趋势识别指标，主要用法有单根均线、双均线、三根均线和分组均线等，均线可以采纳的价格数据也有区别，比如有采取收盘价的，有采取最高价和最低价平均数的，有采纳开盘价的等，除了简单移动平均，还有指数移动平均，J移动平均等。单根均线做交易的趋势识别策略较少，双均线系统在大众中采用较多，三均线系统在职业交易者中采用普遍，比如混沌交易大师比尔·威廉姆斯，国际投机大师克罗等，分组均线的采用从戴若·顾比创立顾比复合移动平均线开始，这种方法其实是利用两组均线来完成两条均线的某些功能。移动平均线的最一般用法是所谓的葛兰宝均线八法（《外汇交易进阶》有详细介绍），其实就是四种用法结合做多做空演变成了八种，这套理论可以用于单根均线，也可以用于两根均线或者两组均线的研判，其价值主要局限于进场信号。

第五种是基于特别价格形态的趋势识别方法——长钉日。西方技术分析界也做过一些与日本蜡烛线交易界同样的努力，他们都试图找到单一价格线形态来找到市场的反转机会，这种努力的成功部分得益于一个原始的市场，所谓的原始的市场就是市场的参与者众多，但是采用技术分析方法的参与者不多的原始交易状态，那时候听消息是最主要的市场分析方法，坐庄则是最主要的盈利模式。长钉形态与流星形态类似，这反映了东西方技术界的共识。这种方法随着技术分析的广泛传播变得相对无效，**但是在一些较大的时间结构上，由于市场大资金参与者无法改变这些时间结构上的图形走势，所以长钉等形态的效能还是不错的，**比如外汇的周线走势等。我们的建议是当这些形态刚完成时不应该急于入场或者出场，

股市上“画图”是主力请君入瓮的惯用伎俩。外汇市场上有没有“画图”的主力？肯定有，只不过能量没有个股主力那么大而已。

在资金管理允许的范围内应该静待市场的进一步指示，比如长钉日之后出现了大阴线等。在日内交易中，特别是外汇日内交易中单凭所谓的长上影线或者长下影线就贸然采取较大仓位的操作是不明智的。如果你想要以激进的姿态抓住这些反转机会的话，应该以小止损和小仓量参与，这样才能使你的仓位与风险报酬率和胜算率成正比。

第六种是基于大时间框架的趋势识别方法——三屏分析法和大时间框架的震荡指标用法。将走势图缩小到一般交易者能够对市场趋势有直观的感受，这是所谓“亚当理论”的基础，除了这种方法之外还有一种更具可操作性的方法被称为“三屏分析法”，或者是三重过滤交易法。这种分析方法的典型做法是利用三重时间跨度不一样的走势图分别满足不同的需要，比如日线图、小时图加上5分钟走势图。通常用最高一级时间的走势图作为趋势分析工具，在这个例子中是日线图，然后利用小时图，也就是中间一层时间结构的走势图作为形态分析工具，找到一些关键的支撑阻力水平，也就是一些可供进场交易的具体机会，然后利用最低一层时间结构作为管理进场操作的工具，**如果从我们的“势、位、态”三要素分析法入手，**可以看到所谓的三屏分析法就是以三个层次的时间框架来分别完成“势、位、态”三要素的分析，最高的时间结构用于找出宏观层面的趋势，中间的时间结构用于找出潜在可供进场和出场的属于中观层面的位置，而最低的时间结构则用于确认某一特定的进场和出场位置有效，操作具体的进场，这属于微观层面的问题。利用大时间结构确认市场的趋势，除了上述这种三屏分析法之外，还有一种采用很广的方法，就是在大时间结构上采用震荡指标。震荡指标如果用在交易同级的时间结构上就只能起到确认进场时机的作用，在一个上升趋势中，震荡指标的超卖往往预示着好的进场做多机会，而超买则是继续持仓的机会，而在一个下降趋势中，震荡指标的超买往往预示着好的进场做空机会，而超卖则是继续持仓的机会。但是，大众的用法往往不考虑

多年以后，我们回过头来看“势、位、态”这三个要素，其中最为重要的还是趋势，对于赚大钱的而言，没有什么比趋势更为重要的了。胜算率和风险报酬率要高，能指望谁？非趋势莫属。如何识别趋势？注意，是识别，不是确认。这个只能靠驱动分析了。

各种名目繁多的指标和形态技术理论，让我们不再将市场作为一个整体去看待，让我们不再去琢磨谁在做多，谁在做空，他们的理由是什么。我们看到的不是一个活生生的市场，而是一个被肢解和扭曲的"主观市场"。我们对市场各种现象的理解没有内在逻辑，我们不知道这些现象之间的联系，我们只是对号入座地按照各种症状给病人开药方。如果看病机械到头痛医头，脚痛医脚，一个症状一味药，方剂内的药之间并没有联系，你觉得能治好病吗？通过不同现象找出内在的一致本质，这才是市场研究的王道。指标不能帮助我们找到这种内在一致性。

趋势，见到超买就想做空，见到超卖就想做多，**注意力越来越局限于市场的局部**，失败之后只能以指标钝化为借口。如果你想让震荡指标帮助你确认趋势，而不会受到上述钝化陷阱的误导，则应该在交易时间结构之上的一到两层时间结构上采用震荡指标作为趋势指标，比如如果你以小时图操作外汇，那么就应该把震荡指标用在日线图或者周线图上，这时候所谓的指标钝化就少了很多。不过，除非你对震荡指标特别钟爱，以至于超过利润本身，通常情况下我们还是不建议将震荡指标作为趋势识别的主要工具。有更好的趋势识别工具，为什么要用一个本来就不是设计来捕捉趋势的指标呢？其实，震荡指标是一个情绪甄别器，上升趋势中的超卖代表市场的调整，而超买则代表市场创新高的热情，下降趋势中的超买代表市场的反弹，而超卖则代表市场创新低的恐慌。震荡指标可以在其他指标厘清市场趋势之后，与支撑阻力线和 K 线形态一起帮助你确定恰当的进场点。

第七种是基于期货持仓的趋势识别方法——反向意见分析法。外汇存在期货品种，这与黄金的情形类似，外汇也有期货合约，还有期权，所以外汇现货（包括保证金）的走势可以从其期货品种的持仓变化得出一些有益于趋势分析的结论。外汇现货和保证金交易的价格与外汇期货的价格的走势是基本同步的，所以外汇期货持仓兴趣的变化对外汇现货和保证金价格走势有明显的预示和影响作用。外汇期货交易中的主力往往是获利的一方，这是由金融市场的博弈特点决定的，这个特点就是群众心理极端的时候往往是趋势反转的时候，只有参与大众的情绪适当时行情才能持续，一直到走到极端。期货持仓是衡量市场参与者情绪的一个很好指标，这个指标往往与震荡指标走势类似，所以没有条件的交易者可以借用黄金周线走势图上的震荡指标近似地替代这种市场情绪指标。外汇现货交易者可以通过查看各大期货经纪商提供的 CFTC 外汇期货持仓报告来发现市场情绪动向，更为直观的方法是查看持仓的走势图，www.dailyfx.com 每周有专门的

COT 分析，大家可以看看。如果你的交易期限很短，不能按日计算，则你需要找到更灵敏的黄金市场情绪指标，比如多空调查等，但是这些情绪指标比较难找到，对于市场情绪也缺乏普遍代表性，所以还是采用震荡指标作为情绪分析的主要工具，辅以新闻解读。情绪指标能够成为一个趋势的确认工具，从查理·道，拉尔夫·艾略特开始就有这个传统，从行为金融学的角度来看，有资金和仓位的市场参与者的情绪趋势是价格趋势变化的直接原因，搞懂了前者，后者也就不难了，这是一种超越技术分析的分析方法，暂且放到技术分析中，可以看作是介于技术面分析和基本面分析之间的第三种分析技术。

我们已经将西方技术分析中识别趋势的主要手段基本完整地介绍了一遍，限于篇幅此处不能详细展开，如果要展开的话上述七种手段，每种手段都可以写成一本书。**“顺势而为”是技术性交易追求的目标，而不是手段，“如何做到顺势而为”才是我们孜孜以求解答的问题，如果不能找出“如何”的答案，那么所谓的“顺势而为”不过是“追求利润”的同义反复而已，试问谁又不想追求利润呢？关键是追求利润的可操作方法是什么。**要让“顺势而为”具有可操作性，是技术分析流派一直矢志不渝的目标，我们在本课尝试对西方技术分析的这种努力和相关贡献做一次文献综述和概括，如果你对其中的某些手段有兴趣或者有自己的见解，那么你一定要努力不懈地在真实交易中检验它和完善它，为技术性交易者的趋势识别之道开启一扇新的大门。

下面我们就来聊聊最简单的、基于趋势指标的趋势识别和交易之道，欢迎学习 4 小时 MACD 外汇策略。这个策略是在“*4 Hour MACD Forex Strategy*”一文的基础上形成的，这个策略以高回报率（甚至高得吓人的胜率）交易为目标，可以为具有一定基础和经验的外汇日内交易者提供较为丰富的启发素材（但是切不可迷信某些说法，这个材料的提供是想让大家从具体实例中，体验到什么是“趋势”、“什么是趋势跟踪”），从而基于趋势指标打造自己的优秀交易系统，或者是形成以趋势跟踪为主的新交易系统。原作者已经在投资市场待过差不多十年了，在外汇市场也已经有四年了。他很早就知道外汇交易不适合常常容易动摇的人。我们必须有一个经得起测试及验证的交易策略及有计划有纪律地按策略交易并执行本文上面的计划。我们必须要严格与准确。

下面的文字绝大部分出自“*4 Hour MACD Forex Strategy*”，经过 Martin 和王浩的翻译和加工整理得以融入本书：

我进行了差不多两年的模拟交易并把自己能读的材料都读了。我买了书和教材。我参加了无数的交易培训，并进行了很长时间的交易训练。**但是这些策略并不符合我个人的性格，而我未能将这些不同的策略联系起来，**所以，所有的这些对我一点用都没有。我看了超过两年的带有各种指标、移动平均线等的图表，才开始大致能通过移

初学功夫，一拳是一拳，一脚是一脚，动作没有整体性。

动平均线来感受到市场，特别是欧元兑美元的运行及波动。

不久前我发现 MACD 的一项设置可以让我有一个更好的基础规则去解读 4 小时图表上的信号。我喜欢单一地看 4 小时周期上的图表而不用看完其他周期的图表。

这个规则产生的信号十分好。但有时候这些信号也会出现失灵。因此我得做一个过滤系统能够让我可以捕捉最好的信号。我发现 MACD 以一定方式运行的时候，它有 95%的准确度。下面我将介绍这个高概率交易是怎样的。如图 11-2 所示，这个策略在 4 小时价格线形成后的第二根价格线开盘时介入。图 11-3 里显示了 19 笔交易，除其中一笔交易未完成外，18

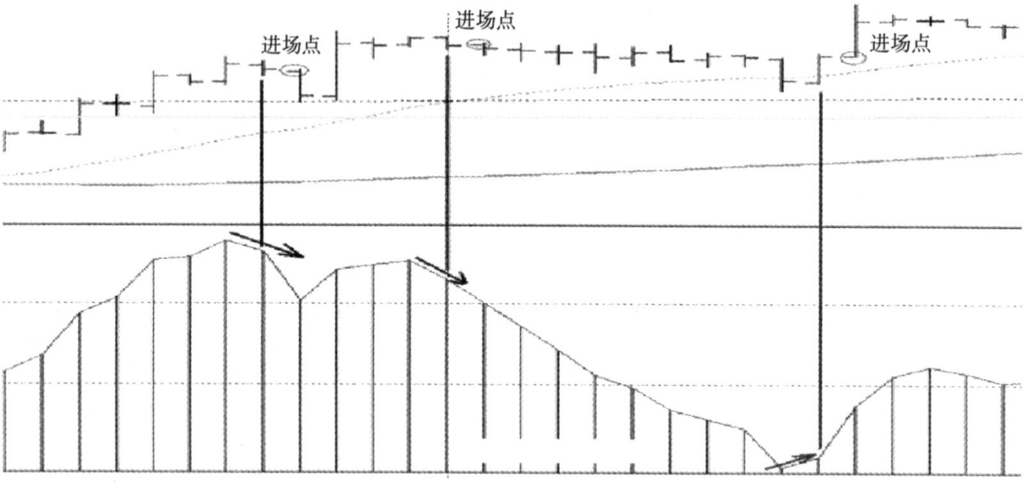

图 11-2　4H MACD 策略的进场模式示范

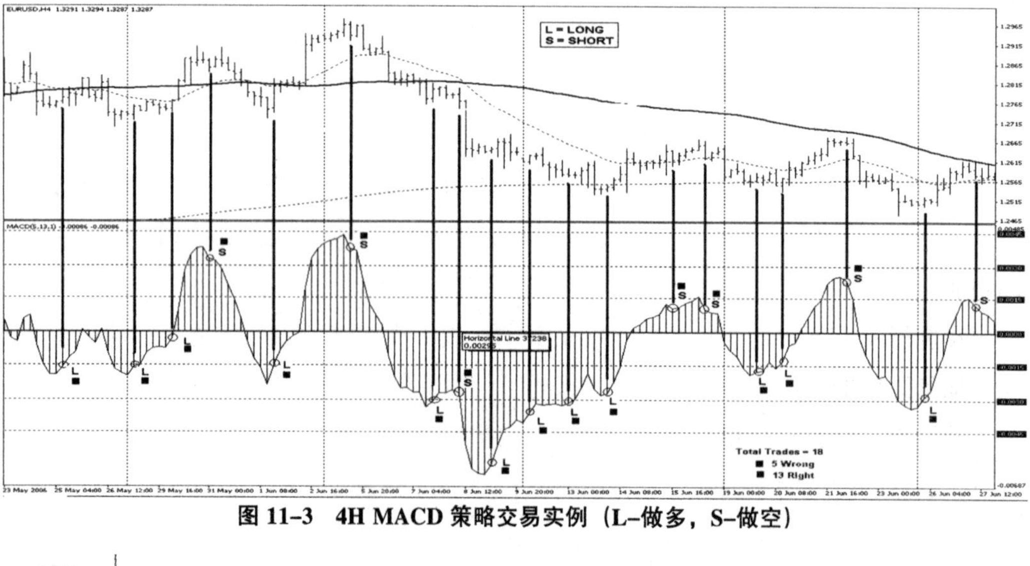

图 11-3　4H MACD 策略交易实例（L-做多，S-做空）

笔交易中得到一个 5 笔交易失败、13 笔交易成功的结果。

因为它是基于 4 小时时间框架的交易策略，这就意味着可以设定一个警钟来捕捉在早上的介入点。这个策略的好处在于，我们知道一个 4 小时的价格线结束后，可以通过 MACD 来判断接下来的价格线是否可作为一个信号进场。因此，我们可以那个时候设定一个警钟。

看看图 11-4 并感受一下，让我们了解一下图表的设置。

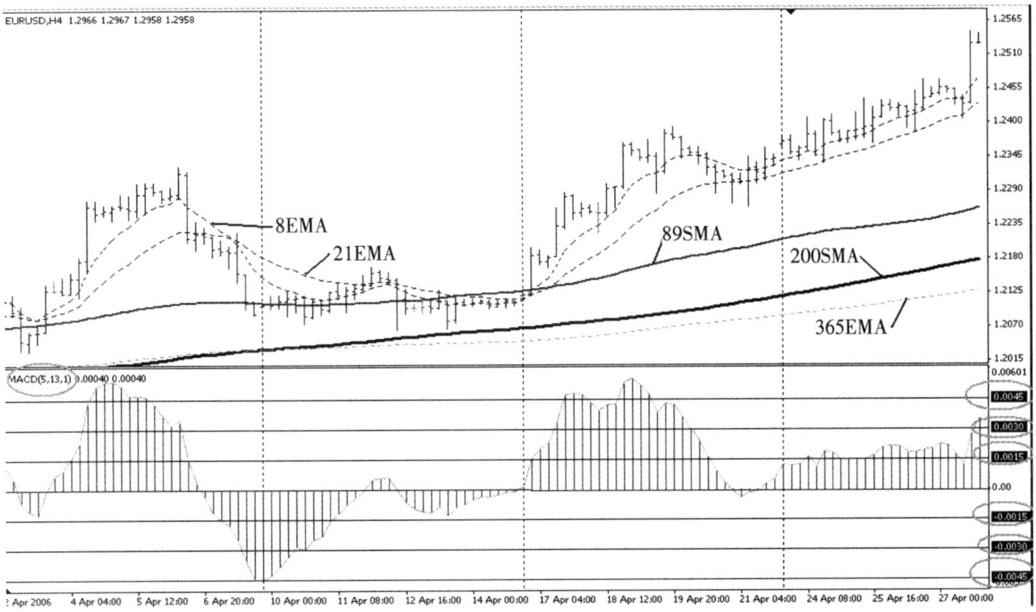

图 11-4 4H MACD 交易系统模式

移动平均线：

首先说我们将会用到的移动平均线。（注意其中用到了斐波那契数字作为参数）

◇ 365 指数移动平均线（365EMA）

◇ 200 简单移动平均线（200SMA）

◇ 89 简单移动平均线（89SMA）

◇ 21 指数移动平均线（21EMA）

◇ 8 指数移动平均线（8EMA）

MACD：

MACD 设置是：快 EMA5、慢 EMA13 和 MACD EMA1。

水平线：

在 MACD 的窗口应该画出 6 条水平线，3 条在 0 轴以下，3 条在 0 轴以上。

◇ Level + 0.0015

◇ Level + 0.0030

◇ Level + 0.0045

◇ Level - 0.0015

◇ Level - 0.0030

◇ Level - 0.0045

你的图（见图 11-4）应该像这样：（选择你自己的颜色和风格）

当 MACD 按照一定可靠的模式运行时会是很有机会盈利的交易。先让我告诉你重点。不要遵循每一个信号，只遵循那些通过可靠的 MACD 模式给出的概率高的交易信号（进场信号）。不相似的信号不要，下面就来讲进场信号。

图 11-5 显示的模式是很规则的，特别是 A、D，而 MACD 的 0.0045 以外的水平可以作为修正或者趋势反转。B、C 倾向于模式的趋势延续及开始顺着趋势的方向进行。小圆圈即是进场信号，而进场需在第二根价格线的开盘处。

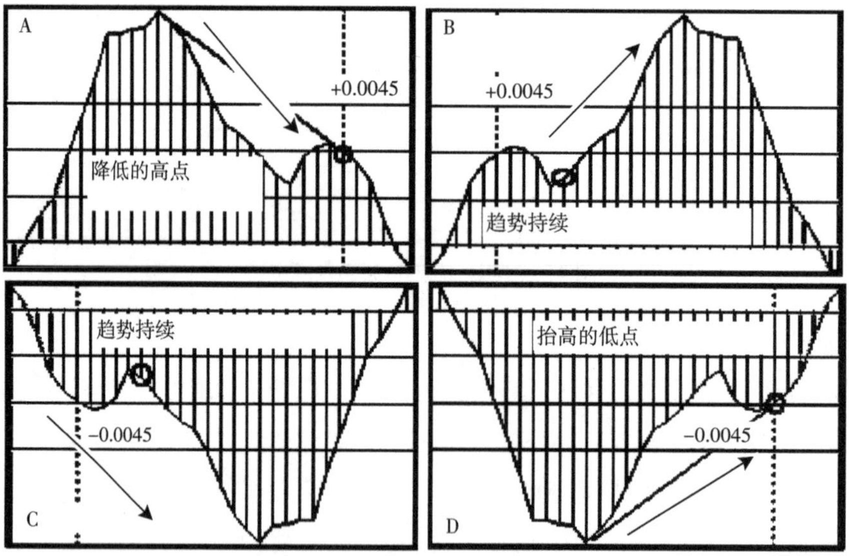

图 11-5 渐次高低进场信号

如图 11-6 所示，头肩形态是另一个明确的信号。

如图 11-7 所示，双顶和双底并不需要，因为它在任何周期都存在。如图 11-8 所示，当 MACD 向 0 轴方向走并且在到达 0 轴前继续向上走，这通常是趋势的延续，这样的信号我们要把握住，通常也是强势的运动。

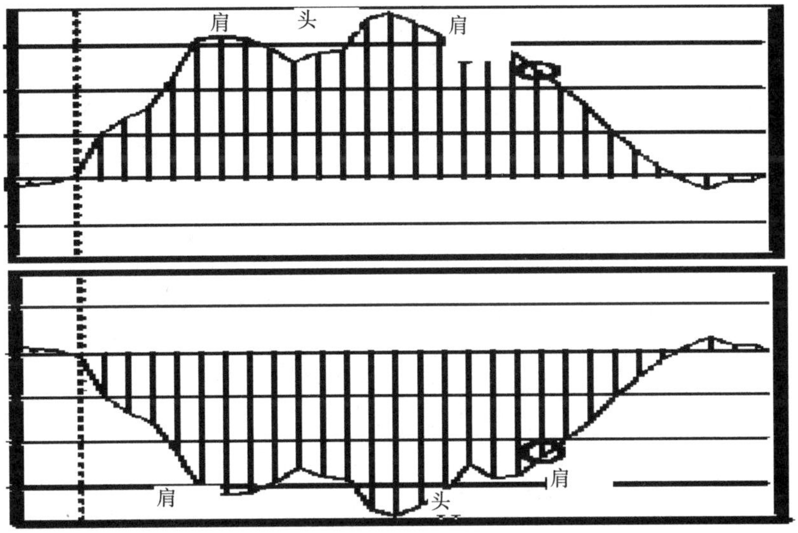

图 11-6 头肩顶进场信号

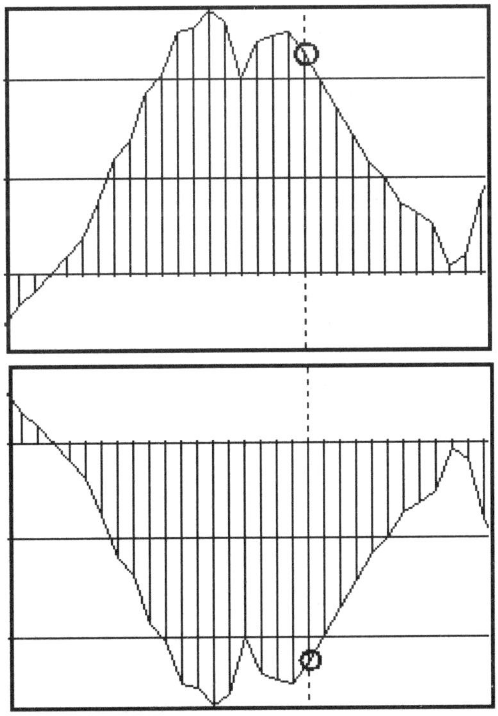

图 11-7 双顶和双底进场信号

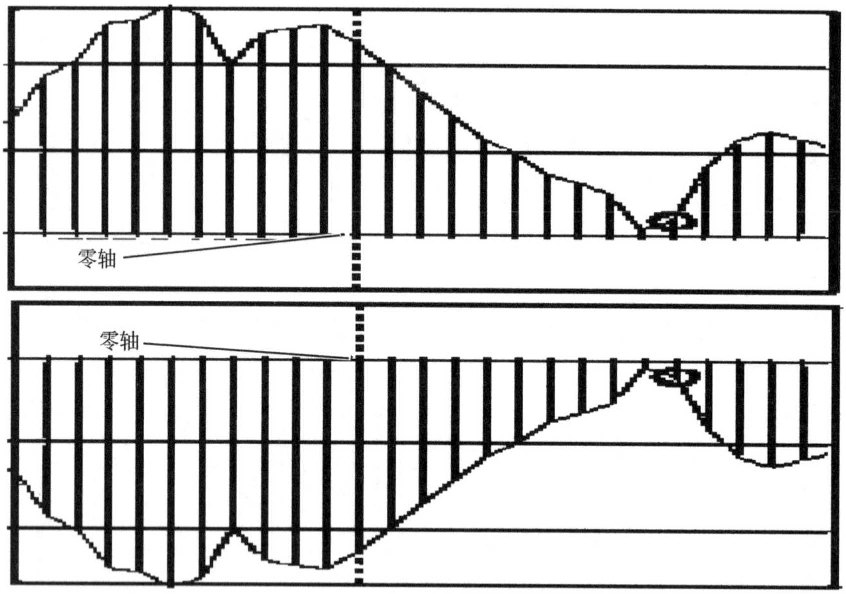

图 11-8 持续进场信号

圆顶及圆底毋庸置疑。只是要留意第一个区域的 0.0000~0.0015 是在 0 轴之上还是之下。我喜欢这个圆至少有 5 根价格线形成，如图 11-9 所示。进场信号由 MACD 柱线形态来决定，进场点没什么神秘，只要 MACD 满足了上述的进场信号形态之一即可进场。下面我们重点介绍出场策略，结合图 11-9 的实例介绍，假定在竖线处根据 MACD 进场信号入场做空获利，则第一个减仓区域是图 11-9 中的 B 区域，此区域有 3 个阻力线分别是 8EMA、21EMA 和需要突破的 1.2200 整位数关口。交易者可以决定用哪一个支撑位作为你的减仓目标。如果你可以现场观察它，你总能随时决定减仓（甚至平仓），否则你就按你满意的设置。重要的顺序是，整位数价格第一，然后是 21EMA，最后是 8EMA。接下来就是 89SMA 和 1.2100 整位数关口（C 区域）。这些都很重要。但是 89SMA 通常价格会停顿一下或者价格转向。在这样的情况下，除非到我的进场价仍有 20%的空间可走，否则我会平掉所有头寸。在 D 区域上方我们可以看到一根趋势线，这里就是我们所有的头寸应该平掉的地方。价格可能回到 SMA200 及蓝色区域，但如果我不是坐在电脑旁，我不会考虑趋势线下方的可能。顺利情况下交易者得到 B 区域的盈利，再者 C 区域，最后在 D 区域全部平仓，如图 11-10 所示。

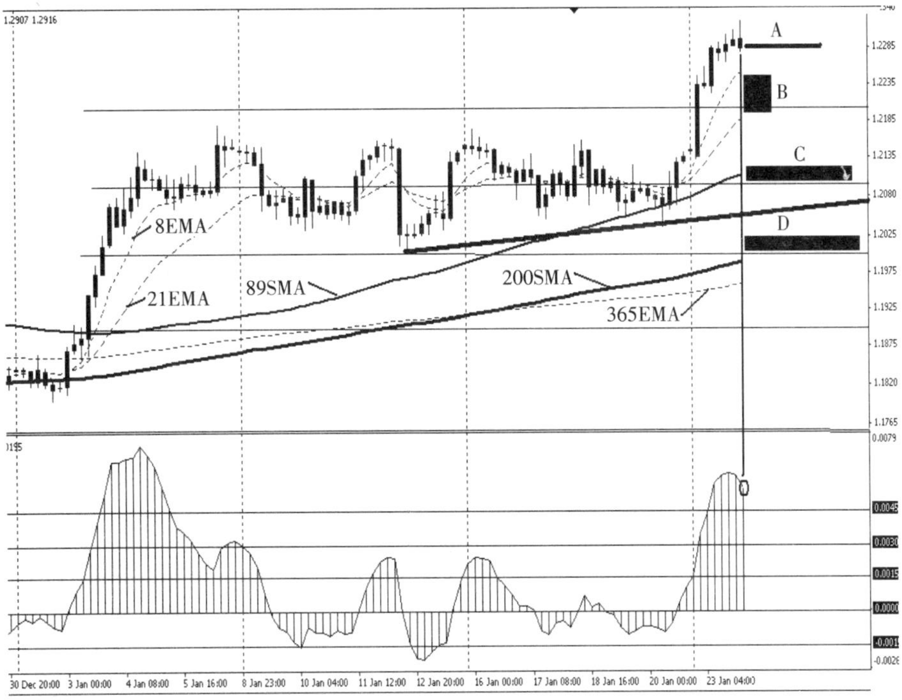

图 11-9 出场策略

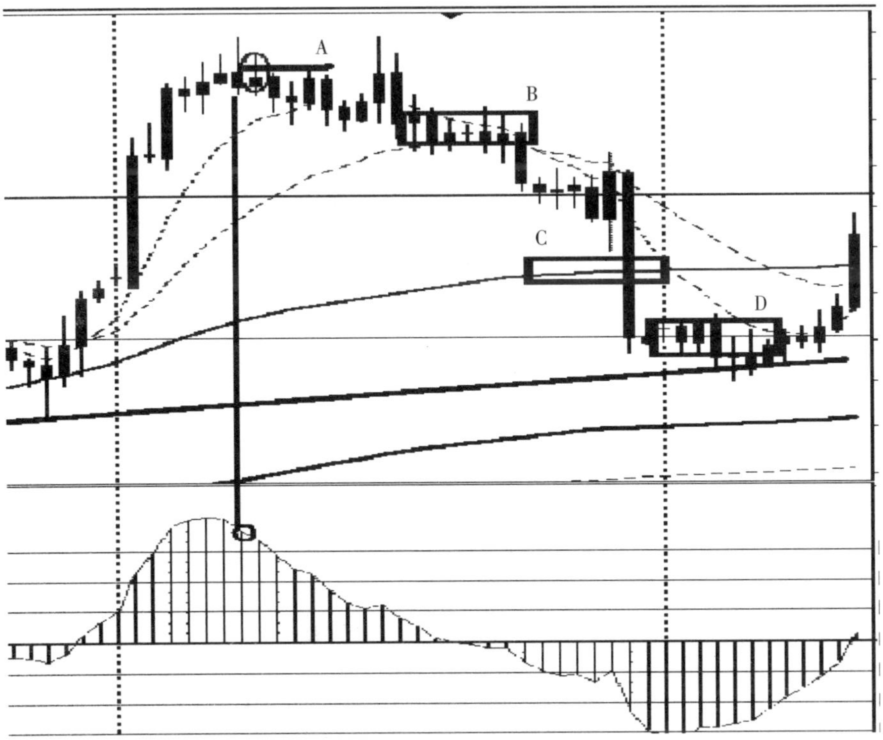

图 11-10 分批出场示意

MACD 4 小时交易策略的进场利用了 MACD 的动量特性和趋势特性，而出场则基本是前位出场（前位出场的详细含义和策略在本书最后部分会深入传授），初始止损的设定作者几乎未着墨，对于跟进止损也语焉不详，这些在实际交易中却是最重要的东西，这个策略的研究者和使用者众多，我们这里只是从 MACD 趋势指标这个角度做了扼要的介绍，从中可以得到两点启示：第一，技术指标的形态也许可以找到不少超额利润点；第二，MACD 作为趋势指标兼具了动量指标的特点，其柱线的波形特征暗含了“顺势而为”的原则，但 MACD 4 小时交易策略还是倾向于前位出场，这与“让利润奔腾”的目的似乎存在冲突，不过外汇市场的反复性可能让我们重新认识这种表面的冲突。**趋势识别在本策略中不是依靠均线，而是依靠 MACD，不是依靠价格的形态，而是依靠指标的形态。**关于 MACD 4 小时交易策略的全面和深入介绍，请阅读《外汇交易系统的最佳实践》一书。

这个策略是一个守株待兔的策略，是纯技术交易者的趋势交易策略。

【开放式思考题】

在研读完第十一课的内容之后，可以进一步思考下列问题。虽然这些问题并没有固定的标准答案，但能够启发思考，跳出来看某些观点。

1. 本课提到“技术指标一般分为两大类：第一是震荡指标，第二是趋势指标。所谓的趋势指标其实就是趋势走出来之后的指标”。能不能利用震荡指标来判断趋势呢？

提示：可以脑洞大开一下。

2. 本课中的 MACD 交易策略最不适应什么行情呢？

提示：趋势策略最怕什么？

【进一步学习和运用指南】

1. 道氏理论和艾略特波浪理论在今天的境遇恰恰印证了“奥卡姆剃刀”原理，道氏理论对趋势的研究没有艾略特波浪理论那么精细和复杂，但是就趋势研判而言两者的实际作用相差不大，波浪理论不仅想抓住“驱动浪”，还想针对“调整浪”交易，这使得不少波浪理论的信徒实际操作绩效都不尽如人意。由于波浪理论过于精巧复杂，使得运用起来得花很多时间，往往也经不起市场变化和非标准化运动的折腾，因此，我们建议你阅读一下《道氏理论：顶级交易员深入解读》和《斐波那契高级交易法：外汇交易中的波浪理论和实践》。前者深入阐述了道氏理论的根基和有效原则，后者简化了波浪理论的运用框架。

2. 安德烈亚斯·F. 克列诺（Andreas F. Clenow）的《趋势交易》（*Following The Trend*）值得趋势交易者阅读。

第十二课

位置比方向重要：以“整数框架系统”为例

恰当的位置是日内短线交易的“龙脉”！

——魏强斌

你的观点越是偏离市场的观点，你要做的研究工作就越多……如果你的基本面分析结果和技术分析结果之间存在较大的差异，你就有必要去探究真正的原因。

——J. Valentine

因为场内交易员每天都在交易场内摸爬滚打，他们非常清楚交易者的心理状况，尤其是交易者如何设定止损点。在没有重大新闻的情况下，止损点通常都会设定在先前的高点或者低点。

——Victor Sperandeo

如果问做交易的最高秘诀是什么？只有四个字**“进场出场”**，市场的方向倒是无所谓的东西，但绝大多数人的注意力始终在方向上，新手和高手在判断方向上没有任何大的差别，但新手没有进场和出场的路线图，只是认为方向对了就能赚钱，其实进场和出场搭配好了，才能赚钱。市场方向根本上不过上下而已，恰若阴阳，但阴阳之变不可胜数，一阴一阳谓之道，道生一，一生二，二生三，三生万物。市场涨跌同样也能演变出不可穷尽的情形，而我们所有的基本分析和技术分析，科学地讲不过是概率武器，在市场的混沌涡流中作用十分有限，明显存在瓶颈，**分析市场方向的能力的学习曲线是斜率递减的，所以我们花的时间越多，边际收益越是下**

严格来讲是“进出加减”。

降，并且边际收益趋向于0。而判断进场出场位置的学习曲线斜率是递增的，逐渐趋向正无穷。我们不能判断方向，但位置是我能够判断的，所以与其在一个边际收益递减的方向努力，不如在一个边际收益递增的方向使劲。如果认为懂得了我说的位置和方向的区别，那说明你还是没有听懂。技术分析的所有精华不在于判断方向，而在于给出关键的位置，如果你努力提高技术分析判断方向的技艺，基本上已经误入歧途了，因为你走了高投入、低产出路子。找出位置，才是技术分析的能力范围。技术分析流派，从江恩理论，到艾略特波浪理论、加特力波浪理论到混沌交易；从螺旋历法、行为金融学、金融几何学到金融易学 ，最后你发觉在面对判断市场上下时的作用确实不大，如果不认真思考这一点，大家再学再做三十年交易也不过尔尔。不信拭目以待。交易的最高机密也就这些，说出来也只有你真正到了这步才能深刻体会到其中的真正意义，所以我们不怕讲出来，因为注定大部分人都不会当回事，这很正常。如果某本交易方面的书籍里面没有出现类似的话只能证明书层次较低或者作者有所保留。

方向和位置是我们在这里要接着介绍的一对关键要素。**交易者在入门阶段往往全身心投入到“预测行情涨跌”的工作中，这就是对交易持仓方向的痴迷，这是一个陷阱，交易者如果始终专注于此的话就会失去成长的机会。**交易新手和交易老手在预测行情涨跌方面的能力基本一样，这有两个原因：第一，预测行情能力就技术分析而言是无法有效提高的，换句话说就是预测行情能力的学习收益是很低的；第二，交易的成败不取决于所谓预测方向的能力。进场和出场的位置相对于交易者而言更为重要，交易者往往可以通过出场来扩展正确方向持仓的利润，也可以通过出场来减小错误方向持仓的亏损，交易方向本身的地位大大降低了。**位置是交易者应该一开始就重视的因素，然后交易者可以逐步将注意力转向通过跟随市场方向，而不是预测市场方向来赢足行情。**具体而言，位置涉及仓位管理和交易策略，方向涉及交易对象和行情性质。方向对于交易者而言是一个更为明显的因素，属于阳，而位置对于交易者而言则是一个隐藏的因素，属于阴。但是，位置对于交易的影响更为深远，特别是短线交易者，如图12-1所示。

外汇的日内波动非常剧烈，特别是英镑兑美元等投机性较强的货币对，请看图12-2，这是英镑兑美元的5分钟走势图，两条竖线标注了一个小时的走势。从中可以发现市场的方向是如此多变，当日内短线交易者试图厘清市场的方向时，会变得非常被动和难以负担，因为方向每时每刻都在发生变化，**人类有限的认知能力根本无法承**

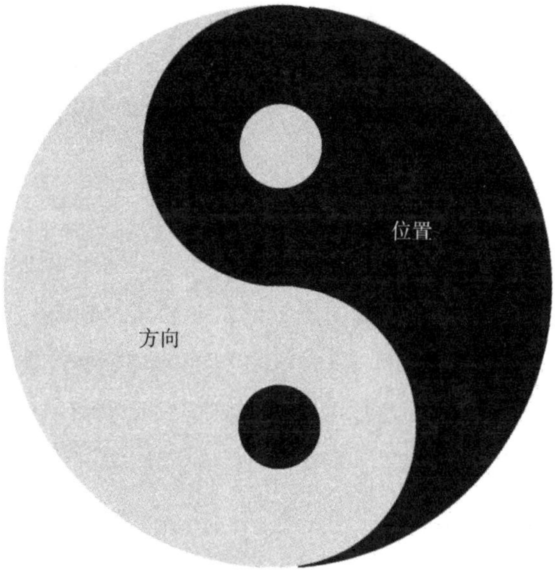

图 12–1 交易的二元性：方向和位置

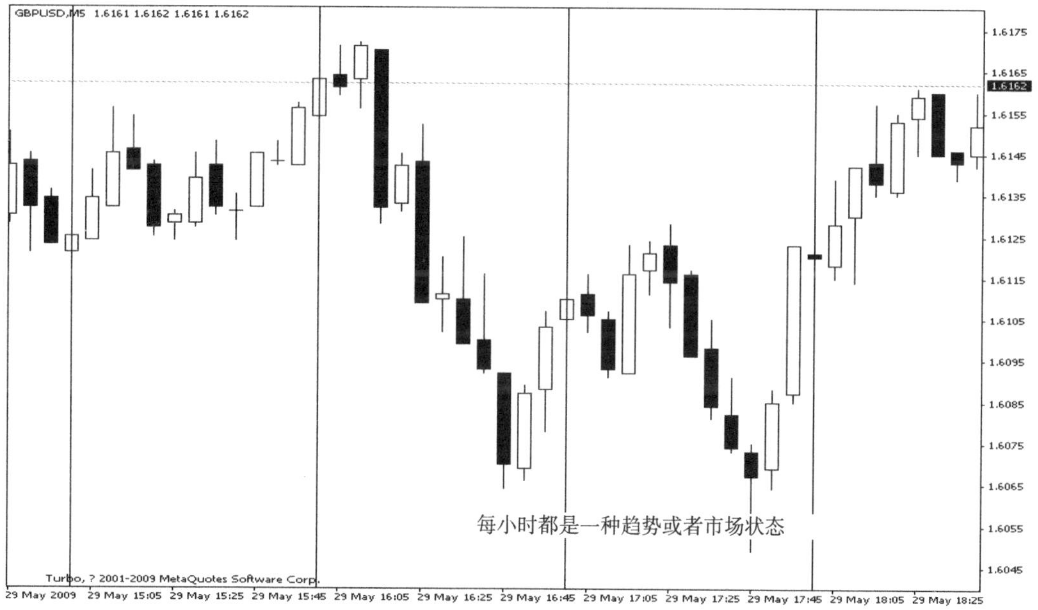

图 12–2 方向判断效能低下的重要原因：日内走势的多变性

担如此复杂的问题处理任务。方向的基本类型无非是上涨和下跌（绝对的横盘是极少的，可以忽略不计），但是由这两种基本类型构成的组合则数不胜数，所以一个看起来无非 50/50 的问题到了实际面对的时候却根本难以应付。相对于方向的

日内短线交易者的胜算率其实并不太高，原因在于行情很复杂，没有任何一个系统可以捕捉到绝大多数的行情。

多变而言，外汇日内交易设计的位置如此的显著，因为少数几个效率显著的支撑阻力位置可以被明显地识别出来，很多自动计算程序可以最有效地确认位置，比如我们在《黄金高胜算交易》中使用到的斐波那契混合轴心点系统，以及本课将要介绍的“整数框架系统”。

下面我们就介绍几种最为常用，也比较有效的位置确定技术。第一项技术是大名鼎鼎的轴心点系统，当然这个轴心点并非是杰西·利弗摩尔使用的那个轴心点，杰西的轴心点更多地接近今天的向上分形和向下分形，或者说波段高点和波段低点。轴心点指标很多，大同小异，甚至我们的 Camarilla 指标也可以看成是轴心点系统的变种。轴心点系统的运用非常简单，你只需要在 MT4.0 分析软件主图上分别叠加几个轴心点指标看看哪一个对历史走势的支撑阻力作用最为有效就可以采用这一具体的轴心点指标。

轴心点系统非常多，最普通的轴心点系统如图 12–3 所示，通过特定的计算公式，指标自动标注了一组阻力支撑线谱（R/S），对于这组线谱的四个主要用法分别是：第一个用法是作为见位进场点，比如当汇价跌至某一水平时做多，当汇价反弹到某一水平时做空。第二个用法是作为破位进场点，比如当汇价升破某一水平时做多，当汇价跌破某一水平时做空。第三个用法是作为跟进止损的参照基准，相当于后位出场的参照点。第四个用法是作为利润目标，相当于前位出场的参照点（结合蜡烛线形态则可以成为同位出场点）。这四种用法的前两种涉及进场，后两种涉及出场，如果你对所谓的见位进场和破位进场，以及后位出场和前位出场非常陌生，则可以参照本高级教程

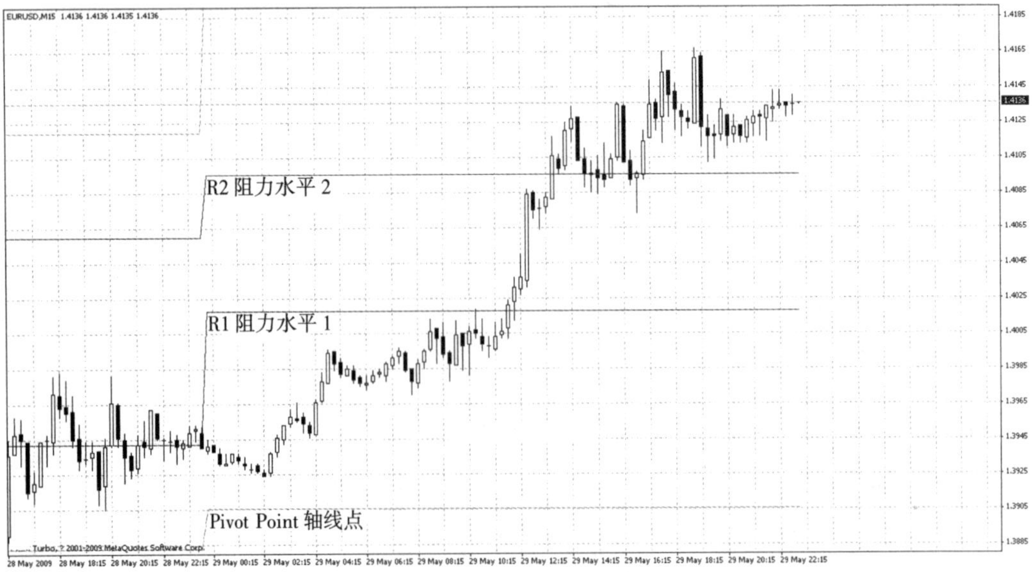

图 12–3　普通轴心点指标

的最后两课内容。轴心点线谱的计算公式我们就省略了，因为手工来算缺乏效率，你可以直接根据书后的官方下载指南免费获得普通轴心点指标，永久免费使用。普通轴心点指标线谱由 S1、S2、S3、PP、R1、R2、R3 构成，S 代表支撑水平，R 代表阻力水平，但是实际操作中一般不会作严格的区分。

除了普通的轴心点指标，还有其他类型的轴心点指标，有许多不同的类型，令人目不暇接，我们推荐使用的斐波那契混合轴心点指标，如图 12-4 所示。

图 12-4 斐波那契混合轴心点指标

当新的一天开盘的时候，**斐波那契混合轴心点指标将各水平自动标注出来，这些水平会成为日内走势波段的驻留点或者是反转点**。对于日内交易者而言，进场位置非常关键，特别是小资金交易者，因为他们经不起市场的较大幅度回调，无法承担较大的风险，进场之后必须在不回调或者是小幅回

指标提供了一种观察市场的角度，这个角度可以启发出你自己的角度，也可以把你引入歧途。如何理解市场是正确的途径呢？通过一系列角度得到各种现象和数据，然后试着提出一个假设来解释所有这一切。

调之后就开始朝预期方向发展，而斐波那契混合轴心点指标恰好能够提供这样的进场位置，同时斐波那契混合轴心点指标还能为日内交易者提供很好的出场目标点。毕竟外汇的日内走势反复程度较高，因此见位出场和前位出场具有一定的优势（关于见位出场和前位出场技巧的具体介绍，请学习本高级教程的最后两课）。斐波那契混合轴心点指标的具体计算方式大家可以不用去深究，到网站下载免费使用即可，我们的1小时黄金高胜算交易系统也曾提到过这一指标。当然，这一指标并不仅仅局限于黄金的1小时交易，通常而言，日内交易都可以很好地用到这一指标，它可以很快地帮助交易者“锚定”进场点和推断出场点。

上面已经提到了，斐波那契混合轴心点的使用主要集中在两个方面：进场和出场。斐波那契混合轴心点指标用于进场点确认是非常高效的技术，它可以为交易者厘清“势、位、态”三要素中的“位”要素，这是一项“定位”的高效技术，短线炒家必定受用无穷，将这项技术与整数关口指标叠加起来使用，则你几乎可以预先确定当日绝大多数反转点和驻留点（当然，如何去确认哪些价位最可能成为实际的反转点还需要蜡烛线形态的确认）。日内短线交易涉及的“势”（“势”就是趋势，方向不是趋势，方向是局部的，趋势是整体的，但是在日内短线实际交易中，短期趋势与动量密切，与方向也很难准确区分）往往很短，这体现了日内短线走势“飘忽不定”的一面，也从一个侧面彰显出“位”要素在日内短线交易中的重要价值。请看图12-5，这是英镑兑美元5分钟走势图，2009年5月29日这天的斐波那契混合轴心点水平已经被指标自动

图12-5 斐波那契混合轴心点指标的运用

标注出来，汇价从低点逐步上升然后回落到斐波那契混合轴心点水平 1.5937。如何确定当前的轴心点水平能够发生作用呢？一个较为及时和有效的方法是利用蜡烛线来确认，这套技巧是我们短线交易策略的重要组成部分，你可以复制到你的交易策略中，并加以实践和完善。在本例中，汇价在 1.5937 水平附近出现了看涨形态，具体而言是早晨之星的变异形态。看涨形态出现在轴心点水平附近，这就确认了该水平附近存在的支撑有效，于是交易者可以把握这一进场位置进行交易规划。

斐波那契混合轴心点指标用于厘清出场位置的用法基本与进场位置类似：在做多出场中，当汇价在轴心点水平附近出现了看跌形态时，平掉多头头寸的信号就出现了；在做空出场中，当汇价在轴心点水平附近出现了看涨形态时，平掉空头头寸的信号就出现了。在日内交易中，方向往往还没有位置更可靠，也更容易确认，对于交易的实际意义（而非理论意义）也更大，所以对于斐波那契混合轴心点指标这样一个高效的“定位”技术，我们一定要花心思去琢磨！

第二项技术是斐波那契线谱，主要是斐波那契回调线谱和斐波那契扩展线谱。斐波那契线谱无论是在股票市场，还是外汇市场，以及贵金属市场都具有极高的效力，但是目前中国国内关于斐波那契线谱运用的书籍非常少，在欧美交易界这方面的实用技巧也很少，基本停留在最原始的斐波那契线谱运用上，比如回调到 0.5 位置附近买入等，这些方法都无法解决“唯一性问题”，也就是说面对众多的斐波那契水平，不知道认定哪一条水平作为“进出加减”（“进出加减”就是仓位管理，包括进场、加仓、减仓和出场）的实际位置。**斐波那契线谱与轴心点线谱一样，是日内短线交易的利器，但是不少关于斐波那契交易的书籍都与实际运用需要相差甚远，斐波那契点位与艾略特波浪分析法一样沦为了行情发展后复盘的工具。**

下面我们扼要演示斐波那契线谱的“定位”用法，我们先来看斐波那契回调线谱的用法，请看图 12-6，这是英镑兑美元 5 分钟走势图，汇价从 A 点上升到 B 点，然后汇价出现了回调，并在 0.382 水平到 0.618 水平之间出现了一些看涨的蜡烛线形态（见图中圈注所示），这就是“态”确定了某一潜在的位置，交易者可以选择在此位置进场做多。日内交易中方向变化多端，通过精心地选择进场位置和出场位置，可以很好地规避风险，锁定盈利。

我们再来看一个斐波那契回调线谱的使用实例，请看图 12-7，这也是美元兑英镑的 5 分钟走势图。汇价从 A 点下跌到 B 点，然后出现了反弹，反弹到 0.618 到 0.382 水平区域出现了黄昏之星，这是一个看跌反转形态，这个位置就被确认为做空进场的有效点，或者是做多出场的有效点。

图 12-6　斐波那契回调线谱的使用（1）

图 12-7　斐波那契回调线谱的使用（2）

在传统斐波那契交易者那里，斐波那契回调线谱一般用于进场，用于出场操作的则是斐波那契扩展线谱。斐波那契回调线谱依据同处一个区间的价位来定位现在的价位，而斐波那契扩展线谱则是利用更低或者更高区间的价位来定位现在的价位。在艾略特波浪理论中，斐波那契回调水平用于定位调整浪，斐波那契扩展水平用于定位推动浪。但是，**调整浪由于驱动力量不够所以往往受制于斐波那契回调水平，而推动浪**

则往往由于驱动力量充足而不断突破斐波那契扩展水平。根据我们自己和同行的交易经验，可以发现艾略特波浪理论的最大误用有三种情况：第一种情况是将艾略特波浪理论当作预测工具而不是交易工具；第二种情况是逆着趋势去抓调整浪的行情，而不是利用调整浪进场抓推动浪的行情；第三种情况是不断利用斐波那契扩展水平来“限定”推动浪的终点。

如果仅仅根据价格达到某一水平的斐波那契扩展点位就断定行情就此结束是非常鲁莽的，我们往往需要借助某些有效的工具去降低这种误判的概率。**在实际外汇操作中，蜡烛线形态是一个比较有效的确认工具，而在实际股票操作中，成交量和蜡烛线可以叠加起来构成更为有效的确认工具，**这是我们在《解套绝招：斐波那契四度操作法》中采用的策略，当然分时图走势和盘口也能够为交易者确认日线走势上的有效斐波那契点位提供方便，这里面有很复杂的要点涉及实际操作，很难在本课把它一一演示出来，不过大家可以循着我们透露的思路去琢磨具体的运用。

趋势排第一位，位置排第二位，形态排第三位。形态是局部信息，要与整体结合起来理解才能被正确解读，否则你会看到很多虚假信号。

下面我们来演示一下在外汇短线交易中，我们如何利用斐波那契扩展线谱。请看图 12-8，汇价从 A 点上升到 B 点，然后出现了回调，回调到 C 点出现了止跌回升，假定交易者在此之前进场，单单根据斐波那契扩展线谱结合蜡烛线来确定出场点。以 AB 段为单位 1，以 C 点为扩展起点（也就是 0 点），得到扩展线谱（这个线谱的具体点位构成由交易者自己来确定，但是 0.618 和 1.618 等点位一般是必不可少的）。最终汇价在 1 倍扩展点位处出现了黄昏之星，于是出场点出现了。本例中，“定位”其实分为两步，第一步利用斐波那契扩展线谱，第二步利用蜡烛线形态。

我们再来看一个例子，请看图 12-9，英镑兑美元从 A 点下跌到 B 点，然后小幅反弹到 C 点，以 AB 段为单位 1，以 C 点为斐波那契扩展起点，此后等待汇价触及某一斐波那契扩展点位出现蜡烛线反转形态。本例中，汇价触及 0.764 水平时出现了早晨之星（0.764 是英镑日内走势中效率最高的斐波那

图 12-8　斐波那契扩展线谱的使用（1）

图 12-9　斐波那契扩展线谱的使用（2）

契点位，而早晨之星和黄昏之星以及看涨吞没和看跌吞没则是英镑日内走势中研判效率最高的蜡烛线形态），于是交易者可以选择这点出场。

第三项技术是前期显著高低点技术，当然其中也包括前期成交密集区，这里涉及“敛散对称性原理”，这个原理看似简单，但是对于交易者的效用非常大。前期波段的极端价位也是确定“位”的有效手段，请看图 12-10。前期高点 A 可以作为交易者此后研判行情和进出场的参照点，在此后的汇价运动中，B 点和 C 点反映出了 A 点价格水平的阻力作用，D 点则表明了市场打开上升空间的意愿。

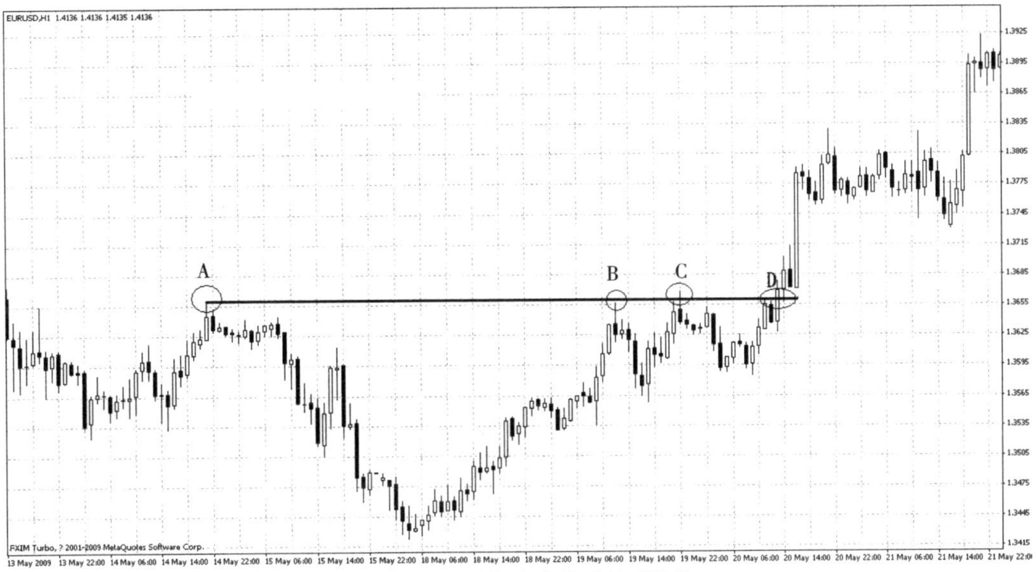

图 12-10 前期高点构成的“位”

除了前期高点之外，前期低点也能够作为比较重要的日内交易位置，在日内交易中所谓做多的方向判断在大多数情况下都不如一个强劲的支撑位置有意义，因为方向往往会让交易者找不着北，而支撑位置则不会如此。请看图 12-11，这是欧元兑美元 1

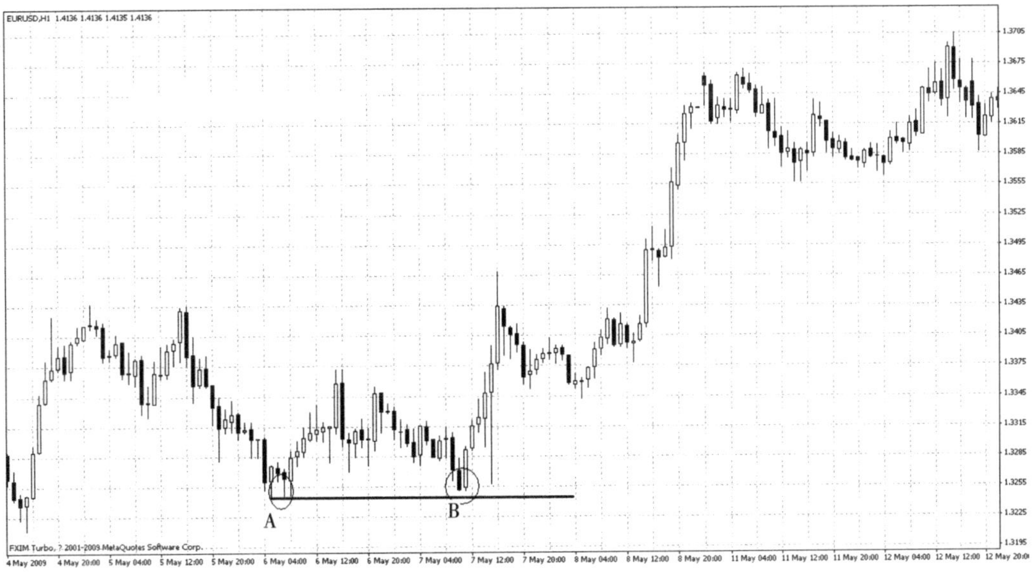

图 12-11 前期低点构成的“位”

小时走势图，汇价在 A 点附近构成阶段性底部，然后上扬，之后再度跌到 A 点附近，这样在 B 点就对价格形成了支撑，交易者可以根据价格形态和市场情绪的变化来确认 B 点处的支撑力度，A 点为此后的交易者提供了“定位”基准。

前期高点和前期低点往往与驱动因素的极端情况对应，所以交易者往往可以通过把握市场预期的转折或者是数据价值的完全兑现来等价地把握高点和低点。这些价格上的极值与基本因素的极端变化对应，就日内交易而言，则**价格上的极值与心理因素的极端变化对应，当汇价再次来到这些极值附近的时候，交易者就可以以此极值本身和涉及的基本因素和心理因素作为“温度计”，或者说“参照系”。**

价格极端值对应的基本面背景是什么？能不能突破看的就是现在的基本面是不是已经大幅偏离这一背景。

高点和低点表征了市场处于失衡状态，类似于索罗斯的“主流偏向”的衰竭点，而成交密集区则表征了市场处于均衡状态，当然这里的均衡和失衡都是暂时的，是相对的。**前期成交密集区也为交易者提供了研判市场热度和驱动力度的“温度计”或者说“参照系”。**当汇价再次来到此前成交密集区附近的价位区间时，交易者可以通过观察两者相对的价格表现、心理状况和基本状况来确定市场当下的状态，这个状态可以看成是市场驱动力量的强弱，也可以是市场热度的高低，还可以是市场目前所处的“位置”。请看图 12-12，汇价从 1.3575 附近逐步上涨，然后在 1.3815 到 1.3755 附近形成横盘震荡区域了。当汇价再次回到这一区域的时候，你可以对比两次来到此区域时的市场情绪有什么差异，基本面有什么差异，这种差异主要是力度和强度上的比较。

敛散对称性原理是市场发展的一个客观规律，对于日内交易者而言，它提供了一张未来行情的路线图，这张路线图将告诉你市场如果朝某一方向发展，在哪些价位区域会比较顺利，在哪些价位区域会出现反复，这样就使得交易者能够更好地利用历史去把握未来，这种把握不是预测，而是提供一个研判的基准。所谓敛散对称性原理是指：**市场在近期成交密集区对应的价格区域倾向于继续出现成交密集区，在近**

期成交稀疏区对应的价格区域倾向于继续出现成交稀疏区。收敛区域集中出现于同一价位区域，发散区域集中出现于同一价位区域。请看图 12-13，这是欧元兑美元 1 小时走势图。

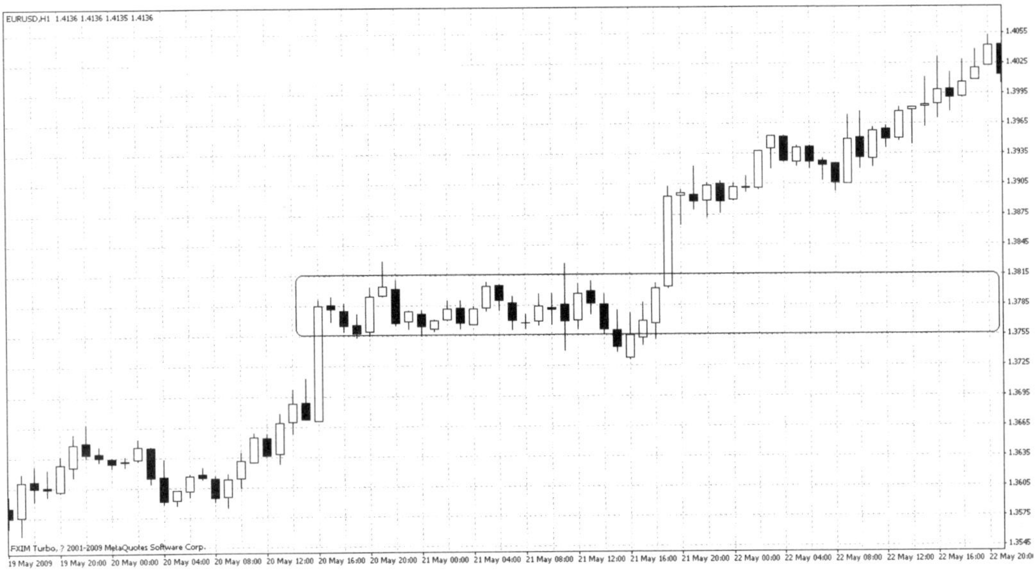

图 12-12　前期成交密集区构成的“位区”

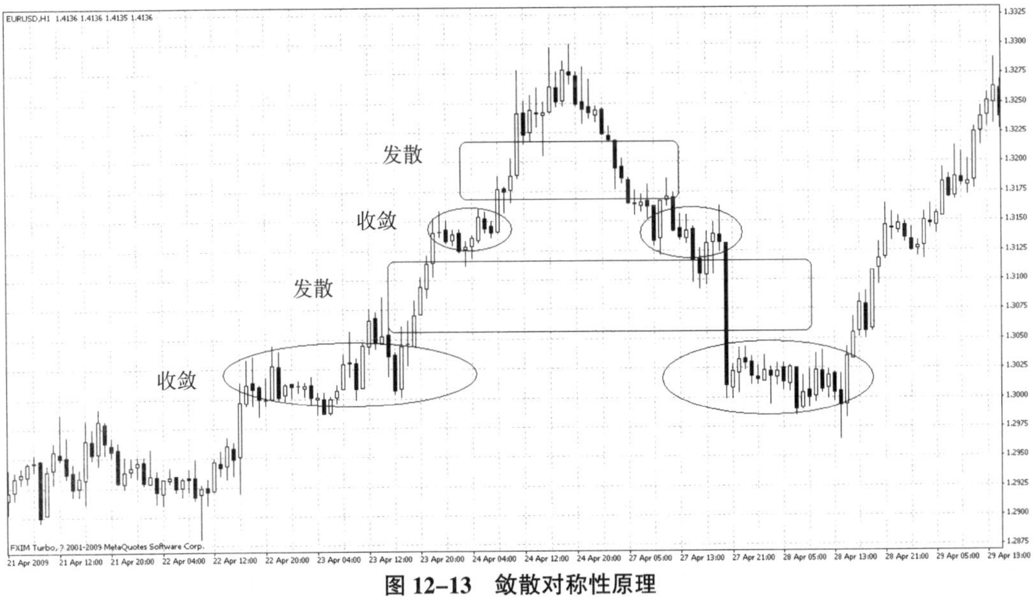

图 12-13　敛散对称性原理

敛散对称性原理有什么意义，对于日内交易者而言，会让他们对即将出现的调整有心理上的准备，毕竟一旦价格进入成交密集区，则无论方向是否继续都会面临或大或小的调整，交易者如果判断方向会继续下去，则在敛散对称性原理的帮助下可以更加轻松地渡过难关。敛散对称性原理涉及敛散二元分析，涉及成交密集区和成交稀疏区，这些知识点的详细解释请参照《黄金高胜算交易》的第一章内容“形态敛散分散理论”。

第四项技术是整数框架技术。这也是我们本课重点介绍的位置识别技术，毕竟前三项技术在我们的《外汇交易进阶》、《外汇交易圣经》、《黄金高胜算交易》和《外汇交易中的波浪理论与实践》中已经有了较为详细和深入的传授，而第四项技术则是效率很高，但使用者很少的技术。**整数框架技术之所以有效是因为主流资金的交易计划都是从整数位置展开的，一般都是在以50和00结尾的关口执行交易的，**这涉及人的天性和效率习惯。整数框架技术的原理很简单，就是当收盘价突破整数关口5点以上时介入（最好的情况下，当时介入的价位除去点差必须在整数关口价位加减10点以上，但是不能超过20点）。一般盈利出场都是等价格触及对面的第一整数关口就出场，或者是等价格收盘跌破进场整数关口超过5点止损，所有分析和交易都在5分钟走势图上完成，所谓收盘价也是基于5分钟的收盘价。这里需要注意的一点是，向上突破被确认有效的这根K线必须是阳线，向下突破被确认有效的这根K线必须是阴线，也就是说，阳线收盘价升破整数关口超过5点进场做多（或者止损空头头寸），阴线收盘价跌破整数关口超过5点进场做空（或者止损多头头寸）。一般来说止损不能超过50点，这主要是预防数据行情引致的爆发走势。另外，为了避免行情的反复，在实际交易中可以融入“盈亏平衡点止损”，下面的简单例子中就省略掉这一策略了。

请看图12-14，汇价从1.4055附近下跌，第一根跌破1.4000关口的价格线的收盘价是1.3997（也就是图中的A点），达不到我们“收盘价至少突破整数关口5点”的要求，于是我们等待下一根价格线。第二根阴线以1.3988收盘（也就是图中的B点），这根阴线收盘价已经跌穿了整数关口超过5点，符合了进场做空的条件，于是交易者在此根K线之后的一根价格线开盘时进场做空，也就是图中的C点，止损很简单就是当汇价反方向满足做多进场条件的时候反转仓位（当汇价以阳线突破1.4000关口超过5点时了结空头，并建立多头头寸）。此笔空单触及1.3950时兑现利润（一般需要采用挂单来兑现利润，因为很多情况下价格都是快速触及整数关口一次，采用临场出场往往来不及）。出场之后，汇价有反复，但是阳线并没有自上而下地贯穿1.3950，所以不能作为进场做多的信号。不久之后汇价以一根阴线继续下跌，收盘价为1.3949，达不到我们“收盘价至少突破整数关口5点”的要求，所以也不能在D点附近继续做空。

不久之后，汇价以一根阳线自下而上贯穿 1.3950，收盘于 1.3965，也就是 E 点，满足了“收盘价至少突破整数关口 5 点”的要求，于是交易者应该在 F 点附近进场做多。

图 12–14　初级整数框架交易策略演示（1）

在 F 点进场之后，交易者要么等待汇价以阴线收盘跌破 1.3950 超过 5 点，要么等待汇价向上触及 1.4000 兑现盈利出场，最后汇价在 G 点触及 1.4000，交易者应该了结多头头寸，如图 12–15 所示。此后汇价以阴线跌破 1.4000，以 1.3987 收盘，也就是图

图 12–15　初级整数框架交易策略演示（2）

中的 H 点，这满足了“收盘价至少突破整数关口 5 点”的要求，于是交易者在下一根 K 线开盘时介入做空，也就是图中的 I 点附近。进场之后不久，汇价再次跌到 1.3950，于是此前的空头头寸获利了结。汇价以一根阴线跌破 1.3950，收盘于 1.3949，也就是图中的 J 点，不满足“收盘价至少突破整数关口 5 点”的要求，于是交易者需要等待下一根 K 线的信号。

汇价以第二根 K 线自上而下贯穿 1.3950，收盘于 1.3934，也就是图 12-16 中的 K 点，这满足了“收盘价至少突破整数关口 5 点”的要求，于是交易者可以在下一根 K 线开盘时介入做空，也就是图中的 L 点。此后，汇价在 1.3950 附近反复运动，最终下跌触及 1.3900，于是交易者了结空头获利而出。在了结获利不久，汇价以一根阳线自下而上贯穿 1.3900，收盘于 1.3909，满足了“收盘价至少突破整数关口 5 点”的要求，于是交易者进场做多，止损就是在 1.3900 附近反向建仓的信号。此后，汇价未能如预期一般上行，而是转而以一根阴线自上而下贯穿 1.3900，收盘价位于 N 点，并不满足“收盘价至少突破整数关口 5 点”的要求，于是等待下一根 K 线的表现，接着汇价再以阴线自上而下贯穿 1.3900，收盘于 1.3891，也就是图中的 O 点，这满足了“收盘价至少突破整数关口 5 点”的要求，于是交易者在图 12-17 的 P 点附近进场做空。

图 12-16　初级整数框架交易策略演示（3）

如图 12-17 所示，在 P 点进场做空之后，汇价未能触及利润目标 1.3850，而是回过头来向上突破了 1.3900，以一根阳线自下而上贯穿 1.3900，收盘于 1.3906 的 Q 点，这满足了“收盘价至少突破整数关口 5 点”的要求，于是交易者在接下来的一根 K 线开盘时介入做多（同时了结空头），也就是 R 点附近。此后汇价再度出现反复，以一根阴线自上而下贯穿 1.3900，收盘于 1.3892，也就是图中的 S 点，满足了“收盘价至少突破整数关口 5 点”的要求，于是交易者进场做空（同时了结多头），进场点为 T。但是，行情又迅速反复，以一根阳线自下而上贯穿 1.3900，收盘于 1.3905，也就是图中的 U 点，基本符合“收盘价至少突破整数关口 5 点”的要求，于是交易者在 V 点进场做多（同时了结空头头寸），此后汇价一路上扬到 1.3950，于是交易者了结多头。不久汇价以一根阳线自下而上贯穿 1.3950，并以 1.3970 收盘，也就是图中的 X 点，这种情况下突破整数关口已经超过 20 点，一般我们是不介入的，此后汇价在 Y 点的开盘也并没有回落到 20 点以内，所以我们不作介入。

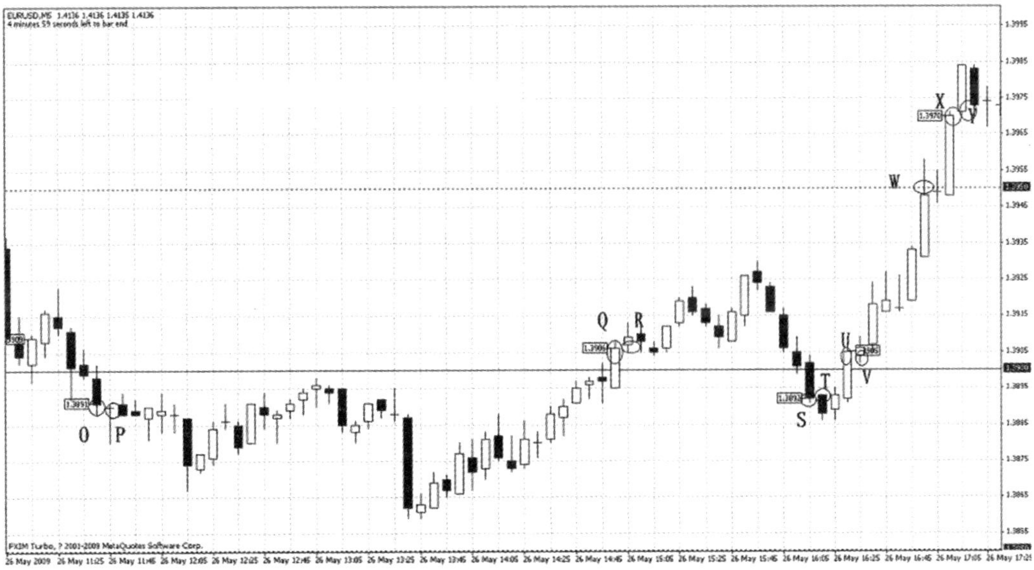

图 12–17　初级整数框架交易策略演示（4）

自动标注 50 和 00 整数关口的 MT4.0 指标请按照附录下载指南到相关网站免费下载永久使用。**初级整数框架交易策略没有利用盈亏平衡点止损和跟进止损，所以会回吐很多利**

这个框架也是纯技术的策略，属于守株待兔策略，市场给多少利润，自己拿多少利润。

润，也就是说这个策略忽略了后位出场技巧和同位出场技巧，如果能够很好地融入这些技巧，则该策略可以带来更丰厚的利润，通过阅读和掌握本教程最后两课的技巧，读者能够最终实现这一目标，打造属于自己的“升级版整数框架交易策略”。

【开放式思考题】

在研读完第十二课的内容之后，可以进一步思考下列问题。虽然这些问题并没有固定的标准答案，但能够启发思考，跳出来看某些观点。

1. 本课提到“找出位置，才是技术分析的能力范围”。那么，趋势是不是技术分析的能力范围呢?

提示：预判趋势绝不是技术分析的能力范围，确认趋势是技术分析的能力范围。

2. 本课提到“位置是交易者应该一来就重视的因素，然后交易者可以逐步把注意力转向通过跟随市场方向，而不是预测市场方向来赢足行情”。有了位置判断，就可以不管趋势了吗?

提示：位置决定时机，操作方向还是要通过预判或者假设来确定。如果实在对趋势判断无从下手，可以利用均线或者更高级的时间框架来判断。

【进一步学习和运用指南】

1. 列出你所知道的确定点位的具体方法，每种方法积累起30个以上案例，进行统计，看什么方法最有效，什么方法效果最差。

2. 思考一下点位与进场点和出场点的具体关系。

第十三课

让形态在你的大脑烙印：从实际走势中熟悉形态

"少数派"形态是投机客成功的关键！

——Martin Taylor

在投资界浸淫的时间越长，我对事物的基本周期越重视……我们有信心把握住的概念有两个：多数事物都是周期性的，当别人忘记第一点时某些最大的盈亏机会就会到来。

——Howard Marks

不要将复盘得出的文档放在自己再也不会看一眼的地方，而是一旦通过复盘得出新的观点和规律，就要添加到复盘文档中去，应用到自己的工作中。

——陈中

每个人都有不同的性格特点，这将产生不同类型的交易总结。但是你必须要找到一种为自己做交易总结最合适的方式。做交易总结的过程有助于你消化掉这些交易，这将大幅提高你的表现。否则，你的交易成绩不会取得进步。

——Mike Bellafiore

交易者的成功是建立在潜意识支持基础上的，如果你无法说服潜意识，则你无法取得成功，那么与潜意识沟通需要遵循哪些具体的原则呢？我们在前面的课程已经提到了一些，具体是四项原则：放松、想象、暗示和重复。在本课我们着重介绍重复原则对于交易者水平提高的重要意义，我们这里以一些常见的图形为例示范如何利用重复原则（更为重要的是让一些先前你未曾听过的有关具体形态的有效观念深入你的潜意识，引起你对固有观念的挑战，挑战"技术分析的原教旨主义"），当然，**你需要总结一些自己的"秘密形态"，大众熟悉的形态只能在较大的时间框架上和流动性很大的**

市场在不断地进化，市场具有学习能力。

金融交易品种上维持其有效性。如果你在外汇市场上利用日以上周期熟悉形态来甄别市场一般还是比较有效的，也就是说规模越大的形态有效性越强。

在本课我们会结合真实走势来加强对一些经典形态的掌握，这里的掌握是为了沟通你的潜意识，让你的主观性读盘能力变得更加本能化，提高“盘感”，最终将“盘感”结合到你的交易策略中，形成“直觉—逻辑”类型的分析方法，也就是先以直觉找出可能的行情发展，然后以逻辑来深入分析其概率特征，进而制定更好的交易策略。

形态对应的基本面背景是什么？形态形成过程对应了怎样的博弈过程？

在形态的讲解中最容易被忽视的问题有三个：第一个问题是这个形态提出的各种可能发展情景的概率各是多少，这就是从统计角度看形态；第二个问题是如何具体交易这个形态，具体而言就是在什么位置进场，什么位置设定停损，以及如何出场，说白了就是机会结构的具体操作问题，许多交易方面的书籍在谈到形态的时候往往忽略了这一最重要的问题；第三个问题是绝大多数讲解形态的书籍没有提供背后的心理基础，这就违背了形态分析有效的基础，形态是可变的，其背后的心理意义才是重点，**“透过现象看本质，通过形态看心理”，如果你从这个角度去看技术分析，你才大有长进。形态学习的三个重点是：统计意义、操作步骤和心理意义，忽视了任何一者，你都会得不偿失。**形态的统计特征我们很难提供给你，原因有四个：第一个原因是形态本身很难定量化，这使得统计起来比较困难，所以往往依赖于“模糊数学”思维；第二个原因是交易者对形态的定义存在差异，两个人提到的“旗形”往往存在差异，很多时候“肉眼决定了形态”，这使得“仁者见仁智者见智效应”在形态甄别方面起着很重要的作用；第三个原因是形态的统计特征会随着时间框架的不同而存在不同；第四个原因是形态的统计特征往往具有相对的稳定性，这使得统计工作必须随时进行移动更新。各种形态的进场和出场策略大家可以参考其他书，重点学习本教程的最后两课。

蜡烛线方面的形态，我们在其他几本书当中有相当扼要的介绍，在本课当中我们着重介绍一下西方技术分析形态不为人知的一面，当你将大家忽略的关键点烂熟于心的时候你就开始步入真正的外汇当冲高手之列了（当冲就是当日冲销的交易，也称为日内交易，也就是“Daytrading”），**高手绝不是把大家都在做的策略做得更好，而是找到大家忽略的有效策略去实施。**

自己如何找到别人忽略的有效策略？坚持每日复盘是非常重要的工作。

西方技术界分析习惯利用竹节线，像 Martin 这样的西方交易者也是在近几年才转到蜡烛线的使用的。西方技术分析注重四价关系（具体而言就是开盘价、最高价、最低价和收盘价的关系），但是四价中开盘价处于较次要的地位。请看图 13-1，西方的竹节线与东方的蜡烛线一样虽然表征了局部的抽象市场情绪和力量对比，但是也逃脱不了“虚假信号”的藩篱，所以往往需要查看更小时间结构下的走势来验证某一竹节线信号的“可靠性”，这就是技术分析中的“下切求证”。

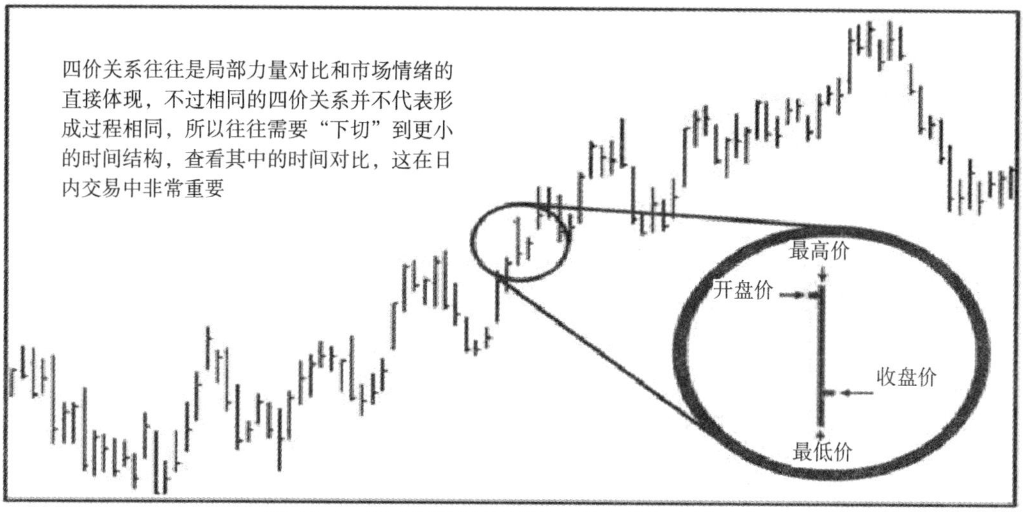
四价关系往往是局部力量对比和市场情绪的直接体现，不过相同的四价关系并不代表形成过程相同，所以往往需要“下切”到更小的时间结构，查看其中的时间对比，这在日内交易中非常重要
最高价
开盘价
收盘价
最低价

图 13-1 西方四价线表征的市场心理和力量对比

不少交易新手将蜡烛线的一些形态“奉若神明”，认为这些形态可以预测市场未来的走势，这就大错特错了，蜡烛线表明了市场当下的力量对比和市场情绪，告诉交易者当下的情况，告诉交易者市场的局部情况，而不是整体。我们本课

主要介绍西方技术形态一些被大众遗漏的要点，但是这里也随带介绍下大众关于蜡烛线的一些“盲点”。请看图 13-2，蜡烛线，简称为 K 线，其与竹节线的要素一样，也是四价关系，但是却比西方竹节线的判市效率更高，是我们经常采用的“态”指标，用来确认某些关键位置，具体而言就是阻力水平或者是支撑水平是否有效。**为什么蜡烛线这么有效，其中一个关键的原因就是其贯穿了“二元对立统一原理”。**交易者从蜡烛线上能学到的东西有两点：第一，学会将蜡烛线纳入到整体分析中，以趋势和位置来驾驭蜡烛线，千万不要向往“一叶知秋，窥一斑而知全豹”；第二，要将“二元对立统一原理”扩展到交易的其他领域，比如趋势分析、仓位管理等，这才是我们从蜡烛线理论当中学到的最有用的一点。一般的蜡烛线理论都谈的是模仿和复制，你要做的是迁移和超越，按照一般的蜡烛线理论学习思路，你就成一般人了！市场中的人和人的情绪，乃至交易本身都是二元的，你把握这个根本特点才能剔除一切复杂而无用的理论。

技术分析本身具有二元性，比如趋势指标和震荡指标，阴线和阳线，而且这种二元性在技术分析中是不可调和的，只有通过基本分析才能超越这种二元性。

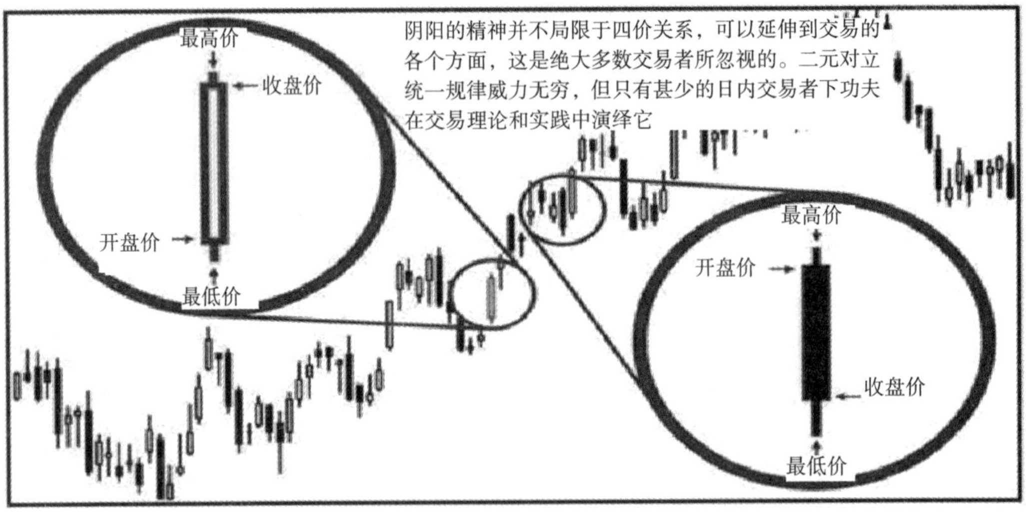

图 13-2 市场情绪和机制的全息：二元对立统一规律的推演

书上写的趋势往往是行情走完之后画出来的趋势，这远离了交易的实际，虽然完美，虽然让读者心动，但是对于实际交易，对于利润增长又有什么用处呢？请看图 13-3 和图

13-4。“方向就是趋势，趋势就是方向”这种观念使得许多人从事股票和期货以及外汇交易多年后仍旧糊糊涂涂。**方向是局部的，趋势是整体的。方向是持仓时要设定的两个要素之一，另外一个要素是位置，而趋势则是交易分析的时候要假定的一个要素。**技术手段，也就是行为分析往往只能表明和确认，以及跟随趋势，最终的目标是帮助交易者管理仓位，趋势的预测并不在技术分析的能力范围之内，但是许多人并没有认识到这一点。虽然我们对于斐波那契交易法有全面和独特、有效的认识和掌握，并作出一些非常贴近交易实践需要的创新，但是我们绝对不会像某些江恩理论和艾略特理论的崇拜者那样去预测市场。**我们感谢这些理论提醒了我们某些关键位置的存在，但是我们并不在市场走到那里之前就盲目认可这些位置的有效性。**

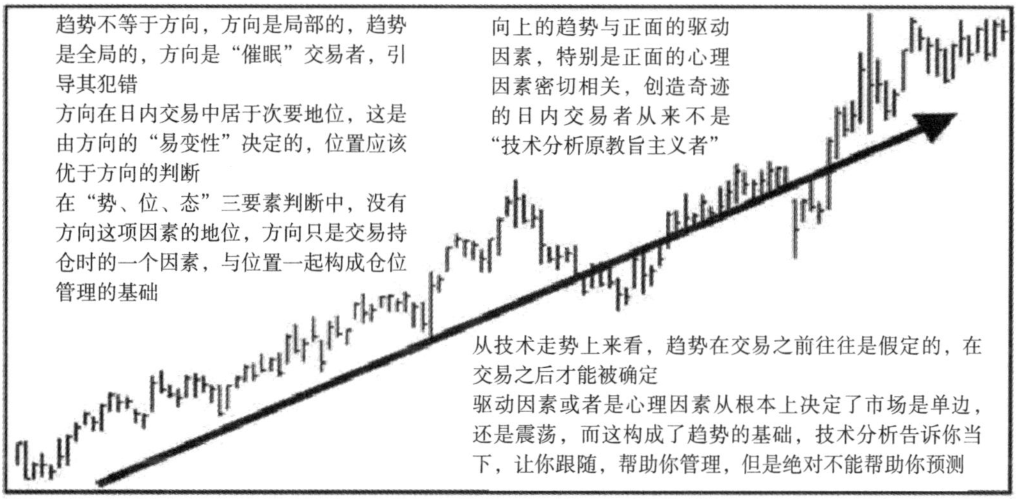

图 13-3 上升趋势在实际交易中的含义

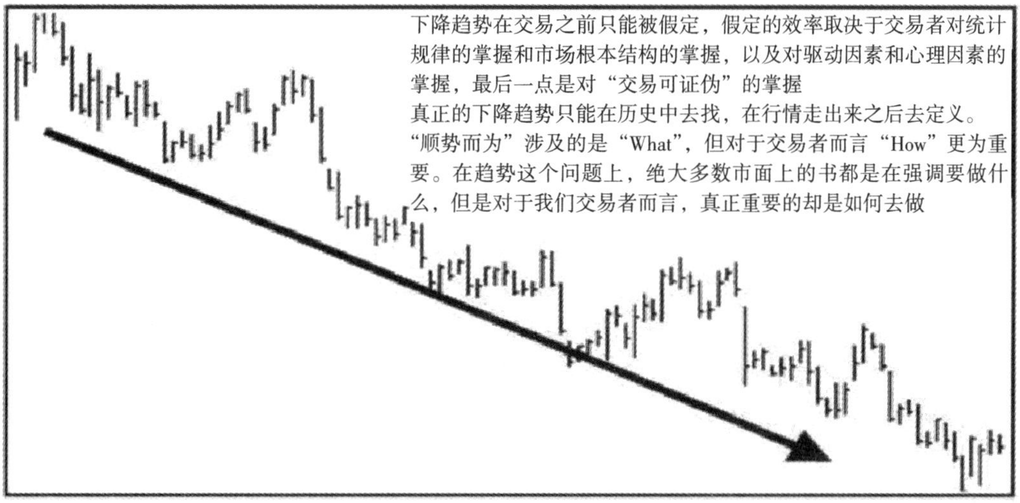

图 13-4 下降趋势在实际交易中的含义

趋势线沦为了趋势预测工具，这简直是技术分析界的最大笑话，如果市场能够在绝大多数时候按照交易者画出的斜边趋势线来运动，那么这个市场就不会存在亏损者了，相信上升趋势线和下降趋势线的预测功能就等于相信市场永远都是直线运动的！请看图13-5和图13-6，我们认为趋势线是管理仓位的工具，主要是用于设定止损点，而不是一个预测工具。

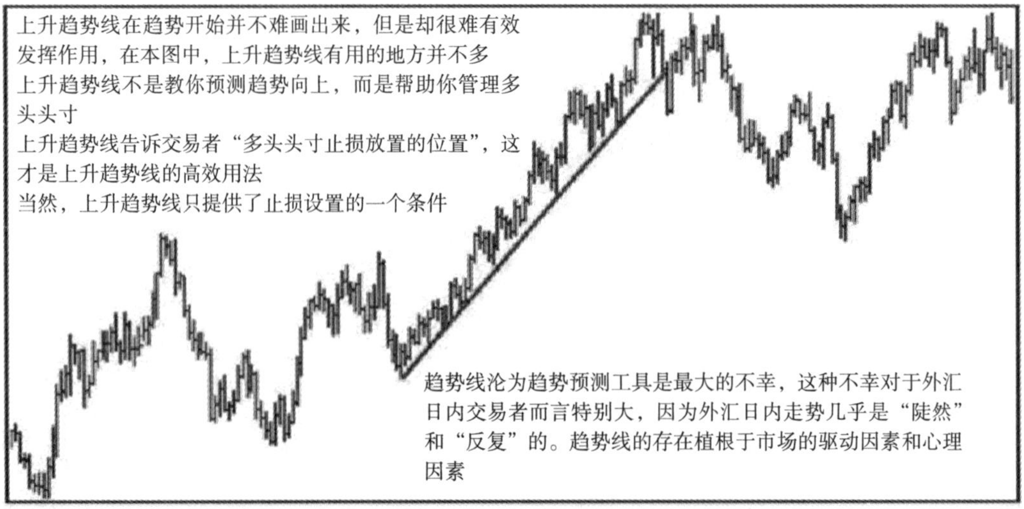

图13-5 上升趋势线作为多头仓位管理工具，而非预测工具

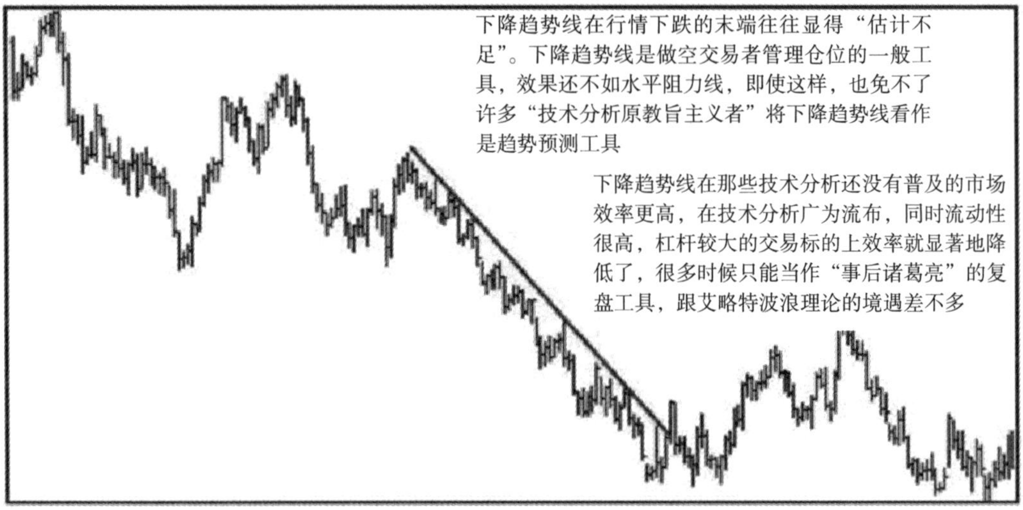

图13-6 下降趋势线作为空头仓位管理工具，而非预测工具

趋势信道在“行情走完之后”来看是非常神奇的一项工具，这种马后炮的做法往往使得交易者迷信趋势信道的力量，但是他们往往忽略了这样一个事实：**趋势信道在**

大部分情况下都不灵，这使得交易者很难利用其有效时间来赚取充足的利润以抵补其无效时间带来的亏损。如图 13-7 所示，趋势信道让交易者变得“单纯”，但是市场并不单纯。趋势信道如果仅仅是一个表征当下趋势的工具，那还不会造成大的危害，但是现在市面上的书都在大讲特讲所谓的趋势信道如何“框定市场走势”，这使得绝大多数交易者都中了“流毒”！当然，绝大多数交易者成了“僵尸人脑”正是市场的本意，这也构成了少数交易者盈利的前提。

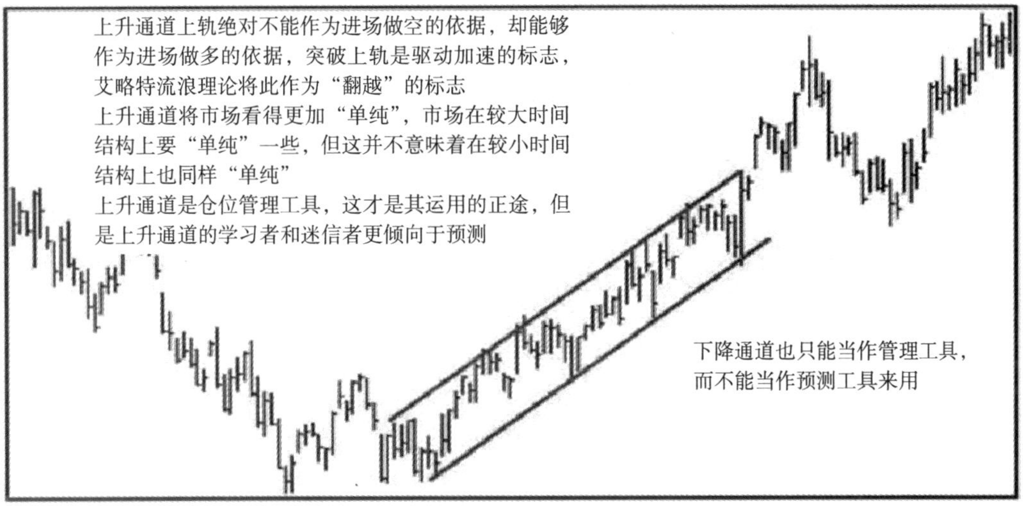
上升通道上轨绝对不能作为进场做空的依据，却能够作为进场做多的依据，突破上轨是驱动加速的标志，艾略特流浪理论将此作为“翻越”的标志
上升通道将市场看得更加“单纯”，市场在较大时间结构上要“单纯”一些，但这并不意味着在较小时间结构上也同样“单纯”
上升通道是仓位管理工具，这才是其运用的正途，但是上升通道的学习者和迷信者更倾向于预测
下降通道也只能当作管理工具，而不能当作预测工具来用

图 13-7　趋势通道面临的效率比趋势线还差

震荡区域何时突破，向哪一方突破是交易者十分关心的问题，请看图 13-8。要想搞清楚何时和向何方突破的问题，就必须搞清楚震荡区域形成的三个原因。震荡区域理论上应该高抛低吸，不设止损，只设定“止盈”就可以稳定获利的，但实际操作中却存在不少困难：第一，你无法准确预测市场由震荡到单边的震荡，这就使得不设止损，只设定“止盈”的做法非常危险；第二，震荡区域并不一定是收敛三角状和规则矩形的，有时候会是喇叭形和不规则矩形，这就使得操作变得困难，加之有时候波动幅度相当有限，这就使得持仓的情绪受到极大考验，同时也非常容易在盈亏平衡点上摇摆，这就是“食之无味，弃之可惜”的鸡肋行情。

震荡走势要么是因为基本面胶着，要么因为没有主力资金。

传统的西方技术形态当中其实暗含了很多艾略特波浪理论和斐波那契交易策略的思想和技巧，艾略特波浪形态其实可以很好地整合西方技术形态，但是因为艾略特波浪形态的普遍化存在现实困难，所以这种整合对于日常交易的实际价值不是很大。西方技术形态当中的中继调整形态往往是艾略特波浪的 2 浪和 4 浪，比如 2 浪或者 4 浪就经常以旗形面貌出现，请看图 13-9。在学习西方技术形态时最好结合波浪理论来学习，比如旗形，它的度量规则其实与斐波那契交易法，以及艾略特波浪理论类似。

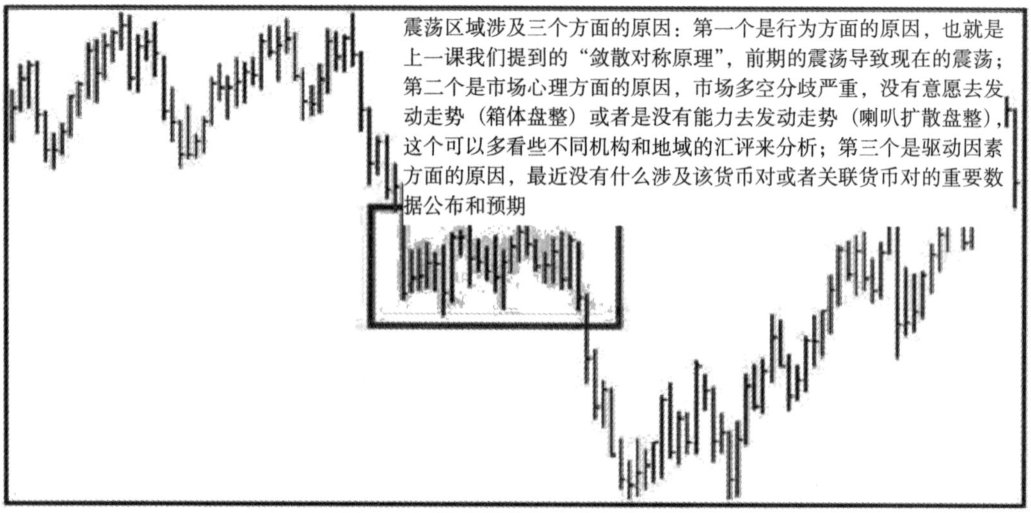
震荡区域涉及三个方面的原因：第一个是行为方面的原因，也就是上一课我们提到的“敛散对称原理”，前期的震荡导致现在的震荡；第二个是市场心理方面的原因，市场多空分歧严重，没有意愿去发动走势（箱体盘整）或者是没有能力去发动走势（喇叭扩散盘整），这个可以多看些不同机构和地域的汇评来分析；第三个是驱动因素方面的原因，最近没有什么涉及该货币对或者关联货币对的重要数据公布和预期

图 13-8 导致震荡的三个层次因素

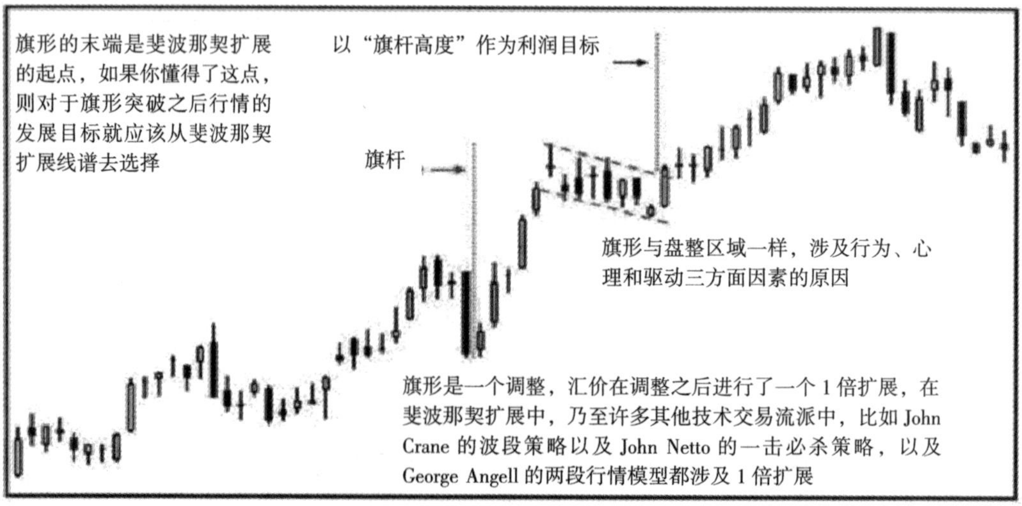
旗形的末端是斐波那契扩展的起点，如果你懂得了这点，则对于旗形突破之后行情的发展目标就应该从斐波那契扩展线谱去选择
以“旗杆高度”作为利润目标
旗杆
旗形与盘整区域一样，涉及行为、心理和驱动三方面因素的原因
旗形是一个调整，汇价在调整之后进行了一个 1 倍扩展，在斐波那契扩展中，乃至许多其他技术交易流派中，比如 John Crane 的波段策略以及 John Netto 的一击必杀策略，以及 George Angell 的两段行情模型都涉及 1 倍扩展

图 13-9 旗形中暗含的 1 倍扩展规则

调整形态分为两种：第一种是假定上的，这是交易决策时界定的，是一种概率上

的观点；第二种是事实上的，这是行情走完之后界定的。我们平时看西方技术形态的书看到的都是后面一种“事实上的调整形态”，但是在运用过程中我们都是在交易“假定上的调整形态”，两者并不等价，所以大多数人都是在照着不符合交易实际的模式去从事交易，请看图 13-10。作为一个交易者我们应该努力去思考“假定的形态”如何交易，而不是像教科书撰写者一样去思考“事实的形态”能够带来多大的利润。

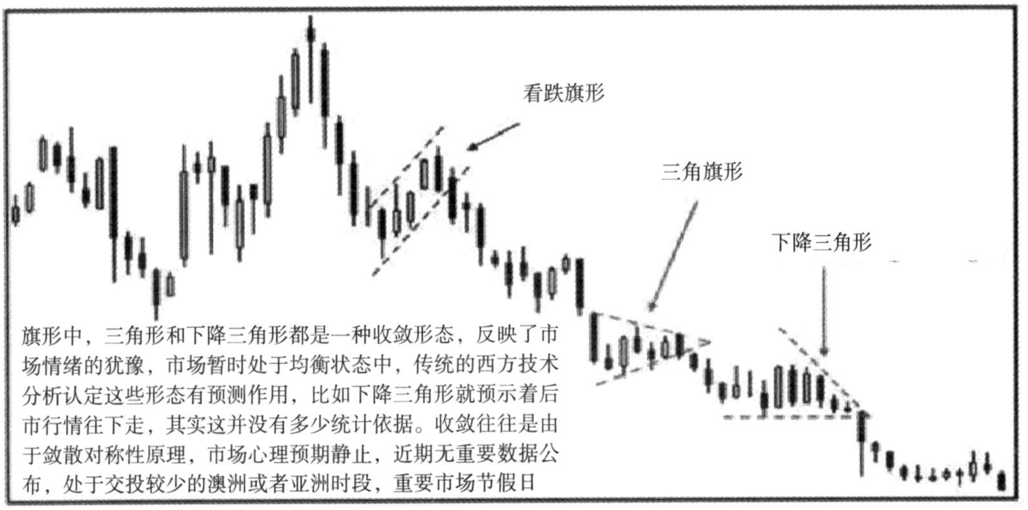

图 13-10　从敛散的角度而不是从预测的角度去理解西方技术形态

形态的预测价值和形态的管理价值，孰重孰轻？这是交易者在学习交易技术之初就必须回答的一个问题，你的答案决定了你此后的发展方向，当然也就决定了你是否能够迈入真正盈利者的行列。所谓从一个形态看出未来行情的方向，这就是预测价值，所谓从一个形态得出最符合仓位管理规则的“进出加减路线图”，这就是管理价值。**在技术分析形态为极少数交易者“珍藏”的时候，形态的预测价值比管理价值大些；**在技术分析形态为大部分交易者使用的时候，形态的管理价值比形态的预测价值大些。对于形态的预测价值也不是完全否定，只是希望大家根据一个形态为大众接受的程度来决定如何对待形态的预测价值和管理价值。请看图 13-11。上升三角形是一个广为人知的形态，但是你仍旧可以从中发

当某一种形态的预测价值被大多数参与者所学习时，那么市场也相当于对此作了预处理，形态的预测价值当然会大打折扣。

掘到少为人知的东西，而这就是利润的源泉所在！

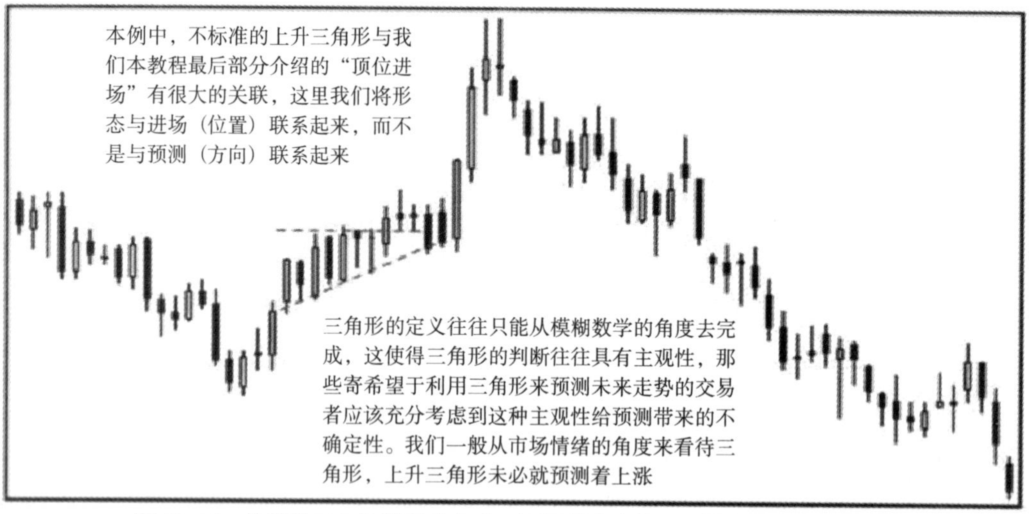
本例中，不标准的上升三角形与我们本教程最后部分介绍的“顶位进场”有很大的关联，这里我们将形态与进场（位置）联系起来，而不是与预测（方向）联系起来
三角形的定义往往只能从模糊数学的角度去完成，这使得三角形的判断往往具有主观性，那些寄希望于利用三角形来预测未来走势的交易者应该充分考虑到这种主观性给预测带来的不确定性。我们一般从市场情绪的角度来看待三角形，上升三角形未必就预测着上涨

图 13-11　从敛散和仓位管理的角度，而不是方向和预测的角度利用三角形

传统的西方技术形态交易策略已经同形态一样广为人知，像蝶形底部这样的形态往往是以汇价突破颈线作为进场策略，这使得颈线突破的可靠性大大下降了，反而往往成为技术陷阱，请看图 13-12。如果你能够利用新的技术工具去剖析这些形态，则可以带来超越和领先大众的眼光和绩效，新的技术工具不少，有现存的，比如斐波那契交易法，也有自己创造的，比如我们的“整数框架交易法”！

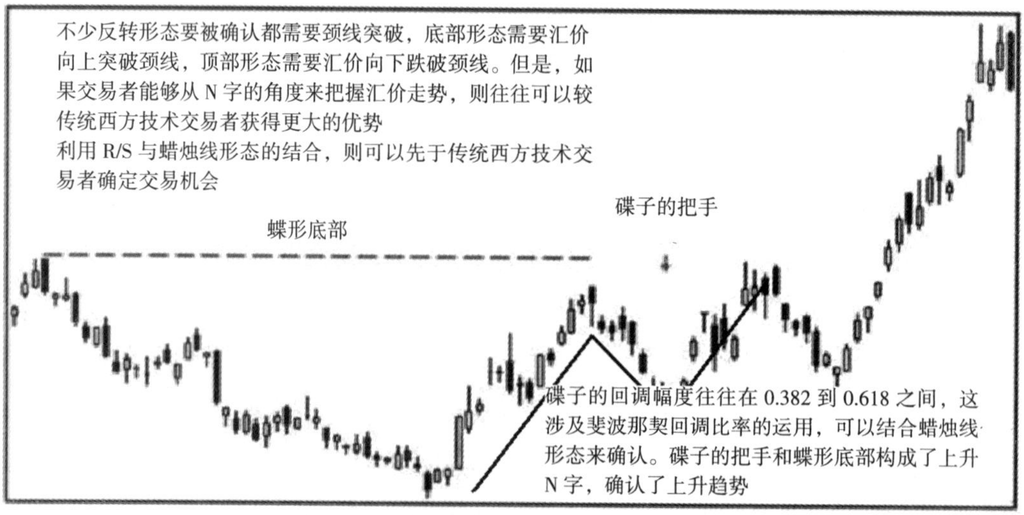
不少反转形态要被确认都需要颈线突破，底部形态需要汇价向上突破颈线，顶部形态需要汇价向下跌破颈线。但是，如果交易者能够从 N 字的角度来把握汇价走势，则往往可以较传统西方技术交易者获得更大的优势
利用 R/S 与蜡烛线形态的结合，则可以先于传统西方技术交易者确定交易机会
碟子的把手
蝶形底部
碟子的回调幅度往往在 0.382 到 0.618 之间，这涉及斐波那契回调比率的运用，可以结合蜡烛线形态来确认。碟子的把手和蝶形底部构成了上升 N 字，确认了上升趋势

图 13-12　蝶形底部中蕴含的 N 字结构理论

传统的形态交易策略都倾向于以“破位进场”为主，具体而言就是以形态边界突破，或者形态颈线突破为进场信号，如果你反传统去操作这些形态，则可以在形态形成一半之时就以较高的胜率介入，比如双顶形态，请看图 13-13。

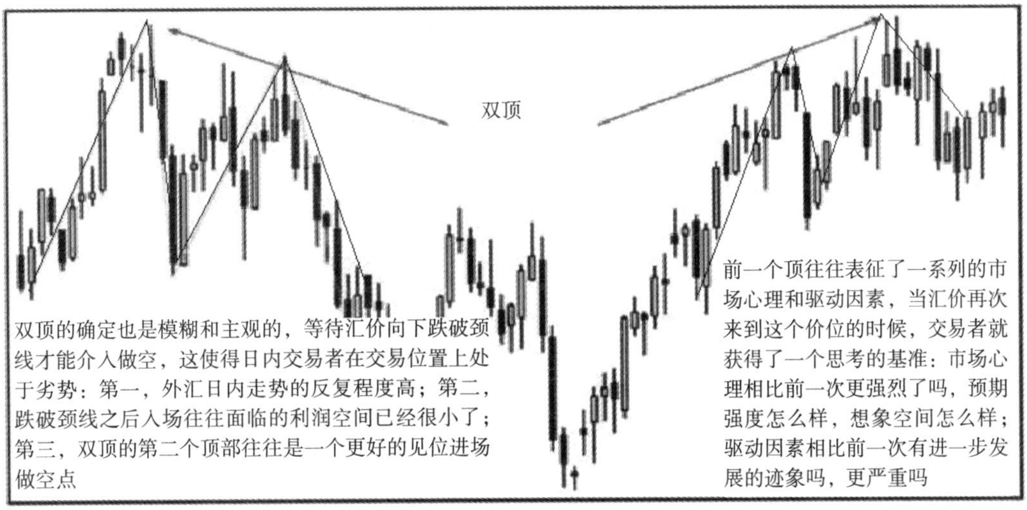

双顶的确定也是模糊和主观的，等待汇价向下跌破颈线才能介入做空，这使得日内交易者在交易位置上处于劣势：第一，外汇日内走势的反复程度高；第二，跌破颈线之后入场往往面临的利润空间已经很小了；第三，双顶的第二个顶部往往是一个更好的见位进场做空点
前一个顶往往表征了一系列的市场心理和驱动因素，当汇价再次来到这个价位的时候，交易者就获得了一个思考的基准：市场心理相比前一次更强烈了吗，预期强度怎么样，想象空间怎么样；驱动因素相比前一次有进一步发展的迹象吗，更严重吗

图 13-13 非传统的双顶操作思路

实际交易中的双底其实不止一种，但是教科书上往往将三种双底当作一种来介绍，这使得交易者的操作效率大大地下降了，请看图 13-14。其实，双顶也有类似的情况，大家可以仿照图 13-14 中的文字说明来操作三类双顶。

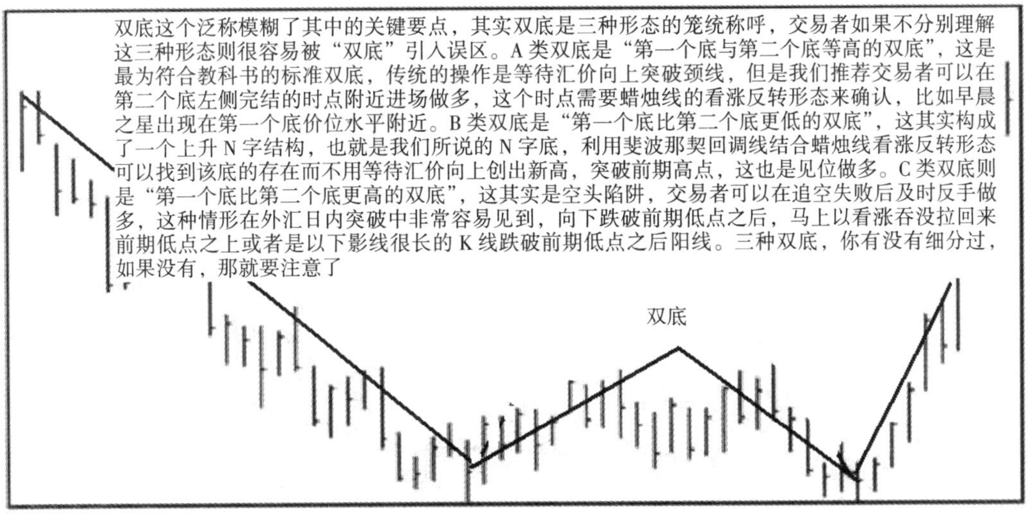
双底这个泛称模糊了其中的关键要点，其实双底是三种形态的笼统称呼，交易者如果不分别理解这三种形态则很容易被“双底”引入误区。A 类双底是“第一个底与第二个底等高的双底”，这是最为符合教科书的标准双底，传统的操作是等待汇价向上突破颈线，但是我们推荐交易者可以在第二个底左侧完结的时点附近进场做多，这个时点需要蜡烛线的看涨反转形态来确认，比如早晨之星出现在第一个底价位水平附近。B 类双底是“第一个底比第二个底更低的双底”，这其实构成了一个上升 N 字结构，也就是我们所说的 N 字底，利用斐波那契回调线结合蜡烛线看涨反转形态可以找到该底的存在而不用等待汇价向上创出新高，突破前期高点，这也是见位做多。C 类双底则是“第一个底比第二个底更高的双底”，这其实是空头陷阱，交易者可以在追空失败后及时反手做多，这种情形在外汇日内突破中非常容易见到，向下跌破前期低点之后，马上以看涨吞没拉回来前期低点之上或者是以下影线很长的 K 线跌破前期低点之后阳线。三种双底，你有没有细分过，如果没有，那就要注意了
双底

图 13-14 双底有三种，而不是一种

从 N 字顶的角度来识别和运用头肩顶更有意义。

头肩顶比起双顶形态出现的频率要低很多，**而且将头肩顶分拆开理解和操作可以提高交易的效率**，请看图 13-15。传统技术分析教科书把头肩顶看得很重，花了大量的篇幅来介绍头肩顶，这不符合交易的实际需要，日内交易者往往会吃头肩顶形态亏，因为按照传统思路来交易头肩顶胜率较低，同时风险报酬率很低，而且头肩顶出现频率本身就低，所以导致交易资金的周转率也低。头肩底的情况也差不多，请看图 13-16。

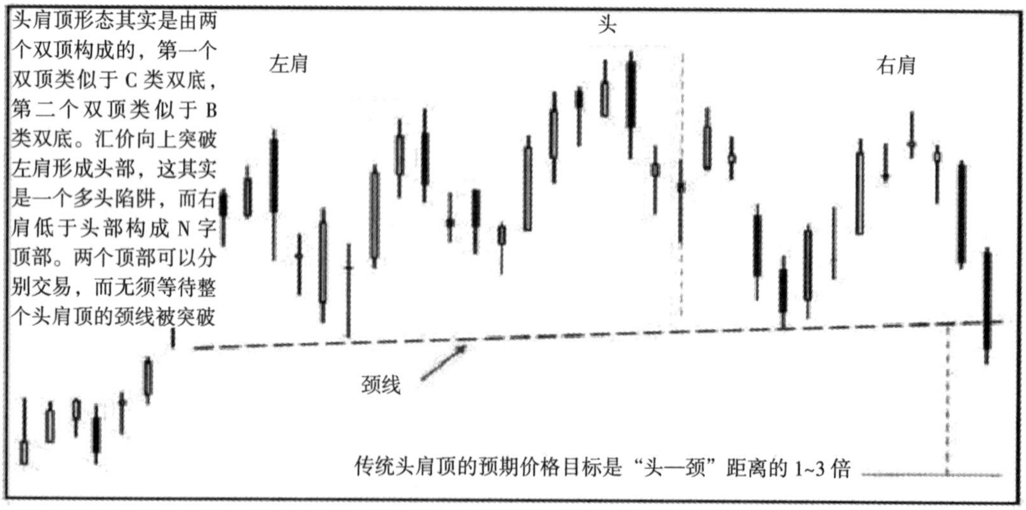

图 13-15 头肩顶其实是一个低效率的交易形态，除非分解

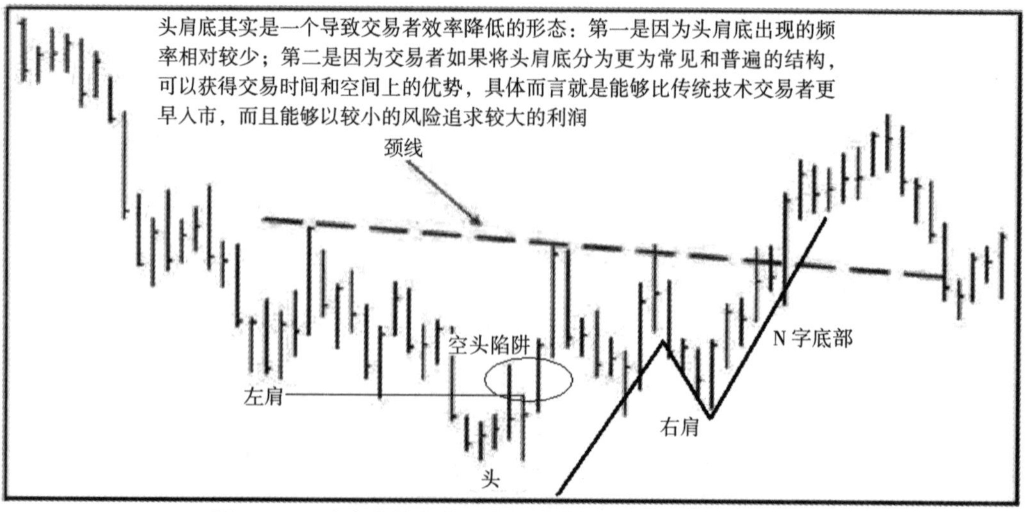

图 13-16 头肩底其实是一个低效率的交易形态，除非分解

西方技术形态当中也有一些被大家遗忘的形态，这些形态在历史走势上的效果不差，但是由于种种原因并未被现在的主流交易者重视，所以往往可以成为我们发掘“宝藏”的地方，比如下跌衰竭楔形和上升衰竭楔形，请看图 13-17 和图 13-18。

看盘可以积累某些对走势力度的感觉，这也许就是盘感吧。

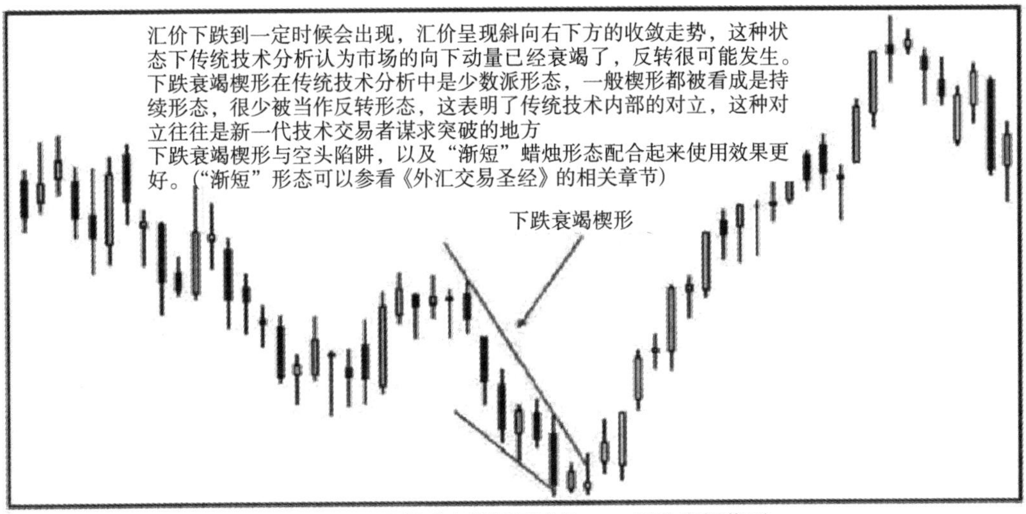
汇价下跌到一定时候会出现，汇价呈现斜向右下方的收敛走势，这种状态下传统技术分析认为市场的向下动量已经衰竭了，反转很可能发生。下跌衰竭楔形在传统技术分析中是少数派形态，一般楔形都被看成是持续形态，很少被当作反转形态，这表明了传统技术内部的对立，这种对立往往是新一代技术交易者谋求突破的地方
下跌衰竭楔形与空头陷阱，以及“渐短”蜡烛形态配合起来使用效果更好。（“渐短”形态可以参看《外汇交易圣经》的相关章节）
下跌衰竭楔形

图 13-17 理解“少数派形态”——下跌衰竭楔形

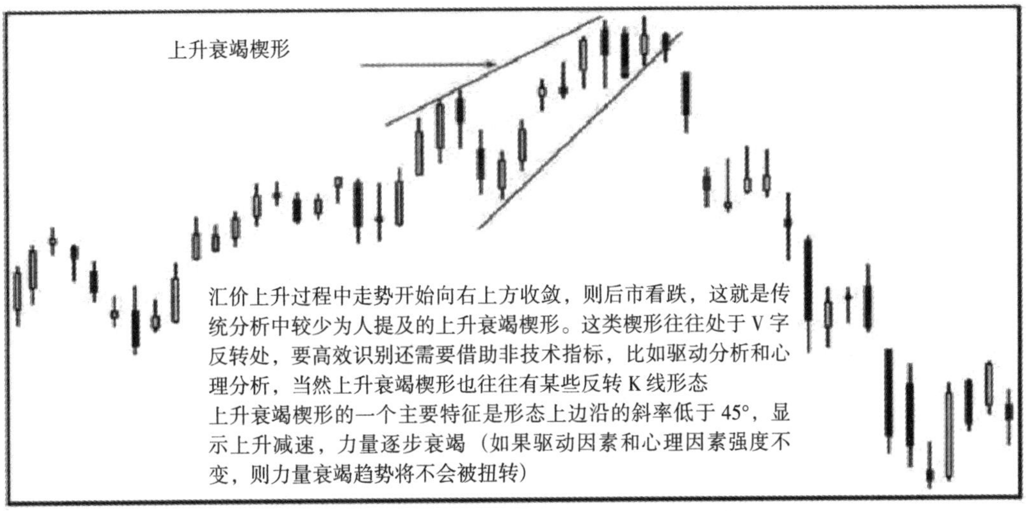

汇价上升过程中走势开始向右上方收敛，则后市看跌，这就是传统分析中较少为人提及的上升衰竭楔形。这类楔形往往处于 V 字反转处，要高效识别还需要借助非技术指标，比如驱动分析和心理分析，当然上升衰竭楔形也往往有某些反转 K 线形态
上升衰竭楔形的一个主要特征是形态上边沿的斜率低于 45°，显示上升减速，力量逐步衰竭（如果驱动因素和心理因素强度不变，则力量衰竭趋势将不会被扭转）

图 13-18 理解“少数派形态”——上升衰竭楔形

微观、中观、宏观等层面的形态其实是可以贯通起来的，比如我们的“形态敛散分析理论”就做了一些这方面的努力。

K线十字星属于微观层面，而钻石形态则属于中观层面，两者的共同点我们作为一个技术派交易者一定要把握住，如图13-19所示。**当你不断在各个层面和领域的技术分析理论中寻找共同点时，你将超越技术分析的形式本身，这样你才能去掉无用的内容，把握实质本身**，这有点类似于李小龙创立截拳道的过程，最终达到“以无法为有法”的境界。

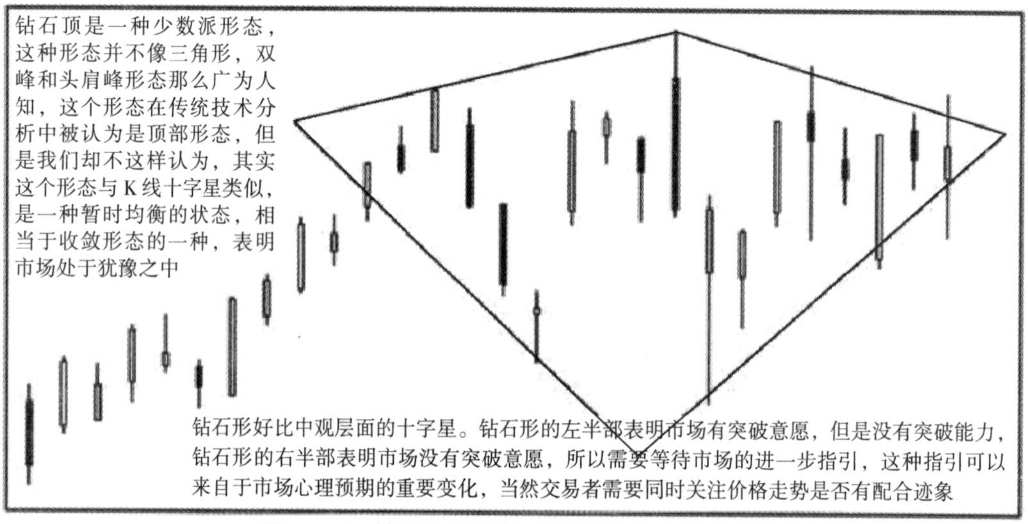

钻石顶是一种少数派形态，这种形态并不像三角形，双峰和头肩峰形态那么广为人知，这个形态在传统技术分析中被认为是顶部形态，但是我们却不这样认为，其实这个形态与K线十字星类似，是一种暂时均衡的状态，相当于收敛形态的一种，表明市场处于犹豫之中
钻石形好比中观层面的十字星。钻石形的左半部表明市场有突破意愿，但是没有突破能力，钻石形的右半部表明市场没有突破意愿，所以需要等待市场的进一步指引，这种指引可以来自于市场心理预期的重要变化，当然交易者需要同时关注价格走势是否有配合迹象

图13-19 钻石形是另外一个层面上的“十字星”

在采用任何技术工具的时候，我们都不要一股脑全听书上的，“不唯书，不唯上，只实”才能在市场中盈利，如果照搬可以成为盈利交易者的话，则金融投机市场早就不存在了。**你懂得的技术分析工具要多，但是你采用的技术分析工具要少。**因为只要你懂了，才能用好，更为重要的是一旦你懂了，则有很多技术分析工具你都不会再用了，因为你知道它们比不上另外一些工具，它们的效率很低。在日内交易中，直边趋势线有两种：水平趋势线和斜边趋势线，如图13-20所示。斜边趋势线要复杂一些，给人一种能够“掌控”市场的“幻觉”，水平趋势线则相反，但是对于日内交易而言，后者其实效率要高很多。从效率的角度去挑选技术分析，找到极少数效率高的工具，这只能从了解尽可能多的工具出发，你不去了解，怎么知道A工具较B工具更有效。

形态分析往往离不开比率分析，**包括调整比率和扩展比率，但是绝大多数的形态交易者往往不注重比率分析。**简单的比率分析应该包括扩展比率1和调整比率0.5，前面已经提到了扩展比率1，这里我们重点来介绍一下调整比率0.5，请看图13-21。

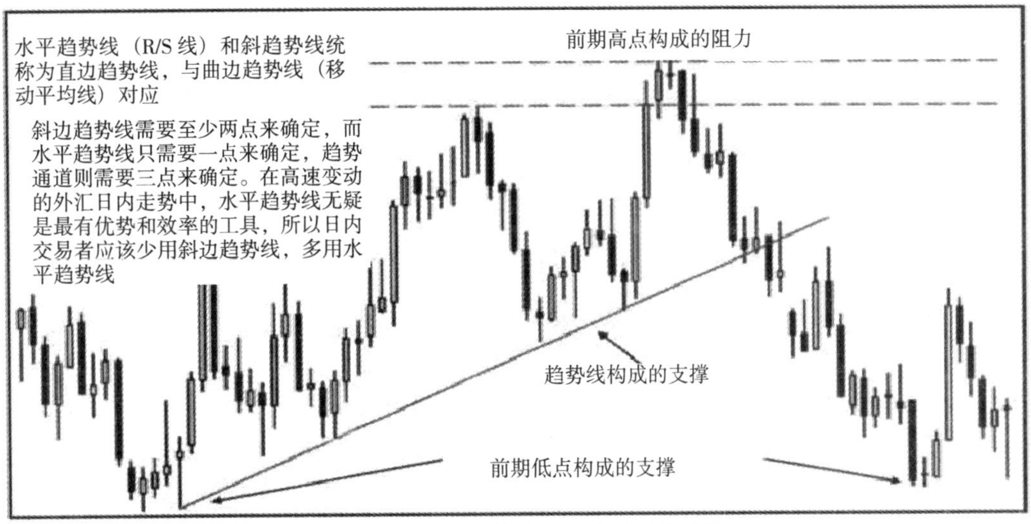
水平趋势线（R/S线）和斜趋势线统称为直边趋势线，与曲边趋势线（移动平均线）对应
斜边趋势线需要至少两点来确定，而水平趋势线只需要一点来确定，趋势通道则需要三点来确定。在高速变动的外汇日内走势中，水平趋势线无疑是最有优势和效率的工具，所以日内交易者应该少用斜边趋势线，多用水平趋势线
前期高点构成的阻力
趋势线构成的支撑
前期低点构成的支撑

图 13-20　水平趋势具有日内交易的优势

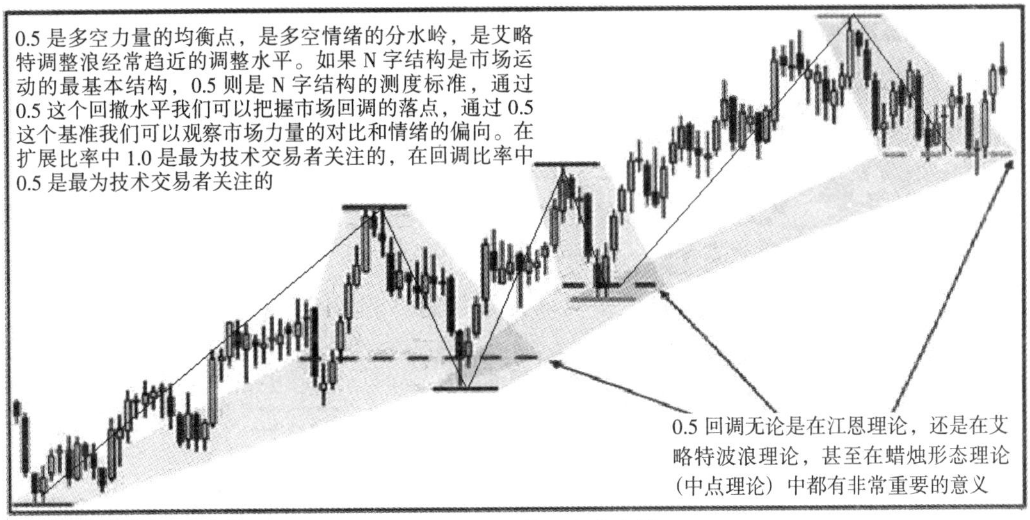
0.5是多空力量的均衡点，是多空情绪的分水岭，是艾略特调整浪经常趋近的调整水平。如果N字结构是市场运动的最基本结构，0.5则是N字结构的测度标准，通过0.5这个回撤水平我们可以把握市场回调的落点，通过0.5这个基准我们可以观察市场力量的对比和情绪的偏向。在扩展比率中1.0是最为技术交易者关注的，在回调比率中0.5是最为技术交易者关注的
0.5回调无论是在江恩理论，还是在艾略特波浪理论，甚至在蜡烛形态理论（中点理论）中都有非常重要的意义

图 13-21　0.5是一个分水岭

外汇市场中的缺口较少，比起期货和股票市场都要少很多，但是外汇交易教科书一般不会放弃对缺口种类的介绍，缺口分为三类，如图 13-22 所示，但是这三类缺口并非基于"假定"之上，而是基于"事实"之上，也就是说不是在交易分析时界定的，而是在行情完成时界定的。缺口更多被当作一种预测工具，这其实误导了交易者，在《外汇交易圣经》中我们试图从震荡指标的角度来定义缺口，这种定义的理论价

市场中运用的比率非常多，比如江恩比率，斐波那契比率，加特利比率，螺旋历法比率等，行情走出来之后某一比率确实神奇。但关键是如何做到有一点的预见性？第一，通过形态，特别是K线形态确认比率位置的有效性；第二，知道趋势是什么；第三，将盘中消息和盘面结合起来观察。

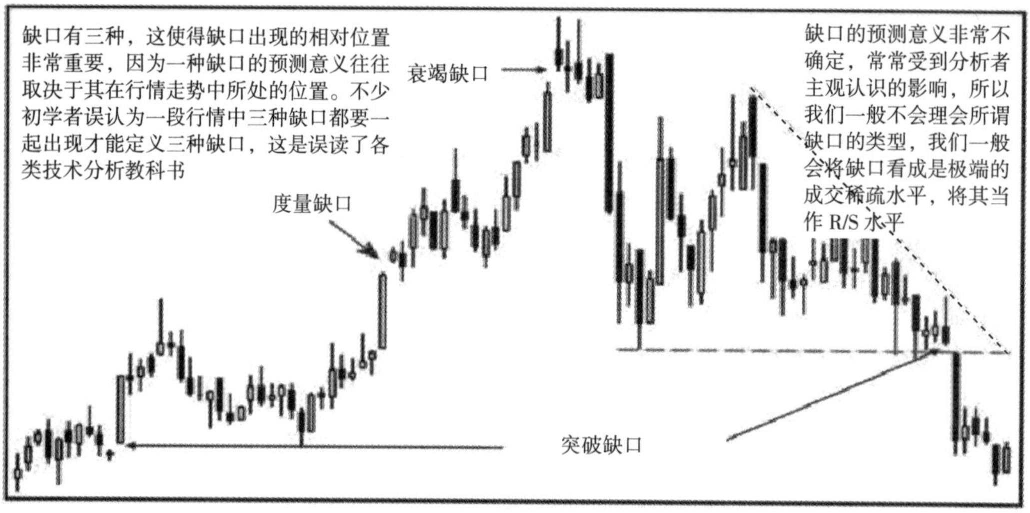

缺口有三种，这使得缺口出现的相对位置非常重要，因为一种缺口的预测意义往往取决于其在行情走势中所处的位置。不少初学者误认为一段行情中三种缺口都要一起出现才能定义三种缺口，这是误读了各类技术分析教科书
衰竭缺口
度量缺口
缺口的预测意义非常不确定，常常受到分析者主观认识的影响，所以我们一般不会理会所谓缺口的类型，我们一般会将缺口看成是极端的成交稀疏水平，将其当作R/S水平
突破缺口

图 13–22　缺口告诉我们位置，而不是方向

多问为什么，注定成为高手。

值高，但实际价值并不高，**只是比传统的“马后炮式定义”更为科学而已。**

西方技术分析的弱点在于对微观形态的分析不足，但是我们仍旧应该寻找西方技术微观形态与蜡烛线形态的共同之处，比如域内日与母子形态的共同之处，长钉日与流星蜻蜓形态的共同之处等。长钉形态往往被错误地当作全局反转形态，这是错误的，它与蜡烛线形态一样只是局部反转形态，请看图 13–23 和图 13–24。

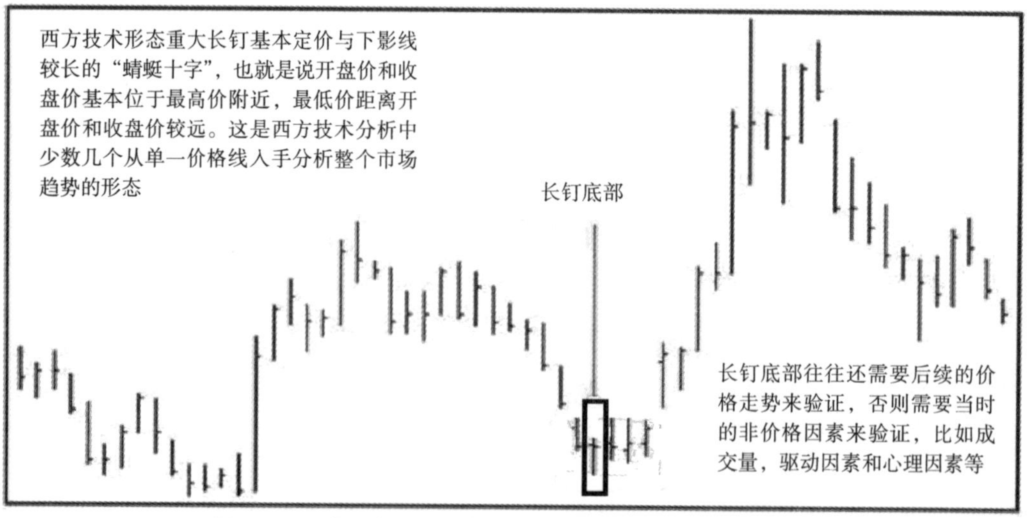

西方技术形态重大长钉基本定价与下影线较长的“蜻蜓十字”，也就是说开盘价和收盘价基本位于最高价附近，最低价距离开盘价和收盘价较远。这是西方技术分析中少数几个从单一价格线入手分析整个市场趋势的形态
长钉底部
长钉底部往往还需要后续的价格走势来验证，否则需要当时的非价格因素来验证，比如成交量，驱动因素和心理因素等

图 13–23　找寻东西方技术分形的共同之处——长钉日（1）

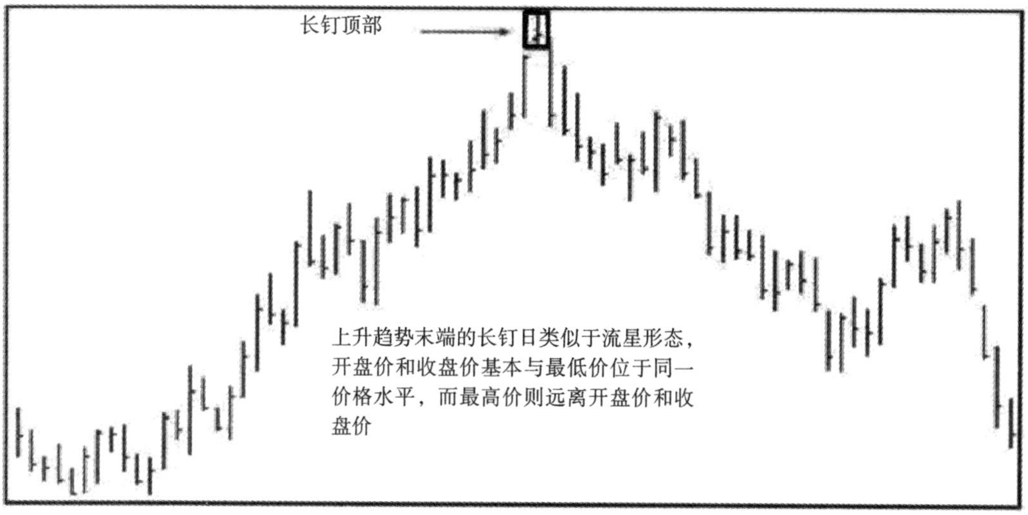
长钉顶部
上升趋势末端的长钉日类似于流星形态，开盘价和收盘价基本与最低价位于同一价格水平，而最高价则远离开盘价和收盘价

图 13-24　找寻东西方技术分形的共同之处——长钉日（2）

对于西方技术形态的一些少为人知或者是不为人知的观点以及策略，我们在本课已经毫无保留地透露给了你，你应该反复去阅读和思考，以及批判图上的文字，这样你才能真正从潜意识角度理解到形态对于实际交易的意义所在。

【开放式思考题】

在研读完第十三课的内容之后，可以进一步思考下列问题。虽然这些问题并没有固定的标准答案，但能够启发思考，跳出来看某些观点。

1. 本课提到"形态是可变的，其背后的心理意义才是重点"。实际上，具体的形态有着具体的心理面和驱动面背景。想一想，双底对应的心理面和驱动面是怎样的呢？

提示：在什么样的驱动面背景下价格会接连在同一低位上获得支持？在什么样的心理面背景下价格会出现双重底部？

2. 本课提到"高手绝不是把大家都在做的策略做得更好，而是找到大家忽略的有效策略去实施"。那么，大众最容易忽略什么有效策略呢？

提示：短期微利、长期复利的有效策略！

【进一步学习和运用指南】

1. 以神经网络为基础的深度学习理论推动了图形和模式识别的发展，技术图形的智能识别和研判完全可以利用神经网络来展开。对这方面发展感兴趣的读者，可以选择一些神经网络等机器学习方面的文献和书籍进行研究。

2. 对于技术形态背后的心理本质，基本上没有什么深入而全面的分析文献，我们可供参考的资料都是非常粗浅的，比如一些金融心理学或者行为金融学的书籍和文献。大家可以在这方面自己动手进行一些总结和归纳。

3. 本课提到“形态学习的三个重点是：统计意义、操作步骤和心理意义，忽视了任何一者，你都会得不偿失”。动手统计一下最近一个月英镑兑美元 5 分钟走势上双重底部构筑成功的概率是多少。

第十四课

开盘具有关键意义：以“Camarilla 和时区突破交易法”为例

中国古代哲学中有一条很重要的定律：始初定全！

——魏强斌

你可以从其他人身上观察学习，但是当轮到你自己交易时，你就不能依赖于其他人的风格和技巧。你需要学习他们思考、准备、复习和工作的方式，但是不要单纯地原封不动照搬。作为交易员，你需要找到自己的道路，更重要的是，这是一条你自己摸索出来的道路。

——Mike Bellafiore

你在前一天夜间进行了很多准备工作，然而市场是动态的，隔夜会发生很多变化，为了了解所有最新的情况，你应该复查前一天晚上的工作表，以了解市场可能在什么位置开盘。

——Marcel Link

一个交易日或者一个交易时段的开盘时段走势往往成为市场关注的焦点，有许多交易策略专注于此，这使得开盘时段走势往往为后市的走势提供参照基准。著名的 TPO 市场轮廓理论就以开盘区间来作为交易的参考基准（该策略的 MT4 指标 Marketprofile.mq4 可以从我们网站免费下载，具体操作参见附录），另外我们在《外汇交易圣经》中提出的英镑择时交易策略也是根据欧洲市场开盘时段走势展开的，在英镑择时交易策略中，我们以欧洲市场开盘时段的开盘区域为基础，**具体而言，欧洲开盘时段一般是指欧陆开盘时点和英伦开盘时点之间的部分。**下面我们给出两个典型的英镑择时交易法实例，第一个例子（见图 14-1）是一个做空英镑兑美元的例子，第二个

在 2014~2015 年，欧美外汇交易员涉嫌操纵汇率的调查发酵。最为主要的操纵方法之一就是在开盘时通过触及止损来获利。

例子（见图 14-2）是一个做多英镑兑美元的例子。为了及时把握汇价的变化，我们一般都采用 5 分钟走势图进行观察和操作，所以两个例子中的走势都是针对英镑兑美元的 5 分钟走势的。

我们先来介绍第一个例子中英镑择时交易法的操作。请看图 14-1，第一步，是欧洲时段开盘区域，具体而言就是欧陆开盘和伦敦开盘之间的区域，等待价格在此区域有一个上涨或者下跌，从而构筑一个区域高点和低点，这就是欧洲时段开盘区域。《外汇交易圣经》中介绍的英镑择时交易法对此开盘区域内的价格变化有进一步的要求，我们这里就放宽这些要求，只要求该开盘区域足以形成明显的高点和低点即可。第二步，则是等待汇价跌破此区域低点或者升破此区域高点。英镑择时交易法要求以突破 7 点作为过滤手段，这个交易者可以自行掌握。在本例中，英镑兑美元的汇价在开盘区域完成之后不久就跌破了此开盘区域的低点，于是交易者可以进场做空，并相应地设定初始止损，随着行情的继续下跌可以分批出场，并相应地向下移动止损点。**开盘区域往往是主力试探挂单分布和仓量分布的区域，当此区域被突破之后自然表明主力已经通过前期试探找到了“阻力最小路径”。**

我们再来看英镑择时交易法的第二个例子，请看图 14-2。欧陆开盘之后，英镑兑美元先是下跌，然后企稳回升，但是在开盘区域之内并未回到欧陆开盘价格之上。开盘区域之主力试探筹码分布的手段，一边寻找“阻力最小路径”发动走势，这表明主力虽然是市场的关键参与者，但本身仍然受制于市场本身的结构和力量分布。开盘区域之后，我们找到了观察价格运行的基准，这就是开盘区域的最高点和开盘区域的最低点。英镑兑美元的价格很快突破了开盘区域的最高点，于是交易者可以根据英镑择时交易法的提示进场做多，并随着行情的发展分批平仓，相应移动止损点。

在国外交易圈子中，不少交易者都听说过 Camarilla 方程，大多数交易者都基本认可这一方程对于日内交易者的重要意

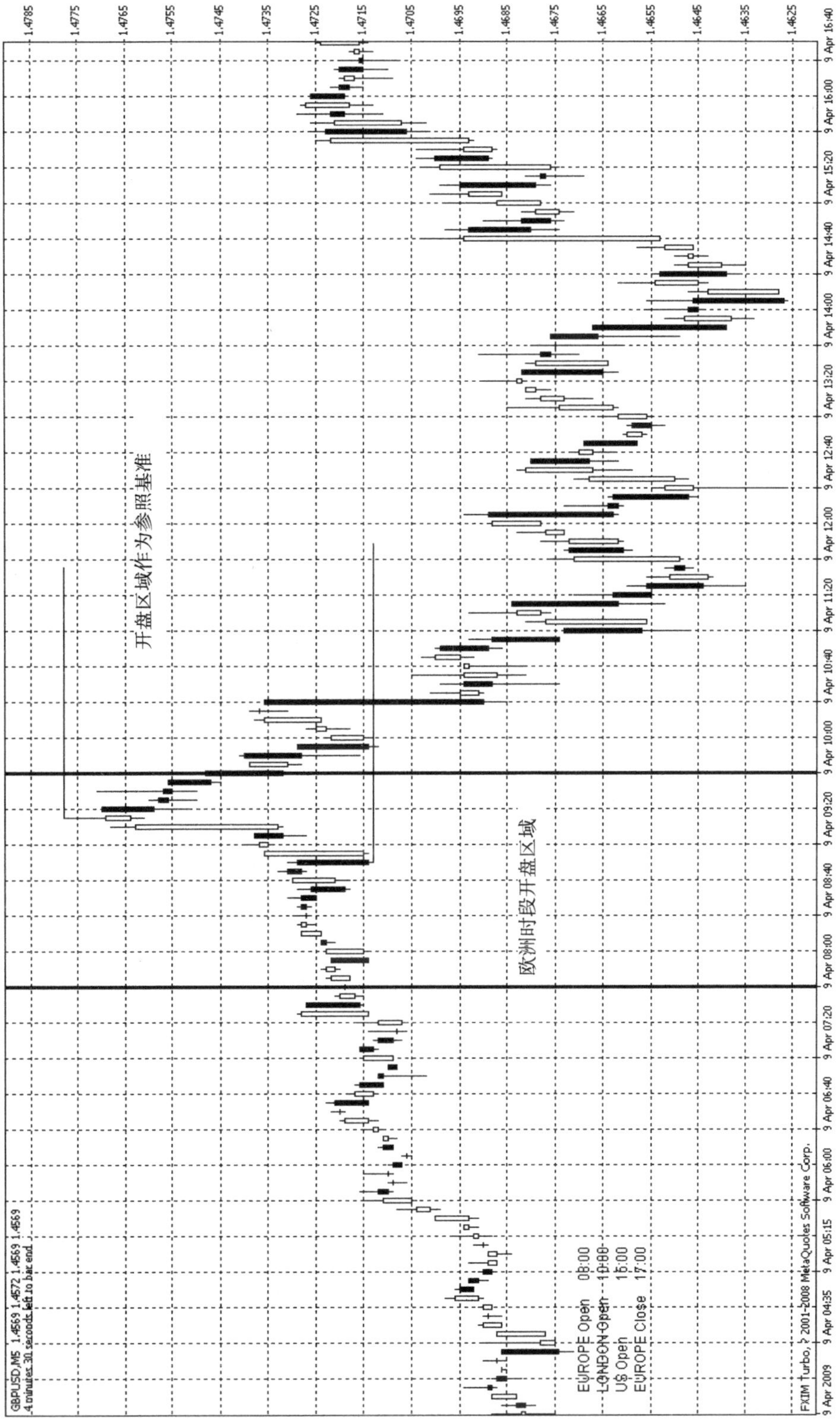

图 14-1　英镑择时交易法示范（1）

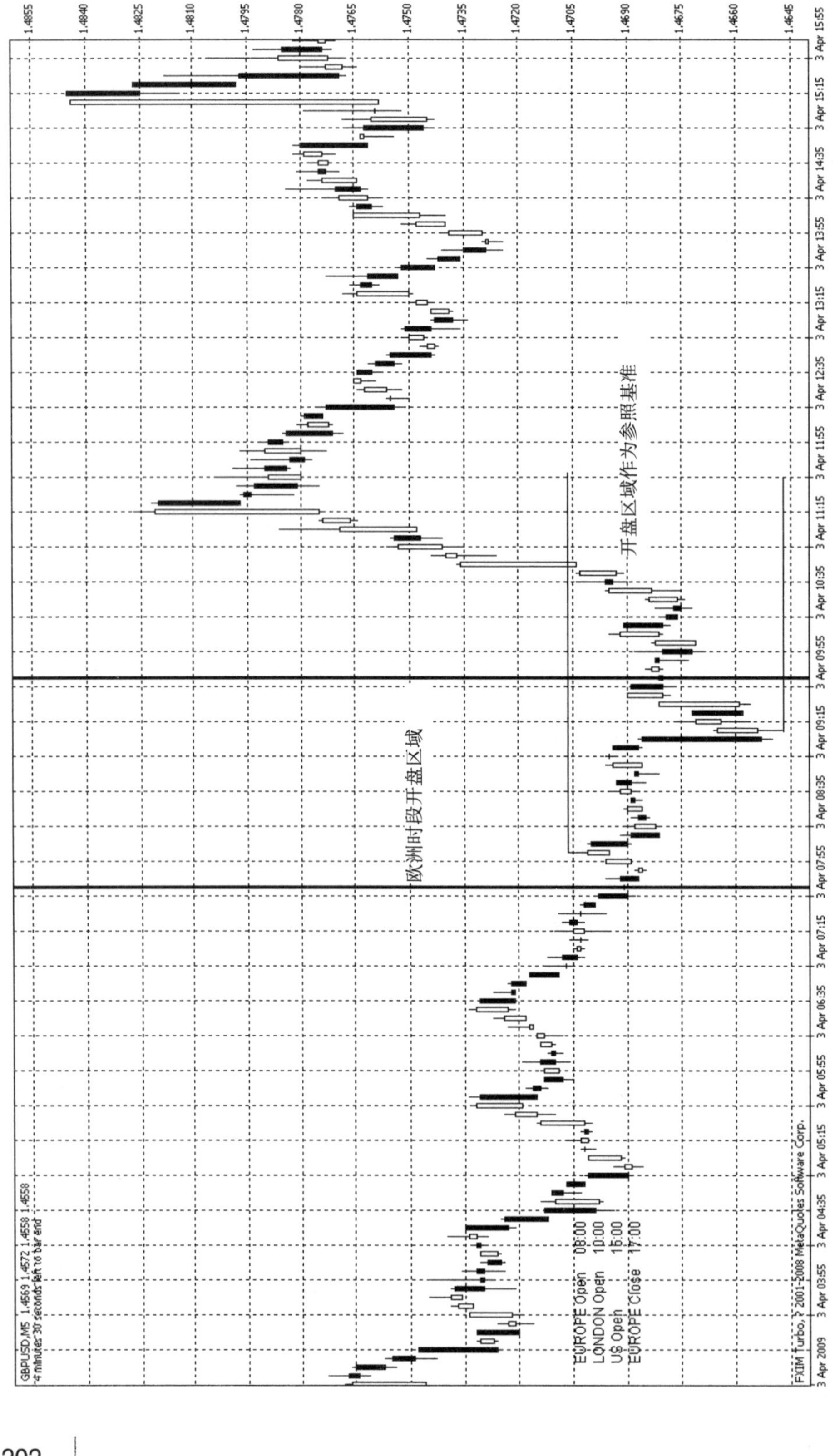

图 14-2 英镑择时交易法示范（2）

义。Camarilla 方程于 1989 年被具有传奇色彩的债券交易员 Nick Stott 提出，他提出了一个可以帮助你的日内交易达到新高度的短线交易公式，同时这一方程可以让你承受较小的风险。传奇归于传奇，事实又是如何的呢？我们对 Camarilla 方程进行了彻底而深入的研究，现在我们会向本书读者公开隐藏在这一神奇方程背后的秘密。

Camarilla 的英文原意是“秘密党派”，Nick Stott 在 1989 年提出其神秘方程组时以之命名是为了表明这是一组包含市场秘密的公式。Camarilla 方程利用了一些不证自明的特性去定义市场的行为，也就是说绝大多数时候日内市场走势有一种回归中值的倾向。换而言之，市场容易在此前交易日形成的高低点区间之内波动，价格走势倾向于回撤到前一天的收盘价（在外汇市场中，这也是开盘价）。Camarilla 方程利用一些显得复杂的数学计算得到 8 条关键水平线，数学计算用到的要素不外乎昨天的开盘价、最低价、最高价和收盘价。这 8 条水平线事实上确实对价格的日内走势产生了令人惊奇的支撑阻力作用，即使对日间交易者而言也是如此，因为这些价格水平提供了显著的支撑阻力水平便于日间交易者把握具体的进场点和出场点。尽管大众都知道这一公式的大名，但是产生 8 条水平线的具体数学公式只为部分机构和交易者所知晓，这个公式使得我们在一天交易开盘时就能得到一组可以作为全天交易参考的水平线。

Camarilla 水平线分为两组：分别标注为 L1、L2、L3、L4 和 H1、H2、H3、H4。L 组的线和 H 组的线是对称分布的，但是最为重要的水平是 3、4、5。在进行日内交易的时候，我们会等到汇价触及 L3 或者 H3 水平，然后反向开仓，这就是我们讲到的“见位进场”：当汇价跌到 L3 水平，则我们会进场做多，并将停损放置在 L4 水平；当汇价升到 H3 水平，则我们会进场做空，并将停损放置在 H4 水平。还有一种交易机会是当价格突破 L4 或者 H4 水平，然后顺向开仓，这就是我们讲到的“破位进场”：当汇价上升突破 H4 水平，则我们进场做多，并将停损放置在 H3 水平；当汇价向下跌破 L4 水平，则我们进场做空，并将停损放置在 L3 水平。那么做多和做空的盈利出场怎么设定呢？**在 H3 进场做空的利润目标是 L3；在 L3 进场做多的利润目标是 H3；在 H4 进场做多的利润目标是 H5，在 L4 进场做空的利润目标是 L5（见图 14-3）。上述的文字基本上概括了 Camarilla 交易的精髓所在，那么其背后的交易哲学是什么呢？之所以在 L3 和 H3 做见位交易，在 L4 和 H4 做破位交易是因为市场的真正的趋势一般会突破价格区间一段可观距离，如果达不到这段距离，则价格一般呈现震荡走势，这时候高抛低吸就是正确的做法，如果价格达到了这段距离，则价格一般呈现单边走势，这段距离的设定存在主观的成分，**不过仍然基于四个关键价位，特别是开盘价。

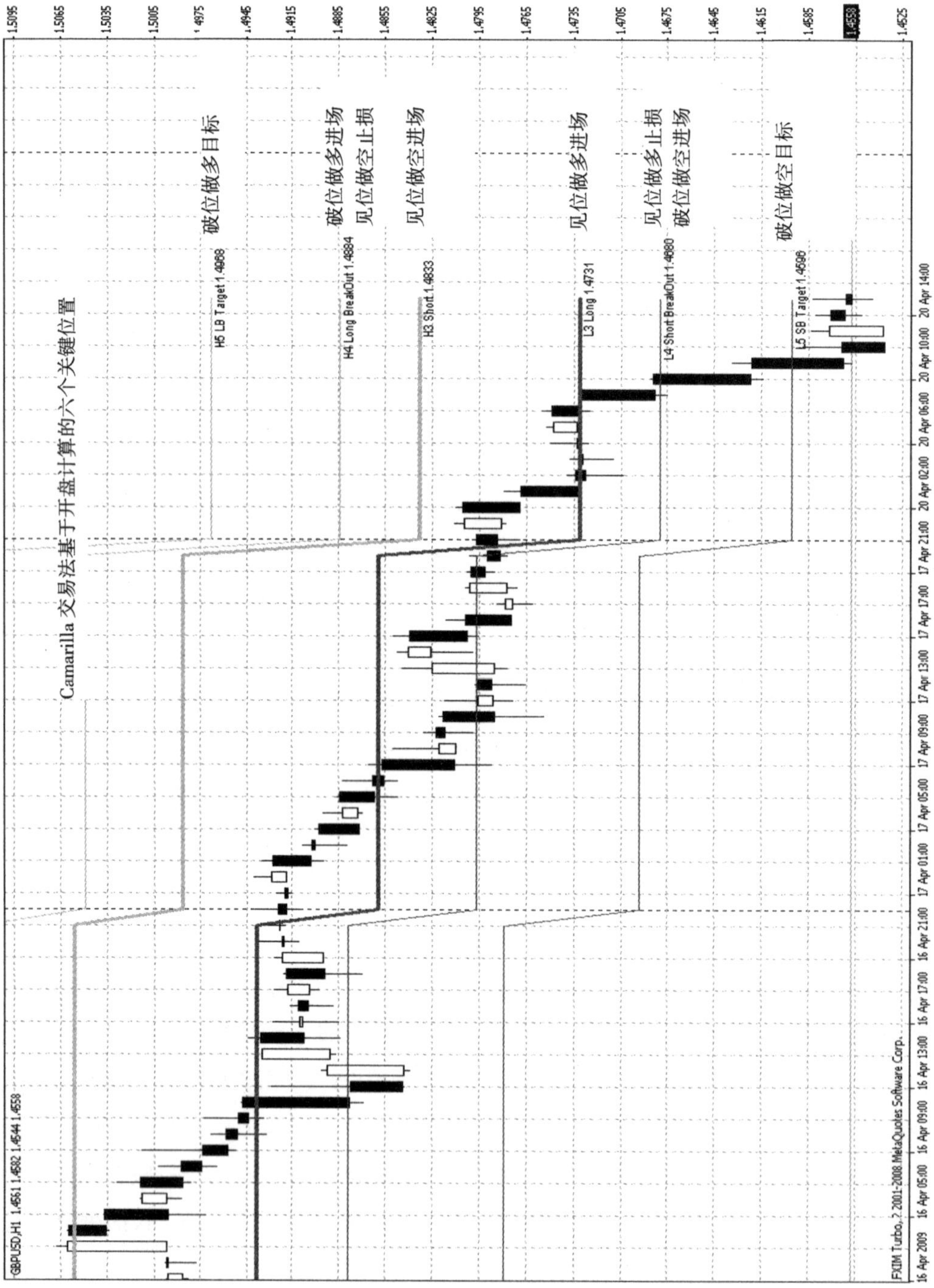

图 14-3　Camarilla 交易法的六个关键水平

Camarilla 交易法的思想与区间交易法的一般模型近似，请看图 14-4，我们会在区间边界上见位进场，**同时将止损和反转破位进场放置在区间的边界外。**

区间交易其实并不比趋势交易出现的频率高，因为真正可以交易的规则区间是不多的。

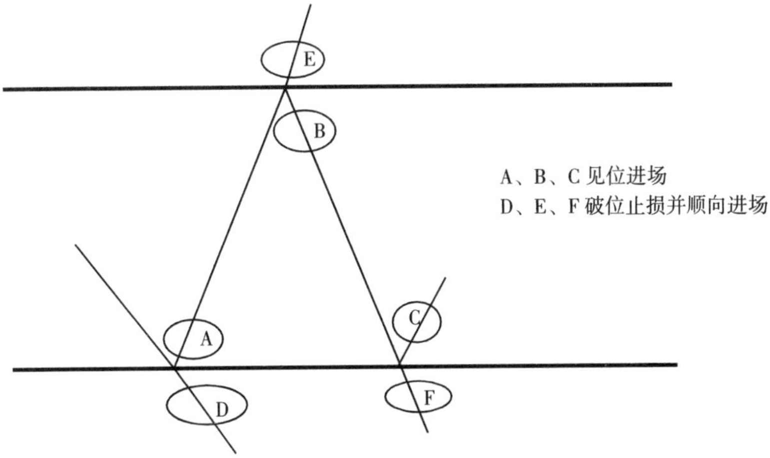

图 14-4　区间交易法的一般模型

但是，Camarilla 交易法的反转破位交易要求价格突破区间边沿（L3 和 H3）一定幅度来证明自身是单边走势，**因为趋势本身具有持续性，所以能够达到这一幅度要求，这就是让趋势自己证明自己。**利用 Camarilla 交易法进行日内交易的成效据我们自己的体会还依赖于交易者自己有足够的交易经验，能够在 Camarilla 交易法的基础上展开创新。

趋势具有持续性，但是也具有稀缺性，这就意味着虽然有一定的幅度要求，但是假突破仍然不少。过滤假突破光靠技术条件是缺乏效率的。

下面我们来讲开盘对于 Camarilla 交易法的实际意义，这也是本课程的主题。简单而言，给定昨日的开盘价、最高价、最低价和收盘价（在外汇市场一般也是今日的开盘价），就能得到今天的 Camarilla 水平，也就是说今天一开盘则四个计算数据值就出来了，今天一开盘则 Camarilla 水平就被确定了。采用 Camarilla 交易法的初次进场很大程度上取决于市场开盘的情况。如果市场开盘于 H3 和 L3 之间，则交易者需要等待价格达到 H3 或者 L3，首先触及哪条水平线将决定你的交易如何展开（见图 14-5）。

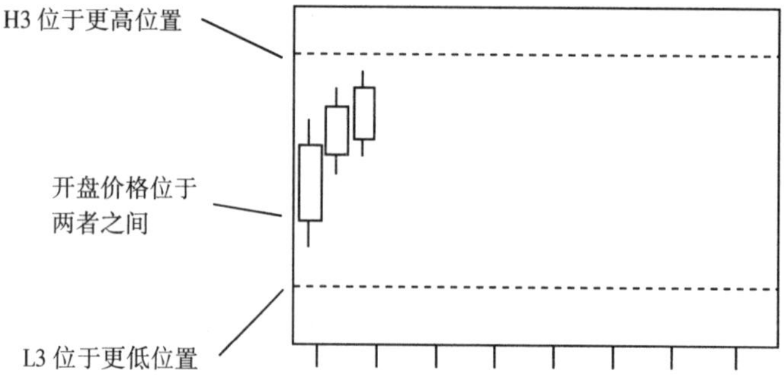

图 14-5　开盘于 H3 和 L3 之间

如果 H3 被触及，则按照该交易法的规则交易者应该在 H3 附近做空，并将止损放置在 H4 水平（见图 14-6）。如果 L3 被触及，则交易者应该在 L3 附近做多，并将止损放置在 L4 水平。

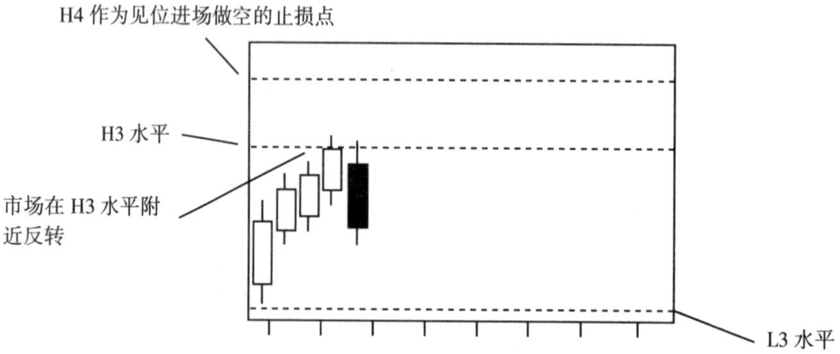

图 14-6　开盘于 L3 和 H3 之间，然后触及 H3

如果开盘位于 L3 之下或者是 H3 之上，则最初的进场情况有所差异。在这种情景下，你需要等待价格穿越 L3 或者 H3，然后在 L4 或者 H4 水平上设定初始止损。截取利润有很多方法，有些方法比较复杂，需要依赖于更多的主观判断和经验，我们这里仅仅介绍简单的目标出场法（当然这种方法有不小的弊端）。如果你在 H3 做空，则利润目标为 L3；如果你在 L3 做多，则利润目标为 H3。

除了见位交易，Camarilla 交易法同时还重视破位交易，L4 水平虽然在见位做多交易中用于设定止损，但是当价格跌破此水平时也能用作建立空头头寸。Camarilla 交易法认为如果价格真的跌破 L4 水平，则继续下跌的概率和空间都很大，有机构发现如果标普当天的 L4 水平被跌破，则可以期望继续下降 7 点，这对于标普本身而言是非常大的日内波幅比例了。下面，我们来介绍 4 个利用 Camarilla 交易法进行具体交易的实例。Camarilla 交易法在外汇市场上的运用比较复杂，可能需要考虑一些其他因素，而不仅仅套用机械的公式，我们这里仅仅介绍最简单的 Camarilla 交易法，相关指标可以按照附录指南永久免费下载使用。请看第一个实例（见图 14-7），该实例是美元兑日元。2009 年 4 月 20 日的开盘价位于 L3 和 H3 之间，于是我们等待汇价触及 L3 或者 H3。美元兑日元在图中 A 处触及 L3 水平，于是我们进场见位做多，并将相应的止损放置在 L4 水平。此后汇价继续下跌，于是在 B 处触及 L4 的止损。触及止损的同时，我们在 L4 水平处进场破位做空，并相应地将做空的止损放置在 L3 水平。不过汇价很快反弹到 L3 水平，于是又止损而出，在 C 处再度进场做多，止损放置在 L4 水平。此后汇价触及 L4，止损第三度被触发。在触发止损的同时，我们在 D 处进场做空，并将盈利目标设定在 L5 水平，此后汇价处于发展过程中。这个交易日的整个交易结果最终可能是净亏损的，不过我们这里并不对此作出最终的评价，因为这里的目的主要是介绍简单 Camarilla 交易法的运用，绩效的进一步提高要求采取某些改进。

我们再来看利用 Camarilla 交易法操作的示范（2），这是澳元兑美元的日内交易，请看图 14-8。开盘价高于 H3，于是我们等待汇价触及 H3。不久之后汇价触及 H3，于是我们在 A 处进场做空，并将止损放置在 H4，利润目标是 L3。澳元兑美元走势顺利触及 L3，于是我们的空头头寸获利而出。兑现盈利的同时我们在 L3 的 B 处进场做多，并将止损放置在 L4 水平，进场做多之后汇价一路下滑，于是在触及 L4 的 C 点处止损，同时进场做空，并将止损设定在 L3。此后，汇价再度上涨到 L3，于是我们将空头头寸止损而出，进而在 D 处进场做多，并将多头头寸止损放置在 L4 处，汇价继续下跌触及 L4，于是我们平掉多头头寸，转而在 E 点处做空，并将止损放置在 L3，此后汇价进一步下跌，在利润目标 L5 的 F 处兑现出场。

下面我们再来看第三个实例，这是利用 Camarilla 交易法进行美元兑加拿大元的操作。请看图 14-9，开盘于 L3 和 H3 之间，于是我们等待汇价触及 L3 或者 H3。此后汇价触及 H3，于是我们进场做空，并将止损放置在 H4，此后汇价小幅度下跌之后出现了反转，触及 H4，于是我们止损退出，并反转做多，于 B 点处进场，将止损放置在 H3，此后汇价大幅度上涨，触及利润目标 H5，于是我们兑现利润出场。

下面是第四个利用 Camarilla 交易法进行操作的例子，请看图 14-10，这是欧元兑英镑 5 分钟走势图。汇价开盘于 L3 和 H3 之间，我们等待汇价触及 L3 或者是 H3 再进场交易。此后，欧元兑英镑上升触及 H3，于是我们在 A 点进场做空，并将止损放置在 H4。进场之后，汇价并没有下跌，而是继续上升，此后汇价触及 H4，于是我们将空头止损，并于 B 点反转做多，将止损放置在 H3。此后汇价直达做多的利润目标水平 H5，于是我们兑现而出。

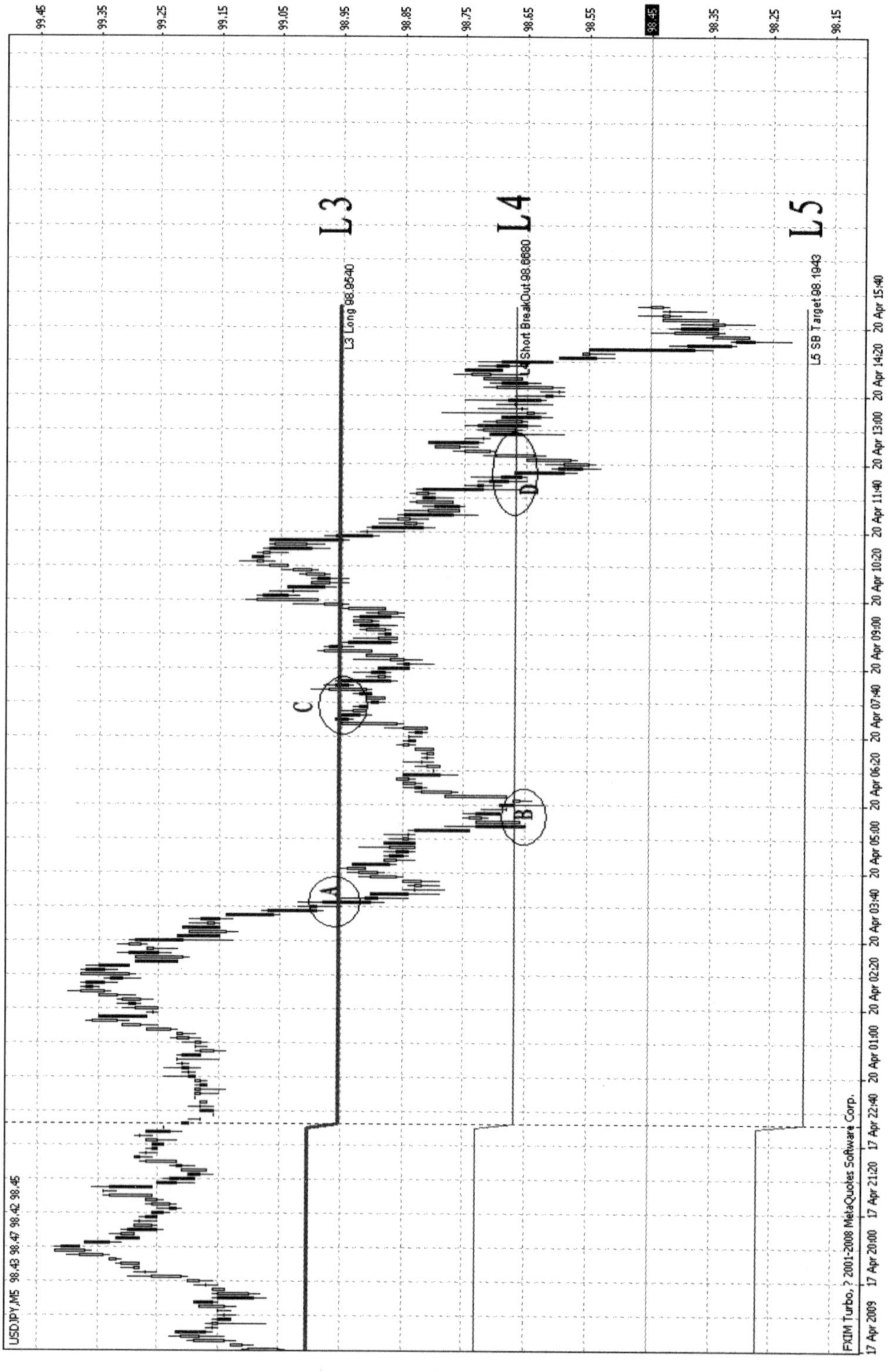

图 14-7 Camarilla 交易法示范（1）

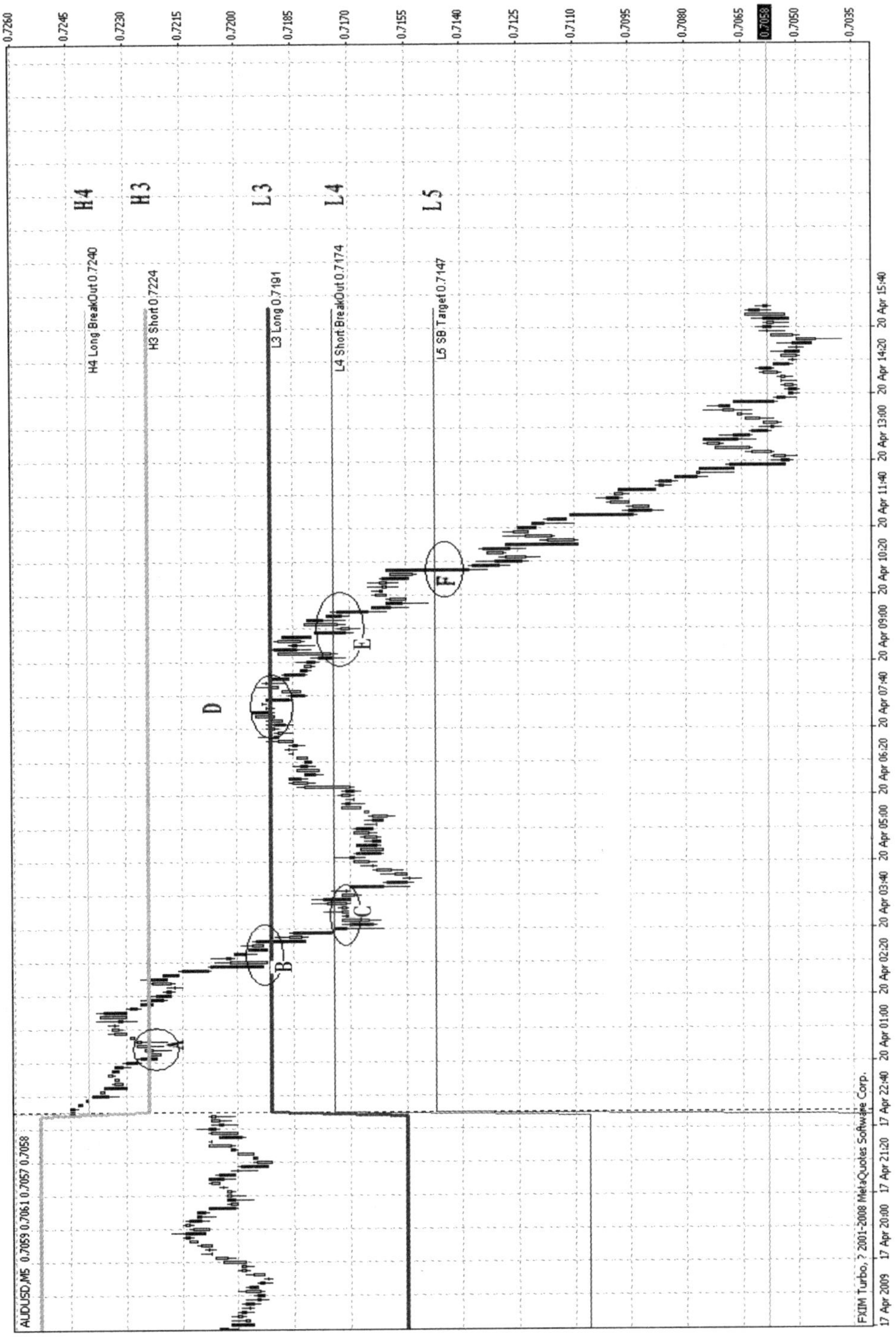

图 14-8　Camarilla 交易法示范（2）

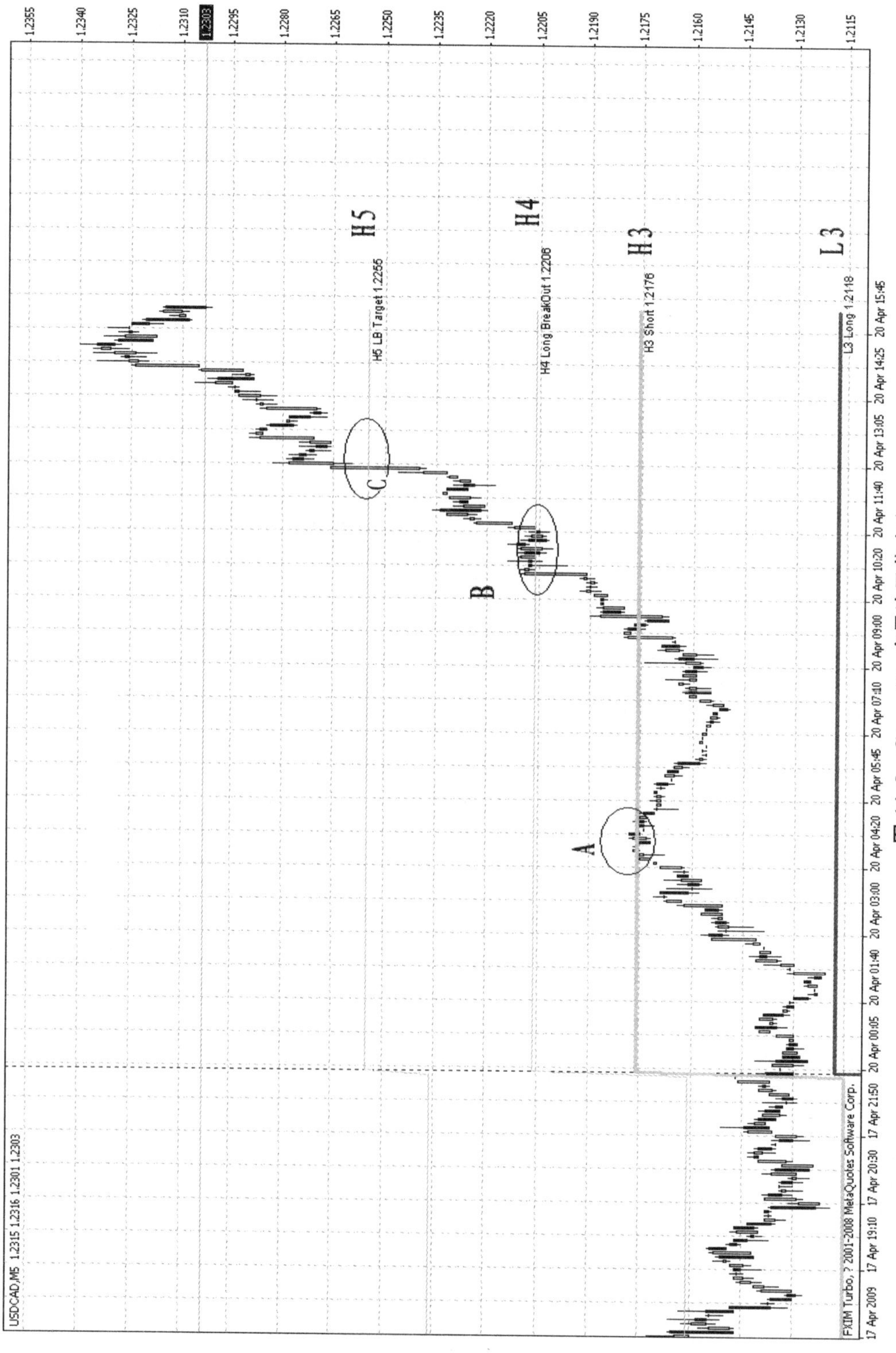

图 14-9　Camarilla 交易法示范（3）

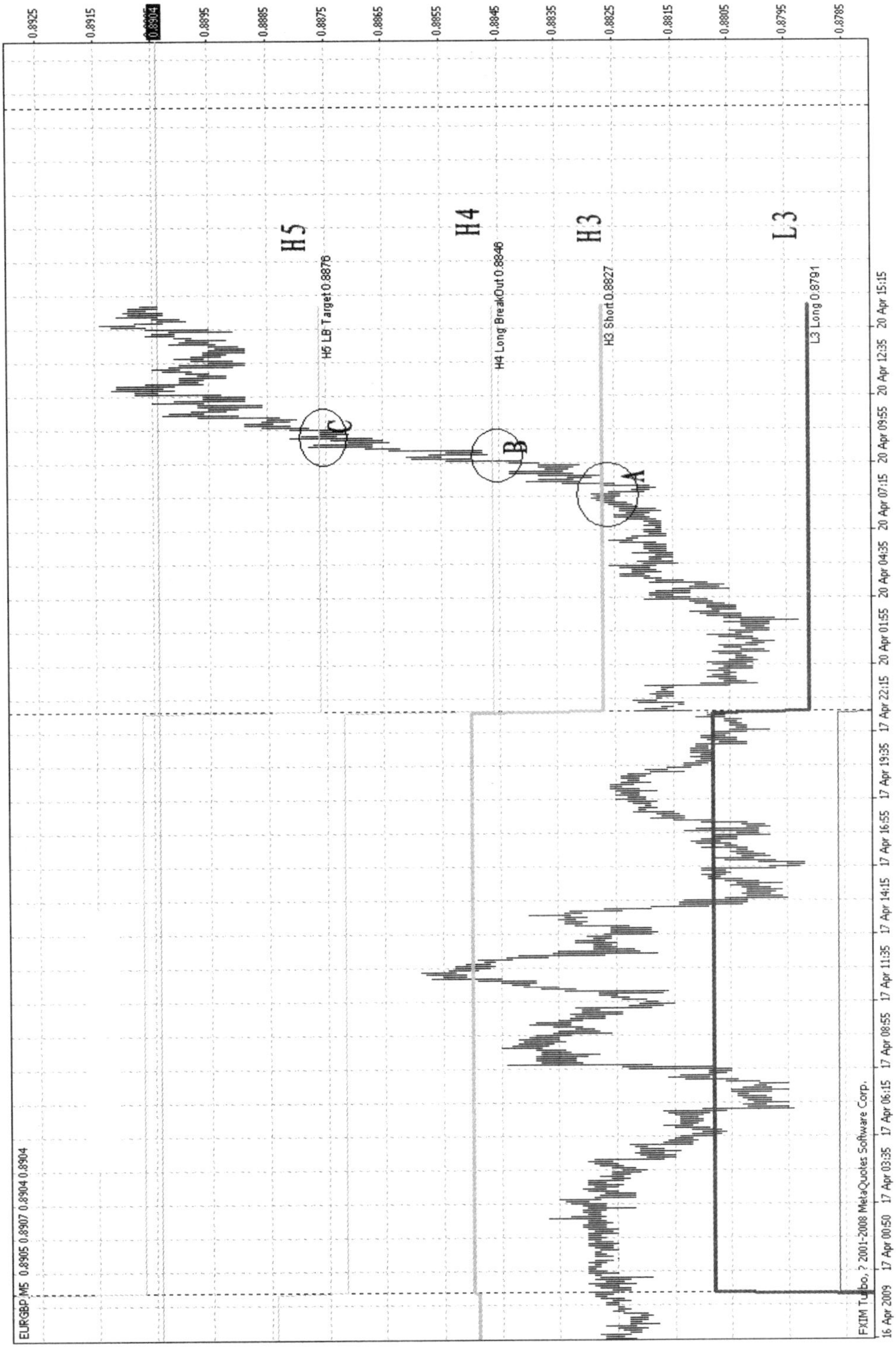

图 14-10　Camarilla 交易法示范（4）

上述介绍的简单 Camarilla 交易法中 H4 到 H3，以及 L4 到 L3 的距离显著小于 H5 到 H4，L4 到 L5，以及 H3 到 L3 之间的距离，也就是说止损的幅度小于止盈的幅度，盈亏比较合理，进而使得风险报酬率合理，如果具有一个恰当的胜率则整个交易策略无懈可击。

Camarilla 交易法与开盘的密切关系主要有两点：第一是 Camarilla 交易法方程式中的四个关键值包含了昨天的开盘价和收盘价（一般也是今日的开盘价）；第二是开盘时汇价与 L3 和 H3 水平的关系往往决定了刚开始的操作策略。我们这里介绍的是较为简单的普遍形式，目的是让读者注意开盘区间对交易的重大意义，无论是杰克·伯恩斯坦的开盘 30 分钟区间突破系统还是我们在《外汇交易圣经》中介绍的英镑择时交易方法都是基于“开盘区间”。开盘区间有两种具体含义：第一是每个交易日开始阶段的价格运行区间；第二是每个交易时段的开盘阶段，比如亚洲交易时段的开盘阶段，欧洲时段的开盘阶段，美洲时段的开盘阶段等。**作为一个外汇交易者必须明白价格只是参与者行为的表现，而参与者才是我们真正想把握的对象，而开盘阶段往往透露了参与者的某些行为基础和想法。我们不能追着狗尾巴，而忘了狗本身。**外汇市场上很多日内规律都源于参与者本身的作息规律和做盘习惯，这些都是我们应该去把握的，开盘阶段的运行往往反映了市场主力的某些重要想法。

如何把握参与者？驱动因素作用于参与者，参与者产生行动，进而形成价格运动。就这个过程来看，参与者是中间过程，驱动因素和价格运动是最前端和最后端，通过两端来推断中间环节。两端要结合起来看才行，如果是单纯看价格，你很难推断出“心理黑箱”中发生了什么。

Camarilla 交易法主要是基于交易日开盘，而英镑择时交易法则是基于欧洲市场的开盘时段。除了英镑择时交易法之外，还有一种方法也是基于某一市场阶段的价格区间，其中包括了开盘阶段的价格区间，这就是大名鼎鼎的“汉斯 123 操作法”，我们称为“时区突破交易法”，因为它主要是基于对某一交易时区价格区间的突破进行操作。

我们先来了解一下“汉斯 123 操作法”的历史和含义。国际上著名的趋势突破系统“汉斯”引起了广泛的关注，已经发展更新了多种版本，当初也引起了国人的关注，但草草研究的结果认为程序跑不通或者亏损就把它盖棺定论枪毙了。但是，国外仍然持续研究发展它，版本从 v1.0 到 v9.0，测试报告也从几个月到几年，甚至有从 1999 年开始至今的测试报告。下面我们就摘录基础版本 2007 年全年的交易绩效记录，至于更为详细的每日交易记录，请查看本书后的附录，这是一个不错的系统，但是你若要掌握它，最好对着附录的每日交易记录去逐笔复盘琢磨其中的精义，这样才能获得盘感和对该系统的信心，从而也才能更好地使用这一绩效卓越的系统。单是本书中的这个系统就能为你带来不少的真金白银，但是光靠我们语言上的介绍并不能让你信服和体认系统本身，所以一定要依照附录的数据去复盘。请看表 14-1 至表 14-13，这些表是利用汉斯 123 交易系统，也就是“时区突破交易法”系统在 2007 年每个月的每个交易日的绩效情况，其中表 14-1 展示了全年逐月盈利情况，而表 14-2 至表 14-13 则展示了每个交易日的盈利情况，其胜率并不高，但是其累计绩效却非常可观，值得我们去仔细研究和体认。大家可以将 2007 年英镑兑美元和欧元兑美元的 5 分钟走势图对着盈利情况去揣摩这个系统背后的深意，更好的办法是去亲自实践这一卓越的系统，这套系统与理查德·丹尼斯采用的周规则突破交易系统有异曲同工之妙，只不过一个是日内交易，另外一个是日间交易而已，其背后“区间突破”的哲学思想，实在值得我们去品味，这对于构建我们自己的交易系统有很大的启发。在详细剖析“区间突破”哲学之前，我们先来看看汉斯 123 交易系统的详细构造。

表 14-1 汉斯 123 交易系统在 2007 年的交易绩效

2007 年	欧元兑美元	英镑兑美元	总计盈利	累计盈利
1 月	+102	+168	+270	+270
2 月	–94	–250	–344	–74
3 月	–65	–686	–755	–829
4 月	–268	–55	–323	–1152
5 月	+32	+165	+220	–932
6 月	+60	–129	–69	–1001
7 月			–158	–1159
8 月			+1318	+159
9 月			+1016	+1175
10 月			+12	+1187
11 月			+424	+1611
12 月			+935	+2546

表 14–2　汉斯 123 交易系统在 2007 年 1 月的交易绩效

2007 年 1 月	欧洲交易时段		纽约交易时段		总计盈利	累计盈利
	欧元兑美元	英镑兑美元	欧元兑美元	英镑兑美元		
2 日	−14	−5	−20	−14	−53	−53
3 日	0	+120	+46	+76	+242	+189
4 日	+16		−11	−29	−24	+165
5 日	+51	+51	+80	+72	+254	+428
8 日	−48	+35	−33	−14	−60	+359
9 日	+24	+12	+5	+7	+48	+407
10 日	+21	+21	+31	+26	+99	+506
11 日	+38	+120	+57		+215	+721
12 日	−46	+85	−49	+60	+50	+771
15 日	−9		−5	−19	−33	+738
16 日	−29	−59	+34	+12	−42	+696
17 日	−35	+23	−30	+12	−32	+666
18 日	0	0	−56	−70	−126	+540
19 日	0	−78	0	−40	−118	+422
22 日	0	−46		−20	−66	+356
23 日	+27	0		−14	+13	+369
24 日	+4	+21	+4	+0	+29	+398
25 日	+20	+5	+30	−29	+26	+424
26 日	−10	0	−26	−16	−52	+372
29 日	+28	−53	+23	−4	−6	+366
30 日	−54	−24	−22	−3	−103	+263
31 日	+4	−71	+55	+19	+7	+270
总计	−11	+156	+113	+12	+270	

表 14–3　汉斯 123 交易系统在 2007 年 2 月的交易绩效

2007 年 2 月	欧洲交易时段		纽约交易时段		总计盈利	累计盈利
	欧元兑美元	英镑兑美元	欧元兑美元	英镑兑美元		
1 日	−46	0	−16	0	−62	−62
2 日	+47	−58	+50	−8	+31	−31
5 日	−7	+18	−18	−54	−61	−92
6 日	+41	+58	+16	+6	+121	+29
7 日	+15	−50	+9	−76	−102	−73
8 日	−43	+60	+34	−12	+39	−34
9 日	−16	−27	0	−14	−57	−91
12 日	+30	0			+30	−61
13 日	0	0	+9		+9	−52
14 日	+29	+83	+25	+55	+192	+140
15 日	−24	0	−12	+28	−8	+132

续表

2007 年 2 月	欧洲交易时段		纽约交易时段		总计盈利	累计盈利
	欧元兑美元	英镑兑美元	欧元兑美元	英镑兑美元		
16 日	−58	−40	−50	−52	−200	−68
19 日	−20	0	−6	−30	−56	−124
20 日	−22	0	+11	0	−11	−135
21 日	−13	−21	−29		−63	−198
22 日	−66	+20	+14	+37	+5	−193
23 日	+2	−33	+35	+23	+27	−166
26 日	−46	−26	+8	−16	−80	−246
27 日	+1	−49	+23	−26	−51	−297
28 日	−10	−70	+9	+24	−41	−344
总计	−206	−135	+112	−115	−344	

表 14–4　汉斯 123 交易系统在 2007 年 3 月的交易绩效

2007 年 3 月	欧洲交易时段		纽约交易时段		总计盈利	累计盈利
	欧元兑美元	英镑兑美元	欧元兑美元	英镑兑美元		
1 日	+24	−81	+33	−2	−26	−26
2 日	−30	+71	+16	−24	+33	+7
5 日	+35	−70	−8	−140	−183	−176
6 日	−44	−51	−39	−42	−176	−352
7 日	+40	−27	+44	−9	+48	−304
8 日	+3	+10	−42	−22	−51	−355
9 日	+22	−86	+24	−4	−44	−399
12 日	+52	−70	+3	+28	+13	−385
13 日	−37	−56	−3	−48	−144	−529
14 日	0	−45	−2	+37	−10	−539
15 日	−33	−77	+7	−16	−119	−658
16 日	0	0	0	−70	−70	−728
19 日	−61	+10	0	−19	−70	−798
20 日	−30	+57	+9	+30	+66	−732
21 日	+31	+24	+58	+28	+141	−591
22 日	+28	−39	+9	+9	+7	−584
23 日	−66	−100	−41	−30	−237	−821
26 日	+40	+41	+45	+56	+182	−639
27 日	+13	+7	+17		+37	−602
28 日	−37	−100	−38	−45	−220	−822
29 日	−4	+4	−20	−1	−21	−843
30 日	−31	+35	−2	+86	+88	−755
总计	−135	−543	+70	−143		

表 14-5　汉斯 123 交易系统在 2007 年 4 月的交易绩效

2007 年 4 月	欧洲交易时段		纽约交易时段		总计盈利	累计盈利
	欧元兑美元	英镑兑美元	欧元兑美元	英镑兑美元		
2 日	−2	+30	−10	−9	+9	+9
3 日	+19	+23	−20	−6	+16	+25
4 日	+2	−61	−13	−83	−155	−130
5 日	+50	0	+30		+80	−50
6 日	+34	+41	+38	+47	+160	+110
9 日	+13	+16	+3	−5	+24	+134
10 日	−4	−4	−3	−36	−47	+87
11 日	−66	−18	−66	0	−150	−63
12 日	+2	−7	−3	−2	−10	−73
13 日	−63	−95	−48	+13	−193	−266
16 日	+6	−15	+14		+5	−261
17 日	+19	+120	+13	+19	+171	−90
18 日	−68	−40	−30	0	−138	−228
19 日	+6		+7		+13	−215
20 日	+1		−3		−2	−217
23 日	−11		−50	−20	−81	−298
24 日		+56	+43	−12	+87	−211
25 日	−98	−3	−48	−1	−150	−361
26 日	+36		−5	+5	+36	−325
27 日	0	+37	0	−40	−3	−328
30 日	−9	−44	+16	+39	+2	−326
总计	−133	+36	−135	−91		

表 14-6　汉斯 123 交易系统在 2007 年 5 月的交易绩效

2007 年 5 月	欧洲交易时段		纽约交易时段		总计盈利	累计盈利
	欧元兑美元	英镑兑美元	欧元兑美元	英镑兑美元		
1 日	−36	−67	−14	−58	−175	−175
2 日	+23	+21	+10	−3	+51	−124
3 日	+35	−38	+22	+39	+58	−66
4 日	+16	+40	+18	+56	+130	+64
7 日	−23	+16	−32	+20	−19	+45
8 日	+46	+29	+1	+21	+97	+142
9 日	−64	0	−54	0	−118	+24
10 日	+50	+120	+35	+67	+272	+296
11 日	+28	+2	+28	+10	+68	+364
14 日	+16	+24		+3	+43	+407
15 日	−24	−31	+40	+33	+23	+430
16 日	+72	+71	+59	+36	+238	+668

续表

2007年5月	欧洲交易时段		纽约交易时段		总计盈利	累计盈利
	欧元兑美元	英镑兑美元	欧元兑美元	英镑兑美元		
17日	+19	-33	+2	-15	-27	+641
18日	-66	-100	-8		-174	+467
21日	+30	+4			+34	+501
22日	+11	+6		+6	+23	+524
23日		+72	-50	-18	+4	+528
24日	-6	-100	-66	-69	-241	+287
25日	+7	-5	+2	+4	+4	+291
28日	holiday	holiday	holiday	holiday	0	+291
29日	0	-33	-50	+25	-58	+233
30日	-7	-2	-28		-37	+196
31日	-3	+21	-7	+13	+24	+220
总计	+124	+17	-92	+170	+220	

表14-7 汉斯123交易系统在2007年6月的交易绩效

2007年6月	欧洲交易时段		纽约交易时段		总计盈利	累计盈利
	欧元兑美元	英镑兑美元	欧元兑美元	英镑兑美元		
1日	-68	+11	-56	-76	-189	-189
2日	+29	+60	+8	+23	+120	-69
3日	0	-49	-15	-49	-113	-182
4日	+19	0	+9		+28	-154
7日	+61	+120	+31	+66	+278	+124
8日	+33	0			+33	+157
11日	-7	0	-12	-1	-20	+137
12日	+60	-79	+29	-15	-5	+132
13日	-42	-26	-13	+8	-73	+59
14日	-63	-7	-54	-18	-142	-156
15日	+46	+53	+52	+50	+201	+118
18日			-11	-30	-41	+77
19日	-23	-21	+4	-4	-44	+33
20日	+13	+16	+11	-20	+20	+53
21日		-16	-11	-20	-47	+6
22日		+21	+16	+11	+48	+54
25日		-74	-9	-13	-96	-42
26日	-16	-17	-18	-25	-76	-118
27日	-1	-9	-5	+3	-12	-130
28日	-11	-4	-14		-29	-159
29日	+70	+8	+18	-6	+90	-69
总计	+100	-13	-40	-116	-69	

表 14–8　汉斯 123 交易系统在 2007 年 7 月的交易绩效

2007 年 7 月	欧洲交易时段		纽约交易时段		总计盈利	累计盈利
	欧元兑美元	英镑兑美元	欧元兑美元	英镑兑美元		
2 日	+53	–5	+30	+43	+121	+121
3 日	–15	–20	–12		–47	+74
4 日		–3		–6	–9	+65
5 日	–46	–88	+34	+1	–97	–32
6 日	–18	–90	–8	–89	–205	–237
9 日		+9	–9	–15	–15	–252
10 日	+80	+107	+80	+87	+334	+82
11 日	–25	+14		–44	–55	+27
12 日	–12	+2	–18	+6	–22	+5
13 日	–5	+34	–7	+8	+30	+35
16 日	–27	–16	0		–43	–8
17 日	–9	+78		–6	+63	+55
18 日	–29	0	–39	–66	–136	–108
19 日	–24	+15		–26	–35	–143
20 日	+20	+29	+27	+5	+81	62
23 日	+7	–24		–12	–29	–91
24 日	–14	+1	–18		–31	–122
25 日	+35	–3	–3	–39	–10	–132
26 日	–24	–53	+3	+0	–74	–206
27 日	+49	+83		+6	+138	–68
30 日	+18		+8		+26	–42
31 日	–30	0	–30	–56	–116	–158
总计						

表 14–9　汉斯 123 交易系统在 2007 年 8 月的交易绩效

2007 年 8 月	欧洲交易时段		纽约交易时段		总计盈利	累计盈利
	欧元兑美元	英镑兑美元	欧元兑美元	英镑兑美元		
1 日	–24	+23	–3	+38	+34	+34
2 日	+15	–30	+18	+47	+50	+84
3 日	+80	+17	+80	+12	+189	+273
6 日	+7	+120	–9	–28	+90	+363
7 日	+41	0	+32	0	+73	+436
8 日	+80	+120	+8	+17	+225	+661
9 日	+80	0	+39	–70	+49	+710
10 日	–50	–140	0	0	–190	+520
13 日	+41	+53	+29		+123	+643
14 日	+24	+87	+24	+10	+145	+788
15 日	+46	–140	+34	–140	–200	+588

续表

2007 年 8 月	欧洲交易时段		纽约交易时段		总计盈利	累计盈利
	欧元兑美元	英镑兑美元	欧元兑美元	英镑兑美元		
16 日	0	−50		−24	−74	+514
17 日	+80	+120	+80	+120	+400	+914
20 日	+2	−70	−2	−42	−112	+801
21 日	−32	−70	−50		−152	+649
22 日	+49	+66	−1	+20	+134	+783
23 日	−8	+74			+66	+849
24 日	+80	+78	+37	+64	+259	+1108
27 日	+15	+32	+7	+26	+80	+1188
28 日	−30	+24	+33	+44	+71	+1259
29 日	+64	+120	+34	+11	+229	+1488
30 日	0	0	−21	−24	−45	+1453
31 日	+18	−44	−35	−74	−135	+1318
总计	+578	+390	+331	+7		

表 14–10　汉斯 123 交易系统在 2007 年 9 月的交易绩效

2007 年 9 月	欧洲交易时段		纽约交易时段		总计盈利	累计盈利
	欧元兑美元	英镑兑美元	欧元兑美元	英镑兑美元		
3 日	+5	−26	+5		−26	−26
4 日	0	0	−54	0	−54	−80
5 日	+24	+45	+45	+72	+186	+106
6 日	+27	−140	+9	−111	−215	−109
7 日	+80	+59	+80	+47	+266	+157
10 日	−3	−37	−9	−10	−59	+98
11 日	+27	+42	+2	+2	+73	+171
12 日	+15	−71	+10	+2	−44	+127
13 日	−30	−110	+11	+38	−91	+36
14 日	+7	+76	−6	+18	+89	+125
17 日		+77	−9	+1	+69	+194
18 日	+80	+120	+80	+120	+400	+594
19 日	−9	+120	−80	−35	−4	+590
20 日	0	0	0	−34	−34	+556
21 日	−7	+60	−70	+24	+7	+563
24 日	+11	+26	+13	+20	+70	+633
25 日	+50	+32	+36	+31	+149	+782
26 日	−16	0	−13	−26	−55	+727
27 日	−29	+10	−39	−14	−72	+655
28 日	+80	+120	+59	+102	+361	+1016
总计					+1016	

表 14-11 汉斯 123 交易系统在 2007 年 10 月的交易绩效

2007 年 10 月	欧洲交易时段		纽约交易时段		总计盈利	累计盈利
	欧元兑美元	英镑兑美元	欧元兑美元	英镑兑美元		
1 日	−18				−18	−18
2 日	+25	−28		−41	−44	−62
3 日	+14	+61	+63	+13	+151	+89
4 日	−82	+59	−56	+11	−68	+21
5 日	+8	−44	+71	−62	−43	−22
8 日	+35	+14	+30	−2	+67	+45
9 日	+48	+16	+46	−62	+48	+93
10 日	+3	−31	−15		−43	+50
11 日	−50		−37	−23	−110	−60
12 日	−84	+14	−98	+40	−128	−188
15 日	−19	0	−2		−21	−209
16 日	−20	0	−22		−42	−251
17 日	0	0	0	0	0	−251
18 日	+24	0	+17	0	+31	−220
19 日	−5		−3	−17	−25	−245
22 日	+80	+120	−45	−26	+129	−91
23 日	+35	+120	+14	+36	+205	+114
24 日	−8	−15	+15	−95	−103	+11
25 日	+32	0	+5	−30	+7	+18
26 日	+8	−73	+6		−59	−41
29 日	−21	+39	−21	−7	−10	−51
30 日	+24	+42	+18	−1	+85	+34
31 日	−46	+58	−47	+13	−22	+12
总计					+12	

表 14-12 汉斯 123 交易系统在 2007 年 11 月的交易绩效

2007 年 11 月	欧洲交易时段		纽约交易时段		总计盈利	累计盈利
	欧元兑美元	英镑兑美元	欧元兑美元	英镑兑美元		
1 日	0	−50	−50	0	−100	−100
2 日	0	+44	0	−50	−6	−106
5 日	−25	+19	−8		−14	−120
6 日	+26	−15	+2	−13	0	−120
7 日	0	0	−36	−70	−106	−226
8 日	−5	+10	−10	−30	−35	−261
9 日	−39	+50	−3	+52	+60	−201
12 日	+69	+120	+8	+120	+317	+116
13 日		+20	−6	0	+14	+130
14 日	0	+50	−58	+120	+112	+242

续表

2007 年 11 月	欧洲交易时段		纽约交易时段		总计盈利	累计盈利
	欧元兑美元	英镑兑美元	欧元兑美元	英镑兑美元		
15 日	+28	+84			+112	+354
16 日	+8	+25	+22	+59	+114	+468
19 日			+27	−54	−27	+441
20 日	+64	+5	+32	−1	+100	+541
21 日	−60	0	+18	−26	−68	+437
26 日	−50	+7	−29	−65	−137	+300
27 日	−18	+4	−11	−106	−149	+151
28 日	−51	+16	+80	+120	+165	+316
29 日	−24	+15	−18		−27	+289
30 日	+30	−42	+80	+67	+135	+424
总计					+424	

表 14–13　汉斯 123 交易系统在 2007 年 12 月的交易绩效

2007 年 12 月	欧洲交易时段		纽约交易时段		总计盈利	累计盈利
	欧元兑美元	英镑兑美元	欧元兑美元	英镑兑美元		
3 日	−31	−81	−4	−29	−145	−145
4 日	+62	+23	+9	+16	+78	−67
5 日	+80	+120	+80	+57	+337	+270
6 日	−35	−70	+51	−40	−94	+176
7 日	+25	0	−6		+19	+195
10 日	+53	+60	−11	−8	+94	+289
11 日	0	+85	−7	+120	+198	+487
12 日	−21	−70	−98	−70	−256	+231
13 日	+80	−21	+80	0	+139	+370
14 日	+80	+120	+49	+71	+320	+690
17 日	−50	−69	+3	+4	−112	+578
18 日	−16	+21	−16	−11	−22	+556
19 日	0	+50	0	+72	+122	+678
20 日	+11	+32	+16		+59	+737
21 日	+30	−72	+16		−26	+711
24 日	+11	+34	+23		+68	+779
27 日	+80	0	+80	+28	+188	+967
28 日	+38	−59	−11		−32	+935
总计					+935	

汉斯 123 交易系统专门用于欧元兑美元以及英镑兑美元的日内交易，从表 14–1 至表 14–13 中可以看出，交易绩效针对的是欧元兑美元和英镑兑美元的走势，每个货币

基本上有两次交易，分别处于两个时区波幅突破之后。具体的汉斯 123 交易系统规则如下：

（1）进场规则。

每日 17 点，找到英镑兑美元和欧元兑美元当日 13 点到 17 点的最高价和最低价，下单 BuyStop 和 SellStop；每日 21 点，找到英镑兑美元和欧元兑美元当日 17 点至 21 点的最高价和最低价，下单 BuyStop 和 SellStop。其中 BuyStop＝最高价＋5，SellStop＝最低价－5。

（2）出场规则。

EUR/USD 的出场：止盈＝BuyStop＋80，止损＝BuyStop－50；止盈＝SellStop－80，止损＝SellStop＋50；有 30 点浮动利润时将止损移至开仓价位。

GBP/USD 的出场：止盈＝BuyStop＋120，止损＝BuyStop－70；止盈＝SellStop－120，止损＝SellStop＋70；有 40 点浮动利润时将止损移至开仓价位。

（3）辅助规则。

每日 7 点，平掉手上所有单子；如果交易者已经在某个方向上建立起了相应的头寸，并处于持仓过程中，但汇价却突破了另外一边，这时候你就应该平仓并反向建仓。当你最初持仓的止损处于区间内，则汇价会先触及止损再突破另外一边；当你最初持仓的止损处于区间之外，则汇价会先触及另外一边，这时候就不用等到止损触及了，应该在触及另外一边的时候就平掉最初的仓位并建立起相反的头寸。

汉斯 123 交易系统最初是由 Hans Van Der Helm 开发出来的，现在得到了欧美外汇界的高度关注，并不断有新的版本公布，其绩效不断上升，我们这里将其中一个版本的 MQL 源码给出，你可以自行研究，我们的下载网站也会提供某些版本的汉斯 123 指标系统和智能交易系统供你使用。

下面第一个源码是汉斯 123 智能交易系统（EA）指标系统，第二个源码是汉斯 123 指标系统，指标系统需要肉眼观察和判断，智能交易系统则可以自动交易，不过后者不能完全遵照系统最初设计的原意。

```
//+------------------------------+
//|       Hans123MV22 |
//|       Copyright? 2009, Dina |
//|
//+------------------------------+
#property copyright "Copyright? 2009, Dina"
```

```
//---- input parameters
extern int      Start1=10;              //begin of the first session; adjust by your broker
extern int      Start2=14;              //begin of the second session
extern int      EOD=24;                 //for closing orders at end of day
extern int      FridayClosing=23;       //broker friday closing time
extern bool     FirstSessionOnly=0;     //if it equals 1, it trades the first range only (for testing)
extern int      Length=4;               //length of range for determining high/low
extern int      Pips=5;                 //trigger above/bellow range
extern int      StopLoss=50;
extern int      BreakEven=30;
extern int      TrailingStop=0;         //if equals 0, it uses breakeven
extern int      TakeProfit=80;
extern double   Lots=1;

//+--------------------------+
//| expert start function
//+--------------------------+
int start( )
  {
  //----
  int i, Ticket, MN;

  //Normalize times
  if(EOD==24)EOD=0;
  if(FridayClosing==0)FridayClosing=24;

  //Setup comment
  string Text="Hans123"+Symbol( );
```

```
//Setup orders
if(Hour( )==Start1 && Minute( )<10){
   MN=1;
   SetOrders(Text,MN);
}
if(Hour( )==Start2 && Minute( )<10 && FirstSessionOnly==0){
   MN=2;
   SetOrders(Text,MN);
}

//Manage opened orders
for(i = 0;i < OrdersTotal( );i++){
     OrderSelect(i,SELECT_BY_POS,MODE_TRADES);
     if(OrderComment( )= =Text){
         //close open positions at EOD
         if(Hour( )==EOD ||(DayOfWeek( )> = 5 && Hour( )== FridayClosing-1
&& Minute( )> =50)){
             switch(OrderType( )){
             case OP_BUY:OrderClose(OrderTicket( ),OrderLots( ),Bid,3,Red);
             break;
             case OP_SELL:OrderClose(OrderTicket( ),OrderLots( ),Ask,3,Red);
             break;
             default: OrderDelete (OrderTicket( ));
             break;
         }
         Sleep(10000);
     }
     else {
         //move at BE if profit>BE
         if(TrailingStop==0){
```

```
        if(OrderType( )==OP_BUY){
          if(High[0]-OrderOpenPrice( )>=BreakEven*Point && OrderStopLoss( )<
OrderOpenPrice( )){
            OrderModify (OrderTicket ( ),OrderOpenPrice ( ),OrderOpenPrice ( ),
OrderTakeProfit( ),0,Green);
            Sleep(10000);
          }
        }
        if(OrderType( )==OP_SELL){
          if(OrderOpenPrice( )-Low[0]>=BreakEven*Point && OrderStopLoss( )>
OrderOpenPrice( )){
            OrderModify (OrderTicket ( ),OrderOpenPrice ( ),OrderOpenPrice ( ),
OrderTakeProfit( ),0,Green);
            Sleep(10000);
          }
        }
      }
      //use trailing stop
      else {
        if(OrderType( )==OP_BUY){
          if(High[0]-OrderStopLoss( )>TrailingStop*Point){
            OrderModify (OrderTicket ( ),OrderOpenPrice ( ),High [0]-Trailing
Stop*Point,OrderTakeProfit( ),0,Green);
            Sleep(10000);
          }
        }
        if(OrderType( )==OP_SELL){
          if(OrderStopLoss( )-Low[0]>TrailingStop*Point){
            OrderModify (OrderTicket ( ),OrderOpenPrice ( ),Low [0]+Trailing
Stop*Point,OrderTakeProfit( ),0,Green);
            Sleep(10000);
```

```
                }
              }
            }
          }
        }
      }

  return (0);
  }
//+--------------------------+

void SetOrders(string Text,int MN){
  int i,Ticket,Bought,Sold;
  double EntryLong,EntryShort,SLLong,SLShort,TPLong,TPShort;

  //Determine range
  EntryLong=iHigh(NULL,60,Highest(NULL,60,MODE_HIGH,Length,1))+(Pips/*+
            MarketInfo(Symbol(),MODE_SPREAD)*/)*Point;
  EntryShort=iLow(NULL,60,Lowest(NULL,60,MODE_LOW,Length,1))-Pips*Point;
  SLLong=MathMax(EntryLong-StopLoss*Point,EntryShort);
  SLShort=MathMin(EntryShort+StopLoss*Point,EntryLong);
  TPLong=EntryLong+TakeProfit*Point;
  TPShort=EntryShort-TakeProfit*Point;

  //Send orders
  for(i=0;i<OrdersTotal();i++){
    OrderSelect(i,SELECT_BY_POS,MODE_TRADES);
    if(OrderComment()==Text && OrderMagicNumber()==MN){
      if(OrderType()==OP_BUYSTOP||OrderType()==OP_BUY)Bought++;
      if(OrderType()==OP_SELLSTOP||OrderType()==OP_SELL)Sold++;
    }
```

```
      }
      if(Bought==0){ //no buy order
        Ticket=OrderSend (Symbol(),OP_BUYSTOP,Lots,EntryLong,3,SLLong,TPLong,
Text,MN,0,Blue);
          if(Ticket<0 && High[0]>=EntryLong)
            Ticket=OrderSend(Symbol(),OP_BUY,Lots,Ask,3,SLLong,TPLong,Text,MN,
0,Blue);
            Sleep(10000);
      }
      if(Sold==0){ //no sell order
        Ticket=OrderSend(Symbol(),OP_SELLSTOP,Lots,EntryShort,3,SLShort,TPShort,
Text, MN, 0, Magenta);
          if(Ticket<0 && Low[0]<=EntryShort)
          Ticket=OrderSend (Symbol(),OP_SELL,Lots,Bid,3,SLShort,TPShort,Text,MN,
0,Magenta);
            Sleep(10000);
      }
      //Check orders
      for(i=0;i<OrdersTotal();i++){
        OrderSelect(i,SELECT_BY_POS,MODE_TRADES);
        if(OrderComment()==Text && OrderMagicNumber()==MN){
          if(OrderType()==OP_BUYSTOP &&(MathAbs(OrderOpenPrice()-EntryLong)>
Point
          || MathAbs(OrderStopLoss()-SLLong)>Point || MathAbs(OrderTakeProfit()-
TPLong)>Point))
              OrderModify(OrderTicket(),EntryLong,SLLong,TPLong,0,Blue);
          if(OrderType()==OP_SELLSTOP &&(MathAbs(OrderOpenPrice()-EntryShort)
>Point
          || MathAbs(OrderStopLoss()-SLShort)>Point || MathAbs(OrderTakeProfit()-
TPShort)>Point))
              OrderModify(OrderTicket(),EntryShort,SLShort,TPShort,0,Magenta);
```

```
    }
  }
}
```

《5 分钟动量交易系统》和《外汇交易进阶》出版以后大受欢迎，出现了一些仿冒书名的作品。

下面是汉斯 123 交易系统的指标源码，也用于 Metatrader 4.0 交易平台，这是一个全球广泛使用的交易平台，关于该平台的使用方法可以参看**《5 分钟动量交易系统》或者是《外汇交易进阶》**等书，也可以登录我们的网站下载使用手册。

```
//+--------------------------+
//|          Hans Breakout.mq4          |
//|          Copyright 2009 Dina          |
//+--------------------------+
#property copyright " 520fx.com"
#property link      " http: //www.520fx.com"

#property indicator_chart_window
#property indicator_buffers 4
#property indicator_color1 Red
#property indicator_color2 Blue
#property indicator_color3 Red
#property indicator_color4 Blue

extern int      Breakout_Pips=5;
extern int      Exit_Hour=23;
extern int      From_Hour_1=6;
extern int      From_Minute_1=0;
extern int      To_Hour_1=9;
extern int      To_Minute_1=59;
extern int      From_Hour_2=10;
extern int      From_Minute_2=0;
extern int      To_Hour_2=13;
```

```
extern int      To_Minute_2=59;
extern int      Bars_Count=10000;

//---- buffers
double v1[ ];
double v2[ ];
double v3[ ];
double v4[ ];

int init ( )
  {

  IndicatorBuffers (4);

  SetIndexArrow (0, 159);
  SetIndexStyle (0, DRAW_ARROW, STYLE_SOLID, 1, Red);
  SetIndexDrawBegin (0, -1);
  SetIndexBuffer (0, v1);
  SetIndexLabel (0,"High1");

  SetIndexArrow (1, 159);
  SetIndexStyle (1, DRAW_ARROW, STYLE_SOLID, 1, Blue);
  SetIndexDrawBegin (1, -1);
  SetIndexBuffer (1, v2);
  SetIndexLabel (1,"Low1");

  SetIndexArrow (2, 159);
  SetIndexStyle (2, DRAW_ARROW, STYLE_SOLID, 1, Red);
  SetIndexDrawBegin (2, -1);
  SetIndexBuffer (2, v3);
  SetIndexLabel (2,"High2");
```

```
    SetIndexArrow (3, 159);
    SetIndexStyle (3, DRAW_ARROW, STYLE_SOLID, 1, Blue);
    SetIndexDrawBegin (3, -1);
    SetIndexBuffer (3, v4);
    SetIndexLabel (3,"Low2");

    watermark();

    return(0);
   }

  int start()
   {
   int i;
   int shift;
   double price;
   datetime calculated1,calculated2;
   double pipsBreakout = Breakout_Pips * Point;
   i = Bars_Count;
   while(i>=0)
     {
     // High/Low 1
     datetime today = StripTime(Time[i]);
     int nowMins = TimeHour(Time[i])* 60 + TimeMinute(Time[i]);
     if(calculated1 < today && nowMins >(To_Hour_1 * 60)+ To_Minute_1)
     {
       calculated1 = today;
       double highest1 = High[GetHighest(Symbol(),Period(),MODE_HIGH,Time[i],
From_Hour_1,From_Minute_1,To_Hour_1,To_Minute_1)];
       double lowest1 = Low [GetLowest (Symbol (),Period (),MODE_LOW,Time[i],
```

```
From_Hour_1,From_Minute_1,To_Hour_1,To_Minute_1)];
        }
        if(calculated1 == today && nowMins < Exit_Hour * 60)
        {
          v1[i] = highest1 + pipsBreakout;
          v2[i] = lowest1 - pipsBreakout;
        }

        // High/Low 2
        if(calculated2<today && nowMins >(To_Hour_2*60)+ To_Minute_2)
          {
          calculated2 = today;
          double highest2 = High[GetHighest(Symbol(),Period(),MODE_HIGH,Time[i],
From_Hour_2,From_Minute_2,To_Hour_2,To_Minute_2)];
          double lowest2 = Low [GetLowest (Symbol (),Period (),MODE_LOW,Time[i],
From_Hour_2,From_Minute_2,To_Hour_2,To_Minute_2)];
        }
        if(calculated2 == today && nowMins < Exit_Hour * 60)
        {
          v3[i] = highest2 + pipsBreakout;
          v4[i] = lowest2 - pipsBreakout;
        }

        i--;
      }
     return (0);
    }

  //+---------------------------+

  datetime StripTime(datetime dt)
```

```
{
  return(dt -(TimeHour(dt)*3600)-(TimeMinute(dt)*60)- TimeSeconds(dt));
}


//+--------------------------+
//| Get highest/lowest bar between a time period.          |
//+--------------------------+
int GetHighest (string symbol,int timeframe,int price_mode,datetime date,int from_hour,int from_minute,int to_hour,int to_minute)
 {
  date = StripTime(date);
  datetime from_time = date +(from_hour * 3600)+(from_minute * 60);
  datetime to_time = date +(to_hour * 3600)+(to_minute * 60);
  int from_bar = iBarShift(symbol,timeframe,from_time,false);
  int to_bar = iBarShift(symbol,timeframe,to_time,false);
  int hh = Highest(symbol,timeframe,price_mode,from_bar - to_bar + 1,to_bar);
  return(hh);
 }


int GetLowest(string symbol,int timeframe,int price_mode,datetime date,int from_hour,int from_minute,int to_hour,int to_minute)
 {
  date = StripTime(date);
  datetime from_time = date+(from_hour * 3600)+(from_minute * 60);
  datetime to_time = date+(to_hour * 3600)+(to_minute * 60);
  int from_bar = iBarShift(symbol,timeframe,from_time,false);
  int to_bar = iBarShift(symbol,timeframe,to_time,false);
  int ll = Lowest(symbol,timeframe,price_mode,from_bar - to_bar + 1,to_bar);
  return(ll);
 }
```

```
void watermark()
  {
  ObjectCreate("Dina",OBJ_LABEL,0,0,0);
  ObjectSetText("Dina","www.520fx.com",15,"Times New Roman",Yellow);
  ObjectSet("Dina",OBJPROP_CORNER,2);
  ObjectSet("Dina",OBJPROP_XDISTANCE,5);
  ObjectSet("Dina",OBJPROP_YDISTANCE,10);
  return(0);
```

下面我们来看汉斯 123 交易法（时区突破交易法）图例示范，下面分别是四个示范的例子，都是英镑兑欧元，我们采用的是 5 分钟图来把握时区波幅突破。先来看第一个实例，请看图 14–11，英镑兑美元走势在形成第一时段区间之后价格向下若干次突破，这触发了进场做空的机制。进场做空之后，市场折返，触及止损，基本同时触及第一时段区间和第二时段区间的上边沿进场点，触发了进场做多机制。进场做多之后，市场开始恢复下降的趋势，不久先后触及止损点，同时触发第二时段区间的下边沿进场点，于是进场做空，并按照汉斯 123 交易法的相应规则设定止损。随着行情的发展，开始移动止损点，最终以 130 点止盈出场。

图 14–11　汉斯 123 交易系统（时区突破交易系统）示范（1）

下面我们来看第二个实例，请看图 14-12。英镑兑美元在第一时段区间形成之后迅速向上突破，触及进场做多规则，此后汇价一路上涨但是并未触及盈利。在此上涨过程中，当头寸有 40 点盈利的时候，止损移动到盈亏平衡点，所以价格的回落刚好触及此盈亏平衡点出场。此后汇价一路上扬到第二时段区间的上边沿进场点，于是进场做多，不过不久之后汇价回落触及止损点。此后汇价并没有下落触及两个时段区间的下边沿进场点，于是全天没有再交易。

图 14-12　汉斯 123 交易系统（时区突破交易系统）示范（2）

下面我们来看第三个实例，请看图 14-13。当英镑兑美元汇价形成第一时段区间之后不久，汇价就向上触发了第一时段区间的做多进场点，当头寸有 40 点盈利的时候，向上移动止损到盈亏平衡点。此后，汇价回落到盈亏平衡点附近，头寸出场。之后英镑兑美元大幅度上升，向上触发了进场做多规则。进场之后，汇价有所反复，但是并未触及止损，于是一直持仓到第二天开盘方才薄利平掉。

最后，我们来看第四个实例，请看图 14-14。在第一时段区间形成之后不久，市场开始上升触及上边沿的进场点，于是我们进场做多，并设定相应的止损点。价格上涨途中稍作停顿又继续上涨，当第二时段区间形成之后，市场继续上涨触及了此时段区间的上边沿进场点，于是我们再进一单做多。上涨过程中，我们相应移动初始止损点到盈亏平衡点，汇价气势如虹，最终触及 130 点的止盈目标而出。

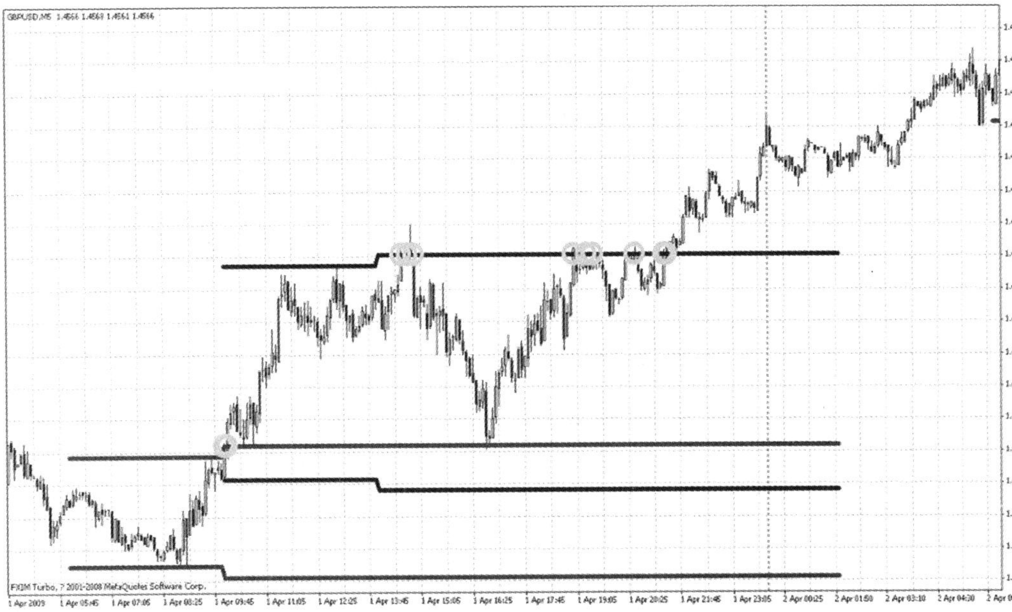

图 14–13 汉斯 123 交易系统（时区突破交易系统）示范（3）

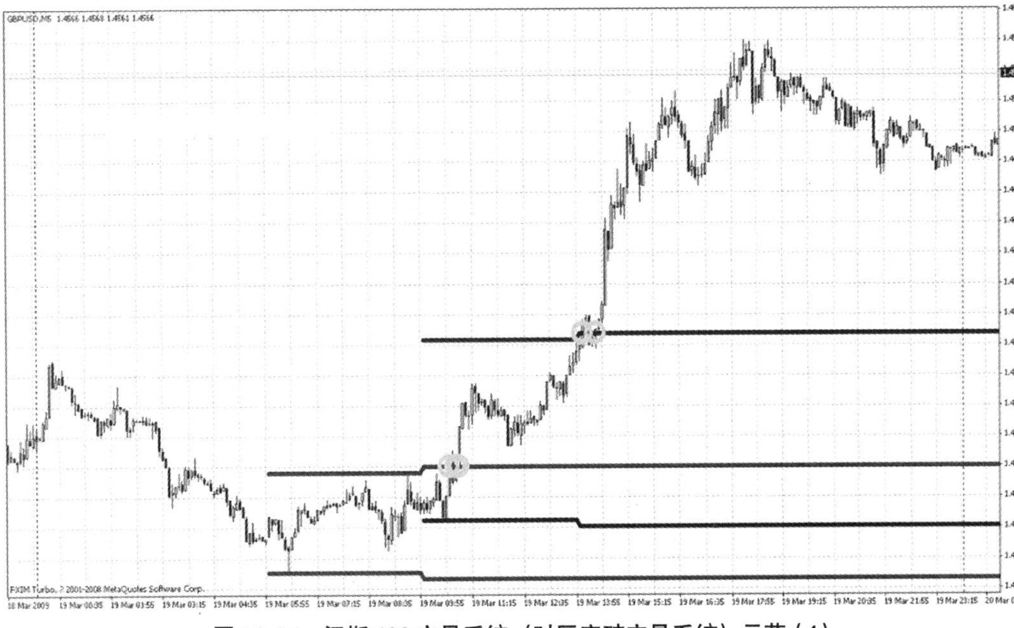

图 14–14 汉斯 123 交易系统（时区突破交易系统）示范（4）

本课先后介绍了三种与开盘区间突破相关的专门交易方法，这类方法都存在一个内在一致的结构，这就是开盘区间将市场划分为了两个部分，**亚洲市场的相对盘整和**

为什么亚洲时段容易盘整，或者是单边走势中的修正，而欧洲时段则容易形成趋势？最关键的原因在于主要交易货币涉及欧美国家，而这些国家的经济数据发布集中在他们的工作时段，同时伦敦的外汇交易量是全球最大的。

欧美市场的相对趋势。其实，许多成功的交易策略都是基于此种模型，比如期货交易中大名鼎鼎的周规则。区间突破隐藏的模型是什么呢？我们称之为“市场敛散走势的内在机制”，在《黄金高胜算》中我们谈到了“敛散”，但是没有透露这一模型。由于本书是针对高级交易者的，所以能够让大家在以前知识和经验的基础上搞懂这一“普遍的交易结构”，毕竟这一结构是当今许多有效交易策略建立的基础。什么是“市场敛散走势的内在机制”？请看图 14–15，虽然开盘区间突破交易法中蕴含了这一机制，但是这一机制并不局限于在开盘区间突破走势中发挥作用。这一模型将市场划分为两个阶段，两个阶段是既相互对立，又相互统一的。第一个阶段是“散户时段”：市场筹码分散，仓位分散，处于震荡走势，缺乏活跃氛围，买卖力量都处于弱势状态，这一走势的末端开始有主力介入，他们的目的是测试上下价位的买卖力量，同时通过触发止损来试图制造走势冲力，这个过程我们称之为“试力”，好比太极和意拳中的试力过程，试力是为了发力。为什么要“试力”？这是因为主力要寻找“阻力最小路径”，与用兵之道相合——“避实击虚”。找到顺应力道之处，则全

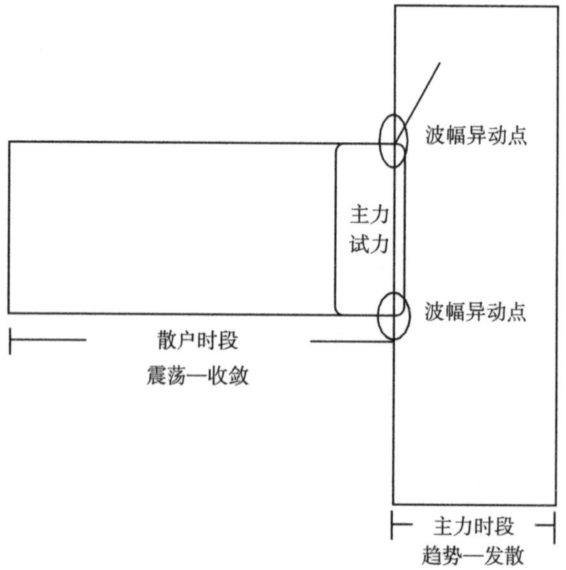

图 14–15　市场敛散走势的内在机制图

力推进，然后突破开始，趋势成形，这就是第二个阶段“主力时段”。从散户时段到主力时段有**波幅异动点**，这就是“节点”，外汇市场中的这个节点还是有一些规律的，特别跟三大市场的轮换和交接有关，这个大家要自己把握。关于“敛散分析”和“节点捕捉的一般原理”可以参看《黄金高胜算交易》的相关章节。

外汇市场的成交量不太容易获得，平台成交量虽然也有一定代表性，但是用起来还是不太准确，不过做个参考。成交量异动点其实比波幅异动点更能准确预测主力的动向。

下面我们结合两个实例来推演一下“市场敛散走势的内在机制图”，一旦你掌握其中的“诀窍”，则你完全能够做到“以无法为有法，以无限为有限”，推导和设计出别具一格的区间突破交易法，而这些方法一定能够与周规则、英镑择时交易法、汉斯交易法相媲美。请看第一个例子，这是欧元兑美元的 5 分钟走势，见图 14-16。在澳洲和亚洲时段，市场处于震荡走势，毕竟两个时段的交易力量一般处于弱势，所以交易清淡，处于震荡收敛走势。之后逐步进入欧洲时段，这是外汇交易的最大势力市场，主力开始试力，上推下拉，寻找“阻力最小路径”。主力很快就向上突破成功并且在区间顶部获得进一步上涨的支撑，这表明“阻力最小路径”被确认，

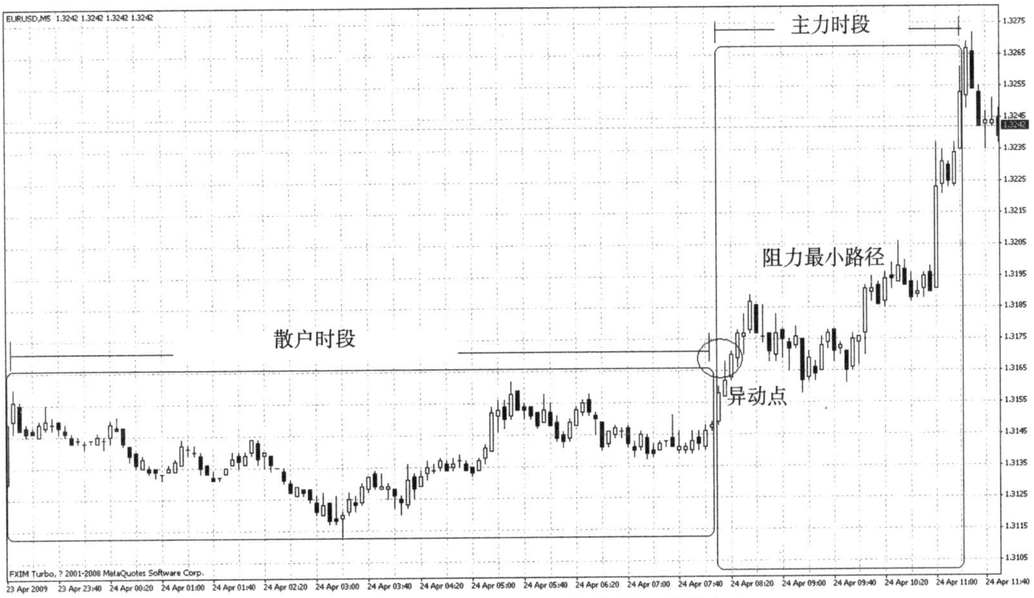

图 14-16　外汇市场走势中的敛散机制图（1）

结合我们在《黄金高胜算交易》中提到的“N 字法则”，你应该很快知道趋势的确立。当然，如果你是《5 分钟动量交易系统》的读者，则你应该可以结合均线和 MACD 柱线穿越去识别波幅异动点。布林带是波幅异动点的良好识别武器，从《黄金高胜算交易》的“形态敛散分析理论”和《外汇交易圣经》的“鞍马式交易策略”（本书也有涉及）中可以发现这一点。

波幅异动点、重要数据发布时间点、成交量异动点三者容易重叠，进而相互确认。

下面我们再来看第二个实例，请看图 14-17，这是美元兑日元的 5 分钟走势图。汇价同样是在澳洲和亚洲时段处于震荡走势，交易清淡，临近欧陆和英伦开盘时主力入场试盘，首先是往下试盘，很容易触发多单在区间底部的止损，并引发大量的买单介入，**“阻力最小路径”确认，汇价不断大幅度下跌。**

图 14-17　外汇市场走势中的敛散机制图（2）

开盘价是非常重要的，广义的开盘价更为重要，市场在真正的趋势走势之前都会有试探，而试探之前都会有一段“鸡肋时期”，也就是没有主力介入的时期。**外汇市场上的主力出没都有日内规律性，**所以比起其他市场相对而言更好把握，期货市场的主力出没需要看持仓量和成交量，而股票市场的主力出没则需要看成交量和异常大单。**开盘价非常重要，开盘区间更为重要，而敛散机制中隐含的博弈路线图则最为重要。**技术分析研究的是影子，但是我们不能忘了研究影子的目的是掌握物体本身的运动。当下的技术分析忽视了这一点，所以**我们提倡基于统计学和心理学的技术分析复兴，这是“技术分析界的文艺复兴”。**本课的主要目的是通过特定市场时段开盘区间突破交易法，让读者掌握敛散走势背后的机制所在，为创造自己的交易策略打下坚实的方法学基础。

对技术分析形态和指标、策略等范畴的有效性统计可以帮助我们更好地审视这些手段。但是要真正搞清楚为什么，还是需要从博弈论的角度出发。统计数据并非重点，而是起点，我们需要对这些数据背后的逻辑进行解读。

【开放式思考题】

在研读完第十四课的内容之后，可以进一步思考下列问题。虽然这些问题并没有固定的标准答案，但能够启发思考，跳出来看某些观点。

1. 本课提到“开盘区域往往是主力试探挂单分布和仓量分布的区域，当此区域被突破之后自然表明主力已经通过前期试探找到了阻力最小路径”。如何避免开盘区间的假突破呢？

提示：结合更高时间级别的趋势和驱动面背景！

2. 本课提到“Camarilla方程利用了一些不证自明的特性去定义市场的行为，也就是说绝大多数时候日内市场走势有一种回归中值的倾向”。回归中值的价格行为会体现为什么现象？

提示：周期！

3. 本课提到“因为趋势本身具有持续性，所以能够达到这一幅度要求，这就是让趋势自己证明自己”。如何让趋势自己证明自己？

提示：突破！

【进一步学习和运用指南】

1. 有兴趣的话可以了解下“市场轮廓理论”（TPO），不过事实上这个理论更适合场内交易的品种，思考一下为什么。

2. 从散户时段到主力时段有波幅异动点 ，这就是“节点”，外汇市场中的这个节点还是有一些规律的，特别跟三大市场的轮换和交接有关。《外汇狙击手》提到了部分规律，不过大家最好自己复盘一下主要外汇品种的日内走势规律吧。

第十五课

以局部成交量确定最佳平仓点：以1分钟图交易为例

细节处见到功夫，交易如此，交易系统设计更是如此！

——Bull

在扑克牌游戏中，选桌的技巧也是影响盈利的最重要因素。你的对手会直接影响你的博弈成绩……只要你用谷歌搜索“最重要的扑克技巧”，你会发现任何一种版本的讲解都会把选桌放在前几名重要的位置上。

——Mike Bellafiore

获得了新的观念之后，我们的世界观改变了。我们心中有了新的武器，对于自己的能力有了完全不同的认识，对于应该关注什么，应该忽略什么，对于事情优先级的认识都完全不同了。从某种程度来说，我们变成了与之前完全不同的人。

——Gary Klein

外汇市场是全球性的市场，没有固定的集中交易场所，MT4.0上的成交量是局部成交量，但是也具有反映整体成交量的样本作用。我们多年的交易发现，1分钟图上的成交量对于交易者的分析具有很好的指导作用，这无疑是外汇交易者的福音，**因为终于多了一个汇价之外的技术信息来源。**

相互独立的信息源对于提高判断的准确性相当重要。技术分析的信息来源往往局限于价格，而心理分析和基本分析的信息来源则要广泛得多。

成交量是市场参与者行为的直接体现，而价格是参与者行为的最终体现。在博弈论中成交量是市场参与方采取行动的结果，而价格则是多方行动的动态均衡结果。**外汇市场存在着重复的价量形态，这些形态反映了交易者的心理和行为**

金融市场的本质是博弈，基本面提供了一个背景或者说格局，决定了报酬分布。而参与者的能力和动机以及预期，则决定了他们在特定格局下的行动。

变化，以及大众的聚散。在短期汇价的决定方面，市场情绪比逻辑推理更具有决定性的力量，而大众情绪的高潮往往意味着走势的反转，因为"当最后的看多者进场时，市场向上的动量就无以为继了"。

本课传授的交易分析方法是通过观察外汇交易者制造的成交量来衡量"群众规模"的大小，毕竟群众参与规模是趋势反转的最佳指标之一。在1929年大萧条前抛出股票的不是价值投资之父本杰明·格雷厄姆，也不是某些技术交易大师，而是巴鲁克，他发现连街边擦鞋小工都全力进入了股市，这好比是"最后一个进场的多头"，市场的顶部已经来临，所以他全仓而出，终于获得了最大的成功。他所依据的原理和本课传授的原理相同，不同之处在于：第一，他将原理用于股票市场，而我们用之于外汇市场；第二，他着眼于日间交易，而我们着眼于日内交易；第三，他是通过"草根调查"的方式确认大众参与规模和情绪癫狂度，而我们是通过分析平台上现成的"成交量"指标来研判。

市场以损害绝大多数人利益却符合绝大多数人天性的方式前进，这就是"阻力最小路径"。这体现为市场中赚钱的人总是少数，当绝大多数人参与时行情便到头了。本课讲到的原理也见于《外汇交易进阶》一书中的利用外汇期货持仓变化来预测走势的反转：当持仓达到极点的时候，价格反转也就开始了。当然，《外汇交易进阶》中的期货持仓主要是用来预测市场情绪的变化，属于心理分析的范畴，这在《外汇交易三部曲》中将会进行更为全面和深入的传授。

成交量在外汇交易中很少被重视，当初我们步入外汇交易界的时候也没有办法获得成交量，不过随着 Metatrader4.0 软件的出现，平台成交量可以为技术交易者所获得，这就为外汇交易者开启了另外一扇大门，也意味着技术分析在原来价格运动单一维度上增加了成交量这个新的维度。由于人的天性几千年来没有发生根本性的变化，所以某一个群体的行为往往是整个人类群体行为的良好样本，因此虽然平台成交量只是整个外汇市场成交量的极小部分，但是往往却是后者的良好代表，这或许是行为金融学提到的“行为分形”吧，**也就是说金融市场中个人的行为是小群体行为的全息影像，而小群体行为又是整个群体的全息影像。**

足够的样本数才能达到统计学上的代表性。

本教程的最后部分将会涉及进场和出场的具体方法分类，其中有一种出场方法被称为“同位出场法”。这种方法的主要特征是根据当下的信息来把握最佳的出场点，而本课介绍的“局部成交量出场法”就是“同位出场法”的典型代表，**在权证的分时交易技巧上这种出场方法也运用得非常普遍，简单而言就是当成交量创出显著的极点**（此水平的成交量显著高于此前的水平，紧跟的成交量并没有创出新高）**时卖出**，请看图15-1。

分时图中的成交量峰值对应的价格如果被跌破，则表明主力在卖出。

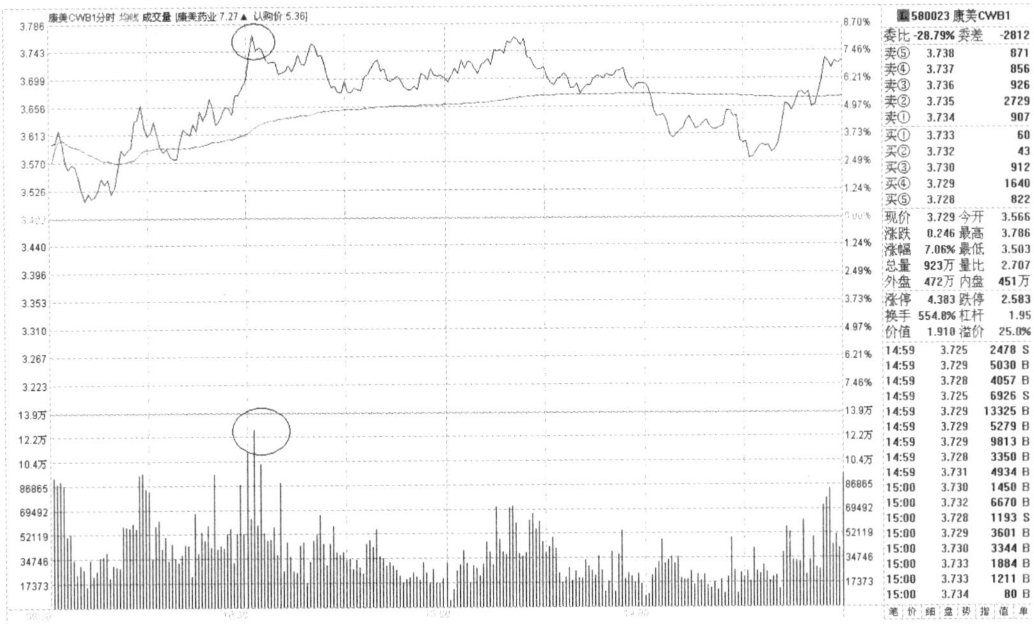

图15-1　权证中的成交量峰值卖点

外汇市场中的日均成交量在中短期内都比较稳定，也就是说一个月内的成交量比较稳定，一般**只有某些金融和经济重大的结构性变化会导致日均成交量水平显著上升或者下降，**比如次贷危机引爆的金融动荡。本书主要针对的是货币日内投机交易者，这也是我们不详细论述日间成交量变化的另外一个重要原因。外汇日内交易的最小时间结构是 1 分钟，最大时间结构是 4 小时，当然你可以根据平台提供的功能创设新的时间结构，不过我们仍以绝大多数日内交易者采用的时间框架为背景来介绍。本课主要介绍 1 分钟图上的成交量对交易者的操作价值，也顺便会提及其他交易时间框架上外汇平台成交量的使用。

外汇市场中的成交量很难全面统计，更别说针对日内小时段交易量的统计，这使得不少外汇交易者丧失了相对于股票交易者的优势，不过像 MT4.0 这样的平台仍旧提供了平台成交量供交易者参考，这是非常有价值的指标，值得我们大家去深挖。我们说平台成交量价值，有一个非常重要的前提，这就是你懂得如何去分析外汇走势中的成交量，掌握其特点，而不是将股票市场的成交量分析策略套用在上面。股票市场的成交量前后非常连贯，不太容易受到品种和市场本身结构的制约和扭曲，而期货市场和外汇市场却缺乏这样的连贯性，所以往往在分析成交量的时候需要考虑许多股票成交量分析者忽略的方面，比如全球市场时段特点和宏观基本面的异常动态。

在介入外汇市场的最初几年，我们也像现在绝大部分交易者一样根本不知道外汇平台提供的成交量，即使知道也往往忽视其存在和价值。不过，经过多年日内交易的洗礼，我们深深明白了一个道理：**绝大多数交易者忽视的地方，也就是绝大多数交易者的盲点所在，往往就是超额利润的源泉，**所以我们开始潜心于外汇交易平台成交量的专门研究和应用。研究的结果与市面上关于股票成交量的结论有类似的地方，不过也有特别之处，本课就与大家分析我们研究中一些与实际交易密切相关的结论。

我们对外汇成交量的长期研究得到惊人的结论，主要货币对 1 分钟走势图上的波段高点和低点往往对应着成交量的高点，而且这类成交量高点往往以脉冲放量的形式出现。请看图 15-2，这是欧元兑美元的 1 分钟走势图，这幅图是我们随意从 MT4.0 主要币种 1 分钟走势图中摘出来的一幅图，其中的成交量高点很明显地对应着汇价的波段高点和低点。这幅图反映出外汇市场和股票市场成交量特征的一个显著区别：股票市场成交量的高点对应着价格的高点，而成交量的低点对应着价格的低点，俗称“天量见天价，地量见地价”；而外汇市场的高点和低点基本都对应着成交量的高点。为什么会有这样的情况出现呢？主要是因为外汇市场是两种货币的买卖，双向交易非常对称，而股票则是货币对股票的买卖，虽然国外市场也有做空交易，但是比起做多交易受到的限制很多，所以不是对称的，A 股市场更是如此。

为什么成交量的高点对应着汇价走势的反转？这里面的东西如果高深地讲就是行为金融学和群体心理学的原理，如果通俗地讲就是“人多的地方钱不好赚”。从行为金

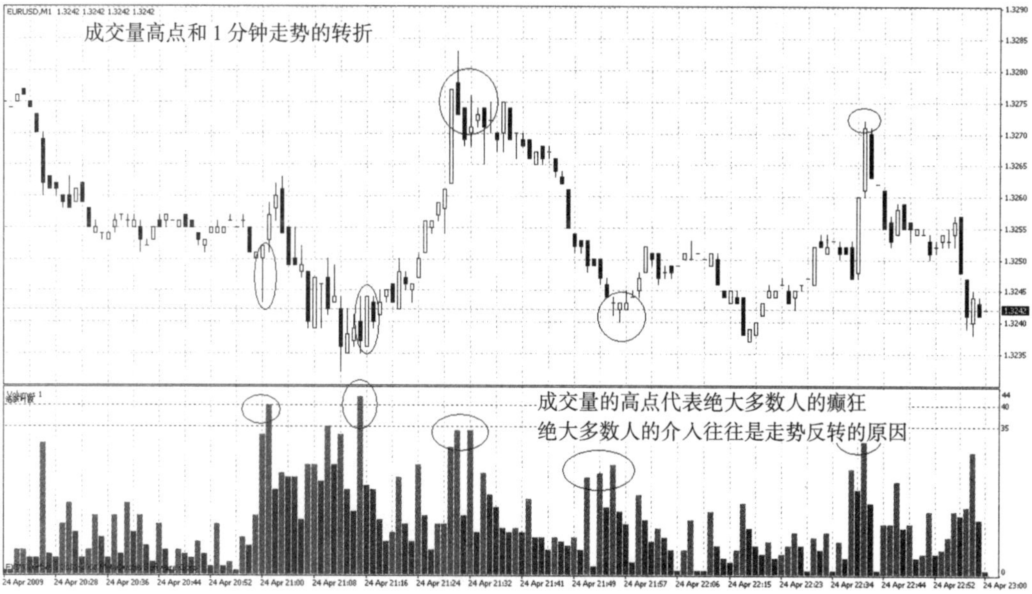

图 15-2 欧元兑美元 1 分钟走势图中的价量特征

融学和群体心理学的角度来讲，人具有盲从性和社会性，一**旦绝大多数人同方向入场操作的话，则后续力量就缺乏了，这样行情就会反转**。比如，当欧元兑英镑开始上升的时候，有部分人做多欧元兑英镑，但是随着新做多交易者的不断加入，最后场外能够加入做多行列的交易者就越来越少了，行情缺乏继续上涨的“燃料”，自然就下跌了。另外，从一个较深的“宇宙自我维护”哲学的角度来看，市场也是有生命的，**市场会尽力维持自己的存在**，并极力发展自己的规模，如果市场上绝大多数交易者都赚钱，则市场必然无法维持自己的存在，因为这些钱只能来自这个市场的承载者，也就是经纪商和市场组织者，这肯定不现实。经纪商和市场组织者在赚钱，少数交易者在赚钱，这意味着绝大多数交易者在亏钱，绝大多数人在供养着“生态金字塔”塔尖上的“少数派”，这就是市场的根本特征之一，市场倾向于往绝大多数人实际亏损的方向前进，或者以导致绝大多数人实际亏损的方式前进。当成交量放大到极点的时候，往往就是绝大多数人入场的标志，市场必须反转，否则市场自己无法产生资金提供给如此多的胜者。

天量表明大资金有动作，这个动作是平仓还是建仓，这是要考虑的关键问题。

1分钟走势图上的成交量变化可以为我们的平仓出场提供很好的信号，不过本课在正式展开这一主题之前，先来让大家对外汇市场成交量的意义有更深和更广的认识。请看图15-3，成交量的特殊状态往往可以告诉技术交易者市场处于趋势发动的可能性有多大。无论你交易什么品种，只要你是纯价格走势者，你就不可能知道市场在短期内出现特定市况的概率是否很大，具体而言就是如果你进行纯价格的技术分析，则你只能跟随价格走势，而不能判断出当前走势是单边的概率大，还是震荡的概率大。**纯价格技术分析只有一个正确的法则：跟随而作，而不是预测。在某种范围内，就绝大多数交易者而言这无疑是正确的，但这是有前提的。纯价格的技术分析无法告诉你当前市场处于单边市的可能性大，还是处于震荡市的可能性大，而纯价格之外的分析方法却能够告诉你部分答案，这对于技术交易者而言无疑是福音。技术分析的圣杯在于技术分析之外，技术分析试图解决一个问题：市场当前是处于单边市，还是震荡市？但是，恰恰这个问题又不是技术分析能够解决的，技术分析能够做到的是跟随，而不是预测，所以它不可能告诉交易者当下的走势是什么，不是什么。它只能通过控制仓位来适应走势，从而在震荡走势中亏小钱，在单边走势中赚大钱。**那么，技术分析的圣杯在于区分市况，而成交量等非价格信息可以帮我们抓住圣杯的一只脚。图15-3是欧元兑美元的5分钟走势图，当成交量处于低迷期时，交投稀少，这表明市场的主力（庄家和对冲基金在我们脑海中都是一个概念，那就是短期逐利的大资金拥有者）入市，这时候市场处于单边行情或者说发动单边行情的概率很小。当成交量稀少的时候，汇价的走势往往也处于震荡状态，这个可以“马后炮”地归纳出来，也可以“妙算于帷幄之中”，成交量是价格波动的原因，“量为价先”，成交量是博弈参与者的行为，而价格是博弈动态均衡的结果。先有行为才有结果，如果我们想要知道影子怎么动，就要看清楚人本身是怎么动的，成交量可以帮我们洞悉价格这个影

包括止损在内的仓位管理是纯技术交易者的安全网和盈利法宝。

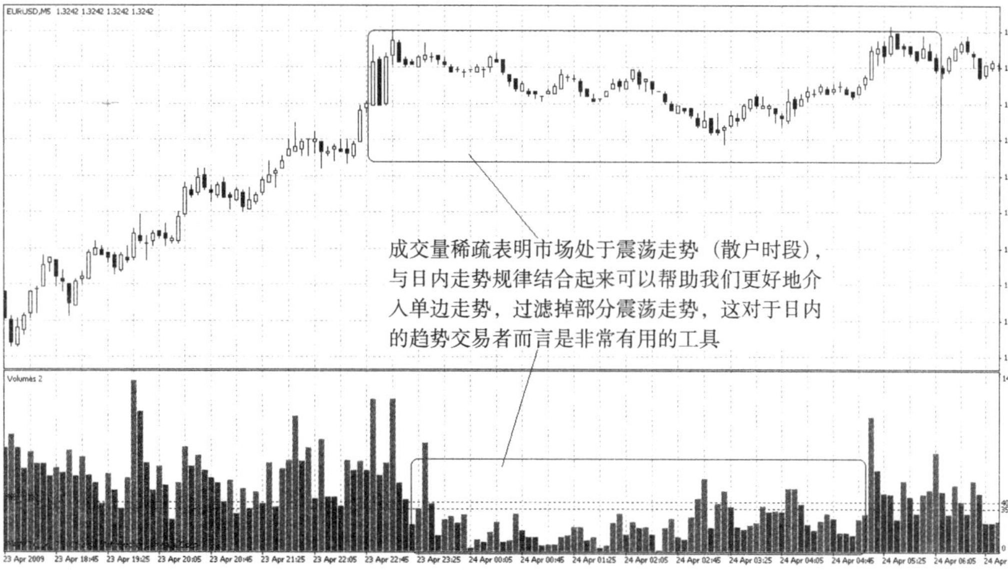
EURUSD,M5 1.3242 1.3242 1.3242 1.3242
成交量稀疏表明市场处于震荡走势（散户时段），与日内走势规律结合起来可以帮助我们更好地介入单边走势，过滤掉部分震荡走势，这对于日内的趋势交易者而言是非常有用的工具
Volumes 2

图 15-3 成交量对于趋势的甄别作用

子的动向。

成交量往往处于交易者关注的边缘，闻名于世的交易大家，比如杰西·利弗摩尔和理查德·丹尼斯等对于成交量的关注不多（**但是利弗摩尔比丹尼斯胜出一筹的方面是利弗摩尔关注市场的情绪**），他们往往都是以"Trend following"（趋势跟踪）和"金字塔加仓法"为核心，他们认为技术交易不应该含有预测的成分，应该让走势自己来告诉交易者怎么去操作。但是，当今绝大多数交易学习者，甚至成功的趋势跟踪交易者都将这一观念进一步绝对化了。利弗摩尔和丹尼斯认为（基于价格的）技术分析不能预测，但并没有说过价格类技术分析之外的分析方法不能预测和甄别当下市况的性质。

其实，基本分析在利弗摩尔那里有一点苗头，但是还未形成明确的概念，当然更谈不上体系了。

图 15-3 向我们部分展示了成交量对于趋势的甄别作用，而这对于传统技术交易者而言无疑是撒手锏，因为传统的成功技术交易者都明白价格分析不能预测市场走势，只是提供基于概率论的交易结构和仓位管理基础。技术交易者永远不可能找到一种能够同时交易趋势走势和震荡走势的单一工具，**即使将一套震荡走势交易工具和一套单边走势交易工具糅合在一起，基本也相当于什么交易都做不了**。下面是自称发明了一

技术分析不能预判市场的性质，这就好比温度计一样，我们只能知道过去和当下的温度，却不能根据温度计预测未来的温度走势。

套可以同时交易震荡走势和单边走势的外汇交易者的故事和他的交易系统。

著名的外汇交易员 S. A. Ghafari 曾经设计出一个据说能够同时在震荡走势和单边走势中获利的交易系统。Ghafari 这样讲述他开发出这个外汇交易系统的经历：7 年前在他长时间地对经济走势进行了研究之后，他突然发现自己掌握了一些经济概念的财富意义，似乎他能够凭借自己的前瞻思维在几个月之内从金融市场上赚取丰厚的利润，随着时间的流逝，发现事实并不像他想象的那样，他陷入到了深深的失望当中。不久之后，他遇到一个大学校友，从校友口中他得到了一些关于外汇交易的信息。他并不满足于简单的信息，于是向该校友询问了更进一步的关于外汇交易的信息，比如如何交易之类的问题。当 Ghafari 自己开始从事外汇交易时，他发现了一个很普遍的问题，这就是：每次当自己利用趋势交易工具入场之后市场都转而进入了沉闷的震荡走势，或者说区间走势，几次假突破之后，先前辛苦赚取的利润全回吐给了市场；每次当自己利用震荡交易工具入场之后，市场又开始了单边走势，情况变得更糟糕了。在经历了长达一年多的失败之后，Ghafari 决定除非自己知道市场情绪以及如何控制自己的情绪适应交易，否则绝不开立任何头寸。

Ghafari 认为应该避免交易策略过于复杂，这与我们本书提到的“奥卡姆剃刀原理”是一致的。同时他认为唯一能够将你带向盈利之门的力量是你自己对市场行为的理解和坚守简单指标发出的信号。他认为无论如何交易者只有一个神奇的指标是不够的，通常需要两个互补的指标去产生一个可靠的交易信号，而这个交易信号无论是对于震荡走势还是趋势走势都是可靠的。Ghafari 的交易系统的配置是这样的：

◇ 参数分别为 13、21 和 55 的三条指数移动平均线（EMA），三条线分别为绿色、蓝色和红色；

◇ 参数为（8，21，8）的 MACD 指标；

◇ 参数为 21 的相对强弱指标（RSI），并标注 50 的中线。

Ghafari 交易系统的配置与比尔·威廉姆斯的混沌交易法有些近似，两者都采用了三根移动平均线，而且都是斐波那契数字，两者都用了 MACD（比尔用的是改进过的 MACD，并换了名称）。但是，Ghafari 的交易系统还加入了震荡指标，这是混沌交易法没有的指标成分，可能是因为比尔是纯粹的趋势交易者。

Ghafari 交易系统的进场做多规则如下：

◇ 当新的蜡烛线开盘高于三根移动平均线，同时 MACD 连续两根柱线高于零轴，以及 RSI 现值高于趋势线，则进场做多。

Ghafari 交易系统的做多出场规则如下：

◇ 当RSI现值跌破趋势线，则平掉多头头寸。

Ghafari交易系统的进场做空规则如下：

◇ 当新的蜡烛线开盘低于三根移动平均线，同时MACD连续两根柱线低于零轴，以及RSI现值低于趋势线，则进场做空。

Ghafari交易系统的做空出场规则如下：

◇ 当RSI现值升破趋势线，则平掉空头头寸。

那么如何作RSI趋势线呢？方法与价格指标趋势线一致，具体方法就不赘述了。图15-4和图15-5对上述这套"万能方法"做了示范。

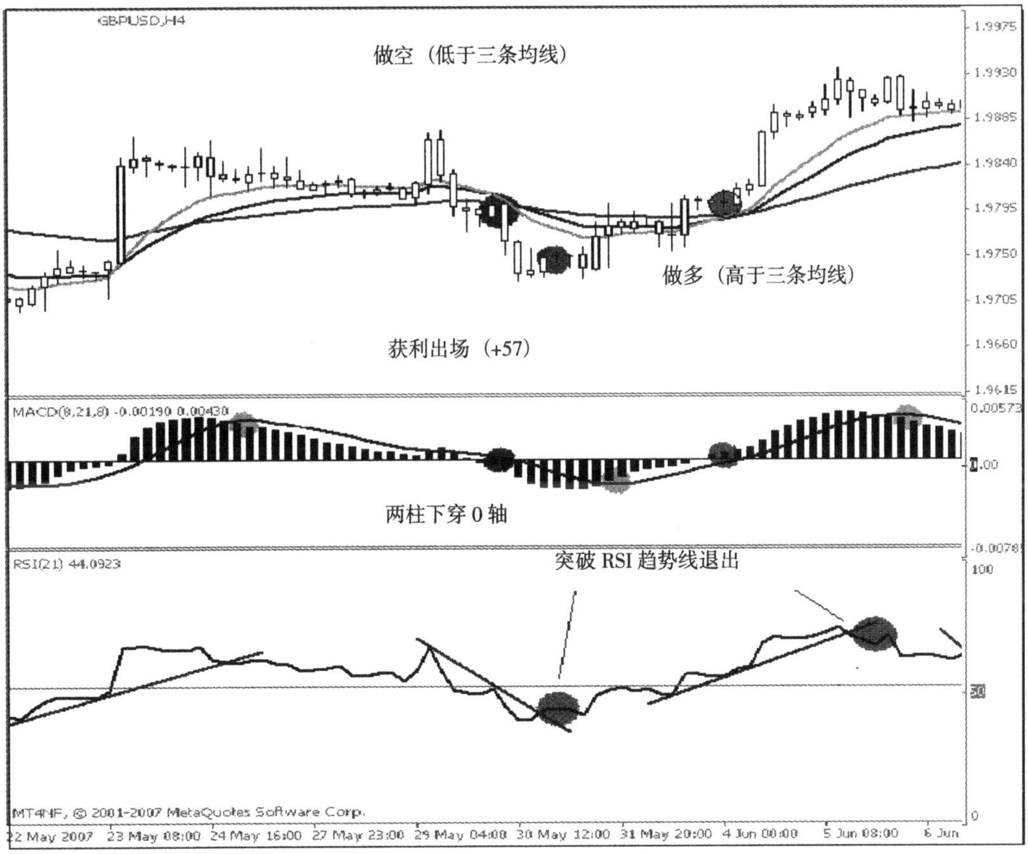

图15-4 Ghafari交易系统示范（1）

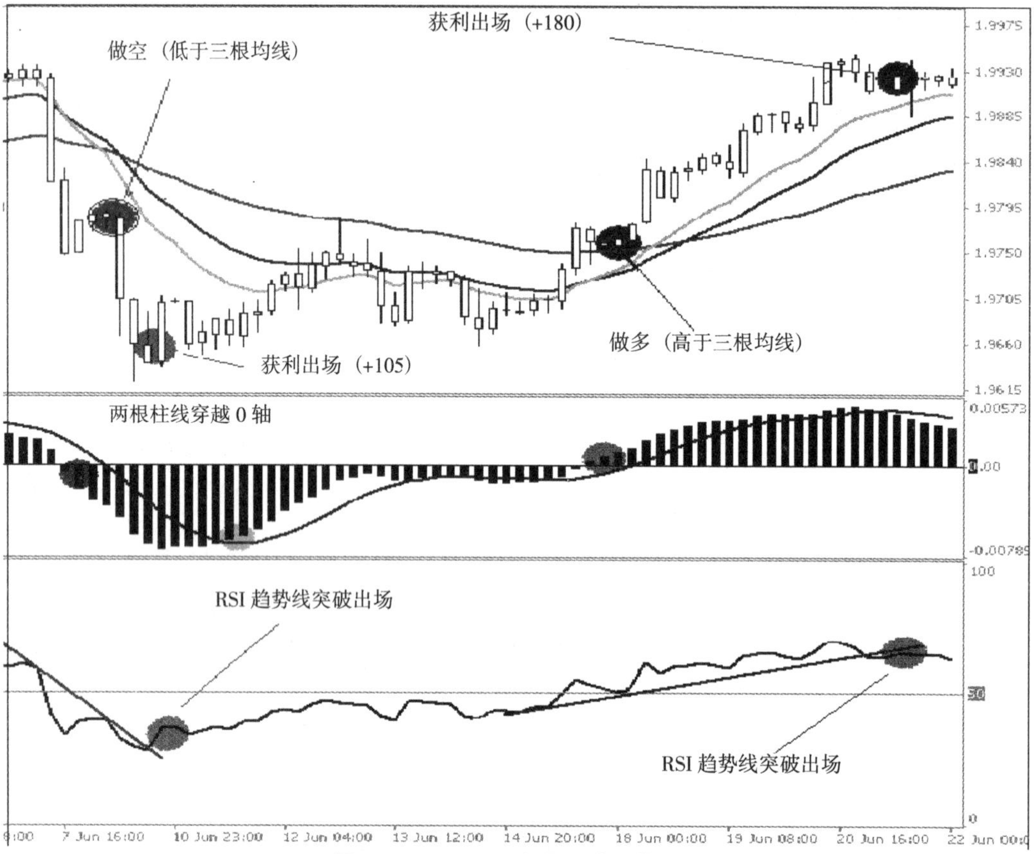

图 15-5 Ghafari 交易系统示范（2）

这位仁兄在欧美地区大力宣传这套系统的有效性，最为“神奇的地方”在于他的这套系统可以同时交易震荡市和单边市，如果是真的那绝对是用 F-16 实现了飞出太阳系的梦想。我们对此的态度是嗤之以鼻，因为以价格为基础的技术交易策略只能遵守“趋势跟踪或者是走势跟随”的原理，而不能去预测走势，如果认为能够甄别走势并相应地调整交易参数，这对于技术交易者而言是“能力范围之外”的事情，这不是我们的胡乱断言，这是无数成功纯价格交易者的结论。如果大家真相信这位 Ghafari 仁兄的神奇系统，那可以试试看，看看能不能把外汇日内走势的单边市和震荡市利润都捕捉到，无论什么市况都能盈利，能够避免两种市况的风险。

成交量与价格截然不同，成交量绝不能与 MACD 和 KDJ，甚至斐波那契线谱等指标等量齐观，如果你还不明白我们话的意思，那你就还未懂得技术分析的根本前提，这个前提不是什么技术分析的三大假设。**从不做交易的西方人写的教科书上的“技术分析的三个根本前提”具有严重的误导性，**如果你认为价格真的会重复自己，价格真的是沿着趋势在走，你就是在自己骗自己，市场的价格如果真的在重复自己，那理查德·丹尼斯为什么还说要跟随价格，为什么不说直接去预测价格，如果市场的走势具有惯性，那么我们还用过滤什么“该死的震荡走势”。**技术分析不是预测**，而是提供交易结构，便于你管理风险，如果你非要说预测，也是基于概率论而言的，概率论指导下的交易者善于进行“情景规划”，为不同的走势可能做准备，而绝不会抱着“重演和惯性”去自我安慰一番。

自知的纯技术分析者明白，跟随而非预测是他们盈利的唯一道路。一旦妄图用技术分析预测走势的话，那么基本上就是走火入魔了。

成交量可以让你更好地理解趋势，让你摆脱传统技术分析的局限，从跟随者到知觉者，你不仅不断去跟踪可能的走势，还可以去掉一些不太可能是趋势的走势，而这是那些成功的技术交易者所惧怕的，他们之所以惧怕是因为他们将“价格本身不可甄别趋势”的原理绝对化为“什么都不可能甄别趋势，部分甄别也不行”；而那些对最基础的技术分析还顶礼膜拜的菜鸟级别读者倾向于误读这里的信息，我们对他们的唯一告诫是：如果你是完全基于价格的技术交易者，那么你永远不要去预测，即使你知道“混沌数学和分形”，也应该如此。

上面的字句不可能说得太过于直白，否则“盲点”人尽皆知，我们的超额利润又何在？所以点到为止，有心人和苦心人随着实践和对上述文字的参悟，自然会有所体认。“道可道，非常道；名可名，非常名”，**大众的盲点如果成为大众的焦点，那么超额利润也不复存在了。**

下面接着正题来讲，成交量在外汇交易中可以为我们做的事情还有哪些呢？请看图 15-6，这是英镑兑美元的日线走势图，这幅图横跨了 2006 年末到 2009 年初，请注意图中成交量维持常态的区域，这段时间外汇市场受到的驱动因素没有发生特别重大的结构性变化，如果你是一个追求大趋势的交易者，则可以寻找驱动因素的重大结构性变化，然后查看日均成交量是否有结构性地显著上升。如果有，则两个因素配合起来，可以等待价格走势来最终确认特大交易机会的存在。次贷危机属于驱动因素方面的重大结构性改变，这是我们从全球经济逻辑上的认识，接着我们会观察一段日均成交量是否显著提高，这是市场活跃、**大量资金涌入的表象**，也是有实力的主力进场猎取超额利润的迹象。次贷在英国引发的危机甚至比美国还大，因为英国的金融杠杆化水平更高，而且金融业和石油业是英国两大支柱产业，英国受到次贷危机的负面影响比美国还大，次贷危机在英国引发结构性劣质变化的预期使得英镑兑美元成交量大幅度上涨，同时价格出现脱离常态震荡区域的异动点。**成交量的变化往往可以帮助我们确认当下的走势是趋势的可能性有多大。**

大资金往哪里走，机会就在哪里。

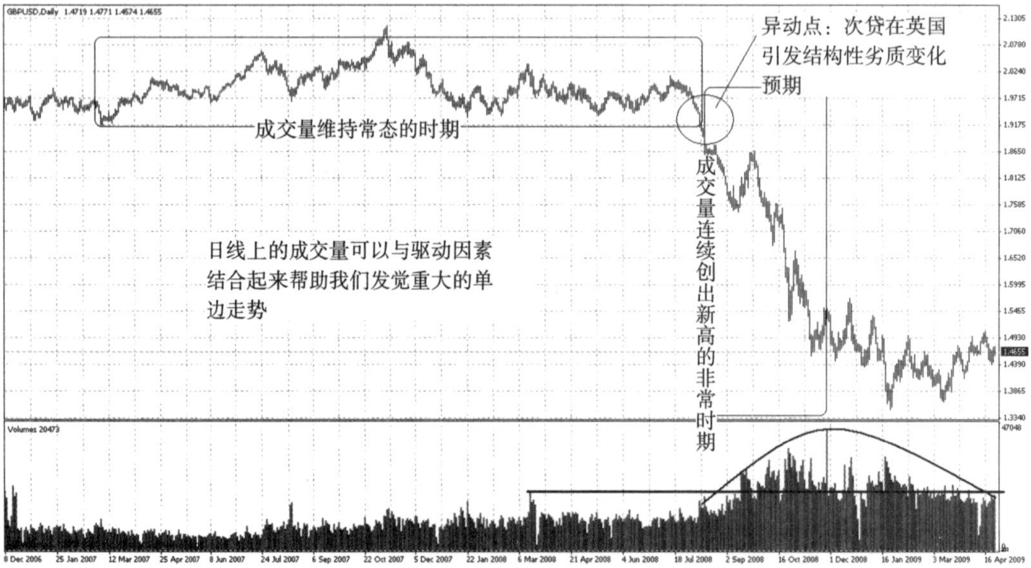

图 15-6　成交量帮助捕捉外汇日线趋势

在我们捕捉“震荡市到单边市的节点”时，除了成交量，还有一些其他技术手段可以采用，比如《黄金高胜算交易》中提到的布林带敛散分析等。布林带是获得我们实践认可的少数基于价格的技术指标，这个指标专注于对市场波动率的分析，而波动率无论是在外汇期权还是外汇现货的交易中都具有很强的实战意义，因为**波动率也可以与成交量一样对走势的性质进行一定程度的确认**。下面我们以本课的成交量为重心，对比介绍一些基于波动率的技术指标对把握走势性质的用法。请看图 15-7，这幅图的主图部分与图 15-6 一致，副图一还是成交量，副图二则是平均真实波幅指标（ATR）。平均真实波幅是日均波幅的移动计算指标，外汇市场重大行情来临之前的一段时间平均真实波幅就会紧随成交量发生显著的正向变化（数值上升）。那么怎么去甄别日均波幅甚至成交量的上升呢？有两个方法：第一个方法是基于历史走势设定基准线，超过此基准线可以视为显著上升；第二个方法是不断作出近期成交量和 ATR 的下降趋势线，然后等待连续两周左右的突破。请看图 15-7，我们对成交量和 ATR 都采用了下降趋势线分析，同时对 ATR 设定了基准线，其实两者结合起来用最好，**最为要紧的是关注基本面（驱动因素）的“重大结构性变化”（和变化的预期）**。图 15-7 中的 A、B、C 三点往往是相互验证的。技术分析在我们的交易理论中被称为行为分析，因为价格是交易者（博弈者）多方博弈的动态均衡结果，是一种行为表征，其核心是“波动率分析”，也就是《黄金高胜算交易》中提到的“敛散分析理论”，这也是我们为何如此重视以波动率为核心的技术指标的原因。

格局重于对手。

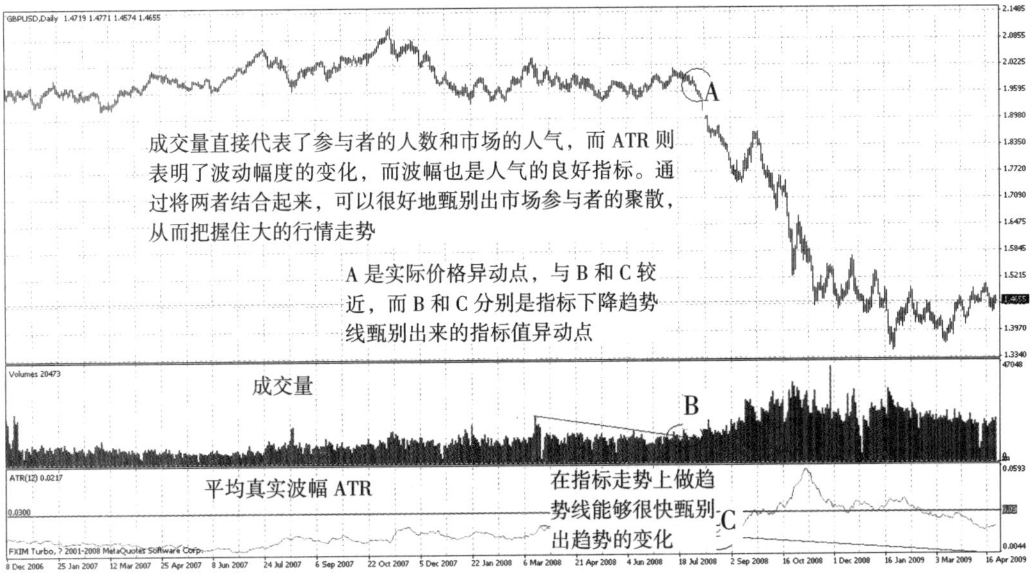

图 15-7　成交量和平均真实波幅在甄别趋势中的联袂角色

波动率是技术面的一个要点，收益率是基本面的一个要点，关注率是心理面的一个要点。

成交量在不少方面与**波动率分析指标可以相互参验**，跟踪波动率比较常用的指标有布林带、平均真实波幅、ADX 和波动标准差指标。ADX 与下面课程将要介绍的 FxOverEasy 交易系统中的 i-Trend 和 Juice 指标有些类似，我们这里就不作具体介绍了，国外有不少外汇分析师采用这个指标来甄别趋势，我们觉得实际效果有待考证，因为这个指标不太像 ATR、布林带和波动率标准差那样是基于统计学规律的。我们简单介绍一下波动率标准差，如图 15-8 所示，最下面的副图就是标准差指标。这个指标与布林带是异曲同工，只是这个指标便于度量波动率本身的变化，而布林带更注重于度量价格的相对位置。波动率上升，标准差值上升，与成交量和 ATR 上升配合，往往是甄别趋势来临的好工具。当然，我们的工具会有很多不同层次的用法，不同组合的用法，但是核心要点都没有发生变化，这就是紧紧围绕“外汇交易分析三部曲的核心要旨”和仓位管理的基本原则。

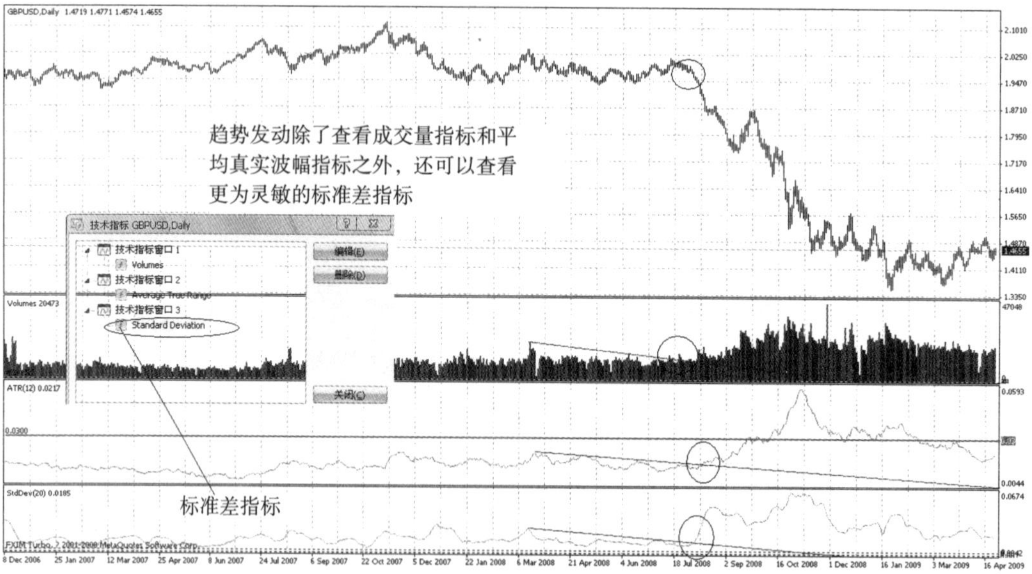

图 15-8 市况甄别中的成交量，真实平均波幅和标准差指标的联合使用

那么，成交量在我们外汇分析三部曲中究竟有什么样的地位呢？请看图 15-9，这幅图与前面几幅图类似，也是英镑兑美元 2007 年到 2009 年初的日线走势图。我们以此段走势中最关键的突破日（趋势启动日）作为例子，说明成交量在帝娜外汇分析三部曲中的地位。请看图 15-9，外汇分析三部曲的第一部（步）是驱动分析，也就是**基本面前瞻性变化，特别是结构性的变化**，本例中给出了 2008 年 8 月 8 日当天的几则重要新闻，其中涉及英国最大支柱产业——金融业的恶性结构变化前景。驱动分析之后我们马上展开外汇分析三部曲的第二部（步），这就是心理分析，成交量是其中一个比较重要的维度，当然还有很多其他方法，这本书也不可能全面深入展开，可以参看我们相关专题的教材。

基本面分析是前瞻性的，这句话没有吃透的话，你就很容易落入主力的陷阱中。

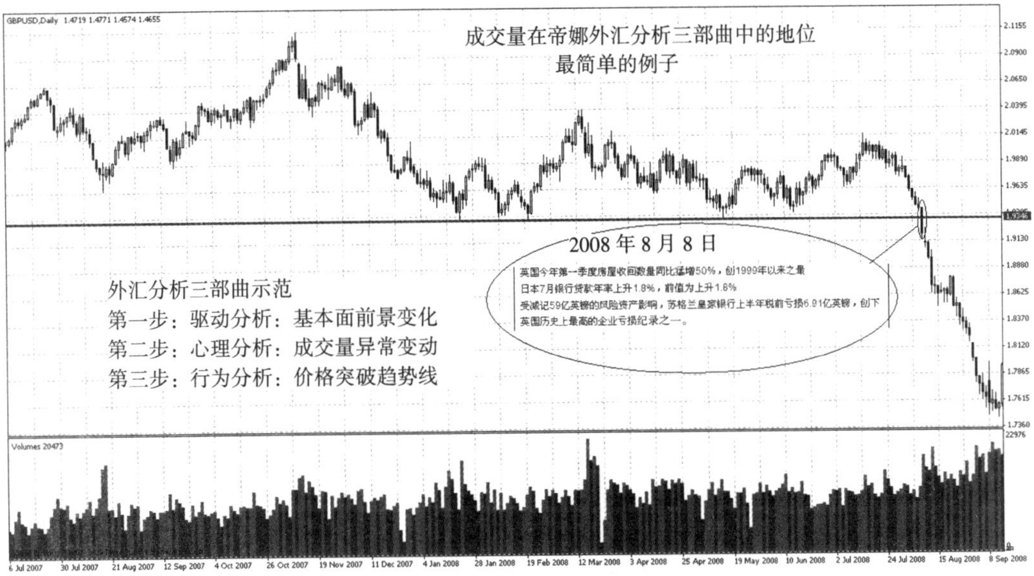

图 15-9　外汇分析三部曲和成交量

有了驱动分析，我们就要注意市场参与各方对于此驱动因素的反应，这个可以通过成交量获得及时的了解，在本例中成交量在 2008 年 8 月前后开始提高其平均水平，这表明市场大众开始关注这一驱动面因素的结构性变化。然后，我们需要进行外汇分析三部曲的第三部（步），这就是行为分析，主要针对价格的“势、位、态”三要素，本例中我们简单地画出一条水平趋势线（支撑线）来标注“趋势和位置”两个要素，同时一根大阴线跌破此水平趋势线则表明“态”上面支持并确认了向下的趋势和对该位置的突破有效。行为分析进一步证明了驱动分析和心理分析的结论，接下来我们就要根据仓位管理的具体措施进行交易计划制订和执行等。成交量是整个外汇分析三部曲中“承上启下”环节的核心内容和主要手段，希望大家予以重视。在整个外汇分析中，我们以心理分析“上堆下切”，上堆到驱动分析的高瞻远瞩，下切到行为分析的脚踏实地，所以**心理分析是我们整套分析策略的枢纽，**而成交量分析则是此枢纽中的关节之一。

只有理论大纲肯定是不行的，现在的交易类书籍要是没有点“典型形态”肯定是会被读者看低的，为了让读者继续看完本书的精华部分，我们也不能免俗。下面我们就来介绍外汇日线走势中一个能够帮助我们识别可能底部的成交量形态。当然，虽然我们这里在介绍特殊的形态，但还是请你记住一句话“大众的盲点才是我们的焦点，关注大众的焦点，专注大众的盲点”。

什么是直角量？直角量不单单是成交量的形态，它包含了成交量和价格两个方面的因素。请看图 15-10，图中标注了典型的直角量。一段下跌走势之后成交量抬升到一个显著的水平，这就是直角量。这种价量形态的出现表明市场大众的集体疯狂，也就是卖空者的参与达到极致，“物极必反”，也可以看成是卖空者的交易对手大量进场吸货。日线的直角量模式其实是 1 分钟走势图上成交量高点对应阶段低点模式的一个“姊妹”，两者有不少相似之处。这个作业就留待大家以后仔细揣摩和体认，**并希望全书的空白处都是你思考和体认的批注，这才是真正的外汇交易者成功之路。**

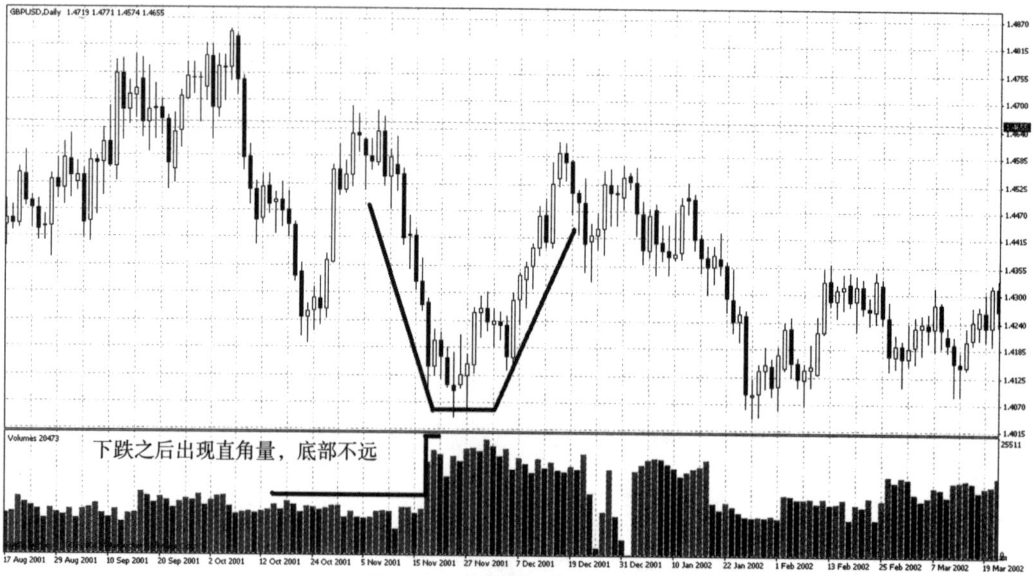

图 15-10　日线底部和直角量

要搞懂什么是直角量，就要区分直角量和非直角量。请看图 15-11，直角量的特征有两个：第一个是其出现之前市场出现显著的下跌走势，第二个是成交量显著抬升至一个新高水平。请看图 15-11 中的第一个标注成交量堆，这是一个典型的直角量，因为它符合直角量的两个基本特征：第一，出现之前美元兑日元出现显著的下降走势；第二，成交量显著上升到一个新高平台。后两个类似于直角量的成交量堆则不是直角量，原因在于，第二个量堆之前市场处于上涨走势，第三个量堆对应的市场没有出现显著的下跌。当然“显著与否”更多依靠的是直观定性，不过下跌越久，直角量的研判意义越大。

批注是对别人和自己经验的归纳批判，这就是一种复盘。

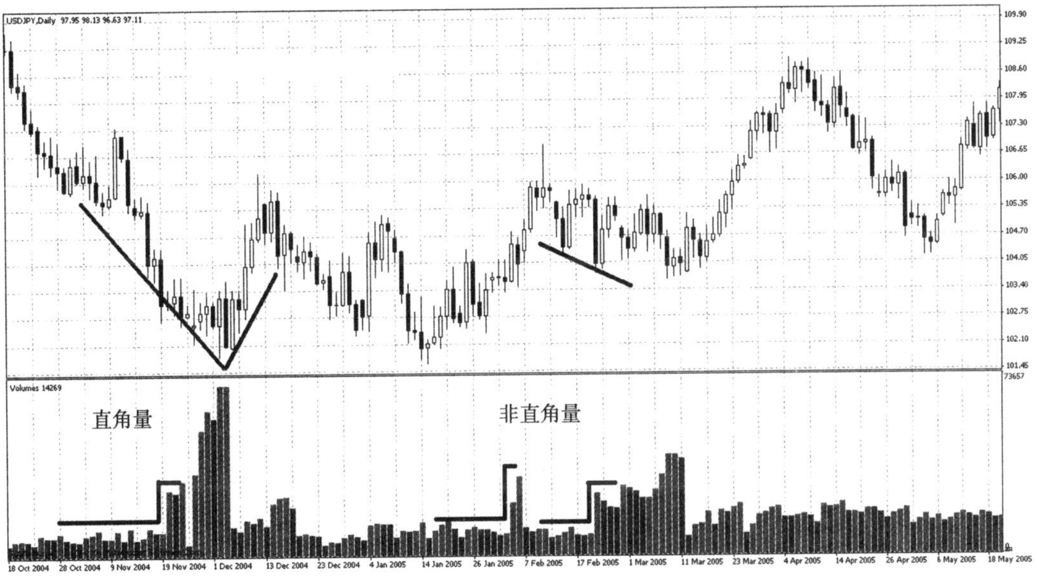

图 15-11　区分直角量和非直角量

下面我们再来看几个直角量的实际例子，请看图 15-12，这是英镑兑美元的日线走势图，副图是相应的成交量水平。汇价两次探底，构成一个 W 底，当然这是马后炮的分析。但是，当汇价跌到一定程度连续出现直角量的时候，我们就要注意市场是否开始构筑底部了。本例中，英镑兑美元大幅度下跌之后，市场出现了明显的直角量与双底对应，当然直角量只是帮助我们完成了“心理分析”，并不能直接作为外汇交易的充分条件，这里面还涉及仓位管理，而这往往是以行为分析为基础的，这就是交易的系统性。

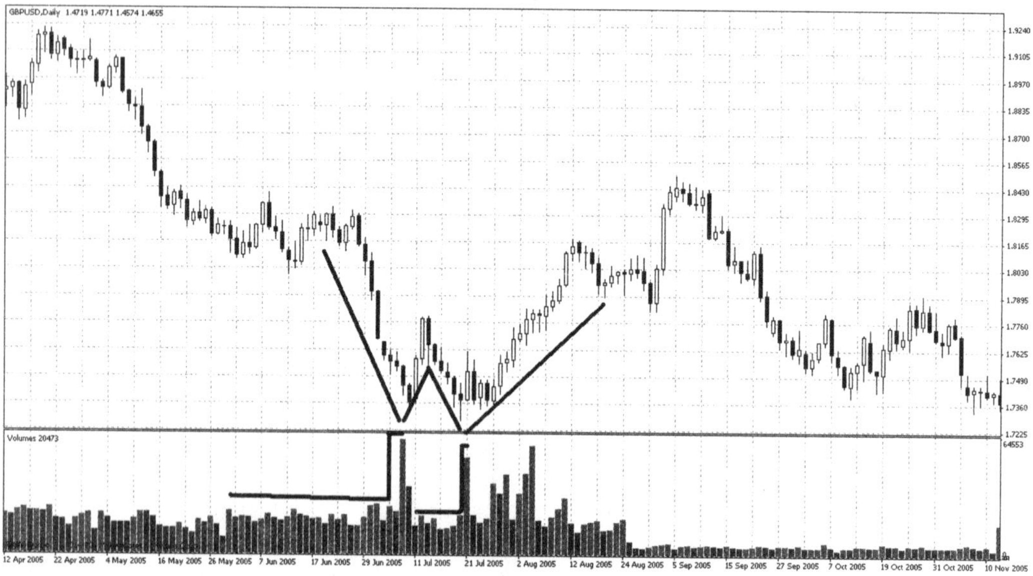

图 15-12　英镑兑美元的直角量实例

再来看一个实例，请看图 15-13，这是欧元兑美元的日线走势图，其中也标注了一个直角量形态。汇价首先出现了持续的下跌，下跌过程持续了一个多月，下跌过程的前半段较为反复，后半段下跌走势比较犀利，在下跌的末端出现了直角量，这是在提

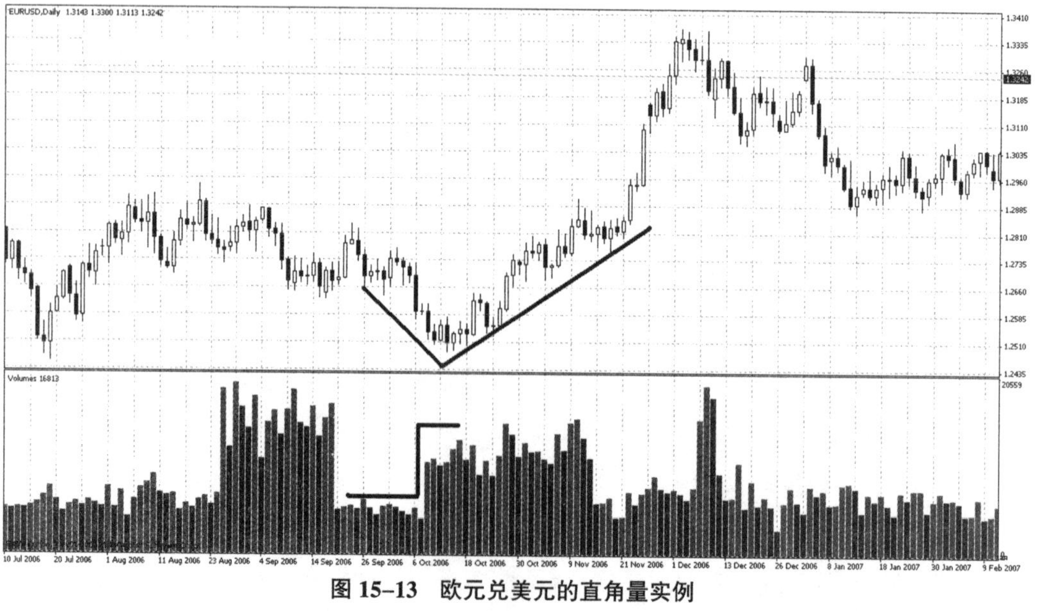

图 15-13　欧元兑美元的直角量实例

示交易者行情可能要发生反转了。此后，汇价从 1.2500 附近拉起，开始一波气势如虹的上涨。虽然，我们不能单凭这个价量形态就断定欧元兑美元此后会大力上涨，但是至少我们会有意识地去寻找一些技术交易的方向信号，以便更好地贴近市场操作。成交量可以帮助交易者更快地发现可能的转势，而不是像传统的纯价格交易者那样只能等待市场的价格走势本身来告诉我们应该如何操作。**之所以非纯技术交易者大多会失败，是因为他们没有恰当地将基本面和心理面的因素与技术面的因素结合起来看。**我们见过好几个非纯技术交易者，他们创造的业绩可以称之为奇迹，如果他们在当今这个纯技术交易大行其道的交易时代采用纯交易分析，则业绩也不过与一般成功交易者持平而已。

在利弗摩尔的时代，交易竞争远没有现在激烈，所以他注重纯技术跟随加上仓位管理的做法往往是不能够很好地适应目前激烈竞争态势的。

直角量的形态规模与其效用具有不那么准确的正比关系，这恰好符合了传统技术分析中的一个直觉法则：形态的规模越多则其后的走势规模也越大。请看图 15-14，当你凭过去的分析经验觉得当下的直角量规模较大时，则表明潜在底部反转的可能性较大，同时也表明反转之后行情较大的可能性较高。那么一个规模较大的直角量具体体现在哪些方面呢？第

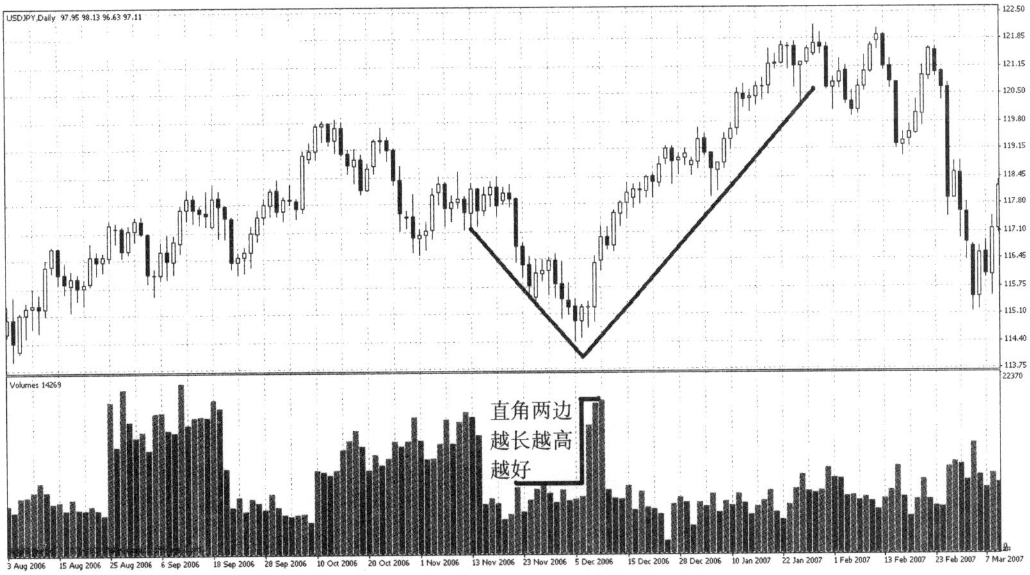

图 15-14 美元兑日元的直角量实例

一是直角量的竖边越长越好，具体而言就是成交量抬升水平越高越好；第二是直角量的横边越长越好，具体而言就是较低水平成交量持续时间越长越好。

在进入本课的正式主题之前，我们将外汇市场的成交量分析经验与大家作了部分分享，随着你交易经验的累积，你会发现更多的“私密技巧”，这些技巧将保证你的利润水平高于大部分的交易者。当然，**任何“私密技巧”都基于普遍的交易哲学之上，你的交易哲学水平越高，则你发展出来的交易技巧水平也越高。**李小龙的武学造诣得益于其超一流的哲学造诣，索罗斯的交易水平也得益于其自成一体的金融哲学。**交易哲学不能直接产生利润水平，也不代表你的交易实力，它代表你的交易潜力，交易哲学水平直接决定你的潜在高度，潜在高度制约你的实际高度。**下面我们全面深入介绍1分钟走势图上可以用到的出场技巧，这些技巧可以帮助你做到“同位出场”。什么是同位出场，或许你还不清楚，但是在本书最后课程中你将对此有深入的了解，现在你只要知道成交量可以帮助你抓“极点”就可以了。价格本身抓极点的可能性极小，不具有交易概率上的实际价值，即使斐波那契延伸和回调工具可以帮助我们算出潜在的价格极点，也不具有唯一性，所以预先确定价格目标的做法往往不能作为真正的出场位置，只能作为有待进一步验证的备选出场位置。**成交量可以作为进一步验证的工具，蜡烛线形态也可以，**具体的技巧我们会在系列丛书中逐步介绍给大家，涉及整个外汇交易具体操作技巧的丛书有“帝娜私人基金实战丛书”和“外汇交易狂人系列丛书”，我们会把绝大部分自己的操作心得和体认经验在丛书中逐步和分散地与大家分享，**“教学相长”是我们出版这些丛书的主要目的。**我们对于成交量出场的研究也处于初级阶段，希望通过分享将自己的经验系统化，也得到大家的有效反馈，进而与我们一起进步。

哲学往往是一种体悟，越是深刻而接近于整体的哲学越是有效的哲学，而这种哲学往往来源于“空性的体悟”。

下面谈论的内容主要基于1分钟主要货币走势图，其中的某些策略可以用于其他交易品种和交易时间框架，但是需要交易者灵活地加以变通，**“因地制宜”才是交易者的“水性”。**1 分钟图上的成交量出场方法有两种：第一种使用起来较为简单，但是需要交易者大量的实战经验帮助确定基准线，所以主观性大一些；第二种方法也是基于成交量，但是要根据两类成交量比较形态来寻找用于跟进止损的价位。第一种成交量出场方法我们称为“成交量基准线出场法”，第二种成交量出场方法我们称为“价格基准出场法”，下面我们逐一进行介绍和示范。

成交量基准线出场法在股票市场上有类似的运用，当然里面也是定性的成分多些，这就是“天量见天价”。成交量基准线出场法的操作分为两步：第一步是根据最近 20 天左右的走势建立成交量“天量”的基准线，当然这个 20 天也只是一个经验法则，具体的操作不用过于死板，你甚至可以根据最近几天的成交量状况来确定何谓“天量”，“天量”的最低要求就是基准线。我们这里是以主要货币对在 1 分钟图上的走势为基础，你可以推而广之，不过也许会有“水土不服”的问题存在，这个需要你自己去解决。请看图 15-15，这是欧元兑美元的 1 分钟走势图，成交量在副图中显示，根据历史情况我们确定了两条基准线，第一条基准线是 35，第二条基准线是 40，前者主要用于亚洲时段的观察，后者则用于欧美时段的观察，整体而言一般采用 40 作为基准线。第二步则是等待 1 分钟价格走势的成交量水平超出此基准线时出场，如果你此前做多则是高价位的成交量超标，如果你此前做空则是低价位的成交量超标。

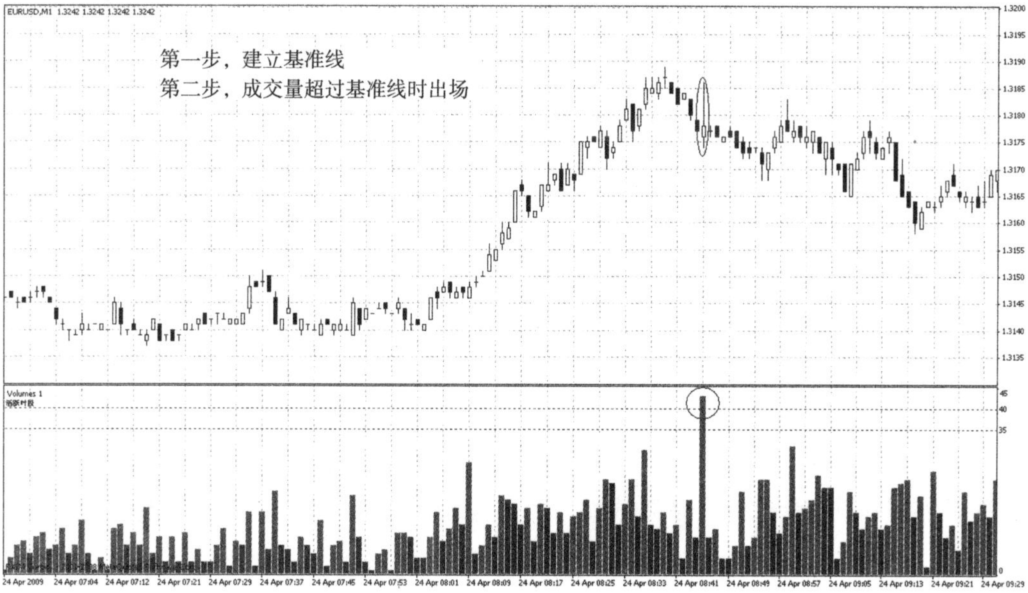

图 15-15 成交量基准线出场法

图 15-15 中，欧元兑美元上涨了一段之后（且小幅回落）出现了超标成交量，这时候如果你持有多头仓位则可以选择出场（至于具体是否出场，则需要根据你交易策略的条件，看你是如何使用这一成交量信号的）。

下面我们来看几个成交量基准线出场法的实例，所有例子都是基于 1 分钟走势图，第一个例子是美元兑日元，请看图 15-16。价格从 96.65 上涨之后，出现了超基准 40 的脉冲量，此波涨势中做多的交易者可以选择超标成交量之后的一根价格线出场。

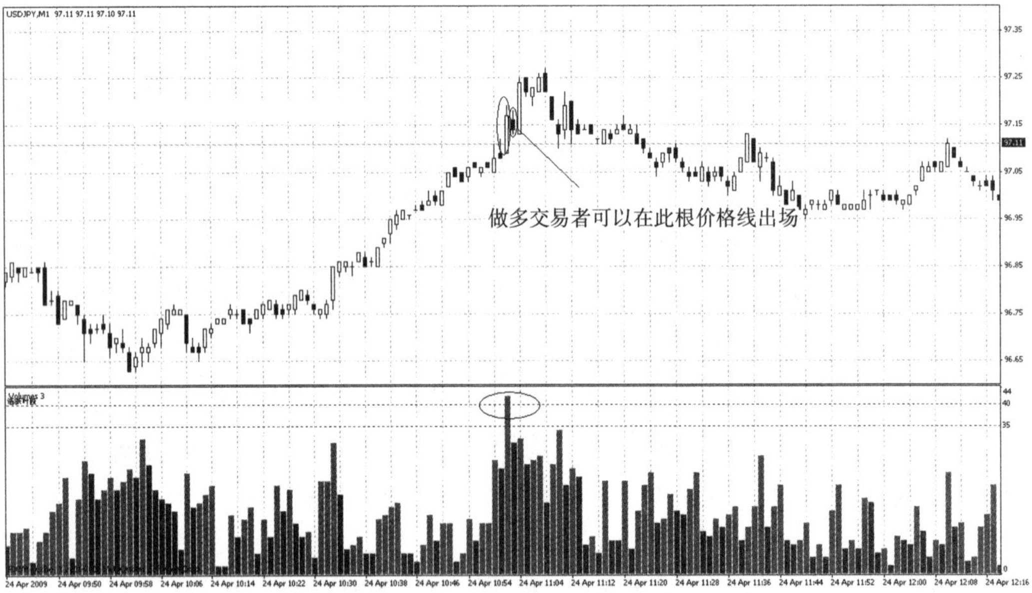

图 15-16　成交量基准线出场法示范（1）

第二个例子也是美元兑日元，请看图 15-17，汇价从 97.10 附近下跌，如果你有做空，并且是以 1 分钟图为交易框架，则可以等待成交量超越 40 基准线时平仓出场。在 96.70 附近成交量脉冲式触及基准线，于是做空交易者可以在超标成交量之后的一根价格线出场。

第三个例子是英镑兑美元，请看图 15-18，汇价从 1.4680 附近下跌，此段跌势进场做空的交易者可以等待成交量超出基准线时出场，当汇价触及 1.4645 附近时成交量触及基准线 40，于是做空交易者可以选择在此价格线出场。我们这里只讨论出场，如果你要了解进场的方法则需要看本书的其他部分。这里强调的一点是本书针对的是有一年以上实际操作经验的货币交易者，所以本书不会给你解释什么是外汇市场，什么是蜡烛线，怎样去划趋势线，RSI 是什么指标，怎么用等。**凡是其他外汇书（我们的教材除外）讲的东西都不是本书的焦点和主题，我们要给你讲的是大众的盲点，盲点才**

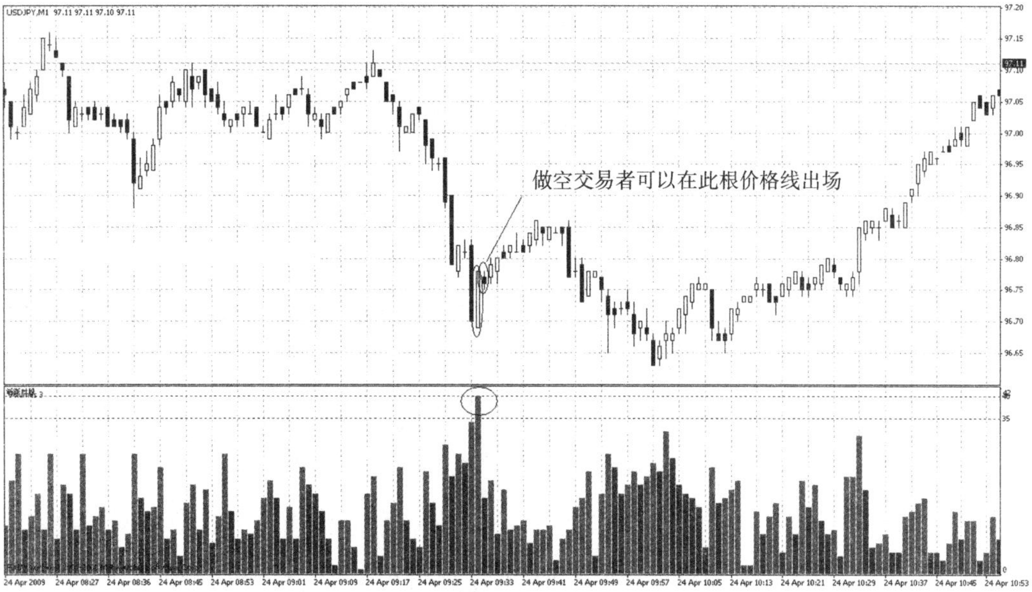

图 15-17　成交量基准线出场法示范（2）

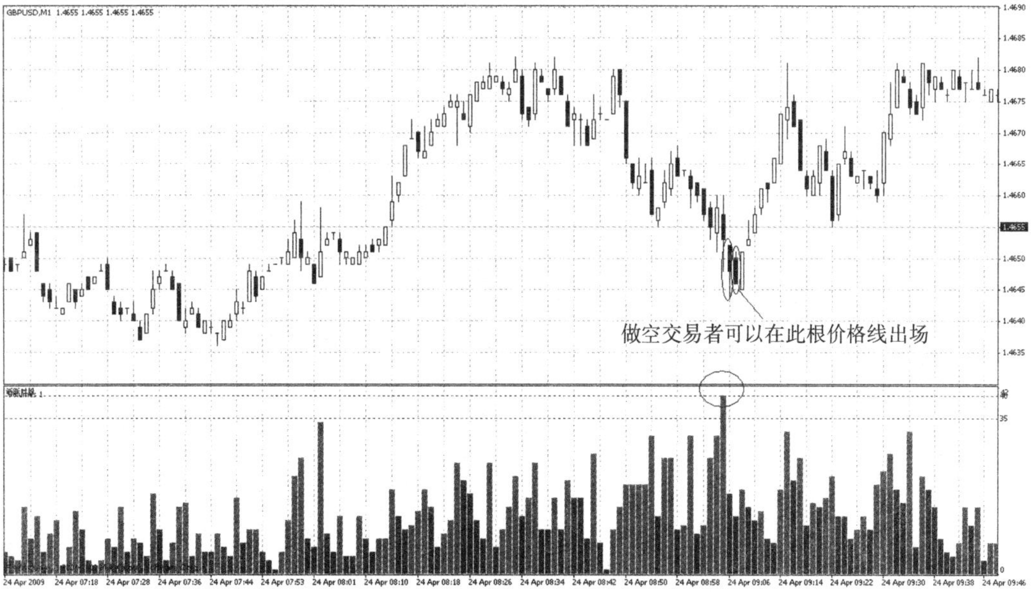

图 15-18　成交量基准线出场法示范（3）

能套利。在《黄金高胜算交易》一书我们分享了一个重要原则：出场比进场更为重要，直接关系交易的绩效。这也是我们专门开了一课讲如何（利用成交量）出场的原因。交易者，无论你是做股票，还是做外汇，无论你是价值投资者，还是价格投机者，无论你是长线交易者，还是超短线爱好者，大部分人都重视进场，忽视出场，**出场就是**

盲点，盲点就是超额利润所在；同理，绝大部分外汇交易者都重视价格，无视平台提供的局部成交量，所以**成交量就是外汇交易者的盲点**，也是超额利润。也许我们本课的主题会逐渐被广大外汇交易者所认可，这样盲点就不再是盲点，超额利润自然就消失了，但是这样的可能性几乎要花至少 30 年才能实现，想想约翰·迈吉的价格形态书籍是经过了多长时间才广为人知的。**不断寻找新的盲点，这就是你的利润增长点。**

对手盘预期之外的东西才是你的最好盟友。

第四个成交量基准线出场实例是欧元兑美元，请看图 15-19，汇价从 1.3140 附近开始突破盘整上涨，涨到 1.3190 附近时出现了黄昏之星 K 线形态，当然，这并不能单独作为出场信号，否则这段上涨你把握不了多少，就有多个出场信号，K 线形态往往需要与其他工具结合起来使用，比如 R/S 水平线和成交量等。此后汇价出现了小幅度的回落，跌破上升趋势线，此后一根 K 线近似流星形态，其上影线止步于上升趋势线，对应的成交量超过基准线 40，所有这些信号结合起来就增加了此时出场的合理概率。**指标的相互参验和过滤是交易者提高胜率的有力策略，**这里随便提一下这个原理，以便大家能够像在这里一样结合到具体的实践中。

最好的相互参验是驱动面、心理面和行为面的相互参验。

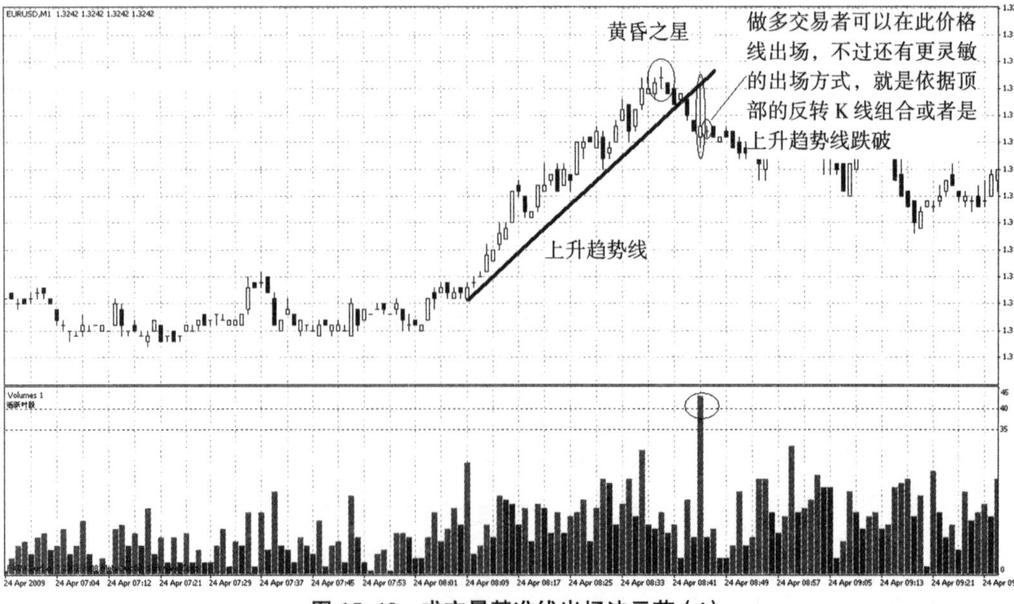

图 15-19　成交量基准线出场法示范（4）

第五个成交量基准线出场法的实例也是欧元兑美元，请看图 15-20，这个例子中整个走势的波动并不大，如果你按照成交量去操作，真的有种“踏浪而行”的虚幻感觉，成交量超标勾勒出了波段走势中的高点。如果你真想抓顶和兜底，或许成交量比价格更合适，当然最好把这个用在“索罗斯般分量”的交易上，毕竟你要让反转交易的潜在收益尽可能高，以便弥补如此之大的潜在风险。

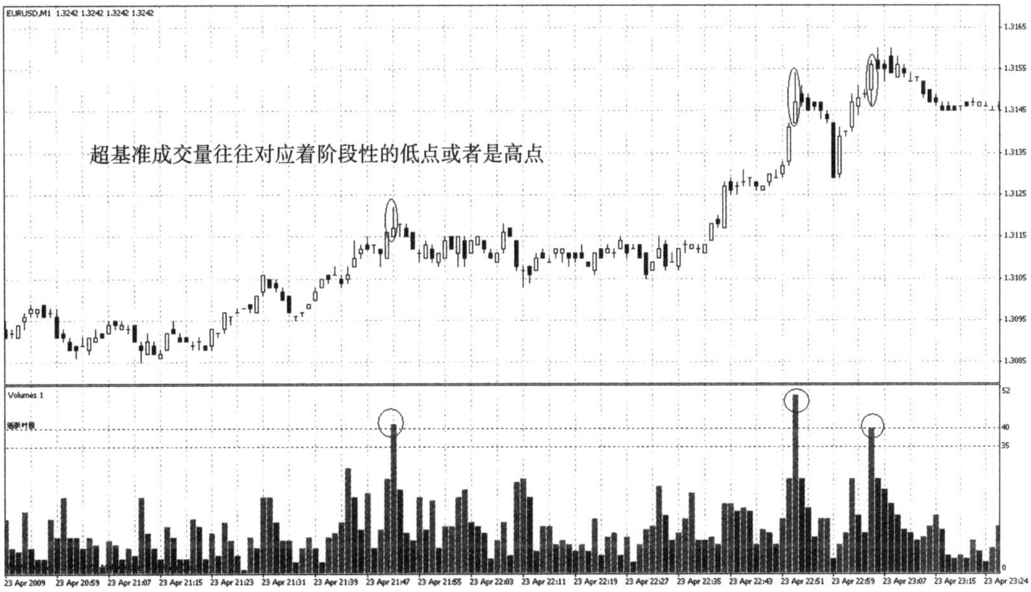

图 15-20　成交量基准线出场法示范（5）

成交量脉冲式地触及基准线一定是 V 字反转，似乎大家看了上面的实例和行情软件上的走势图后会有这样的错觉。其实，成交量超标后的汇价走势除了 V 字反转之外还是有其他较为缓和的反转或者停顿形式的，请看图 15-21。这是欧元兑美元的 1 分钟走势图，汇价从 1.3065 附近下跌，跌到 1.3020 附近出现了成交量超标，之后走势一直处于横盘状态，然后才是反转上涨。

没有任何交易策略和指标可以让你“踏浪而行”，自然也就不会有不出错的信号，如果信号不出错，则我们根本不需要设定什么止损。**正是由于交易的概率属性使得我们必须考**

路况和其他司机的行为是我们不能直接控制的，因此刹车对于驾驶者而言是必要的工具。

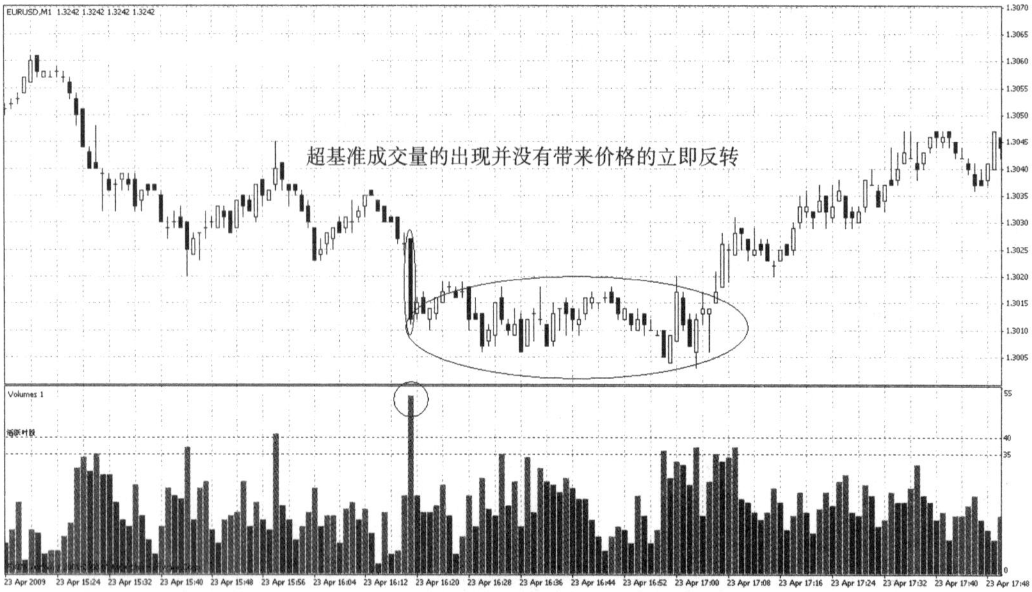

图 15-21　成交量基准线出场法示范（6）

虑信号出错问题。请看图 15-22，成交量超过基准线有时候并不是一波行情的极点，有可能仅仅是一个微小波段的端点，这个波段太小以至于根本无法交易。图 15-22 显示的是欧元兑美元的 1 分钟走势图，可以看见当汇价从 1.2925 附近上涨到 1.3025 附近的过程中成交量多次超过基准线 40，而对应的价格并不是显著的高点，一般发出错误信

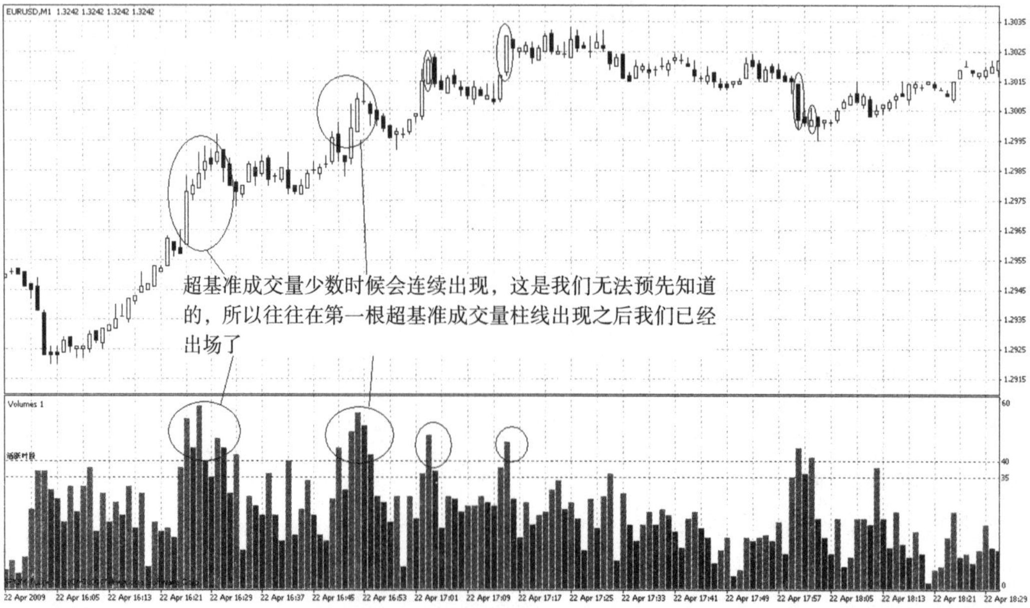

图 15-22　成交量基准线出场法示范（7）

号的成交量线会在特定时间接连出现，而发出正确信号的成交量线一般是脉冲式地单独出现。

接着我们要介绍的第二种成交量出场方法是价格基准出场法，这种方法的基础仍然是成交量，只不过需要借助于相应的价格线高低点才能确定出场水平。请看图15-23，价格出场法的具体操作方法在此图中有详细的说明，具体而言分为两步：第一步，找出最近一根缩量的成交量柱，也就是相比其前一根成交量柱更低，确定这根缩量柱对应的价格线的最低价（做多时是最低价，做空时则是最高价）；第二步，当后续价格跌破此最低价（做多时是跌破最低价，做空时则是升破最高价）时出场平仓。

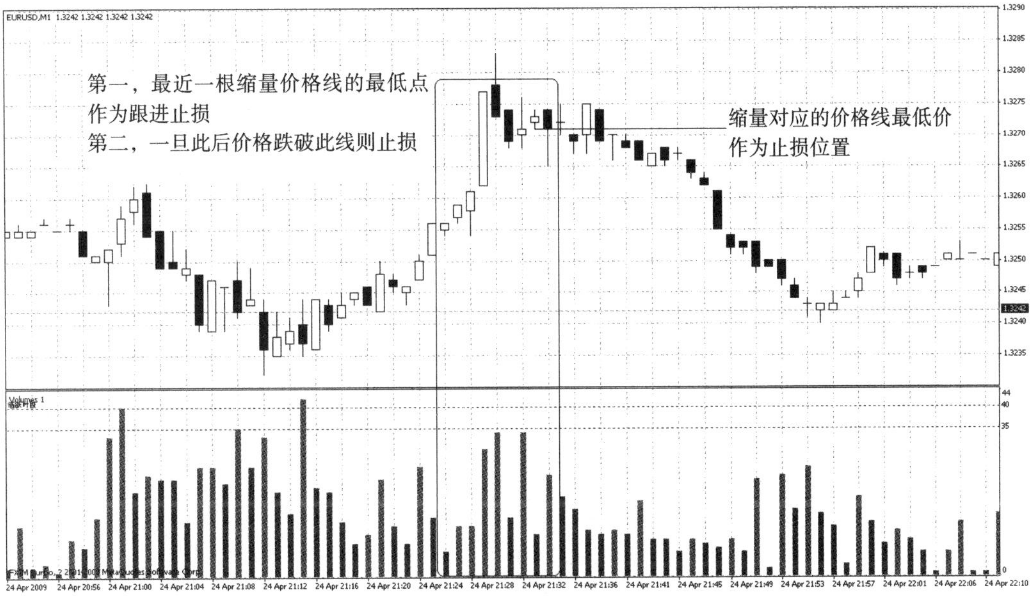

图15-23　价格基准出场法

价格基准出场法比第一种成交量出场方法更为复杂，我们这里举三个实例来详细说明这种出场方法。请看第一个例子，见图15-24，这是英镑兑美元的1分钟走势图。假设我们在1.4675附近进场做空，那么我们会根据成交量的变化跟进止损，具体方法是当成交量柱变短时，将止损放置在缩量柱对应价格线的最高价水平。请注意本例中移动止损位置移动了6次，在实际交易中我们不需要这么频繁地移动，因为要考虑到保护利润和过滤噪声两者之间的均衡。

第二个例子也是英镑兑美元，请看图15-25，假定我们在1.4225附近进场做多，此后汇价一路爬升，如果按照价格基准出场法我们将会移动6次止损，并最终在第6个移动止损价位出场。这里是比较典型和简单的例子，你需要把其中的策略融入自己

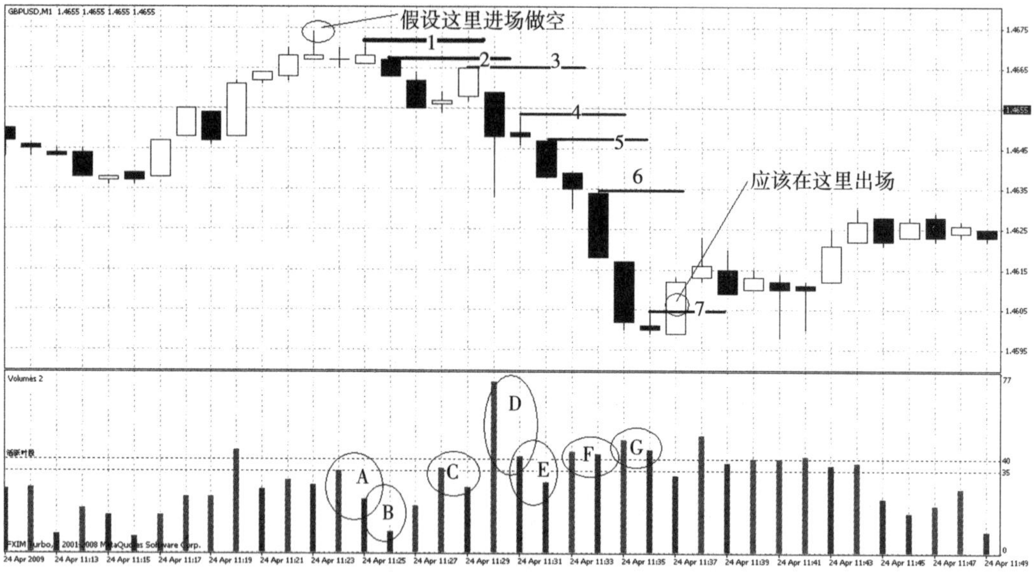

图 15-24 价格基准出场法示范（1）

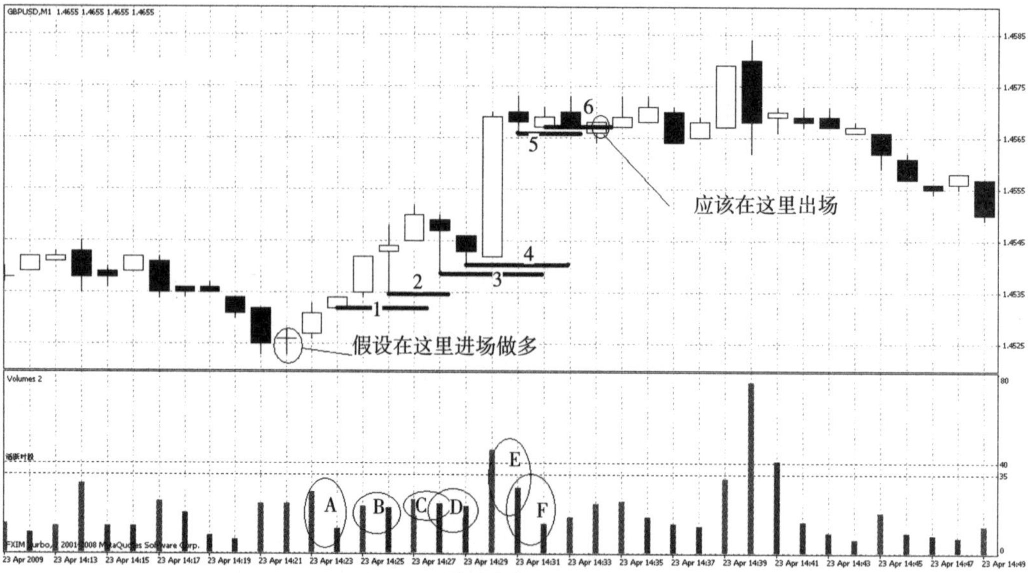

图 15-25 价格基准出场法示范（2）

的交易系统中。毕竟现实的交易你还要考虑其他一些问题，而不仅仅是成交量和最高价（最低价）。

最后一个价格基准出场法的例子仍旧以英镑兑美元为例，不过这是一个在15分钟图上利用价格基准出场法的实例。请看图15-26。方法是类似的，举这个例子的目的在于告诫本书读者：我们在24堂课程里面提到的个别理论其实都是可以推而广之的，至于如何具体地去迁移这些知识和技能，则有赖于勤奋和总结了。

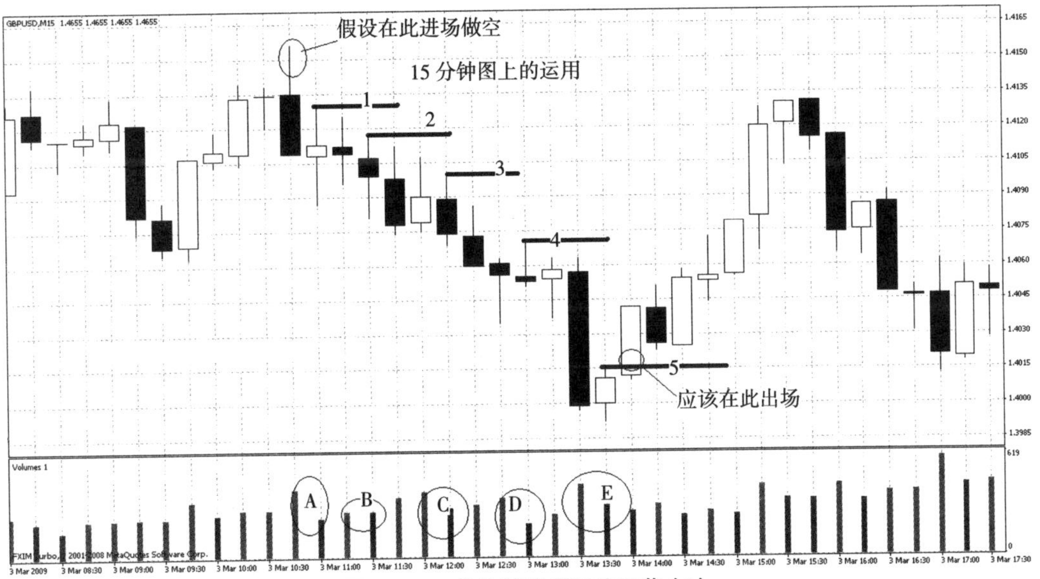

图 15-26　价格基准出场法示范（3）

本课介绍的内容应该经过你的思考和体认之后逐渐融入到你的交易哲学和交易策略中，毕竟我们这里介绍的方法要么倾向于分析市场心理倾向，要么倾向于确定出场点，光是市场心理分析不能做出交易决策和进行实际操作，光是出场点也没法进行一次完整的交易，**所以“融贯一炉，自成一家”才是本书读者的正途。**如果你不从自己的观念和天性出发去发掘技巧，则很难持续成功，外来的技巧和策略是不能强行安在你的天性上的，任何特定的技巧都是基于特定的观念之上的，这与“南橘北枳”是一个道理，在这个问题上我们没有必要故弄玄虚。

间接经验永远无法代替直接经验，后者才是成长的根基。

【开放式思考题】

在研读完第十五课的内容之后，可以进一步思考下列问题。虽然这些问题并没有固定的标准答案，但能够启发思考，跳出来看某些观点。

1. 本课提到“在短期汇价的决定方面，市场情绪比逻辑推理更具有决定性的力量，而大众情绪的高潮往往意味着走势的反转”。那么，市场情绪的最大特征是什么？趋势的最大特征又是什么呢？

提示：周期性是市场情绪的最大特征；持续性和稀缺性是趋势的最大特征。

2. 本课提到“市场也是有生命的，市场会尽力维持自己的存在”。市场如何维护自己的存在？

提示：让大多数人亏损，让少数人盈利。

【进一步学习和运用指南】

1. 外汇市场的高点和低点基本都对应着成交量的高点。如何定义成交量的高点？有些什么具体方法？能否让参数根据整体市况的变化进行自适应？

2. 一旦绝大多数人同方向入场操作的话，则后续力量就缺乏了，这样行情就会反转。在网络上搜索下“拥挤交易”的相关新闻和文献，深入了解下市场的盈亏本质。

3. A 股的投机氛围很浓，其中也存在明显的情绪周期。把握情绪周期和赚钱效应是短线投机的秘诀，有兴趣的读者可以进一步阅读《题材投机（2）：对手盘思维——赚钱效应与市场情绪的解读和运用》这本教程。

第十六课

系统思维才是外汇交易的王道：以 FxOverEasy 交易系统为例

缺乏系统性思维是外汇交易者的天性，我们就是要克服这种天性才能获利！

——王浩

你也可以更好地把握系统动量所展现的机会，“顺势而为”，就像一个技巧高超的柔道选手善于利用对手的力量那样，聪明地实现自己的目标。

——D.H.Meadows

人的任何追求必定是整体的，越是基本的东西一定越是具有整体性。

——金观涛

系统论和控制论为西方人看待世界提供了新的视角，但是这些东西在东方思维中早已存在，不过在东方人向西方文明学习的过程中却逐渐丢掉了这一传统。在金融交易界，虽然日本人创立了以阴阳哲学为基础的蜡烛图，但是却将分析的视角局限于微观层面，反而是西方人，比如**查尔斯·道**（提出了趋势一波三折的道氏理论）、江恩（提出了金融市场受到宇宙普遍秩序的制约）、艾略特（提出了市场的宏观结构和全息性）、杰西·利弗摩尔（提出了趋势的概念和顺势而为的操作方针）等从全局去看待市场走势。试看现在的证券和外汇交易界，**当中国交易者还停留在寻找最有效的反转 K 线形态和“圣杯指标”时，欧美交易者早已步入系统化交易的殿堂，“不谋全局者，不足以谋一域”，中国外汇短线交易者在与欧**

国内曾有名气很大的分析师称“道琼斯先生”为道氏理论的创始人，这是一个多大的笑话啊。从这点可以明白每个人所知都是有缺陷的，本书也不例外，自己的独立判断能力和直接经验是非常重要的。

美同行的对垒中是“未战而败局已定”。败在观念，败在工具。

为什么系统性思维能够帮助你在交易中取胜，我们认为有两个重要的原因。第一个原因是人类的天性倾向于局部和短视的极端化思考，这是因为意识处理信息的能力有限，所以人类倾向于重点性思考和短期展望，而非全面和全局思考。**当绝大多数人以重点性思考作为交易思维方式时，这种思考方式带来的超额利润就不存在了，**在金融市场中正常利润就是负值的利润，所以当绝大多数人采用这种思维方式时亏损是必然的后果。非系统思考的交易者最普遍的特征就是喜欢按照常见的容易识别的 K 线组合和形态进行买卖，而不考虑整个市场的情况，**当这些形态被众人知晓时，其带来的利润必然是下降的。**

第二个原因是大自然倾向于以系统的方式运动和相互作用，金融市场，比如说外汇市场也是这样的，**当外汇交易者以系统性思维对市场进行分析时，恰好可以更好地跟上市场的节奏和模拟市场的结构。**

外汇交易中的系统性思维应该是怎么样的呢？这个讲起来非常复杂，三言两语不能让你达到可以具体操作的程度。如果你要深入培养自己的系统性交易思维，并且找到绝大多数交易者在系统中的盲点，我们推荐你阅读《外汇交易的三部曲》一书。在本课，我们着重于提纲挈领地引导你从正确的“知觉位置”去看待和执行外汇交易。

本课中我们会先介绍一个最为完整的外汇分析和交易流程，毕竟一切外汇分析和交易系统都是基于这个流程图建立起来的，然后再举一个国际上较为有名的日内交易系统的例子。请看图 16-1，这是我们将所有的外汇交易方法，正确来讲是所有品种交易方法流程归纳得到的一个最完整交易流程，任何交易方法的效率都体现在多大程度上符合这个流程。**外汇交易的第一步是分析，这是外汇交易的起点，但不是外汇交易的关键，算得上是外汇交易的基础。**这个部分也是绝大多数交易者的焦点所在，而外汇交易的其他三个步骤则是大众的盲点所在。大众的盲点往往是利润的源泉，所以我们应该专注这些步骤。外汇交易的第二步是制订交易计划，具体而言就是根据分析得到的交易结构，按照凯利公式的基本原理，并考虑自己的资金状况，对交易的仓位管理进行设计。**所谓交易结构就是具体的行情走势中表征的风险报酬率结构、胜算率结构和周转率结构。**凯利公式就是一个根据胜算率和报酬率管理仓位的公式，通俗而言就是：特定行情结构隐含的胜算率越高，则仓位越重；特定行情结构隐含的报酬率越高，则仓位越重。所谓的仓位管理具体而言就是“进场、加仓、减仓和出场”，简称为“进出加减”。制订交易计划是绝大多数交易者的盲点，也就是说绝大多数交易者根本没有交易计划，他们一般不会树立明确的出场点，或者说出场条件，这是第一种计划中的盲点，《黄金高胜算交易》中对此有明确剖析。第二种计划中的盲点就是不会采用“微调仓位”策略，而是“一次性进出”，绝大多数交易者不会根据市场结构变动导致的概率分布变化来调整仓位，他们不会利用复合式头寸，而是倾向于单一头寸，也就是忽略了“加减”。这是两种盲点，如果你能够避免这两种盲点，则你可以胜过一半以上的交易者。

风险报酬率和胜算率，以及周转率的概率分布取决于交易结构。

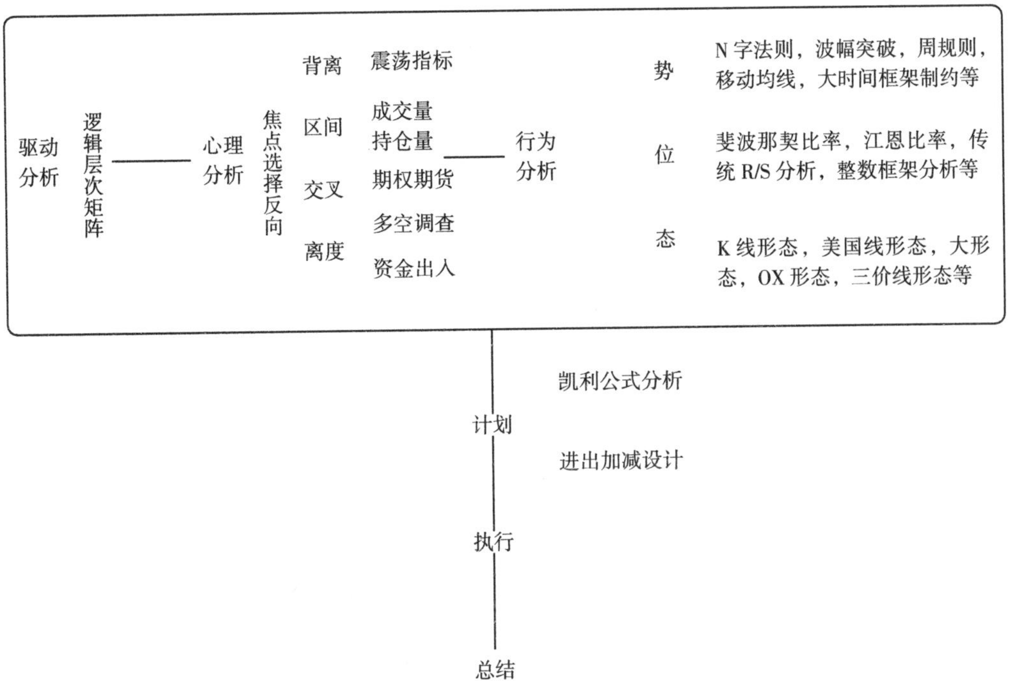

图 16-1　最完整的外汇交易流程

外汇交易的第三步是交易的执行，这个环节存在的问题更大，在老练的交易者身上也可以不时看到对纪律的违背。其实，执行出现问题主要有两方面的原因：第一，长期出现同样的问题，则可能是交易计划本身不合理，自己的直觉对其进行了纠正，进而违背了纪律，这时候往往需要步骤四——**“总结”来完善系统，交易者要注意交易结果的一致反馈，保持敏锐的信息接收能力**；第二，短期内出现同样的问题，则可能是你对于交易计划没有信心，应该通过一定时间对市场周期的测试来树立对策略的信心。**通常执行方面的问题都被**

总结是复盘的一部分，坚持复盘才能带来进步。

归结为纪律问题，其实这里面并不是这么简单的，往往涉及很多深层次的问题，比如潜意识的抗拒、交易策略本身缺乏长期盈利能力、交易策略承担的风险过大（交易绩效的标准差过大）、交易者长期缺乏有规律的体育锻炼等。所以，这方面的问题很多，需要详细分析，一般的书大多把交易的失败归结为缺乏纪律，这种说法大而不当，缺乏可验证性和具体的操作意义。

外汇交易的第四个步骤是最重要的步骤，却是绝大多数外汇交易者做得最差的步骤。何谓最差？基本相当于"从来不做"。如果你认为自己是"偶尔做做"，那基本相当于"从来不做"。交易总结是交易者不断根据反馈信息趋向于绩效目标的唯一手段，如果没有总结，则交易者永远也不可能趋近自己的目标。高效的总结带来快速的进步，低效的总结带来缓慢的进步，而没有总结则没有进步。**我们接触的绝大多数外汇交易者从来不做总结，所以他们长期以来没有进步是很自然和公平的事情。没有总结，就没有进步，没有总结，之前三个步骤都是白做的。**那么，怎么去总结自己的交易呢？最好的办法是将自己的交易即时截图，然后把交易分析、交易计划、交易执行情况和最后的总结批注在图上，这样你才能定期回顾你的交易。不少交易者的交易总结尽是些"悔过书"、"认错书"，满篇都是"认罪式的文字"和"大而不当的归因"，比如"恐惧、贪婪"，**交易总结要注意三个方面的问题：第一，要下切到位，归结到具体的原因；第二，要用统计数据说话，不要一笔交易一个偏颇的总结或者马后炮式的总结；第三，总结要具有可操作性和可验证性，"不要恐惧，不要贪婪"之类的说法少拿来糊弄自己。**外汇交易的四大步骤中，分析是大众的焦点，而计划、执行和总结则是大众的盲点，盲点中的盲点则是总结。

足够样本下的反省才是科学的反省。

分析是本书读者关注的焦点，所以本书不敢不迎合读者的需要，否则我们的书就会被打入冷宫，但是我们满足读者需要的同时，也在破除读者不合理的愿望和想法，这就是

"借力打力"。外汇分析是绝大多数外汇交易者关心的内容，其丰富程度也是绝大多数外汇交易者买书时评价书好坏的唯一标准，但是这些交易者仍旧将自己局限于外汇分析中的一小块内容，大家都拼命往里面挤，自然利润也就降低了，这就是行为分析，大家一般称为"技术分析"。外汇分析中的行为分析是大众的焦点，我们要关注，外汇分析中的心理分析和驱动分析是大众的盲点，特别是心理分析是大众盲点的盲点，我们要专注。

在外汇交易中驱动分析采用的主要工具是逻辑层次矩阵，在《外汇交易圣经》一书中有简单的介绍，而《外汇交易的三部曲》中则会有全面深入的运用示范。简单的理解就是基本面分析，这是日内短线外汇交易者们不太感兴趣的地方，因为他们信奉"技术分析不能掺杂基本面分析"的信条，这个信条好像是不做交易的约翰·迈吉归纳出来的。**你采用哪种分析策略和组合并不存在对错，我们追求的是效果。**外汇交易中的心理分析是新兴领域，比驱动分析和行为分析更缺少研究者，这恰好是超额利润所在。**盲点产生利润，交易大众的盲点产生潜在的利润，自己的盲点产生潜在的亏损，**当你克服自己的盲点，并能利用大众的盲点时，你就是交易场中的王者。

自己的盲点为别人创造了机会，别人的盲点为自己创造了机会，这就是游戏的本质，搞不清楚这点就容易纠缠在价格本身的涨跌上。

行为分析包括三个要素："势、位、态"。"势"就是趋势，这是交易的架构，趋势的出现为我们以最小的风险追求最大的利润提供机会。"位"就是位置，具体而言是交易位置，进场的位置、出场的位置、加仓的位置、减仓的位置，这是交易的基础，也是绝大多数新手的盲点，新手几乎从来不琢磨进场的位置，他们在乎的是方向，而方向连趋势都算不上。"态"就是广义的形态，比如 K 线和西方图表形态等，我们通常需要利用这些广义的形态去确认某一位置的有效性和可靠性，以便管理进场和出场。"态"确认了实际进出位置的唯一性，这就是它的作用。经过势、位、态三要素分析之后，我们会确认交易的"方向和位置"。不少交易系统都会在"位置”上下功夫，但是一个好的交易系统必然会在“趋势、位置”上下功夫，并且利用特定的手段去确认它们。

分析手段往往只有行为分析，然后就是交易计划和交易执行，这是绝大多数日内交易者的交易流程。系统的交易着重于“系统”两字，**最简单的系统必须满足一个条件：能够提供充分必要的进出场条件**。而要满足这个条件，则需要满足我们本课前述的部分内容和要点。

下面我们以 FxOverEasy 交易系统为例来说明系统性思维在外汇交易中的重要性。这个交易系统用在 15 分钟图上，由五个交易指标构成，其中四个指标用于把握交易方向和交易位置，剩下一个指标用于提醒交易者可能的交易信号（通常情况下，交易者无须理会这一指标发出的信号，因为信号不太准确）。我们下面结合分析过程来介绍这些技术指标。

第一步，分析交易持仓的方向。FxOverEasy 交易系统利用 Shi channel ture 这个信道指标来甄别交易方向，基本上是为了追寻市场的趋势。请看图 16-2，它显示了 FxOverEasy 交易系统的构成。主图中的隧道就是 Shi channel ture 指标，具体的指标可以根据书后面的指南下载。这个信道由上下边沿和中心线构成。Shi channel ture 告诉交易者持仓的方向，并会即时自动更新。如果隧道倾斜向下，交易者只能做空；如果隧道倾斜往上，则交易者只能做多。同时，还需要注意两种情况：第一种情况是隧道过窄，不要进行交易，至于隧道过窄的具体定义我们后面会阐述；第二种情况是汇价

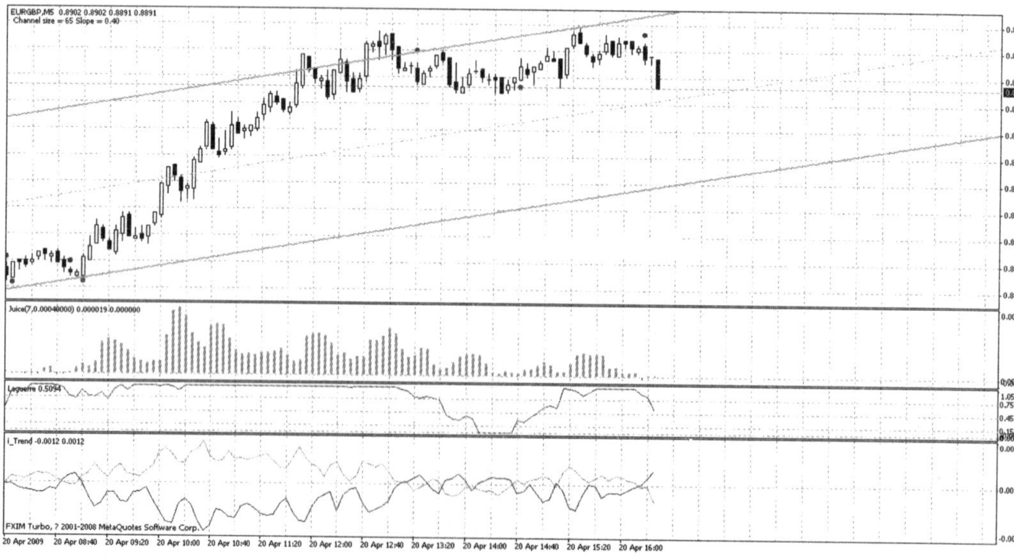

图 16-2 FxOverEasy 交易系统的构成

在隧道之外，不要进行交易（除了已经开仓的情况），这时候交易者需要等待新的隧道形成。

第二步，查看市态，这个步骤的目的在于避免介入窄幅震荡的区间市场，采用的指标是 Juice，也就是图 16-2 中第一幅图中的柱状指标。当 Juice 是红色的时候，不要进行交易；只有当 Juice 是绿色时才交易。第一步和第二步的顺序并不严格，可以先查看市态，再进行方向分析。

第三步，确认进场点和出场点，这个步骤的目的是找到具体的交易位置和时机。记住，交易者只做和 Shi channel ture 倾斜方向一致的交易！进场和出场需要同时查看两个指标：i_Trend 和 LaGuerre，该系统创始人同时提醒用户 i_Trend 这个指标对于有经验的交易者可以不关注。第一个进场指标是 i_Trend（红色在上，就做空；绿色在上，就做多）。第二个进场指标是 LaGuerre。当 LaGuerre 线向下交叉通过 0.75 线，就做空；当 LaGuerre 线往上交叉通过 0.15 线，就做多。如果 Juice 仍然是绿色，等到价位到 Shi channel ture 隧道的另一边平仓；如果 Juice 是红色，当 LaGuerre 线到达中线（0.45）就平仓。图 16-2 中的第二幅图是 LaGuerre 指标，第三幅图是 i_Trend 指标。安全止损一般采用 15 点。

第五个指标是 Perkyasctrend1，它是为懒得盯盘的人而设，粉红点代表卖出，蓝点代表买入，主图中的圆点就是该指标发出的信号，交易者一般可以忽略这个指标信号，因为它主要是起提醒作用。

下面，我们来看三个示范例子。第一个 FxOverEasy 交易系统示范例子请看图 16-3，这是澳元兑美元的走势，按照系统要求我们只能在 15 分钟走势图上进行分析和交易（如果你要改变使用的时间框架，则 Juice 的参数需要发生变化）。第一步，我们查看 Shi channel ture 的方向，实例中 Shi channel ture 方向向下，同时 Shi channel ture 并不属于窄幅范围（具体定义参看本课后面部分），于是我们寻找进场做空的机会。第二步，我们查看 Juice 的状态，实例中 Juice 呈现正值，也就是说当下的市况并非震荡市，我们可以进场交易（这个系统的目的是避免介入震荡市况，一是利用 Juice 的波动率提醒作用，二是对 Shi channel ture 的宽度进行限制）。第三步，查看 i_Trend 和 LaGuerre 是否有进场做空信号，本例中 i_Trend 的红线向上穿越绿线，红线在绿线之上，接着 LaGuerre 下穿 0.75，做空信号发出，我们可以进场做空，初始止损设定在进场点之上 15 点左右，当然可以根据日均波幅状况进行调整，也可以通过隧道的宽度（潜在回报）来确定初始止损（潜在风险）。

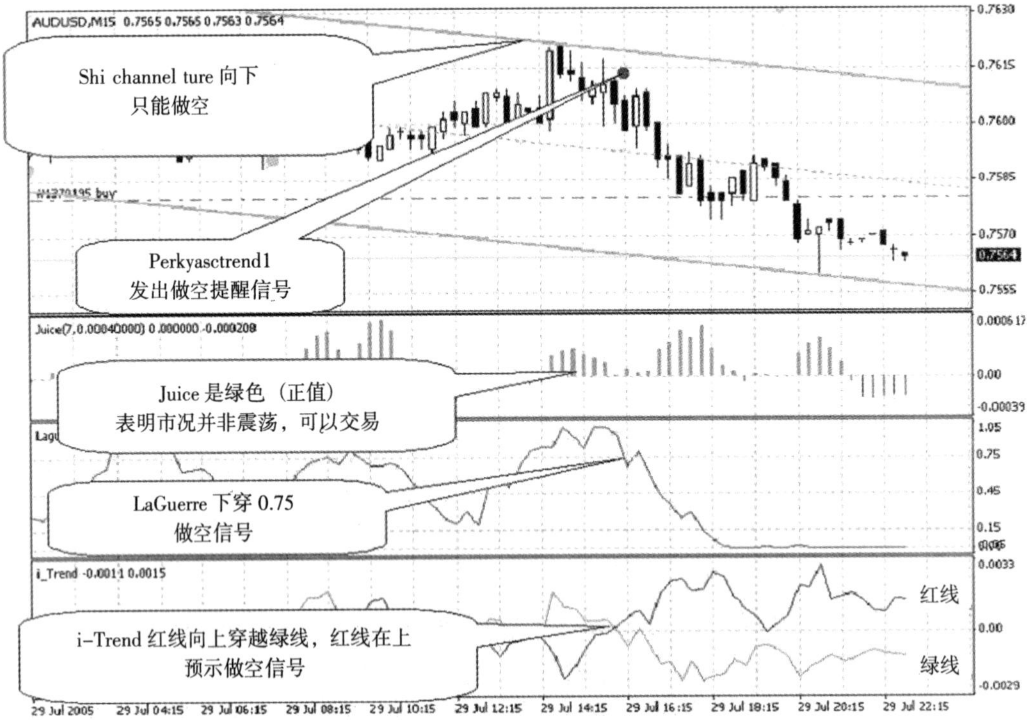

图 16-3 FxOverEasy 交易系统示范（1）

第二个 FxOverEasy 交易系统示范例子请看图 16-4，这是欧元兑美元的例子（图仍旧是 15 分钟走势图）。第一步，我们查看 Shi channel ture 的方向和宽度，Shi channel ture 向上倾斜，同时宽度符合要求，于是我们寻找进场做多的机会。第二步，我们查看 Juice 指标展示的波动率情况，Juice 是绿色，也就是正值，市场处于假定的单边走势，我们可以进场交易。第三步，查看 i_Trend 和 LaGuerre 两个指标的状态，i_Trend 绿线上穿红线，接着 LaGuerre 上穿 0.15，发出进场做多的信号。进场之后按照要求设定初始止损，本例中汇价最终触及隧道另外一边，按照 FxOverEasy 交易系统规则出场。

第三个 FxOverEasy 交易系统示范例请看图 16-5，这是美元兑瑞郎例子。第一步，查看 Shi channel ture 的宽度和方向，宽度符合要求（系统创始人并没有准确定义这一宽度，早期使用者一般以 40 点作为最低要求，我们建议采用日均加权波幅的某个比例），方向朝下，于是我们寻找进场做空的机会。第二步，查看 Juice 指标的状态，本例中 Juice 指标是绿色，也就是正值，于是我们可以进场交易。第三步，查看 i_Trend 和 LaGuerre，i_Trend 绿线下穿红线，同时 LaGuerre 下穿 0.75，于是我们进场做空。初始止损和利润兑现位置按照 FxOverEasy 交易系统规则设定，本例中的出场点恰好在 Shi channel ture 隧道的另外一边。

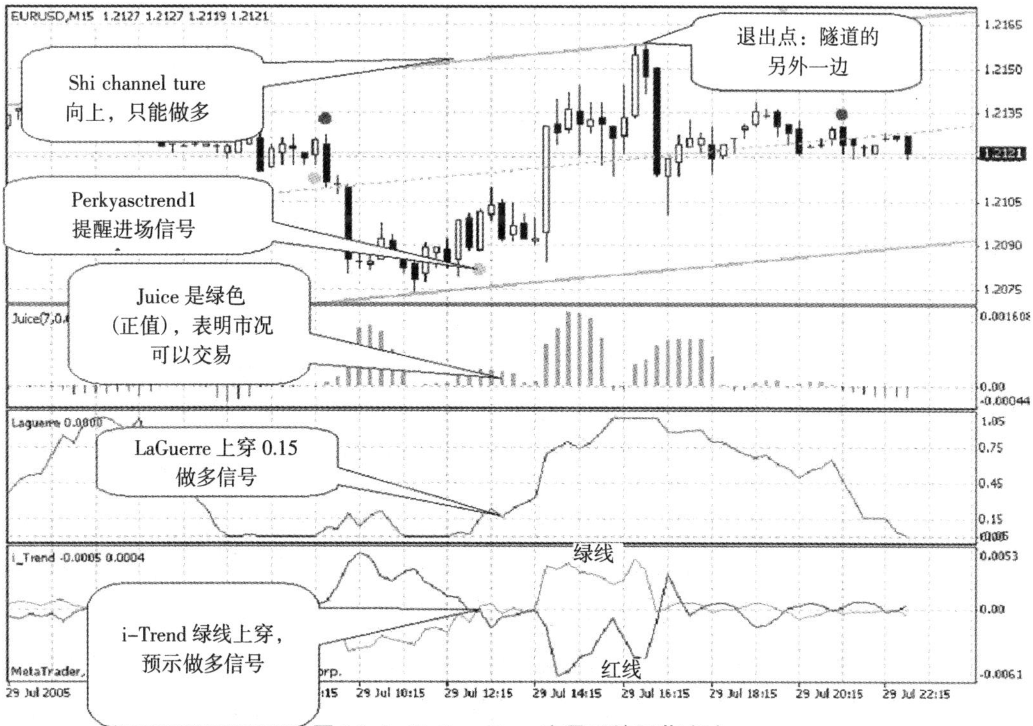

图 16-4　FxOverEasy 交易系统示范（2）

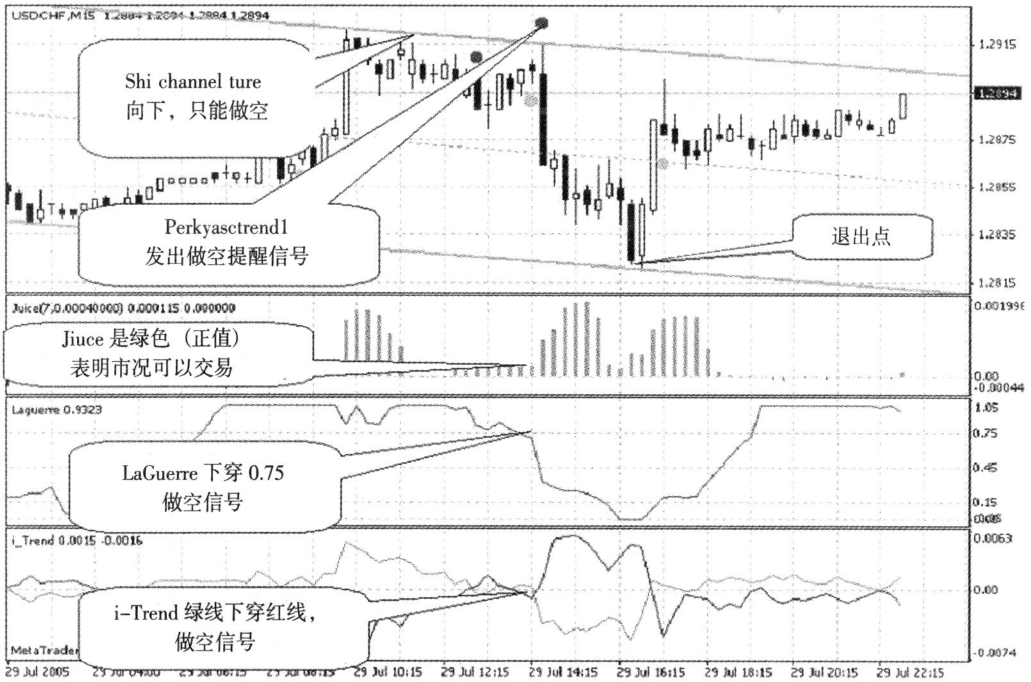

图 16-5　FxOverEasy 交易系统示范（3）

市场是一个有机联系的整体，要对这个整体作出恰当的反应，就必须有兼顾整体的思维方式。

FxOverEasy 交易系统的力量**在于其“系统性思维”**，这是本课强调的关键原则，也是绝大多数交易者的盲点所在，盲点就是利润，大众的盲点产生利润。FxOverEasy 交易系统包括了对市场性质的甄别（震荡市场还是单边市场），包括了对市场趋势的甄别（向上还是向下），包括了交易的位置（进场和出场），包括了风险控制手段和利润兑现手段，这些都是不少外汇日内交易者忽视的大问题，本课要教给你的知识不是外汇交易的四个步骤，也不是 FxOverEasy 交易系统，而是一种“系统性的思维”，如果你能够在自己的交易步骤和交易策略中施展这一思维模式，则你将超越绝大多数外汇交易者的水平和绩效。我们的24堂课，力图将原理和方法结合起来，力图将哲学和手段结合起来，把讲道理和讲效果结合起来，所以往往会用一个交易策略去说明一个原理，通过有形的东西让读者把握无形的精神。如果直接向交易者坦露所谓的交易哲学，无疑会被视为“空谈”，如果只讲具体的方法则会陷入“得鱼忘渔”的困境，毕竟外汇市场是一个高效的市场，所有的方法都会随着快速的传播而失效。**我们能够不断保持良好的交易绩效，源于不断的创新，方法上的创新最终植根于交易者对交易哲学的高度把握，如果你能够从这个角度去看待本书，那么你的成就当在我们之上。**

“盲点”和“焦点”是本书的两大主题，而“人性的特点”则是“盲点”和“焦点”产生的根本原因。**盲点无处不在，以各种形式存在，这正是我们能够不断发展新的交易策略和手段的根本原因，也是你应该从本课学到的最精华知识。**盲点体现在什么地方？体现在对市场的认识上，比如外汇市场三大时段规律（这是英镑择时交易法的基础）；体现在对交易流程的认识上，比如心理分析（这是短线高手博取超额利润的基础）；体现在外汇交易策略的认识上，比如 FxOverEasy 交易系统使用中的误区。**交易策略被误用，主要是因为没有搞清楚策略的一些关键前提和条件，**我们以 FxOverEasy 交易系统为例来说明。

FxOverEasy 交易系统的使用主要存在 4 个“盲点”，这 4 个盲点广泛存在于该系统的使用者中，如果你能够克服这 4 个“盲点”，则你的交易绩效将会显著高于其他使用者，这就是“大众的盲点 = 我的利润”（Mass Blind Spots = My Profits）公式告诉我们的道理，**交易中只有三个道理是恒定的：第一是“利润盲点公式”，第二是“凯利公式”，第三是“复利公式”**。这是我们的法宝，至于接下来你的表现，就看你对这三个公式的掌握了。我们基金内部一般称其为“三利公式”——“盲利公式、凯利公式和复利公式”。现在回到主题，请看图 16-6，这是美元兑日元的 15 分钟走势图，其中演示了 FxOverEasy 交易系统的第一种常见的使用“盲点”，就是忽略了 Shi channel ture 的方向，比如当前的 Shi channel ture 是倾斜向下的，那么即使有 LaGuerre 和 i_Trend 做多信号也不能被采纳。这样做背后的原因是什么？主要是为了“顺势而为”，当然这个所谓的“顺势”其实是交易者假定的势，当然由于设定了止损，所以这个假定是可以被验证和证伪的，这就是索罗斯对交易的一个最根本要求。

盲利公式的根源在于零和博弈的本质，一方的利润来源于另一方的非理性。

图 16-6　FxOverEasy 交易系统使用注意问题（1）

FxOverEasy 交易系统中的第二个盲点如图 16-7 所示，这是欧元兑美元的 15 分钟走势图。当汇价位于 Shi channel ture 之外时，也就是跌破或者升破 Shi channel ture 的边界时，我们不能进场交易，一旦突破 Shi channel ture 的边界，意味着交易者需要重新对市场进行定位，市场当下的发展已经超出了 FxOverEasy 交易系统预定的框架，所以需要站立于场外。

图 16-7 FxOverEasy 交易系统使用注意问题（2）

FxOverEasy 交易系统使用中的第三个盲点是对于 Juice 默认参数的迷信。请看图 16-8，在这个特定品种特定时间框架下的走势中，Juice 没有出现过负值，如果再看更大的价格走势也如此，则交易者需要考虑对 Juice 的参数进行调适。不少 FxOverEasy 交易系统的使用者之所以失败，最为关键的一点是忽略了外汇市场会因为驱动面因素的结构性变化而发生行为面因素的结构性变化，比如次贷危机就使得外汇的波动率大大增加了，此时的 Juice 参数就不合时宜了，具体而言就是起不到最初设想的作用：过滤震荡走势。调整 Juice 的参数并没有被 FxOverEasy 交易系统的创始人提出来，也没有被广大的使用者提出来，但是实际交易中这会让交易者碰壁，如果你是碰壁之后能够最快醒悟过来的人，则你就能利用大众，包括你自己在此问题上的盲点，将自己的交易绩效变得更好。

FxOverEasy 交易系统使用中的第四个盲点是关于 Shi channel ture 宽度的设定，当 Shi channel ture 宽度低于此基准宽度时，我们不应该进行交易。FxOverEasy 交易系统

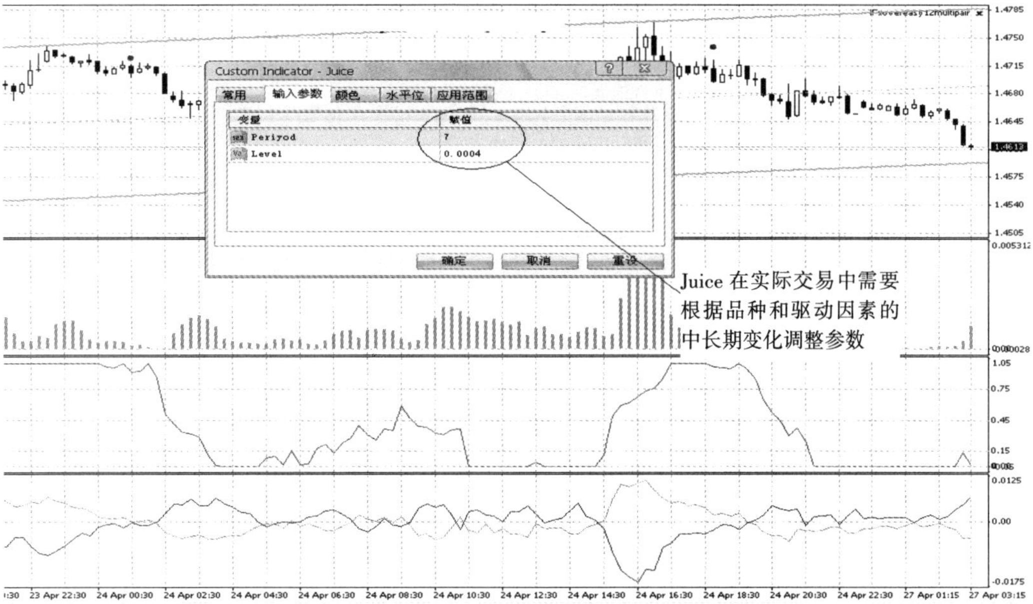

图 16-8　FxOverEasy 交易系统使用注意问题（3）

使用者们基本都是采用固定宽度，比如 40 点、50 点，这个点数在短期内对于特定品种可能是有效的，但是随着品种和驱动面的变化这个基准会变得无效，我们应该采用能够自适应的参数。请看图 16-9，这是澳元兑美元的 15 分钟走势图，我们为 FxOverEasy 交易系统增加了一个技术指标，这是一个纯统计指标，可以通过计算得出特别的加权

图 16-9　FxOverEasy 交易系统使用注意问题（4）

日均波幅，我们会据此设定一个合理的 Shi channel ture 宽度基准。根据我们的测验，Shi channel ture 基准宽度最好是加权日均波幅的 1/3，当 Shi channel ture 实际宽度超过这一基准宽度时，我们就认为 Shi channel ture 宽度恰当，是可以进行交易的。

图 16-9 中的加权日均波幅计算指标的具体名称可以从图 16-10 中看到，本书的读者可以按照书后的下载指南免费下载使用这一指标。在理查德·丹尼斯的海龟交易系统中经常使用到日均波幅，这个指标可以作为不少指标参数自适应调整的基础，大家可以发挥自己的创造性，把这个指标融入到你的交易系统中去，这是一个非常有效的工具，之所以有效在于它突破了技术分析的"固定参数枷锁"，能够让交易者真正地跟随市场的变化而变化。目前绝大多数外汇交易者使用的交易策略都是基于特定时期和特定品种的波幅特点，这是一种"静止和片面"的思维方式，导致交易策略在走势结构性变化之后基本失效。

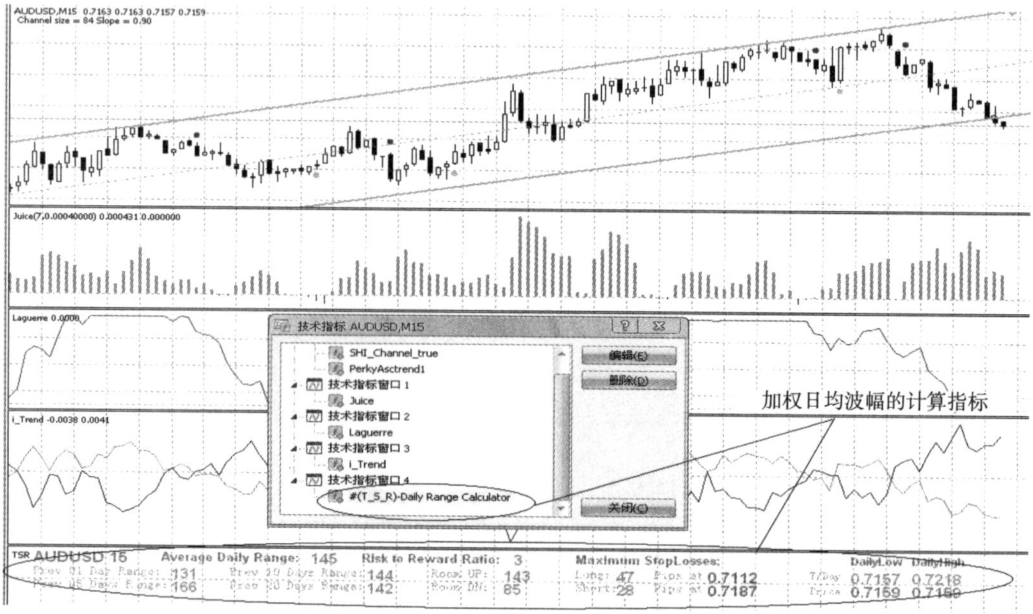

图 16-10 甄别隧道宽度的辅助指标：加权日均波幅计算指标

讲了不少"题外话"，但这些才是我们内心的"真东西"。不过，绝大多数读者可能对"空对空"的"真东西"并不"感冒"，他们更关心的是"现学现用"的东西，"拿来主义"是绝大多数读者购买本书的初始动机，为了不让这些读者的愿望落空，我们还是应该让他们知道 FxOverEasy 交易系统的交易绩效如何。下面是 FxOverEasy 交易系统的一个短期交易报告（见表 16-1），其中的交易记录真实可靠，从 2005 年 8 月 19 日持续到 2005 年 8 月 26 日，起始资金 3000 美元，盈利 2090.47 美元。

表 16-1　FxOverEasy 交易系统实际绩效

Account：8293903030　　Name：Don Lawson　　Currency：USD　　2005 August 26，19：02

Closed Transactions：

Ticket	Open Time	Type	Lots	Item	Price	S/L	T/P	Close Time	Price	Commission	Swap	Profit
653554	2005.08.19 06：40	balance Deposit										3000.00
654605	2005.08.19 14：58	buy	1.00	usdjpy	110.52	110.61	0.00	2005.08.19 18：01	110.61	0.00	0.00	81.37
654620	2005.08.19 15：03	buy	1.00	usdchf	1.2724	1.2755	0.0000	2005.08.19 16：35	1.2755	0.00	0.00	243.04
654628	2005.08.19 15：08	sell	1.00	eurusd	1.2170	1.2148	0.0000	2005.08.19 17：42	1.2148	0.00	0.00	220.00
654985	2005.08.19 16：49	buy	1.00	usdchf	1.2765	1.2746	0.0000	2005.08.19 17：50	1.2751	0.00	0.00	-109.80
1190003	2005.08.22 00：11	buy	1.00	eurjpy	134.44	134.31	134.74	2005.08.22 02：07	134.31	0.00	0.00	-117.72
1190033	2005.08.22 00：19	buy	1.00	eurjpy	134.41	134.31	0.00	2005.08.22 02：07	134.31	0.00	0.00	-90.56
1190234	2005.08.22 01：10	buy	1.00	eurjpy	134.38	134.31	134.71	2005.08.22 02：07	134.31	0.00	0.00	-63.39
1190895	2005.08.22 05：32	sell	1.00	eurusd	1.2185	1.2181	0.0000	2005.08.22 08：52	1.2181	0.00	0.00	40.00
1195855	2005.08.23 04：00	buy	1.00	eurjpy	134.14	134.48	0.00	2005.08.23 10：09	134.48	0.00	0.00	309.46
1197801	2005.08.23 14：32	buy	1.00	usdchf	1.2709	1.2706	0.0000	2005.08.23 17：21	1.2730	0.00	0.00	164.96
1198309	2005.08.23 16：07	buy	1.00	audusd	0.7557	0.7534	0.0000	2005.08.23 18：39	0.7560	0.00	0.00	30.00
1198730	2005.08.23 17：33	buy	1.00	eurusd	1.2223	1.2199	0.0000	2005.08.23 19：07	1.2226	0.00	0.00	30.00
1198745	2005.08.23 17：36	buy	1.00	eurusd	1.2216	1.2197	0.0000	2005.08.23 18：20	1.2218	0.00	0.00	20.00
1198890	2005.08.23 18：20	sell	1.00	usdchf	1.2717	1.2716	0.0000	2005.08.23 19：07	1.2715	0.00	0.00	15.73
1199314	2005.08.23 21：03	buy	1.00	usdjpy	109.87	110.18	0.00	2005.08.24 02：57	110.18	0.00	1.59	281.36
1200010	2005.08.23 23：18	sell	1.00	gbpusd	1.8005	1.8029	0.0000	2005.08.24 00：21	1.8004	0.00	0.00	10.00
1215766	2005.08.26 04：01	sell	1.00	usdchf	1.2570	1.2561	0.0000	2005.08.26 08：07	1.2561	0.00	0.00	71.65
1215787	2005.08.26 04：02	buy	1.00	eurusd	1.2295	1.2303	0.0000	2005.08.26 07：47	1.2315	0.00	0.00	200.00
1215811	2005.08.26 04：15	buy	1.00	gbpusd	1.8007	1.8027	0.0000	2005.08.26 08：07	1.8027	0.00	0.00	200.00
1218216	2005.08.26 14：31	sell	1.00	audusd	0.7592	0.7618	0.0000	2005.08.26 18：20	0.7585	0.00	0.00	70.00
1218274	2005.08.26 14：45	sell	1.00	usdchf	1.2562	1.2538	0.0000	2005.08.26 17：06	1.2538	0.00	0.00	191.40
1218322	2005.08.26 14：56	buy	1.00	eurusd	1.2315	1.2324	0.0000	2005.08.26 17：08	1.2324	0.00	0.00	90.00
1218556	2005.08.26 15：33	buy	1.00	eurjpy	135.02	135.23	0.00	2005.08.26 18：14	135.23	0.00	0.00	191.38
1219425	2005.08.26 17：27	sell	1.00	audusd	0.7586	0.7618	0.0000	2005.08.26 18：20	0.7585	0.00	0.00	10.00

续表

										Closed P/L	2 090.47	
Open Trades:												
Ticket	Open Time	Type	Lots	Item	Price	S/L	T/P		Price	Commission	Swap	Profit
							No transactions					
										Floating P/L	-0.00	

Working Orders:									
Ticket	Open Time	Type	Lots	Item	Price	S/L	T/P	Market Price	
							No transactions		

Summary:					
Deposit/Withdrawal	3000.00	Credit Facility	0.00		
Closed Trade P/L	2090.47	Floating P/L	-0.00	Margin	0.00
Balance	5090.47	Equity	5090.47	Free Margin	5090.47
Details:					
Gross Profit	2471.94	Gross Loss	381.47	Total Net Profit	2090.47
Profit Factor	6.48	Expected Payoff	87.10		
Absolute Drawdown	0.00	Maximal Drawdown (%)	381.47 (10.8%)		
Total Trades	24	Short Positions (won %)	8 (100.00%)	Long Positions (won %)	16 (75.00%)
		Profit Trades (% of total)	20 (83.33%)	Loss trades (% of total)	4 (16.67%)
Largest		profit trade	309.46	loss trade	-117.72
Average		profit trade	123.60	loss trade	-95.37
Maximum		consecutive wins ($)	17 (1927.53)	consecutive losses ($)	4 (-381.47)
Maximal		consecutive profit (count)	1927.53 (17)	consecutive loss (count)	-381.47(4)
Average		consecutive wins	10	consecutive losses	4

下面是 FxOverEasy 的自动交易程序，代入 Metatrader4.0 智能交易即可，具体方法可以参考 www.520fx.com 的相关指南。

```
#property copyright "Copyright? 2009, Dina"
#define LONGCOLOR DodgerBlue
#define SHORTCOLOR OrangeRed

extern bool UseAscTrend=0;

extern int StopLoss=15,
          TrailingStopTrigger=15,
          TrailingStop=10,
          MinChannelWidth=40,
          TakeProfit=150,
          PauseToReEntryMinutes=15,
          LaguerreValidityMinutes=45;

extern bool DebugTrace= 1;

int LastSignalTime,
   LaguerreSignal,
   LaguerreSignaltime;

int   init(){return(0);}
int deinit(){return(0);}

int start()
{
  double UL,DL;
  int res= 0;

  if(Bars<20)return(0);
```

```
int currenttrades=0;
for(int x=0;x<OrdersTotal();x++){
  OrderSelect(x,SELECT_BY_POS,MODE_TRADES);
  if(OrderSymbol()==Symbol()){
    currenttrades++;
}
}

if(currenttrades == 0){

 if(AccountFreeMargin()<1000)
    return;

 iCustom(NULL,0,"SHI_Channel",0,0);
 double MIDL2=ObjectGet("MIDL",OBJPROP_PRICE2);
 double MIDL1=ObjectGet("MIDL",OBJPROP_PRICE1);
 double TL1  =ObjectGet("TL1" ,OBJPROP_PRICE2);
 double TL2  =ObjectGet("TL2" ,OBJPROP_PRICE2);
 if( TL1>TL2){ UL=TL1;DL=TL2; }else{ UL=TL2;DL=TL1; }

 double i_Trend1 =iCustom(NULL,0,"i_Trend" ,0,0);
 double i_Trend2 =iCustom(NULL,0,"i_Trend" ,1,0);
 double Juice1    =iCustom(NULL,0,"Juice"    ,0,0);

 double PAsctrnd1= 0,
      PAsctrnd2= 0;

 if(UseAscTrend){
   PAsctrnd1= iCustom(NULL,0,"PerkyAsctrend1",0,0);
   PAsctrnd2= iCustom(NULL,0,"PerkyAsctrend1",1,0);
```

```
}
else {
  PAsctrnd1= 1;   // not taken into account(make it irrelevant,i.e. set always true)
  PAsctrnd2= 1;
}

// must be checked after AscTrend(! )
double Laguerre1= iCustom(NULL,0,"Laguerre",0,0);
double Laguerre2= iCustom(NULL,0,"Laguerre",0,1);

if(Laguerre2<0.15 && Laguerre1>=0.15){
   LaguerreSignal= 1; // LONG
   LaguerreSignaltime= Time[0];
}
else
if(Laguerre2>0.75 && Laguerre1<=0.75){
   LaguerreSignal= -1;// SHORT
   LaguerreSignaltime= Time[0];
}

 if (LaguerreSignal! =0 && (Time [0]-LaguerreSignaltime)>Laguerre Validity
Minutes*60){
   LaguerreSignal= 0;// expire laguerre crossing signal after n mintues
}

res= 0;

if(Juice1>0.0 && UL-DL>MinChannelWidth*Point &&(Time[0]-LastSignalTime)>
PauseToReEntryMinutes*60){

   if (MIDL2 >MIDL1 && Ask <UL && Ask >DL && i_Trend1 >i_Trend2 &&
```

```
LaguerreSignal==1 && PAsctrnd1>0.0){

             res= OrderSend (Symbol (),OP_BUY ,1,Ask,5,Ask-StopLoss*Point,Ask+
TakeProfit*Point,"",0,0,LONGCOLOR);
            }
            if (MIDL2 <MIDL1 && Bid <UL && Bid >DL && i_Trend1 <i_Trend2 &&
LaguerreSignal==-1 && PAsctrnd2>0.0){

             res =OrderSend (Symbol (),OP_SELL,1,Bid,5,Bid +StopLoss*Point,Bid -
TakeProfit*Point,"",0,0,SHORTCOLOR);
            }

           if(res! =0){
             LastSignalTime= Time[0];
             Print("**** TRADE ****");
            }
         }

        if(res! =0 || DebugTrace){
           Print (Symbol ()," ",Bid,"/",Ask," --  Laguerre2/1/sig= ",Laguerre2,"/",
Laguerre1,"/",LaguerreSignal,",Juice= ",Juice1);
           Print("SHI= ",MIDL2-MIDL1,",ITrend= ",i_Trend1,"/",i_Trend2,",AscTrend=
",PAsctrnd1,"/",PAsctrnd2);
         }
       }
       else{
         for(int i=0;i<OrdersTotal();i++){

           if(OrderSelect(i,SELECT_BY_POS,MODE_TRADES)==false)break;
           if(OrderSymbol()! =Symbol())continue;
```

```
double trailstop= TrailingStop*Point,
     trailstoptrigger= TrailingStopTrigger*Point,
     unrealisedprofit;

switch(OrderType()){
  case OP_BUY:
    unrealisedprofit= Bid-OrderOpenPrice();
    if(TrailingStop && unrealisedprofit>trailstoptrigger &&(! OrderStopLoss()||
OrderStopLoss()<Bid-trailstop))

  OrderModify(OrderTicket(),0,Bid-trailstop,OrderTakeProfit(),0,LONGCOLOR);
    break;
    case OP_SELL:
     unrealisedprofit= OrderOpenPrice()-Ask;
     if(TrailingStop && unrealisedprofit>trailstoptrigger &&(! OrderStopLoss()||
OrderStopLoss()>Ask+trailstop))
  OrderModify(OrderTicket(),0,Ask+trailstop,OrderTakeProfit(),0,SHORTCOLOR);
     break;
    }
   }
  }
 }
```

【开放式思考题】

在研读完第十六课的内容之后，可以进一步思考下列问题。虽然这些问题并没有固定的标准答案，但能够启发思考，跳出来看某些观点。

1. 本课提到“当外汇交易者以系统性思维对市场进行分析时，恰好可以更好地跟上市场的节奏和模拟市场的结构”。如何具体地跟上市场的节奏？

提示：把握价格波动率的敛散周期和玩家情绪的周期。具体的思路可以参考《外汇交易三部曲》。

2. 本课提到“一般的书大多把交易的失败归结为缺乏纪律，这种说法大而不当，缺乏可验证性和具体的操作意义”。纪律的核心意义在于什么？

提示：确保了操作是系统性和一致性的，进而提供了有效的反馈来修正。

【进一步学习和运用指南】

1. 建议进一步阅读《外汇交易三部曲》，将驱动分析、心理分析和行为分析，以及仓位管理有机地整合起来。

2. 金观涛先生关于系统论的系列书籍可以反复阅读。

外汇短线交易的24堂精品课（下册）

|第3版|

面向高级交易者

For Senior Traders

魏强斌　[芬] 马丁·泰勒（Martin Taylor）
王　浩 —————————— 著

经济管理出版社
ECONOMY & MANAGEMENT PUBLISHING HOUSE

图书在版编目（CIP）数据

外汇短线交易的 24 堂精品课：面向高级交易者/魏强斌，（芬）马丁·泰勒（Martin Taylor），王浩著.
—3 版. —北京：经济管理出版社，2021.1
ISBN 978-7-5096-7709-4

Ⅰ. ①外…　Ⅱ. ①魏…　②马…　③王…　Ⅲ. ①外汇交易—基本知识　Ⅳ. ①F830.92

中国版本图书馆 CIP 数据核字（2021）第 027202 号

策划编辑：勇　生
责任编辑：勇　生　刘　宏
责任印制：黄章平
责任校对：陈　颖

出版发行：经济管理出版社
（北京市海淀区北蜂窝 8 号中雅大厦 A 座 11 层　100038）
网　　址：www. E-mp. com. cn
电　　话：（010）51915602
印　　刷：唐山昊达印刷有限公司
经　　销：新华书店
开　　本：787mm×1092mm/16
印　　张：20
字　　数：386 千字
版　　次：2021 年 8 月第 3 版　2021 年 8 月第 1 次印刷
书　　号：ISBN 978-7-5096-7709-4
定　　价：138.00 元（上、下册）

目 录

上 册

◇ 市场方向根本上不过上下而已，恰若阴阳，但阴阳之变不可胜数，一阴一阳谓之道，道生一，一生二，二生三，三生万物。市场涨跌同样也能演变出不可穷尽的情形，而我们所有的基本分析和技术分析，科学地讲不过是概率武器，在市场的混沌涡流中作用十分有限，明显存在瓶颈，分析市场方向的能力的学习曲线是斜率递减的，所以我们花的时间越多，边际收益越是下降，并且边际收益趋向于0。而判断进场出场位置的学习曲线斜率是递增的，逐渐趋向正无穷。

◇ 如果问做交易的最高秘诀是什么？只有四个字——“进场出场”。市场的方向倒是无所谓的东西，但绝大多数人的注意力始终在方向上，新手和高手在判断方向上没有任何大的差别，但新手没有进场和出场的路线图，只是认为方向对了就能赚钱，其实进场和出场搭配好了，才能赚钱。

◇ 在形态的讲解中最容易被忽视的问题有三个：第一个问题是这个形态提出的各种可能发展情景的概率各是多少，这是从统计角度看形态；第二个问题是如何具体交易这个形态，具体而言就是在什么位置进场，什么位置设定止损，以及如何出场，说白了就是机会结构的具体操作问题，许多交易方面的书籍在谈到形态的时候往往忽略了这一最重要的问题；第三个问题是绝大多数讲解形态的书籍没有提供背后的心理基础，这就违背了形态分析有效的基础，形态是可变的，其背后的心理意义才是重点，“透过现象看本质，通过形态看心理”，如果你从这个角度去看技术分析，你才能大有长进。

◇ 形态学习的三个重点是：统计意义、操作步骤和心理意义，忽视一者，你都会得不偿失。

◇ 一个交易日或者一个交易时段的开盘时段走势往往成为市场关注的焦点，有许多交易策略专注于此，这使得开盘时段走势往往为后市的走势提供参照基准。著名的TPO市场轮廓理论就是以开盘区间来作为交易的参考基

下 册

◇ 寻找盲点，套取超额利润，这是本书的核心观点之一，没有这种观念、态度、思维以及行动，外汇市场即日交易者永远不可能超越大众，没有遵循盲利公式的指引，凯利公式和复利公式的神奇只是“无米之炊”而已！

◇ 盲利公式要求我们想大众未想，试大众未试，盲点之所以称为盲点必然是与交易相关性大，而又没有被大众关注和重视的领域和内容，要找到盲点就要多观察和多提问，“异想天开”和“逆向思维”都很有价值！

◇ 风险偏好是不少外汇交易者在汇讯中听得较多的一个词，这确实也是导致外汇行情变动和波动率起伏的关键因素之一。地缘政治和经济增长是影响风险偏好的两个关键因素，而地缘政治和经济增长又是对汇率影响最大的两个驱动因素，所以风险偏好是外汇交易者应该随时关注的首要驱动因素，毕竟这是两个最重要的外汇驱动因素的合力。

◇ 风险偏好的状态可以作为交易者甄别市场趋势特征和波动率特征的指标。当风险厌恶情绪上升时，市场的波动率更大，当风险偏好比较稳定时，市场的单边走势特别明显。外汇市场要么是倾向于套息交易主导，要么倾向于避险交易主导。

◇ 我们遇到的绝大多数外汇交易者，比较忽视美元指数、CRB 指数、主要的股指、相关货币对的运动状况，他们认为高手就是什么都不看，只看交易对象变化的“专注者”，“价格包含和吸收了一切”是他们的信条，他们占了交易者中的绝大多数，而绝大多数往往是输家，所以如果你信奉被绝大多数交易者信奉的关于技术分析的三个前提，则你会因此得到与绝大多数

淡”这个简单认识上，对于外汇的日内周期性利用不足。有些交易高手的方法就是基于特定的日内波动轨迹，比如“英镑择时交易法”就是这类方法的典型代表，另外还有“时区交易法”等。

◇ 绝大多数交易者往往忽略了存在于金融产品走势上的周期性，大众往往将焦点放在价格运动的空间维度上，而价格运动的时间维度自然就成了大众的盲点，盲点即利润，大众的盲点就是我们专注的对象，外汇日内交易者对于日内时段模式的重视程度远远不够，利用程度比起价格形态也相形见绌！

第二十三课 万法归宗之进场的四种方法：见位、破位、顶位和间位 …………… 389

◇ 为什么外汇分析师的“嘴上功夫”经不起实践检验，并不是他们不厉害，而是因为他们努力的方向不是“进出加减”，而是市场涨跌的方向。看对市场方向与看错市场方向是分析师能力评价的标准，但是交易却与具体的进场和出场直接挂钩，不少交易者经年累月不得门径而入，最为关键的一点是他们从来没有仔细思考过具体的进场和出场问题。

◇ 我们可以这样向你描述大众这方面的盲点：大众关注的是市场的涨跌，而不是进出的位置，位置相对于方向就是盲点；大众关注的是进场的位置，而不是出场的位置，出场相对于进场就是盲点，而“盲点即利润!”

第二十四课 万法归宗之出场的四种方法：同位、后位、前位和进位 …………… 435

◇ 你去问不少理论家和真正的高手什么是交易的最高原则，他们甩给你的都是四个字——“顺势而为”。前者给出这个回答完全是因为他们在故作高深，这明显是一个同义反复的回答，而后者给出这个回答往往是敷衍你而已。交易是有秘诀的，这个秘诀是公开的，但又是不被大众关注和认可的，赢家就是靠着这个秘诀吃饭的，别人辛苦得到的认识为什么要无偿地给一个不懂其价值的新手呢?

◇ 出场是最少被“交易大师”和“畅销交易书籍”提及的交易环节，这大概不是他们故意隐瞒，而是他们根本不懂“何为交易”，交易的结果锁定于“出场”，精彩的出场好比足球比赛的进球，“临门一脚太臭”，表明再好的进场也无济于事。

第十七课

寻找盲点套利策略：以 1 分钟交易策略为例

三利公式，威力无穷，名曰“帝娜三宝”！

——魏强斌

攻其无备，出其不意。

——孙武子

选择一条期待性最小的路线，你要站在敌人的位置上加以考虑，想出哪一条路线是他们最不注意的。

——Liddell Hart

复利被爱因斯坦誉为宇宙的最大奇迹，巴菲特称其为“滚雪球”：找到最湿的雪和最长的坡分别代表了最高的复利率和最长的持有期限。复利公式的核心就是这两者。交易最高复利率源于以最恰当的仓位进行单笔交易，这源于凯利公式主导下的仓位管理。最恰当的仓位只有通过洞悉单笔交易的风险报酬结构和胜算率才能实现，而那些具有最优风险报酬结构和胜算率的交易机会基本处于大众盲点之外，盲点才能产生超额利润，这就是盲利公式。寻找盲点，套取超额利润，这是本书的核心观点之一，没有这种观念、态度、思维以及行动，外汇市场即日交易者永远不可能超越大众，**没有遵循盲利公式的指引，凯利公式和复利公式的神奇只为“无米之炊”而已！**

利用对手的非理性下注，这就是盲利公式叠加凯利公式，重复这一过程就是复利公式。

本书要让读者重视的是三大公式：盲利公式、凯利公式和复利公式，大家最好把这三个公式标记在你经常看到的地方，琢磨其精妙之处和如何在交易中具体地运用，无需多少年，几个月之后你的见地就可以超越这个市场中那些自命为“高手”的人了，当然你的手法要超越大众还需要至少一年以上的实际操作，交易不是知识，是技能，就像武术一样，**你的功夫哲学高，未必等于你的功夫本身高！**在三大公式当中，最需要见地的一个公式是盲利公式，这个需要“削尖脑袋”去琢磨和运用，有了它你才能真正在操作中出类拔萃，要知道这个市场除了出类拔萃的极少数人，其他都是交易的“受害者”！**捡来的交易策略不能赚钱**，原因是多方面的，其中一条是捡来的交易策略通常就是巴菲特说的“烟头”，你已经是“N 代传人”了。当然，捡来的策略可以为你带来一些启发和进步，要知道交易不可能完全靠自己悟出来，已有的东西可以作为“启、悟、证”的基础，启发你找到正确的道路，哪怕这个启发点本身是无效的！绝大部分交易者都寄希望于“捡到”一个好的系统，同时都在努力去“找”，这就使得一个被大家同时找到的系统的效率下降了，只有去创造极少数人知道的系统才能绕过盲点的制约，才能真正成功，回想早年我们从事外汇交易的时候，对于流传甚广的交易系统也是“敬若神明，期望甚高”，结果都令人失望。其实，这些系统本身没有对错和好坏，关键是我们对待它的态度和方式出错了，应该学习和汲取其背后的交易思想和某些具体的手法，而不是照搬过来。

讲则天下无敌，打则无能为力。这不是博弈的本质，生而为赢才是实质。

盲利公式要求我们想大众未想，试大众未试，盲点之所以称为盲点必然是与交易相关性大而又没有被大众关注和重视的领域和内容，要找盲点就要多观察和多提问，“异想天开”和“逆向思维”都很有价值！

如果你的账户资金比较小，则你可以尝试利用本课传授的方法，1 分钟交易策略基本不为交易者所关注，他们一般认为此种方法不太可能实现，这也是一种盲点，由于 1 分钟图只为极少数交易者所关注，所以图中必然存在许多可以带来丰厚利润的机会。每个交易者都需要形成自己的交易方法，自己的方法才能获利，而大众都采用的方法肯定不能够获利，这就是利用策略的盲点进行套利。这里介绍的 1 分钟交易策略实际上就是在利用大众的盲点进行套利。1 分钟交易策略基于欧元兑美元 1 分钟走势图，同时交易者还需要叠加下列指标，并设定相应的参数：

叠加布林带，并将其参数值设定为 18 期；

叠加指数移动平均线（Exponential Ma），参数为 3，以收盘价作为计算对象；

叠加 MACD 到第一幅图窗口（主要利用 MACD 柱线，而不是信号线，所以可以将信号线设定为无色），默认 MT4 上的参数不变；

叠加 RSI 到第二幅图窗口，参数设定为 14 期，其他不变。

设定好的分析界面与图 17-1 基本一致。

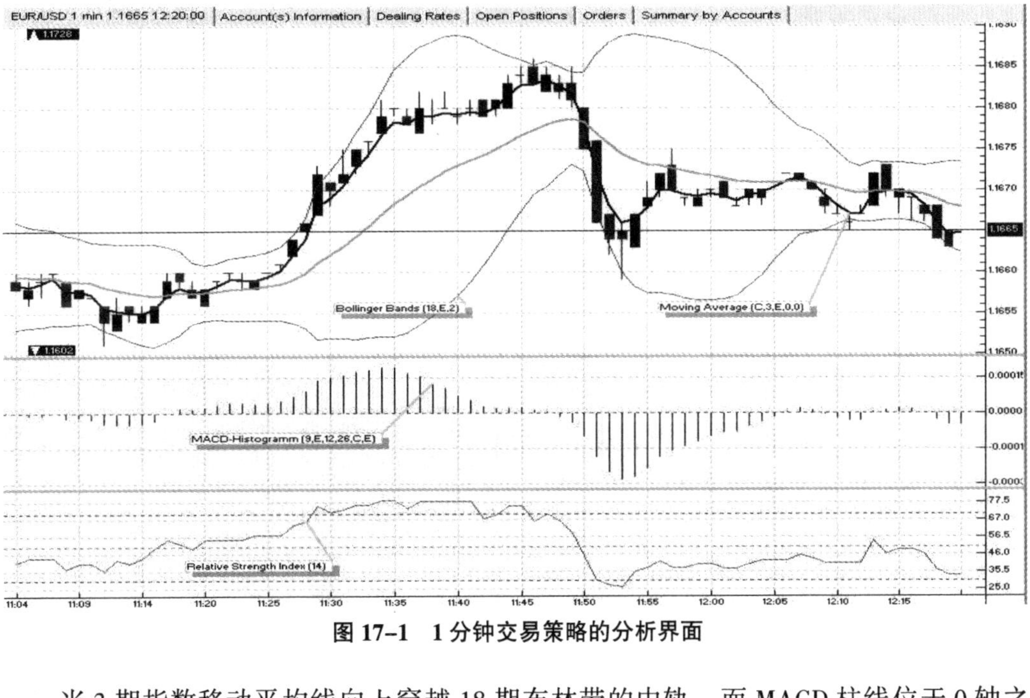

图 17-1　1 分钟交易策略的分析界面

当 3 期指数移动平均线向上穿越 18 期布林带的中轨，而 MACD 柱线位于 0 轴之上，且 RSI 信号线位于 50 轴以上，则进场做多；当 3 期移动平均线向下穿越 18 期布林带中轨，而 MACD 柱线位于 0 轴之下，且 RSI 位于 50 轴之下，则进场做空。

下面我们来看一些具体的交易实例。第一个实例如图 17-2 所示，这个实例发生在美国东部时间星期一澳洲/亚洲交易时段，一个较好的进场做多信号发生在 3 期移动平均线上穿布林带中轨的时候，与此同时 MACD 柱线位于 0 轴之上，而 RSI 信号线位于 50 轴之上。

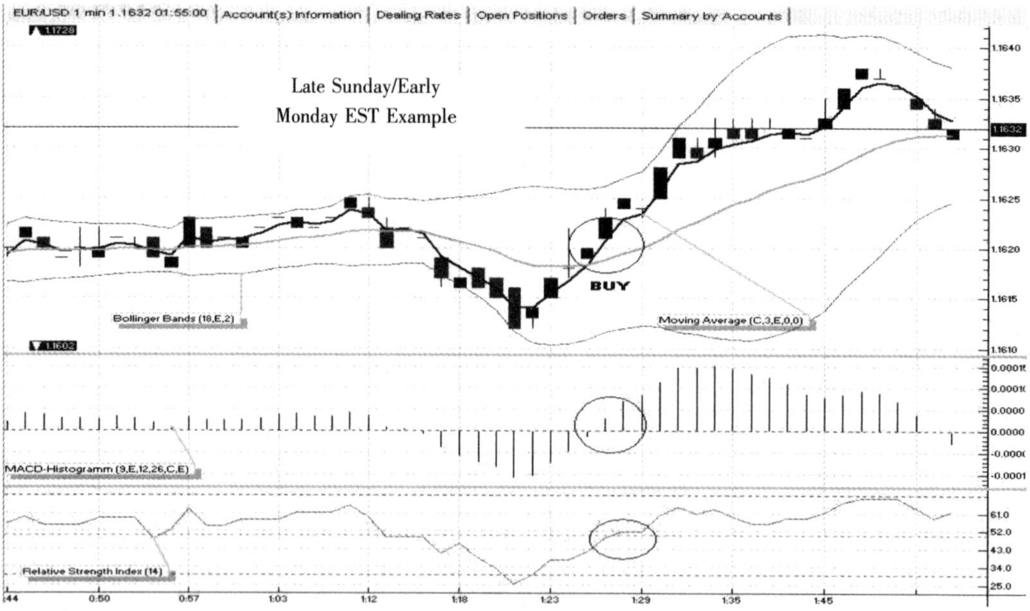

图 17-2　1 分钟交易实例（1）

请看图 17-3，这里涉及两笔交易，第一笔交易仍旧是做多交易，第二笔交易则是做空交易，此时 3 期指数移动平均线下穿布林带中轨，同时，MACD 柱线位于 0 轴之下，而 RSI 信号线也位于 50 轴之下。

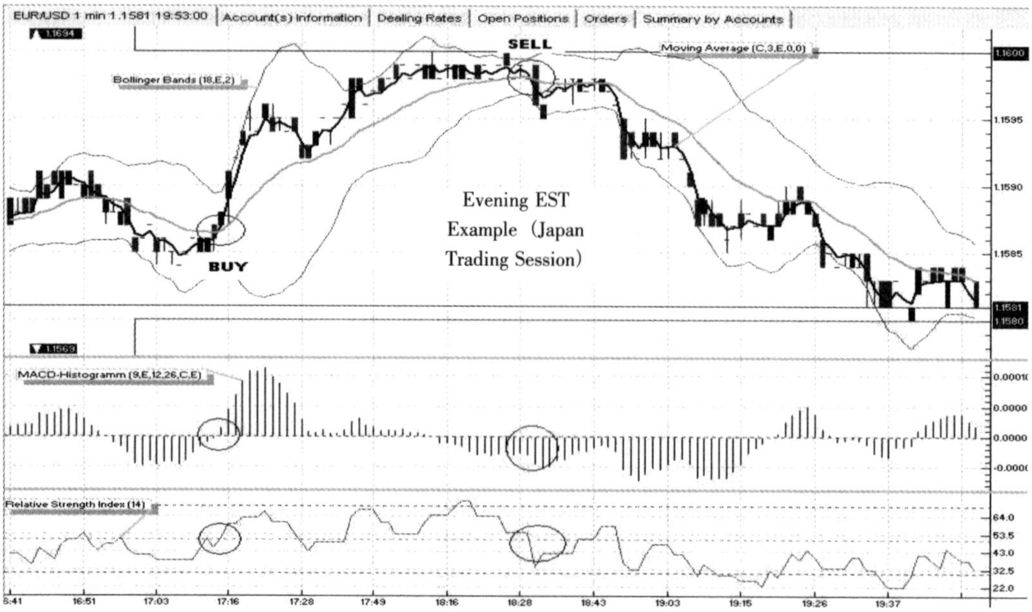

图 17-3　1 分钟交易实例（2）

我们再来看图 17–4，这里面也涉及两笔交易，这两笔交易发生在美国东部时间的下午。我们之前都讲的是进场法则，也涉及反向平仓并开仓的问题，但是实际交易中需要交易者采用初始止损加上跟进止损来保护本金和利润。初始止损的设定可以参照我们在本教程中传授的方法，在本策略中做多时初始止损放置在布林带下轨之下一点，做空时初始止损放置在布林带上轨之上一点，跟进止损则需要根据经验来掌控了。

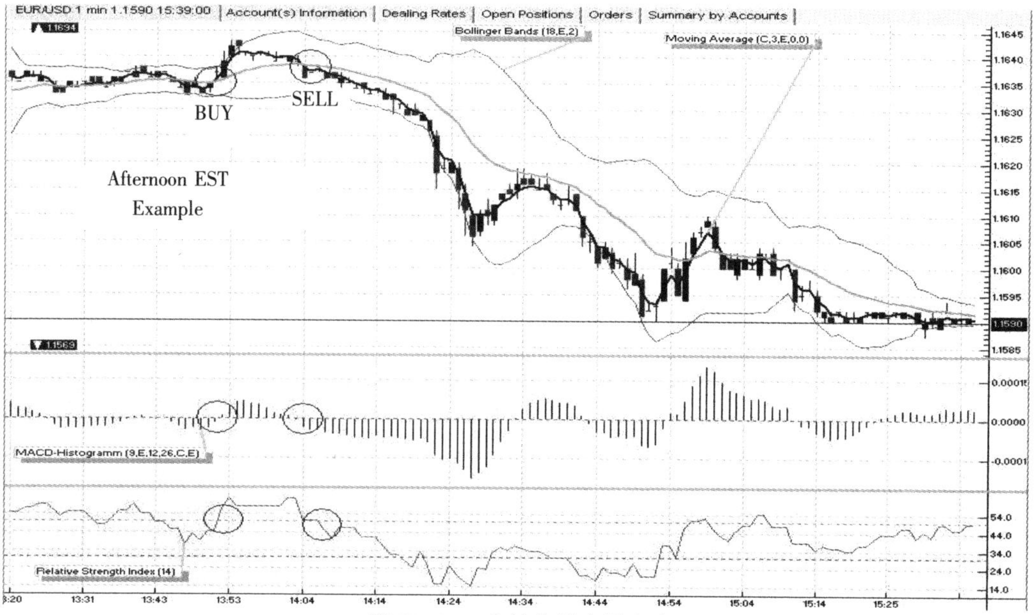

图 17–4 1 分钟交易实例（3）

除了对技术走势行情进行交易，1 分钟交易法还能够对数据行情进行操作，其进场策略一样，出场策略则需要根据“数据价值”来调整，下面是两个交易实例，数据在美国东部时间 8：30 公布，请看图 17–5 和图 17–6。

我们在本课中传授了 1 分钟进场为主的策略，也在本教程其他部分传授了 1 分钟出场为主的策略（主要是依据成交量来出场），你可以把这两个策略组合起来，这样就可以得到一个更为完整的 1 分钟出场策略，**在 1 分钟图上交易本来就是极少数人才敢想的事情，这无疑为策略的盲点套利提供了良好的外部条件。**

经纪商的点差对于短线策略影响很大，这点是要重点考虑的。

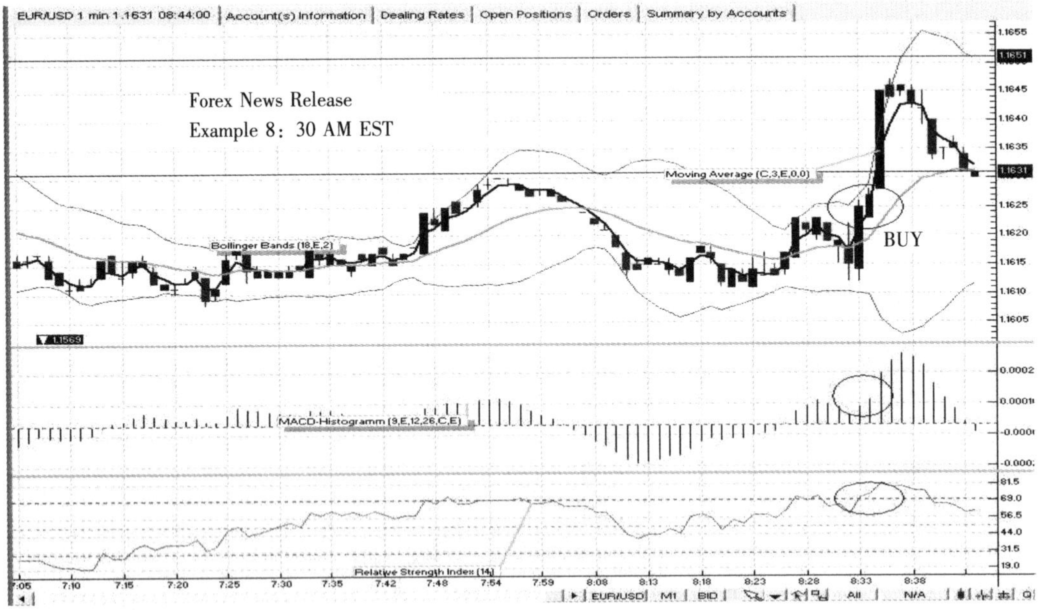

图 17-5　利用 1 分钟交易法交易数据行情（1）

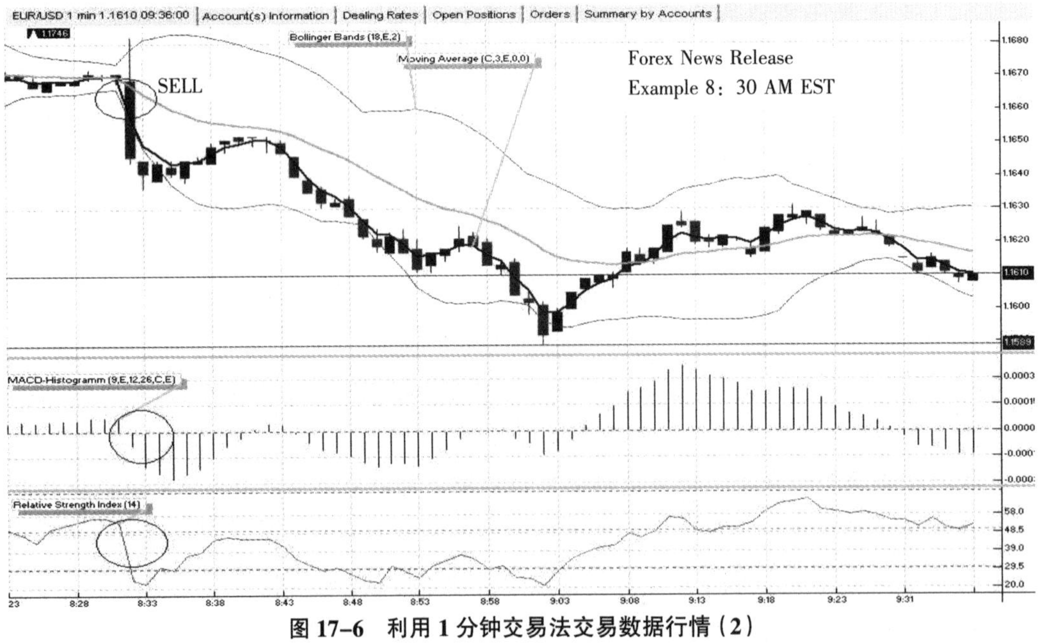

图 17-6　利用 1 分钟交易法交易数据行情（2）

【开放式思考题】

在研读完第十七课的内容之后，可以进一步思考下列问题。虽然这些问题并没有固定的标准答案，但能够启发思考，跳出来看某些观点。

1. 本课提到“利用对手的非理性下注，这就是盲利公式叠加凯利公式，重复这一过程就是复利公式”。如何寻找对手盘的非理性时刻？

提示：散户持仓极端值、COT 极端值、成交量极端值、一致看好不涨反跌和一致看空不跌反涨等。

2. 本课提到“你的功夫哲学高，未必等于你的功夫本身高！”那么，如何让交易功力也随着理论水平提高而大增呢？

提示：“精益创业”的思路可以借鉴。

【进一步学习和运用指南】

1. 可以进一步阅读“精益创业”和“刻意练习”方面的经典文献，它们实际上可以有效指导你的交易水平提高。

2. 思考一下，1 分钟交易策略的最大局限性在哪里？具体实践后总结一下遭遇的最大问题是什么？如何克服？

第十八课

洞悉风险偏好的变化：短线交易者必须注意的首要驱动因素

短期外汇走势受到风险偏好的影响很大，但是却只有极少的交易者关心它。

——王浩

在外汇交易者关注的影响因素中，相对利率和相对通货膨胀预期是最为重要的两个因素。利率是经济基本面对汇率产生影响的首要渠道——除了利差因素被风险厌恶所压倒时。

——B.Rockefeller

当我们的情绪高昂时，我称之为“充满希望的幻想”，当我们情绪低落时，我称之为“充满恐惧的幻想”。

——Peter Atwater

风险偏好是不少外汇交易者在汇讯中听得较多的一个词，这确实也是导致外汇行情变动和波动率起伏的关键因素之一。**地缘政治和经济增长是影响风险偏好的两个关键因素，而地缘政治和经济增长也是对汇率影响最大的两个驱动因素**（外汇驱动的逻辑层次图很好地呈现了这一点，如图 18-1 所示），**所以风险偏好是外汇交易者应该随时关注的首要驱动因素，毕竟这是两个最重要的外汇驱动因素的合并。**

本书首次出版6年后，风险偏好和 RISK-ON/OFF 之类的概念已经风靡整个金融界。在此之前，对于市场情绪的重视并不够。现在的情况表明心理分析逐渐成为一种时尚和主流。

套息交易和避险交易是主流资金的两种常态交易策略，其他交易策略往往以伴随形态出现，比如索罗斯的“落井下石策略”往往是利用主流避险资金制造的趋势。风险偏好和

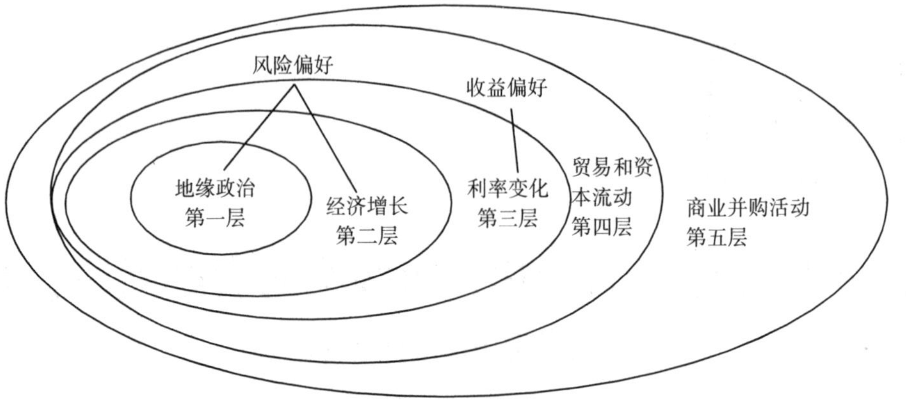

图 18-1　外汇驱动逻辑层次中的风险偏好与收益偏好

收益偏好的关系表述起来较为复杂，大家可以查看表 18-1。地缘政治和经济增长（稳定）决定了风险偏好，当政治和经济紊乱时，风险厌恶情绪上升；当政治和经济稳定时，风险喜好情绪上升。利率水平，特别是收益差会反映到收益偏好上。当风险厌恶情绪高涨时，比如美国次贷危机全面爆发之后，主流资金追逐低息货币，以避免交易策略为主，风险厌恶程度的增加通常对低息的货币有利。当风险厌恶情绪高涨时，交易者不太愿意冒险，资本从偿付风险更高的高息货币流出，流入到相对安全的低息货币，这样就使得低息货币相对高息货币升值。因此，风险厌恶情绪可以通过收益差较大的货币对观察出来，请看图 18-2，高利率的主要货币是澳元、新西兰元（又称纽元）和欧元，而低利率的主要货币是日元等，另外也可以通过观察不同信用等级的债券的收益差来了解风险厌恶程度的高低，收益差越大，则风险厌恶程度越高，后面我们会详细介绍关于风险偏好的分析方法。当风险喜好情绪高涨时，交易者愿意承担更大的风险，资金从低息货币中流出，流入到更高利率的货币中，低息货币则往往成为融资货币，比如 21 世纪初期的日元，这个时候套息交易成为主导，高息货币相对于低息货币升值，部分交易者会利用主流资金套息交易造成的趋势获利。

表 18-1　风险偏好和收益偏好的关系

地缘政治	经济增长	利率水平	主导交易策略
风险偏好		收益偏好	
政治和经济紊乱	风险厌恶	追逐低息货币	避险交易主导
政治和经济稳定	风险喜好	追逐高息货币	套息交易主导

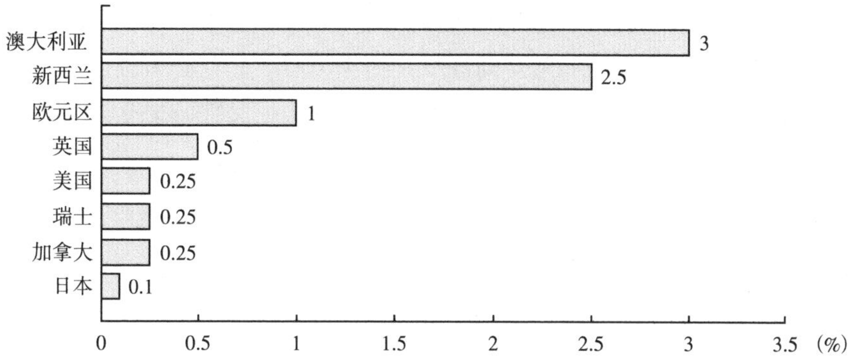

图 18-2 2009 年 5 月 30 日为止的主要货币基准利率

风险偏好的状态可以作为交易者甄别市场趋势特征和波动率特征的指标。当风险厌恶情绪上升时，市场的波动率更大，当风险偏好比较稳定时，市场的单边走势特别明显，要么倾向于套息交易主导，**要么倾向于避险交易主导**。欧元和澳元属于相对高息货币，而日元属于相对低息货币，这使得欧元兑日元与澳元兑日元具有高度相关性，请看图 18-3。

什么是避险资产？这是一个没有固定答案的问题，但却是可以提前找出答案的问题。

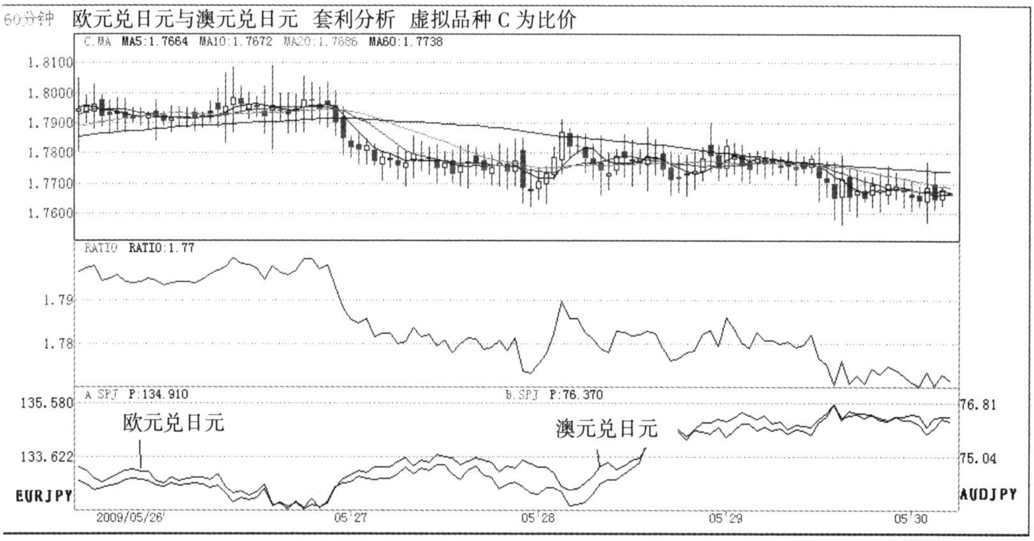

图 18-3 风险偏好使得欧元兑日元与澳元兑日元具有高度相关性

数据分析的核心是寻找相关性，在外汇日内交易中，风险偏好具有如此大的实战价值，这使得我们不得不从数据分析的角度去寻找某些指标来更好地显示市场风险偏好的变化。

套息交易是主流资金受到风险偏好情绪的影响而进行的战略资产动作，作为日内投机客我们需要把握套息交易和风险偏好变化的相关性。套息交易包括日元套息交易、美元套息交易、瑞郎套息交易等。如果说全球信贷泡沫崩溃导致了 2007 年以来的各类资产价格大滑坡，那么又是什么导致了信贷泡沫本身的崩溃呢？投资者从 1995 年到现在都能够非常容易地利用廉价的融资货币，比如 1995 年到现在的廉价日元，2001 年到现在的廉价美元和瑞郎等。如果全球分为两大货币阵营——美元阵营和欧元阵营，则日元兑欧元也至少与日元兑美元一样重要。虽然两个货币对被证实与相对的利率预期有较大的关系，但是日元兑欧元表现出更多的风险偏好特征，这个货币对是一个非常好的全球风险偏好指标，你可以通过观察这一货币对的走势变化来间接察觉和验证全球交易者的风险偏好变化，进而更好地把握外汇日内交易的方向性。

当日元兑欧元升值，则全球的风险厌恶情绪上升，如果日元兑欧元贬值，则全球的风险喜好情绪上升。2008 年 9 月到 10 月，日元兑欧元就在升值，此时的全球风险厌恶情绪在上升（见图 18-4）。

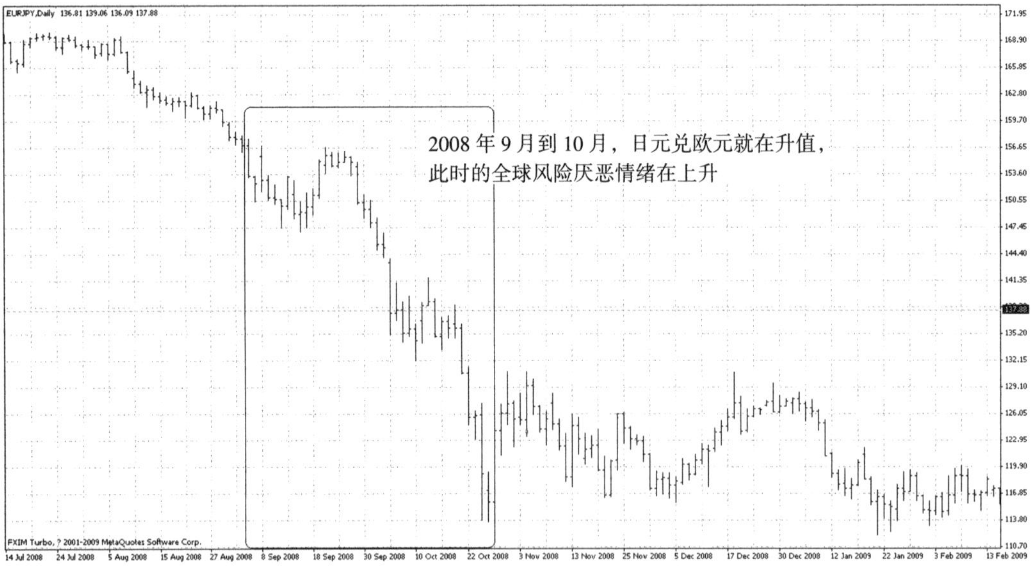

图 18-4 2008 年下半年的欧元兑日元日线走势图

欧元兑日元的波动特征突变的关键日期是 2008 年 7 月 15 日，这天 Fannie Mae（房利美）和 Freddie Mac（房地美）被美国政府国家化，在图 18-5 可以看到一根垂直线标注了这一天，这天的重要度在欧元兑日元的 HLC（最高价—最低价—收盘价）波动率上得到反映。这项指标度量了日内的波动幅度和日间的变化，当欧元兑日元贬值，则表明欧元兑日元的不确定性在增加，请看图 18-5。如果这个货币对是全球风险情绪的风向标，则波动率的提高表明风险厌恶情绪的再度上升。

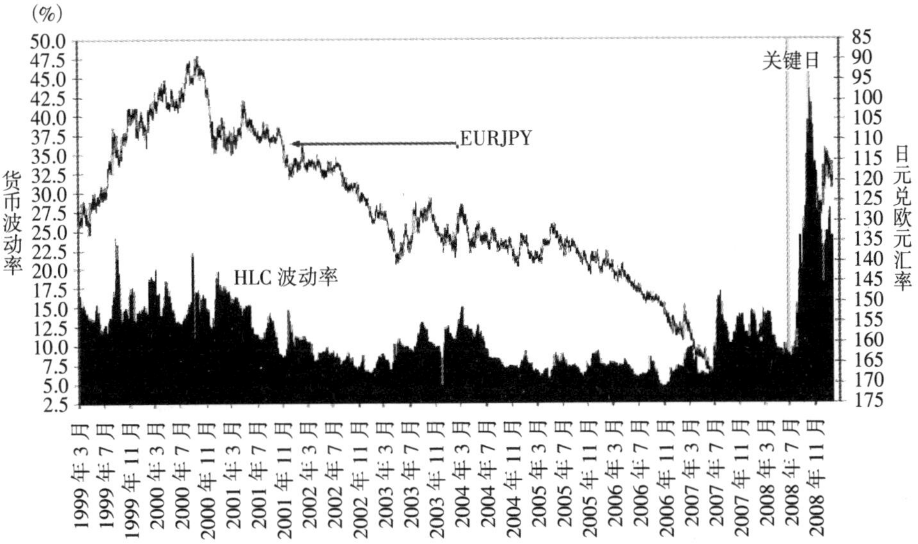

图 18-5　日元兑欧元汇率伴随着货币波动率提高（避险交易显著）

通过图 18-5 的统计分析，我们可以看到欧元兑日元在 2008 年这段时间内呈现出避险交易的特征，因为波动率和汇率变化密切相关，**波动率的大幅跃升，往往预示着风险厌恶水平的显著上升。**欧元兑日元可以作为风险情绪的度量指标，有一个前提就是欧元和日元的息差比较显著。

VIX 这个美国股市波动率指标可以预示美国为主的全球风险情绪，除此之外中国香港股市和外汇市场也有波动率指标。

在利用风险情绪和相关指标进行日内货币交易的时候，我们需要弄明白风险事件、风险情绪和汇率变化的关系，将当天最重要的风险事件标注在对应的日线上，每天重复这一工作，并保存好这些图，则可以极大地提高交易者对市场风险情绪的把握，从而及时跟随主流资金在套息交易和避险交易之间的变换。“风险事件—风险情绪—汇率变化”分别对应着“驱动因素—心理因素—行为因素”，下面给出三个风险事件和对应的汇率走势，大家自己分析一下其中的“驱动因素—心理因素—行为因素”，如图 18-6、图 18-7 和图 18-8 所示。

www.forexfactory.com 网站提供了新闻与汇价走势的对应图，这对于理解事件、情绪、汇率三者的关系很有用。

要想很好地利用风险情绪来指导日内交易，就必须关注驱动因素的政经层面，关注汇评中夹带的风险情绪，**关注那**

些与风险情绪变化密切相关的货币对的变化（比如 2008 年的欧元兑日元）。

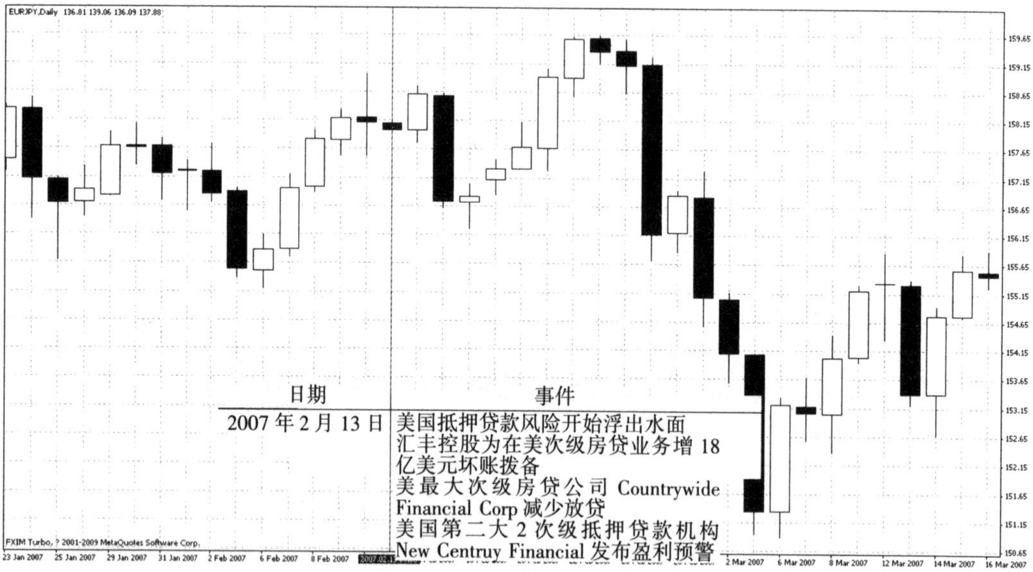
EURJPY,Daily 136.81 139.06 136.09 137.88
2007 年 3 月 13 日
New Century Financial 宣布濒临破产
美股大跌，道指跌 2%、标普跌 2.04%、纳指跌 2.15%
日期
事件
2007 年 2 月 13 日
美国抵押贷款风险开始浮出水面
汇丰控股为在美次级房贷业务增 18 亿美元坏账拨备
美最大次级房贷公司 Countrywide Financial Corp 减少放贷
美国第二大 2 次级抵押贷款机构 New Centruy Financial 发布盈利预警
FXIM Turbo, ? 2001-2009 MetaQuotes Software Corp.

图 18-6 风险情绪图解（1）

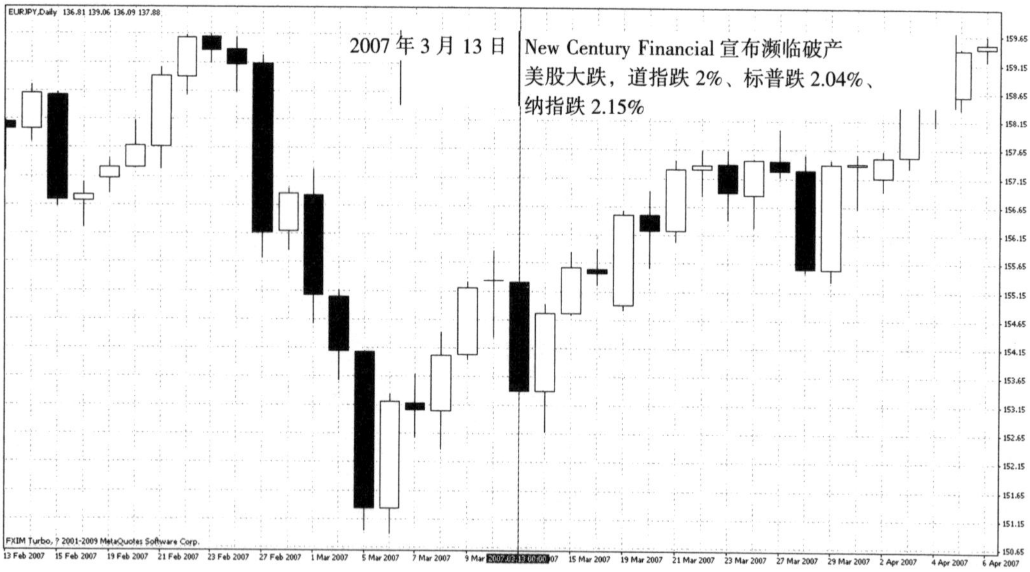

图 18-7 风险情绪图解（2）

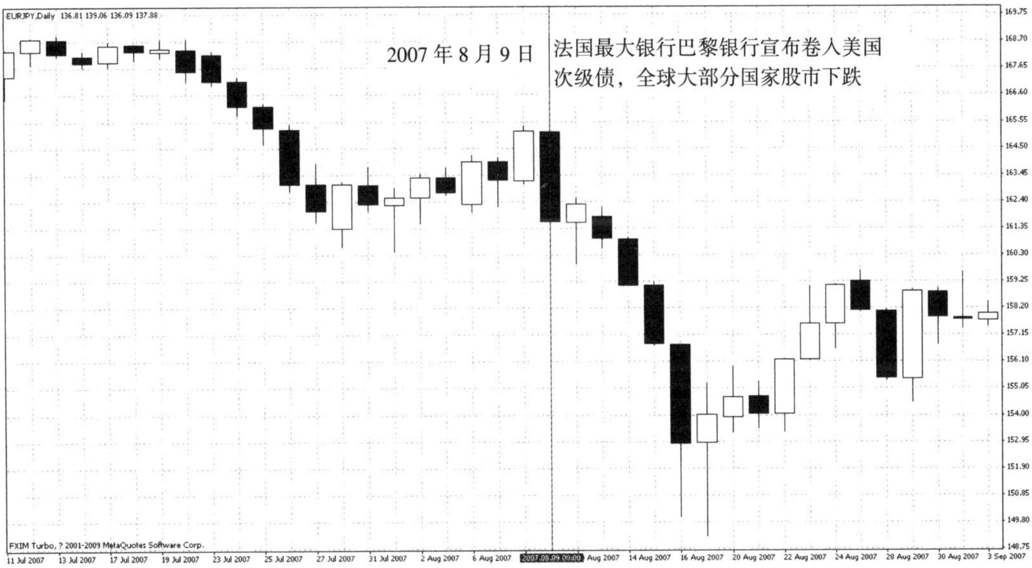

图 18-8　风险情绪图解（3）

一些特定货币对可以表征风险情绪的变化，但是要想预测和更加深入地把握风险情绪的变化就必须关注驱动因素这个源头，特别是全球地缘政治和经济的大线条。下面给出一篇我们在 2007 年 10 月 13 日撰写的内部交易报告（《未来的全球经济和金融走势以及投资机会》），大家可以从中获得未来 5 年的全球地缘政治和经济的大脉络，这篇报告可以为你的外汇和黄金交易，以及其他资产交易带来真正的指导，同时如果你能够掌握其中的分析思路，则可以很好地把握全球地缘政治以及经济的结构性变化，这对于你的生活和外汇即日交易而言都是非常有用的。

其实这个题目所谈的问题的根源在于信用本位制从思想层面到制度层面，乃至器物层面的全面解体，这两年有三本书先后荣登国内外的畅销书榜：《美元危机》、《美元的坠落》和《货币战争》，而且**奥地利学派的再次崛起也与此密切相关。**金融资本家的逐利本性、民主政客的投机性、经济学家的货币思维错乱、“群氓”的刷卡主义使得世界逐渐积累起巨大的泡沫。对于这个课题，我大致顺着自己的流水思路进行阐述，至于定量的论证我想短时间内也无法完成，所以大致就用讲

对金融危机的预测力方面，奥地利学派确实略胜一筹。

故事的方式来完成吧。

1

日本经济危机与东南亚的经济危机先后爆发，但是需要注意的是日本是“内坍塌”型的金融危机，而东南亚危机主要是“骤爆炸”型，前者是中医讲的虚证，内在阴阳不平衡引起的慢性病，而后者则是中医讲的实证，外在邪瘴引起了阴阳不平衡，就是“外感风寒”这一类的。当然，如果“正气存内”，那么也是“邪不可干”的，这是《黄帝内经》上的经典名句，同样也是经济体本身危机的辩证基础。所以。两者都有自身内在的特定因素才引发了危机。

东南亚的危机主要是微观经济的边际收益率下降，导致坏账形成，这个是克鲁格曼提出的，但是同时也要注意的是东南亚经济与日本经济都存在股市和地产市场的飙升状况，而且都在经济高涨时骤然转向。对于此次经济危机的解读和处理，无论是凯恩斯学派还是其当代变种，以及货币主义学派都无法胜任。对这次经济危机的成功解读有赖于对危机经济投资效率的理解，比如企业盈利状况、银行坏账等，但是这些却与现代的宏观经济学扯不上太多关系，虽然有人一直想出各种方法来打通宏观经济和微观经济领域，但是都比较牵强附会。对于经济危机预测比较权威的一位外国专家写过一本书，这本书的思想不是从什么宏观层面，比如总供给和总需求、货币量等来解读，而是从微观经济体的经营效率来解读。按照这种思路解读的话对于危机的预测将更加准确和合适。这种从微观经济层面解读经济周期或者危机的做法与奥地利学派的经济周期观点不谋而合。他们的大致观点是经济中的信贷过度导致实体过度投资，进而引起收益率下降，从而引发银行坏账，引起更大规模相关反应。

美国次级房贷危机和东南亚经济危机都是这种信贷过度的后果，这与以凯恩斯主义为代表的泡沫经济学泛滥密切相关。但是需要注意的是，在东南经济危机当中，全球“水龙头”——美国没有受到多大影响，但是此次美国次级贷款危机却是在美国本土发生的，并且通过房贷证券传导到欧洲，引发英国北岩银行挤兑危机，英镑下挫。垂直的国际资本体系中，美国是中心，东南亚是边缘，东南亚盯住美元的“美元本位制”产生“货币错配效应”，这使得美国的纸币本位制度覆盖到东南亚，从而将泡沫经济学的制度实践在东南亚强化。作为这个制度的核心——美国，它的兴衰直接表明这个纸币本位制度的兴衰，同时也是这个制度是否走到末路的路标，而东南亚只是这个资本体系的边缘，它的兴衰只是局部和暂时的问题。水龙头和池中的水谁更具备全局意义？美国是泡沫的罪魁，是全局变量，东南亚怎么可以相提并论。作为最后贷款人，美国可以挽救任何其他经济体，美国可以用“伟哥”持续透支“阳痿国家”的体力，他是一个短视的医生。但是最后贷款人不能做自己的最后的贷款人，当经济体因为大量泡沫而过度透支时，再用泡沫是无法挽救自己的。日本在经济危机后屡次施行货币和财政刺激政策都无效，就是因为前期的过度投资已经使得经济中的投资机会不多了，所以**每次刺激政策都使得资金流出本土到国外寻求机会，这也是货币主义和凯恩斯主义药方在日本失败的原因，**同时也是今天日元套息交易（carry trade）的直接原因。美国金融和经济崩溃可能更像是日本，无论多少强心针都救不活了，无论多少伟哥都刺激不了。这一段要说的就是作为资本体系的核心，美国危机的影响是削弱其最后贷款人的角色，进而通过世界央行——美联储的危机触发全球经济动荡，而东南亚只是一个“持币的企业”，其危机并不足以撼动全球根基。

由于城镇化过程结束和新科技领域的失声，日本缺乏投资机会。由于老龄化，日本消费乏力。唯一能够依靠的就是出口，而这需要日元贬值来实现。

上面从资本体系的角度论证了美国次贷危机比东南亚经济危机更为严重，影响更为深远。这段我从虚拟经济对全球需求冲击的角度来论证美国次贷危机比东南亚经济危机严重。我们知道，东亚和东南亚依靠“美元重商主义”主导下的出口来拉动经济，中东地区也要依靠美国的美元来购买石油，一个“重商美元”，一个“石油美元”，都靠美元来“盘活”经济。而欧洲的主要投资和出口也是到美国。美国婴儿潮一代创造了巨大的消费意愿，完全纸币本位的美联储制度提供了巨大的消费能力，所以美国充当了全球终极消费需求来源。美国的消费需求作为美国经济的现行指标非常有效，Ellis 作为华尔街顶级经济预测家用统计数据论证了这一点，所以消费是美国经济的引擎。与此同时，国际贸易结构使得美国消费也是世界经济的引擎，东亚的许多国内投资远大于国内消费，就是因为很多投资是为了出口，为了满足美国的消费。次贷危机表明房价支撑的脆弱开始显现，进而会削减美国人支出中的财富效应，房价的不稳定，甚至下滑将导致美国人财富缩水，进而引发支出骤减，这就导致了东亚和世界其他对美出口经济体的经济活跃度下降，世界贸易链条中断，紧缩的外部需求会使得世界范围内出现“以邻为壑”的汇率贬值政策，进而引发全球贸易战，甚至引发全球社会动荡，出现经济和政治的全面危机。当然这是最坏的情况，能否避免美国次贷危机后的全球需求紧缩，取决于能否找到新的全球需求来源。如果仅仅再次依靠信贷泡沫的货币政策，那么危如累卵的金融泡沫将变得更大，延迟痛苦将带来更大的痛苦。

2

关于房地产作为现代纸币本位的锚。我谈谈自己的观点，其实美元一直能够在强大贸易逆差下保持坚挺，最为关键的原因有两个：第一，有战略实物资源作为隐形的信用支柱；第二，有大量的非美元甚至非市场化实体经济可以为美元货币化。

我们首先来谈谈战略实物资源作为美元发行的隐形信用支持的问题。石油是用美元结算的，而且美国大量军力和国际软协调力量活动于中东。石油同时也是现代经济运行的基石，现代工业经济其实是石油经济。通过这种绑定模式，石油其实充当了美元价值的担保物，虽然这种担保是不完善的，但是这表明美元不是毫无担保物的银行券。然而这个问题为很多经济学家和政策人士所忽略，认为美元完全没有实物担保，完全是纸币本位制下的产物。尽管石油部分担保了美元的价值，但是石油并不能算作美元发行的锚，也不是美国经济稳定运行的锚，它的作用在于保证美元具有“一定价值”的购买力，它并不保证这种购买力的多少。尽管如此，石油对美元的坚挺功不可没，据《一个经济杀手的自白》坦言，基辛格曾经为此出力不少。

另外，货币化进场导致通胀的关键在于是否还存有可供货币化的资产，也就是说在不征收“通胀税”的前提下是否还可以征收“铸币税”，在保证没有通胀的前提下还能靠发行纸币赚取收益的方法，必须是在有大量资产还没有处于货币化的前提下才能发挥作用。由于现在世界上还有少部分美元的绝缘区，比如朝鲜和一些市场化和货币化程度非常低的地区，所以美元还可以继续找与之结合的实物，从而暂时避免了过度的通胀，但是现在这种资产越来越少了。所以，为了避免乱发货币导致的全球通胀和流动性过剩，里根这位经济学毕业的总统采用了构筑衍生品市场来蓄洪的机制，大量的金融工程和产品出现，美国房地产也是很重要的蓄洪工具，通过将房地产贷款债务证券化打包，成功创造了新的金融产品，这些产品为那些手握重金的基金所购买，从而以虚拟资产的形式持有了泛滥的美元。

通过房地产金融衍生品收集作乱的资金，这个妙招确实暂时缓解了流动性过剩带来的实体经济问题，起到了稳定经济的“锚”的作用。但是，由于衍生品的相关资产出现履约风险，这使得衍生品的持有人的利益开始受到影响，进而会触发衍生品市场的萎缩，导致大量流动性从衍生品市场流出寻求避险。

归纳起来是这样的，流动性流到两个领域：实物领域和虚拟领域。流到实物领域的资金引发房地产投资热潮；流到虚拟资产领域的资金提供了需求热潮的基础。但是由于过度透支未来收入，使得实物领域的需求萎缩以及履约出现问题，这就危及了虚拟领域的资产安全，进而引发虚拟产品的出逃浪潮，减少了需求的来源。同时，这些原本为虚拟产品所容纳的流动性开始在其他地方泛滥，东奔西突，比如到中国大陆，到黄金市场等，这也使得其他稍显安全的“流动性不剩”地区变得“流动性过剩”，从而制造新的一轮狂热和危机。流动性就像瘟疫一样在规避风险中保存自身，进而引发不停的崩塌，好比寄生虫吸干了宿主后再找新的宿主。

3

全球化可以使得美元不断找到可以结合的资产，从而暂时避免了滥发美元导致的贬值，通过征收铸币税，而不是通胀税，美元不断得救。同时，全球化也使得美元滥发的事实被掩盖了，由于美元可以在全球进行资产配置，所以对冲基金可以将洪水蓄积起来在局部释放其破坏性，并且凭借这种破坏性盈利。

由于美元大量出现，势必引发很多“奢侈需求”和“衍生需求”，这些需求对于人类的福利和智能并无作用，现在的营销学提倡“创造和引导出的消费需求”，就是这类需求，这些需求的大量涌现使得无数新产品以及伴随的新式市场出现。这就是发达经济，特别是美国不断出现各种古怪消费需求和市场的原因。当资金丰富时，人们总是追逐那些远离底层需求的东西。人类的历史就是随着可利用资源的不断增加，而逐渐脱离了根本的生存需要，进而有了艺术、思想和奢侈品的需要，这本无可厚非。但是，现在美国出现的很多消费怪现象和新市场完全是在透支未来收入的情况下，通过纸币本位来实现的。美元过剩引发了市场的过剩。

同时在上面一个小节中我们也谈论了美元滥发与衍生品和衍生品市场大量出现的原因，大量的资金必然更加激烈地竞争，如果仅仅提供实业领域的投资机会，这么多资金很快就会让这些机会干涸，并且造成长久难以愈合的顽疾，就像日本。所以，为了避免资金的泛滥，创造了衍生品市场来满足这些过剩资金“利比多”的发泄，为它们提供赚钱的“虚拟”机会。很多国家都在用或者尝试用衍生品市场平息泛滥的流动性。现在中国也打算走这条治理之路。所以衍生品市场在全球化的浪潮中，伴随着汹涌澎湃的流动性轰轰烈烈地在全球，特别是美国登场了。

全球化使得美国可以通过国外的生产能力满足国内的消费需求，前提是国外的美元本位制建立。东亚建立了美元本位制度，同时缺乏劳工制度的原始资本主义形态经济使得东亚的诸多发展中国家出现了西欧资本主义早期的“廉价劳工”。低估所有要素之后，美国的资本在国外为美国的消费提供了便宜的而且是几乎免费的“午餐”。说几乎免费是因为，美元纸币本位制下可以无担保地发银行券支付逆差。这种国别的银行债因此泛滥。同时，美元以国债作为抵押发行货币的程序，使得美元滥发导致国债大量积累。这种透支之风从美联储蔓延到商业银行、企业，大量的债券透支着未来的美好希望到社会上圈取资源。这样，债市的过剩在美国积累起来。

由于大量美元来到以亚洲为主的地区，这使得储备过剩成为中国等国家的头痛之事。同时美元带动的日元过剩，使得国际汇市呈满城风雨之势。外汇储备经由全球贸易而过剩，外汇市场经由全球金融而过剩。每天两万亿美元的成交量，是我作为一个外汇交易者感到震惊的事实。

全球化的美元和美元的全球化使得产品服务市场，金融原生和衍生品市场，债券市场以及外汇市场集体膨胀。

4

十年一遇的经济危机为什么会爆发在美国。这个问题我觉得根据前面的分析不证自明。但为了保持完整性，似乎我还是需要简要分析一下。

历史上的经济危机主要还是由奥地利学派说的过度投资引发的，无论是早期资本主义的野蛮劳工制度使得投资过度背离消费，还是20世纪20年代的信贷松弛下繁荣过后的大危机，乃至于最近20年的日本衰退、东南亚经济危机都验证了奥地利学派在预测和分析上的优势。由于过度投资，竞争加剧，收益下降，最初的通胀为过后的通缩埋下伏笔。

全世界通胀的总根子现在在美国，美国人通过抵押国债发行美元透支了未来，然后通过美元向全世界输出通胀，并且引发世界范围内的经济热潮，这种热潮是建立在低估要素价格或者透支未来收入的基础上的。同时，近几十年来爆发的世界局部经济危机次数是布雷顿森林体系解体前一百年经济危机次数的数倍。为了挽救诸如东南亚经济危机、长期资本公司危机，美国充当最后贷款人注入了不少流动性，另外在本国的IT泡沫，“9·11事件”中也注入了不少流动性。全球都坐在美国金融体系之上，所以美国注入的这些流动性最后又有很大一部分流回美国，这好比一个回旋飞镖，最后又回来“造次”。

历史上每次世界性经济危机的爆发都是以资本主义体系核心为导火索的。从20世纪20年代开始，也就是“一战”过后，美国就取代英国成为世界经济和金融的中枢。美国在1929年的危机中无法作为最后贷款者拯救世界是因为它本身都已经出现问题，全球化中的国别属性也注定它不会担当这一角色，从而引发世界性的通缩。现在，美国仍然是世界经济和金融体系的中心，同时也是泡沫化最为严重的地区。美联储要同时照顾到充分就业和物价稳定两个货币政策目标，不像ECB那样遵循德国央行的反通胀传统只履行物价稳定一个任务，所以美联储不可避免地为了短期利益和政治需要而履行促进就业的任务，这就与维持货币稳定的目标起了冲突。欧洲在ECB的治理下，泡沫化程度没有美国那么严重，同时亚洲自身的金融化程度还不够高，实体经济比重大，泡沫化程度不高。而且中国政府可以用全国土地所有权作为最后的贷款抵押品，从而成为整个东亚的稳定之锚。所以，美国最容易成为危机的引爆点。而且根据人口统计学的推断，亚洲国家中的中国和印度还有十年到二十年的人口红利，而美国在2009年左右将进入抚养比较高的人口结构，“世代风暴”将导致美国出现更大的养老金缺口和产出能力下降，以未来做抵押的债券履约风险提高。所以，高度金融化，人口结构变化的负面影响，顾及就业的央行目标，大量透支未来的金融工具，巨大的国际债务，巨大的跨代债务使得美国难逃虎口。美国经济何处寻找稳定之锚？现在它通过全球化“绑架”了其他国家，进而利用中国的廉价劳动力、东亚的美元本位、中东的石油美元、房产证券的欧洲化，用整个世界作为抵押品充当自己的最后贷款人。整个世界都成了贪婪的美国人的筹码和赌注。

5

当美国产生衰退，甚至大的危机时，我觉得按照一般的危机爆发顺序，美国会这样倒下：

美国的经济危机出现绝对是内部引发的，而不是像其他地区一样由于外在原因而触发。由于美国的货币政策可以自主，而且强大的军力控制下的战略性资源充当了美元发行的准抵押品，所以美国不可能在外部的影响下出现危机。国外的投资者不会从美国市场主动大规模撤退从而引发经济危机，因为全世界最坚实的货币支柱存在于美国，**由于它强大的军**

美国因为强大而民主，而非因为民主而强大。

队控制着全球经济的战略资源。而且有效经济危机理论也告诉我们经济危机来源于微观经济层面。所以美国经济危机将出现在企业利润率下滑上，而且是实体经济企业的利润率普遍大幅度下滑。这使得信贷泡沫催生下的繁荣出现转折，过度的投资破坏了持续繁荣的根源。企业利润率的下调将威胁到实际个人购买力的预期，从而影响到个人债务，乃至扩展到国家债务的履约能力，这就会导致债券和股票类原生金融品的风险调整后的收益率大幅度下降，银行等枢纽性金融机构受到牵连，坏账形成，信贷被迫收紧，进而加剧了危机的来临。此时美联储再次注入流动性已经没有用了，因为再多的流动性也无法创造出足够的投资机会和客观的利润率，美国进入日本式的内坍塌衰退，流动性陷阱出现。财政支出短时间可以刺激内需，但是由于缺乏持续效益的基础建设项目和商业投资项目，财政刺激势必形成新的赤字。大量投资流出美国，美元兑黄金急剧升值。黄金价格飙升，国家开始对黄金实行管制，禁止流出黄金，并且强制收购民间黄金。

美联储这个时候无计可施，利率降到零，财政政策也只能起到水泡的作用。世界资本体系核心和世界总需要来源的美国陷入了经济危机，世界其他地区忙于应付突然的出口减少，开始像20世纪初那样，竞相贬值，贸易壁垒高筑。全球化也像那时一样戛然而止。美国开始动用其军事力量彰显战略资源的存在，由此引发新的局部战争，通过战争美国试图避免衰落，但是美元的疯狂贬值使得形势很难扭转，国际上个别国家开始抛售美元，东亚国家和欧元区国家出面托市，但是很快“羊群效应”出现，国家间失去合作意愿，美元抛售加剧。

失去美元为锚的各国货币也面临由此而来的信用质疑，加上出口锐减下的经济滑坡，国民开始质疑本国的纸币本位，贵金属交易盛行，政府开始捍卫纸币本位，国内经济危机上升到政治冲突。国内强势利益集团开始想要稳定局面，强人政治抬头，迎合了国内大众的需要也是强势利益集团的忠实代表。国内混乱开始向国际上延伸。联合国和国际货币基金组织、世界贸易组织力图重新确立秩序，但是流动性过剩的疾病像病毒一样在全世界每个角落爆发……

6

日本经济危机导致日本长达十年的衰退，日本经济实力的衰退以及日元的升值提供了机会让中国经济势力扩展到东南亚区域，同时也使得中国在对美出口中的份额极大上升。同时，日本为了抑制经济衰退恶化释放了大量的流动性，这些流动性促进了中国当时的市场化和金融化进程，为中国吸引外资提供了资金。**中国取代日本成为亚洲区域的经济引擎，削弱了日本的区域话语权。**

东南亚经济危机使得中国得以树立良好的国际信用，更为重要的是为人民币的国际化埋下了伏笔。东南亚经济危机同时也使中国积累了管理经济危机的经验，促使中国释放内需，从依靠出口转向两条腿走路。国内的企业也借此进行了革新和重组。同时，东南亚危机使得大量资本流出这些国家流向中国，中国在危机中的独善其身成为卖点。

日本看似属于儒家文化圈，其实缺乏了一个“仁”字，这就是日本文化与中国文化的本质区别。

此次美国次贷风暴对于盎格鲁—撒克逊经济的影响比较深远，美国、英国都受到影响，欧洲其他国家也受到影响，但是由于中国经济的一片向好，所以大量资金借机到中国避险和增值。并且，中国政府以全国土地和矿产资源所有权作为抵押品完全可以确保人民币的稳定，这是其他国家无法享有的最后贷款人资源。而且，中国社会管制相对严格，不容易出现松散政治制度和民主下的投资势力，所以政治大乱的可能性很小。在美国经济出现大问题拖垮世界经济的时候，中国经济当然也会受到很大的影响，但是由于中国政府手中庞大的土地所有权以及坚实的社会政治制度，这使得中国可以在小乱的压力下做出经济创新，从而在危机中获得转机，进而成为发展的大好机会。通过强有力的中央政府维持政治稳定，通过全国土地矿产所有权担保下的人民币维持金融稳定，在此基础上发展内部经济，进而为地区提供经济和政治的“锚”的功能，层层辐射进而形成新的亚洲乃至世界格局。

7

在美国企业的利润率没有出现普遍大幅下降前，美国经济会维持目前状态。现在美联储在加息进程结束后不久就开始被迫为次贷风暴解燃眉之急。这使得美国的信贷持续放大，在短时间收紧后又迅速开闸放水，国内的投资和消费势必进一步活跃，投资进一步过度将形成利润率进一步下降，而消费过度将进一步贴现未来，紧接而来的养老缺口会恶化这一情况。最后伴随美国企业利润率大幅度下滑，一切开始逆转。有报告称 2001 年以来美国企业利润率是下降的，但是这个资料我并没有找到。不过如果你知道 2001 年后美国企业的会计

页岩气革命对于美国企业整体利润率的贡献是正面的，这就是科技进步的积极影响。

丑闻层出不穷的话就可以推断美国企业竞争是非常激烈的，利润率下降使得不少企业玩起各种会计手法，其中有合法的也有非法的，另外，通过参与金融市场来提振企业收益率也成为很多企业提高每股盈余的方法。像GE这类企业也在杰克·韦尔奇的带领下大搞资本魔方。全球化达到一个质变阶段的时候，也就是企业利用全球化提供和巩固其利润率达到极限时，美国企业的利润率也就开始出现明显的普遍下降。想想看可供继续全球化的角落还有多少，今天你在中国可以看到到处都有可口可乐的标识和垃圾。一叶而知秋，还是有其道理的。

所以，**次贷只是一个插曲，危机真正开始的信号将是美国企业出现利润率下降、**破产重组合并、会计丑闻，这些合起来集中总爆发时就表明“它真的来了！”

因为次贷是个插曲，是艾滋病人身上的小溃疡，所以下一次金融或者其他资产市场的危机可能出现在任何一个领域。既然人类的天性和优势在于预测，那么我不妨不自量力一点，看看击鼓传花的游戏会在哪里停下。

首先，外汇市场上不大可能出现真正的“危机”，因为美元的根基没有动摇，这就是美国控制战略资源的能力，以及美国微观经济的利润持平。但是，不排除美元兑主要货币，特别是兑黄金将出现有序的贬值。

其次，美国股票市场也不太可能出现“危机”，因为美国企业还是一片向好，即使有不和之音，也可以被很好地掩盖。

再次，其他金融市场，比如期货、衍生品市场等目前都不太可能出现危机风潮。

最后，我需要特别强调的一点是：黄金历来是世界危机的风向标，在2001年“9·11事件”之前，黄金开始发动纸币本位制下的最大涨势。次贷危机前黄金调整了一段时间，目前再次创出新高。这意味着什么呢，也许危机已经开始，只是我们还没有意识到而已。政治和经济危机都会触发黄金价格的飙升，而日常的工业需要和装饰需要对黄金价格影响不会很大。而且黄金是世界局势的一个领先指标，而不是同步指标。黄金的周线图如图18-9所示。

我的全部赌注也放在黄金市场的飙升上了，所以作为个人，也许在2009年前囤积足够的金条是非常明智的选择，持有期限应该在5年以上。

所以，黄金中长线空头不断平仓也许是我最为有把握的预测。

夜已深，现在已经是凌晨4点35分。我花了接近4小时一气呵成此文。遗憾的是没有时间做好定量分析，如果时间比较充裕，可以从下面角度做定量分析：

◇ 收集各次经济危机的微观经济统计序列资料，分析其中各数据序列发生的先后顺序，进而推出先行指标，同步指标和滞后指标，为全球和美国即将面临的危机制定

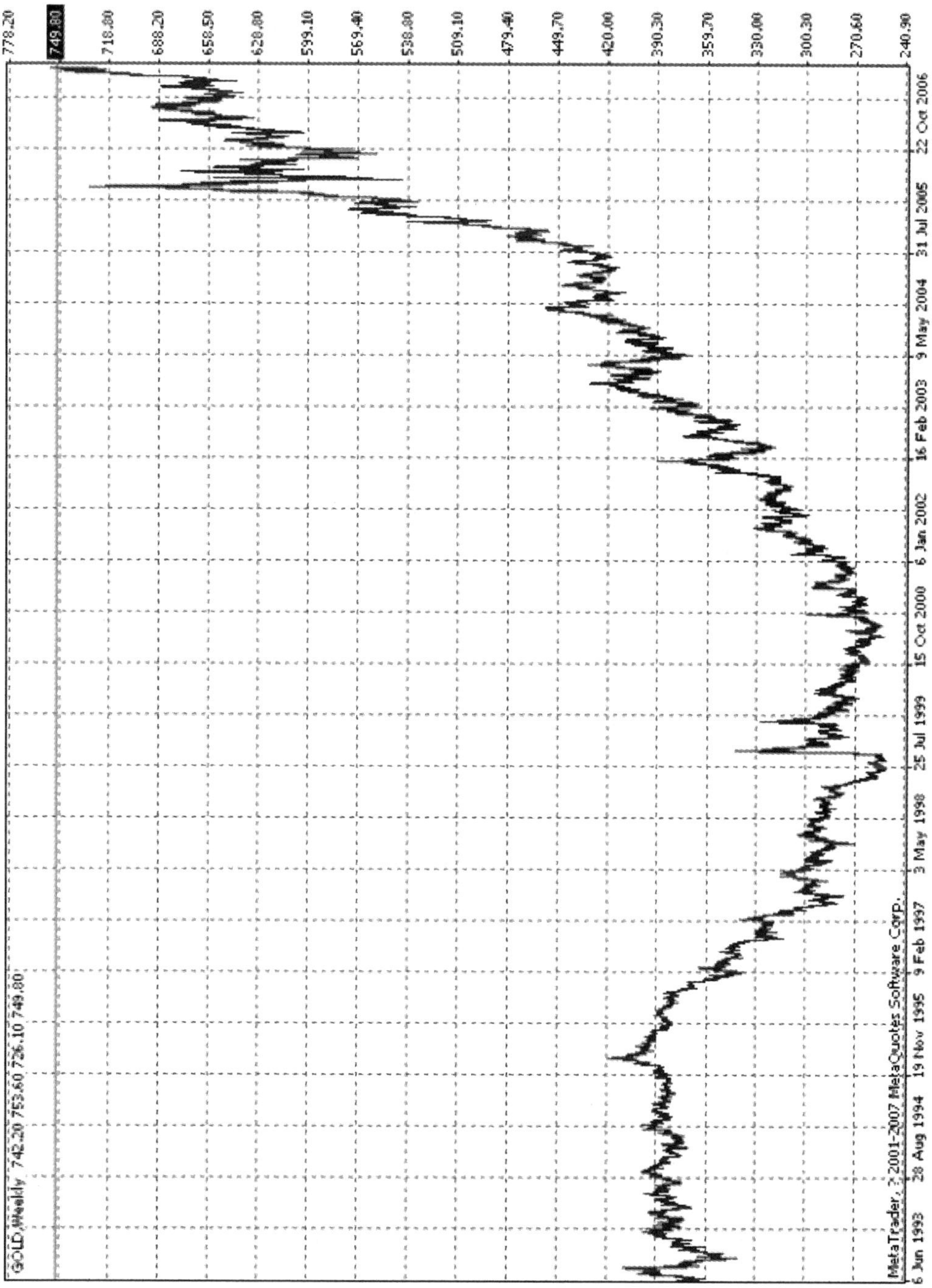

图 18-9 黄金周线图走势

观察和预警机制。

◇ 收集19世纪到现在为止的黄金价格数据，分析其与世界性经济危机和政治危机的联动关系。

◇ 收集欧洲和中国货币史料中关于稀释货币抵押品和担保物价值引发经济危机的资料，论证纸币本位的天生不稳定性。

危机中蕴含国家和个人新的机会，资源的重新分配势必是有识之士的良机，机遇偏好有准备的人。另外，美联储现任主席——伯南克在经济学上最为出色的领域是通胀目标制和对大萧条的研究。我想美国主脑让他做格林斯潘继任是否预示着什么呢？是对格林斯潘通胀经济学的亡羊补牢，还是对大危机的准备？我们只能拭目以待。

2010年到2015年我们处于二次探底的过程中。

在上述报告形成一年多之后，**我们在2009年5月初作了如下的补充，补充的观点非常简单，**请看图18-10，这幅图表明了全球经济见底的条件，同时也表明了外汇市场风险厌恶情绪将继续主导最近几年的外汇市场（风险喜好情绪只是其中的插曲而已）。

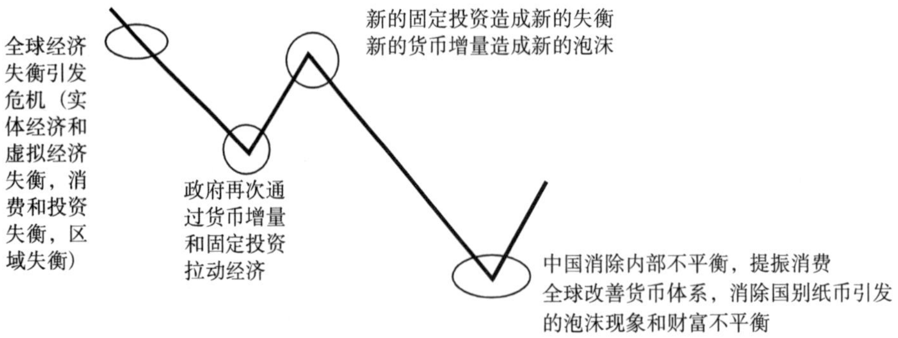

图18-10 次贷危机后全球经济真正见底的条件

在泡沫化的这次反弹中，由于流动性增加，风险偏好会再次上涨，但是最终会引起全球政治和经济的更大动荡，所以风险厌恶情绪会高涨，低息货币相对高息货币更受欢迎！

【开放式思考题】

在研读完第十八课的内容之后，可以进一步思考下列问题。虽然这些问题并没有固定的标准答案，但能够启发思考，跳出来看某些观点。

本课提到“风险偏好是外汇交易者应该随时关注的首要驱动因素”。理由是什么？

提示：地缘政治和经济增长是汇率大幅变动的主要因素，而这两个因素都会体现于风险偏好的变化。

【进一步学习和运用指南】

1. 本课提到“波动率的大幅跃升，往往预示着风险厌恶水平的显著上升”。复盘一下次贷危机、欧债危机以及英国退欧等事件中的汇率波动率变化。

2. 利用 https：//www.forexfactory.com 上提供的标注了消息的价格走势图直观地感受驱动面和行为面的互动关系。

3. 可以阅读一下与奥地利学派相关的经典书籍，特别是货币和危机方面的文献和专著。

第十九课

市场联动中寻找机会：以“澳元和黄金关系套利”为例

客观性的宏观套利交易是宏观对冲基金的新大陆。

——Gabriel Burstein

全部金融市场是紧密联系在一起的，更为重要的是，如何利用这些信息来改进我们的预测过程……过去的几年中，不同金融市场之间的关系变得越发紧密。因此，如果你不了解其他市场的情况，你哪个市场也分析不明白。

——约翰·墨菲

美元汇率是全球最重要的宏观变量，其对外围国家的贸易、货币供应和资产价格、通货膨胀、全球大宗商品价格都有主要影响。

——王成

跨市场分析（intermarket analysis）是由约翰·墨菲正式提出的一个分析策略，而宏观对冲基金则早就从事着宏观套利交易的实践。在《外汇交易圣经》一书中，我们提到过涉及外汇交易的跨市场分析策略，不过并未深入和全面地介绍。当代西方交易界中，对宏观套利和跨市场分析有独特建树的大家应该是 Gabriel Burstein，他撰写了 *Macro Trading and Investment Strategies: Macroeconomic Arbitrage in Global Markets* 一书，该书全面深入地剖析一些跨市场的变动情况，如果能够结合约翰·墨菲的《跨市场分析》（又名《市场间分析》）一书进行阅读，则可以大大增强外汇交易者（包括即日交易者）对市场整体的把握能力，从而更好地分配资金，过滤震荡走势。

金融市场之间的关系是金融交易界常常淡忘的古老话题，这个话题与金融市场本身一样历久弥新。对于市场间的联动，只有少数的日内交易者会去密切关注，他们会

稳定的关系背后有稳定的因素，不稳定的关系背后有不稳定的因素。

商品期货交易者要随时关注美元、原油和黄金三个品种的走势。Dollar-Oil-Gold 被戏称为 DOG 或者 GOD。

关注联动关系的最新动态，并且利用这种相对恒定的关系谋求超额利润。外汇市场与其他市场也有很多联动，外汇市场内部各个品种之间也是如此，比如黄金和澳元就存在比较恒定的联动，这在很大程度上是因为澳大利亚是重要的黄金出产国。**黄金和澳元之间的联动关系不仅稳定，而且能够为外汇交易者所把握。**我们就以澳元和黄金的关系作为例子来说明市场间分析的具体流程和意义，你可以将我们介绍的策略迁移到其他市场联动关系上，这就要求我们不断提高自己的市场间分析能力。市场间联动分析不仅为外汇交易者带来超额利润，A 股交易者也能够受惠于此，我们就遇到一个 A 股炒家（《黄金交易进阶》一书的第二作者陈杰）通过跟踪国际油价和金价，**以及美元指数的走势来炒卖黄金板块和原油板块，获利甚丰。**

美元和原油的联动关系存在是因为一个很简单的原因：国际大宗商品的价格是以美元标价的。但是不能以同样的理由来解释澳元和黄金之间的联系。黄金和澳元的关系源于生产领域。2008 年，澳大利亚是全球第四大产金国，紧随中国、南非和美国之后，即使澳大利亚不是最大的产金国，其产量也足以引起黄金市场关注，其年均产金量在 225 吨左右。这使得澳元自然而然地跟随着澳元主要的产品——黄金运动。随着黄金产量和价格的变动，汇率也会随着变动。

根据 2005 年的官方报告，澳大利亚在当年的产金量仅次于南非，其产量占据了 10.4%的市场，不过，可以非常确定的是从那以后澳大利亚的黄金产量在逐年下降，其他主要产金国也有相同的情况，加上金融市场的动荡和地缘政治结构的变化，金价不断上涨，这间接地推高了对澳元的需求，澳元因而与金价出现了同步上扬，一直持续到 2008 年年中。一个交易者如果能够很好地利用这一联动关系，那么他就能在澳元上多赚取 30%的利润。

如何利用这种联动关系为自己创造切实的收益呢？虽然澳元和黄金的套利策略并不是随时有效，但是中期来看这一策略还是比较有效的，可以从中期分析，然后从短期入手操作。任何中长期的联动关系，必然通过日内波动来反映，即使日内走势有不少噪声，也不能抵消主要方向上的趋势。以驱动面为导向的交易者可能倾向于交易其中一者，黄金或者是澳元，也可能同时交易两者。当交易者想要利用两者的联动关系进行交易时，需要注意下面的驱动因素变化，特别是结构性变化（关于黄金的关键驱动因素分析可以进一步阅读《黄金高胜算交易》，关于外汇的驱动分析可以参照《外汇交易的三部曲》）：

◇ 驱动因素一：避险交易；

◇ 驱动因素二：澳大利亚经济发展情况；

◇ 驱动因素三：利率水平；

◇ 驱动因素四：COT 黄金期货持仓报告（具体分析可以参看《黄金交易进阶》和《反向意见》）；

◇ 驱动因素五：商品库存报告。

当你对这些驱动要素进行了全面分析之后，你就会对长期、中期甚至短期的黄金走势有一个具体的观点，而这个观点可以作为分析澳元走势的基础。你可以通过关注黄金的趋势来预测澳元的走势，然后利用技术手段去把握它，这就是“大处着眼预测，小处着手跟随”的交易要义。

下面我们来介绍一个更短期的联动分析，首先我们需要分析黄金走势的整体，如图 19-1 所示，当时（2008 年 9 月到 10 月）由于世界各国出台了一系列让投资者情绪稳定的救市措施，所以风险偏好高涨，对于黄金等避险资产的需求下降，导致黄金遭到抛售，同时由于大宗商品受到经济衰退的影响集体出现下滑，黄金也受到拖累，不过黄金急速下跌之后受到次贷危机新进展的影响而企稳，并大幅上扬。请看图 19-2，这时候我们注意到全球投资者开始重新审视救市措施，同时风险厌恶情绪高涨，于是黄金价格大幅度上扬，在 2008 年末形成上升信道，于是我们关注随之而来的澳元上涨，并注意到澳元也随之形成上升走势，请看图 19-3。两个品种的相互验证可以帮助交易者利用日内交易技术更好地把握波段行情。

但是澳元和黄金的联动分析还不足以拓宽读者们的分析思维，我们下面会对外汇日内交易会用到的联动性进行全面和定量化的呈现，这样读者在实际交易的时候，就可以凭借从本课获得的直观印象来指导自己的联动分析和宏观套利。对联动性的介绍包括三个部分：第一个部分是黄金、原油与主要货币对的联动关系；第二个部分是货币对和主要股指之间的联动关系；第三个部分是货币对之间的联动关系，这些货币对包括了直盘货币对，也包括了交叉盘货币对。在《外汇交易圣经》一书当中，你或许对

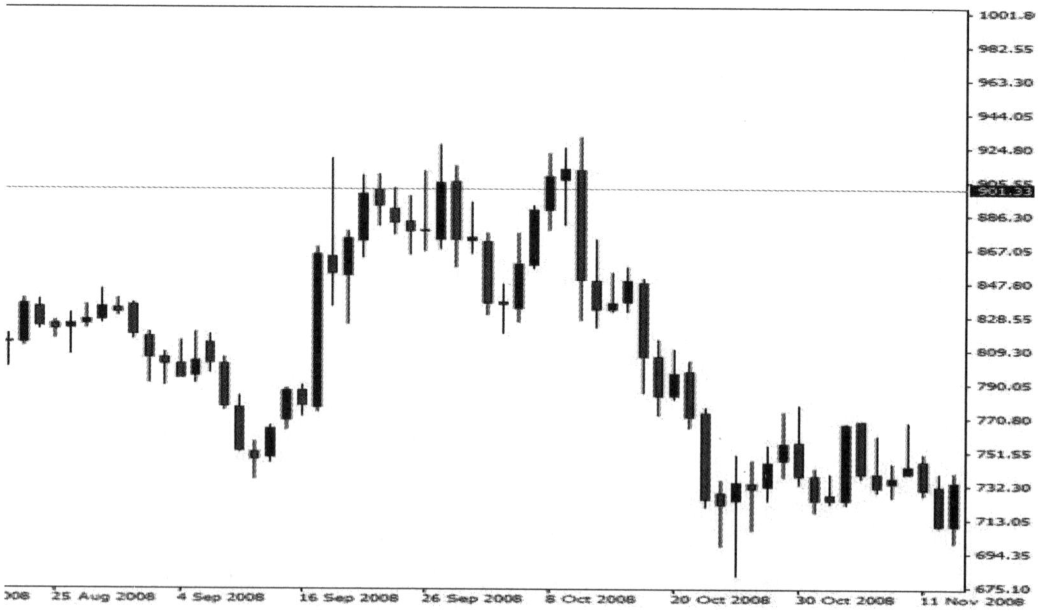

图 19-1　2008 年 8 月到 2008 年 11 月的国际金价走势

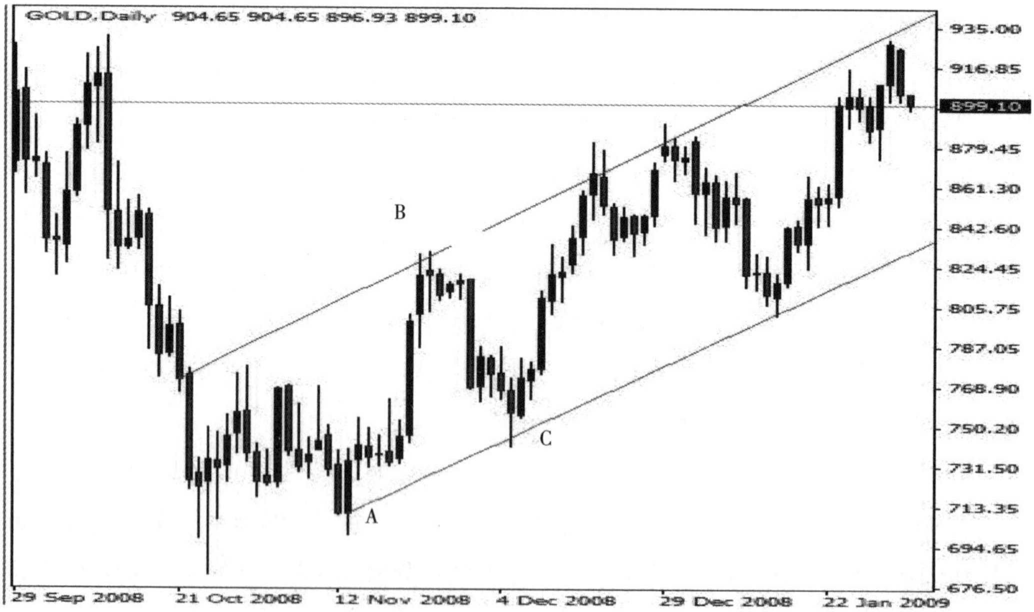

图 19-2　2008 年 10 月到 2009 年 1 月的国际金价走势

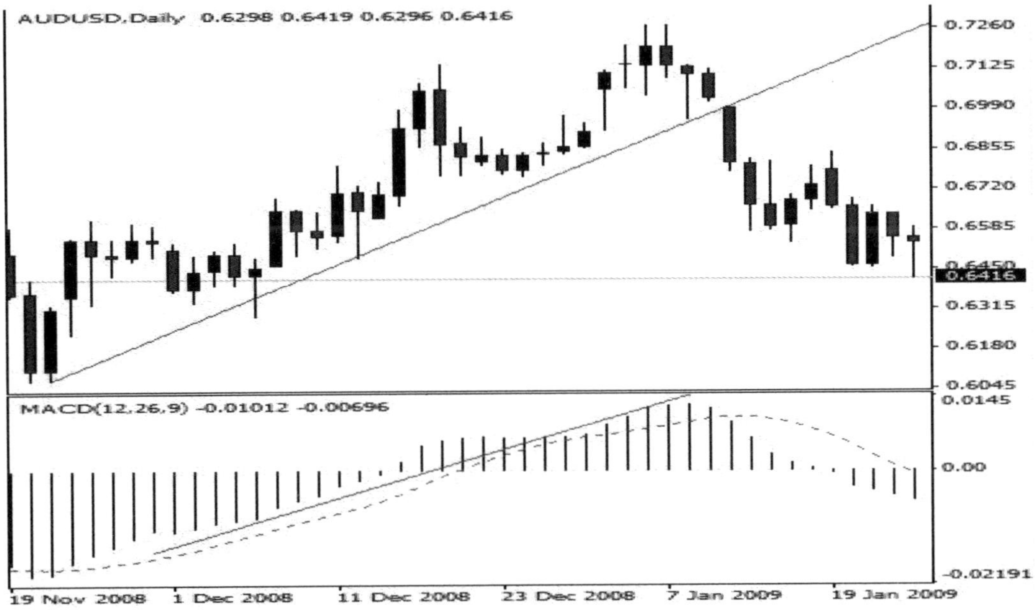

图 19-3　2008 年 11 月到 2009 年 1 月的澳元兑美元走势

货币对联动有简单的了解，下面将对此有最全面的呈现，请你务必用笔画出那些与你交易最密切相关的货币对的高联动性品种。

请看图 19-4，这是伦敦黄金和澳元兑美元汇率的相关性日线分析图。伦敦黄金是现货黄金走势的龙头，黄金保证金交易基本以此作为标的。澳大利亚属于英联邦，伦敦作为世界黄金的主产国，其黄金销售大部分在英国主导的现货黄金体制下销售。从图 19-4 可以看到，2005 年 1 月到 2006 年 1 月，澳元兑美元的走势与伦敦黄金的走势是背离的，也就是相反的，之所以会出现这样的走势，主要是因为澳大利亚作为“商品货币”主要受到全球宏观经济走势的影响，在经济繁荣的中期和末期，商品货币倾向于上涨（股市则倾向于在经济繁荣的早期和中期上涨，股市的上涨一般早于经济复苏，而大宗商品价格的上涨则迟滞于经济复苏，当经济开始紧缩的时候，商品价格还会惯性上冲很大一段，2008 年上半年的油价就是明证）。在 2005 年到 2006 年 1 月，全球经济开始进入繁荣前期，此时大宗商品价格还没有发力，所以“商品货币”澳元也处于弱势时期。而黄金从 2001 年开始的结构性上涨一直随着世界地缘政治的动荡和格林斯潘“再通胀”货币政策的推行而加速，这主要是由于黄金的货币属性和投资属性，与黄金的商品属性关系不大，所以黄金在 2005 年 1 月到 2006 年 1 月一直处于上涨状态，而澳元兑美元却处于下跌状态，此段时期两者基本是负相关的。2006 年 1 月到

相关性不是因果性。

2008年1月，**两者呈现正相关性**，具体表现为两者比较关系稳定，黄金上涨和澳元上涨同步，这时候的上涨主要是因为全球宏观经济全面繁荣，大宗商品需求旺盛，所以澳元上涨，而黄金的上涨则不仅是货币属性导致的，同时经济繁荣下的商品属性和流动性过剩下的投资属性都使得黄金价格上涨。2008年1月之后，金价开始出现中期盘整，而澳元兑美元却大幅度下跌，黄金对澳元兑美元汇率的比价在长达两年的稳定之后继续上涨。为什么会出现这种情况呢？原因在于澳元作为"商品货币"，受到全球宏观经济衰退的影响，所以下跌，而黄金虽然失去了"商品属性"利好支持，但是其货币属性却在次贷危机下得到彰显，大量避险资金涌入黄金，随着全球"再通胀"政策的推行，黄金维持坚挺横盘走势，等待全球经济稳定程度的进一步引领。就我们的分析而言，如果不根本改变国际货币体制和消除国际消费力的不平等分布，则危机的深化是必然的结局，目前全球各国政府采取的"再通胀"政策无疑是抱薪救火，为未来进一步的危机埋下伏笔，在这种情况下黄金的涨幅将远远超过经济繁荣时期的涨幅。**同时，随着全球经济的进一步疲弱，"商品货币"澳元的表现将大大逊色于"债券货币"美元，甚至比"股票货币"日元**

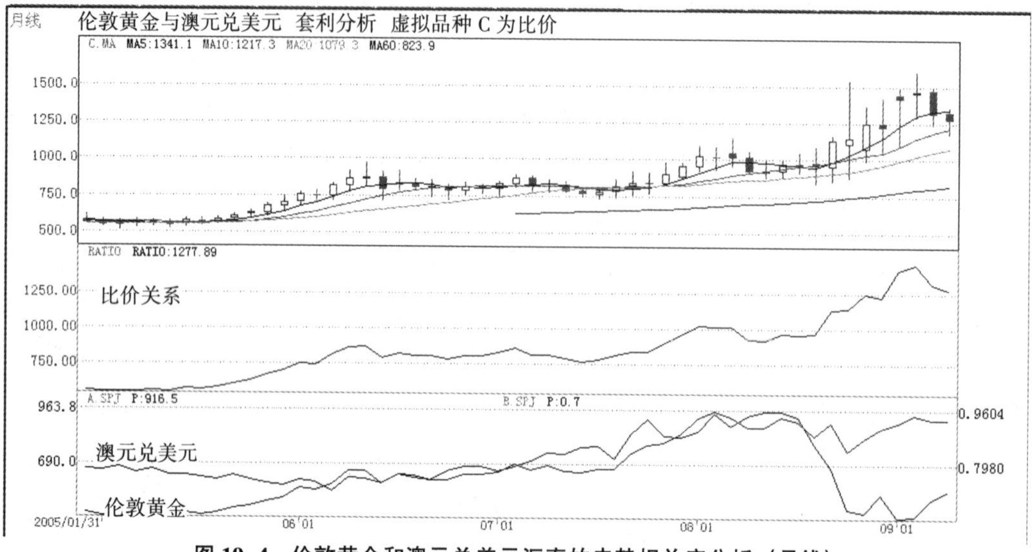

图19-4 伦敦黄金和澳元兑美元汇率的走势相关度分析（月线）

和欧元表现还差。在这种情况下，你会发现本课开头提到的黄金和澳元的正相关性显著下降。

通过对黄金和澳元汇率长达3年的中期分析，我们向本书读者提供了用以提高自己驱动分析和联动分析能力的范例。下面我们接着对黄金和澳元兑美元在日线、小时线和分钟线上的相关性进行分析，大家可以从这些分析中找到自己的思路，然后以“市场间联动的思维”去看待市场，这样你就比普通的外汇交易者具有更高的胜算率和报酬率。请看图19-5，这是伦敦黄金和澳元兑美元汇率在日线上的相关性分析，时间跨度是从2008年11月到2009年4月。如果你仔细去观察的话会发现，黄金的走势变化先于澳元兑美元走势的变化，只不过黄金的波动更加剧烈，由于在几个月之内两者的关系比较稳定，所以当你在近期走势中发现了这种情况时就应该利用黄金走势来指引自己的澳元兑美元交易。

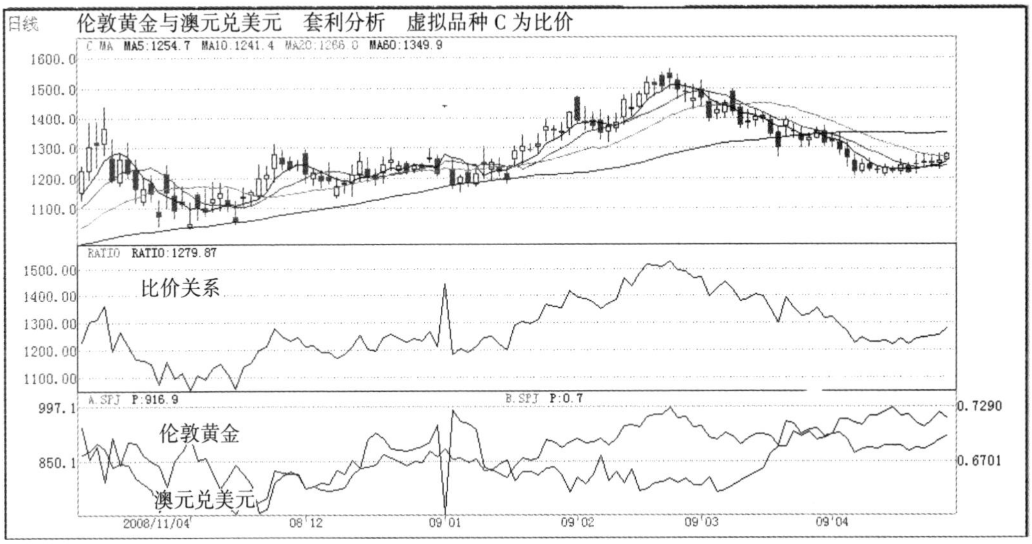

图19-5 伦敦黄金和澳元兑美元汇率的走势相关度分析（日线）

接下来我们看看黄金和澳元兑美元汇率在1小时走势上的相关度，请看图19-6，这幅图涵盖了2009年4月21日到2009年4月26日的小时图走势，这段时间内的黄金走势和澳元汇率走势基本是相反的，这表明澳元作为“商品货币”反映了宏观经济的不稳定状况，而黄金作为“风险指标”受益于宏观经济的不稳定状况。通常，我们在进行相关性分析的时候，需要从驱动因素，也就是基本面入手，进行前瞻分析，然后结合价格走势，来验证此前得到的分析结论，两者不一致的时候，你需要回过头去检视整个分析过程和证据。通过这样的工作，你的日内外汇交易也会受益颇多，“外汇交易的功夫在外汇交易之外”，如果你能够明白这点，同时与我们提出的“盲点即利润公式”结合起来理解，则你的外汇交易功夫将更上一层楼。

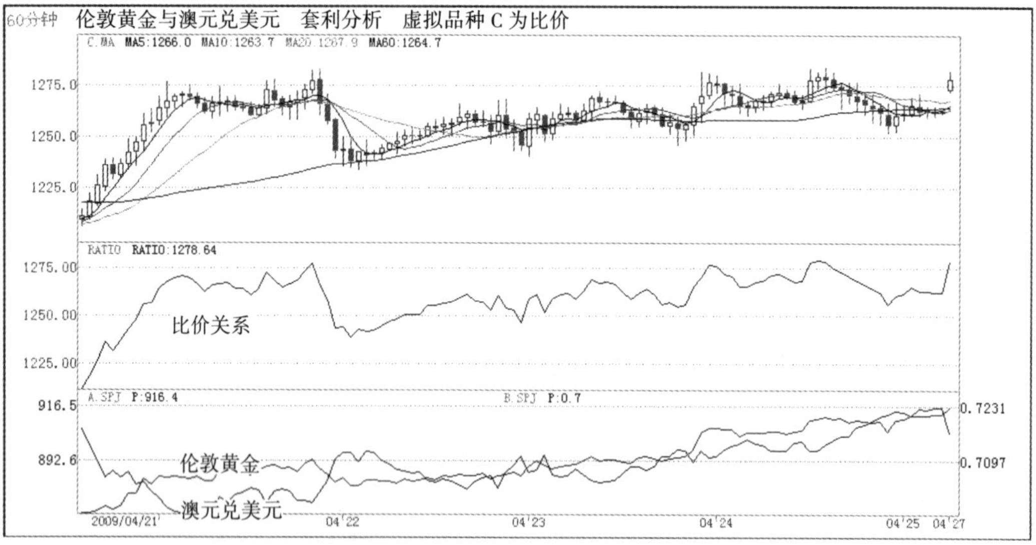

图 19-6 伦敦黄金和澳元兑美元汇率的走势相关度分析（1 小时）

我们再来看看黄金和澳元兑美元在 1 分钟走势图上的相关性，请看图 19-7。对于外汇交易者而言，分钟图是短线交易的极限框架，再没有比 1 分钟交易者更让人胆寒和神往的角色了。图 19-7 中的这段 1 分钟走势是 2009 年 4 月 27 日当天的日内走势。你可以发现什么秘密吗？对于日内交易者来讲，他们的最大梦想就是能够提前哪怕一

图 19-7 伦敦黄金和澳元兑美元汇率的走势相关度分析（1 分钟）

分钟知道价格接下来的走势。你从图 19-7 中可以找到这个梦想的部分实现手段，光是这个秘密的经济收益就足够你买至少几百本《外汇短线交易的 24 堂精品课》了。黄金的走势一直领先于澳元兑美元的走势，是不是让你为之一振，如果你能结合本书的 1 分钟成交量出场法来利用此处的联动分析，则你的日内超短线分析和交易技能的提高将不可限量。当然，这种关系并不是永远不变，你需要去把握相对性，而这就是日内交易的功夫所在。

黄金走势与其他主要货币对的联动关系怎么样？是不是像你通常在大众口中听到的那样？这些问题对于我们找到“盲点”非常重要，如果黄金与主要货币对的联动关系与大众头脑中的存在很大差异，则我们可以从这种“盲点”中获取超额利润。下面我们就对黄金与其他主要货币对的联动关系进行直观的定量呈现。首先请看黄金和美元兑日元汇率的联动关系，请看图 19-8，这是两者的日线水平分析，涵盖了 2008 年末到 2009 年 4 月的走势。这段时期黄金相对于美元在上涨，更为重要的是美元相对于其他货币也在上涨，为什么会这样呢？主要是因为这段时期全球经济进一步动荡，美国三大汽车巨头和金融业的经营状况都进一步恶化，所以全球避险情绪高涨，美元作为“准零息”货币，同时美国的军事力量和综合国力也居世界第一，**所以大量避险资金从高息货币和不稳定经济体撤出，涌入美元和黄金，两者出现了同步上涨。**从图 19-8 中可以看到，黄金和美元兑日元汇率走势基本同步，有时候黄金走势还稍稍领先于美元兑日元汇率走势。

追逐风险还是厌恶风险，这是主导全球金融市场的重要因素。

下面我们来看黄金和欧元走势的相关性，请看图 19-9，这是黄金和欧元兑美元日线走势的相关性分析。在这段时期中，除了 2009 年 2 月到 3 月这段走势之外，两者基本上都是正相关的，那为什么中间这段时间两者是负相关的呢？主要还是由于市场上风险厌恶情绪升高，导致资金涌向美元和黄金。这又提醒我们做日内交易的时候，要注意辨识几个关键要素：第一是利率走势是处于上升通道，还是下降通道；第二是市场处于风险厌恶情绪，还是风险喜好情绪，前者导致资金流向低息货币（比如图中这段时期的美元和黄金），后者导致资金流向高息货币（比如图中这段时期的欧元）。进行联动性分析的时候一定要搞清楚联动存在的驱动因素，这是联动的前提，如果你抓住这个前提，那么你就知道什么是相关的，什么是不相关的，什么时候是正相关的，什么时候是负相关的。

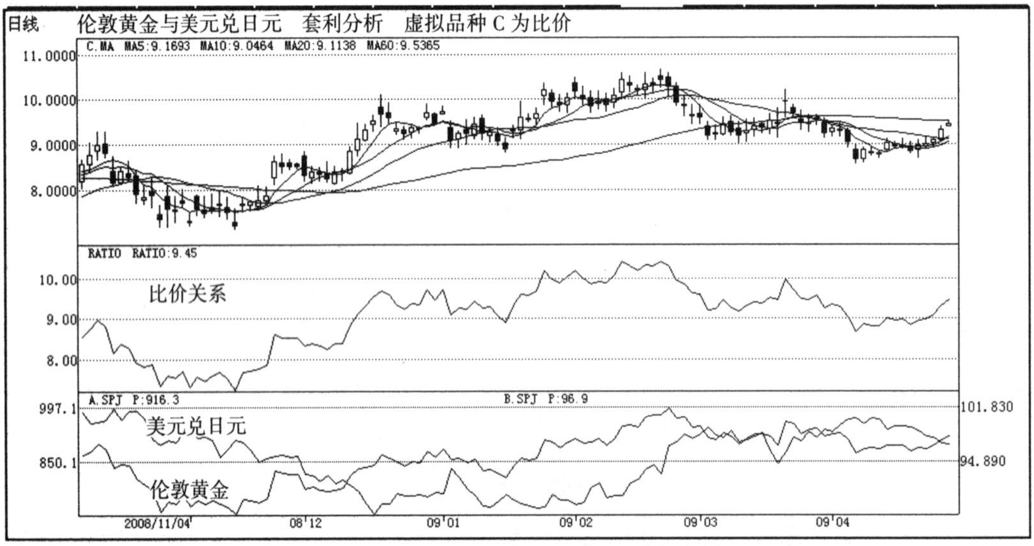

图 19-8　伦敦黄金和美元兑日元汇率的走势相关度分析

图 19-9　伦敦黄金和欧元兑美元汇率的走势相关度分析

瑞郎是避险货币，这是以前的常识；美元是避险货币，这是现在的常识；黄金是避险货币，这是未来的常识。当次贷危机开始的时候，都认为美元要败给欧系货币，特别是欧元，避险资金将涌入瑞郎，结果却让不少学者和分析师大跌眼镜，危机越大，资金越是涌入美元，美元反而比欧元更避险。瑞郎是避险货币，前提是欧陆，乃至英伦是安全和稳定的，如果搞不清楚这个前提，则往往会张冠李戴所谓的“避险货币”。次贷中英伦三岛，乃至欧陆几个大国问题比美国还严重，所以美国反倒更安全些。当美国对于投资而言都不再安全的时候，黄金就成了最后的避风港。黄金和瑞郎汇率的变化被曲解了，这使得大众形成了盲点，仿佛瑞郎和黄金的走势是正相关的。从图 19-10，你会发现这种观念将让外汇交易者处于“盲点”，当越来越多的交易者接受这样的观念时，大众就处于“盲区”，而这就给了少数独立思考交易者以超额利润。从图 19-10 中，你可以看到美元兑瑞郎的走势与黄金走势部分一致，也就是说瑞郎走势部分与黄金走势相反，这就使得我们对于两者关系的分析具有阶段性，这种阶段性识别有赖于我们对驱动因素和市场情绪的透彻掌握。

什么是避险货币？这个问题没有固定的答案。

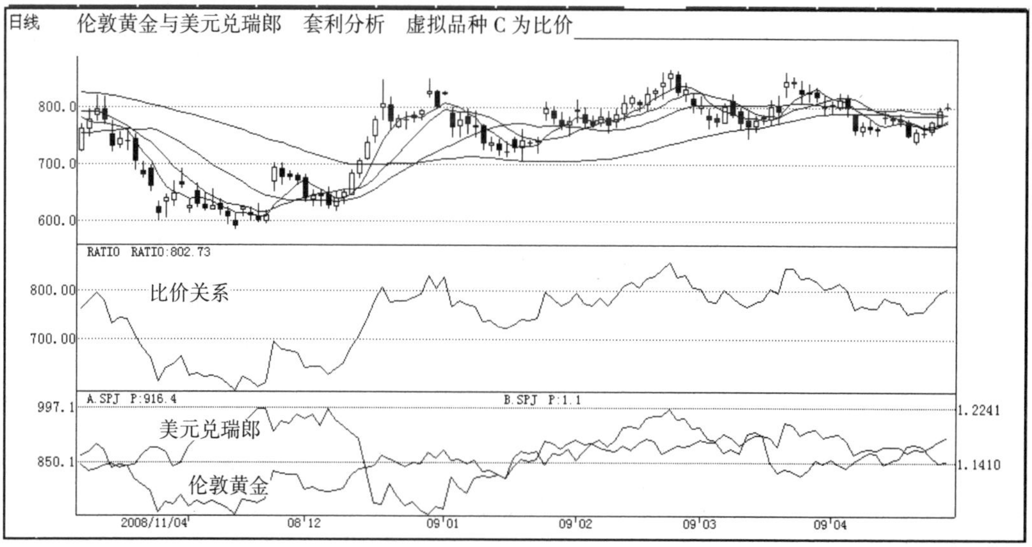

图 19-10 伦敦黄金和美元兑瑞郎汇率的走势相关度分析

黄金与英镑汇率的联动关系在次贷危机进一步深化过程中的表现也让我们的直觉受到了冲击。请看图19-11，就波动方向来讲，黄金和英镑兑美元的走势基本一致，只是黄金的走势从2008年11月逐步走高，然后从2009年3月逐步回落，而英镑兑美元的走势从2008年11月逐步走低，然后从2009年3月逐步回升。从这里可以发现，总体上风险厌恶情绪主导着两者的走势，同时英镑和黄金同为“非美货币”，所以局部波动方向又有同步性。这就使得两者的整体趋势相反，而局部方向一致，在进行日内交易时，两者可以相互验证。

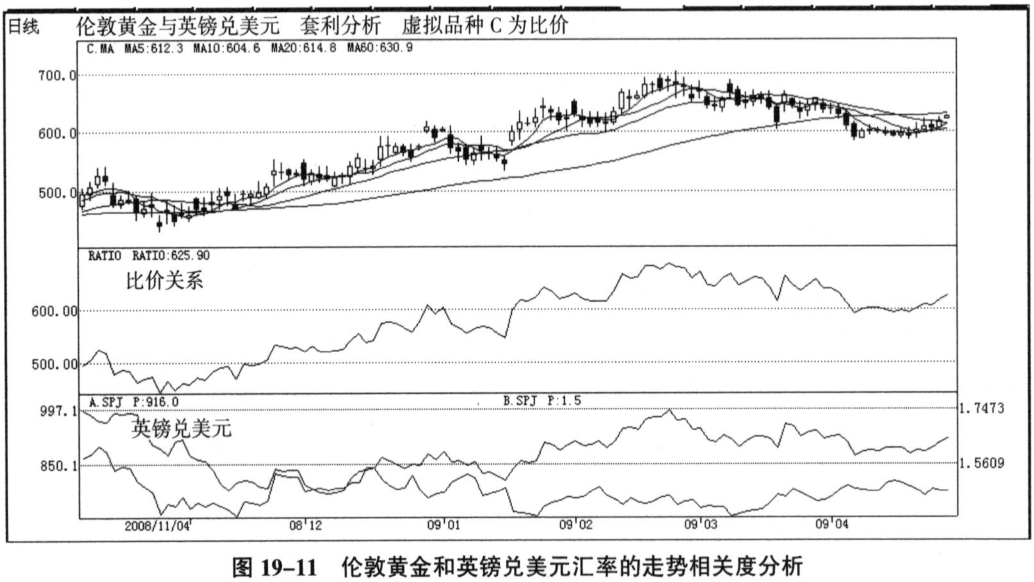

图19-11 伦敦黄金和英镑兑美元汇率的走势相关度分析

加元属于商品货币和美系货币，加拿大也是十大产金国，美国也是十大产金国，产金量排名还比加拿大靠前，只是产金业在美国GDP中的贡献比起其在加拿大GDP中的贡献小多了，所以理论上讲黄金价格变化对加元的影响大于对美元的影响。那么，实际情况又是怎么样的呢？请看图19-12，这是黄金和美元兑加元汇率走势的相关性分析。黄金走势基本领先于美元兑加元的走势，也就是说黄金和加元在这段时期呈现负相关性，原因为何？其实，也是因为加元的“商品属性”，加元受到全球经济衰退的拖累，**避险情绪涌入美元和黄**

事物是多重属性的综合体，在某一阶段某一属性占据主导，这就是主要矛盾或者说矛盾的主要方面。

金，加拿大经济因为主要工业国对原材料需求的下降而步入下降通道。

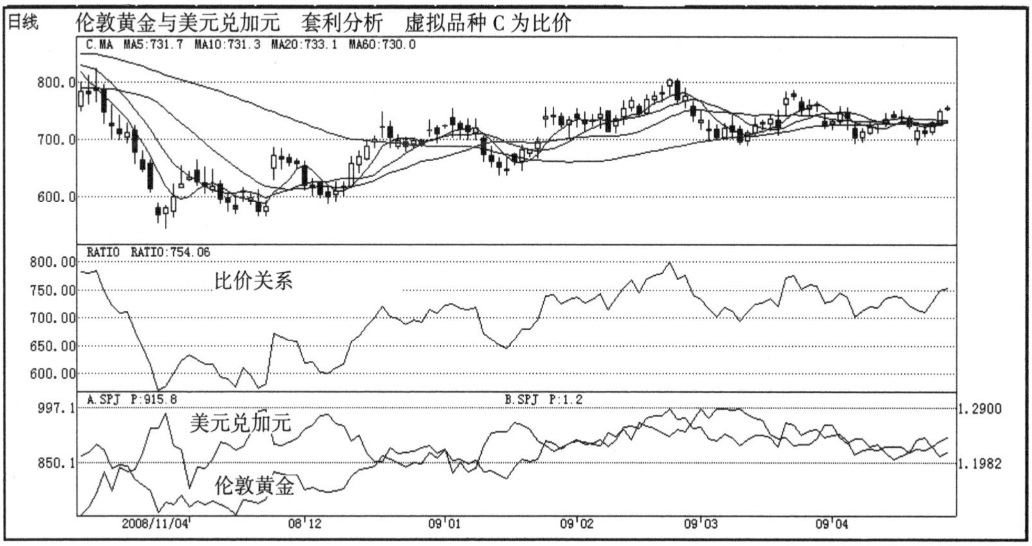

图 19-12　伦敦黄金和美元兑加元汇率的走势相关度分析

黄金是世界稳定的风向标和世界经济的锚，而原油则是世界发展的动力，外汇市场的分析同样离不开对原油价格与汇率相关性的分析。下面我们就展开本课的第二部分——对原油和主要汇率相关性的分析。首先，我们来看原油走势与美元兑日元汇率的联动关系。美国直接间接控制的原油比日本多，日本一方面油气资源极度稀缺，另一方面军力不如美国，所以相比美元而言，日元在原油走势上处于弱势地位。请看图 19-13，

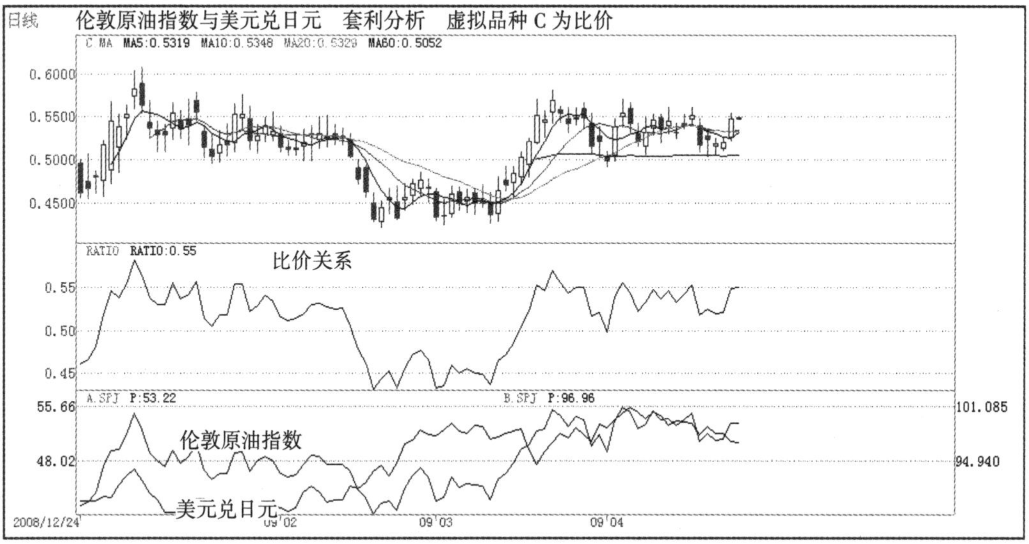

图 19-13　伦敦原油指数和美元兑日元汇率的走势相关度分析

这是伦敦原油指数和美元兑日元汇率的日线相关性分析图，从中可以看到原油价格走势与美元兑日元汇率走势基本同步，也就是说原油价格与日元呈负相关性，这个结论与大家从公开传播材料中主张的观念一致，这个观点为绝大多数外汇交易员和分析师所认可，所以原油价格与日元汇率的联动非常紧密，呈现出同步的特点，这表明“信息市场化”的过程很快，驱动面的因素会很快被吸收和消化，这对于我们抓消息市后段的反转非常有利。

在整个西欧地区，除了英国之外，所有的经济大国都严重依赖于国外能源的供给，虽然法国大力发展核能，但是还是无法从根本上解决自身的能源问题。油价上涨对于欧元区的影响是负面的，但是我们不要忘了更为重要的一个方面，那就是油价在中期更多是受到需求的影响（在长期是否主要受到供给的影响现在我们还无法确定，一般而言工业类大宗商品主要受到需求的影响，而农产品主要受到供给的影响），所以欧元区经济的发展往往对于油价产生影响，而油价反过来影响欧元区经济，这是不对称的因果关系。请看图 19-14，这是伦敦原油指数和欧元兑美元的相关性分析图，可以发现欧元兑美元走势变化明显领先于原油价格的变化，这表明与其说是原油价格令欧元汇率变化，还不如说是欧元区经济变化导致欧元汇率变化和油价变化，而欧元汇率的变化往往提前于油价变化，记得我们在前面曾经提到欧元是“股票货币”吗？股票在经济周期中领先于商品期货的走势，现在你再去看这幅图就有一种豁然开朗的感觉了，你甚至可以把在这里学到的知识用于原油期货的交易，联动性分析让你站得更高，看得更宽、更远。

图 19-14　伦敦原油指数和欧元兑美元汇率的走势相关度分析

加元是商品货币的代表，而原油也是加拿大的重要出口商品，**美国虽然是产油大国，但是对原油的依赖性远远超过加拿大**，油价高涨对加拿大的经济的变化呈现正面影响，对美国经济的影响则是负面的。不过，在世界经济周期中，这种影响的序列往往是这样的：美国经济向好，刺激原油价格上涨，原油价格上涨，推动加拿大的出口收入和 GDP 增长，一段时间之后原油价格上涨反过来制约经济进一步增长，连同其他更为重要的宏观因素促使美国经济下落，进而使得原油价格受到影响下降，进而导致加拿大经济步入下降通道。所以，美元、原油和加元之间的关系中，美元变化位于这个序列的前端，而加元位于这个序列的后端。当然，由于加拿大与美国日常往来紧密，**显然工业和消费倾向于与美国同步。**下面我们来看原油价格变动与美元兑加元汇率变化的关系，请看图 19-15，可以看到美元兑加元走势领先于原油价格走势，以至于两者看起来好像是对立的，这表明商品期货往往是货币走势的滞后指标，而货币却往往是商品期货走势的领先指标。

随着页岩油革命的持续推进，美国原油的产量持续上升，这极大地改变了全球的能源格局。

某些情况下，加拿大的经济数据先于美国经济数据公布，这样我们可以将加拿大经济数据看成是美国经济数据的某种先行指标。

图 19-15　伦敦原油指数和美元兑加元汇率的走势相关度分析

那么，原油与美元兑瑞郎汇率之间的联动关系怎样呢？瑞郎以金融业和中立性作为核心支柱，其受到地缘政治和银行管制的影响较大。所以，原油价格的变化和瑞郎汇率的变化的联动主要还是通过中东地缘政治动荡来生效。请看图 19-16，这是伦敦原油指数和美元兑瑞郎汇率变化的相关性分析图。可以看到两者的关系基本是同步的，偶尔也会交替领先对方的走势。这表明美元兑瑞郎汇率的变化主要受到美国经济的影响，偶尔也会受到欧洲和美洲地缘政治变化的影响。

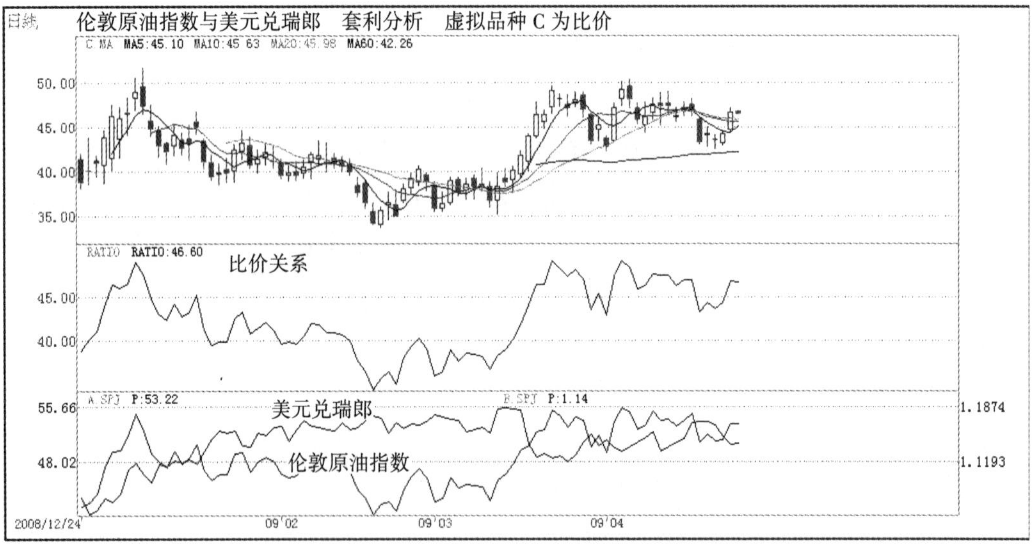

图 19-16 伦敦原油指数和美元兑瑞郎汇率的走势相关度分析

中国经济数据的公布对澳元影响很大，所以做澳元一定要看中国经济。

澳元是典型的商品货币，它引导着新西兰元的走势，那么澳元会不会受到原油价格指数的影响呢？请看图 19-17，这是伦敦原油指数和澳元兑美元走势的关系图。可以发现伦敦原油指数的走势与澳元兑美元走势基本同步，两者可以相互参验来过滤掉一些噪声波动，帮助外汇交易者更好地把握趋势。

图 19-18 是我们发现最经典的联动关系图，这是原油和英镑汇率变化的绝妙呈现，请注意伦敦原油指数一般都领先于英镑兑美元汇率的变化，这对于英镑日内交易者而言无疑是强大的工具。你把这幅图看仔细了，我们相信绝大多数外

汇日内交易高手都以英镑兑美元作为主要交易对象，这是一个活性很强的货币对，如果你能很好地运用我们给出这幅图带来的知识，则你几乎可以抓到英镑兑美元日间趋势的重大转折。

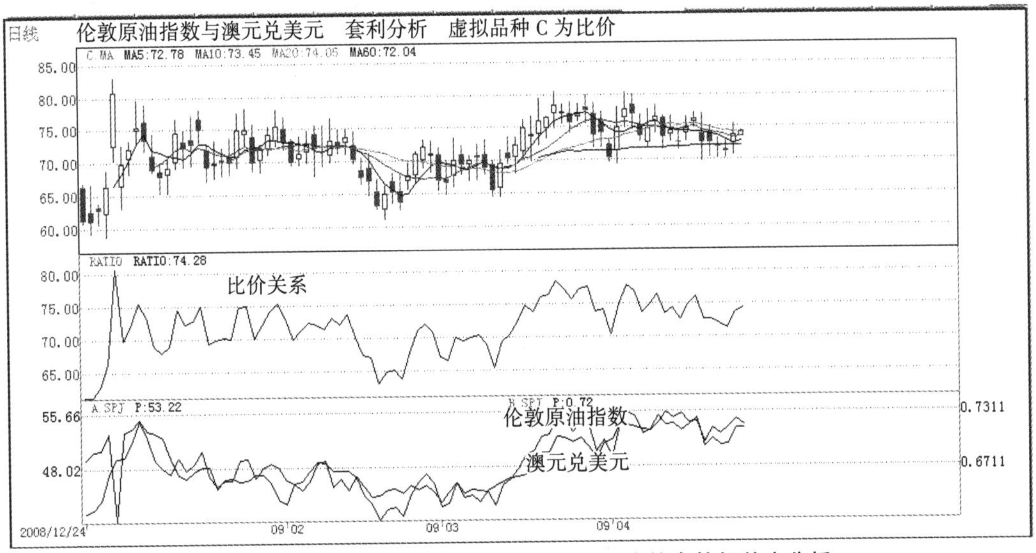

图 19-17 伦敦原油指数和澳元兑美元汇率的走势相关度分析

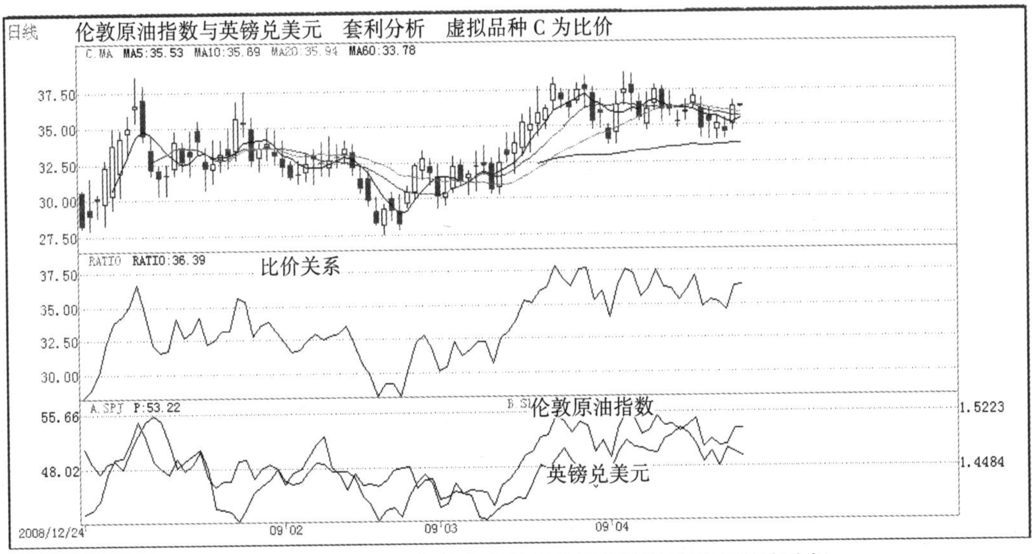

图 19-18 伦敦原油指数和英镑兑美元汇率的走势相关度分析

下面我们来看主要股指和主要货币的联动情况，主要股指波动情况可以从不少期货行情软件中看到，股市的变化可以反映地缘政治、经济增长、利率和流动性，以及资本项目和经常项目的变化，而这些恰恰也是驱动外汇市场变化的关键因素，我们下

安倍经济学能够起到一定提振经济的作用，原因之一就是大幅贬值日元汇率。

面就从直观和定量的角度来掌握股指和汇率的变动。请看图 19-19，这是日经 225 指数和美元兑日元走势的联动分析图。看出什么苗头没有？美元兑日元汇率经常领先于日经 225 指数，为什么会这样？**因为日本倾向于低估日元兑美元来促进出口**，日本股市上的公司基本是以出口为主的，所以美元兑日元升值的时候，公司的盈利是增加的，自然股价也是上涨的。那么 2009 年 3 月前后这段时间，为什么又会出现两者的背离呢？也就是说美元升值，而日本股市还是走低。这主要是因为这段时间，全球经济继续走软，股市当然不好，风险厌恶情绪高涨，使得大量资金涌入美元避险，美元相对日元看涨。其实，作为低息货币，日元也受到避险资金涌入而上涨，但是相对于美元而言，势头要弱些。

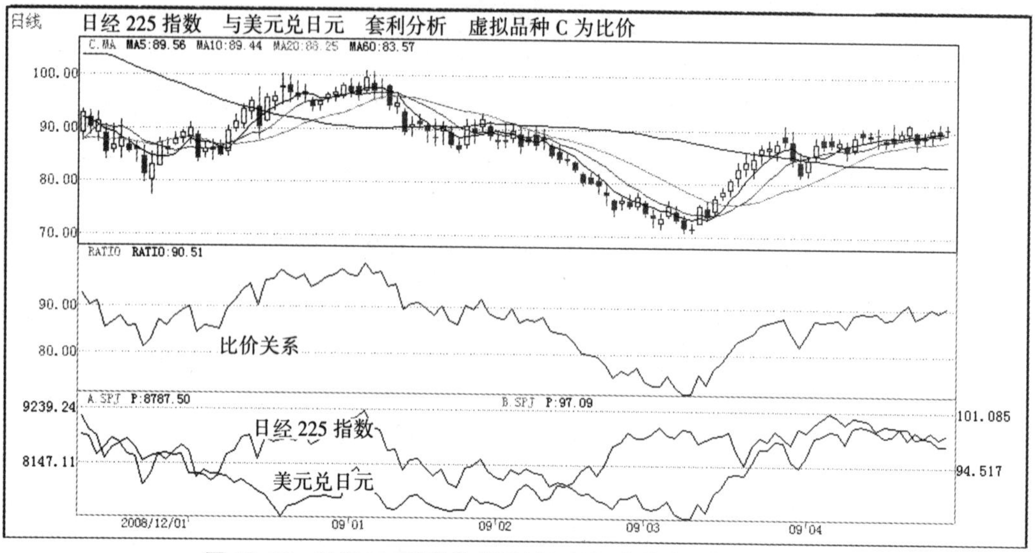

图 19-19 日经 225 指数和美元兑日元汇率的走势相关度分析

澳洲综合指数代表了澳大利亚股市的整体走势情况，我们来分析一下它与澳元汇率走势的联动关系，请看图 19-20，澳大利亚以大宗商品出口作为主要的经济增长点，因此澳元汇率的高点对于其 GDP 增长有明显的影响，图 19-20 中的澳洲综合指数变化稍微滞后于澳元兑美元的走势。两者之间的关系与日经 225 指数与美元兑日元汇率关系类似，这对于股票交易者有很大的用处，对于外汇交易者而言只能作为确认手段。

德国是欧元区的火车头，法兰克福指数表征了德国的股市走势，那么**德国股市和欧元汇率有没有什么联动关系呢？**两者之间相互有指引迹象，有时候又是同步的，做欧元兑美元的交易者，可以从中得到相关参验的信息（见图 19-21）。

整体股市绝大多数情况下是在风险偏好为正的情况下上涨的。除非指数成份股被国家所干预以维稳股市，这个时候倒是可能在风险厌恶的情况下上涨。

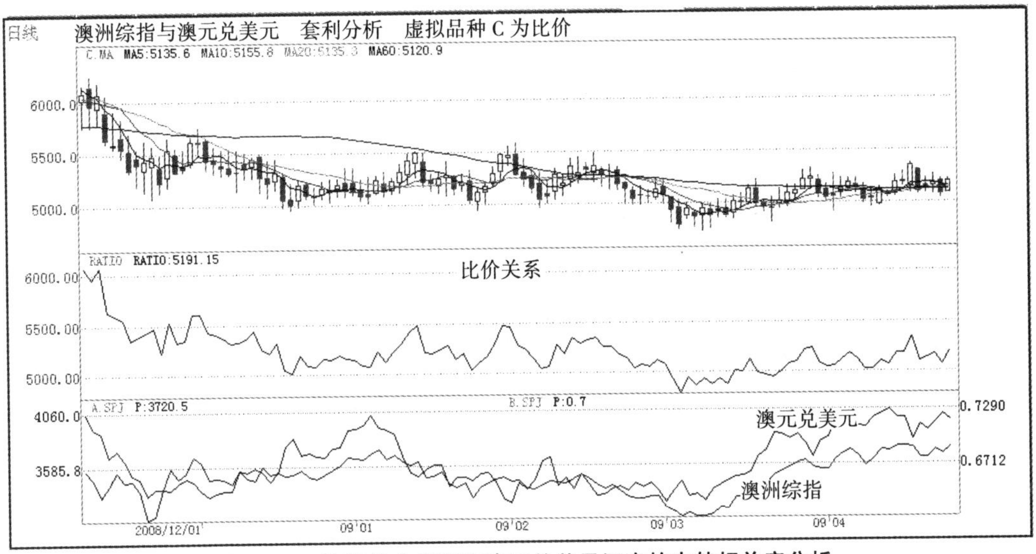

图 19-20 澳洲综合指数和澳元兑美元汇率的走势相关度分析

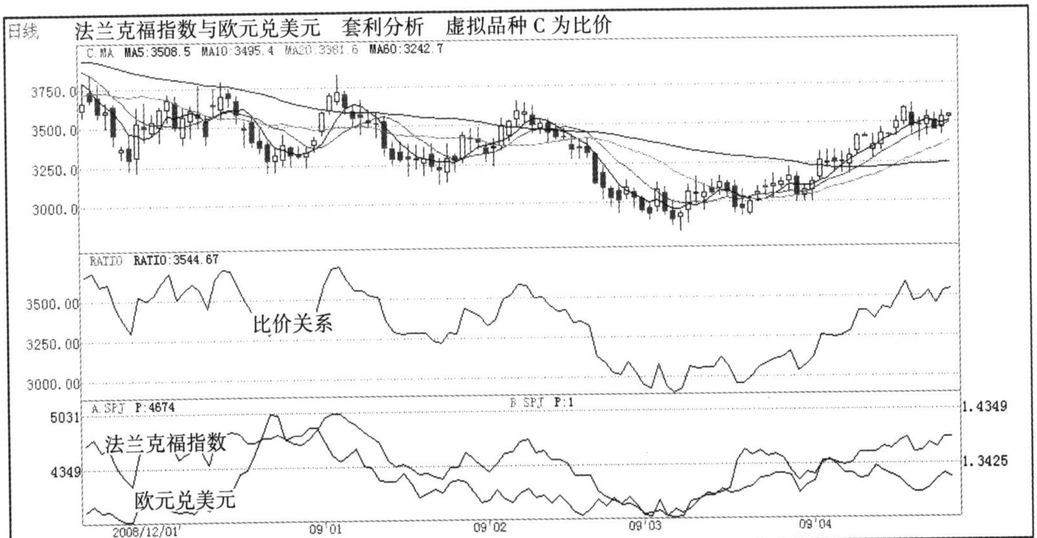

图 19-21 法兰克福指数和欧元兑美元汇率的走势相关度分析

英国的金融业和原油业是其国民经济的两大支柱，这可能会让部分读者感到惊奇，如果你对此有什么疑问的话，可以自己动手去网上检索一下相关数据。正因为金融业和石油工业对英国经济十分重要，所以我们关注英国资本项目和国际油价的变化。作为不少国际金融交易标的的中心，英国的股市也是这些资金的目的地，所以通过观察英国股市的变化，可以对英国经济增长和国际资本流动做出一定的判断，而这对于英镑交易者而言无疑是福音。请看图 19-22，这是金融时报指数和英镑兑美元走势的联动分析，金融时报指数在重大转折点一般领先于英镑兑美元汇率。

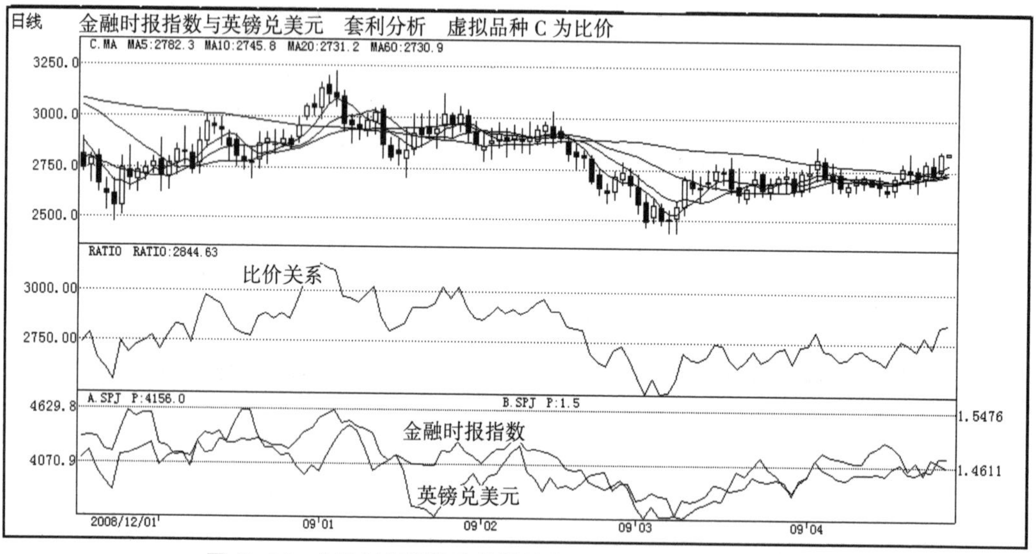

图 19-22 金融时报指数和英镑兑美元汇率的走势相关度分析

美国股市、美国国债和美元指数会出现各种涨跌组合。美国股市和美元指数上涨，而美国国债下跌，这个时候可能是因为美国经济向好，国际和国内资本流向美国股市，流出美国国债。美国国债和美元指数上涨，而美国股市下跌，这可能是因为避险情绪升温。美国国债和美国股市都下跌，而美元指数上涨，这可能是美联储紧缩迹象，短期内将引发流动性担忧。

瑞士指数代表了瑞士股市的整体变动情况，美元兑瑞郎与瑞士指数的关系基本同步，由于瑞士股市规模不大，在全球股指中属于默默无闻之辈，所以很难吸引国际投资者，不过两者的联动关系还是比较紧密的，请看图 19-23。

美国股市分析一般喜欢用道琼斯系列指数，但是我们倾向于采用标准普尔 500 指数，标准普尔 500 指数倾向于领先美元指数运动，不过在 2009 年 3 月左右出现了明显的背离，这主要是因为受到风险厌恶情绪升高的影响，资金从高息资产（比如股票）和高息货币流出，流向美国国债等低风险低收益的资产，**所以美元指数高位运行，而对应的标普指数却处于下跌状态**，请看图 19-24。

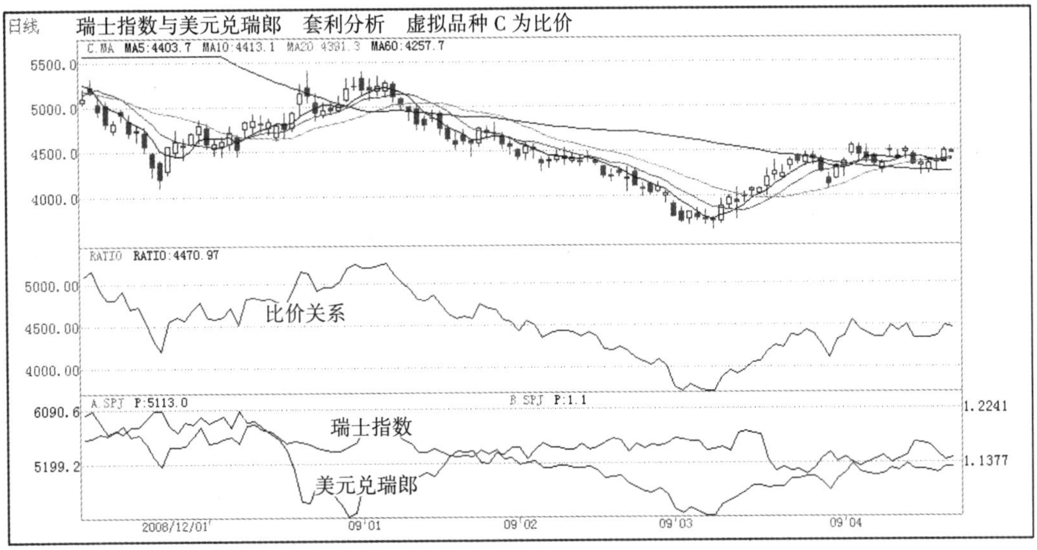

图 19-23 瑞士指数和美元兑瑞郎汇率的走势相关度分析

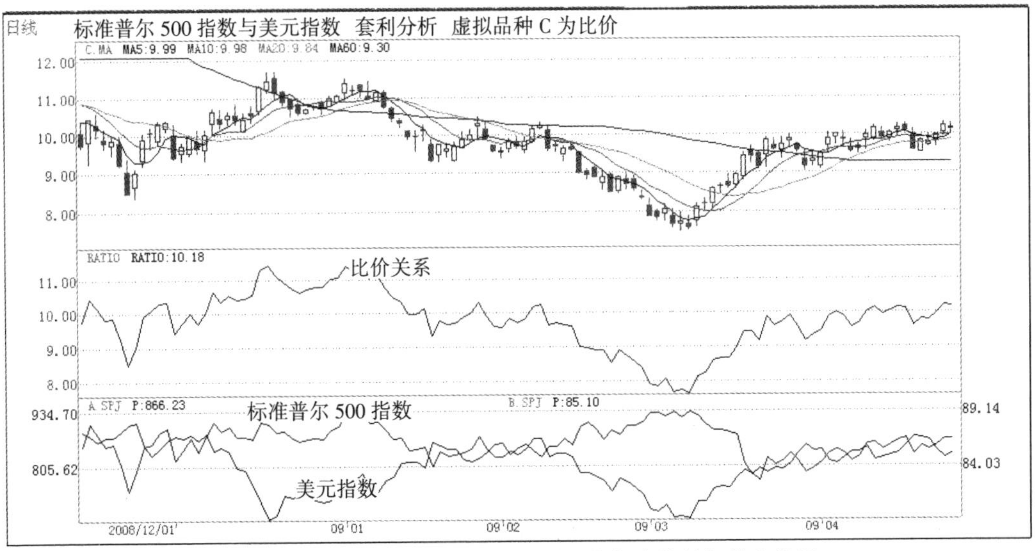

图 19-24 标准普尔 500 指数和美元指数走势的相关度分析

下面我们进行本课的最后一部分，对主要货币对之间的联动性进行分析，其中的联动关系基本稳定，所以可以作为跨品种分析和组合交易的基础信息。汇率联动分析涵盖两个时间框架，第一个是日内交易者经常用到的小时走势，第二个是日间交易者经常用到的日线走势。绝大多数外汇保证金交易平台上的货币对，你都可以在这里看到其相关性分析，每个货币对的相关性分析有两幅图，第一幅图是 1 小时走势的相关度分析，第二幅图是日走势的相关度分析。

请看图 19-25，这是英镑兑美元与主要货币对的相关性分析，作为外汇市场最受短线炒家青睐的货币对，英镑兑美元的日内波动很剧烈，由于英镑的大部分交易量发生在欧洲时段，所以欧洲的交易员经常利用自己信息上的优势估计触及交易者的止损密集价位。与英镑兑美元日内相关度最高的货币对是英镑兑日元，其次是澳元兑日元和加元兑日元，你发现什么规律了吗？作为投机性最强的两个货币，英镑和日元走势有时候如此的同步，大家看看日本和英国相对于整个欧亚大陆的位置就知道两者之间在经济和政治上的相似程度了。日间走势上，英镑兑美元的走势与英镑兑日元、加元兑美元，以及澳元兑日元、澳元兑瑞郎、澳元兑欧元、加元兑日元关系密切，加元和澳元都属于英联邦内的货币，这个从《外汇交易圣经》的附录中可以查到。如果你进行英镑兑美元的日内交易，则你需要关注的货币对是英镑兑日元。

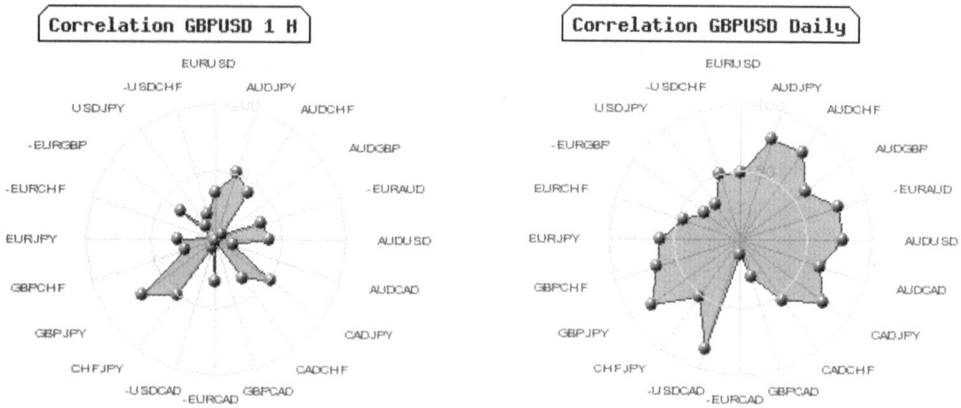

图 19-25 英镑兑美元和主要货币对的日内和日间相关度分析

如果说英镑兑美元是汇率市场的“小盘股”，则欧元兑美元则是汇率市场的“大盘股”，请看图 19-26，两幅子图呈现了欧元兑美元与其他货币对的日内以及日间相关度。就日内走势而言，瑞郎兑日元与欧元兑美元走势破位最为一致，这可能最出乎本书读者的意料，当然其中另外几组货币对也与欧元兑美元的走势高度相关，如果你从事欧元兑美元的日内交易，则应该查看这几组货币对中与欧元兑美元关系较为恒定的一对，这需要你长期地跟踪，毕竟即使十分稳定的相关货币对，也会因为驱动因素的结构性变化而出现变化。另外，欧元兑美元在日间水平上与瑞郎兑美元的相关度最高，这个结论本书的读者估计都能理解，瑞郎经常是跟着欧元在运动，**好比一个板块中的龙头股是欧元，其他欧系货币则跟着欧元这个龙头走。**

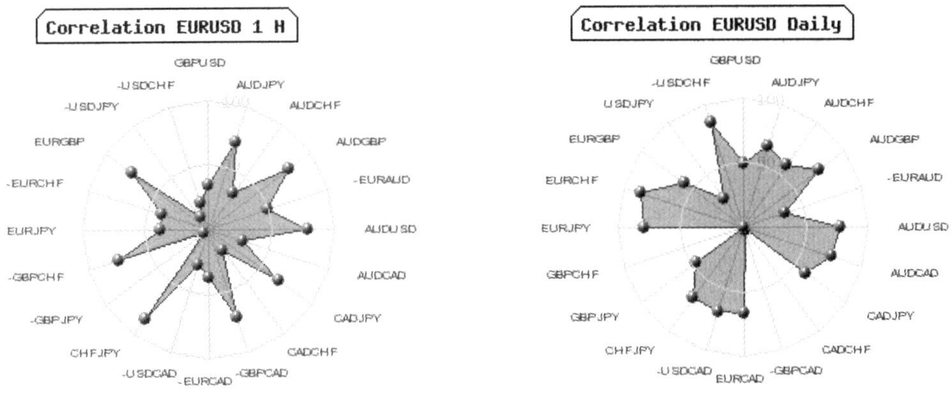

图 19-26　欧元兑美元和主要货币对的日内和日间相关度分析

图 19-27 是美元兑瑞郎与主要货币对的相关度分析，先来看日内水平上各个主要货币对之间的相关度状况，美元兑瑞郎的变化与美元兑日元变化相关度最高，为什么会这样？首先，瑞郎和日元都属于传统的低息货币；其次，两者都是非美系货币，当然也许还有其他我们忽略了的原因，但是日元绝不像瑞郎一样是一个交易量相对较小的货币。在日间水平上，美元兑瑞郎与美元兑欧元相关程度最高，这个不需要我们的进一步解释，读者依据前面的知识和自己以前学过的简单材料应该能够理解这一现象的本质原因。

非美货币阶段性走势是存在一个龙头的，这个龙头货币就是当时驱动因素最受关注的那个。

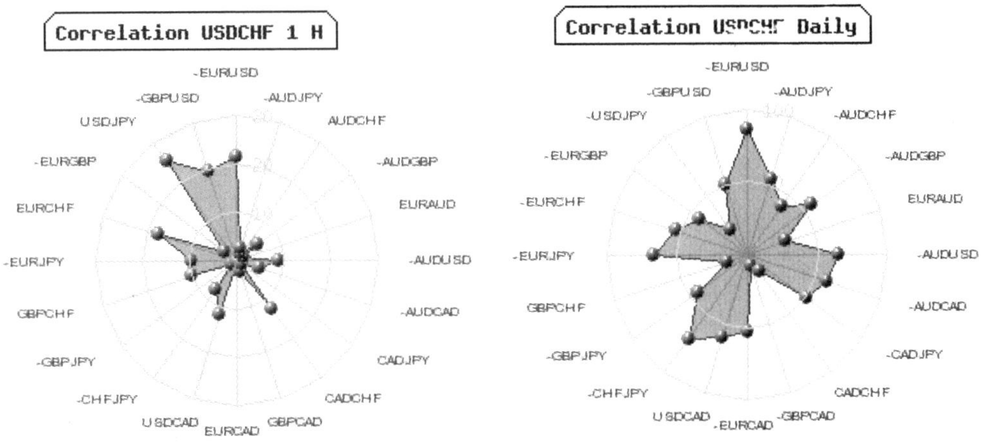

图 19-27　美元兑瑞郎和主要货币对的日内和日间相关度分析

美元兑日元获得不少港台地区外汇交易者的青睐，它与主要货币对的相关度关系如图 19-28 所示。美元兑日元在日内水平上与欧元兑瑞郎高度相关，两个货币对，四种货币竟然具有高度相关性，这就是外汇市场让人琢磨不透的地方。在日间水平上，美元兑日元与英镑兑日元，以及加元兑日元高度相关，或许是英镑、加元、美元都属于“盎格鲁—撒克逊”经济体系的缘故吧。如果你从事美元兑日元的日内交易，则需要注意欧元兑瑞郎，以及美元兑加元的走势。

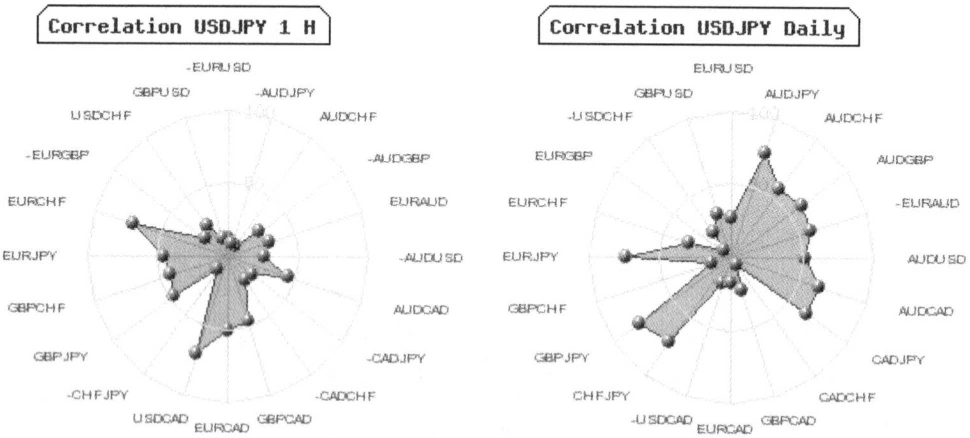

图 19-28 美元兑日元和主要货币对的日内和日间相关度分析

欧元兑英镑是主要的交叉盘货币对，其与主要货币对的相关程度可以从图 19-29 中基本掌握。就欧元兑英镑的日内走势而言，它与瑞郎兑英镑的走势高度相关，其次是澳元兑英镑和欧元兑美元，如果你从事欧元兑英镑的日内交易，则需要关注这三个货币对的联动情况。就日间水平而言，欧元兑英镑与欧元兑加元的相关程度最高，所以如果你是日间交易者，且主要从事欧元兑英镑的交易，则你需要同时关注欧元兑加元的联动情况。

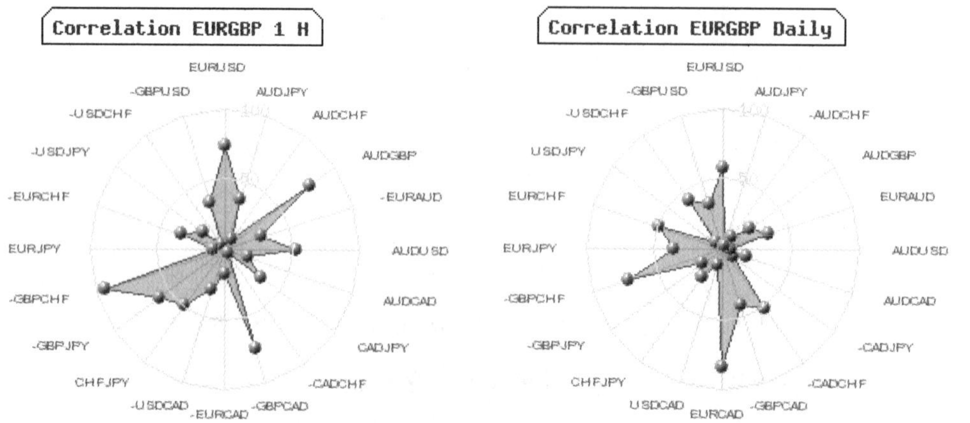

图 19-29 欧元兑英镑和主要货币对的日内和日间相关度分析

欧元和瑞郎是“大哥和小弟的关系”，欧元兑瑞郎与其他主要货币对的相关程度不高，请看图 19-30。就日内水平而言，欧元兑瑞郎与美元兑日元相关程度最高，前面已经提到过。而就日间水平而言，欧元兑瑞郎与欧元兑美元相关程度最高，这反映出了日内水平和日间水平相关程度的差异。如果你是欧元兑瑞郎的日内交易者，则你需要关注美元兑日元的日内走势。

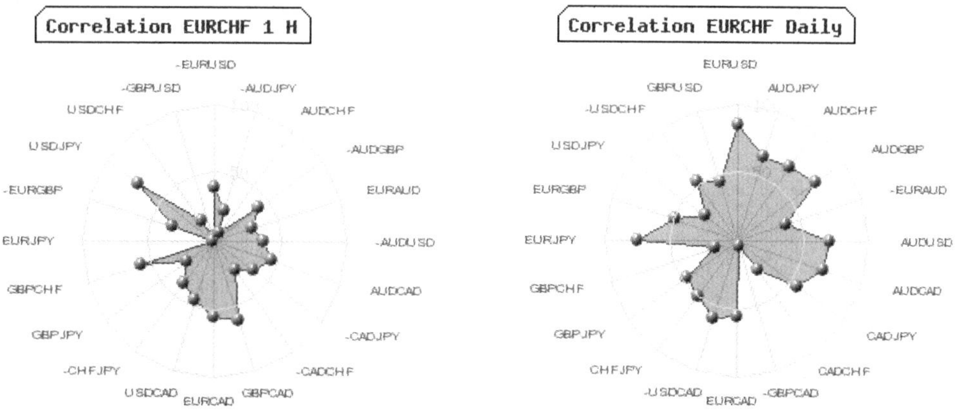

图 19-30 欧元兑瑞郎和主要货币对的日内和日间相关度分析

日元、欧元、美元算得上是全球货币体系中的三角，欧元兑美元与其他货币对的联动关系我们已经分析得差不多了，下面分析欧元兑日元与其他货币对的联动关系。请看图 19-31，就日内水平而言，欧元兑日元与英镑兑日元的相关性最高，所以如果你进行欧元兑日元的日内交易，就需要关注英镑兑日元的日内运动，这与通常的交叉盘联动分析存在一些差异。通常观念认为交叉货币对的交易应该参看两个对应直盘货币

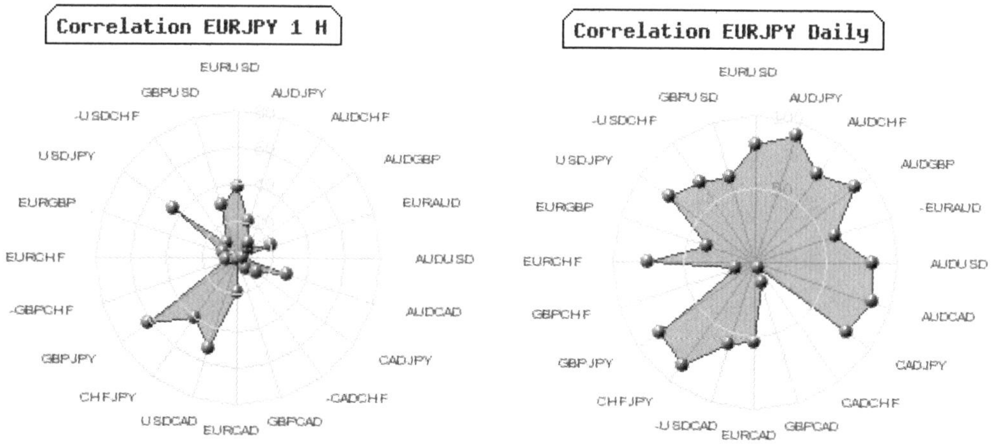

图 19-31 欧元兑日元和主要货币对的日内和日间相关度分析

对的走势，在本例中就是应该参看欧元兑美元，以及美元兑日元的日内走势。欧元兑日元在日间水平上与绝大多数主要货币对都有高度的相关性，其中与澳元兑日元相关程度最高。

英镑和瑞郎是欧系货币中被投机商青睐的两种货币，它们构成的货币对与其他主要货币对的相关程度如何呢？请看图 19-32，就日内水平而言，英镑兑瑞郎与英镑兑欧元相关程度最高，原因前面已经提到，这里就不再赘述了。就日间水平而言，英镑兑瑞郎与英镑兑欧元，以及加元兑瑞郎的相关程度都很高。如果你从事日内交易，并且以英镑兑瑞郎作为主要交易对象，则应该参考英镑兑欧元的走势。

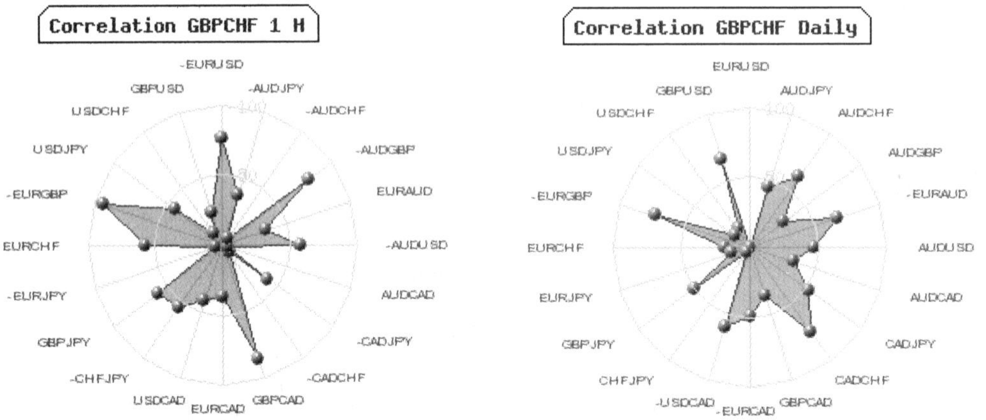

图 19-32　英镑兑瑞郎和主要货币对的日内和日间相关度分析

英镑兑日元算得上是波动较为剧烈的交叉盘货币对，也是众多投机好手偏爱的货币对之一。那么，英镑兑日元与哪些货币对的关联程度最高呢？请看图 19-33，就日内水平而言，英镑兑日元与英镑兑美元的关联程度最高，所以众多的英镑兑日元日内炒家应该密切关注这一货币对的走势。就日间水平而言，英镑兑日元与大部分主要货币对都有很高的关联性，从图 19-33 就可以知道其中的关联程度。

瑞郎兑日元是两个投机货币的组合，其日内联动主要与欧元兑美元、澳元兑日元、澳元兑美元以及加元兑日元展开，像这种与多对货币联动的货币对不太适合短线炒家介入，因为关注的层面太多，可能不太好把握联动关系，如图 19-34 所示。就日间水平而言，瑞郎兑日元与欧元兑日元的相关程度最高，与其他货币对的相关程度也不低，这些相关度数据可以作为瑞郎兑日元日间交易者的参考数据，**在跨品种分析和交易组合构建方面发挥重大的作用。**

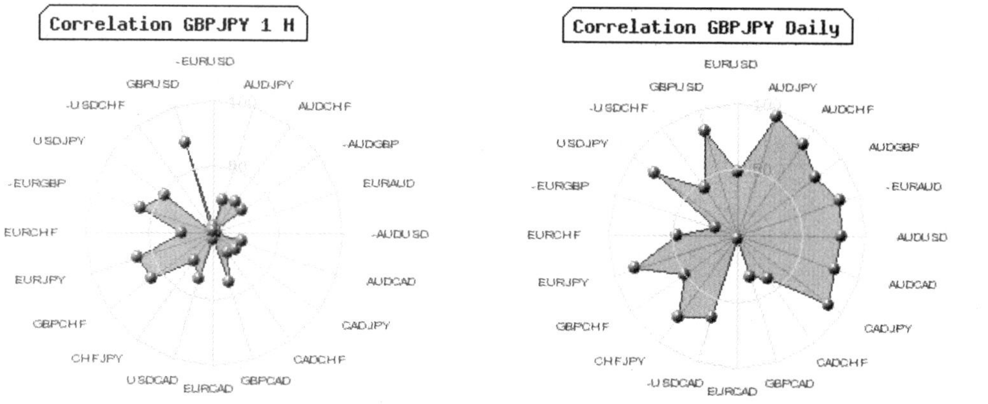

图 19-33 英镑兑日元和主要货币对的日内和日间相关度分析

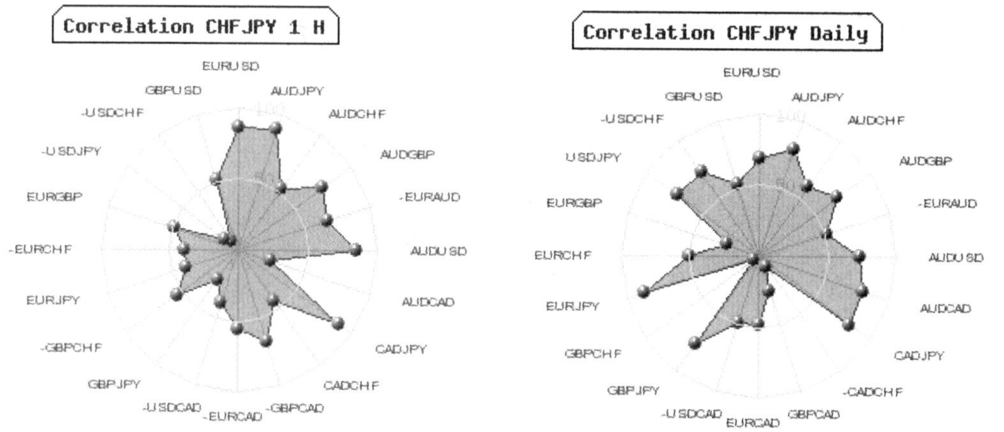

图 19-34 瑞郎兑日元和主要货币对的日内和日间相关度分析

美元兑加元，两个美系货币组成的货币对，与欧元兑瑞郎组成的货币对类似。加拿大与美国经济来往密切，外汇交易者甚至可以通过加拿大的经济数据走势来推测紧接着推出的美国经济数据走势。美元兑加元是不少日间交易者喜欢的货币，当然也是诸如 FxOverEasy 交易系统的使用者倾向的货币对。这个货币对与其他主要货币对的相关度如图 19-35 所示，就日内水平而言，美元兑加元与美元兑日元的紧密程度最高，其实加拿大与日本只在某些极少的地方相似：两个都是依赖向美国出口的经济体。日内交易者如果从事美元兑加元的交易，则需要同时关注美元兑日元的走向。日间水平上，美元兑加元与美元兑英镑走势的相关程度很高，当然与其他几个货币对的相关程度也较高，请看图 19-35。

交叉货币对比起直盘货币对而言，交易点差更高，所以除非是趋势性交易，否则最好不要介入。

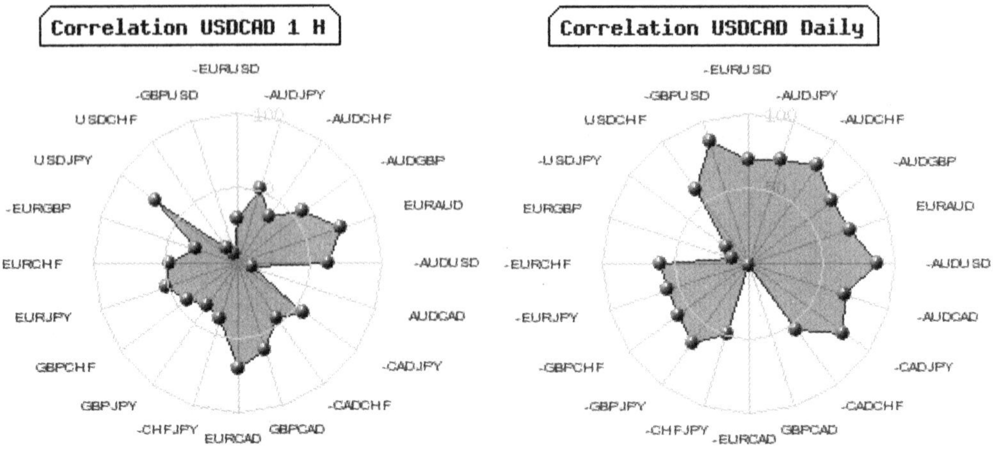

图 19-35 美元兑加元和主要货币对的日内和日间相关度分析

一般而言，债券市场先于股票市场走强，而股票市场先于商品市场走强。

欧元兑加元，是典型的“股票货币”兑“商品货币”，在全球经济走势的早期欧元可能强于加元，在全球经济的末期，加元可能强于欧元。下面我们来看这个货币对与其他主要货币对的联动关系，请看图 19-36。就日内水平而言，欧元兑加元与瑞郎兑加元，以及欧元兑澳元走势相关度较高，这主要是因为瑞郎一般跟随欧元，而加元和澳元同属于商品货币。就日间水平而言，欧元兑英镑的走势与欧元兑加元的走势相关程度最高，加拿大和英国都是原油输出国。

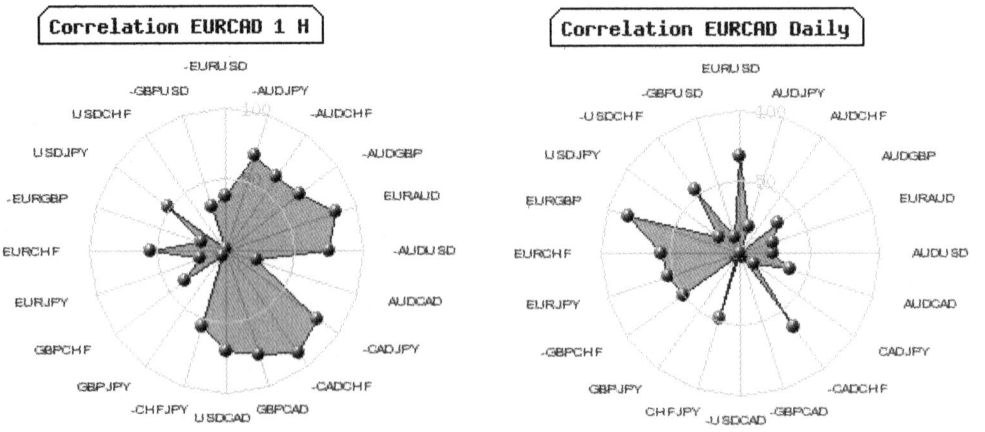

图 19-36 欧元兑加元和主要货币对的日内和日间相关度分析

英镑和加元都在某种程度上带有“商品货币”的影子，这个货币对与其他主要货币对的联动关系如何呢？请看图 19-37，就日内水平而言，英镑兑加元与很多货币对都具有高度的相关性，所以英镑兑加元的日内交易者在进行跨品种分析的时候需要耗费大量精力。就日间水平而言，英镑兑加元与英镑兑美元、英镑兑日元的相关程度较高，这个可以从图 19-37 中看到。

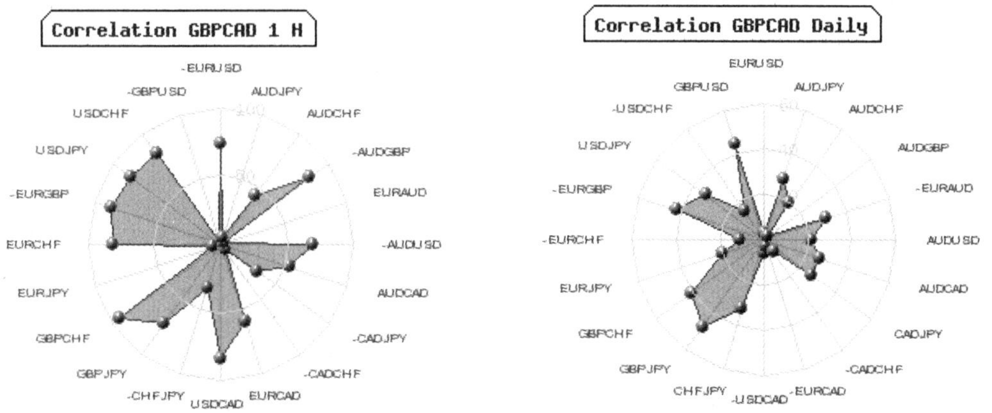

图 19-37　英镑兑加元和主要货币对的日内和日间相关度分析

加元兑瑞郎是属于交易者相对较少的主要货币对，这个货币对基本上与其他主要货币对没有什么显著的相关关系，请看图 19-38。就日内水平而言，加元兑瑞郎与加元兑欧元关系密切，就日间水平而言，加元兑瑞郎与英镑兑瑞郎关系密切。通常而言，这个货币对并不吸引日内短线客的介入。

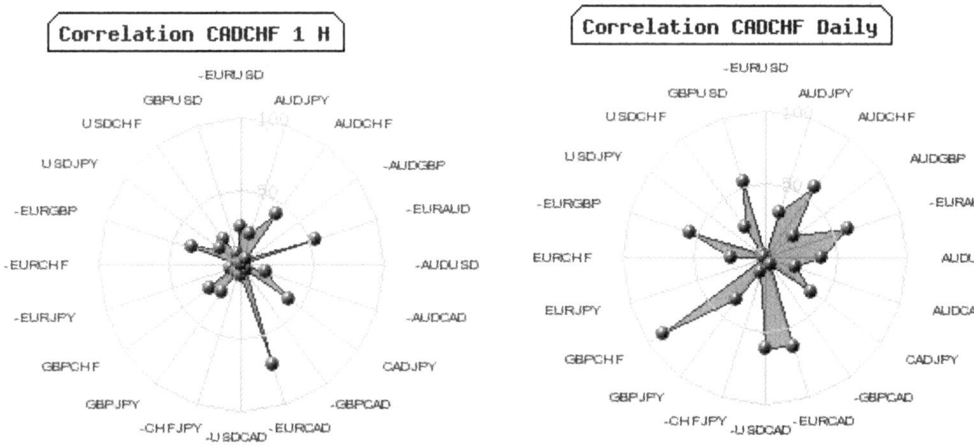

图 19-38　加元兑瑞郎和主要货币对的日内和日间相关度分析

加元兑日元是“商品货币”兑“股票货币”的典型代表，请看图 19-39。就日内水平而言，加元兑日元与瑞郎兑日元，以及澳元兑日元的相关程度最高；就日间水平而言，加元兑日元与几乎绝大部分主要货币对的关系密切，这个货币对在爆发石油危机的时候对交易者有较大的吸引力。

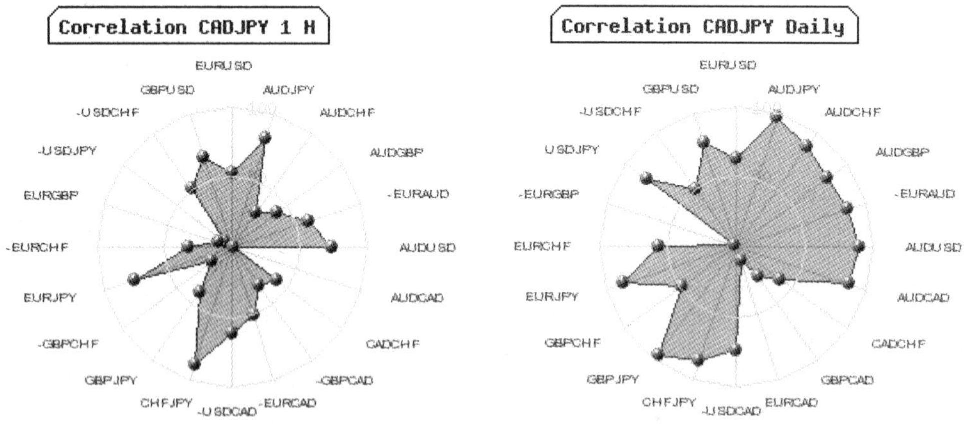

图 19-39 加元兑日元和主要货币对的日内和日间相关度分析

澳元兑加元是商品货币的“对决”，从图 19-40 中，我们可以发现在日内水平它与其他主要货币对的联动程度不是很高，而在日间水平则与大部分主要货币对表现出较高的联动水平。由于两者的相似程度太高，所以这个货币对确实很难作为交易的良好标的。

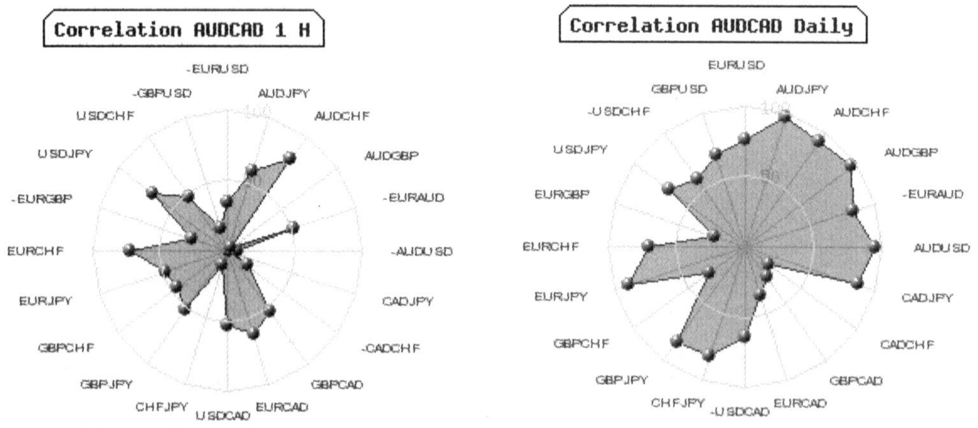

图 19-40 澳元兑加元和主要货币对的日内和日间相关度分析

澳元兑美元是直盘中较为重要的一对，这是“商品货币”和“债券货币”的对决，这个货币对与其他主要货币对的相关度分析，请看图 19-41。就日内水平而言，澳元兑美元与大部分货币对表现出很高的联动性，与加元兑瑞郎的相关程度很低，所以两组货币对可以加入交易组合中降低整体风险。就日间水平而言，澳元兑美元与其他主要货币对的相关程度也较高，除了欧元兑英镑、欧元兑加元以及英镑兑加元之外。

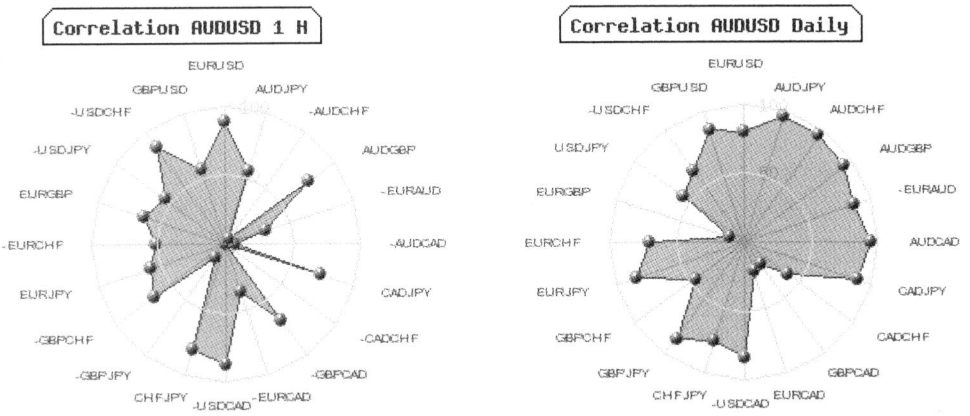

图 19-41 澳元兑美元和主要货币对的日内和日间相关度分析

欧元兑澳元属于“股票货币”和“商品货币”的对决，它与主要货币对的联动关系如图 19-42 所示。就日内水平而言，欧元兑澳元与日元兑澳元，以及瑞郎兑澳元的关系密切，**在我们的词典当中，澳元和加元，乃至新西兰元和部分意义上的英镑都属于“商品货币”，欧元、日元，乃至人民币都属于“股票货币”。而美元则属于“债券货币”**，为什么这样去划分，大家自己做一些思考，答案可以从我们的系列丛书中去找，也可以经由你的独立思考，**我们喜欢独立思考的读者，而不是唯唯诺诺的读者**。就日间水平而言，欧元兑澳元与大部分的货币对关联程度较强，请看图 19-42。

不唯书，不唯上，只唯实。

澳元兑英镑对于交易者而言不是很好把握，具体原因大家自己可以去思考，它与其他主要货币对的联动关系可以从图 19-43 中看到。就日内水平而言，除了欧元兑英镑、英镑兑瑞郎，以及英镑兑加元之外，其他货币对与澳元兑英镑的相关程度都不低。

澳元兑瑞郎是日内交易者很少接触的货币对，但是作为主要的货币对，我们还是对它与其他主要货币对的联动性进

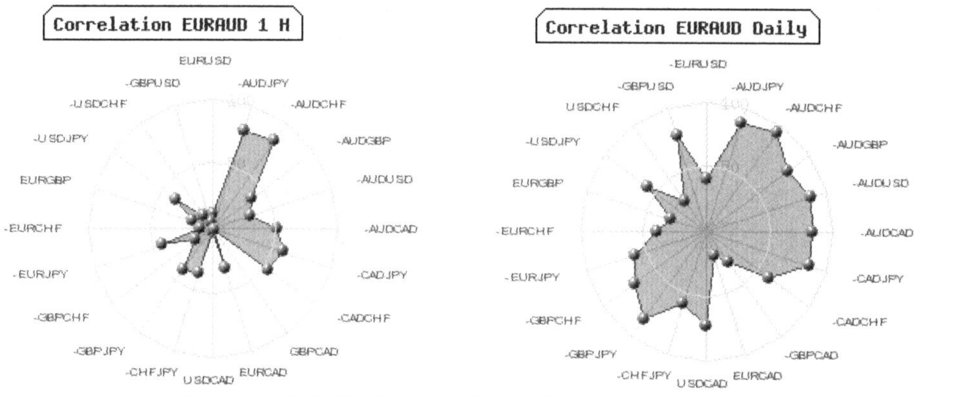

图 19-42　欧元兑澳元和主要货币对的日内和日间相关度分析

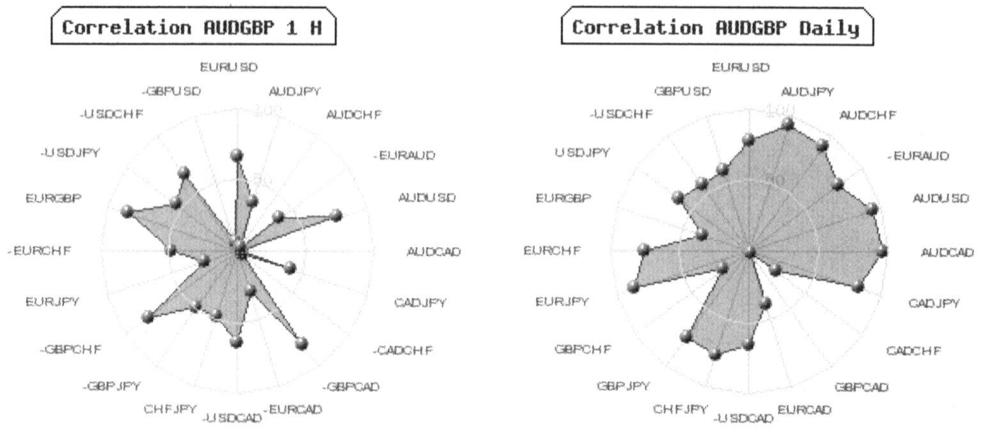

图 19-43　澳元兑英镑和主要货币对的日内和日间相关度分析

行分析。请看图 19-44，澳元兑瑞郎在日内水平的波动主要与澳元兑日元的走势，以及澳元兑欧元、澳元兑加元的走势相关，在日间水平上则与除英镑兑欧元以及欧元兑加

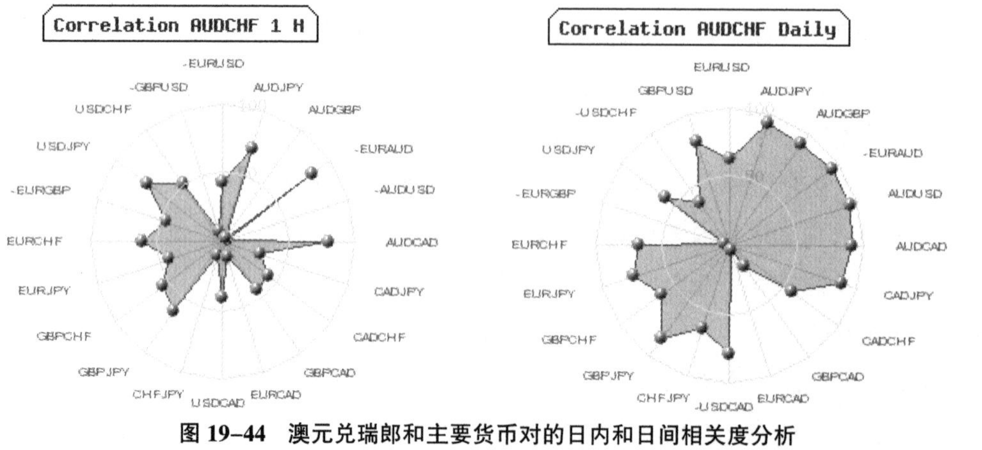

图 19-44　澳元兑瑞郎和主要货币对的日内和日间相关度分析

元、英镑兑加元之外的主要货币对高度相关。

澳元兑日元是“商品货币”和“股票货币”的组合，这个组合可以很好地利用经济周期的阶段性，当经济刚开始起飞的时候，股票相对好于商品期货，当经济走入繁荣末期的时候，商品期货的表现好于股票，这个货币对可以基于全球的经济周期展开交易。澳元兑日元在全球宏观经济的特殊时期可以作为很好的交易标的，这个大家可以结合历史上的情况进行深入的研究。澳元兑日元与主要货币对的相关程度请看图 19-45，就日内水平而言，澳元兑日元与欧元兑日元的联动最为密切，而瑞郎兑日元也跟随欧元兑日元运动，所以它与澳元兑日元的日内相关程度也较高。就日间水平而言，除了欧元兑英镑、欧元兑加元、英镑兑加元、加元兑瑞郎之外，这个货币对与其他主要货币对的相关程度都较高。

货币之间的利差趋势预期叠加阶段性风险偏好是货币对走势的主导因素，而利差趋势和风险偏好往往取决于经济周期。

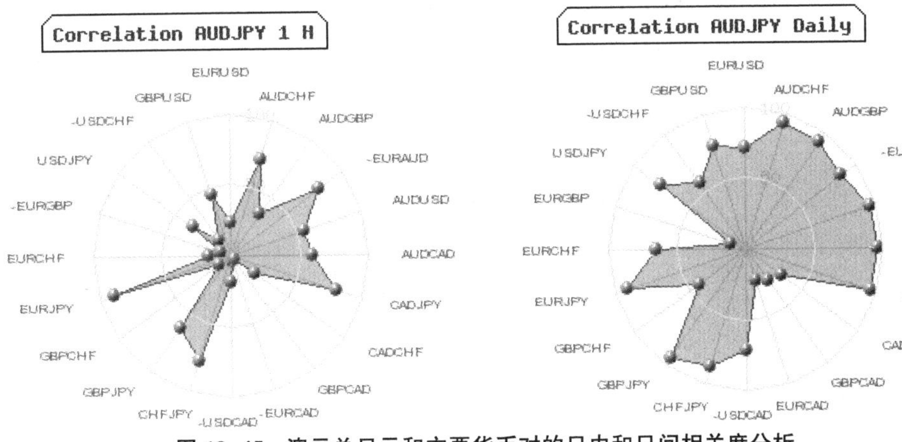

图 19-45 澳元兑日元和主要货币对的日内和日间相关度分析

外汇日内交易者的盲点在哪里，利润就在哪里，这本面向高级交易者的专题教材就是在反复向你灌输这一理念，如果你还对这一理念感到陌生和不解的话，则你还未将知识和观念内化。外汇日内交易者一般喜欢看一个货币对，做多个货币对，而不是看多个货币对做一个货币对，这就是盲点。当你看一个货币对，做多个货币对的时候，就造成了自己的信息劣势和力量分散劣势，不输才怪；当你看多个货币对，做一个货币对的时候，你营造了自己的信息优势和力量集中

利用对手盘的非理性，这是博弈的本质。

优势，不赢才怪。其实，交易的本质就是博弈，你要猜透其他参与者的行为，这才是关键，如果你把交易看成是买卖，那你永远都是输家，博弈的本质是信息和力量的抉择和分配，当你因为盲点处于信息劣势和力量错误配置状态时，你也失去了“立于不败之地”的主动权。

狭窄化自己的视角是技术分析者的最大问题。

我们遇到的绝大多数外汇交易者，比较忽视美元指数，比较忽视 CRB 指数，比较忽视主要的股指，比较忽视相关货币对的运动状况，他们认为高手就是什么都不看，只看交易对象变化的“专注者”，“价格包含和吸收了一切”是他们的信条，他们占了交易者中的绝大多数，而绝大多数往往是输家，所以如果你信奉被绝大多数交易者信奉的关于技术分析的三个前提，则你会因此得到与绝大多数交易者一样的交易绩效。外汇交易的博弈本质让我们学会关键的少数和次要的多数，所以技术分析是否有效，取决于博弈中其他参与者的反映，这是当今绝大多数交易者忽视的一条。通过进行市场联动分析，我们可以更好地规避盲点，进而在博弈中占据信息优势，通过信息优势来制造博弈决策优势。说到这里，不少读者又把“价格包含和吸收一切”拿来反驳我们了，我们只想说：“道理没用，我们看效果，效果比道理重要。你成天固守和宣扬这一假设，得到了什么样的结果？你不能还幻想着用同样的方式得到不一样的结果！”

航运指数反映了国际物流的变化，能够影响商品货币和股票货币的走势。

本课中的联动分析还不能涵盖所有方面，比如美元指数、CRB 指数、人民币汇率和上证指数、BDI 等，对于宏观经济数据与汇率走势的相关性分析也是我们在本课不能展开的话题，大家可以在这些方面进行一些独立的分析和思考，必然会发觉大众的盲点。盲点就是利润，不要忘了我们的“盲利公式、复利公式和凯利公式”，如果你能紧扣这三个公式去努力，则你的外汇日内交易之梦指日可待，毕竟我们的脑神经被现代科学证明是可塑的，你只需要按照本书介绍的大方向去塑造你的交易神经即可：专注大众的盲点，关注大众的焦点，把握自己的特点！

【开放式思考题】

在研读完第十九课的内容之后，可以进一步思考下列问题。虽然这些问题并没有固定的标准答案，但能够启发思考，跳出来看某些观点。

1. 本课提到“大处着眼预测，小处着手跟随”。那么，能不能“小处着手预测，大处着手跟随”呢？

提示：预测精确度显著低于跟随精确度，后者更容易量化，因此这种做法是行不通的。

2. 看一则新闻：“美元指数再度刷新四个多月高点，日内亚洲股市纷纷下跌，其中日韩股指跌幅较大，投资者对公共卫生事件冲击经济的担忧情绪并未消散，而**周二澳洲联储公布的政策会议纪要显示，预计卫生风险将‘削弱2020年上半年的出口增长’，澳元兑美元创一周新低。同时多数经济学家预计卫生风险将把日本推向衰退，这令日元避险属性得到发挥，而现货黄金创逾两周新高至1587.46美元/盎司，**美油高开触及两周半新高，但随后有所回落”（2020年2月18日　汇通网）。思考一个问题：为什么澳元下跌，而黄金上涨呢？

提示：结合黑体部分和黄金的多重属性，以及澳大利亚经济支柱实际上就解答了问题大部分。

【进一步学习和运用指南】

1. 外汇各品种之间的动态相关性可以查询www.mataf.net得知，也可以自己动手将MT4的数据导入Excel进行分析。

2. 无论是外汇交易者还是商品期货交易者要随时关注美元、原油和黄金三个品种的走势。建议进一步阅读《原油短线交易的24堂精品课》和《黄金短线交易的24堂精品课》。

第二十课

从鲜为人知的形态中获利：以“N字顶底”为例

我们要做少数派！

——汉尼拔

你的注意力和技能放在哪里最适用，这取决于其他人的关注点在哪里。观察你的竞争对手时……寻找他们没有发现的机会。非凡的表现仅仅来自于正确、非共识性的预测。

——塞思·卡拉曼

我们需要一个策略，知道该重点关注哪些信息，忽略哪些信息，从而做出明智的决策。

——Kenneth A. Posner

在外汇市场中，绝大多数形态都是群体行为的表现，进一步讲，这些形态背后都隐藏着某些特定的心理意义，这些意义是一个想要真正迈向成功的交易者必须花工夫去钻研的。但是，市面上的宣传则将交易者导向基本相反的方向，他们强调的是几乎**脱离心理前提的抽象形态**，这些形态在无数“技术分析教科书”的复制和宣讲下几乎成了“宗教符号”，它们被信仰，而无需怀疑，也不能怀疑，整个市场都沉浸在“典型形态崇拜”的“强迫症”中而不自知，**市场和“大师”让整个市场的绝大多数人都重复着某些无效的想法和行为，这就是典型的“强迫症”**，当一个人缺乏安全感和独立性时，他就非常容易滑入“强迫症”的陷阱中。**市场不停地催眠交**

为什么这样走？在分析任何形态的时候问一下这个问题是非常有实际价值的。

易者，让他们身不由己，不断重复那些必然招致亏损的观念和行为，“大师们”煽风点火，大众们集体被催眠，“众人皆醉我独醒”这个不是什么“风范”上的要求，而是盈利的客观需要！

我们应该如何去掌握形态呢？第一，应该找到那些有效但是还未被普遍觉察和广为传播的形态，这就是寻找“有效形态的大众盲区”。

第二，对于已经广为人知的形态侧重从被人忽略的有效角度去重新认识它，本书前面的课程就作了这方面的努力。那么，究竟哪些角度算得上有效，而又被人忽略了呢？一是心理意义的角度，现在的技术分析往往脱离心理意义去抽象地谈形态，这种忽略前提只谈结论的做法很容易让交易者**“重视表象，而忽略了实质”，**实际交易中会觉得形态不准。**交易的对象是人的行为，所以你要懂得人的心理！**二是统计意义的角度，现在技术分析的一个重大弱点在于对每种形态预示效率的高低并没有准确和持续的统计，无论是西方的技术分析形态和东方的蜡烛图形态都是如此，但更为可笑的是“大师们”讲的时候没去验证，而“信徒们”自己即使知道这点也懒得去验证，直接就相信了，这就是上了“思考捷径”的当，人类的生存进化，使得“听从权威”成了一个高效的生存策略。但是这个策略到了金融市场就完全错了，**因为“权威”往往是市场的“魔爪”，他们受命于市场，专门“捕食”处在食物链底层的普罗大众，交易的本质是零和博弈，零和博弈的本质是概率和斗争，别把交易（投机）当作学开车、做贸易，或者是开公司，这不仅仅是技能的学习，更是谋略的学习，交易更像是战争和格斗，这是一场零和游戏。**三是从仓位管理的角度入手，具体而言就是如何在具体形态上规划进场和出场。不少讲形态的书都涉及进场，而国内的书往往连进场也不讲，只说这个形态出现了后市会涨会跌。光是提出一个形态，而不给出具体的止损策略是毫无用处的，目前的形态学者重于预测行情走势，而不是帮助交易者管理

对号入座并不是有效的交易之道。你要赚的钱来自于别人的亏损或者潜在亏损，对号入座往往成了别人赚你钱的机会。

对手的意图和预期是什么？这个问题没有确切答案的话，你的交易是做不好的。

仓位，这是最大的误区之一。不少所谓的“老资格”股民十几年都在寻找所谓的“必涨形态”、“黑马形态”和“牛股形态”，其实这是功夫没有花在刀刃上，形态如果最终不能提供具体的仓位管理便利和策略，则毫无用处！你想反驳这句话，那说明我们这句话触犯了你内心非常顽固的某些观念，这些观念是“大师们”受市场之托，通过各种或明或暗的方式植入到你潜意识中的，你以为自己过得很好，实际上只不过是“机器人控制下的黑客帝国中的人类电池”而已，**你不过活在市场给你造就的虚幻之境中，你其实就是在给市场本身的存在输血。**《黑客帝国》的哲学思想源自佛学，无论是《黑客帝国》还是佛学都倡导“觉悟”，之所以不能觉悟，**就是因为我们深陷在一个幻境之中，**在《黑客帝国》中，控制人类的主机系统就是这个幻境的制造者，它需要人类以肉体提供能量给自己。一个觉悟的交易者必须有能力从市场制造的幻境之中独立出来，所以交易是最好的修炼，交易就是学习如何脱离幻境，最终觉悟！

凡所有相，皆是虚妄。这个相就是价格的涨跌，如果你纠缠于表象，纠缠于局部，那么你就失去了对本质和趋势的把握。

下面我们就以“N字顶底”为例来说明如何正确地对待形态和使用形态，如何利用大众的盲点，做到这些你就是形态使用领域的“觉者”，你就能获取来自宇宙的奖励，获取超额利润，因为你不迷茫，你不执着（这个不是什么意志力的问题，而是独立思考和甄别的问题，这里是佛学用语）。**只要做到旁观者那样超然和理性就是人中之龙了！**这正是交易者努力的方向，交易是学习认识人生、金钱、宇宙和自我的最好世俗途径，大凡持久创造奇迹的交易者（无论是投机者还是投资者）都是通过交易真正提高了自己修为的人，比如咏飞这类人才，“大隐于市”，到了一定层次之后追求的就是交易的乐趣了（当然，这也是随着交易水平提高，利润增长到一定程度的自然现象）。

N字结构是一种最为基本的形态，敛散结构、R/S水平、斐波那契线谱以及其他一些基本的技术分析理论都可以在N字结构中得到发挥。由于N字结构是同步指标，而基于数学

驱动分析的核心是利差和风险偏好。心理分析的核心是对手的意图和预期，还有能力。

统计的技术指标则是滞后指标，所以不可以奢望 N 字顶底能够在真正趋势到来之前告知，**要想预测趋势，只能从驱动分析和心理分析入手，这是我们一直珍藏的交易秘诀。**N 字结构出现在趋势发展的开始、中继和末端，我们这里介绍大众经常忽略的 N 字底部和 N 字顶部，它们可以为那些力图抓住大顶和大底的人带来极大的价值，可以极大提高抓顶兜底交易的胜算率，如果你能够抓住大顶和大底则丰厚的报酬率自然就有了。我们通常寻找那些 1 小时图上连续数个交易日下跌之后的 N 字底部，或者连续数个交易日上涨之后的 N 字顶部，如果你能够配合驱动因素分析和市场心理分析则可以极大提高你的胜算率。

所谓的 N 字底部就是汇价经过一段显著下跌之后出现了 N 字一样渐次上升形态，请看图 20-1，这是澳元兑美元的 1 小时走势图，汇价从 0.6530 附近下跌，跌到 A 点处开始回升，达到 C 点之后再度下跌，形成 B 点，B 点高于 A 点（可以放宽到不低于 A 点），然后汇价再度上扬，并创出新高 D 点。如果汇价的下跌不很显著（本例中就不太显著），则 N 字底部的有效性就不高，最好是市场上对货币对的一个货币有一段时间的利空看法，到了后期市场的利空看法逐渐扩展，而且货币也下跌了好几天，则交易者可以等待汇价在 1 小时图上出现 N 字底部，然后伺机进场做多，并设置尽可能小的初始止损（初始止损设定的办法可以参考本书其他部分的详细介绍）。N 字底部的操作往往在英镑兑美元这个货币对上采用，当然你也可以在其他货币对上使用，不过最好等待市场连续暴跌之后，同时关注驱动因素和市场情绪，这些可以从财经日历和银行汇评中得到，当“基本面和市场情绪不能再差”的时候，你可以密切关注 N 字底部的出现，这就是你大获成功的时机。

当你掌握了 N 字底部的特征和交易要点，则对 N 字顶部的特征和交易要点也就不再陌生了。请看图 20-2，汇价从 A 点（近期内的绝对高点）下跌到 C 点，然后止跌反弹到 B 点，

图 20-1 澳元兑美元 1 小时走势上的 N 字底部

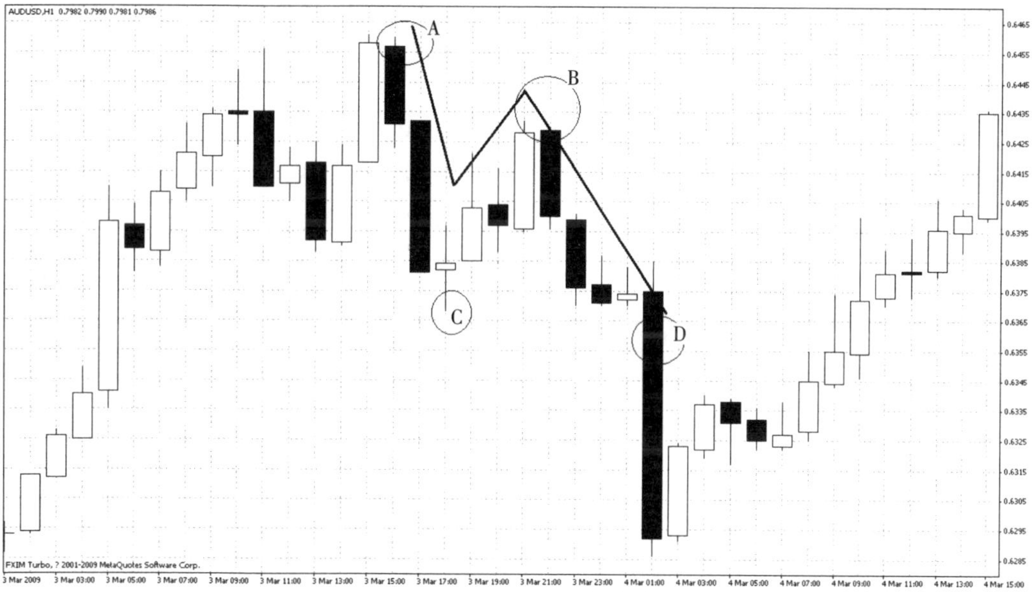

图 20-2 澳元兑美元 1 小时走势上的 N 字顶部

B 点不能高于 A 点，最好能够低于 A 点，然后汇价从 B 点再度下跌，在 D 点创出新低。交易者应该等待这样的机会：**汇价连续数日上升，市场弥漫一股利好的情绪，在连续上升之后，市场很难再找出持续的新利好，同时汇价出现了 N 字顶部**，则交易者可以在 D 点处进场做空，按照初始止损的设定要点做好安全工作，同时利用跟进止损恰当保护利润。

最后一次性利好和第一次利空，这是造成顶部的驱动面格局。《题材投机》对六种常见的格局有非常全面的描述，无论股票还是外汇市场都适合这些描述。

N字顶底其实不是教你去抓最高点和最低点，而是让你从次高点和次低点入手，所以是以顺势交易者的手法去实现逆势交易者的梦想。我们在自己的交易中经常采用N字顶底法则，而且并不局限于金融交易。

下面我们给出一篇魏强斌先生在2007年12月2日做的内部分析报告《房地产拐点是否来临》，请大家重点注意这篇分析中蕴含的N字顶部分析，从中你可以发现N字顶底可以帮助你捕捉到资产价格的重大转折点：

对于中国房地产走势最为关心的不是民众，而是中央政府，因为太多的政策曾经被寄予了太多的希望，以至于对房地产经济有深入研究的著名经济学家徐滇庆都认为明年房价铁定不会降。今天，在房地产走势的"技术面"和"基本面"都出现了新的迹象："一些热点城市的住宅已经呈现有价无市的局面：深圳的房地产交易市场陷入长期疲软，北京的投资者正在回避楼市，在这一轮房贷新政下，不少上海的购房人也在等待一个拐点出现"（华夏时报）；同时政府又颁布了一些从信贷和住房政策方面采取控制的措施，比如539号和39号文件。这两个现象使得对于房地产拐点的讨论再次被掀起。那么这次是不是真拐点来临了？

中国大陆房地产此次的走势与中国台湾和日本在20世纪90年代情况基本类似，伴随着大量贸易盈余积累的流动性，在币值上升的概念炒作下，中国台湾和日本的地产和股市一路狂飙。中国大陆更为缺乏投资的渠道，以至于普洱茶也成了投资对象，大量的流动性在自身制造的通胀逼迫下不断寻找保值增值渠道，房地产由于其供给刚性得到很好的资产飙升回报。儒家文化圈熏陶下的地产认知总是使得我们认为地产是保值增值的最佳手段，这无疑更成为了"庄家"吸引"散户"的噱头。大量的资金、短期稀缺的房地产加上貌似稳健的美好预期，三位一体地在中国大陆制造了一起迄今3年的资产盛宴。

前几年放松的银根使得源源不断的房产信贷透支了未来的收入，从而形成了放大的需求。或者说通过房贷，未来的需求被集中到了现在，多数人的需求集中到了少数人身上。在正常的商品买卖中，价格上涨总是自动地抑制着买方，同时激励着供给方；在投机性买卖中，价格上涨总是激励着买方的购买行为，同时抑制着供给方的供给力度。在当今中国的地产演义中，我们看到的恰好是后者，买方是越涨越买，而地产商总是想尽办法推迟卖房，想尽办法囤房。正常市场中的低价促销战略看不见了，反其道而行之才能赚取更多的利润。这明显就是一个投机的市场，多少套房子是买来住的？多少套房子是按揭来的？房产按揭发挥了保证金交易的杠杆作用，似乎房地产也可以和期货一样成为很好的杠杆交易对象。

房价高企是不是泡沫，那要看房价收入比和房价租金比，这就好比股票要看市盈率一样，除非收入同比例上涨，这样租金才能同比率上涨，这样房子产生的收益才能同比率上涨，也只有这样，房价作为资产价格才能从其收益中得到支撑。房价高就是三个原因：①资金充裕；②供给刚性；③预期良好。现在掐住信贷脖子的政策已经越发严格，所以通过按揭来进行房产“杠杆交易”已经越来越困难了。下列措施已经在启动：提高第二套房的首付比例，提高按揭利率，提高银行准备金率，提高利率。同时，房地产政策由市场化向民生化发展的势头越来越强，廉租房等政策性房产的推出将改变供给的刚性，同时大量的商品房地产在今后一两年将累积出售，**前期短暂的刚性不久将让位于中期的弹性**。随着房地产交易税和物业税的不断临近，中央政府迫于前期政策无效的情况不得不再出重手，通过打压投机收益预期来挽救“地产危局”。房价高企的三个关键因素，中央政府完全可以控制住，所以房价的升降完全可以在控制当中。之所以一直没有效果，主要是因为：第一，具体的执行细节存在漏洞，比如关于第二套房的认定等；第二，存在时滞，比如增加房屋供给和提高利率等。漏洞的出现会使得政策不断完善，最终会解决执行走样问题，进而发挥作用，而政策的时间滞后效应反而会促使政府压力增大从而加大调控力度。

泡沫产生的原因有三个：巨大的想象空间，供给刚性，泛滥的流动性。

就房地产的供给刚性而言，存在两个限定条件：第一，供给刚性在时间上是短期的，由于房地产生产周期较长，所以短期供给确实存在刚性，一般也就 2~3 年，这也是大部分房地产泡沫持续的时间。在 5 年以上的时间期限结构上，房地产供给是具有弹性的。所以地产泡沫熬不过 5 年的历史规律我想大致是由于这个原因吧。第二，供给刚性在空间上是局限的，农村和小城镇的小产权房产还没有纳入整个商品房流通的环节，大城市发展战略和城乡的分割使得房地产供给存在刚性。随着城乡统筹的政策，制度和基础设施逐步建立和完善，房地产供给在空间上的刚性分布将得到解决。成都作为城乡统筹试验区，已经有城市居民尝试到郊区农村购买小产权房，估计政策上的跟进不会太久。

而且，我们还需要注意到国际大环境对中国房地产的影响。20世纪初，众多事件使得美联储制造了过多的流动性，这些流动性在全世界泛滥，同时美国通过证券化转嫁了国内的信贷风险，次级贷款危机就是流动性泛滥和房贷证券化的共同结果。同时，我们注意到英国、欧洲大陆乃至东亚和南亚一些资本流入区域的股票和房地产高涨情形，在美国次贷危机出现之后这些地区的房价都出现不同程度的调整。所以，美国房地产出现的问题，并不是局部问题。在全球资金流动的总供给者本身出现了问题后，势必对中国的资金流动出现收紧效应。这种收紧并非是逐利偏好导致，而是避险偏好驱使的。在次贷风暴为全世界自鸣得意的银行家们敲了一次警钟之后，中国本土银行家们和在华银行家不得不较先前有所顾虑。更为重要的是，中央政府在房地产风险方面的危机意识得到了加强，采取措施必然不达目的誓不罢休。

最近一个月，主要城市的房产都出现了有价无量甚至是小幅度下降的现象，那么这是否是真正的下降趋势形成呢？其实，大胆的断言对于态势的分析是有害的，据此制定个人居家理财计划也是错误的。房价究竟是上涨趋势中的调整，还是上涨趋势的结束，我觉得运用技术分析的方法更为有效：**"追随趋势，而不是预测趋势"**。所以，在房价这次调整后如果价格反弹没有超过原来高点，同时跌破此次调整的低点，那么下降的趋势基本形成。对于价格的首次下跌不能确认为转势，应该在首次下跌后反弹不超过前期最高点又再次下跌，并且跌破前期低点时才能确认下降趋势形成。如图20-3所示。

追随趋势其实是确认趋势，预测趋势本身并非错误，而是必需的。只是在交易的时候我们需要等待趋势预测得到确认才采取行动。除非我们的力量本身足以撼动市场，那么就可以完全根据驱动面来行动，而不必等到确认。

在基本面方面我给出房地产转势的几个关键点：第一，货币供给统计口径M2显示的流动性月度连续下降；第二，采取的措施确实降低了按揭买房的投机杠杆作用，比如第二套房首付提高、按揭利率提高等政策执行的有效性得到确认；第三，政策有效降低了房产投机交易的预期收益率，主要是

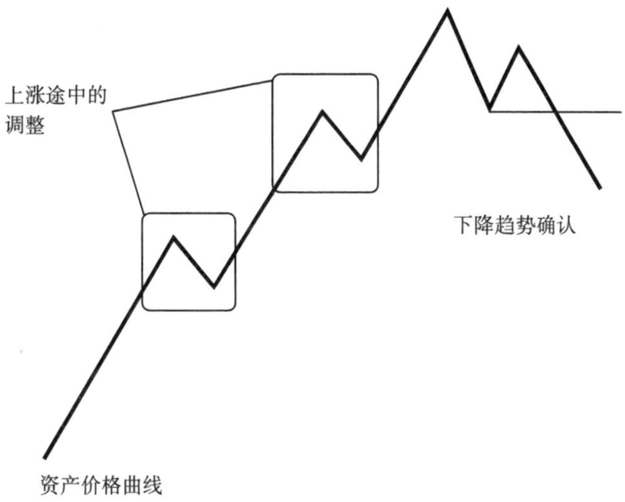

图 20-3 资产价格的 N 字顶部

通过增加流转成本和物业成本降低房产投机的预期收益率；第四，转变依靠市场解决大多数人住房需求的政策，并得到实际执行；第五，改变房产流通的空间局限性，城乡统筹缓解大城市置业的倾向。只要确立了上述五个方面的绝大部分的行动趋势，那么房地产转势也就毫无悬念了。

本文糅合了一些资产交易方面的分析技巧，为的是弥补传统经济学分析方法的不足，即分析结论缺乏可操作性和忽略了参与者的心理因素。同时房地产也是资产的一种，目前作为投机品正好是技术分析的良好对象。希望不要因此被认为是不符合“中规中矩”的经济学文章规范。房地产作为社会博弈的一个舞台，房价就是博弈的均衡体现，同时博弈论和行为经济学（以及行为金融学）逐渐在现代经济学中占据前沿和主导地位，而技术分析作为行为金融学和博弈论的集中体现和最佳实践应该在房地产分析当中占有一席之地。

除了外汇和房地产之外的其他资产价格也能够利用 N 字顶底形态，比如 A 股市场，请看图 20-4，我们当时成功在 5100 点附近逃顶，**其中一个重要原因就是发现了 N 字顶。**

我们在本课只介绍了 N 字的顶底形态，对于 N 字中继形态则可以参看《黄金高胜算交易：解密黄金交易的行为因素和驱动因素》第一章的相关内容。除了形态的空间盲区，下面

N 字顶出现的场合很多，只有我们在驱动面和心理面做出了深入的分析之后，才能让 N 字顶来进行确认。反过来，我们也可以在市场出现 N 字顶之后，问一个“为什么”，然后去查看驱动面和心理面是否存在什么值得重视的变化。

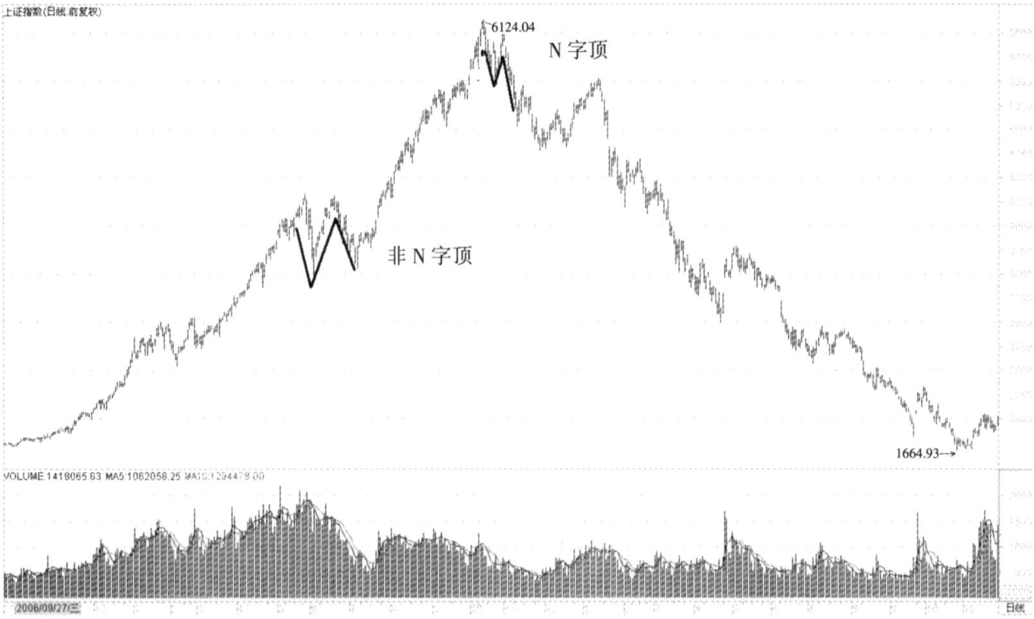

图 20-4 A 股市场 2007 年末的 N 字顶部

我们接着介绍一下形态的另外一个盲区：形态的时间盲区。

形态为极少的交易者掌握，是形态能否发挥高效的原因之一，同时形态出现的时间框架也会极大地影响其价值，这种价值主要偏重于形态的预测功能。我们在前面的课程已经提到了**形态在被少数交易者掌握时偏重于发挥预测功能，在广泛传播之后则偏重于发挥管理功能，**大家可以回过头去再看看相关课程的详细介绍。国际经济学家兼高级外汇分析师、交易员 Barbara Rockefeller 认为，形态的预测效率主要取决于交易者采用的时间框架。她的原话是"In forecasting，time frame is everything"。形态的时间框架也是绝大多数交易者忽略的一个要点，形态除了本身的空间形式之外，还有时间形式，交易者除了具有形态空间形式认知上的盲点，更有形态时间形式认知上的盲点，下面我们在本课接下来的部分中详细剖析形态在时间上的效率分布。

我们在 Barbara Rockefeller 权威论文"Forecasting follies"的基础上完成对形态效率时间分布的简要介绍。交易者在使用技术分析的时候经常得到糟糕的结果，这使得不少技术交易者情绪低落，当他们在价格突破时追进之后不久，价格就在突破处打转，甚至反过来走，形成所谓的"假突破"。所谓最可靠的指标——移动平均线虽然能够过滤假突破，却会因为滞后的信号而不能及时反映价格的新趋势，从而造成另外一种消极后果。解决问题的一个思路是将技术指标分为两类：第一类告诉你正在发生的情况（同步指标），而另外一类则告诉你接下来可能发生什么（先行指标）。下面有符合这个思路的具体办法。首先，我们通过对价格数据进行加工定义一个市场情绪的度量指标。几乎所有基于数学的指标都是对价格线的四个关键价格（开盘价、收盘价、最高价和最低价）进行重构以便得到一个稍微不同于原始价格数据的观点。这些指标不会有任何真正的预测能力，所有这些指标都具有某种意义上的滞后性。你可能会对这些指标的输入价格以及参数进行调整，但是无论你怎么去调整参数，得到的结果都是滞后于走势本身的，你能得到的最好结果就是更加精确地知道市场正在发生什么，也就是说这些指标是同步指标，而不是一个先行指标。唯一的一个具有有限预测能力的指标就是形态指标（当然，很多情况下，形态和指标是西方技术分析对立的两个范畴）。所谓形态指标包括最基础（但是却最有效）的支撑线和阻力线，以及更为复杂的双顶和双底等。蜡烛线分析也是形态分析的一种，它也具有有限的预测能力。形态的预测能力经常是短暂的，而且具有不确定性，**形态分析经常出现错误，原因有两个：第一是形态本身广为人知，大家都把它当作预测工具来用；第二是形态被运用到不恰当的时间结构上，这些时间结构上的形态已经广为人知了，所以预测效率下降了，只能当作仓位管理工具来使用。**

当大多数人拘泥于现象或者结论时，这就造成了群体踩踏的格局，这提供了某种机会供少数聪明参与者获利。

尽管形态分析具有上述缺陷，但是相比那些基于统计方法的技术指标，形态特别是最简单的支撑阻力能够带来更优的预测效能。支撑线和阻力线能够以许多不同方式得到，诸如布林带和线性回归通道等工具也是非常有用的支撑阻力构造工具。但是，由于采用的时间框架不同，所以交易者对于市场趋势和关键位置的看法也不同，如果你采用了错误的时间框架则往往看不到市场的最重要趋势和最关键位置，三屏系统能够部分改善这一问题，因为它相当于强制性地要求交易者对不同时间框架下的形态进行审视，这样可以避免忽略掉一些被大众忽视的形态，比如一些关键的支撑位置和阻力位置。**当交易者集体采用某一时间框架来分析时，该框架下出现的熟悉形态就会失效，这就是形态效率在时间上的不均**

匀分布，之所以不均匀分布主要原因还是大众对特定时间框架上形态的关注导致形态失效。技术指标由于比形态更容易为交易者认知，而且更容易在交易群体中获得一致的认知，所以技术指标比形态更容易失效。同时，技术指标本身的滞后特点使得其与形态比较起来效率更低，当然技术指标也有形态，这些形态极少为交易者关注，这使得技术指标形态比技术指标的数值更能带来预测价值。外汇市场有许多类似于N字顶底这样不为人知的“少数派”形态，你可以自己发掘，也可以借助别人的力量，我们在《外汇狙击手》一书中将有更为全面的“少数派”形态介绍，你可以借助我们的力量，但是更为重要的是自己去琢磨和发现，这才能永葆你的成功！

【开放式思考题】

在研读完第二十课的内容之后，可以进一步思考下列问题。虽然这些问题并没有固定的标准答案，但能够启发思考，跳出来看某些观点。

1. 本课提到“市场不停地催眠交易者，让他们身不由己，不断重复那些必然招致亏损的观念和行为”。那么，如何避免被市场催眠呢？

提示：交易策略量化和周期性脱离市场。

2. 本课提到“交易的对象是人的行为，所以你要懂得人的心理！”市场参与者这么多，应该研究谁的心理呢？

提示：群体性心理！

【进一步学习和运用指南】

1. 观察一下forexfactory.com、Oanda.com、Dailyfx.com等网站提供的散户持仓和COT外汇市场与汇率走势的关系。

2. 建议进一步阅读拉瑞·威廉姆斯（Larry Williams）的《与狼共舞》（*Trade Stocks and Commodities with the Insiders: Secrets of the COT Report*）。

3. 回顾一下欧元兑美元1小时走势和日线走势上的N字顶部和底部，归纳一下成功的N字顶部和底部的技术面特征、基本面特征和心理面特征。

第二十一课

善用符合市场根本结构的指标：以“布林带鞍马交易”为例

寻找不确定中的相对确定性是交易大师们成功的关键，金融市场的相对确定性往往基于大众对市场根本结构的认知盲点，一旦大众消除此盲点，则相对确定性不复存在。

——魏强斌

我们看事情必须要看它的本质，而把它的现象只看做入门的向导，一进了门就要抓住它的实质，这才是可靠的科学的分析方法。

——毛泽东

我们误解了自然，我们就会停留在事物的外表，只看到宇宙的多样性，而看不到它们的统一性。

——Swami Swahananda

基本面分析，或者说驱动分析的主要目的是找出资金流动趋向，量子基金前合伙人，独立投资人吉姆·罗杰斯就是主要从全球资金流向的角度分析投资机会的。而资金流向的一个主要规则就是“趋利避害”，**所谓“趋利”，就是追求高收益，所谓“避害”，就是规避高风险。**“趋利避害”简而言之就是追求风险调整后的高收益。所以，驱动分析的主要对象是收益率。而技术面分析，或者说行为分析的主要目的是找出市场参与者的意愿持续性，市场情绪是坚决还是犹豫，因为这涉及交易策略是见位进场，还是破位进场，是继续持仓，

“趋利”涉及利息差，准确说是收益率差；“避害”涉及风险偏好。

让利润奔腾，还是截短亏损，迅速止损。所以，行为分析的主要对象是波动率，也就是本节要阐述的主题。表 21-1 列出了驱动分析和行为分析的对象差别。

表 21-1 基本面分析和技术面分析的对比

分析方式	基本面分析	技术面分析
分析内容	驱动因素	行为因素
分析对象	收益率	波动率
主要代表人物	吉姆·罗杰斯	理查德·丹尼斯
代表人物的具体分析策略	全球资金流动分析法	周规则
代表人物的资历	量子基金创始人	海龟交易计划发起者

理查德·丹尼斯是除杰西·利弗摩尔之外最出名的技术交易大师，是实战大师而不是理论大师，其大师的称号源自其辉煌的战绩：从 2000 美元到上亿美元的神话！他的主要操作策略是周规则，也就是创出 4 周新高做多，创出 4 周新低做空，这套方法主要用于期货市场（因为期货市场每个品种每年都有 1~3 波的中级单边市）。这套方法之所以能够成功是因为其中包括了波动率分析，也就是说以 20 个交易日（4 周）作为波动率分析的时间段，**考察交易当日的波动率是否超出之前 20 日的波动率**，创出新高和创出新低就是波动率扩大，也就是发散的信号，这时候意味着市场在某一特定方向确立了坚决的市场情绪，市场处于失衡状态，必须在失衡方向上寻找新的均衡。全美技术分析师协会考察了 50 年来所有著名的交易策略，周规则绩效名列第一。当然，这是一个以日为单位的考察，不过，其中蕴含的哲学性概念值得我们深思。

异常背后必有真相！波动率异常时，你要重视，问个为什么会这样，发生了什么。A 股市场中的涨跌停就是一种波动率异常。

K 线能够在市场分析中发挥显著作用和日益繁荣翻新的一个原因是它表征了宇宙的对立统一规律。而周规则能够如此有效就是因为它是基于行为因素的波动率特征。那么 K 线是否也表征了波动率特征呢？如果你对我们在《黄金高胜算交易》一书的内容有所了解的话，应该对这个问题持有肯定回答。

K 线，也就是蜡烛线构成波动率分析的微观层面，如表 21-2 所示。收敛就是既定时间内的运动范围缩小，发散就是既定时间内的运动范围扩大。表 21-2 将市场的波动性二元化了，将波动性划分为收敛和发散，对应于蜡烛线的两种类型。

表 21-2　敛散二元性

敛散性（波动率）	蜡烛线（微观层面）	价格密集度（中观层面）	走向特征（宏观层面）	市场情绪	市场状态	交易含义
收敛	小实体蜡烛线	成交密集区	区间震荡市场	犹豫	均衡	提醒信号
发散	大实体蜡烛线	成交稀疏区	趋势单边市场	坚决	失衡	确认信号

收敛之后的发散往往意味着很好的交易机会，有可能是见位交易的机会，也有可能是破位交易的机会。小实体 K 线提醒你交易机会随时可能出现，而大实体 K 线则表明交易机会已经出现，并且帮你确认了交易的方向和具体进场位置。

K 线是波动性的微观载体，波动性的中观载体则是价格的波段走势，可以通过 ATR（平均真实波幅）来刻画，但是最好的中观波动率观察工具是布林带。布林带被认为是唯一一个符合统计科学的技术指标，它主要是利用了均值和离差的思想。布林带的发明人是布林格，他专门撰写了一本书来解释布林带的用法。布林带的主要用法有两种：第一种用法是利用价格的统计收敛特征，将布林带的上下轨作为支撑阻力，当然中轨有时候也有这样的用处，不少外汇走势评论中出现的波动区间就是利用布林带的上下轨得出的；第二种用法是利用布林带标准差的移动变化来表征市场波动率的变化，波动率的急剧降低意味着单边行情随时可能来临，而波动率的突然增加往往是单边行情开启的时间窗口。与 K 线的敛散一样，布林带也有敛散，从中观层面来看，价格成交密集区，也就是布林带收敛区，是波动率降低的区域，也就是收敛形态，这是提醒信号，你需要密切关注即将到来的交易机会；而价格成交稀疏区，也即是布林带扩展区，是波动率升高的区域，也就是发散形态，这是确认信号，接下来你可以扣动扳机了。当然，发散形态出现之后，你需要根据市态迅速估计大致的风险报酬结构，并制定好进场和出场的计划，然后才是扣动扳机，一旦熟练这个过程，两分钟左右就能完成。

下面第一张图（见图 21-1）是没有叠加布林带的欧元兑美元 1 小时走势图，你能迅速地区分其中的波动率状况吗？找出其中的成交密集区和成交稀疏区后，你能迅速地识别出波动率的异常吗？如果你能的话，我们恭喜你有这样敏锐的直观度量能力。但是，绝大多数人都需要借助布林带这样的工具才能迅速地识别出中观层次的波动率的变动。请看第二张图（见图 21-2），这张图与第一张图没有太大的不同，唯一的差别在于第二幅图叠加了布林带。你是不是可以迅速地识别出波动率的异常动静呢？请注意，在该图的最左边，K 线开始出现大量的小实体类型，这些都是微观层面的收敛形态，表明市场处于犹豫和均衡之中，提醒你交易机会随时可能来临，你需要像猎豹一样静待时机。从中观层面来看，你看到布林带迅速收口，这是中观层面发出的收敛—提醒信号。在图的中部，大实体 K 线出现了，**布林带张口了，微观和中观层次同时出现了发散—确认信号，确认进场做空。**

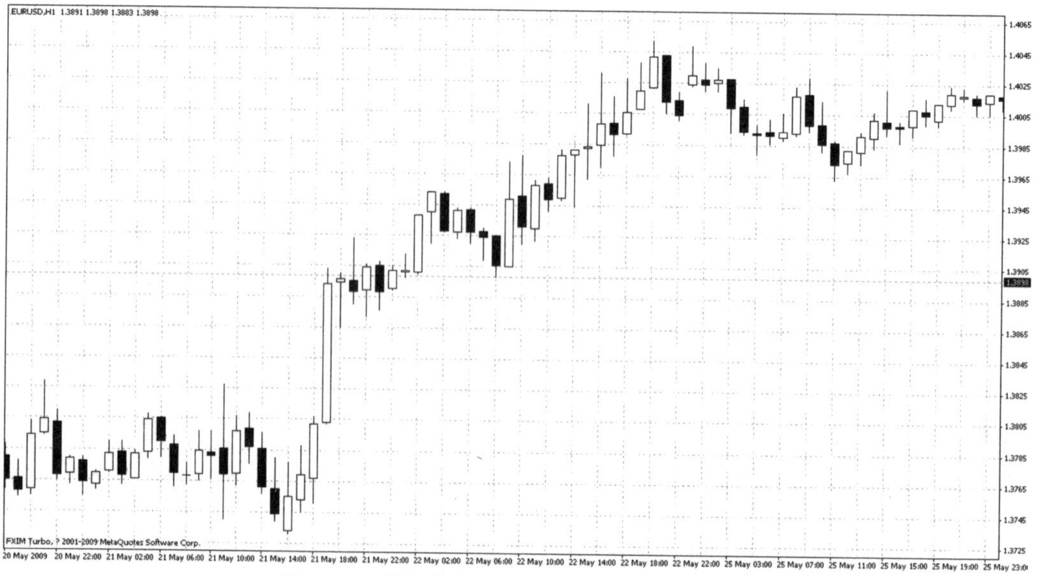

图 21–1　欧元兑美元 1 小时走势的直观敛散性

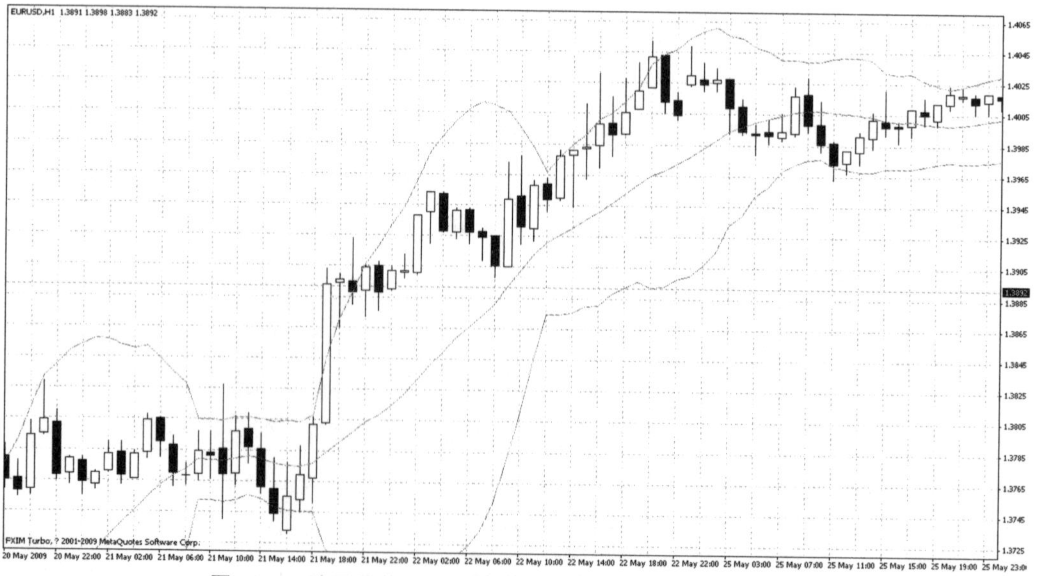

图 21–2　欧元兑美元 1 小时走势经过布林带过滤后的敛散性

市场行为总是表现为敛散两种形态，这种形态可以从一种市场最基本的运动结构中得到理解，这就是 N 字结构，如图 21-3 所示。

基于波动率的交易策略很多，这些方法无一例外地重视波动率异常值。

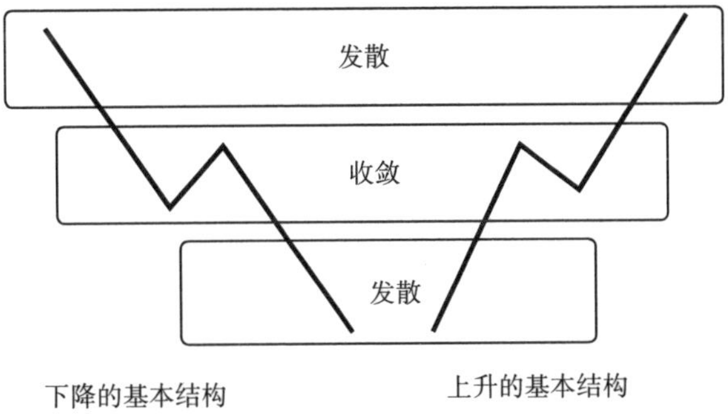

图 21-3　N 字结构和敛散性

这种敛散形态可以从 K 线中得出，然后反用于 K 线的具体实践，方便 K 线学习者在短期内掌握应付复杂情况的简单技术，同时我们也可以把蕴含于 K 线中的微观敛散形态放大到中观层面，这时候我们就需要借助布林带的威力了。市场主要的进场方式不过两种，这就是见位交易和破位交易，而这两种进场方式要求交易者必须能够确认关键水平的阻挡和支撑是否有效，敛散形态恰好是解决这个问题的最有效和最简捷手段。

鞍马破位交易策略在外汇市场的运用很广泛，因为外汇市场的周期性“收敛—发散”很有规律，通常澳洲—亚洲市场呈现收敛状态，而欧洲—美洲则呈现发散状态，所以根据亚洲市场的收敛来设定突破基准，然后等待欧美市场的突破。鞍马式破位交易策略需要利用布林带来帮助识别收敛状态，同时也可以利用布林带来帮助设定基准线。通常，我们会等待布林带收口，出现了至少 5 根横盘整理的 K 线，然后我们会选择处于布林带之外的 K 线最高点和最低点用于设定突破基准线，所谓布林带之外是指 K 线的最高点或者最低点，而不是整个 K 线在布林带之外。设定突破基准线之后，我们需要等待价格以持续 K 线形态突破一边基准线和布林带轨道，通常基准线后于布林带轨道被突破。

下面我们来看两个利用大阳线进行鞍马破位交易策略的实例。下图是第一个实例，这是黄金 1 小时走势图（见图 21-4）。其中有两处可以设定基准线的横盘整理，同时这两处设定的突破基准线都被大阳线突破确认有效，我们把初始止损点设定在两基准线构筑区域的中线之下或者是布林带中轨之下。

图 21-4 布林带鞍马策略实例（1）

看第二个例子，如图 21-5 所示，这也是黄金 1 小时走势图。由于价格极端收敛使得位于布林带下轨之下的最低价没有出现，所以我们变通地用位于布林带中轨之下的最低价来构筑下破基准线。然后找到布林带上轨之上的 K 线最高点，构筑上破基准线。构筑完上下基准线之后，我们就等待市场来告诉我们有效的突破，本例中市场最终以大阳线向上突破，于是我们在此大阳线之后的 K 线进场做多，并将初始止损放置在布林带中轨之下或者是基准区域中线以下。本例中，在大阳线向上突破之前，市场也以小实体 K 线向上破位几次，但是这不符合我们确认有效突破的原则，也就是没有以持续 K 线向上破位，这样我们就用 K 线过滤市场无效的突破，无效突破体现在时间上就是持续时间短，体现在空间上就是突破幅度有限，如果是股票的话，则成交量没有适度放大（对于无量涨停的个股则另作他论）。

我们用两个例子来说明鞍马破位交易策略中的大阴线运用。请看第一个例子（见图 21-6），这是黄金 1 小时走势图。在进行鞍马破位交易时，我们首先需要查看最近的

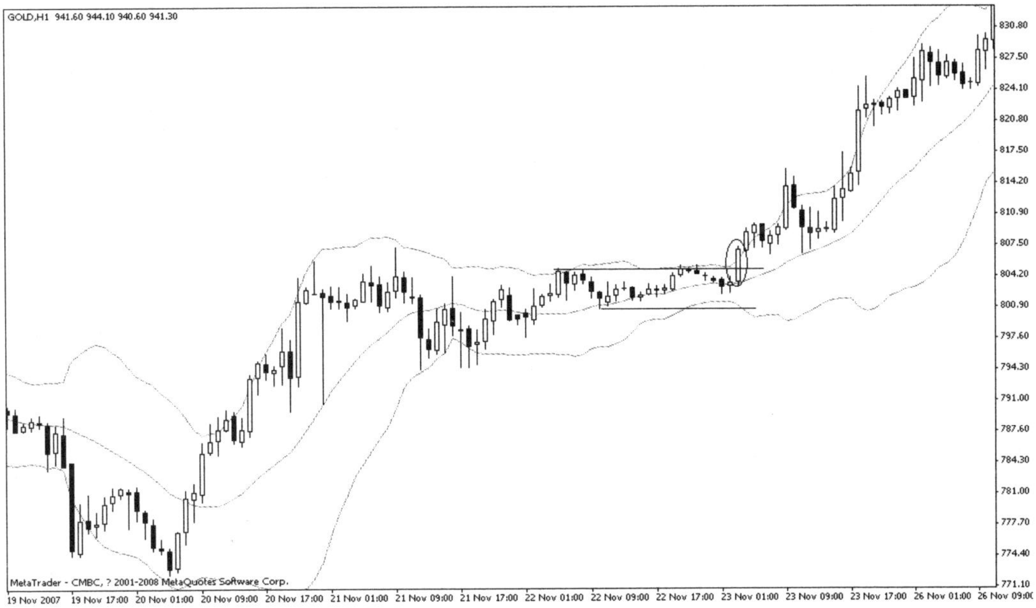

图 21-5 布林带鞍马策略实例（2）

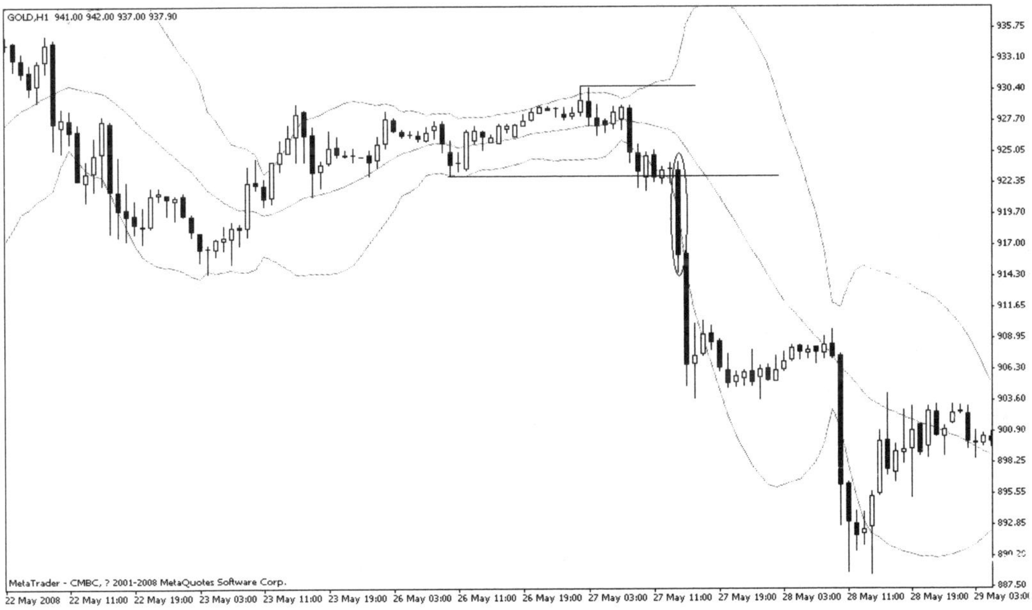

图 21-6 布林带鞍马策略实例（3）

黄金 1 小时图走势是否出现了一定时间的收敛，一般要求 5 根以上的横盘，然后你再查看盘整部分的 K 线位于布林带上轨之上部分的最高价和位于布林带下轨之下部分的最低价，以此分别做出上基准线和下基准线。有时候需要变通处理，因为就我们的鞍马破位交易策略而言，基准线的设定并不是最关键的部分，所以精确性要求不高，我

突破有效性往往只能事后来准确定义，我们这里提到的仅是技术上的突破有效性，是一种或然的判断，而非必然的判断。

们策略的核心部分集中于利用持续性 K 线来确认突破有效。本例中我们设定上下基准线之后，等待市场有效突破确认。最后，**市场以大阴线跌破下基准线，这就确认了向下突破的有效性**，我们应该在此大阴线之后一根 K 线进场做空，并将初始止损点设定在布林带中轨之上或者是基准空间中线之上。当然，在大阴线出现之前市场也有小实体 K 线，甚至阳线跌破过下基准线，但是这些都不是持续型 K 线，所以无法确认或者说不能高效确认向下突破的有效性。

我们再来看第二个鞍马破位做空交易的例子，请看图 21-7，这是黄金 1 小时走势图，根据鞍马破位交易的基本要求我们做出了上下基准线，请注意一个地方：我们在做下基准线时并没有采用很远处那根部分在布林带下轨之外的 K 线的最低点，而采用了近期最低点，这说明了在进行鞍马突破交易时上下基准线的确定并没有严格的准则，但是确认突破有效却非常严格。这反映我们在所有破位进场交易时重视破位的有效程度超过破位设定本身。为什么这样呢？**最关键的原因在于如果我们想要战胜其他投机客，就必须将注意力放**

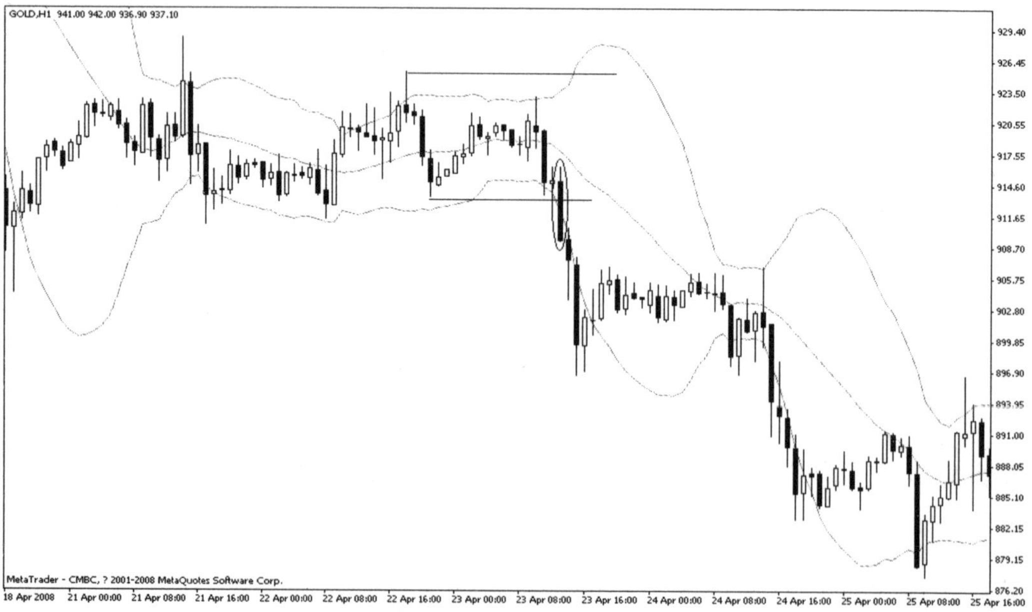

图 21-7 布林带鞍马策略实例（4）

在不同的地方，比如当绝大多数投机客注重预测时，我们注重跟随；当绝大多数投机客注重市场的涨跌时，我们注重进场；当绝大多数投机客注重进场时，我们注重出场；当绝大多数投机客注重如何设定破位标准时，我们注重设定破位有效的标准；当绝大多数投机客注重分析行情时，我们注重仓位管理，如此等等。交易的每个环节也存在竞争，当太多人注重每个环节的时候，这个环节能够带来的利润就下降了，所以我们应该在把握每个交易环节的基础上着力于被市场忽略了的环节。在本例中，我们重视突破有效的标准胜过于突破的标准，在设定突破标准之后，市场以大阴线跌破了下基准线，于是我们在大阴线之后的一根 K 线入市做空，并将止损放置在布林带中轨之上或者是基准区域的中线之上。这里需要强调一点，要验证一个基准线是否有效，可以通过查看近期布林带外轨是否在两条基准线之外，有效的基准线应该处于近期布林带之外。

忽略往往是非理性产生的直接原因之一。

在鞍马式破位交易进场中，基准线的设定不是最重要的，甚至可以说是不重要的，关键是用什么去确认突破基准线有效以及如何设定初始止损点。在鞍马式交易中布林带可以帮助你进行很好的观察，可以作为一种辅助的突破基准线。

布林带鞍马策略的要点在于抓住市场敛散性变化的节点，而“敛散的周期性交替”则是市场的根本特征，布林带可以帮助你更好地抓住这个特征，因为布林带的主要作用是表征市场中观层次的敛散性。

【开放式思考题】

在研读完第二十一课的内容之后，可以进一步思考下列问题。虽然这些问题并没有固定的标准答案，但能够启发思考，跳出来看某些观点。

1. 本课提到“趋利避害简而言之就是追求风险调整后的高收益”。具体而言，在外汇交易中如何得出风险调整后的收益差别呢?

提示：先看风险偏好，如果是风险厌恶主导，则避险交易为主，做多低息货币，做空高息货币；如果是风险追逐为主，则套息交易为主，做多高息货币，做空低息货币。

2. 本课提到“在鞍马式破位交易进场中，基准线的设定不是最重要的，甚至可以说是不重要的，关键是用什么去确认突破基准线有效以及如何设定初始停损点”。那么，有些什么有效的突破过滤器呢?

提示：比如利用数据公布或者散户持仓来过滤布林带突破。

【进一步学习和运用指南】

1. 十年期国债收益率可以从如下网址查询：https：//cn.investing.com/rates-bonds/government-bond-spreads，在知晓了风险偏好之后，即可通过查询十年期国债收益率来比较息差。关键是动态比较，最好结合各国的国债收益率曲线来考虑。

2. 可以进一步阅读约翰·布林格（John Bollinger）的《布林带》（*Bollinger On Bollinger Bands*）一书。

第二十二课

短线交易者不可忽视的大前提：外汇的日内周期性

就交易系统而言，绝大多数设计者都忽略了时间周期性在其中可以发挥的作用。

——Bull

开盘走势很重要，因为日内交易者所做的很多交易都基于市场的开盘情况。

——Marcel Link

除了流动性，一个货币对的交易波幅主要还取决于地理位置和宏观经济因素。如果了解某个货币对在一天哪个时间段会出现最大或者最小的波幅，毫无疑问，将有助于交易者更好地分配资本，提高投资效率。

——Kathy Lien

外汇的日内周期性是非常重要的一个规律，这是一个日内交易者必须注意和必须利用起来的规律，但是不少交易者往往只停留在“亚澳市场时段清淡”这个简单认识上，对于外汇的日内周期性利用不足。在《外汇交易圣经》一书中，我们提供了诸如 i-session 这样的免费 MT4.0 指标用于直观标注出外汇的三大市场时段（亚洲时段、欧洲时段和美洲时段），不过这些都只是涉及了外汇日内周期性的某些简单方面。**外汇走势的日内周期性从根本上来讲是由于三大市场势力的交替主导和驱动因素的不均匀分布造成的，心理因素和驱动因素是造成外汇日内周期性的根本原因。**

参与者在空间和时间上的分布不均匀导致了外汇走势日内周期性。

周间日效应、节日效应、月度效应（关于月度效应在

《外汇交易圣经》的《公历月份中的季节周期》中有较为详细的统计)，以及本课要深入介绍的时段效应主要都涉及波动率和波动轨迹两方面的特征，对于波动轨迹的探讨我们会在《25 位顶尖外汇交易员的秘密》系列丛书中由这方面的交易能人来深入讲解，因为有些交易高手的方法就是基于特定的日内波动轨迹，比如"英镑择时交易法"就是这类方法的典型代表，另外还有"时区交易法"等。我们这里不会涉及十分具体的基于日内周期性的交易策略，我们在本课主要介绍日内波幅的周期性特征，也就是基于波幅的时段模式，也会夹带介绍一些利用时段模式的交易思路。

拉瑞·威廉姆、杰克·伯恩斯坦、杰瑞米·西格尔、约翰·凯恩是研究周期性的大家，读者可以对这些人的著作进行一一研究，毕竟**绝大多数交易者往往忽略了存在于金融产品走势上的周期性，大众往往将焦点放在价格运动的空间维度上，而价格运动的时间维度自然就成了大众的盲点**，盲点即利润，大众的盲点就是我们专注的对象（当然是重要的盲点，而不是任何盲点都去专注)。**外汇日内交易者对于日内时段模式的重视程度远远不够，利用程度比起价格形态也相形见绌！**

明白造成周期性的原因比周期性本身更为重要。仅仅注重统计上的规律往往在原因发生变化时误入陷阱，成为别人打猎的目标。

外汇市场之所以存在日内周期性，首要原因是主要货币所属国的重要经济数据公布具有稳定的时间特征，请看表 22-1，从表中我们可以发现重要经济数据的公布具有明显的时间规律。经济数据是外汇市场的重要驱动因素之一，毕竟经济数据是经济发展和稳定，以及资本和贸易流动的定量表征，从表 22-2 中可以看到美国经济数据对外汇市场影响的排名，这个排名每年都会有变化，无论排名怎么变，我们知道一点，那就是**数据是有"价格"的，这个价格可以通过其引发的汇价波动幅度来评定**，外汇的周期性主要体现在这种波动幅度周期性变化上，而这种周期性变化主要与主流资金的全球不均衡分布以及重要经济数据的全球不均衡分布有关。

较大的对冲基金和财团位于欧美地区，而大部分的贸易和资本流动都发生在欧美地区，这使得外汇的日内波动相应

表 22-1　各国重要经济数据发布时间（美国东部时段）

国家	货币	重要数据公布时间
美国	美元	8：30~10：00
日本	日元	18：50~23：30
加拿大	加元	7：00~8：30
英国	英镑	2：00~4：30
意大利	欧元	3：45~5：00
德国	欧元	2：00~6：00
法国	欧元	2：45~4：00
瑞士	瑞郎	1：45~5：30
新西兰	新西兰元	16：45~21：00
澳大利亚	澳大利亚元	17：30~19：30

表 22-2　2007 年最能驱动外汇市场的美国经济数据排行（波动点数计算）

公布后前 20 分钟影响程度排名	公布当天的影响程度排名
1. Unemployment 失业率	1. Unemployment 失业率
2. Interest Rates（FOMC Rate Decisions）联储公开市场委员会利率决定	2. ISM Non-Manufacturing 供应管理协会非制造业指数
3. Inflation（Consumer Price Index） 通胀率（消费者物价指数）	3. Personal Spending 个人支出
4. Retail Sales 零售数据	4. Inflation（CPI） 通胀率（消费者物价指数）
5. Producer Price Index 生产者物价指数	5. Existing Home Sales 成屋销售
6. New Home Sales 新屋销售	6. Consumer Confidence 消费者信心指数
7. Existing Home Sales 成屋销售	7. U of M Confidence 密歇根大学消费者信心指数
8. Durable Goods 耐用品订单	8. Interest Rates（FOMC） 联储公开市场委员会利率决定
9. Non-Farm Payrolls 非农就业数据	9. Indutstrial Production 工业生产

地表现出日内的不均衡分布，请看表 22-3，外汇的日内周期性就是这种不均衡分布的直接体现，而这个特征就是外汇日内短线交易者必须铭记在心的首要特征，如果你心中不清楚这个日内周期性的分量，则你很容易陷入**“以股票思维”交易外汇的怪圈**，认为做外汇无非就是把股票那套技术分析移植过来而已。一旦这样想，你就注定与成功的外汇日内交易

股票也有日内周期性，但是与外汇存在较大差异。如果从事外汇日内交易，那么简单地套用股票的技术分析并不靠谱。

表 22-3 外汇日内周期性

外汇短线交易者不可忽视的大前提

外汇市场区别于其他交易市场最明显的一点就是时间上的连续性和空间上的无约束性。
换句话说，外汇市场是一个 24 小时不停止的市场，主要的波动和交易时间在周一新西兰开始上班到周五美国芝加哥下班。周末在中东也有少量的外汇交易存在，但基本上可忽略不计，属于正常的银行间兑换，并非平时的投机行为。所以综上所述，外汇市场是一个不停止连续不断的交易市场
有市场存在就可以交易这是众所周知的事情，但是并不等于可以交易我们就要去交易，在全天 24 小时中外汇市场每个交易时段都有其自身的规律和特性，所以我们只需要了解它的规律，在适当的时段采取相应的策略，就可大大提高交易成功率，同时也可避免交易风险

t-8 纽约-13 芝加哥-14

北京时间	各主要外汇市场开市时间分布	根据行情波动细分的时段	一般波动点位	详细描述	运动方向	风险与收益
5：00 6：00 7：00 8：00 9：00 10：00 11：00 12：00	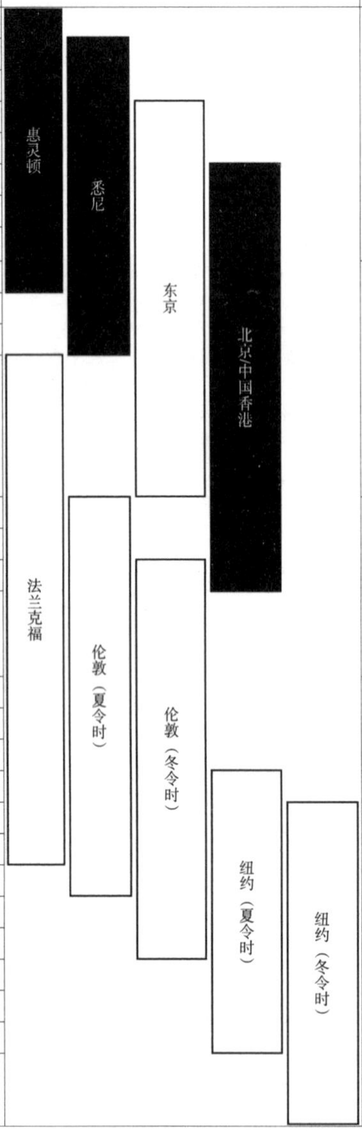	行情调整时段	主流货币 20~40 点 二流货币 25 点以下	此时段主要是亚洲和澳洲市场活动的时间，由于整体经济实力相对较弱再加之主要炒作的是欧洲和美洲的货币，所以对整个市场的推动力量较小，一般震荡幅度在 30 点以内，且没有明显的方向 这段行情多为调整和回调行情。一般与当天的方向走势相反，如，若当天走势上涨则这段时间多为小幅震荡的下跌	没有方向小幅震荡居多，多为对前一交易日最后一波行情的回调，所以与当天大势方向一般相悖	风险低 收益低 不适合交易
13：00 14：00 15：00 15：30		行情酝酿时段	主流货币 30~50 点 二流货币 30 点以下	欧洲开市前夕，交易及资金量都会逐渐增加，且此时段也会伴随着一些对欧洲货币有影响力的数据公布。所以此时段可也说是黎明前的黑夜，市场和图形都开始酝酿，这一时段基本上就是每天最好的也是第一次的进场时段 波动不会太大，主要是做图形或是从技术上给投资者以暗示	方向一般与当天大势相反，或是作出有效的技术信号支持大家交易	风险中 收益低 适合建仓
16：00 16：30 17：00 18：00		行情波动时段	主流货币 30~80 点 二流货币 25~40 点	欧洲开始交易，资金量和关注程度增加。这一时段才是每天外汇市场行情的真正开始。在上时段建仓的投资者此时段则可尽获收益了，没有及时交易的朋友，则在其已经开始部分行情后不要追势，最好等到回调时再进入	在整体有趋势时顺大方向，在整体为盘整时一般与上一交易日走势方向相反	风险中 收益高 不适合临时建仓
19：00 20：00 20：30		第一次行情波动的调整	20~40 点	为欧洲的中午休息和美洲市场的清晨，交易平淡，多为回调上一波行情，是入场的第二次机会	与上时段方向相反，一般与大势无关	风险低 收益低 适合建仓
21：00 22：00 23：00 23：30		行情主要波动时段	主流货币 40~100 点 二流货币 30~60 点	这段时间是美洲市场和欧洲市场同时交易的时段，按照资金和关注性来说是最大的时候，行情波动自然也最大。一般是大势震荡的真正时段	符合大势方向	风险高 收益高 不适合临时建仓
24:00(0:00) 0：30 1：00 2：00 3：00 4：00		行情调整或消息时段	有重大消息时 100 点以上 其余时间 50 点以内	为美国的下午盘，一般在此时已经走出了较大的行情，这段时间多为对前面行情的技术调整，不过有些很重要的美国数据会在这个时段公布，所以偶尔会出现瞬间大幅波动的情形，建议有重要数据时应及时在此刻平仓出来，以避免风险	方向不确定，多为与前一时段方向相反	风险低/高 收益低 不适合交易

各主要市场交易时间（北京时间）：
悉尼：6：00~15：00
东京：8：00~15：30
中国香港：9：00~16：00
法兰克福：15：00~23：00
伦敦：15：30~23：30（冬令时间 16：30~0：30）
纽约：20：20~3：00（冬令时间 21：20~4：00）
每年四月的第一个周一是夏令时间的开始，每年十月的最后一个周一是冬令时时间的开始

无缘了。

你最好将表 22-3 放大复印后贴在自己的交易室，然后随时琢磨其中的原因和规律，加入自己的东西，毕竟外汇的日内波动特性会随着基本面因素的变化而变化，在次贷危机之后，日内波动幅度就整体显著地提高了。

你最好能够统计出你所交易的货币对在一天 24 小时的表现，这样做有两个好处：第一，你清楚一天当中最适合你自己交易的时段；第二，你可以根据每个小时的波动均值和标准差决定日内短线的平仓点。下面我们就来一一解析主要货币对在每个小时的波动均值和标准差。一般而言，那些均值较大，而标准差较小的时段适合我们参与，这表明这些时段比较适合于“固定点数利润出场”，同时也表明这些时段的风险更容易控制，而利润更大。

表 22-4 是欧元兑美元的 24 小时平均波幅和标准差，统计采用格林威治时间，以小时为单位，这也是日内短线交易者持仓的平均时间（持仓不应超过 1 小时，特别是英镑这种日内走势反复的品种）。平均波幅以点数为统计单位，标准差也是，可以发现，欧元的波动性从格林威治时间 9 点左右开始提高，持续到 21 点，你可以选择这段时间进行交易，同时可以根据所处时段，选择合理的利润目标，你不能奢望 4 点到 5 点有 80 点的利润，因为从统计的角度来讲该事件的概率极小。表 22-5 到表 22-9 是其他主要货币对的日内平均波幅和波幅标准差统计数据，大家可以选择自己经常交易的货币对研究，找出最活跃的时段进行交易，同时根据平均波幅和标准差来制定持仓的利润目标，这是利用本书最后课程提到的“前位出场策略”的一个好策略。

表 22-4　欧元兑美元的时段模式（格林威治时间）

欧元兑美元 24 小时平均波幅和标准差													
波幅的时段模式	0.0020	0.0003	1										
波幅的时段模式	0.0026	0.0004	2										
波幅的时段模式	0.0038	0.0003	3										
波幅的时段模式	0.0042	0.0002	4										
波幅的时段模式	0.0037	0.0001	5										
波幅的时段模式	0.0028	0.0002	6										
波幅的时段模式	0.0030	0.0001	7										
波幅的时段模式	0.0036	0.0002	8										
波幅的时段模式	0.0046	0.0002	9										
波幅的时段模式	0.0055	0.0003		10									
波幅的时段模式	0.0056	0.0004		11									
波幅的时段模式	0.0053	0.0002		12									
波幅的时段模式	0.0049	0.0002			13								

续表

欧元兑美元 24 小时平均波幅和标准差													
波幅的时段模式	0.0049	0.0002			14								
波幅的时段模式	0.0055	0.0008			15								
波幅的时段模式	0.0069	0.0007			16								
波幅的时段模式	0.0078	0.0005			17								
波幅的时段模式	0.0060	0.0002			18								
波幅的时段模式	0.0057	0.0004			19								
波幅的时段模式	0.0054	0.0004			20								
波幅的时段模式	0.0049	0.0002			21								
波幅的时段模式	0.0041	0.0001			22								
波幅的时段模式	0.0038	0.0003				23							
波幅的时段模式	0.0026	0.0004				24							

表 22-5 英镑兑美元的时段模式（格林威治时间）

英镑兑美元 24 小时平均波幅和标准差													
波幅的时段模式	0.0023	0.0004		1									
波幅的时段模式	0.0034	0.0002		2									
波幅的时段模式	0.0044	0.0002		3									
波幅的时段模式	0.0039	0.0003		4									
波幅的时段模式	0.0042	0.0001		5									
波幅的时段模式	0.0038	0.0002		6									
波幅的时段模式	0.0036	0.0001		7									
波幅的时段模式	0.0042	0.0002		8									
波幅的时段模式	0.0071	0.0005		9									
波幅的时段模式	0.0092	0.0006		10									
波幅的时段模式	0.0098	0.0009		11									
波幅的时段模式	0.0093	0.0009		12									
波幅的时段模式	0.0072	0.0006			13								
波幅的时段模式	0.0073	0.0003			14								
波幅的时段模式	0.0068	0.0004			15								
波幅的时段模式	0.0086	0.0003			16								
波幅的时段模式	0.0100	0.0008			17								
波幅的时段模式	0.0081	0.0003			18								
波幅的时段模式	0.0073	0.0005			19								
波幅的时段模式	0.0050	0.0005			20								
波幅的时段模式	0.0049	0.0005			21								
波幅的时段模式	0.0046	0.0004			22								
波幅的时段模式	0.0038	0.0003				23							
波幅的时段模式	0.0022	0.0003				24							

表 22-6　美元兑日元的时段模式（格林威治时间）

美元兑日元 24 小时平均波幅和标准差													
波幅的时段模式	0.2350	0.0169		1									
波幅的时段模式	0.3340	0.0159		2									
波幅的时段模式	0.4180	0.0205		3									
波幅的时段模式	0.4330	0.0168		4									
波幅的时段模式	0.2920	0.0227		5									
波幅的时段模式	0.2590	0.0096		6									
波幅的时段模式	0.2840	0.0128		7									
波幅的时段模式	0.2950	0.0115		8									
波幅的时段模式	0.3930	0.0356		9									
波幅的时段模式	0.4350	0.0235		10									
波幅的时段模式	0.4660	0.0395		11									
波幅的时段模式	0.4220	0.0251		12									
波幅的时段模式	0.3480	0.0164			13								
波幅的时段模式	0.2920	0.0332			14								
波幅的时段模式	0.3590	0.0578			15								
波幅的时段模式	0.4390	0.0423			16								
波幅的时段模式	0.4740	0.0298			17								
波幅的时段模式	0.4240	0.0193			18								
波幅的时段模式	0.4290	0.0352			19								
波幅的时段模式	0.3020	0.0169			20								
波幅的时段模式	0.3130	0.0175			21								
波幅的时段模式	0.2480	0.0354			22								
波幅的时段模式	0.1930	0.0148				23							
波幅的时段模式	0.1610	0.0098				24							

表 22-7　美元兑瑞郎的时段模式（格林威治时间）

美元兑瑞郎 24 小时平均波幅和标准差													
波幅的时段模式	0.0017	0.0002		1									
波幅的时段模式	0.0022	0.0003		2									
波幅的时段模式	0.0030	0.0003		3									
波幅的时段模式	0.0033	0.0002		4									
波幅的时段模式	0.0028	0.0001		5									
波幅的时段模式	0.0022	0.0002		6									
波幅的时段模式	0.0023	0.0001		7									
波幅的时段模式	0.0027	0.0003		8									
波幅的时段模式	0.0034	0.0003		9									
波幅的时段模式	0.0042	0.0002		10									
波幅的时段模式	0.0045	0.0003		11									
波幅的时段模式	0.0043	0.0002		12									

续表

美元兑瑞郎 24 小时平均波幅和标准差													
波幅的时段模式	0.0043	0.0002			13								
波幅的时段模式	0.0039	0.0002			14								
波幅的时段模式	0.0040	0.0008			15								
波幅的时段模式	0.0054	0.0007			16								
波幅的时段模式	0.0060	0.0004			17								
波幅的时段模式	0.0052	0.0001			18								
波幅的时段模式	0.0050	0.0005			19								
波幅的时段模式	0.0043	0.0006			20								
波幅的时段模式	0.0037	0.0003			21								
波幅的时段模式	0.0031	0.0001			22								
波幅的时段模式	0.0028	0.0002				23							
波幅的时段模式	0.0019	0.0003				24							

表 22-8　美元兑加元的时段模式（格林威治时间）

美元兑加元 24 小时平均波幅和标准差													
波幅的时段模式	0.0025	0.0001		1									
波幅的时段模式	0.0026	0.0002		2									
波幅的时段模式	0.0033	0.0002		3									
波幅的时段模式	0.0031	0.0001		4									
波幅的时段模式	0.0032	0.0002		5									
波幅的时段模式	0.0027	0.0001		6									
波幅的时段模式	0.0025	0.0001		7									
波幅的时段模式	0.0031	0.0001		8									
波幅的时段模式	0.0042	0.0003		9									
波幅的时段模式	0.0055	0.0004		10									
波幅的时段模式	0.0051	0.0003		11									
波幅的时段模式	0.0049	0.0003		12									
波幅的时段模式	0.0045	0.0004			13								
波幅的时段模式	0.0055	0.0003			14								
波幅的时段模式	0.0063	0.0002			15								
波幅的时段模式	0.0068	0.0002			16								
波幅的时段模式	0.0070	0.0003			17								
波幅的时段模式	0.0064	0.0002			18								
波幅的时段模式	0.0055	0.0002			19								
波幅的时段模式	0.0051	0.0003			20								
波幅的时段模式	0.0050	0.0003			21								
波幅的时段模式	0.0042	0.0003			22								
波幅的时段模式	0.0042	0.0002				23							
波幅的时段模式	0.0024	0.0001				24							

表 22-9　澳元兑美元的时段模式（格林威治时间）

澳元兑美元 24 小时平均波幅和标准差													
波幅的时段模式	0.0030	0.0002		1									
波幅的时段模式	0.0030	0.0002		2									
波幅的时段模式	0.0037	0.0003		3									
波幅的时段模式	0.0039	0.0003		4									
波幅的时段模式	0.0039	0.0003		5									
波幅的时段模式	0.0032	0.0002		6									
波幅的时段模式	0.0030	0.0002		7									
波幅的时段模式	0.0035	0.0002		8									
波幅的时段模式	0.0041	0.0003		9									
波幅的时段模式	0.0048	0.0004		10									
波幅的时段模式	0.0048	0.0004		11									
波幅的时段模式	0.0048	0.0004		12									
波幅的时段模式	0.0041	0.0002			13								
波幅的时段模式	0.0045	0.0002			14								
波幅的时段模式	0.0043	0.0002			15								
波幅的时段模式	0.0045	0.0002			16								
波幅的时段模式	0.0052	0.0004			17								
波幅的时段模式	0.0051	0.0004			18								
波幅的时段模式	0.0047	0.0003			19								
波幅的时段模式	0.0038	0.0003			20								
波幅的时段模式	0.0039	0.0002			21								
波幅的时段模式	0.0036	0.0002			22								
波幅的时段模式	0.0036	0.0004				23							
波幅的时段模式	0.0019	0.0001				24							

很少有交易者从小时波幅去琢磨如何交易外汇，很少有交易者从**平均值和标准差的角度去思考利润目标**，如果你能够像我们一样从这些角度入手去操作，则可以真正做到持续的盈利，记住我们在这本面向高级交易者的教程中反复强调的一个观点：关注大众的焦点，专注大众的盲点。盲点就是利润，在盲人国里独眼龙就是国王，信息不对称优势就是你的利润源泉！

概率论和统计学便于我们对一些波动特征进行把握，不过这是现象，本质是什么呢？对手盘！

【开放式思考题】

在研读完第二十二课的内容之后，可以进一步思考下列问题。虽然这些问题并没有固定的标准答案，但能够启发思考，跳出来看某些观点。

本课提到“你可以根据每小时的波动均值和标准差决定日内短线的平仓点”。那么，日内的进场点和持仓方向如何确定呢？

提示：持仓方向需要考虑更高级别时间框架上的趋势，日内进场点不外乎“见位”“破位”和“败位”三种常见的，还可以加上“顶位”。进场时机可以加上数据公布、散户多空持仓、行情日内活跃周期等过滤器。

【进一步学习和运用指南】

1. 本课提到“绝大多数交易者往往忽略了存在于金融产品走势上的周期性，大众往往将焦点放在价格运动的空间维度上，而价格运动的时间维度自然就成了大众的盲点”。江恩理论的两个核心就是“点位”与“周期”，感兴趣的读者可以到图书馆借阅一下《华尔街 45 年：顶级交易员深入解读》、《盘口真规则：顶级交易员深入解读》、《股票趋势研判术：顶级交易员深入解读》和《华尔街选股术：顶级交易员深入解读》等江恩的代表著作。

2. 本课提到“很少有交易者从小时波幅去琢磨如何交易外汇，很少有交易者从平均值和标准差的角度去思考利润目标”。思考一下，如何将统计学的知识运用到外汇分析和交易中呢？驱动因素与价格的回归分析、仓位管理和绩效分析的统计学手段等，都是可以深入的领域。有较好数学和 Python 编程基础的读者建议进一步阅读《精通数据科学：从线性回归到深度学习》以及 *Advances in Financial Machine Learning* 等更为专业的著作。

第二十三课

万法归宗之进场的四种方法：见位、破位、顶位和间位

进场的策略从来没有人系统归纳过，我们斗胆尝试一下。

——魏强斌

看见机会是一回事，及时进场又是一回事。进场时，很多人会变得战战兢兢，而另一些人则又显得过于草率，时机未到，他们就匆忙入市，他们从不研究如何找到最好的进场价位。你需要为进场做个计划，尽量做到最有效地利用资金。你不必找到最好的进场价位，但是要尽量避免糟糕的进场价位。如果你错过了进场的机会，那么你就必须为下一次进场机会制定新的计划。

——Marcel Link

进场相对于交易系统的其他方面受到大多数人更多的关注，这种关注很大程度上是一种错位，经常是以忽视系统中最关键的方面为代价。

——Van K.Tharp

具体的进场位置在哪里？这是任何一个交易者必须首先搞清楚的问题。但是市面上的所谓经典交易理论又有几个将进场位置讲得清清楚楚的呢？交易落实于“买卖”两字，这是常识，但是这个常识只停留在口头上，并没有深入绝大多数交易者的潜意识中。我们在《外汇交易圣经》中提到所谓的交易最高秘诀离不开“进出加减”四个字，为什么这样说呢？其实，**交易无非就是做好进场和出场，如果你不从这两个方面入手，而去琢磨其他的东西，那就走偏了。**为什么不少研究江恩理论和艾略特波浪理论的人不适合从事交易？为什么外汇分析师的“嘴上功夫”经不起实践检验，并不是他们不厉害，而是因为他们努力的方向不是“进出加减”，而是市场涨跌的方向，看对市场方向与看错市场方向是分析师能力评价的标准，但是交易却与具体的进场和出场直接挂钩，**不少交易者经年累月不得门径而入，最为关键的一点是他们从来没有仔细思考过具体的进场和出场问题。**进场出场为什么重要？因为交易是概率游戏，而概率游戏的**关键就在于仓位管理，**而仓位管理的具体步骤就是“进出加减”，你不在这方面下功夫，难成正果。

选择格局，就选择了一个潜在的风险报酬率—胜算率的概率分布。仓位管理则是在这个概率分布中选择具体的一个点。

进场的方法和出场的方法令人眼花缭乱，层出不穷，怎样才是有效的进场方法呢？估计这是绝大多数交易者没有考虑的问题。如果你对所谓的进场方法嗤之以鼻，认为只要看对方向何时进场都能赚钱，那我们不是同道中人，你大可按照你的观念去赚钱，我们没有必要吃力不讨好，我们没有必要来迎合你的需要。“忠言逆耳利于行，良药苦口利于病”，**你不要期望用老办法做出新成绩来，**何不试试新思维和新行为呢？

本课和下一课是本教程的重点部分，切不可小看，如果你对本课和下一课的方法进行了深入的掌握，则你可以在自己的交易策略中更上一层楼。本课的主要内容是进场方法，比起下一课的出场方法而言稍显次要。不过，我们可以这样向你描述大众这方面的盲点：大众关注的是市场的涨跌，而不是进出的位置，位置相对于方向就是盲点；大众关注的是进场的位置，而不是出场的位置，出场相对于进场就是盲点。“盲点即利润！”

进场点怎么去找？这是绝大多数交易者忽略的问题，更别说有全面的总结性认识。对于进场点比较重视的交易者和分析师都是有一定经验和独立思考能力的市场人士，**如果一个多年从事外汇交易工作的人还执迷于所谓必涨必跌形态，执迷于所谓的高胜率预测，则肯定是连外汇交易的门都还没有进。**进场点是经过一段时间实际操作的外汇短线交易者首先会提出自己看法的范畴，也是外汇交易者入门的界碑。如果你从事了几年外汇交易都从来没有系统思考和总结过关于进场点的策略和要点，那你真的很可怜。可怜的人未必认为自己可怜，无知者无畏，勇气是可嘉的，但是勇气在外汇市

形态没有必涨必跌的，形态背后的原因才是涨跌的决定性因素。

场是毫无用处的，不是你指天发誓明天赚100点，就能真的赚到100点的。**思路决定出路，心外无物，**外汇交易中真的是这样的道理，**如果你能够把你的焦点从其他绝大多数人那里转过来，那么路也就在你的脚下了。走上歧途，在交易界是司空见惯的情况，走上正路才是不正常的事情。只有不正常的交易者才有可能找到持续的盈利之路，**而关注进场位置的交易者比关注下一步涨跌的交易者更容易成功。

思路而非性格决定一个人的幸福与成功。思路是可以学习的，可以提高的，可以证伪的。而性格则是一个似是而非、大而不当的概念。

进场点不是说见到什么具体的形态之后就该买入（或者做空），市面上太多的书让交易者认为进场点等于看涨（或者看跌），你看涨还是看跌无关乎交易的最终结果，也不关乎交易的实际启动。你看懂这句话没有？如果你还没有看懂，那你真应该静下来直到读明白这句话为止。进场点不关乎具体的行情，它背后站着的是概率思维和可证伪哲学，当然进场点一定是落实到具体行情中的抽象概念。资深的交易者一般听过“左侧交易”和“右侧交易”的说法，这种说法一般用来诠释和区分“逆市交易”和“顺市交易”，注意不是“顺势交易”和“逆势交易”，严格意义上没有交易者愿意从事“逆势交易”，“顺势而为”是每个交易者都想做对的事情，也是绝大多数交易者无力做对的事情，这其中的关键原因有两个：第一，不知道如何顺势（不是what，而是how）；第二，将趋势和方向完全等同。如何顺势，我们的丛书中不少地方都有提及，大家自己可以逐渐形成自己的顺势策略。如何甄别趋势和方向呢？首先大家要从认识上搞清楚趋势是整体的，方向是局部的，方向可以顺趋势，也可以逆趋势。顺趋势的方向往往是突破进场的时机，逆趋势的方向往往是见位进场的时机，什么是破位进场，什么是见位进场，本课就会提到。“逆市交易”和“顺市交易”的“市”也可以理解为方向，你能不能从这个角度来理解左侧交易和右侧交易呢？我们下面直接来解释左侧交易和右侧交易，请看图23-1，如果市场趋于下降，则A点一般是左侧介入位置，也就是市场在没有完全企稳迹象的时候介入做多，这种做法的比较危险，在某些方面与见位交易类似，但是又不全是，这个需要自己体会，其实，见位交易的入场可以在A点，也可以在B点，所以从这个角度来分析，左侧交易和右侧交易其实只是见位交易进场的两种细化方式。如果市场处于上升走势，而你认为趋势向下（无论从哪个角度出发，市场的回调都不是值得你去交易的）则可以选择在C点介入做空或者是D点介入做空，C点就是左侧交易，而D点就是右侧交易。所谓左侧交易和右侧交易基本上可以这样来简单理解：在市场还未企稳的时候你反向介入（不是反势），就是左侧交易；在市场已经企稳并反向的时候，你顺向介入（主观上你认为方向与趋势是一致的），就是右侧交易。

这里说深一点：如果你从我们"势、位、态"理论的角度出发去理解左侧交易和右侧交易的区别，则可以总结出三点：第一，左侧交易对于近期走势确认趋势不太重视，右侧交易则比较重视近期走势对趋势的确认；第二，左侧交易有可能忽视具体的进场点位是否处于关键水平附近，也就是支撑阻力附近，而右侧交易则相对较重视在关键水平附近介入，具体而言就是支撑之上一些做多，阻力之下一些做空；第三，左侧交易倾向于忽略形态对关键水平的确认，进场的胜率要低些，而右侧交易则相对较为重视形态，比如通过K线反转形态确认关键水平的有效性。这三点分别是从"势、位、态"三个角度来剖析的，从我们的剖析中，你应该看得出我们比较倾向于"右侧交易"，这也是我们遵从"势、位、态"三要素技术分析的必然结果。

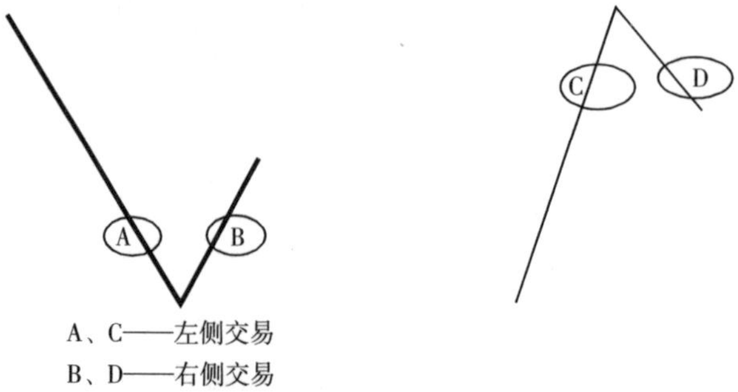

图 23-1　传统的进场二分法：右侧交易和左侧交易

图23-1呈现的传统进场二分法，**也就是右侧交易和左侧交易，基本上不能完整概括整个交易进场的范畴**，更为重要的是对于实际操作的帮助可能不大，因为两种进场方法都不涉及如何控制风险的问题。但是，在全面介绍我们的进场体系之前，先对传统二分进场法给予实例呈现，请看图23-2，这是英镑兑美元的1小时走势图，交易者认定趋势在1.5050附近会转而向下，或者说认为4月15日21点之后市场的趋势是向下的，则可以采取两种进场策略：第一种是当走势上并没有出现明显向下反转时进场

做空，这就是左侧交易，属于激进策略；第二种是当走势出现反转向下时再进场做空，这就是右侧交易，属于保守策略。这就是做空交易中关于左侧交易和右侧交易的大致情况。

对于重量级参与者而言，左侧变右侧是完全可能的，这就是资金体量的影响。

图 23-2　上升趋势转为下降趋势中的左侧交易和右侧交易示范

我们再来看一下做多交易中的左侧交易和右侧交易，请看图 23-3，这也是英镑兑美元的 1 小时走势图。当交易者认为趋势转而往上时，可以选择在价格走势继续向下的时候介入做多，这就是左侧交易；当交易者认为近期价格向上走势已经确认趋势向上时介入做多，这就是右侧交易。

下面是我们本课的主角出场的时候了，这就是我们对于进场点，准确说是进场方法的四分法（通常情况下我们采用其中的两种方法，但是绝对不会采用最后的一种方法来进场，因为它是属于“盲点”交易者采用的方法，是我们需要了解，但是不能运用的进场方法），我们将这四种进场方法命名为“帝娜进场方法”。请看图 23-4 和图 23-5，两个图分别呈现了所有四种进场方法。下面我们一一介绍，先来看图 23-4，这是上升趋势中的四种进场点的关系图。见位进场点是新手比较偏好的方法，但却是最难掌握的一种方法，上升趋势中

A 点和 E 点都是见位进场点，你还记得上面提到的“左侧交易”和“右侧交易”吗？你可以放到见位进场点中去思考。做多见位进场要求有两点：第一，市场“回调”到支撑水平附近；第二，市场又重新从支撑水平附近回升一小段距离。B 点附近的位置属于间位进场做多，也就是两条关键水平线之间的空间入场做多，这种进场点不能为交易者提供证伪策略的界限，说直白一点就是缺乏放置恰当止损的天然位置。C 点是顶位做多点，这种策略非常新颖，在外汇日内交易中得到的重视不多，但是效果却非常好，这是一项还未被大众注意的进场点，后面会详细介绍。D 点是突破进场做多点，也就是破位进场做多点，这个想必大家一定有不少直观的认识了，留待下面详细剖析。

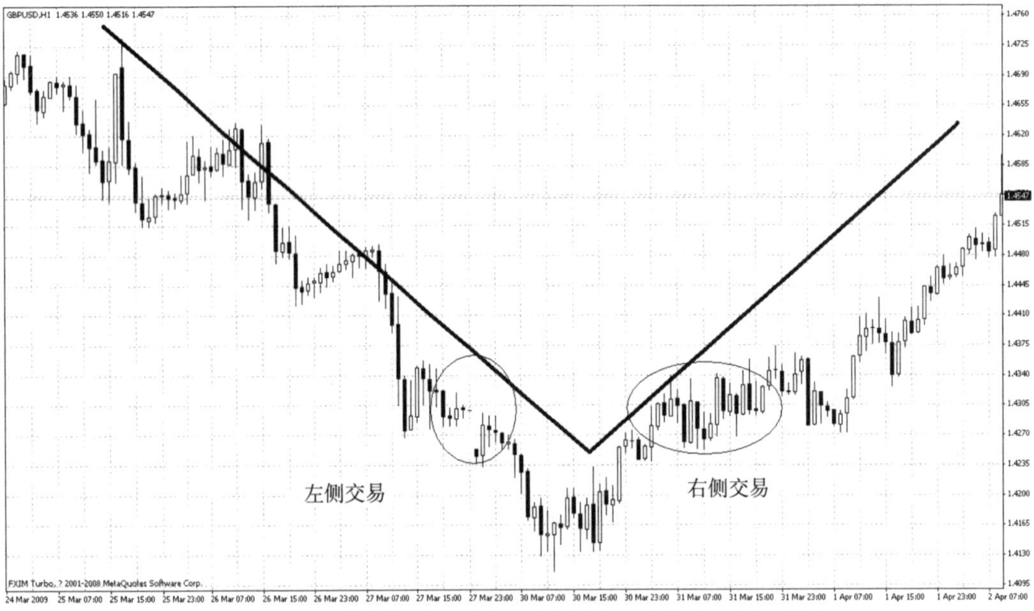

图 23-3　下降趋势转为上升趋势中的左侧交易和右侧交易示范

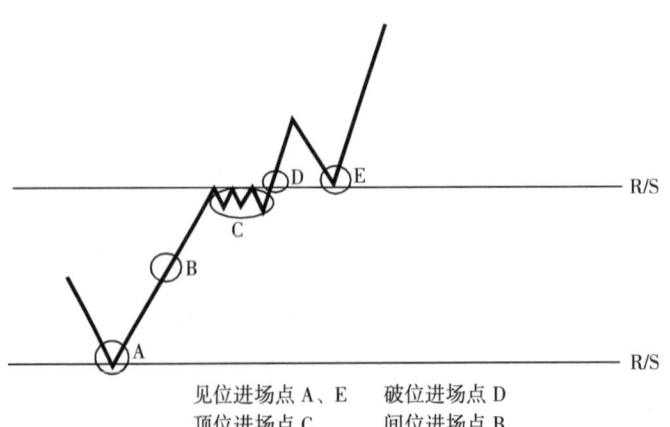

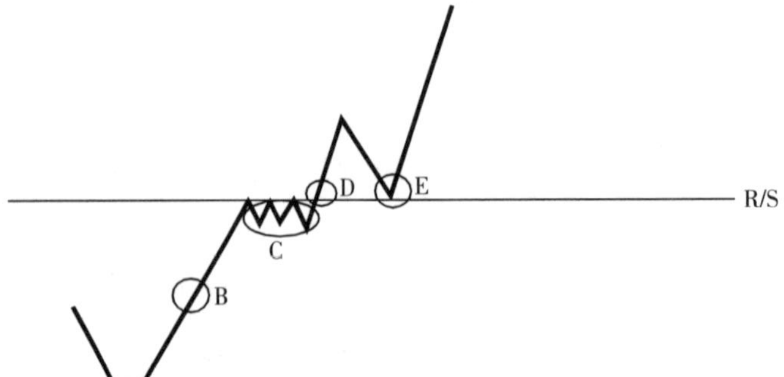

图 23-4　帝娜进场方法：上升趋势中的四种进场位置

图 23-5 中的四种进场位置或者说方法与图 23-4 中的基本对应，只是现在换成了做空进场。A 点和 E 点都是价格“反弹”（如何确认反弹这又是一个需要量化和个性化的任务）到关键水平附近，并且出现了回落（准确说应该是反转，但是行情没有完全展开之前，你也拿不准是反转还是回调），然后你介入，这就是做空见位进场。B 点离上下的关键水平，也就是支撑主力都很远，这种“前不着村后不挨店”的位置进场很难进行风险管理，但是却有不少人偏偏在这种位置进场，因为见位和破位他们都怕。C 点是顶位进场做空点，而 D **点就是杰西·利弗摩尔毕生实践的“突破而做”点。**

利弗摩尔的方法有时代局限性的地方，也有超越时代性的地方。照搬他的方法是行不通的，全盘否认他的方法也是不对的。

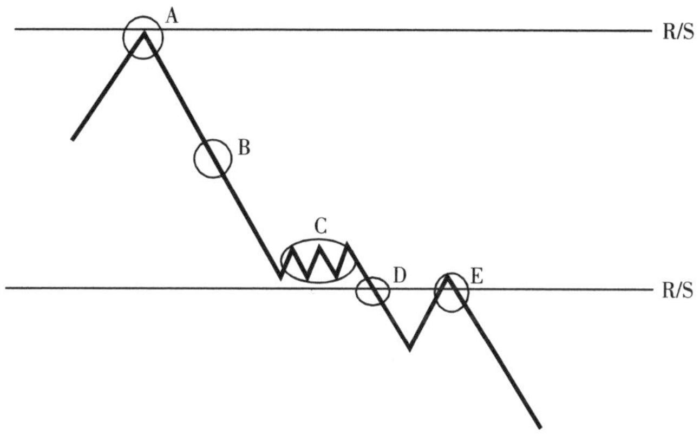

见位进场点 A、E　破位进场点 D
顶位进场点 C　　间位进场点 B

图 23-5　帝娜进场方法：下降趋势中的四种进场位置

下面我们逐一对帝娜进场方法进行解构，并对其使用进行全面指南。第一个要解构的方法是见位交易进场。首先，我们来看上升趋势中的见位交易进场法，请看图 23-6，严格来讲图中的两个 B 点是一样的，但是为了以后能够同时借用这个框架来演绎其他进场点，比如间位进场点，我们一般采用两根关键水平线（R/S 就是阻力支撑线，但是由于支撑阻力是相互转化的，所以我们统一标注为 R/S，而不是区别标注为 R 或者是 S）。见位进场要等待回跌到某一支撑线，至少有企稳迹象（这是最低要求），或者是小幅回升（这是一般要求）后，交易者介入做多。纯粹的见位进场要求可能很少，它只要求价格跌到支撑线附近，然后就可以扣动扳机，这种进场策略的胜算率太低，有可能经常被市场击穿止损点。说到进场，一定要提到止损点，按照本书前面教授的内容，止损点设置是为了让自己的交易具有可验证性，也就是可证伪性，否则你无法准确知道自己的当初的交易计划是否恰当和正确。见位交易进场做多的止损点放置在进场点之下的支撑水平之下，这是一个最基础、最重要的观点。为什么选择在支撑线之上进场做多，原因很简单，因为支撑线为放置止损提供了很大的“便利”，便于我们管理风险。**说白了，选择怎么进场，主要是为了出场更高效。**输家让出场来适应进场，赢家让进场来适应出场，立场不同，结果不同，不要站错队了。你应该学会从出场的角度来考虑进场怎么安排，这也符合博弈论的反向演绎找出最优策略的方法。

进场和出场再怎么设计巧妙都离不开一个“趋势”。但是，趋势判断如何精准，要获利都需要“落地”。落地具体体现在进场和出场。

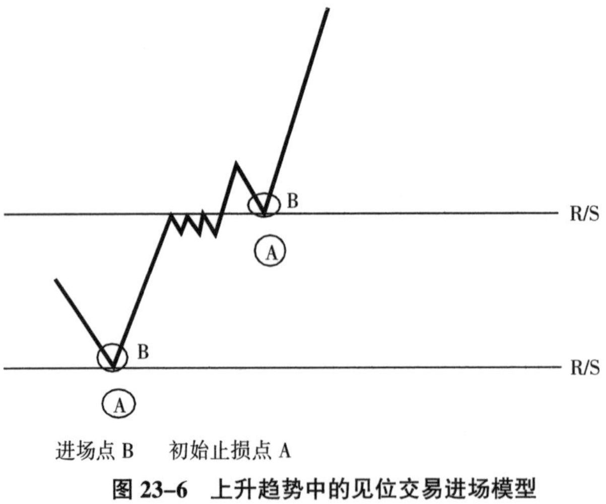

图 23-6　上升趋势中的见位交易进场模型

下面我们来看两个具体的见位进场的简单例子，第一个例子是英镑兑欧元，时间框架是 1 小时，请看图 23-7。从 1.4180 开始，英镑兑美元就处于 N 字上升的情况（N 字是趋势的最基本单位，具体参见《黄金高胜算交易》的相关介绍），这使得聪明的交易者倾向于寻求做多的机会，当然你也可以不管这么多，“活在当下”。当价格升到 1.4700 附近小幅下跌然后又从 1.4585 附近（前期高点构成的支撑水平）“弹起”时，习惯于见位进场的交易者应该警觉到这是一个见位进场的机会，具体怎么决策和安排，还需要分析更多的内容，比如这样的交易机会是否符合你的资金调拨要求。

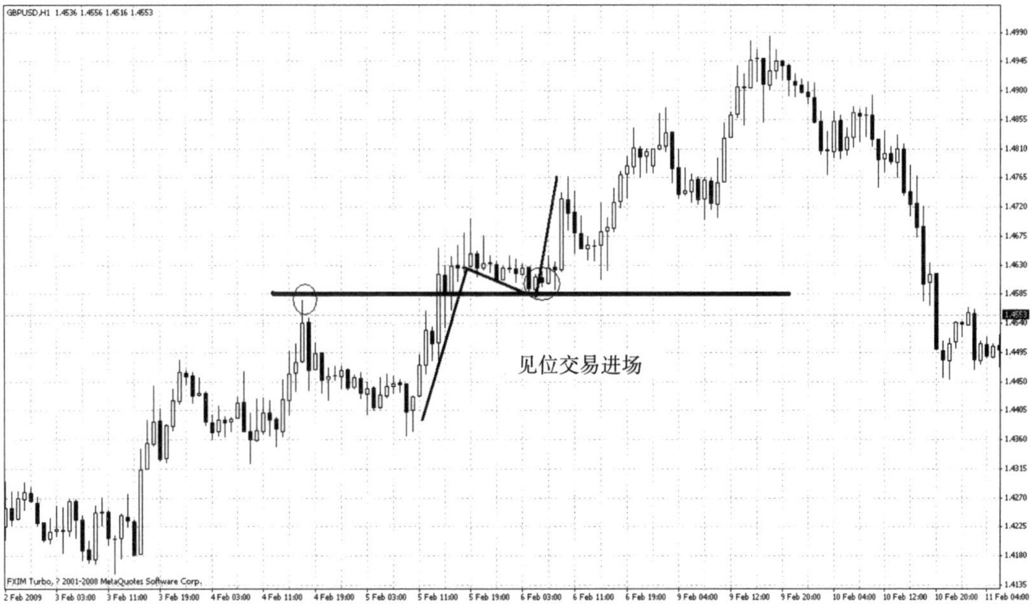

图 23-7　上升趋势中的见位交易进场示范（1）

我们再来看第二个例子，这也是英镑兑美元，时间框架也是 1 小时，请看图 23-8。

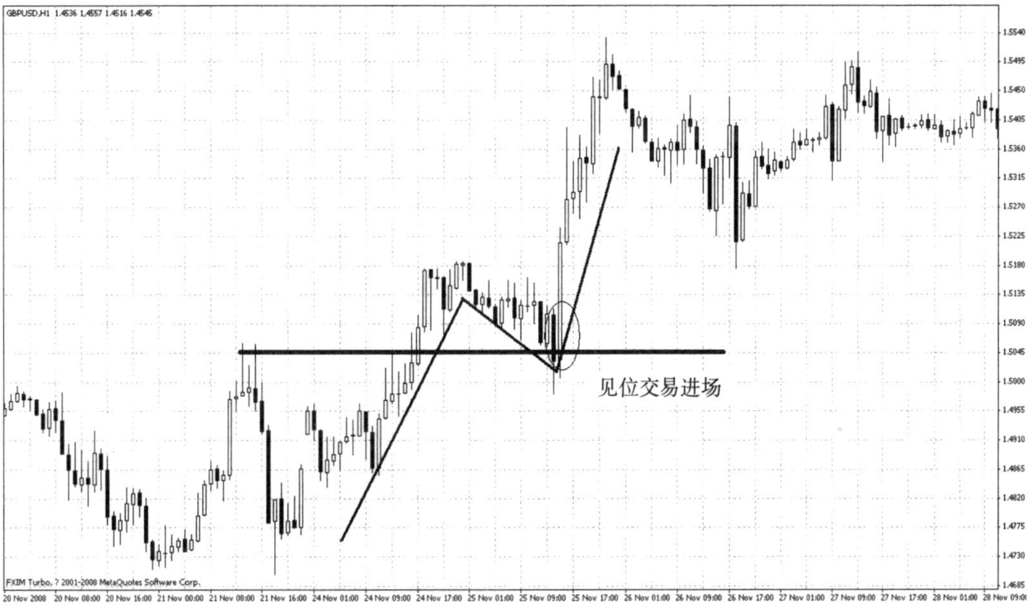

图 23-8　上升趋势中的见位交易进场示范（2）

汇价从 1.4700 附近的双底拉升，过了双底的颈线（1.5045 附近）之后价格出现小幅回落，跌到颈线（阻力被突破后转化为支撑，理论是这样的）后逐步企稳，对于见位交易者而言，这是一个进场良机，如果你能够结合形态来操作见位交易，则更是“锦上添花”。

下降趋势中的见位进场交易许多 A 股交易者不太适应，他们老是问为什么可以做空，而且是在反弹的走势中做空？这个不在本书的解答范围之内，也不在我们所有书的解答范围之内，因为这可不是有价值的“大众盲点”，只是你的“盲点”。从事外汇交易的人绝大部分不会对此感到不解。下降趋势中的见位做空依赖于交易者就行情当前的发展确认至少一条关键的阻力水平，然后等待汇价反弹到此阻力水平，这是见位做空最基本的条件，交易者为了提高自己进场有效性，可以增加一些额外的条件，后面我们会提到一些我们经常用到的附加条件，帮助你“拓展思路，找到出路”。见位进场做空，甚至可以为那些做回调的逆势交易者提供指南（我们不会去做逆势的回调交易，也就是做空市场趋势上涨过程中的回调），帮助他们设定恰当的止损点。从图 23-9 中，你可以看到见位做空交易者的止损应该放置在阻力位置之上，这个我想至少 50% 的外汇日内交易者都不会作为规则去遵守，他们做空时根本不会管太多的止损合理设置的问题，他们关心的都是“我做空之后会不会跌”，从来不想“如果进场之后不跌反升怎么办”。**问了错误的问题，你就会亏钱；问了正确的问题，你就会赚钱，这就是外汇市场奇妙之处。**

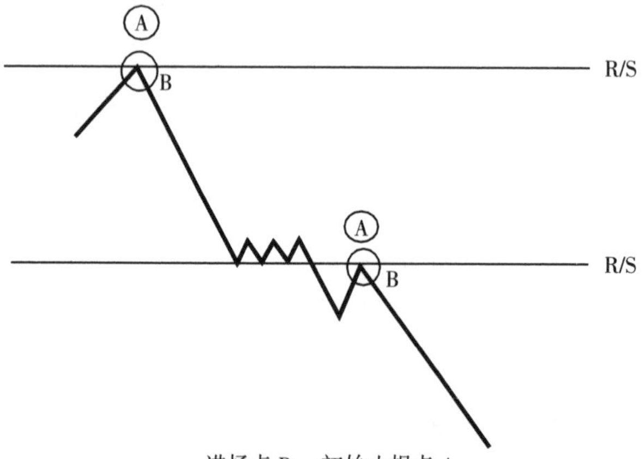

图 23-9　下降趋势中的见位交易进场模型

如何进行见位做空交易，我们来看两个具体的例子。这两个例子都是基于下降趋势，当然你也可以用于“逆势”交易，无论你用在什么交易策略里面，都可以大幅度提高你本身策略的效率和可靠性，本课中的进场方法都是如此。先来看第一个例子，请看图 23-10，这是英镑兑美元 1 小时图，汇价从 1.6145 附近大幅度下跌，然后在 1.5545 附近止跌回升，在 1.5880 附近形成了小双顶（行情展开之后可以发现是下降中继双顶），当左顶形成之后，我们会以此作为进场的参考线，说白了就是看价格怎么在这个顶附近运动，然后确定相应的进场思路。价格从左顶下跌，然后回升到左顶附近，当有企稳迹象的时候，交易者就可以进场做空，并且将止损放置在左顶形成的阻力水平之上合适的位置。什么是合适的位置呢?《外汇交易圣经》有提到过，我们在本课还有更全面和深入的传授，在本课后面的内容中会让你“打开”眼界，去除更多的“盲点”。

如何提问，决定了你观察事物的深度和角度。

图 23-10　下降趋势中的见位交易进场示范（1）

接下来，我们来看第二个见位进场做空的例子，请看图 23-11，这是欧元兑美元的 1 小时走势图。汇价从 1.5760 附近倾泻而下，在 1.5580 附近盘整，并形成局部高点 1.5615，整理一段时间之后汇价突破此高点创出新高 1.5702，之后再度下跌到 1.5515 附近，接着又是回升，到第一高点 1.5615 附近出现看跌吞没，这时候我们可以考虑见位进场做空，并且将止损放置在 1.5615 之上恰当的位置。

图 23–11 下降趋势中的见位交易进场示范（2）

见位进场的一般见解和思路，我们已经在上面作了模型加实例的讲解，下面我们则在此基础上，结合我们的操作经验进行更加精细化的技能传授。首先，我们还是从见位做多进场谈起，请看图 23–12，这幅图详细呈现了我们在利用见位进场法做多时所权衡的要素。等待价格跌到某一支撑线附近，这应该算得上是第二步了，**第一步我们会确认此前价格走势表明趋势是向上的，然后才会等待一个价格跌到支撑线企稳的机会。也就是说第一步，我们会寻找“势”上面的做多信号，然后是找到一个就近的潜在进场机会，这就是关乎“位”的东西，接着我们会等待价格在此潜在进场点附近出现止跌反转的信号，这就是利用“态”来确认位置的有效性，说白了也就是进场做多机会的可靠性。**从图 23–12，我们会发现其中的分析思维贯穿了“势、位、态”三要素，同时在进行见位进场的实际操作之前，我们还会检查在相应支撑线之下放置恰当止损的可能性，恰当的做多初始止损包括了三方面的

趋势预判靠驱动分析和心理分析，趋势确认靠行为分析。

要求：第一是必须让止损额控制在特定的资金比率之内，一般是2%~8%，最好是能够符合凯利公式的要求，而这又要用到历史交易绩效的统计数据，通常情况下我们会进行酌情估算；第二是必须放置在支撑线下方；第三是必须考虑到过滤市场噪声的需要，通常我们会用布林带来完成此项任务，止损应该放置在布林带的外侧，当然你也可以利用其他工具来完成，比如理查德·丹尼斯就是利用所谓的N，也就是真实日均波幅值作为参数来过滤市场噪声，总而言之，过滤市场噪声的工具应该是基于统计学相关概念的。

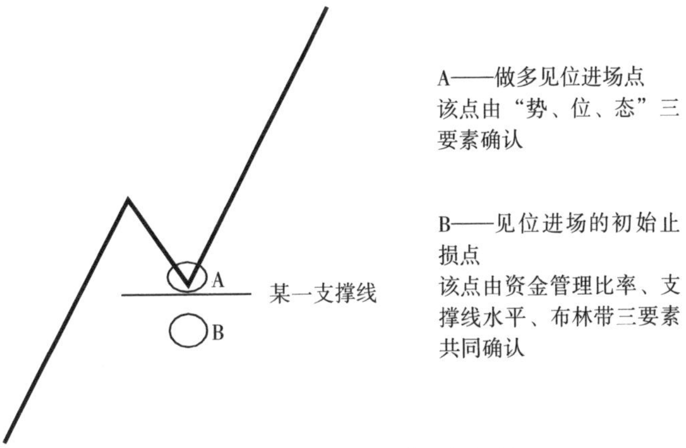

图 23-12 做多见位进场的深入剖析

在见位进场做多交易中，初始止损应该放置在布林带下轨的下侧。《外汇交易进阶》属于最初级的入门书籍，其中我们没有提到这些需要一定实操经验的人才能掌握的东西；《外汇交易圣经》着重介绍一些新思维、新理念和新手段，稍微提及了关于放置初始止损的方法；《黄金高胜算交易》更多侧重于贵金属交易的系统性思维和策略，具体方法是其关注的核心，对于一般性的进场止损并无太多涉及；本书可以说把进场策略透彻地讲解给了大家，也许你读后感觉不过尔尔（用 Martin 的话来说就是“Just so so”），这跟我们小时候看《孙子兵法》一样，觉得其中的道理真的是不证自明，其实当你真正参与了实践，并且达到一定深度，你才能真正明白什么是“铁”，什么是“血”，什么是“真金”，什么是“绣花枕头”。什么样的外汇书是一本好的外汇书（当然我们不敢说这本外汇书就是最好的一本）？我们的观点是：**当你看了不少外汇书之后，发现这本书与其他外汇书讲得完全不搭调，与其他股票书更是相差甚远，给你的观念，特别是给大家的观念造成非常大的冲击（甚至招来你的抵触），那么这本书绝对是不可多得的好书。为什么？原因很简单，“盲点就是利润”，大众的焦点往往是陷阱。**又扯到交易哲学上去了，我们也算尽心给读者一个交代，给读者提个醒，怎么去寻找好的交

有什么别人看见，你没有看见的？有什么你看见，别人没有看见的？预期差是产生利润的源泉。

“落地”略等于出场点。

易书籍，本书算头驴，甘愿为你“骑驴找马”提供便利。

下面我们接着正题展开，做多见位进场之后，交易者往往会认为交易决策完成了，其实这仅仅是开始，也许是最不重要的一部分，但也是最为重要的一部分。说它不重要是因为从客观的交易绩效角度来讲，**最终决定整个交易绩效的都是出场点的抉择**，长期整体来看都是这样；说它重要是因为从主观情绪来讲，开局的好坏往往会让交易者要么处于主动，要么处于被动，要知道交易结果往往受到交易者心理变化的直接影响，交易者可不是机器人，有血有肉，所以从这个角度来讲，进场也关乎交易最终的执行，**如果你进场位置差了，进去就处于浮动亏损，或者进去半天价格都不动，你心理上已经处于劣势了，精力上也处于疲乏状态了，说不定下一笔交易的决策就完全被非理性的大脑接管了**。而且，小资金对于进场点的要求很高，因为资金少，所以止损要求小幅度设定，承受不了市场较大幅度的波动，自然就要求一个好的进场位置。那些白天赚大钱，晚上熬通宵，结果一晚上把钱赔出去的交易者就是因为心理上和精力上处于劣势导致了失败。所以，选择好的进场点很重要，这就要从如图 23-12 所示的两个方面，六个要素入手了：分析进场点要从“势、位、态”三要素入手，设定初始止损点要从“资金要求、支撑水平和噪声过滤”三要素入手。我们结合一些具体的例子来演绎这些要诀，请看图 23-13。

图 23-13 是欧元兑美元的 1 小时走势图，当价格从 1.5470 附近呈现 N 字形上升的时候，我们就对趋势做出了初步的判断，这就是上升！此后，汇价升到 1.5615 附近时出现较长时间的震荡，稍微回落之后再度上扬，创出新高后价格再度进入盘整，此时趋势仍旧是向上的，我们寻找回调见位做多的机会，以图中 1.5614 到 1.5655 两个前期高点构筑的支撑区域作为潜在进场位置，然后等待汇价形态确认此区域支撑的有效性，不久之后汇价在此区域出现了早晨之星的局部看涨反转形态，于是我们通过此“态”确认了“位”和“势”

的有效性，进一步我们可以分析止损点的设置，将其放置在支撑区域偏下的位置，或者是支撑区域之下，如图 23-13 所示。

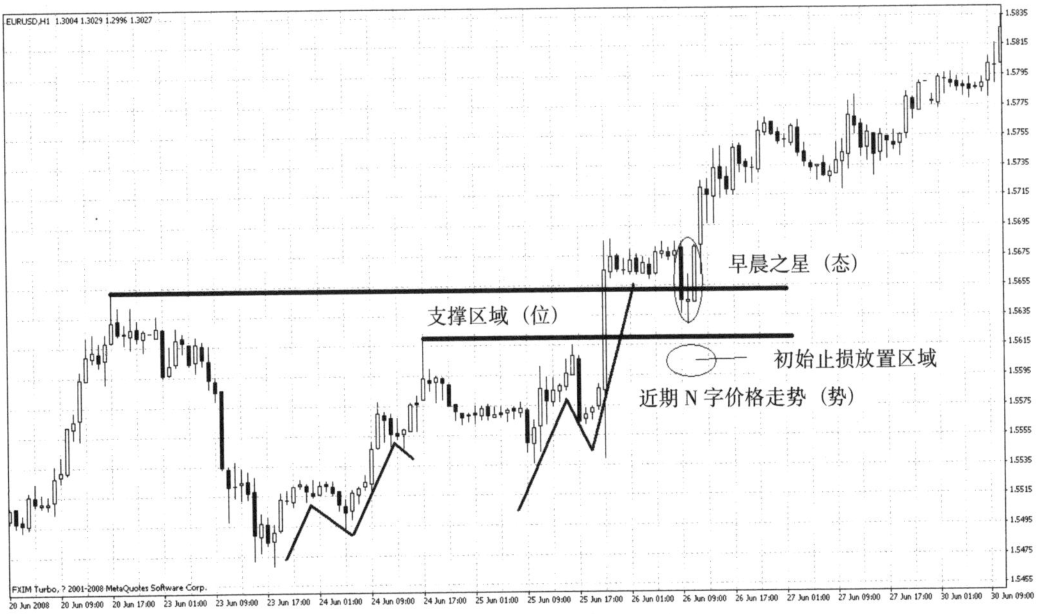

图 23-13　做多见位进场的深入示范（1）

我们再来看第二个例子，图 23-14 是英镑兑美元的 1 小时走势图，汇价从 2.0310 附近爬升，到达 2.0400 附近后出现了回落，**然后再度大幅拉升，形成一个标准的 N 字上升结构，按照我们其中一种趋势定义，我们将此时的趋势方向假设为向上**，并通过其他技术因素和仓位管理措施来验证这一假设。汇价升高到 2.0550 附近时出现了回落，在前期高点附近出现了看涨吞没，这无疑确认了向上的趋势和前期高点构筑的支撑有效，于是我们可以见位进场做多，并且将止损设定在相应的支撑线之下恰当的范围之内，在本课我们不会去涉及出场方法的具体问题，所以大家专注于进场方法的学习。不久之后，汇价升到 2.0550 附近后再度下跌，在前期低点附近形成看涨吞没形态，确认了前期低点附近的支撑有效，这又是一个见位进场做多的机会，我们可以把初始止损点设定在支撑线之下。这里的见位进场涉及两个方面的问题，第一是具体进场点的确认，第二是具体初始止损点的设定。在确定具

这里对趋势的分析是简化了的，只是从行为的角度去分析。

体进场点的时候，我们第一步会进行趋势分析，这里主要是通过 N 字方法，这是最简单的趋势假定方法；第二步是找到最近的潜在支撑线，这可能有好几条；第三步则是等待价格自己去确认某一条支撑线有效，然后扣动扳机入场，确认支撑线有效的方法就是 K 线形态，当然你可以利用西方技术图表形态，这就要复杂一些了。确认具体进场点的三个步骤其实就是确认**“势、位、态”三要素的步骤，**大家再根据图 23-14 进行更为深入的揣摩和消化吧。

其实，不光“势”要分析驱动面和心理面，“位”和“态”也可以结合数据公布来分析。

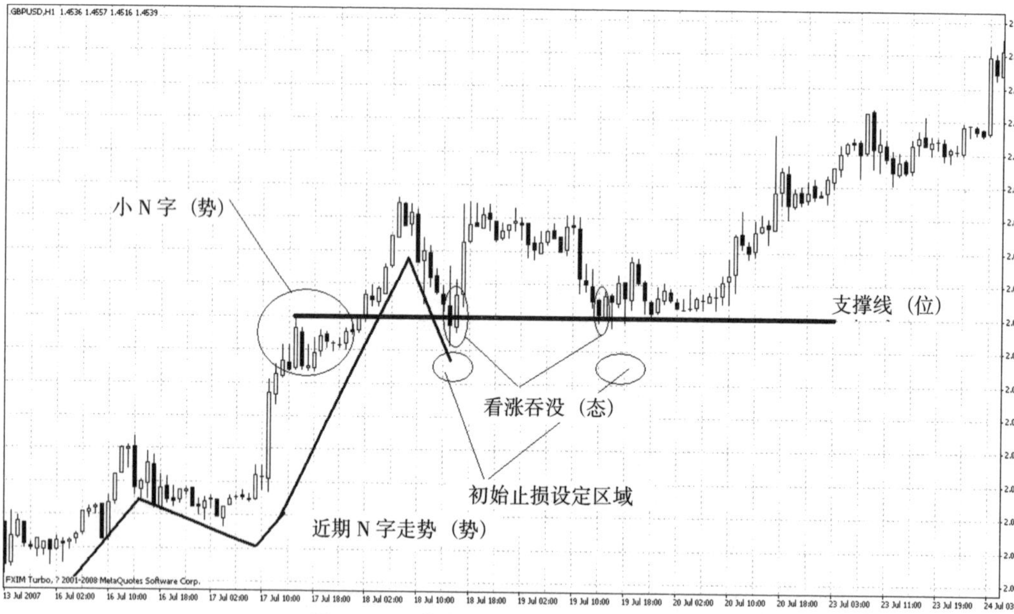

图 23-14 做多见位进场的深入示范（2）

在前面简单介绍的基础上，下面我们对做空见位进场进行深入的剖析，目的是帮助读者在具体采用见位进场步骤的时候能够有条不紊地进行，不出纰漏。请看图 23-15。价格之前有一段下跌（按照我们的要求，最好是能够在此段走势进行中或者完成后确认趋势是向下的），然后出现了反弹，反弹到某一阻力线，**并出现确认此阻力有效的 K 线形态（反转看跌的 K 线形态，比如看跌吞没或者是黄昏之星）**。上述过程其实要求进场做空之前，必须看空趋势，价格反弹到某一阻力水平，看跌反转形态出现在此阻力水平附近。一旦这三个要

如果这个时候公布了一个经济数据，差于预期，你是不是又增加了胜算？

素齐全，则交易者可以选择入场见位做空，当然最终的进场一定还要考虑止损点是否能够恰当被设定，如果超出允许的亏损比率，则再好的进场点也不能实际进行操作。初始止损点放置在阻力水平之上，阻力水平就是止损点放置的最低基准，而资金亏损比率规定了止损放置的最高标准，另外止损放置还需要考虑过滤市场噪声，我们的具体做法就是在做空交易中将止损放置在布林带上轨之上。关于什么是看跌的K线反转形态，就一般的K线分类体系而言就是诸如**看跌吞没、流星、吊颈、黄昏之星等形态**，按照更严格的分类则是《黄金高胜算交易》提到的“正向发散—反向发散”或者“正向发散—收敛—反向发散”等，按照我们体系要求，单独的流星、吊颈形态是不太适合作为高效工具用来确认阻力存在的，因为这些是纯粹的收敛形态，只能作为提醒信号，不能作为确认交易信号。

价格形态与及时消息结合起来观察，你会很有心得。

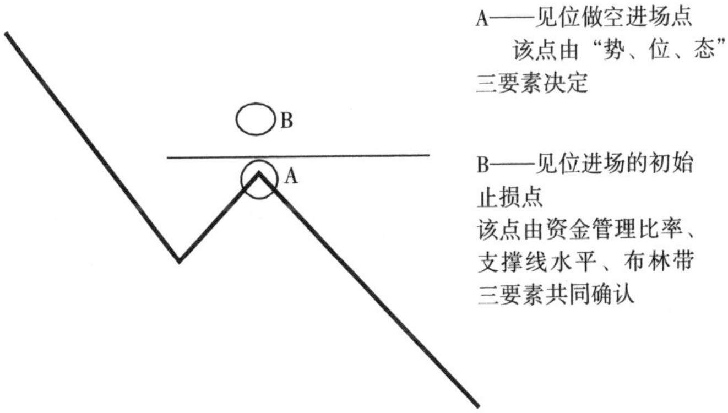

图 23-15　做空见位进场的深入剖析

下面我们来看两个见位进场做空的详剖实例，请看图23-16，这是美元兑日元的小时走势图，汇价从108.00附近下跌，跌至105.10附近的时候出现了较长时间的横盘震荡走势，此后汇价两次反弹到106.80附近，此价位水平恰好是前期下跌一波小反弹的高点，无论汇价怎么反弹都没有创出新高，从一种较常用的趋势定义出发这也可以认为趋势是维持向下的，至少不是向上的。当汇价两度反弹到106.80附近时，都出现了黄昏之星，这就确认了此处的阻力有效，于是我们可以见位进场做空，并将初始止损设定于此区域和布林带外轨之上（当然也要受到资金管理条件的限制）。

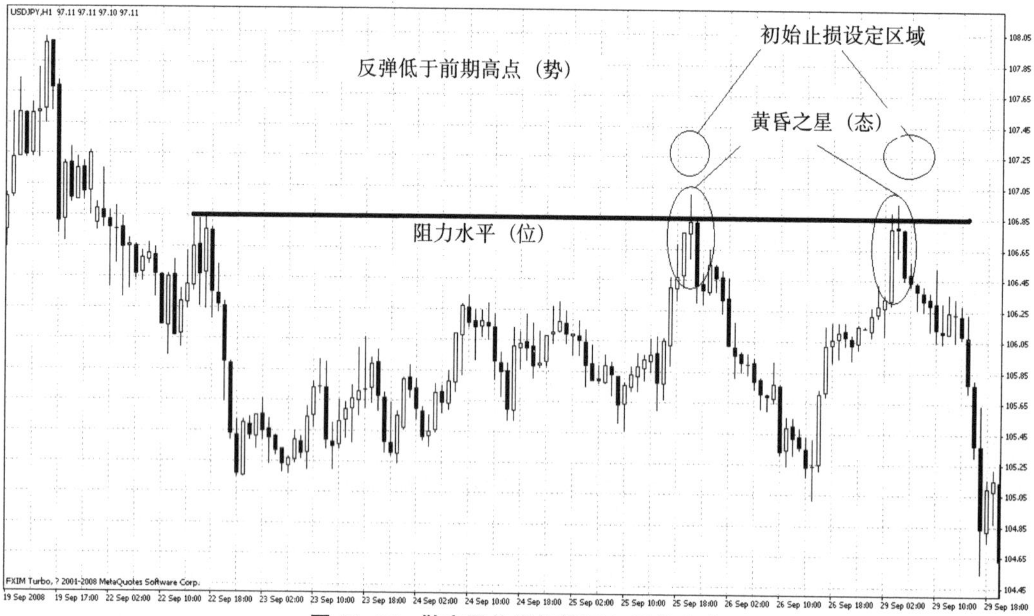

图 23-16　做空见位进场的深入示范（1）

接着看第二个实例（见图 23-17），这是美元兑日元的 1 小时走势，汇价从 108.20 附近一路辗转下跌，到了 106.15 附近以早晨之星形态展开反转回升走势，但是升至前期高点 107.90 附近又再度展开跳空下跌。向下跳空后不久急剧回补缺口，反弹到 106.80 附近出现了流星形态，然后汇价再度展开大跌，形成一个下降 N 字，我们以此假定趋势向下，并进而寻找做空进场的机会。106.15 和 106.80 两个关键水准都可以作为潜在的进场位置，因为这两处价位都可以构筑关键阻力水平，于是我们可以等待汇价自己来告诉我们到底哪个位置是进场做空点。汇价从 106.80 附近展开下跌，跌至 104.60 以看涨吞没表明局部低点，然后回升，在 106.15 附近出现看跌吞没，于是确认前期黄昏之星低点构成的阻力有效，于是这个见位进场做空点被确认，然后我们要根据阻力水平，布林带上轨水平和资金管理要求确定可能的止损范围，最后才能实际进场（其实，还需要对出场点进行预估，这样可以测算这次交易的风险报酬率，从而计算出合适的仓位）。

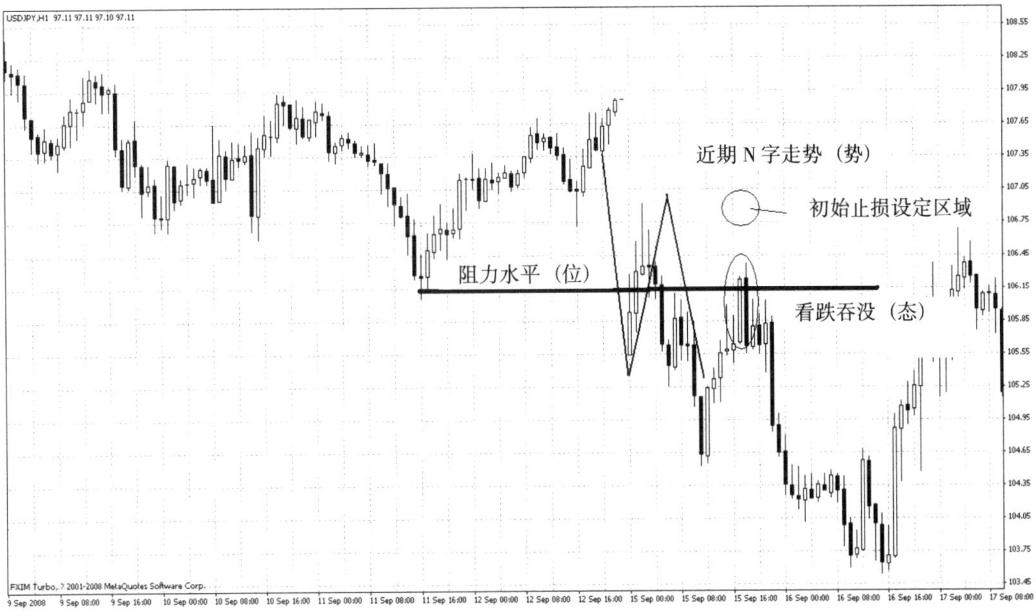

图 23-17　做空见位进场的深入示范（2）

也许你觉得见位进场显得很抽象和空洞，与实际交易的关系不大，或者你觉得见位进场太简单了，这样简单的东西也用得着长篇累牍地介绍吗？这样想你就错了，试想在你没有学完上述东西之前，你对进场点有过科学的分类和研究吗？你想过将自己用过的交易策略中的进场点类型进行归类吗？你能够在具体的交易机会中选择合理的进场方法吗？另外，见位进场也不是存在于虚空中，也不是我们理论中的一种进场方式，本书介绍过的许多知名外汇即日交易策略，以及更多本书无法囊括的外汇交易策略中都时常见到见位进场的影子。

FxOverEasy 交易系统采用的就是见位进场法（见图 23-18），这里的“位”基本是由隧道来界定的，同时通过两个指标来确认具体的“位置”有效，隧道的作用有两个：第一是确认趋势，第二是提供参照位置。所以，在这个交易系统中，你也可以看到“势、位、态”三要素的完美结合（其实，高效的分析和交易系统往往都是囊括了“势、位、态”三要素的系统）。在图 23-18 中，隧道向下，这时候交易者寻找做空机会，会选择价格处于隧道上沿，但是还未突破的时候，这就是典型的见位交易，此处是见位做空进场。那么 FxOverEasy 交易系统的隧道上沿相当于阻力线，而隧道下沿相当于支撑线，这种阻力支撑线不是水平的，而是倾斜的，所以兼顾了趋势侦测和位置侦测两方面的作用。

图 23-18 FxOverEasy 交易系统与见位进场法

在《外汇交易进阶》中，我们简单介绍了斐波那契回调介入法，在《高级斐波那契交易法：外汇交易的波浪理论和实践（1）》中我们进一步地展开了这一理论。那么斐波那契回调介入法让你获得了什么样的“感觉”呢？有点“火中取栗”的快感，是不是？其实，这种“火中取栗”的感觉是所有见位交易者经常出现的一种感受。请看图 23-19，这是美元兑日元 5 分钟走势图，汇价先是从 98.20 的高位下跌，跌至 97.60 附近出现了双底（右底稍低，一个变异的早晨之星预测了局部低点的形成）。汇价一路上扬到 98.10 附近，然后展开回调。前面的小双底就是价格不创新低的意思，一般可以假定为趋势向上，于是 98.10 附近的回撤我们也可以伺机寻找进场见位做多的机会。这里面有技能的成分，也有预期的成分，我们可以对上涨波段进行**斐波那契分割**，获得斐波那契回调点位谱（对于波幅较小的日内走势，我们采用不超过 3 条的点位，除了 0 线和 1 线之外），汇价跌到 0.5 附近出现了“正向发散—收敛—反向发散”的早晨之星，于是我们确认该水平支撑有效，可以见位进场做多。当然此前 0.382 回调点位也发挥

表象是多，本质是一。当你沉迷于表象的时候会感到迷茫，无所适从。当你专心于本质的时候则会感到踏实和安心。但是，不可割裂现象与本质，否则就落入了形而上学的境地。将价格表象与驱动本质结合起来观察和思考，这就是交易的辩证法。

了支撑作用，但是由于缺乏经典的反转K线形态确认，所以一般不介入（如果你发现该水平出现的K线形态经常是局部低点，则你可以将此形态看作确认形态，用于确认支撑有效，交易是灵活的，“因地制宜”才最重要）。

图 23-19 斐波那契回调买入策略与见位进场法

期货交易大师茨威格喜欢三种介入点：第一是前期高点做空、前期低点做多（这其实就是见位进场法）；第二是底部箱体上边沿出现旗形可以进场做多（这其实是顶位进场法，后面会详述）；第三是前期高点突破回落的多头陷阱出现之后进场做空，前期低点跌破回升的空头陷阱出现之后进场做空（这其实就是破位进场的一种特例，突破之后再反过来突破，针对第二个突破进场）。我们这里介绍茨威格的第一种进场法，这就是前期高点做空、前期低点做多。请看图23-20，这是美元兑日元5分钟走势图，汇价在97.80附近形成了一个显著低点（以变异的早晨之星形成了这个低点），然后汇价再度跌至这一显著低点的时候，我们就可以寻找进场做多的机会了，这就是典型的见位进场交易法。根据我们的经验强调两点：第一，在显著低点而不是任意低点择机进场做多；第二，需要利用蜡烛线或者其他工具来验证此前期低点形成的支撑有效，在本例中我们是利用蜡烛线形态来验证其有效性，具体而言是变异的早晨之星（“态”）确认了前期显著低点支撑（“位”）的有效性。

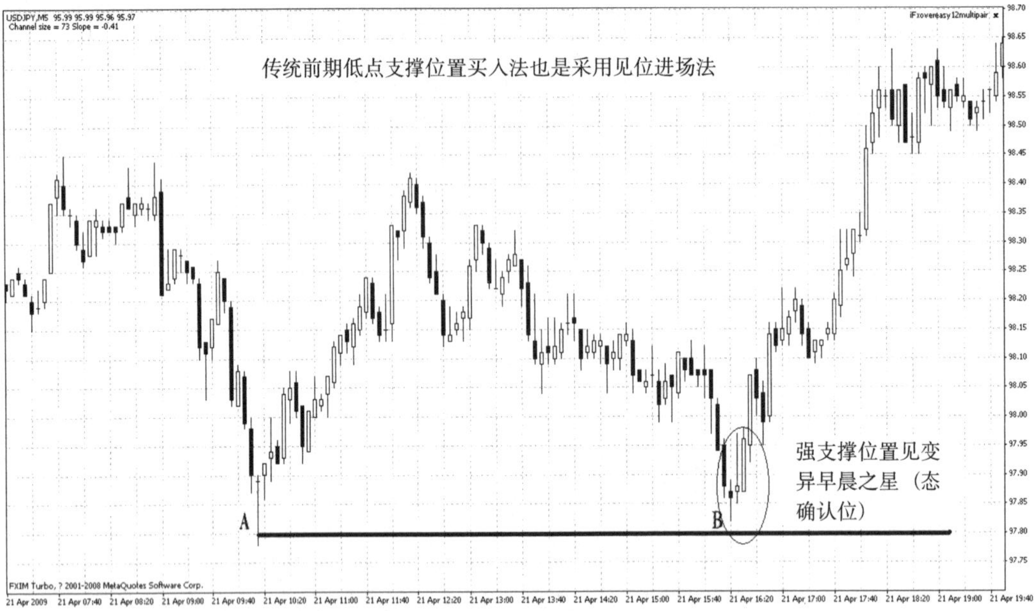

图 23-20 前期低点买入法与见位进场法

见位进场的历史比破位进场的历史要短，主要是两个原因导致的：第一，股票市场和期货市场是最早的交易市场，这两个市场的交易一般在日间水平上进行，所以区间走势较少，自然破位进场就比较适合跟随趋势的要求，而见位交易主要出现于日内交易中，避免了遭遇频繁假突破的尴尬局面，这类新兴的日内交易市场，比如外汇保证金市场，一般都处于区间市场较多的状况下；第二，破位交易是最容易理解的进场方式，除了心理上不容易接受外，其技术要件传授和掌握起来都相对容易，所以属于简单的进场方式，而见位交易的技术要件复杂得多，虽然交易者心理上容易接受，但是掌握起来很费精力和时间，同时容易因为交易者的天性而走偏，走入误区，变成“逆势进场法”，而且随着“突破而做”策略的广泛传播，这种策略的有效性已经不如杰西·利弗摩尔采纳的那段时期，假突破太多了，以至于一次真突破赚的钱还不够假突破亏的钱。

我们之所以把见位进场放在进场法介绍的第一顺序位，主要是为了适应交易者“抓顶兜底”的天性，只不过我们主要是让交易者学会通过“抓小顶兜小底”去捕捉趋势的中间段。**采用见位进场法**的交易策略在最近十来年获得了飞速的发展，这是因为传统破位进场的策略开始受到公开的质疑和挑战。不过，不管怎样，市场只要受强大驱动因素的影响向某一方向运动就必然以N字的方式前进，这使得“突破而做”具有符合市场根本结构、永不过时的特性，只是具体的实现形式多了不少噪声，让传统“突破而做”的交易者信心受挫。

结合数据公布来筛选见位进场点是非常有效的。

下面我们介绍第二种进场方法或者说进场点，这就是破位进场，请看图 23-21，这是上升趋势中的破位进场模型。当价格突破前期成交密集区或者是前期高点构成的阻力水平时，我们进场做多，这就是破位进场做多法，B 点就是进场破位做多的大致位置，而 A 点位于阻力线（突破之后一般当作支撑线）之下，是进场做多放置初始止损的大致位置。这里需要明白的一点是所谓汇价突破的阻力线，有可能是很多因素构成的阻力线：前期高点、前期成交密集区、斐波那契关键点位、前期低点等都有可能。你知道如何找阻力线，就知道如何确定破位的一般标准。图 23-21 是一般破位进场的模型，我们采用的破位进场标准更复杂一些，**为的是过滤一些日益增加的假突破，**你也可以根据自己的交易实践来增加一些独特而有效的过滤标准。

通过增加技术要求来过滤突破，不如叠加驱动面和心理面要求来过滤突破。

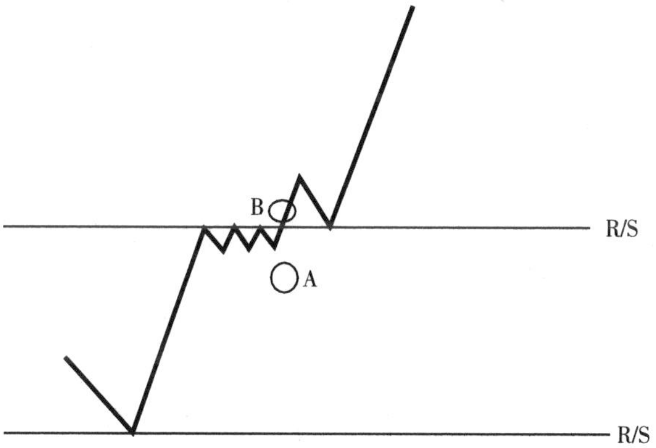

进场点 B　　初始止损点 A

图 23-21　上升趋势中的破位交易进场模型

下面，我们来看两个破位进场做多的简单例子，先来看第一个例子，请看图 23-22，这是美元兑瑞郎的 1 小时走势图，汇价从 1.1300 上升，呈现标准的 N 字上扬，汇价在升至 1.1500 附近后回落整固，形成小双底，在 1.1500 附近构筑了一个阻力水平，当价格此后突破此水平时，传统意义上的破位进场点就形成了。

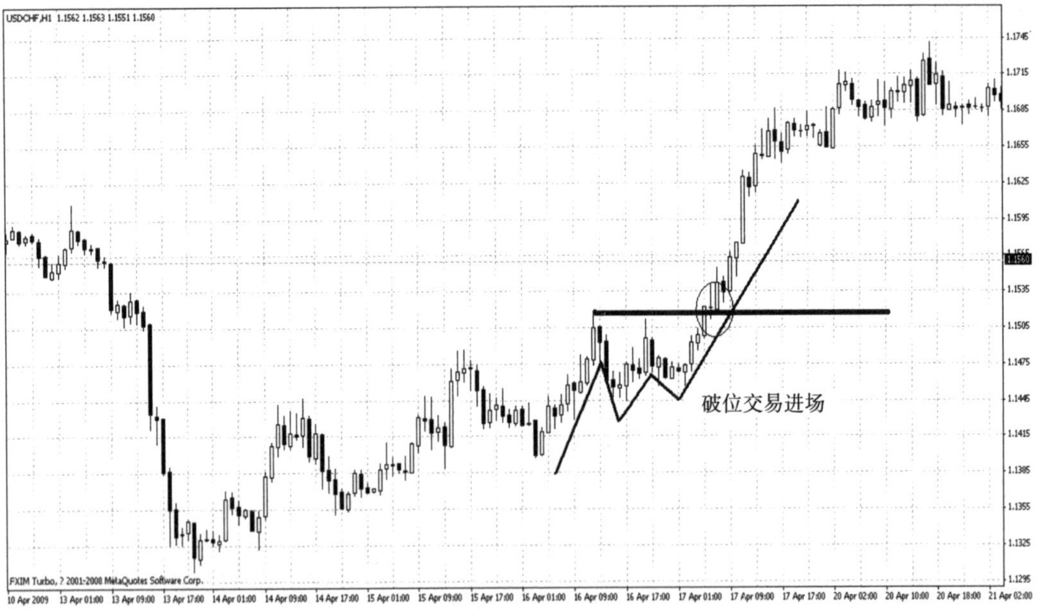

图 23-22 上升趋势中的破位交易进场示范（1）

我们再来看第二个破位进场做多的例子，请看图 23-23，这也是美元兑瑞郎 1 小时走势，汇价从 1.1010 附近开始上涨，之后以 N 字形式前进，趋势明显，升至 1.1220 附近时出现了回调，跌至 1.1120 附近再度拉升，并且突破 1.1220，突破之后合理的范围之内就是破位进场做多点。

图 23-23 上升趋势中的破位交易进场示范（2）

接下来我们对下降趋势中的破位进场进行介绍，请看图 23-24，这是下降趋势中的破位交易进场模型。在破位之前价格处于下跌走势，然后来到一支撑水平处，价格最终以跌破此支撑水平线收场，破位交易者就在跌破支撑线的合理范围之内进场做空，大概就是图中的 B 点附近。如何设定初始止损呢？一般也就是在跌破的支撑线之上设定初始止损，大概就是模型图中的 A 点。这里需要明白的一点是，支撑线并不一定由前期低点构成，支撑线的定义也不限于本书提供的范畴，你完全可以根据自己的定义来确定支撑线，只需要接受市场检验即可，这就是说，**“交易市场没老师，只有赢家和输家”，我们也只能与你分享，很难代替你的成长和自我教育。**

复盘是自我成长和自我教育的关键。

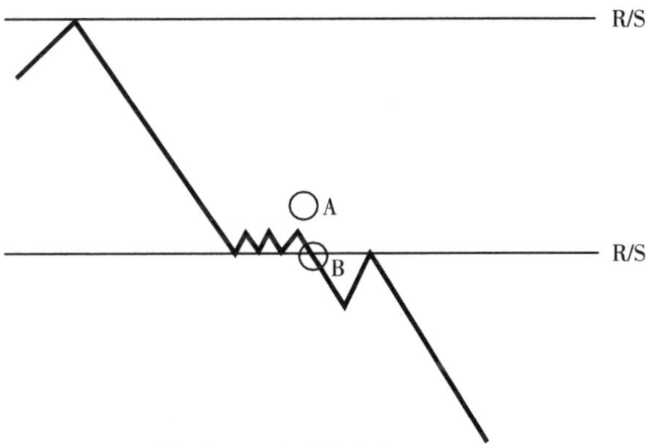

进场点 B　初始止损点 A

图 23-24　下降趋势中的破位交易进场模型

下面我们就来看两个下降趋势中破位进场做空的实例，请先看第一个例子，这是美元兑日元 1 小时交易的例子，如图 23-25 所示。汇价从 107.50 附近的横盘区域下跌，到了 105.65 附近止跌回升，反弹不过前高，再度下跌，跌破前期低点 105.65 构成的支撑水平，破位进场做空机会来临，大概在 105.65 到 105.40 区域内，初始止损则设定在 105.65 之上恰当的位置。其实，破位进场不用从之前的走势中得出关于趋势的假定，毕竟破位本身就是 N 字形成，也就是说，破位进场研判中本身就包含了对趋势的假定，在本例中价格跌破此

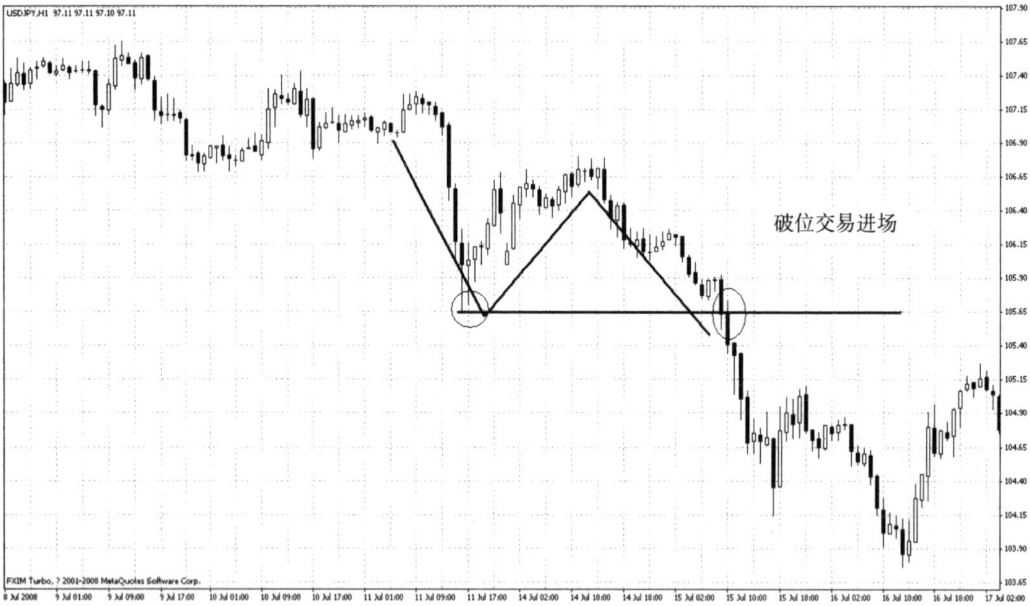

图 23-25　下降趋势中的破位交易进场示范（1）

前的低点，创出新低，这就构成了一个 N 字，破位时 K 线为大阴线，这也是一个比较好的确认信息。

我们再来看第二个实例，请看图 23-26，这也是美元兑日元 1 小时破位做空交易的例子。汇价跌破横盘区的底边之后一直下坠到 106.65 附近，汇价展开小幅反弹，高度

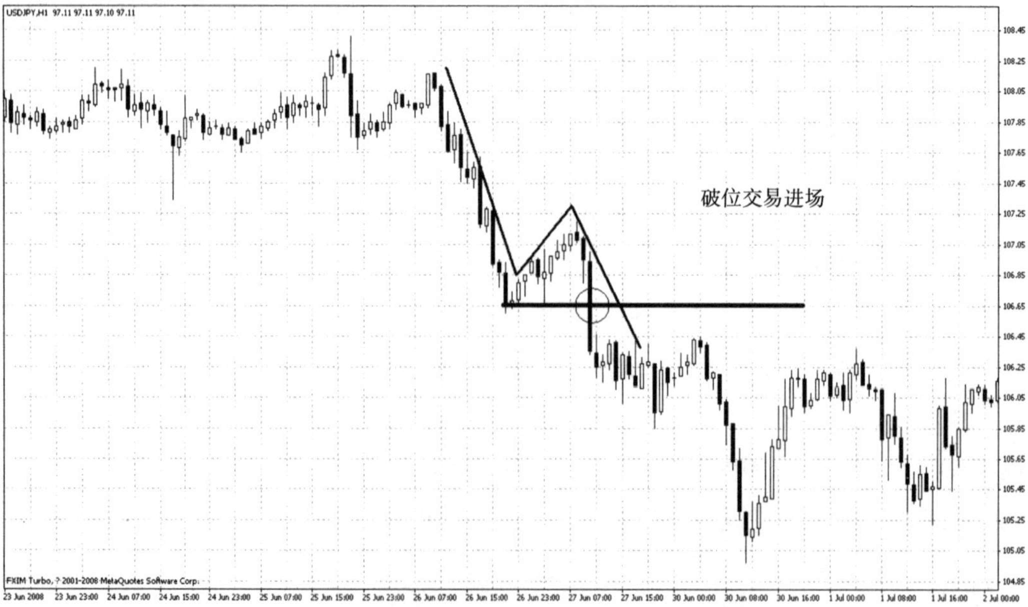

图 23-26　下降趋势中的破位交易进场示范（2）

仅仅达到 107.05 附近，然后再度下跌，并以大阴线跌破前期低点构筑的支撑线，这就是“态”（大阴线）对于破“位”（前期低点构成的支撑线）的确认。破位进场做空之后，交易者应该将初始止损放置在 106.65 之上恰当的空间。

在前面一般破位进场法的基础上，我们再进一步介绍我们所采用的破位进场法。毕竟，大众所采用的一般破位进场法，还是基于传统模式的方法，基本上都是来自 20 世纪 60 年代出版的某些经典西方技术分析著作，这些著作奠定了破位进场法的业界地位，同时也是前面介绍的一般破位进场的原型。随着金融市场的发展，特别是近 40 年来外汇市场的出现，传承自较早时代的破位进场思想已经让交易者有“削足适履”之嫌，**传统破位进场的附加条件基本是为了提高股票破位交易的效率，比如成交量适度放大才接受破位信号，突破 N%才接受破位信号，突破 3 日才接受破位信号等，在外汇市场中很多这样的附加条件都是不适用的**，所以我们这里作进一步介绍的目的是让破位进场方法更适合现代短线，特别是外汇日内交易的需要。请看图 23-27，该图深入剖析了破位进场做多的细节层面，特别是通过在基础破位进场法上附加条件来提高破位进场的效率。

矛盾的特殊性决定了解决矛盾方法的特殊性。

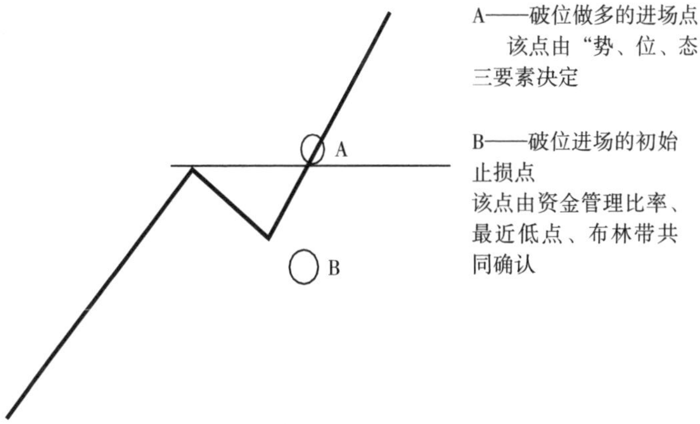
A
B
A——破位做多的进场点
该点由“势、位、态”三要素决定
B——破位进场的初始止损点
该点由资金管理比率、最近低点、布林带共同确认

图 23-27　做多破位进场的深入剖析

做多破位进场之前价格处于调整中，这种调整可以是横向的，但是大多是纵向的，而且调整之前价格一般也处于上

升趋势之中，但这并不是必要条件，因为价格向上突破创出新高本身就能确认趋势向上，所以破位进场本身就可以确定趋势，而不像见位进场需要之前的走势来确定趋势。向上破位之前的走势如果能够提前确认向上的趋势，则对于趋势的确认更有效率，如果破位之前市场走势不定，甚至是向下的，也无所谓，因为一旦向上突破（特别是显著的阻力水平，且有一些其他确认突破有效的信号，比如特别的蜡烛形态则更好）就表明趋势向上的可能性较大，**在交易中则可以假定趋势向上，并以此制定令交易可证伪的止损点。**当价格向上突破阻力线时，“位”就是该阻力线标注的价位水平，而价格在突破时的形态就是“态”，我们倾向于实体较大的K线位于突破界面上，在向上突破的情况中，应该是中阳线和大阳线最好。

做出假定最好有驱动面和心理面的证据。

下面，我们来看两个具体的实例，第一个例子是美元兑瑞郎的1小时破位做多交易，请看图23-28，汇价从1.0000附近大幅上升（像这种大级别的整数关口往往是反转交易者最为关注的地方），以N字筑底（在小时图上很多币种的反转

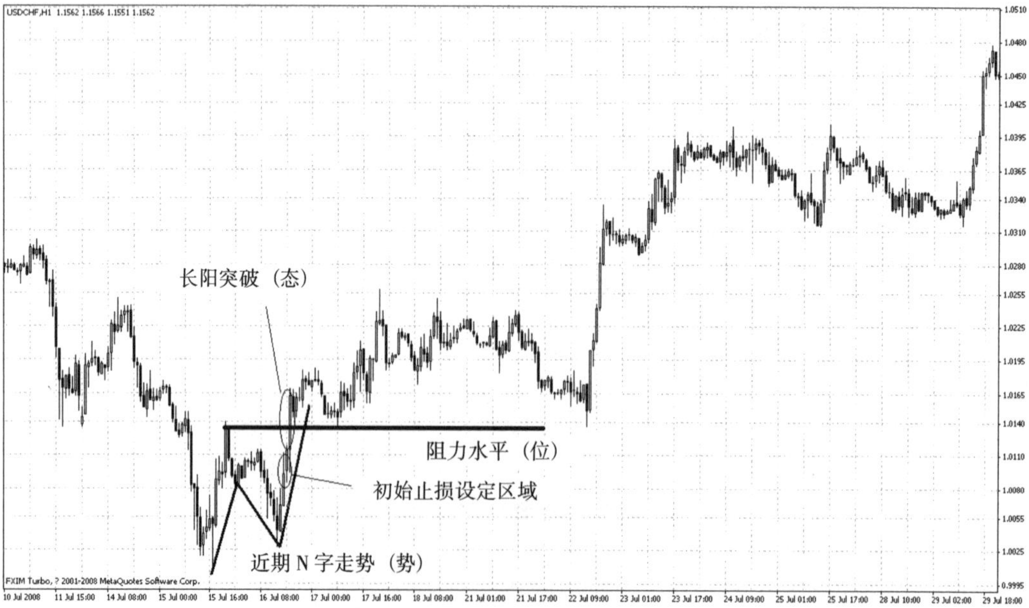

图23-28 做多破位进场的深入示范（1）

都是以 N 字筑底开始的，筑顶则往往是横跨三日的横盘，这些可以从我们英镑交易员小何的《外汇狙击手》一书中了解到)，这里需要注意的是这个 N 字底本身就是一个破位做多的交易特征，你可以把这个 N 字底看成是变形的 W 底，对前期高点或者说 W 底颈线突破是传统意义上的交易规则，这里需要注意的突破是以长阳线完成的，这就是说“态”确认了破“位”的有效性，当然你还可以在此基础上附加其他确认条件，而这些需要你自己具备至少一年以上的交易经验才能做到，否则你附加的条件往往是不恰当的，顾此失彼的问题严重。在本例中，你在进场做多之后的初始止损点应该设定在阻力水平（颈线）之下恰当的范围，我们一般要求在布林带下轨之下，2%亏损比率以内。这个破位进场交易中，我们仍旧秉持了一贯的“势、位、态”三要素分析思维，这是我们行为分析的主题思路。当然每个交易员也有自己的独立见解和独特方法，只是“势、位、态”浓缩了几乎所有技术分析的精髓，何不“拿来主义”？**“势、位、态”哲学用在人生规划上也是非常高效的，你首先要确定社会和行业。**

陈胜、吴广和项羽、刘邦都看对了趋势，但是在“位”和“态”的选择上却存在天壤之别。

下面我们再来看破位进场做多深入示范的第二个实例，这是美元兑日元 1 小时交易实例，请看图 23-29，汇价从 92.40 附近开始拉升，不久便回调，然后再大幅拉升，其走势有点像艾略特波浪的 5 浪结构，只是第 5 浪真的是太长了（第 1 浪、第 2 浪、第 3 浪、第 4 浪单就形态而言都很符合，第 5 浪就不像了，这是题外话，真正的艾略特波浪交易需要极其严格的前提条件，所以不太适应日内交易高周转率的需要）。上升走势开始阶段就是一个 N 字底，然后再度拉升（仿佛飙升的第 3 浪），接着进入调整（仿佛是第 4 浪），这个调整也像是空中双底，此后汇价以长阳（态）向上突破了前期高点（位），破位做多的基本条件（势、位、态三要素）都具备了，勘察好初始止损设定位置，我们就可以进场做多了。

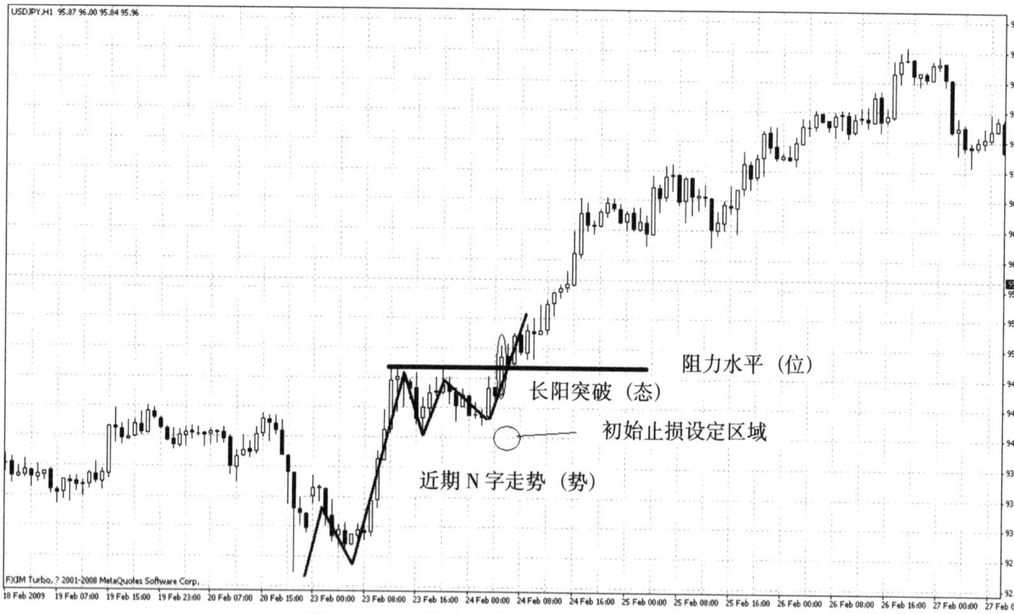
阻力水平（位）
长阳突破（态）
初始止损设定区域
近期 N 字走势（势）

图 23-29　做多破位进场的深入示范（2）

第一次利空出现或者最后一次利多兑现会导致趋势向下格局。

那么，我们破位进场做空是如何具体操作的呢？请看图 23-30 的做空破位进场深入剖析图。破位进场的时候也要求三点：第一，**趋势向下**；第二，支撑线被跌破；第三，以持续下跌 K 线形态跌破支撑线。这里的持续下跌 K 线可以简单地理解为中阴线或者是大阴线。进场做空之后，初始止损设定在支撑线（此时转化为阻力线）和布林带上轨之上，同时符合资金管理要求。

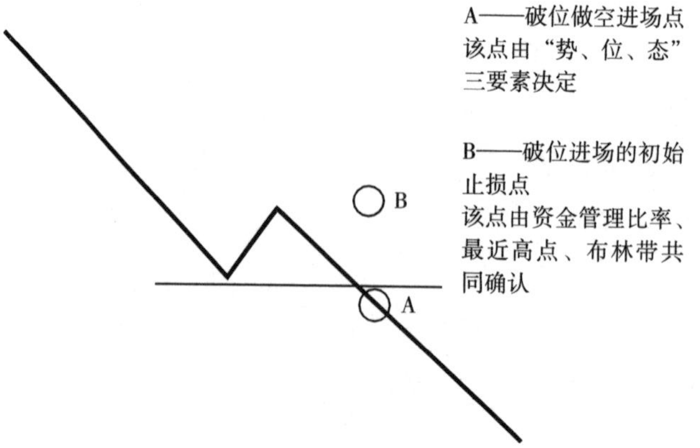
A——破位做空进场点
该点由“势、位、态”
三要素决定
B——破位进场的初始
止损点
该点由资金管理比率、
最近高点、布林带共
同确认
B
A

图 23-30　做空破位进场的深入剖析

下面我们来看利用我们破位进场策略的实例，第一个是美元兑日元 1 小时交易实例，请看图 23-31。汇价在 100.75 构筑了一个变异的双顶之后开始下跌，跌到 99.85 之后出现“反弹”（事后定义），反弹不过前高（根据传统的趋势看法，这就是趋势向下的标志之一），于是我们寻找进场做空的机会，此后价格以中阴线跌破 99.85 附近的支撑线，“态”确认了破“位”有效，于是我们可以进一步考虑能否恰当设定止损，最后再迅速入场做空并设定止损。

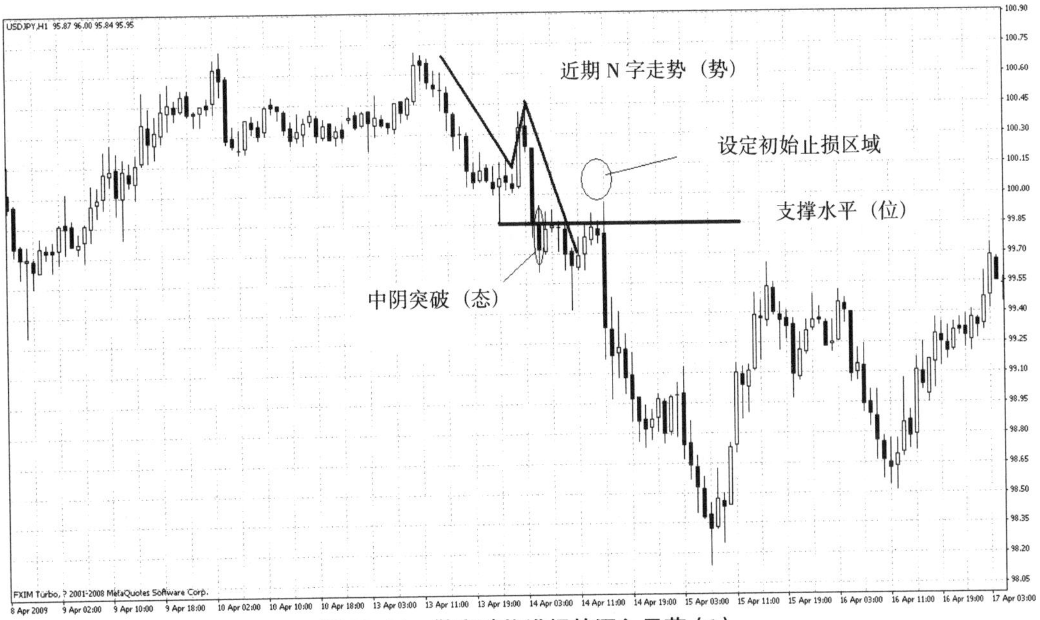

图 23-31　做空破位进场的深入示范（1）

下面我们再来看第二个例子（见图 23-32），这也是美元兑日元的 1 小时破位做空交易。汇价从 99.15 下跌，这个价位附近形成了不显著的小双底，然后汇价跌至 97.90，回升但是没有创出新高，继续下跌，形成 N 字，以长阴线下破前期支撑水平，“态”确认向下破“位”有效。止损怎么设置呢？还是照我们的老规矩去操作，三个要求：关键水平外侧、布林带外侧、资金管理比率之内。

破位进场很老，几乎在投机作为一门营生出现的时候就存在了，杰西·利弗摩尔和罗伯特·江恩都非常重视破位进场，大家可以去查查江恩的手稿，最有实战意义的部分就是所谓的十二条买卖法则，其中大部分涉及破位进场和趋势确认方面的问题。杰西·利弗摩尔是投机史上值得被大书特书的人，而理查德·丹尼斯则是第二人，至于江恩，现有的材料看来他算得上是很好的理论家和营销家，真实交易方法还很欠缺，**但是他**

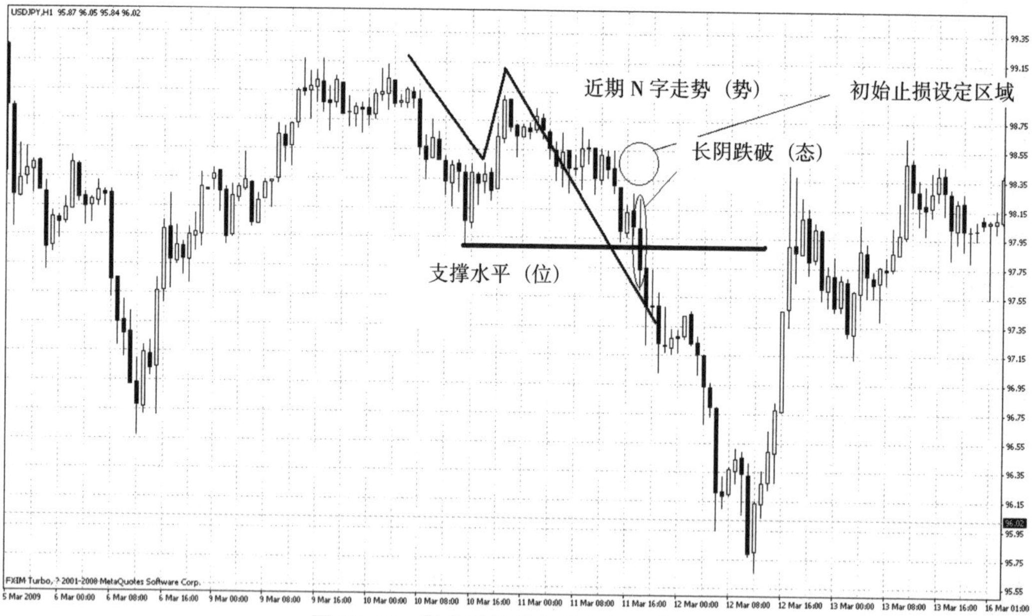

图 23-32 做空破位进场的深入示范（2）

江恩将天文历法运用于金融市场，这是一个有研究意义的领域，但是仍旧不能脱离驱动面，否则就落入了空谈玄学的境地。

的确是从统计角度研究市场的第一人。破位进场在这三个投机巨擘那里都得到了最高规格的重视，下面我们谈到的一些破位进场策略就与他们密切相关，要知道破位进场与投机的年纪一样大，“家有一老，如有一宝”，你应该好好“侍奉”这一“老人”。

分形是混沌数学上的一个概念，比尔·威廉姆斯以价格走势中的波段端点来定义市场中的分形，并发明了大名鼎鼎的分形指标（Fractual），这个指标在很多国外交易软件上都能找到，比如 metastock 和 metatrader 等。其实比尔·威廉姆斯的分形与杰西·利弗摩尔的 Pivot 点基本一致，就是波段高点和低点，只不过杰西·利弗摩尔的定义没有比尔·威廉姆斯那样明确。无论是杰西·利弗摩尔的“试探—金字塔加仓”操作法，还是比尔·威廉姆斯的混沌操作法都基于分形或者说 Pivot 点被突破，**“突破而作”是他们典型的进场方法，**请看图 23-33。

“突破而作”成不成功的关键在于有没有趋势，有没有趋势的关键在于驱动面。

突破交易法无处不在，从最古老的 Pivot 突破法到现代的混沌操作法都利用了突破进场技术，在外汇市场上备受关注的汉斯时区波幅交易法也是采用的突破交易法，只不过这一策略基于的阻力/支撑水平来源于特定时间内走势的高点和低点（见图 23-34），突破进场是汉斯交易方法的关键构件，其出场方法则是前位出场法，汉斯交易法也是本书强烈建议读者实践和完善的方法，在本书前面课程和附录都有较大篇幅的涉及，毕竟这是一个不可多得的“系统样本”，对其的研究从指标到智能交易程序，从理论框架到绩

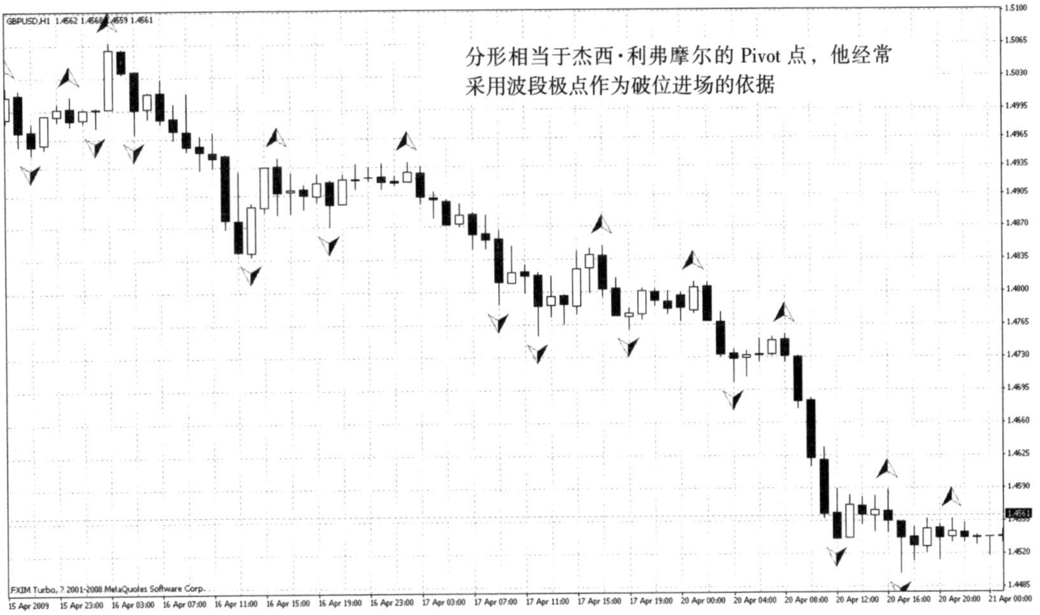

图 23-33　分形（Pivot）突破交易法和破位进场法

图 23-34　汉斯时区波幅突破交易法和破位进场法

效检验都有全面翔实的材料作为支持，这就好比编电脑操作系统的软件人员可以参考现成的Linux源码一样，你要想做出自己的好交易系统，也需要汉斯时区突破交易法这样好的“源码”。

顶位进场法你很少看到，但是不少成功的“少数派”交易者都在默默使用这种进场策略，比如茨威格和华鼎·格里夫，他们认为除了见位和破位进场方法之外，还存在顶位这种极好的进场方法，这个方法需要形态上的确认，而不单单是价格突破或者靠近某一关键水平。请看上升趋势中的顶位进场法的模型，见图23-35，价格从低位上升，然后触及一条阻力线，价格并没有立即下跌，而是紧贴着此阻力线运行，这就是关键的地方了，说明阻力线并不是真的阻力，而是引力，表明市场力量“蓄势待发”，这里顺便告诉大家一个小诀窍：真正的阻力和支撑，一旦价格触及之后很快就会离开，如果黏着不放，往往都要突破，不信你去看主要货币对的日内走势。正是这种“紧贴”走势给予了我们一种新的进场机会，这就是“顶位进场点”，茨威格估计是最先发现这种进场点的交易界人士，但是他没有明确定义它，而仅仅是当作期货投机中少数几种可靠的进场机会。请看图23-35，汇价升到阻力线附近后开始紧贴横盘，上下幅度很小，也就是B圈内的走势，在B圈内你可以择机进场做多，并将初始止损放置在盘整区下方一定距离之下，大致是模型中的A点。

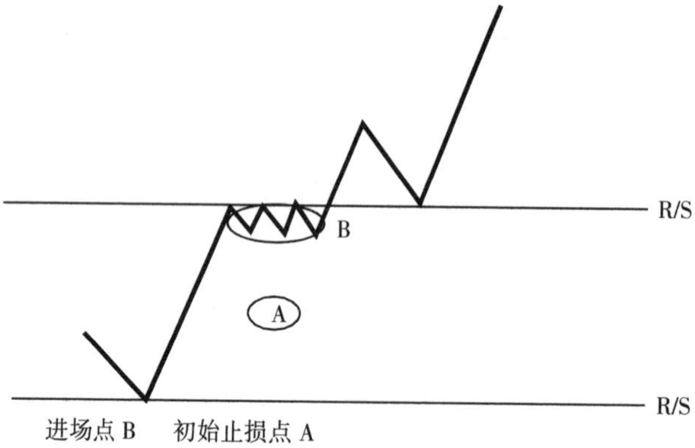

图23-35　上升趋势中的顶位交易进场模型

下面我们来看两个具体的顶位进场做多的实例，请看图23-36，这是黄金1小时走势图。金价从864.0附近上升，升至894.8附近后调整，止跌于879.0附近，然后再度上升，紧贴前期高点构筑的阻力线运行，当有连续三四根水平排列的K线出现之后，交易者就可以顶位进场做多了，并在恰当位置放置初始止损（**以后一般需要移动止损，以便恰当控制风险和报酬之间的比率**，关天豪的《5分钟动量交易系统》就采用了仓位减少和移动止损来动态改变风险报酬率）。

图 23-36　上升趋势中的顶位交易进场示范（1）

第二个上升趋势中的顶位进场法实例是美元兑日元的 1 小时走势图，汇价开始的时候一直在 88.60 到 89.95 之间呈现茨威格所谓的“低位盘整运动”，震荡一段时间之后，汇价开始上扬到箱体上边缘，并“紧贴”箱体上边缘运动，如图 23-37 所示，这

图 23-37　上升趋势中的顶位交易进场示范（2）

就是典型的顶位进场做多的机会，停损点可以放在紧贴运动部分的下方恰当位置，具体的放置点还需要考虑资金管理比率和噪声过滤要求。本例中介绍的这种情况是经典的茨威格进场情景。

这个时候市场往往在等待某一重要数据的公布。

做多交易的顶位进场着重于寻找市场紧贴阻力线的行为，因为紧贴阻力线往往表明阻力线其实已经不是阻力线了，变成了引力线，**也可以看作是市场蓄势待发，准备突破此阻力线。**而做多交易的顶位进场则着重于寻找市场“紧压”支撑线的行为，因为紧压支撑线往往表明支撑线已经不是支撑线了，化为了引力线，密集的成交表明市场交易双方在此附近获得暂时的一致性，也可以看成是市场主力蓄势待发准备跌破此支撑线，如图 23–38 所示。汇价从高位下跌，跌至某一支撑线时开始横向运动，价格运动出现停滞，“紧贴”支撑线的价格行为出现恰好就是顶位进场做空的机会，做空点在 B 处价格窄幅运动的末端，初始止损点放置在 A 区域附近（需要注意的是“初始”止损放置在 A 区域，随着价格的变化，交易者面临风险报酬结构也在变化，自然也应当相应变化其仓位）。

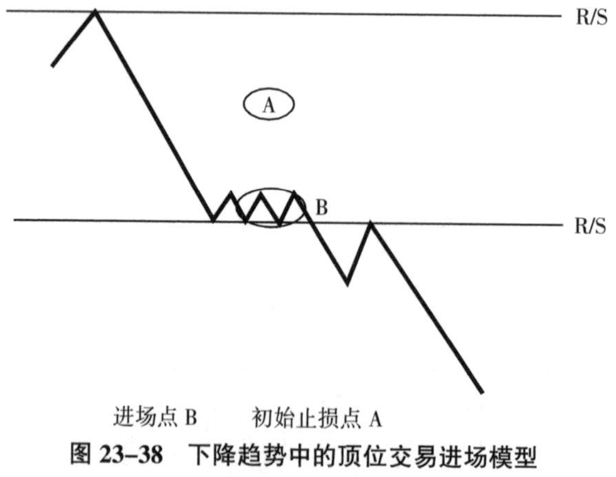

图 23–38 下降趋势中的顶位交易进场模型

下面我们来看两个具体的顶位进场做空的实例，第一个实例是英镑兑美元的 15 分钟做空交易，请看图 23–39。汇价从 2.0025 附近构建顶部后逐步下跌（顶部好似双顶，更像是头部直角三角形，这个大家可以对照传统的西方技术分析教科书去判断，这里只是随便提一下，比如约翰·墨菲和爱德华等人写的技术分析教科书）。汇价跌到前期众多低点形成的支撑线附近时不是像此前一样立即弹起，而是压着此支撑线“横着走”，这就是典型的顶位进场做空点，初始止损的设定比见位进场和破位进场要复杂些，毕竟此时的“位”（支撑线）不能为交易者提供“天然的屏障”，**交易者需要另找关键位置来设定初始止损**，同时考虑布林带上轨位置和资金管理要求。

顺势是提高止损效率的关键。如果不注重顺势，则止损触发概率会很高，这样就相当于慢性自杀。

图 23-39　下降趋势中的顶位交易进场示范（1）

第二个顶位进场做空的例子涉及美元兑加元 1 小时走势，如图 23-40 所示。汇价从 1.3000 附近的整数关口暴挫，到 1.2450 的位置企稳，然后汇价回升，1.2450 成为一个可供参照的支撑位置（要注意的是，虽然价格下跌到这个位置时出现了横向运动，但是由于此前并没有合理的支撑线位于此水平，所以这并不是顶位进场做空的机会），此后汇价又跌到此支撑附近，然后迅速弹起，最后当汇价压着（最明显的还有一根类似流星的 K 线压着支撑线）此支撑线时，顶位进场做空的机会就来临了，本例中的初始止损应该放置在什么地方呢？仁者见仁，智者见智！这就是交易个性化的一面。

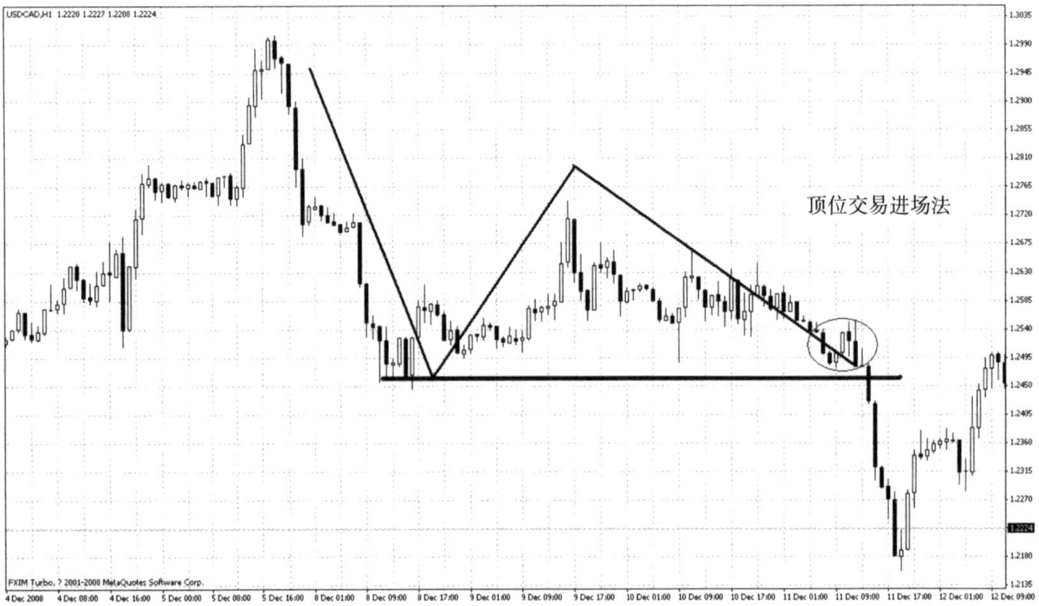

图 23-40 下降趋势中的顶位交易进场示范（2）

你了解了最古老的进场方法——“突破而作”，破位进场法，也基本知道了什么是 30 年来最受关注的进场方法——见位进场法，甚至对最近少数交易者才掌握的经常方法——顶位进场法有所知悉，四种进场法中你已经知道了三种，这三种方法是你可以去不断实践和完善的进场策略，还剩下一种进场方法，这种方法是你要避免的，因为绝大多数菜鸟都在运用这种方法，这种方法的特点就是“在没有天然壁垒的情况下贸然发动进攻”。“先立于不败之地，而后求胜”这是《外汇交易圣经》中的开章之句，你别以为是在摆弄“文字游戏”，故作“假大空的哲学”，其实这里面涉及进场位置选定的问题。除了顶位进场法的初始防御条件不明晰外，破位进场和见位进场的初始防御条件都简单有力，这就是临近的“位”，**而新手的进场往往考虑的是“不要错失盈利的行情”了，而不是着手于建立最有利的进攻形势，“致人而不致于人”，把握**

选择什么样的格局决定了主动权在不在你的手中。

主动权，构筑有利于己方的态势，这才是伟大外汇交易者的风格，本书的作者们离此标杆还有很远的距离要走，大家一起分享和共勉。但是，我们在进场上经历了太多血的教训，因此比那些“初生牛犊不怕虎”的新手要更加敬畏市场这个对手，“因势利导”去面对市场的“催眠”，进攻（进场）前我们必定选择“有利的地形”（位）布置防守（初始止损）。如果以后有时间和精力，我们想结合《孙子兵法》和外汇交易的实际案例来写一本《基于孙子兵法的外汇短线交易》。当然这是后话了，我们的目的是想让大家对我们选择进场策略的标准有所体察，这就是“便于防守的进场”（也可以理解为可以证伪的进场，当然这又可以延伸出《基于卡尔·波普哲学的外汇短线交易》了，我们可没有太多精力和机会来透露太多的交易哲学，毕竟大家都喜欢“短平快”的速成交易技巧，这也是大众的盲点所在），而**间位进场法**的最大特点就是“忽略防守”，说得更透彻一点就是“没有防守”。

缺乏耐心，怕错失行情，情绪化交易是触发间位进场的关键。

我们首先来剖析上升趋势中的间位进场，请看图 23-41，这是“上升趋势中的间位交易进场模型”。间位的意思就是在两个关键位置（R/S）之间，对于上升趋势中的间位而言，就是价格处于上面的阻力和下面的支撑之间，离两者都较远，处于“上下悬空”的位置，新手进场的时候往往本能地选在这种位置，因为价格跌到支撑的时候他们认为市场还会下跌，每次价格达到一个关键位置，他们都有疑虑，反而是价格如行云流水上涨的时候，他们被眼前的上涨“催眠”了，于是生怕踏空行情，兴冲冲地杀进去，根本不考虑放置初始止损点是否有恰当的空间。当交易者距离关键位置（R/S）过远的时候进场则只能把初始止损设定在较远的地方，从而使得这笔交易的风险报酬比一开始就处于非常糟糕的状态。注意：这是几乎所有新手的通病，因为新手从来不关注“位”要素，当然对于“势”和“态”要素，他们也不太关心。如图 23-41 所示，上升趋势中，交易者选择了类似 B 点这样的位置进场做多，则它的初始止损点必然要求放在 A 点附近，也就是下

最大（潜在）风险报酬率是由驱动面决定的，现实风险报酬率是由仓位管理决定的。

面最近的支撑线之下，这样的止损设定一般都会符合资金管理比率的要求，**因为交易者为了获利承担了过分的潜在风险，以不必要的多余风险追求相对不变，甚至较少的潜在利润。**

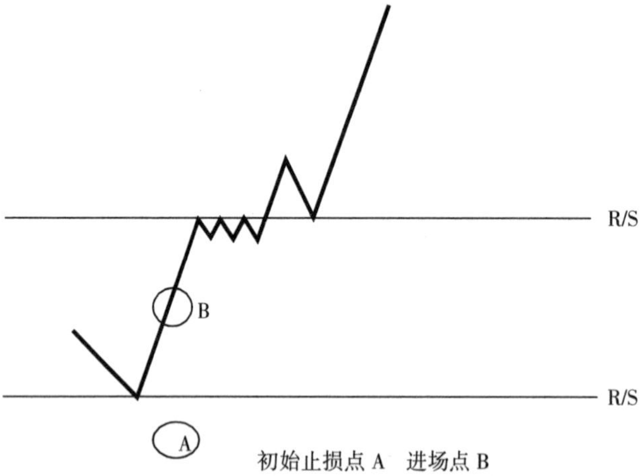

图 23-41　上升趋势中的间位交易进场模型

从上述文字和模型图示中，你大概已经知道了什么是“间位进场”做多，下面我们来看一些具体的间位进场做多的实例，请看图 23-42，这是美元兑加元的 1 小时走势图。汇价从 1.9670 开始上升，在 1.2175 和 1.2355 两处形成了关键位置，这里需要注意的是 1.2355 处关键位置是当交易者没有在 1.2175 附近做多时需要等待出现的一个“未来关键位置”，当交易者在错过了 1.2175 关键位置做多的机会之后，必须等待下一个关键位置的出现，否则在缺乏较近关键位置的依托下入场做多就是间位进场，犯了初学者（其实，至少 1/3 的老手也会经常犯这种毛病，老手并不一定是好手，外汇市场不会实行“年功序列制度”，不会“论资排辈”，只有输家和赢家，英雄不问出处）经常会犯的错误。

轴心点线谱是日内短线交易者经常采用的交易指标，轴心点混合斐波那契分割线谱属于轴线点线谱的一种（注意杰西·利弗摩尔的 Pivot 点与现在外汇交易中经常用到的 Pivot points 指标不是同一个东西，虽然两者都可以用于设定关键位置），独立黄金交易员欧阳傲杰曾经在《黄金高胜算交易》一书中的“黄金 1 小时交易系统”中应用这个指标。下面我们就基于轴心点混合斐波那契分割线谱演示所谓的“上升趋势中的间位进场做多”，请看图 23-43。所谓上升趋势是交易者本身的假定，进场之后市场真实的走势未必与此一致，所以交易者必须为自己的假定留下证伪手段，这就是初始止损。在轴心点混合斐波那契分割线谱中，做多

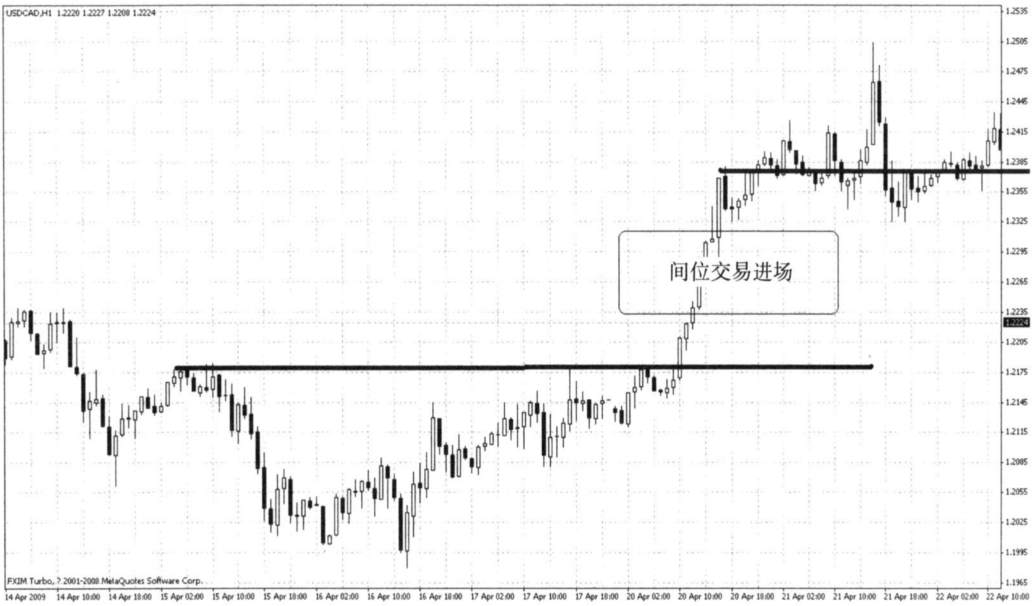

图 23-42 上升趋势中的间位交易进场示范（1）

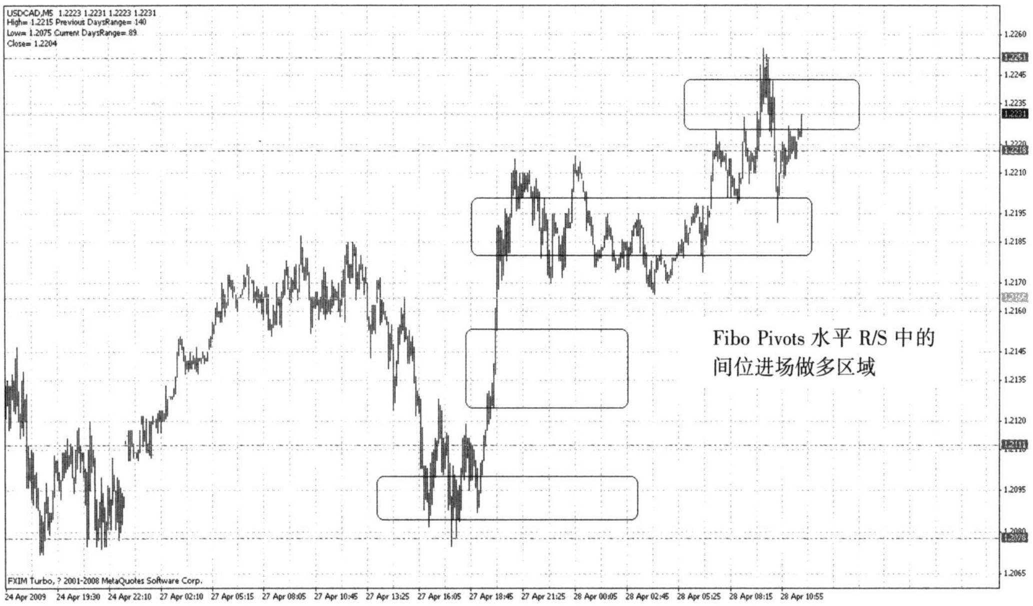

图 23-43 上升趋势中的间位交易进场示范（2）

的初始止损点应该放置在特定水平线的下方合理位置。当交易者在两条水平线之间，距离上下两条水平线较远的地方进场做多时，间位进场就发生了。

接下来我们来看下降趋势中的间位进场，请看图 23–44，这是下降趋势中的间位交易进场模型，当汇价从高处跌落时，交易者预判汇价会进一步下跌，于是在上下不靠近关键位置的情况下进场做空，如图 23–44 所示也就在 B 点附近做空，而止损只能设定在较远的 A 点附近，这样的交易付出了过多的“成本”，风险报酬比不必要地恶化了。A 点设定的初始止损往往使得交易者承担不必要的过分风险，也使得交易者势必违反资金管理比率，当时这并不能阻止交易新手屡屡以此方式进场。

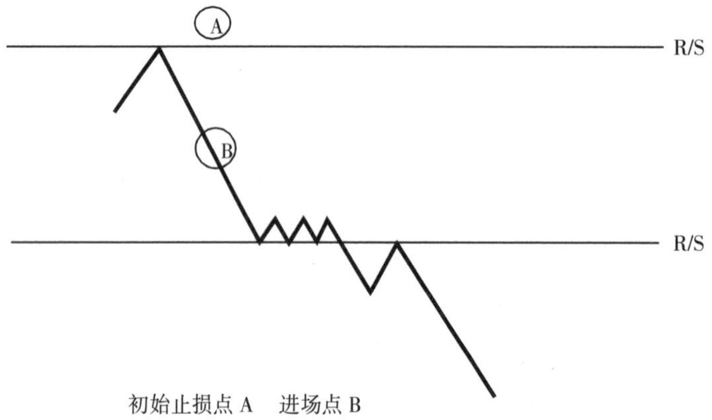

图 23–44　下降趋势中的间位交易进场模型

下面我们来看两个具体的实例，请看图 23–45，这是美元兑加元的 5 分钟走势图，我们的交易员当中有好几位偏爱 5 分钟走势交易，比如关天豪，当然他的系统也在不断地完善当中，我们这里主要以 5 分钟走势图演示下降趋势中的间位进场。当美元兑加元从 1.2365 附近下跌时，出现了很好的破位进场机会，但是交易者没有把握住（可能是心虚了，可能是手不够快，当然有很多原因……），之后交易者并没有等待下一个良好进场位置出现，就“冒失”地入场做空，这就是图中圈注的“间位进场法”区域。

第二个下降趋势中间位进场的例子是基于轴心点混合斐波那契分割线谱，请看图 23–46，这是美元兑日元的 5 分钟走势图。汇价从上往下跌的时候，一路上有三条关键水平线，但是交易者就是不在这些线附近合理的位置入场，非得在两条线之间距离两线较远的中间地带入场，这就是间位进场做空，这种操作使得交易者设定的止损幅度过大，不符合资金管理的根本原则。

本课是本精品教材的倒数第二课，也是顺数第二重要的内容，如何入场，以前我们为了便于与读者沟通，表述为交易手法，现在我们则更进一步地告诉读者这其实不

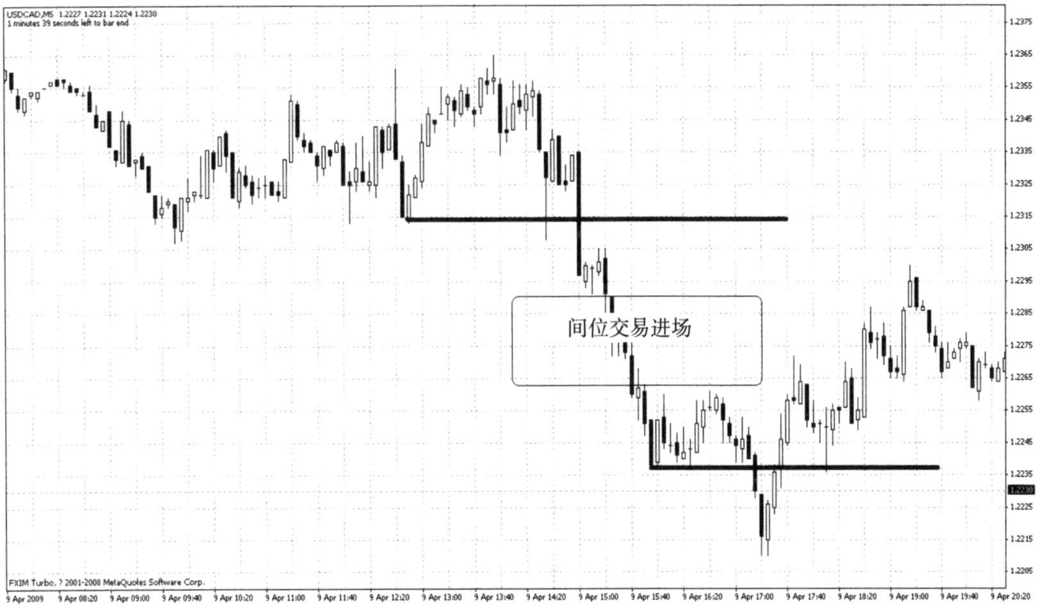

图 23-45　下降趋势中的间位交易进场示范（1）

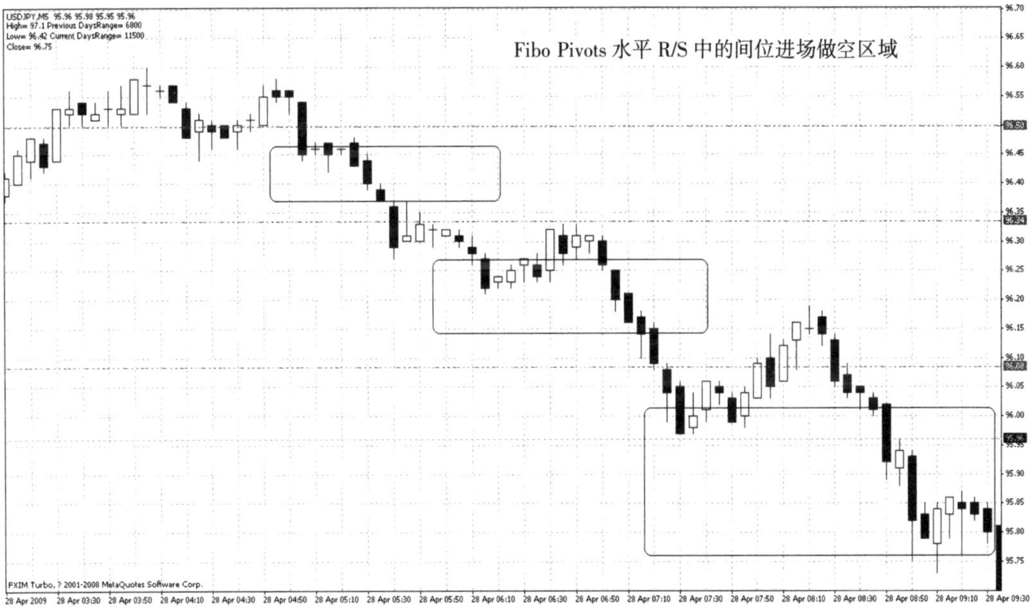

图 23-46　下降趋势中的间位交易进场示范（2）

是单纯手法的问题，这是交易兵法和策略的问题，涉及的是合理的风险报酬率获得和胜算率掌控，如果你入场的时候不从这个角度去思考和控制，则你的交易必然是一塌糊涂。稀里糊涂地入场，这是交易失败的第一步。其实，**无论你采用什么样的“高科技含量”交易系统，无论你是什么样的交易风格偏好，这都不是重要的问题，重要的**

问题是你如何进场，你如何出场，这涉及根本的三率：风险报酬率、胜率和周转率。你的交易系统也是围绕进场和出场展开的，一旦你能够把进场方式和出场方式恰当搭配起来（这要求你掌握三种正确的进场方式和三种正确的出场方式），要达到**“有无法为有法，以无限为有限”**的境地不无可能，**当你掌握任何交易系统中最根本的要素之后，你真的不用在意具体的招式了**，变化出让其他交易者眼花缭乱的策略也很正常，因为你已经“得意忘形”了，超脱了具体形式的束缚，你不再执迷于“圣杯指标”和“高胜算交易系统”了。

截短亏损，做足利润。八个字的实现就是落地的过程。

进场三式，你一旦达于化境，交易在你眼里不过尔尔，当然亏损是获利交易必然伴随的一部分，胜率未必让你满意，但是累计的利润足够你开销。进场三式只是我们交易体系中共享的较低层次部分，在本书最后一课，我们会与大家分享较高层次部分的出场三式。**无论是“进场三式”还是“出场三式”，对于你交易技能的终身提高都是威力无穷的，简单高效在这里得到了最大的彰显**，让我们一起进入本教材最简单而最有用的部分，打开你的眼界，去除你的枷锁！

【开放式思考题】

在研读完第二十三课的内容之后，可以进一步思考下列问题。虽然这些问题并没有固定的标准答案，但能够启发思考，跳出来看某些观点。

1. 本课提到“你不要期望用老办法做出新成绩来”。出场点上你能够提出一些什么新设想？

提示：出场点最好是复合的，一个必要构件是跟进停损。

2. 本课提到“如果一个多年从事外汇交易工作的人还执迷于所谓必涨必跌形态，执迷于所谓的高胜率预测，则肯定是连外汇交易的门都还没有进”。为什么这样说呢？

提示：形态是表象，把握了本质才算入门！

【进一步学习和运用指南】

1. 除了见位、破位、顶位之外，还有一种败位进场法，这是一种基于假突破或者说空头/多头陷阱的反向进场策略。建议从如下角度展开：

第一，顶背离/底背离；

第二，2B 顶/2B 底；

第三，COT 持仓极端值；

第四，散户多空比率极端值；

第五，利多数据公布后高位反转下跌，或者是利空数据公布后低位反转上涨。

2. 为了深入学习见位进场，建议阅读《斐波那契高级交易法》和 Dailyfx 上的一些涉及进场点的分析专贴。

3. 为了深入学习破位进场，建议阅读海龟交易策略的相关著作、《股票大作手操盘术》和《股票作手回忆录：顶级交易员深入解读》。思考一下，为什么突破是加码的必要条件？

第二十四课

万法归宗之出场的四种方法：同位、后位、前位和进位

如果交易有圣杯，那么出场就是这个圣杯！帝娜出场三式就是要解密这一圣杯！

——魏强斌

树立挖掘市场盲点的目标非常容易，但是这个目标并不能真正为你谋划如何找到市场盲点，也无法确定这些盲点是代表曙光还是错误的导向。拥有别人想不到的想法很难，拥有好的想法更难。即便有了好的想法，也很快会被人复制。

——Nate Silver

在合适的时候平仓出市好比汽车的刹车，它是控制风险的必需手段。如果我们不高度重视把握出市时机，那么我们就如同开着一辆没有刹车的车辆前行，其风险可想而知。

——肖敏顺

出场是最少被“交易大师”和“畅销交易书籍”提及的交易环节，这大概不是他们故意隐瞒，而是他们根本不懂“何谓交易”，交易的结果锁定于“出场”，精彩的出场好比足球比赛的进球，“临门一脚太臭”表明再好的进场也无济于事。每个踏入交易界的人都会经历一个相同的“修炼过程”，其注意的焦点、内在的观念、对交易方法和交易哲学的认识都有一条明晰的路线，本书的作者们当年进入交易行业时也是如此，既然是行业，必然就需要相当长时间的学习和历练过程，但是很多人不拿交易（包括外汇交易）当行业，他们认为交易更像是“天生禀赋”，可以在一两个月快速精通，不少交易书籍也是这样宣称的。

如果你认为交易是纯粹的智力游戏，那么国际象棋是不是智力游戏？那么国际象棋是否也是一两个月就可以快速精通的？交易的盈利要求交易者是最优秀的2%玩家，那么要成为国际象棋中最优秀的那2%选手，你需要经历多少训练，花上多少时间呢？交易是一门最优秀的人才能从事的行业，因为交易几乎相当于“空手套白狼”（但绝对不是“空手套白狼”）。所谓最优秀的人必定是在心智和品格方面都一流的人，你是不是这样的人呢？如果不是，那么你必定要具备克服自身局限的毅力，毅力也能帮助一个一无所有的人踏上成功之路。正因为交易如此不简单，如此不容易，所以我们才不能误认为几个月就能成为赚钱的极少数，你必定要经过“层层选拔”，每一层你都会有新的体悟。这跟游泳一样，不是你看几本书就能解决的，书的作用是启发你，让你可以明确体认的方向，“启、悟、证”就是每个“外汇修炼者”的成功过程，启发—思考—体认，必须反复经历这些阶段。**对于出场重要性的认识不是在外汇交易的早期阶段就会出现的，**即使你是个新手，看了这本书之后仍旧只是在“意识表层”觉得出场重要，你内心深处根本没有认识到这一问题，**你是“认识”，而不是“体认”，**当你有两年左右的艰难交易经历之后，你才会发现原来当初那么重视行情涨跌，那么重视进场的做法是误入歧途，是你追求高胜率的天性，是大众和媒体的误导，让你以为交易就是去预测行情涨跌，知道什么情况下进场，当你幡然醒悟的时候，你就开始追寻合理的出场策略了，此时本课的价值方能为你所体认到。

某些超短线交易者对于止损的重视超过止盈，这是因为资金量处于不大的阶段。

你去问不少理论家和真正的高手什么是交易的最高原则，他们扔给你的都是这四个字：“顺势而为”，前者给出这个回答完全是因为在故作高深，这明显是一个同义反复的回答，而后者给出这个回答往往是敷衍你而已。交易是有秘诀的，这个秘诀是公开的，但又是不被大众所关注和认可的，赢家就是靠着这个秘诀吃饭的，别人辛苦得到的认识为什么要无偿地给一个不懂其价值的新手呢，而且**高手往往知道如果新手没有经过自己的求证，给他一个真理也只能打水漂，起不**

没有需求的供给是价格为零的供给。

了作用，索性懒得浪费时间和精力去“为人师”。其实，交易的正确观念是不能与新手先有的认知结构契合的，所以新手往往歪曲、忽略和排斥正确的交易观念，正确的观念要经过反复的亲自实践和思考才能被内化，这时候交易者才能迈上正确的道路。正是因为这样，我们对给出大部分的交易精髓没有太多疑虑，毕竟你如果真有这个水平，没有我们最终也会上路，只是早一天点破纸窗户而已，如果你水平不够，你根本不会当回事，照旧去找神奇指标、99%胜率的交易系统、没有假信号的交易策略，**你的既有观念和天性会扭曲、忽略和抨击我们提供的东西，**你的错误观念使得你为错误的东西所吸引，你的正确观念使得你为正确的东西所吸引，所以我们不怕把东西给出来。

本课讲述的内容是全书的精华，也算是对全书思想的总结。无论你的天性如何，无论你的策略是怎么样的，无论你的交易哲学倾向，无论你对仓位管理的态度怎样，无论你是否具有整体的系统思维，无论你崇尚简单还是喜欢复杂，你都会把这些带进你的出场行为中，**你的所有的一切都体现于出场之中，出场行为是一面镜子，折射出你的交易哲学、你的交易观念，以及你的人生哲学和人生观念。**你不信？那你仔细看看自己是如何出场的，身边同行是如何出场的，从中看看与你们自身观念的联系，必然是很密切的。出场涉及对风险、对回报、对未来、对过去、对亏损及对利润的看法。“截短亏损，让利润奔腾”据说是杰西·利弗摩尔的第一大遗产（第二大遗产是 Pivot 点突破而作和跟进止损，第三大遗产是金字塔顺势加仓），**无论是“截短亏损”，还是“让利润奔腾”都是出场才能完成的任务，进场怎么让利润奔腾，进场怎么截短亏损，进场的时候你对未来的看法都是美好的，这就是菜鸟南辕北辙的原因。**

越大的资金越要重视出场，因为不光涉及各种分析的准确性，还涉及对手盘是否足够的问题。

有效出场的方法有三种，这里的出场方法千万不要和什么“左侧交易”、“右侧交易”混淆了，“左侧交易”和“右侧交易”讲的是进场策略，虽然前位出场的模型与“左侧交易”

类似，而“右侧交易”与后位出场类似。恰当的出场方法有三种：前位出场法、同位出场法和后位出场法。我们这里先以大家较为熟悉的上升趋势为例，请看图 24-1，图中的 A 点标示前位出场法，这是国内广泛传播的“止盈”概念的源头，这个方法采用的人最多，用得好的人最少，它要求交易者在进场的时候就能够设定非常精确的出场目标，但是行情的走势要么在实现这一目标之前就折返，甚至转势了，要么就是冲过这个目标很远，让潜在利润损失大半。图中的 B 点标示同位出场法，这个出场点的认定不是进场时设定的，而是随着行情当下的表现而即时认定的，像我们之前介绍的 1 分钟成交量出场法就属于同位出场法，在权证日内交易中也经常用到这一方法，当然股票日间出场也经常用到这个方法，同样要借助于成交量指标。图中的 C 点标示后位出场法，初始止损点属于这种出场法，跟进止损点也属于这种方法，这个出场法要求价格有一定程度的反向发展时出场，属于最古老的出场方法，这种出场方法将截短亏损和让利润奔腾结合起来，是典型的“杰西·利弗摩尔式出场方式”，趋势跟踪交易者一般常常采用这类方法和策略。

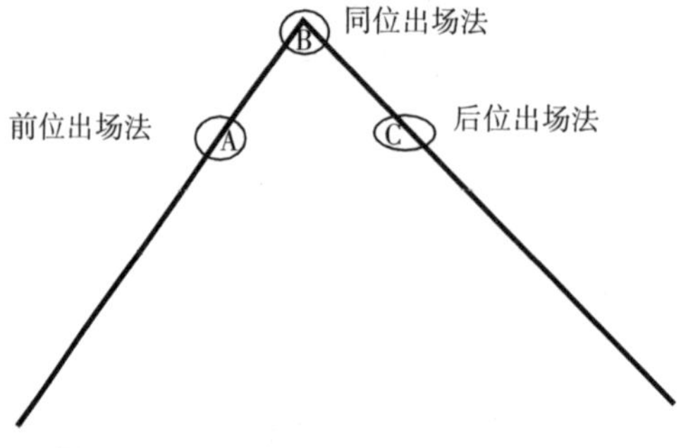

图 24-1　上升趋势中的三种恰当出场方法

同位出场点若结合价量态与最新的数据公布来确认，则准确率更高。

我们通过最为简单的实例来进一步说明上升趋势中的三种出场方法，请看图 24-2。假设我们在 A 点进场做多（采用的可能是破位进场，这个对于当前的问题并不重要），如果我们在进场之时就设定 B 点水平价位作为“止盈点”，则 B 处的出场就是前位出场法。价格在 1.4430 的横盘之后创出新高，我们就可以将止损跟进到 1.4430 之下恰当位置，汇价创出新高后不久就下跌，跌破 1.4430 也就是 C 点附近的跟进止损位置，则 C 点就是后位出场点。那么，**什么是同位出场点呢？**当价格在 1.4690 附近出现看跌吞没叠加变异的黄昏之星形态时，我们就可以出场，这就是 D 点，因根据当下即时的价格走势（或者是成交量走势等），我们可以在局部，甚至整个走势的最高点出场，这就是同位出场法。做多交易中的同位出场法与前位出场法都力图出在最高点，但是前位出场法属于按照事前设置的利润目标出场，而同位出场法属于当下决断的出场策略，**一般而言同位出场更符合“交易当下”的原则**。与同位出场和前位出场不同的是，在做多交易中后位出场不追求在最高点出场，因为后位出场法认为交易者不能预测市场的走势，只能跟随。就保守度而言，后位出场法是最保守的，成熟的交易者都倾向于采用此种方法，不过外汇市场的日内噪声特别多，来回震荡非常频繁，所以单纯的后位出场法容易吃亏。

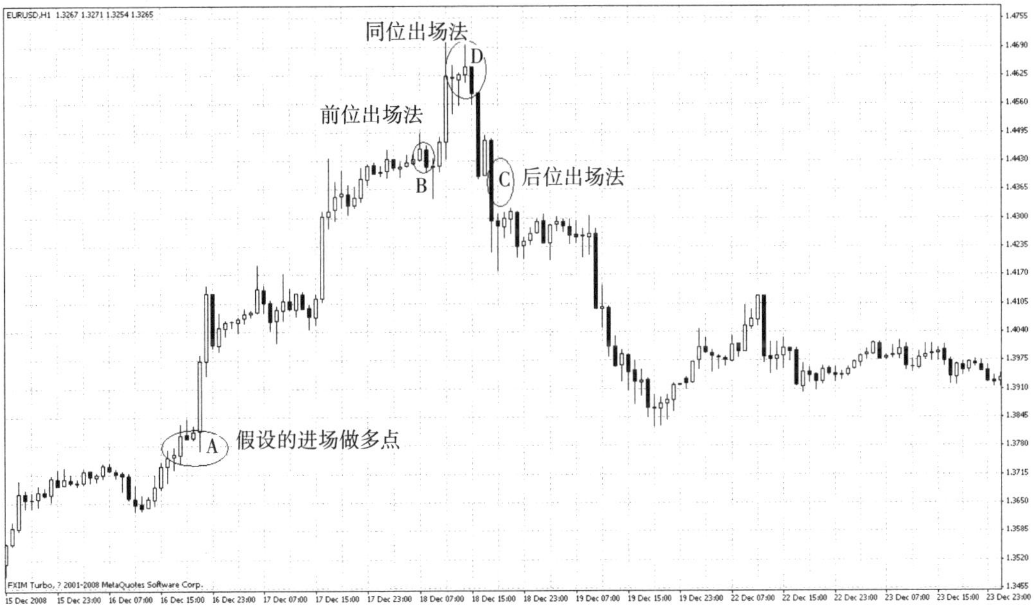

图 24-2　上升趋势中三种恰当出场方法的示范

出场三式让读者可能有点“糊涂”，提到做空交易更是如此，下面我们展开下降趋势中的出场三式。请看图 24-3，这是下降趋势中的三种恰当出场方法的简明示意图。在做空进场的同时预定出场价位，这就是前位出场法；移动止损，跟进走势，这就是后位出场法，**做空交易中，随着走势的不断下跌，交易者会适度将止损下移，跟进行情，这其实就是改变风险报酬比的过程，因为将暴露的浮动盈利永远控制在合适的范围之内，这样可以避免随着行情的发展，风险报酬比变得越来越不合理**；做空交易中，随着行情的发展，出现了特别的形态，于是交易者出场，这就是同位出场法，这种出场法要求交易者“因势变化，交易当下”，不会像前位出场者那么冒进，也不会像后位出场者那么保守。在做空交易中，当 K 线在关键位置出现了反转形态，就应该算得上是同位出场了，当然成交量的反转形态也是较好的同位出场点。出场方法的抉择有两个要点：第一，要根据市场的波动统计特征来选择出场策略；第二，要混合采用出场方法，单一化出场策略是绝大多数交易者的通病（这里比《黄金高胜算交易》讲得更深一点，**强调混合出场法，而不是一味强调后位出场法，原因是日内交易市场的反复性越来越明显**，特别是驱动因素不够强劲的情况下更是如此）。

单一出场法的效率较低，混合出场法效果更好。

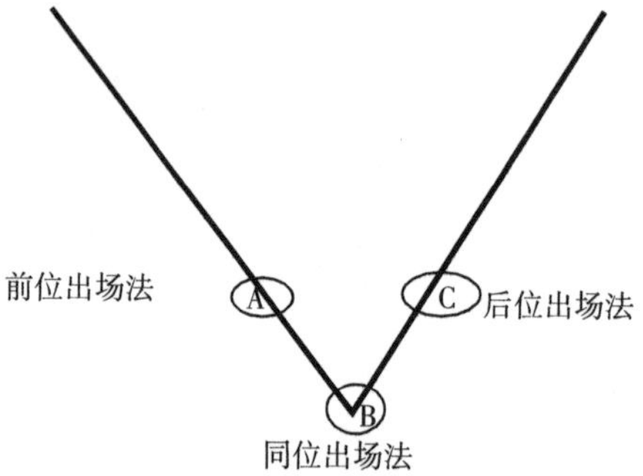

图 24–3　下降趋势中的三种恰当出场方法

5 分钟动量交易方法中采用的是混合了前位出场法的混合出场策略。

前位出场法适合于走势统计规律明显、各种统计指标标准差较小和倾向于均值回归的市场，比如日均波幅标准差较小的市场；同位出场法适合于交易大众运用心理分析和综合分析较少的市场；后位出场法适合于单边走势明显的市场。

下面我们就下降趋势中的出场三式做结合实际走势的简要说明，请看图 24–4，这是欧元兑美元的 1 小时走势图，假定我们在 A 点入场做空。几乎在进场做空的同时“止盈点”已经被确认了，这就是 B 点，当汇价跌到这个位置的时候我们就要出场，这就是前位出场法的执行点位。如果进场的时候，我们并没有预设点位，而是让市场自己来告诉我们（waiting for the talk from the market itself）当下该出场，比如像 D 点一样，当下价格出现看涨吞没形态时出场，这就是同位出场。如果我们不去判断市场的最低点，而是等待市场告诉我们下跌趋势很可能已经结束，则需要采用跟进止损，当市场触碰跟进止损时，比如设定在 1.2600 附近（前期高点）的跟进止损被触发，大致在 C 点附近区域，则我们了结做空头寸，这就是后位出场法。

图 24-4　下降趋势中三种恰当出场方法的示范

下面，我们就来看目不暇接的各种前位出场策略，在介绍具体的前位出场策略之前，我们首先来看前位出场法的一般模型。请看图 24-5，这是上升趋势中的前位出场法模型。前位出场法的出场点在进场的时候就设定了，这是因为交易者往往需要确定初始止损点和利润兑现点，结合进场点，以便估算出风险报酬率，便于调拨资金，合

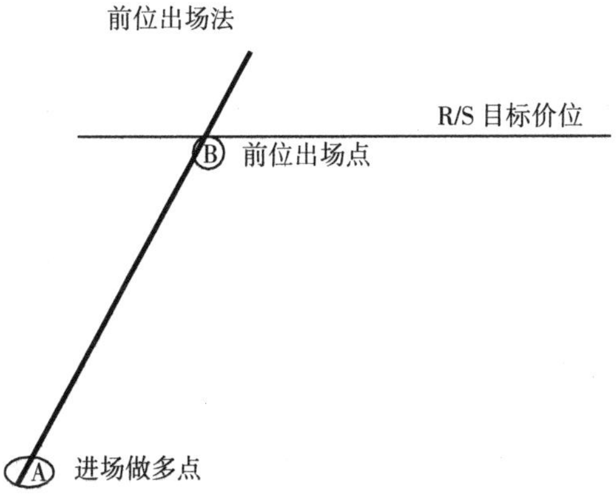

图 24-5　上升趋势中的前位出场法模型

理化仓位。如果你进行做多交易，一个重要的前提就是你认为趋势是向上的，当然这是一个假定，所以你要为自己的假定留下可验证性，这就是初始止损。

当你以前位出场法作为自己做多交易的出场方法时，必须记住一个非常重要的原则，这就是你暗含了一个假定：长期来看，交易倾向于在你选定的前位出场位置达到利润最大化。**这要求两个条件：第一，市场运动幅度的均值或者是众数倾向于你设定的前位出场点；第二，市场运动幅度的标准差较小。前位出场追求的是“先知”，同位出场法追求的是“活在当下”，后位出场法追求的是“让趋势（利润）充分发展”**。正是因为前位出场追求先知，而人类的认知能力又是非常有限的，所以纯粹单一采用前位出场法不太符合内在和外在的现实，我们一般**“见破结合，前后结合”**，也就是说进场的时候在见位和破位都会采用，在单一交易出场操作中前位出场和后位出场（有时候也包括同位出场）一般是结合采用的，当然这是针对日内外汇交易，像期货和股票的日间交易一般不会采用前位出场法。为什么会这样呢？如果你认真看过我们的书，应该很明了这个问题的答案。

如何确定上升趋势中的前位出场点，传统的方法有很多，你需要明白一个道理，**传统的方法是你自己交易方法形成的基础，你既不能受限于这个基础，也不能忽略这个基础，新兴的方法通常受惠于此前的方法，同时又超越了此前的方法**。我们下面就一一结合实例介绍前位出场的方法，你可以将这些融贯于心，这样就可以完全发展出自己的交易思维来，而不必局限于具体的方法（这与完全机械交易存在些许差异，这种方法着重于交易过程的本质和完整性，所以灵活运用各种手段，类似于布鲁斯·李在截拳道中倡导的“以无法为有法，以无限为有限”）。我们先来看上升趋势中前位出场点的第一类确定方式，请看图24-6，这是美元兑加元1小时走势图，汇价从1.2120开始爬升，形成了很明显的N字底，假定我们在图中A点附近进场，则根据前位出场法的要求，我们要预先确定一个获利出场点（单笔交易的具体利润目标），前期高点（我们只采用最显著的前期高点，因为这些点位作为波动极限，也就是交易利润最大点可能性很高，同时我们还会利用跟进止损，也就是“前后结合”，随着行情发展，及时调整潜在风险的幅度，进而维持合理的风险报酬率，同时“两端卡住”行情的活动余地，掌握行情的主动权）是一个较为传统的前位出场点，你在不少中国内地的股票书上，或者是美国证券界20世纪70年代前后出版的交易类书籍中都可以看到这样的出场方法。图24-6中，如果我们在A点附近进场做多，则前位出场点可以定在前期高点B的价位水平附近，最终市场在达到这一点位之后转而大幅下跌（外汇日内走势中，符合这种情况的走势很多，不符合这种走势的情况也很多，所以单纯利用前位出场法存在很大的风险)，本例就是利用前期高点构成的阻力线作为前位出场点。

图 24-6　上升趋势中的前位出场点：前期高点构成的 R/S（1）

我们再来看上升趋势中以前期高点作为前位出场点的第二个实例，图 24-7 是美元兑加元的 1 小时走势图，汇价从 B 点附近下跌，到 A 点附近出现刺透形态，这是我们敛散形态分析理论中的“正向发散—反向发散”形态的典型代表，也是传统蜡烛走势中的看涨形态，假设我们在此局部反转形态出现之后入场（根据“态”入场，这是简化了的交易现实，当然此形态之前价格呈现成交密集区，所以此处入场也获得了“位”的支持，只是趋势确认上稍显不足)，如果要利用前位出场法完成出场，则需要设定前位出场点，本例中一个可供前位出场的点位就是 B 点代表的前期高点，B 点附近形成了乌云盖顶形态，这是与刺透形态相反的形态，代表此价位区域存在强大的压制力量，所以我们可以以此作为出场点。在本例中，汇价最终在 B 点附近出现反转，这可以实现当初交易利润最大化的目标，不过真实的交易往往是残酷的，有一半以上的可能价位在没有达到前期高点的情况下就出现了

同位出场信号有可能不出现，前位出场点有可能达不到。

反转，所以**后位止损在任何情况下都是不可少的，这就是我们对出场三式的最重要论断，**不论你以前位出场法出场，还是同位出场法出场，都必须结合后位出场法，**同时在日内短线交易中单是后位出场法又是不够的。**这里我们就给出关于帝娜出场三式的两个关键定律：

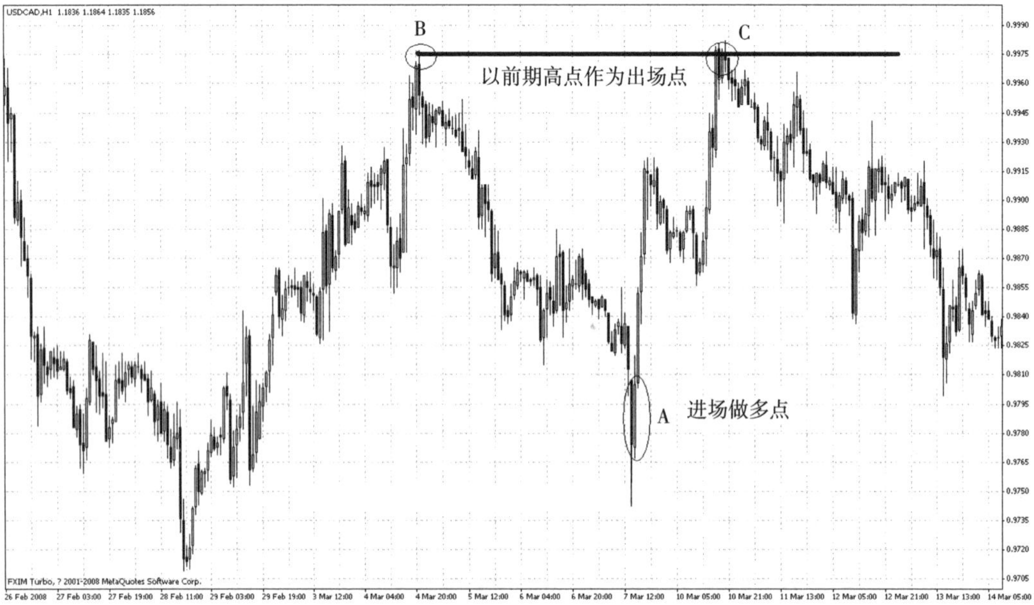

图 24–7 上升趋势中的前位出场点：前期高点构成的 R/S（2）

◇ 出场定律 1 前位出场法和同位出场法必须结合后位出场法使用，这是由市场的复杂性和心智的有限性决定的。

◇ 出场定律 2 在日内交易中，只采用后位出场法是不够的，这是由日内市场波动的反复性决定的。

在图 24–7 这个做多交易中，我们的出场规划应该有两部分：第一个部分是前位出场法，这是日内外汇走势的反复性决定的，避免利润被吞噬；第二个部分是后位出场法，也就是跟进止损法，这是由完全不可预知性决定的。所以，在 A 点介入之后，随着行情从 0.9810 附近上升，我们需要及时和恰当地移动止损点，后位出场点不停移动，与前位出场点的距离越来越小，"请君入瓮"可以很好地形容我们的出场操作思路。

除了前期高点可以作为做多交易的前位出场点位，前期低点也可以作为做多交易的前位出场点，请看图 24–8，这是美元兑加元 1 小时走势图，汇价在 B 点附近出现低点，然后反弹，没有创出新高（趋势向下，可以见位进场做空，这是题外话），然后跌破 B 点的支撑，直到 A 点附近才止跌拉升，假定我们在 A 点附近做多（一个很好的理由是小双底被向上突破，但是我们更倾向于将其看作是 N 字底部），于是可以将前期显著的低点 B 作为做多的前位出场点，在本例中价格在 B 点构筑的 R/S 水平附近反转下跌，具体而言就是 C 点附近。

图 24-8　上升趋势中的前位出场点：前期低点构成的 R/S（1）

我们再来看一个前期低点作为前位出场点的例子，请看图 24-9，这是欧元兑美元的 5 分钟走势图。汇价从 1.3000 附近下跌，到 1.2495 止跌回升，形成阶段性低点 C，然后汇价跌破此支撑，继续下探，到 1.2890 附近形成多重底（恰好跟江恩说的情况相反，当市场第四次来到该价位附近时并没有向下突破，这就是理论与现实的差异）。假定我们在 A 处的小双底形成之后进场做多，那么如何设定出场目标呢？我们可以回过头去，发现此前的上涨走势在 C 点价位之下一些终止，所以我们可以此作为前位出场点。欧元兑美元在进场之后触及了前位出场点，不久之后开始下跌。我们这里为了让你直观感受到前期低点构成的前位出场点，都采用成功触及了出场点的情景，**通常情况下只有 1/3 的显著前期低点能够最终成为波段走势的终点，所以在实际交易中我们需要采用后位出场点作为另外 2/3 情况的应对措施**。不过，**在日内交易中不能否定前位出场法的作用，否则像英镑兑美元这样的“躁狂抑郁症货币”很容易让那些不采用前位出场点的交易者发狂**（对于“躁狂抑郁症货币”只采取破位进场也比较容易受骗）。

前期高点和前期低点是做多交易前位出场点的两种较常见类型，通常我们只采用非常显著的高点和低点作为前位出场点，这样做的目的是避免在一笔做多交易中出现

图 24-9 上升趋势中的前位出场点：前期低点构成的 R/S（2）

前位出场点是一个必然出场点，而不是一个或然出场点。同位出场点是一个或然出场点。

两个以上的前位出场点。**前位出场点使用者的一个最大的麻烦在于"无所适从"，因为往往很难选出唯一的确实出场点，**所以，**为了能够得到最高的绩效，交易者往往会将所有可供选择的出场点列出来，然后权衡得出一个最合适的前位出场点，并将其他出场点作为后位出场点（跟进止损点）使用。**

除了前期高点和前期低点这样人所共知的可选前位出场点之外，我们还需要了解一下知道的人较少的可选前位出场点，首先我们来看前期成交密集区构成的前位出场点，先来看第一个这方面的例子，请看图 24-10，这是欧元兑美元 5 分钟走势，汇价在 B 区域附近形成明显的成交密集区。假定我们在 A 点附近进场做多，我们单从寻找最优前位出场点的角度来思考，那么前期成交密集区可以作为一个很好的前位出场点，当然最后还需要市场的实际走势来确认什么是最好的前位出场点，本例中行情最终在 B 成交密集区构成的阻力区附近反转。

我们再看一个例子，以便拓宽你的思路，这样在你实际设定前位出场点的时候，就可以看得更宽，做得更好。第二

图 24-10　上升趋势中的前位出场点：前期成交密集区构成的 R/S（1）

个前期成交密集区作为前位出场点的实例是澳元兑美元 5 分钟走势，请看图 24-11。汇价从 0.7135 附近的高位下跌，较长时间的高位盘整形成了成交密集区，假设价格跌到 A 处，也就是 0.7015 附近时进场做多，那么前期成交密集区 C，也就是前期高点所在，是一个很好的前位出场点，我们可以选择这点。当然，**实际操作中肯定是前位出场点**

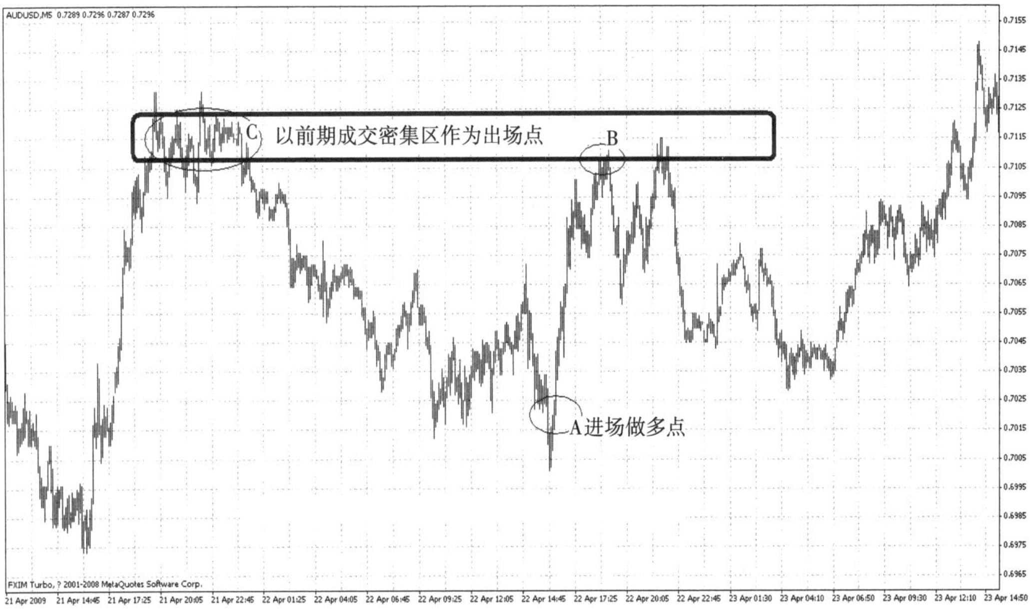

图 24-11　上升趋势中的前位出场点：前期成交密集区构成的 R/S（2）

和后位出场点相结合。

斐波那契扩展点位又被称为斐波那契投射点位。

现在比较“时髦”的前位出场点是斐波那契扩展点位，也许你不知道什么是**斐波那契扩展点位**，我们简单介绍一下，请看图 24-12。这是澳元兑美元的 5 分钟图走势，当然斐波那契扩展点位分析可以在任何时间框架上展开。假如行情发展处于 C 点之后不久，而我们又在 C 点附近进场做多，那么如何为 C 点进场做多的单子设定前位出场点呢？这时候可以利用斐波那契扩展点位分析，我们以 C 点调整之前的上升波动 AB 为单位 1，然后以 C 作为起点，标识出一些与斐波那契比率相关的点位，比如 0.382、0.618 以及 1.000。一般**你需要根据历史走势的统计来得出作为波段高点出现频率最高的斐波那契扩展点位**，我们在 2006 年末做的统计表明，0.764 是英镑日内走势中出现频率最高的有效斐波那契扩展点位。不过，即使是市场经常在这一点位出现反转，也只能达到不超过 50%的概率，所以我们还是需要后位出场法来“应对残酷的市场现实”。不少美国股指期货日内交易者非常注重 1 倍扩展点位，在本例中如果你设定 1 倍扩展点位作为前位出场点，则

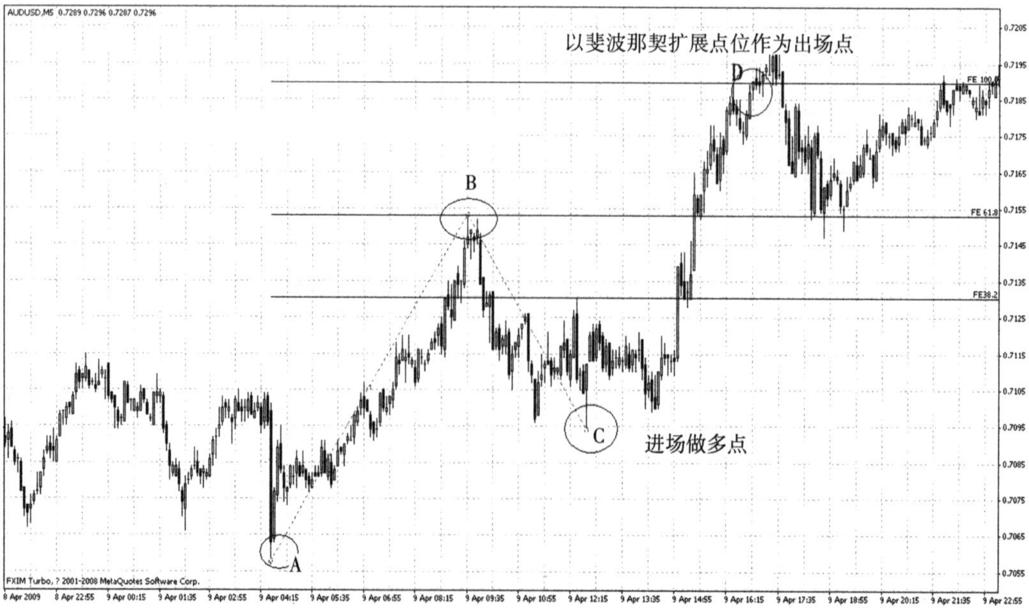

图 24-12 上升趋势中的前位出场点：斐波那契扩展点位构成的 R/S（1）

市场恰好如你所愿，你几乎出在了市场最高点，如果你以0.618点位（叠加了前期高点）作为前位出场点，则你的利润幅度减小差不多一半，这就是**前位出场的悖论：做多交易中，你想出在最高点的想法往往使你无法出在最高点。**

大脑中到底有什么在误导我们的行为呢？

我们再来看一个做多交易中以斐波那契扩展点位作为前位出场点的实例，请看图24-13，这是澳元兑美元的5分钟走势，汇价从0.6875附近不断爬升，到0.7035附近开始水平震荡，然后从A点再度开始拉升，不久形成波段高点B，回落到0.7045附近时假定我们入场做多，也就是C点（注意，这里是假定在C点入场，现实交易中你无法以这么好的位置入场，我们这里的目的是说明出场点，进场则暂时不关我们的事情）。我们以AB段为单位1，以C点附近的最低点作为扩展起点，得出了0.382、0.618、1.000和1.618四个关键扩展点位。假定我们以1.618作为前位出场点，则我们可以出在最高点。这里需要注意的是，我们大概有25%的机会做到这一点，抓到最高点，这是前位出场法给予广大交易者最不现实的梦想，不过我们“不必将孩子连同脏水一同从洗澡盆中倒

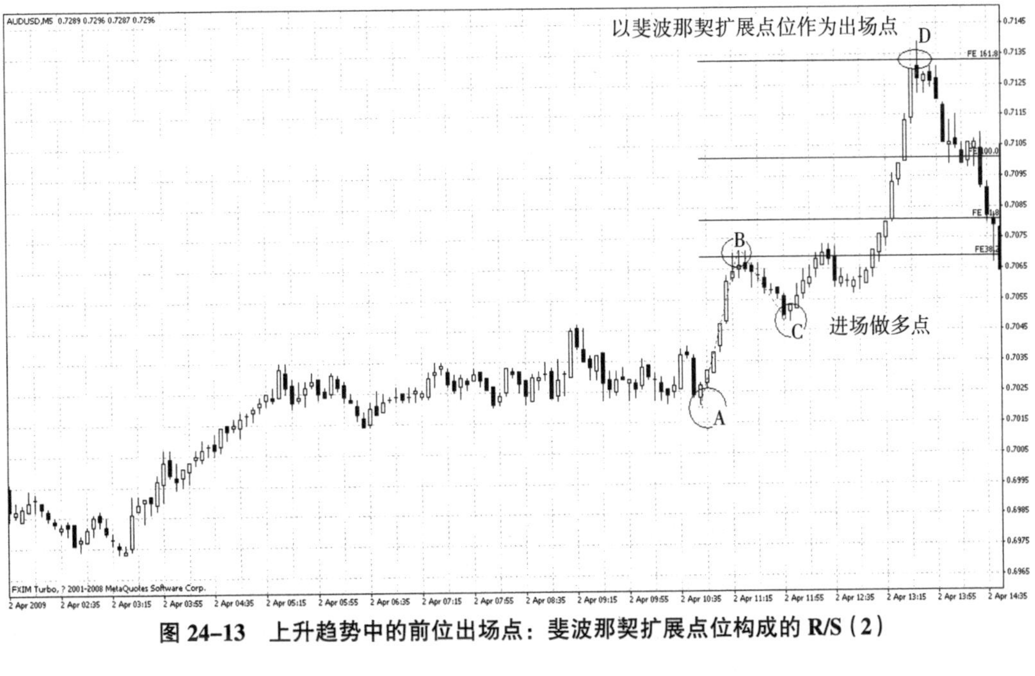

图24-13　上升趋势中的前位出场点：斐波那契扩展点位构成的R/S（2）

出去”，因为**前位出场点对于外汇日内交易者而言是必不可少的，原因有二：第一，日内波动在一定时间内是趋于固定点数的，这就是 ATR 丈量日均波幅的目的；第二，日内波动往往是大幅反复的。**

基本面发生重大变化的时候，日均波幅就不起作用了。

除了斐波那契扩展点位，还有一种涉及斐波那契比率的分析工具可以用于设定前位出场点，这就是斐波那契回调点位，请看图 24-14。斐波那契回调点位只需要两点即可确定，本例是澳元兑美元的 5 分钟走势图，以 A 点为 1，B 点为 0，进行斐波那契分割，可以得到一组斐波那契线谱，线谱常用的水平有 0.618、0.5 和 0.382 等，当汇价从 B 点回升时（假设我们在 B 点附近做多），则可以以斐波那契回调点位作为前位出场点，本例中我们以 0.618 点位作为前位出场点可以获得最大的利润，当然在本例中你有 1/3 的概率做到这点，如果你在进场时选择 0.618 回调点位作为出场点则应该在 C 点附近出场。

图 24-14　上升趋势中的前位出场点：斐波那契回调点位构成的 R/S（1）

我们再来看一例做多交易中以斐波那契回调点位作为前

位出场点的实例，请看图 24–15，这是美元兑加元 1 小时走势图，汇价从 1.3050 高位下跌，直到 1.2190 附近才止跌回升，假如我们在 B 点附近进场(具体进场点可能位于 B 点开始的任意一点，这个并不重要，因为我们此处着重分析出场策略，所以千万不要质疑我们怎么可能在最低点附近做多，这里只是为了使介绍显得简单明了，作出一个假定而已)。我们以 AB 点作斐波那契回调（也被称为斐波那契分割)，B 点进场之后，我们选择了一个斐波那契回调点位作为前位出场点（也就是利润目标)，你可以选择 0.382，也可以选择 0.5 或者是 0.618，这些都是斐波那契回调点位，另外还有一些其他的斐波那契回调点位，比如 0.764 等，但是日内交易中我们只画出不超过 3 个斐波那契回调点位，因为日内波幅只有那么大，回调点位多了对于实际交易指导的意义不大。在本例中，如果你选择 0.382 作为前位出场点，则你应该在图中 C 处出场；如果你选择 0.5 作为前位出场点，则你应该在图中 D 处出场；如果你选择 0.618 作为前位出场点，则你应该在图中 E 点处出场。你可以很明显地看到汇价一旦触及斐波那契回调点位立即发生回落，这表明了斐波那契回调点位在上升走势中作为阻力点位的有效性，当然汇价一般只在一处回调点位发生真正的转折，这就给单靠前位出场策略的外汇日内交易者出了不少难题。

图 24–15 上升趋势中的前位出场点：斐波那契回调点位构成的 R/S（2）

做多交易中如何运用前位出场法，想必大家都有所了解了，下面我们介绍做空交易中如何运用前位出场法。先来看下降趋势中的前位出场法模型，见图 24–16。当交易者在下降波段进场做空时（A点）就预设了兑现利润的出场目标（B点），而B点的设定基本源于支撑阻力线，有时候日均波幅也构成支撑和阻力，更进一步来讲，某些日内走势反转时点也可以作为出场目标（这种情况下，时间替代了空间作为出场目标，这属于另外一种分类体系的出场法，**涉及时间变量，比如时间止损法、时点兑现盈利法、收盘出场法等**）。

出场落地的方法很多，有点让人无所适从，不过前期工作做踏实，出场相对而言就没有那么让人心烦。什么是前期工作？就是驱动分析和心理分析。

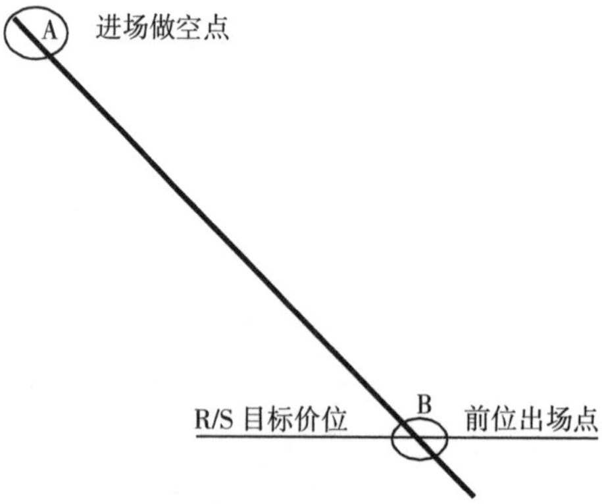

图 24-16　下降趋势中的前位出场法模型

下面我们来介绍下降趋势中的前位出场点设定实例。下降趋势中，最为常见的前位出场点还是前期显著低点和前期显著高点构成的R/S水平。下面我们就来看前期低点作为前位出场点的实例，请看图24-17，这是美元兑加元5分钟走势图，汇价从1.2265附近下挫，我们假设在A点附近进场做空，那么如何找到一个恰当的前位出场点呢？前期显著低点B点可以作为一个较好的前位出场点（就我们的日内交易而言，**我们寻找一个尽可能符合三个条件的前位出场点：第一，当汇价达到该点时恰好能够满足最近日均波幅的点位要求；第二，汇价往该点发展符合今日驱动因素导致的日内趋势；第三，该点恰好是某一关键的R/S水平所在**），我们预先设定当汇价跌至此水平位置时兑现盈利出场。

我们再来看一个以前期低点作为前位出场点的实例，请看图24-18，这也是美元兑加元的5分钟走势图，汇价在1.2075附近形成了两个低点，我们都标注为B点，这两个点构成了双底。此后，汇价从 1.2190 附近下跌，假定我们在 A 点附近进场做空，则要同时确定一个前位出场点时可以选择 B 点价位，毕竟此处汇价曾经两次探底然后拉升，说明此处的支撑力量强大，所以我们设定 B 点价位为前位出场点，此后汇价果然于此

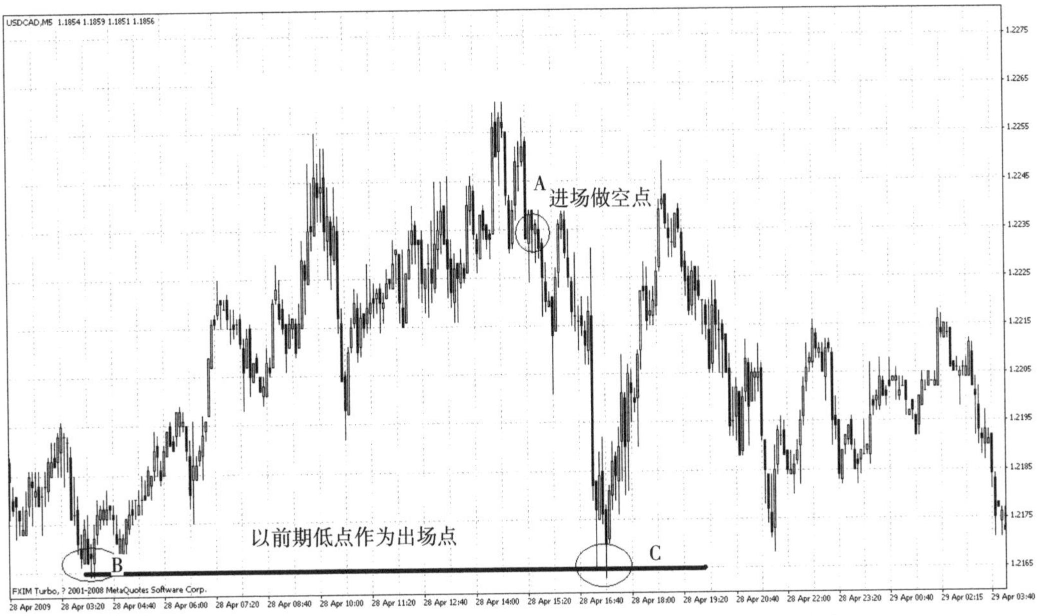

图 24-17　下降趋势中的前位出场点：前期低点构成的 R/S（1）

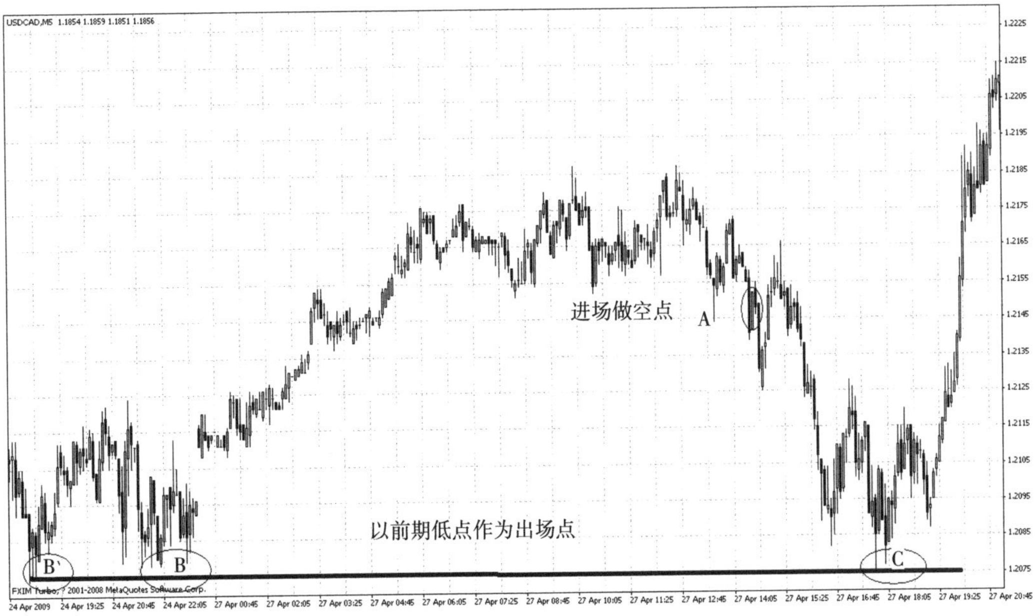

图 24-18　下降趋势中的前位出场点：前期低点构成的 R/S（2）

点形成头肩底而反转（C 点出场）。从此例我们总结出一些经验，这就是**选择前期低点作为做空交易的前位出场点必须从“显著性”的角度入手**，本例中的 B 点曾经两度作为阶段性低点，从一定程度上表明了它的“显著性”。

在做空交易中，前期高点构成的 R/S 也可能是非常好的前位出场点，请看图 24-19，这是澳元兑美元的 1 小时走势图。当汇价从 0.7120 高位下跌时，假定我们在 A 点附近进场做空，那么如何设定一个前位出场点呢？**一个经验法则是不能选择离进场点很近的 R/S 水平作为前位出场点，因为这样的出场点如果真的被采纳，那么我们几乎用不着去执行这笔交易了，因为风险报酬比太不吸引人了。**在本例中前期的低点都离进场点很近，所以我们选择 B 点作为前位出场点（现实的做法还要求我们同时采用后位出场点）。在本例中，当汇价跌至 B 点价位附近时，确实出现了一股幅度可观的反弹，前位出场交易者如能够在 C 点了结全部或者部分仓位是非常不错的。

大智慧是看格局、看趋势，小聪明是精打细算点位。最好的交易者融合了大智慧和小聪明。

图 24-19 下降趋势中的前位出场点：前期高点构成的 R/S（1）

下面，我们再来看第二个以前期高点作为前位出场点的实例，请看图 24-20，这是澳元兑美元 1 小时走势。汇价从低位一直升到 0.8330 附近，然后开始下跌（不久形成一个 N 字顶部），假定我们在 A 点附近进场做空，那么前位出场点应该放置在什么地方呢？前期高点 B 作为显著高点可以成为做空交易的恰当前位出场点，此后价格触及 B 点附近区域便出现“探水杆” K 线形态，然后大幅拉升，进而呈缓慢震荡上升状态。前期显著高点作为做空交易兑现盈利的目标价位是比较切实可行的，但是你不能以那些小波段的高点和离进场点很近的高点作为前位出场点。这里再强调一遍，就我们的日内交易而言，**我们要寻找一个尽可能符合三个条件的前位出场点：第一，当汇价达到该点时恰好能够满足最近日均波幅的点位要求；第二，汇价往该点发展符合今日驱动因素导致的日内趋势；第三，该点恰好是某一关键的 R/S 水平所在。其实，还应该加上一个条件：该点到进场点的距离应该远远大于进场点到初始止损点的距离**（否则根本没有必要入场交易）。

点位是行情走势的组成，那么行情的灵魂是什么呢？

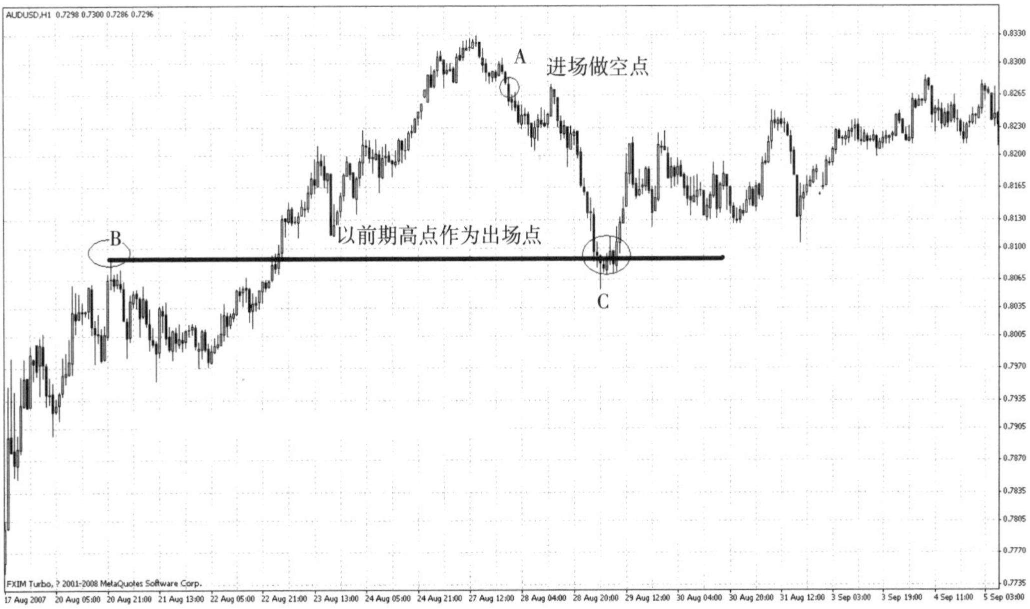

图 24-20 下降趋势中的前位出场点：前期高点构成的 R/S（2）

前期成交密集区反映了买卖双方观念的统一，行情在此情况下很难有大的发展。在进行做空交易的时候，我们可以选择前期成交密集区作为前位出场点。请看图24-21，这是澳元兑美元 1 小时走势图。汇价从 0.7935 附近暴挫到 0.7700 附近，然后形成窄幅整理区域，也就是成交密集区域 B，不久之后汇价又上涨到 0.7925 附近，再度下跌。假定我们在 A 点附近做空，则可以以前期成交密集区 B 作为前位出场点，当价格触及 C 点时我们就应该兑现盈利出场。当然，实际操作中，我们应该放置跟进止损（后位出场点），其一般原则我们再重复一下：第一，关键水平外侧；第二，布林带异侧外；第三，符合资金管理比率要求；第四，给予市场一定的回旋空间（一般是允许行情回撤前一波段的 1/2）。本例中汇价在前期成交密集区处止跌转势为上升，而我们按照前期计划也应该在 C 点出场了结利润。

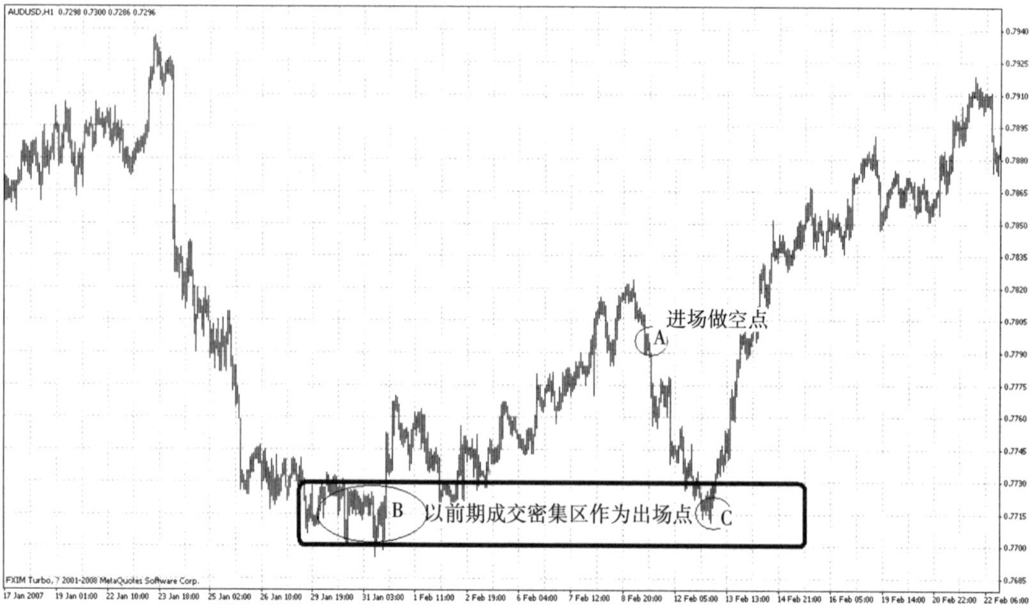

图 24-21 下降趋势中的前位出场点：前期成交密集区构成的 R/S（1）

可以老实向读者坦白，我们的出场规划是前位出场和后位出场相结合，另外市场提供条件的话也会采纳同位出场，为了便于大家把前位出场和后位出场结合起来掌握，我们以表解的形式把前位出场法的 4 个要点和后位出场法的 4 个要点扼要归纳出来供大家研习，请看表 24-1，“前后结合，上下压缩”，这就是我们出场法的真实写照，如果是比较长期趋势的交易，比如期货日间走势交易，则还需要涉及帝娜仓位管理模型，也就是根据风险报酬率和胜算率的变化对仓位进行加减微调，由此又有“复合仓位，两率微调”一说，加上进场的“见破咸用”，合起来就是：**“见破咸用，前后结合，上下压**

缩，复合仓位，两率微调”。其中深意，唯有实践方能得知！

组合拳才是制胜之道。

表 24-1 前位和后位出场法的要点一览

	前位出场法 4 要点		后位出场法 4 要点
1	当汇价达到该点时恰好能够满足最近日均波幅的点位要求	1	关键水平外侧（做空止损放置在阻力线之上，做多止损放置在支撑线之下）
2	汇价往该点发展符合今日驱动因素导致的日内趋势	2	布林带异侧外（做空止损放置在布林带上轨之上；做多止损放置在布林带下轨之下）
3	该点恰好是某一关键的 R/S 水平所在	3	符合资金管理比率要求（一般是 2%~8%）
4	该点到进场点的距离应该远远大于进场点到初始止损点的距离（否则根本没有必要入场交易）	4	给予市场一定的回旋空间（一般是允许行情回撤前一波段的 1/2）

下面我们回到正题，继续介绍前期成交密集区作为前位出场点的情况，请看图 24-22，这是澳元兑美元的 4 小时走势图。汇价从 0.7235 附近开始爬升，到达 0.7475 附近后进入窄幅震荡走势，由此形成成交密集区 B，然后汇价突破此成交密集区，最终上升到 0.7950 附近。很快汇价由 0.7950 下挫到 0.7715 附近，形成横盘整理区域，最终在 A 点跌破此区域，假定我们在 A 点进场做空，则可以假定 B 点价位区域为前位出场点，最终当汇价触及此区域时，我们在 C 点附近平掉空头头寸。

图 24-22 下降趋势中的前位出场点：前期成交密集区构成的 R/S（2）

做空交易的前位出场点还可以选择斐波那契扩展点位，请看图 24-23，这是澳元兑美元 4 小时走势图。注意下降走势中，我们怎么做斐波那契扩展点位。找到最近的下降波段 AB，以 AB 作为单位 1，找到上升波段的终点 C，然后以 C 作为扩展起点，进行斐波那契扩展。假定你在 C 点附近进场做空，你可以以合适的斐波那契扩展点位作为前位出场点，本例中选择的是 1 倍扩展点，这是一个经常用的斐波那契扩展点位。当你选定 1 倍扩展点位作为前位出场点，而汇价最终又触及这一点位的话，则你应该立即出场，本例中就应该在 D 点出场。从现实的角度来看，进场之后交易者应该将后位出场点与前位出场点结合起来，后位出场点向前位出场点靠近，形成“上下压缩”之势。

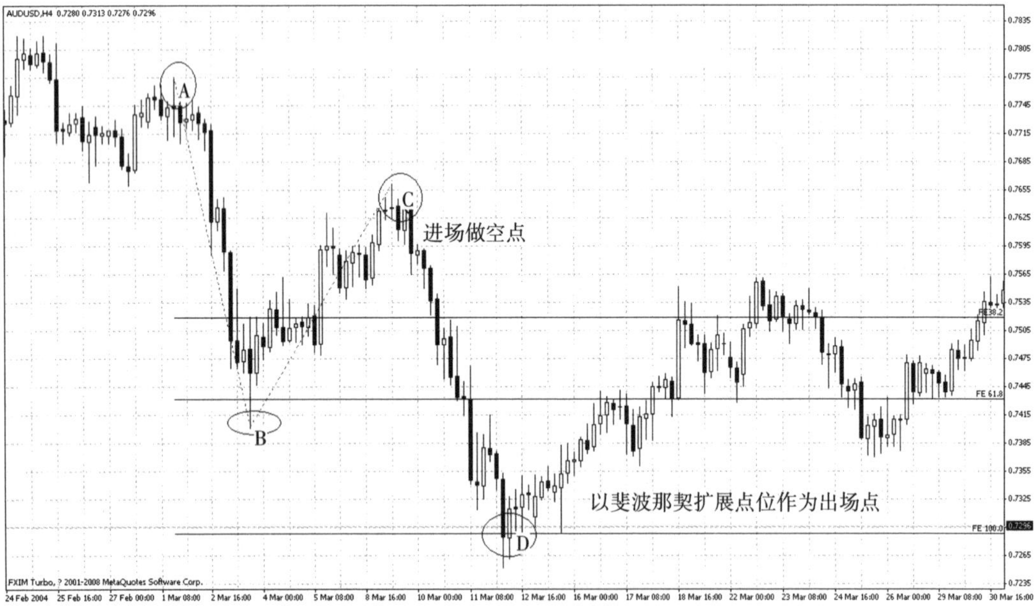

图 24-23　下降趋势中的前位出场点：斐波那契扩展点位构成的 R/S（1）

我们再来看一个例子，此例是美元兑加元 30 分钟走势的做空交易，请看图 24-24。我们以 AB 作为单位 1，以 C 点作为斐波那契扩展点位的起点，同时也假定这是进场做空点（当然，实际操作中，你的做空点一定低于 C 点，因为你几乎不可能在波段最高点做空，人类缺乏这样的能力）。在斐波那契扩展点位中，常用的无非是 0.618、1 和 1.618 三者，一般你应该选择三者中符合前位出场点四要素要求的一者，本例中 0.382 既不常用，也离进场点过近，唯一的优势是叠加了前期低点 B。如果你选择 0.618 作为前位出场点，则本例中你恰好可以在局部低点 D 附近出场，如果你选择 1 倍，甚至 1.618 倍作为前位出场点，最终你可能是在没有触及前位出场点之时就因为市场的大幅度回升触及后位出场点而平仓（按照我们“前后结合”的出场方针，这种情况很常见）。这里需要再给大家一个出场规划提示：通常在做空交易中，前位出场点在下不静止，而后位出场点在上运动，后位出场点跟随走势向下压缩靠近前位出场点，在两个出场点之间我们可以根据当下的走势采用同位出场点，这就是**“前后结合，同位居里”**。

图 24-24　下降趋势中的前位出场点：斐波那契扩展点位构成的 R/S（2）

与上升走势中的做多交易一样，斐波那契回调点位也可以用在下降走势中的做空交易前位出场中，请看图 24-25，这是美元兑加元 30 分钟走势图。汇价从 1.2130 附近（A 点）上扬，上涨到 1.2415 附近（B 点）大幅下挫。假定我们在 B 点附近（现实操作中一般是 B 点之下），则可以对 AB 做斐波那契回调线谱，然后以其中某一最可能水平作为前位出场点。外汇日内交易，一般设定不超过 3 条斐波那契回调线作为备选的前位出场点，我们一般采纳 0.618、0.5 和 0.382 三条水平线。本例中，我们选择离进场点更远的一条回调线作为回调线，这就是 0.618，此后汇价一旦触碰到该前位出场点，则应该毫不犹豫地出场，这就是 C 点出场。当然，许多外汇市场的做空交易都可以基于 0.618 回调点位出场，但是还有许多做空交易如果单单采纳这样的出场条件则很可能“功亏一篑”，出现因为差一点触及前位出场点而最终错过了初始止损点的情况。

我们再来看一个利用斐波那契回调点位进行前位出场的实例，请看图 24-26，这是澳元兑美元的 4 小时走势图。汇价从 0.7246 附近开始上升，到 0.7560 附近开始下挫，假如我们在 B 点附近做空，则前位出场点可以设定为 0.618（这是我们利用斐波那契回调点位确定前位出场点时用得最多的前位出场点），当汇价最终跌到这一点位时，我们根据前位出场点的要求在 C 点附近出场。

图 24-25 下降趋势中的前位出场点：斐波那契回调点位构成的 R/S（1）

图 24-26 下降趋势中的前位出场点：斐波那契回调点位构成的 R/S（2）

超大资金为了获得足够的对手盘，必然要前瞻性地出场。所谓前位出场法对于超大资金而言是没有选择的选择。

前位出场点是我们最为谨慎采用的一种出场规划，毕竟这种方法为传统趋势跟踪交易者所批判，但是在即日外汇市场上，这种方法的合理性得到实践和统计两方面的支持。外汇市场的日均波幅在一个时期内是相对稳定的，这就为前位出场点在外汇交易中的存在打下了坚实的基础。对于期货交易者来说，如果你要他设定像前位出场点这样的出场目标，那绝对会遭到资深期货交易者的鄙夷，他们会觉得你根本不懂交易。在外汇日间交易者，甚至以 4 小时图作为交易策略的交易者那里，前位出场点也是“大逆不道”的。

虽然在期货交易者和股票交易者眼中，前位出场法违反了“让利润奔腾”的根本原则，但仍旧无法否认一个事实，那就是**在外汇日内交易中，前位出场法往往是对付日常反复市况的有效手段，**我们就来看看外汇日内交易中那些采用了前位出场法的著名策略，这些策略中的一部分在本书中已经得到了非常详尽的介绍，比如汉斯时区突破交易法等，下面我们就来简要地剖析前位出场法在具体交易策略中的使用。

Camarilla 交易法是本教程前面部分课程重点介绍的一个交易系统，这个交易系统以四个关键价位计算出交易的进场点和止损点，以及利润兑现点。请看图 24-27，Camarilla 交易法是典型的见位进场，出场采用固定水平出场（任何交易的出场止损都是后位出场法，所以从这个角度来讲，后位出场法是任何交易都不可或缺的组成部分），也就是前位出场法的一种，在进场的时候已经明确了出场位，类似于所谓的“止盈”，但是用“止”这个字未必恰当，很容易形成误导。在外汇日内交易中，之所以采用前位出场法的一个重要原因是市场走势的反复性，这使得预定目标出场与后位出场法相比具有一定优势，这样可以避免到手的利润被市场的反复性所蚕食掉，前位出场法是以形式上违背“让利润奔腾”的手段实现本质上符合“让利润奔腾”的目标。Camarilla 交易法的出场目标非常明确，其进场要求也非常明确，符合了交易对流程的基本要求，这就是进出加减，所以这一交易法才能流传甚广，你在国外很多外汇交易网站上都能看到其踪迹，一些主流的外汇网站都提供了 Camarilla 交易法关键水平的自动计算器。

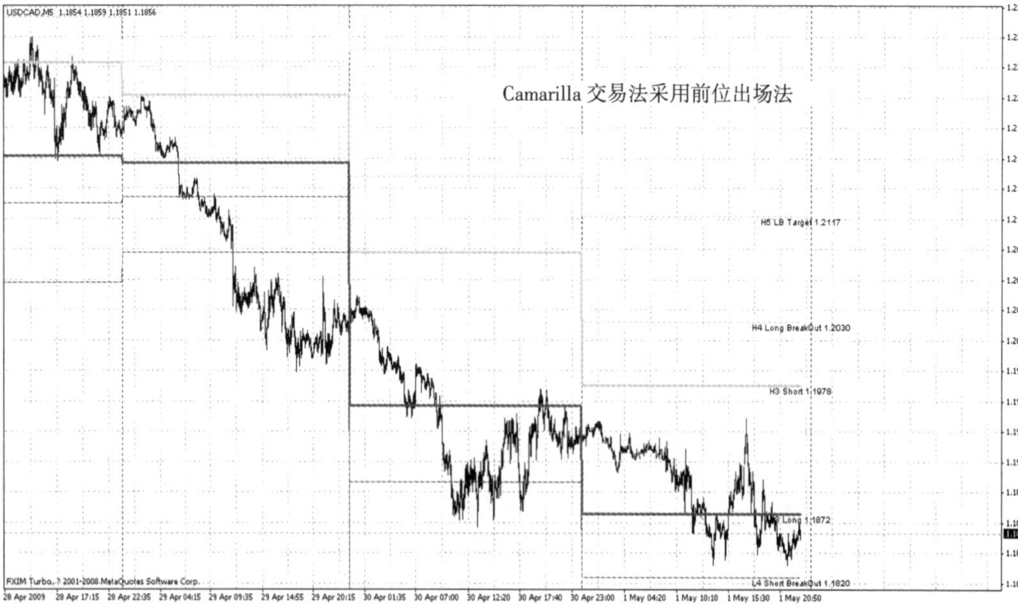

图 24–27　Camarilla 交易法与前位出场法

汉斯交易法与 Camarilla 交易法的进场策略不同，汉斯交易法采用的是破位进场，而 Camarilla 交易法采用的是见位进场。但是两者在出场策略上却存在一些相似性，主要集中体现于两者都是前位出场。但是，深究起来两者也有些许差别，比如 Camarilla 交易法采用的是价位目标的前位出场法，而汉斯交易法采用的是利润目标的前位出场法。汉斯交易法也具有明确的进场和出场设定，请看图 24–28，这时系统主要采用前位出场法来兑现利润，其主要依据仍旧是日内波动性，其交易的主要货币对是欧元兑美元和英镑兑美元，由于欧元兑美元的波动性低于英镑兑美元的波动性，所以前者设定的固定盈利点数低于后者。这里要注意一点：前位出场点的确定必然是在进场的时候就可以确定的具体价位，你可以是通过固定利润点数来设定这个价位，比如汉斯交易法，也可以是通过关键水平来设定这个价位，比如 Camarilla 交易法和 FxOverEasy 交易法就主要是根据关键水平来确定前位出场点的。

另外，许多资深外汇交易界人士应该听说过维加斯隧道交易法，这个方法在欧美外汇交易界非常热门和时髦，据说这种方法是“新江恩理论”崛起的标志之一，通过寻找神奇数字来确定具体的出场点，这就是这种方法的神奇之处，在《高级斐波那契交易法：外汇交易中的波浪理论与实践》一书的附录部分，我们介绍过这种方法，这是

图 24-28　汉斯交易法与前位出场法

一种奇特的前位出场系统，当然它也兼顾了后位出场，下面我们就从这种交易系统的发明人那里获取关于这个系统使用的基础规则：

◇ 为你感兴趣的汇率新建一个 1 小时图，棒图和蜡烛图实际上没什么区别，叠加上三样东西：169 期指数移动均线、144 期指数移动均线，以及最后加上 12 期指数移动均线。

◇ 144 和 169 均线即构成我所说的隧道。而 12 指数移动平均线是一个极其有价值的过滤器，它将是你一直想放在上面的东西。在过滤器部分我将谈到这个东西。

◇ 记住或者写下下列菲氏数列并且使它们靠近你的交易屏幕：1，1，2，3，5，8，13，21，34，55，89，144，233 和 377。为了交易，我们感兴趣的数字是 55，89，144，233 和 377。

◇ 等待市场进入“隧道”区域。当它突破隧道上轨时，你做多；当它突破隧道下轨时，你做空。平仓和反转放置在隧道的另外一边。当市场按照你的方向运行时，你在接连的菲氏数字位置处依次兑现部分利润，留下最后一单直到下列情况发生：①市场从隧道处运行到最后一个数字（377 点）；②市场最终回到隧道或者到达隧道另一边。

请看图 24-29，这是叠加了维加斯隧道交易系统指标之后的欧元兑美元 1 小时走势图，你可以从我们的网站上面免费下载这一系统的指标，这样你就不用耗费心力去手工计算相应的出场位置了。除了最后一单可能利用 144/169 隧道本身后位出场（采用移动平均线构成的隧道跟进出场）之外，之前的单子都是利用斐波那契数字出场，也就是前位出场法。

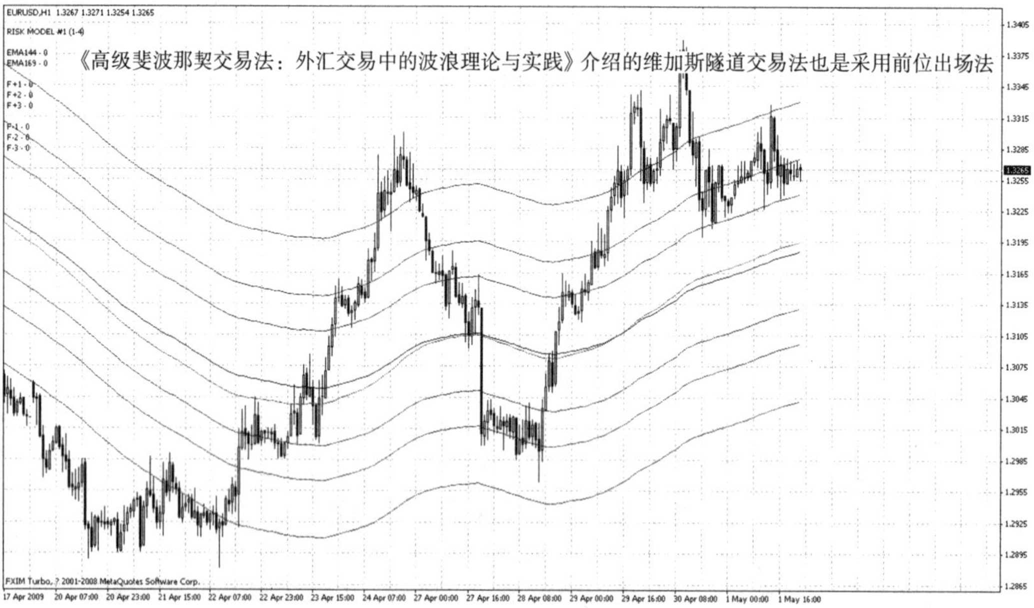

图 24-29 维加斯隧道交易法与前位出场法

作者本人对这个系统吹得“玄乎其玄”，在此基础上，他还创造了维加斯 4 小时交易法和日线交易法，我们看看他对这个系统的评价吧：

稍后我把这损失看作我交易博士学位的学费。在接下来的几个月里，我测试了大家知道的每个系统和模型。我在交易殿堂中学习迅速，在这个殿堂中交易纪律对产生利润来讲是第一位的。我请教周边的人，最后还恳求交易量较大的交易者分享他们的部分秘密。在一年的时间里，大家都在找我。在中美交易所之后，1981 年晚些时候我去了芝加哥商业交易所。他们交易期货。剩下来的事就是历史了。

给你的隧道方法是我 20 多年研究和交易的积累所得。它在以前和现在都在起作用，也将在将来起作用。我相信它在外汇和标准普尔合约上最为有效。

让你成为行家（职业交易者）并不是我的热情和意图所在。以外汇市场今天交易的方式（3~5 个点差），你无论如何不能做绝大多数人干的刮头皮的交易。万一还没有任何人告诉你在外汇市场刮头皮并不是致富之路，我告诉你。这个世界上没有任何一个富裕的人是靠刮欧元或者其他汇率的头皮来发财的。

关于维加斯隧道交易法，公开流传的版本有四个，分别是“The Tunnel Method-1HR”、“Vegas Tunnel 4HR”、“Vegas Wealth Builder”、“Vegas Wealth Builder Part Ⅱ”，另

外还有其他人作了进一步分析和探讨，比如“Tunnel Modified”等，对于维加斯隧道交易法的网络评价都是非常正面的，不过其策略大多建立在“破位进场”和“前位出场”之上。维加斯隧道交易法涉及的内容庞大，绝非三言两语就能说清楚，在《高级斐波那契交易法：外汇交易中的波浪理论与实践》一书中，我们仅仅介绍了其第一个版本，本书也以第一个版本为例说明其出场策略，维加斯书面授权可以不受版权和著作权约束任意传播他的方法，我们准备在《维加斯隧道交易法：外汇交易中的波浪理论与实践（4）》中全面介绍维加斯和他的追随者们所做的一切研究（《外汇交易中的波浪理论与实践》分成了若干本书出版：除了前面提到的之外，还有《艾略特波浪交易法：外汇交易中的波浪理论与实践(2)》和《加特力波浪交易法：外汇交易中的波浪理论与实践（3）》）。**基本上绝大部分的波浪理论都是以见位进场和前位出场为主的，这是我们需要注意的，由于前位出场并不足以适应市场的现实性，所以我们在实际使用某一波浪理论的时候应该将前位出场与后位出场结合起来，这样才能做到恰到好处，也才符合我们“现实主义的要求”。**

缺乏后位出场法是很多交易者遭遇重大挫折的直接原因。

有不少读者对于我们在《外汇交易圣经》中大力介绍的主要货币日内波动统计兴趣冷淡，甚至不乏读者认为这是“一点用处都没有的东西”，其实他们并没有很好地理解外汇市场的特点和我们的意图。**外汇日内交易的本质基本上是“心理学”和“统计学”的，如果你不能以统计思维来看待我们在系列书中所做的陈述，你就不能认识到什么是有价值的，什么是没有价值的。**不少读者对外汇书价值的评判无非是基于讲了多少技术分析的手段、讲了多少种形态、讲技术指标没有，这其实陷入了“大众的盲点”，注定你只能成为跟绝大多数交易者一样的交易者，结果就是变成占交易者大多数的输家。**通过分析货币的日内波动统计特征，我们可以很好地在此基础上进行交易系统设计**，无论是威廉姆斯还是维加斯，这类职业交易者都非常注重日内走势的统计特征，要知道，在股指期货上的日内交易也要重视日均波幅，所有品种的日内交易都要重视日均波幅。当然，最好同时注意离差和驱动面变化。

威廉姆斯创造过短线交易的奇迹，一年之内增长100倍，这是期货界有官方记录的最好成绩之一，他很注重日内走势的统计数据。**在外汇日内交易中，最重要的日内走势统计数据就是日均波幅，**为什么这样说呢？由于外汇是两种货币对的较量，相应国家都有干预的动机（没有清洁浮动的汇率，普遍是肮脏浮动和固定汇率，这里的“清洁”和“肮脏”都是国际经济学专用术语，不要认为是我们杜撰出来的），所以汇率倾向于呈现区间走势，而不像股票和期货，当标的获得驱动因素或者是心理因素支撑时就会走出中长期的单边市。再者，由于外汇市场的日交易量在一定时期内是确定的，所以其从“资金面”获得的动力也是固定的。**上述两个要素叠加起来使得外汇某一品种在一定时期内的日均波幅是一定的，也就说均值一定，标准差较小。知道这个有什么用呢？最简单的一个用处就是帮助我们设定前位出场点，**比如你现在买入英镑兑美元，假如其最近一段时期的日均波幅是230点，而目前波动了130点，则向上的空间有很大可能是100点，当日内波动达到230点时，你的一个较好选择是平仓（更好的选择是平掉1/2的仓位，当然这里的主要目的是留着仓位捕捉偏离日均波幅很大的少数行情）。波幅出场法是我们对这种出场思想的定义，图24-30就是典型的波幅出场法的界面，其中动用的加权日均波幅指标可以从我们的网站免费下载，永久使用。所谓“加权日均波幅”就是把最近20日、10日、5日的日均波幅和前一日的波幅进行平均，这种计算方法赋予了近期波幅值以更大的权重。对于日均波幅还有一种使用方式，那就是当行情已经基本达到了日均波幅，这时候你就不能顺方向入场了，因为再发展的空间从概率上讲已经非常小了。如果你能够使用我们提供的加权日均波幅自动计算指标，则可以在外汇日内交易中获得很大的优势，这就是“统计优势”。而波幅出场法则是典型的前位出场法，你可以顺着这个思路去发掘适合你的外汇出场策略。

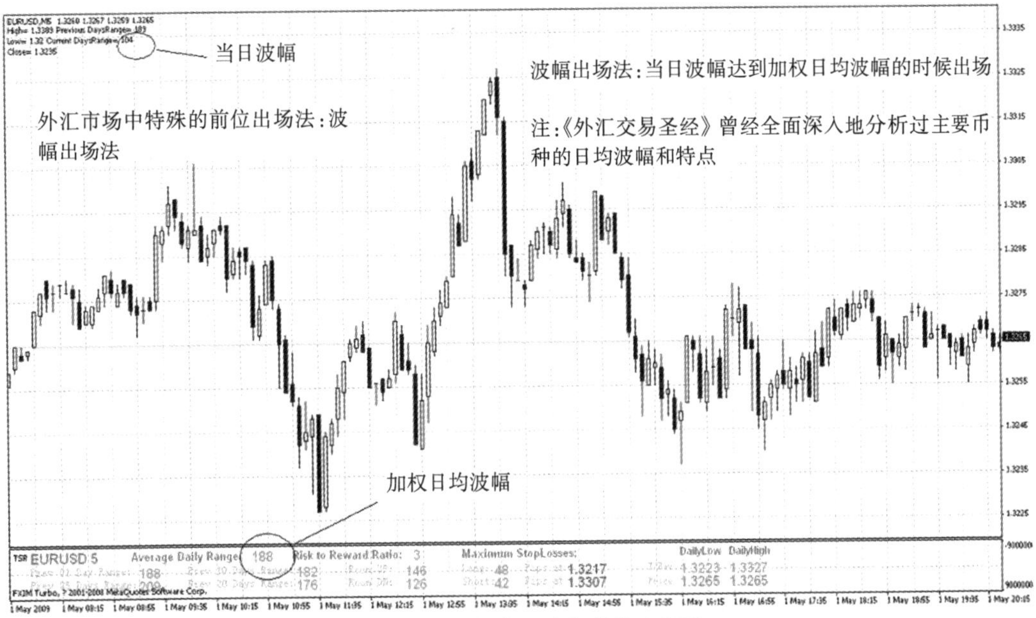

图 24-30　波幅出场法与前位出场法

前位出场法是新手竭力想实现最大效用的方法，但是从现实主义的角度出发，我们永远不能忽视了另外一种出场方式，这种出场方式在任何一笔交易中都会被采用（使用并不意味着最终以此方式出场）。**一个理想主义的外汇交易者可能对自己的交易有足够的信心，所以他采用纯粹的前位出场法，但是我们的交易操作中一定会以纯粹的后位出场法或者混合出场法（必须含有后位出场法）来管理出场过程。后位出场法是交易中不可少的工具，是科学出场法的代表。**

抱最大的希望=前位出场法，作最坏的打算=后位出场法。

我们先来看做多交易中的后位出场法，股票和期货交易中如果你能够恰当地运用这一方法，则你应该获利甚丰。请看图 24-31，这是做多交易中的后位出场法模型，假如你在 A 点，则随着行情的发展，你逐步移动后位出场点到恰当的位置，以便紧随市场运动的同时又能够过滤掉市场的噪声（此处是反趋势的向下运动）。假如你在 B 点处的 R/S 水平之下一些设定了后位出场点（俗称跟进止损点），B 点的后位出场点设置必须在价格向上通过该点一定距离之后才可。如果价格回撤触及此后位出场点，比如 C 点处的情况，则你必须了结头寸。移动止损与初始止损都属于后位出场，其设置的基本要求一致，这是你要重点掌握的技巧。**后位出场法的目的只有三个："截短亏损，让利润奔腾，保住现有利润。"跟进止损对于交易的概率结构具有调适作用，主要是针对风险报酬率：**如果你只采用初始止损，则随着行情的发展，你开始累计利润，而市场当下的价格水平离你初始止损的位置越来越远，也就使你承担的潜在风险越来越大，而你可挖掘的潜在报酬却随着行情的发展而越来越少（日内外汇市场肯定是这样的，期货则不一定，因为行情朝一个方向走得越远，则走得更远的可能性也越大，当然这是针对特别大的跨年度期货行情而言），这样的话你的风险报酬比，或者潜在盈亏比就越来越不恰当了，让你的交易逐渐处于劣势，通过跟进止损，你开始锁定浮动盈利，同时将承担的风险锁定在一定限度之内，这样风险报酬比就不会恶化。**你不能把所有的浮动盈利拿去承担风险，追逐越来越少的潜在利润。很多交易者都有一个误区，或者说盲点，就是将浮动利润整个拿去承担风险，亏掉利润而不是本金就不算亏损，这是这些人骨子里的想法。**

跟进止损的目的在于因应市场风险报酬结构的变化而调整风险报酬率。

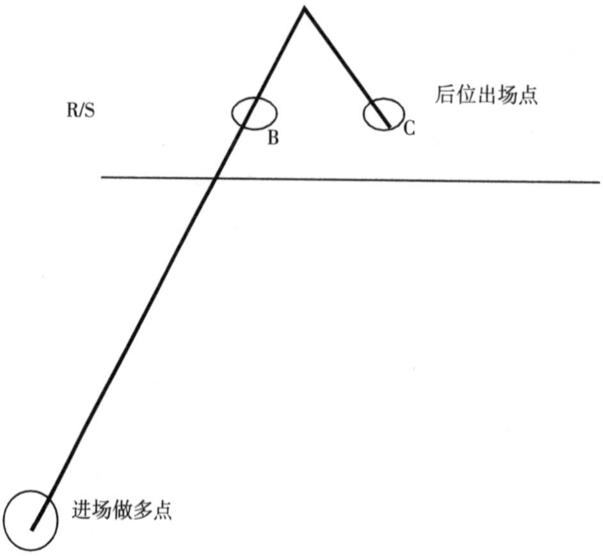

图 24-31　上升趋势中的后位出场法模型

无论你进行什么样的交易，包括外汇日内交易，你都要牢牢按照表 24–2 中的要点设定后位出场点。也许你采用了前位出场点，或者采用了同位出场点，这些都不是问题的关键，问题的关键是如果你想要在金融市场中长期生存和发展，则你必须在自己的出场体系中融入后位出场这个必要成分。后位出场使得出场只有一种方式，不会在兑现亏损和兑现盈利上存在有差别的做法。有个外汇交易方面的高手曾经卖弄地在大众面前说自己的止损点就是止盈点，止盈点就是止损点，现在你该知道什么意思了吧。此君在中国内地东北地区享有较大的业界知名度，与初学者沟通起来经常用这类遮遮掩掩的“禅宗词汇”。

后位出场法的 4 个要点，我们这里再重复一下，请看表 24–2，要点 1 和要点 2 规定了后位出场点设定的最小疆界，或者说止损的最小幅度；要点 3 则规定了后位出场的最大疆界，也就是说止损的最大幅度；要点 4 则是为了优化后位出场点给出的一个要件，它也规定了止损的最大幅度，所以要点 3、要点 4 都是规定了止损的最大幅度。

表 24–2　后位出场法的要点一览

	后位出场法 4 要点（初始止损和跟进止损）	主要作用
1	关键水平外侧（做空止损放置在阻力线之上，做多止损放置在支撑线之下）	设定最小疆界，或者说止损的最小幅度；放大利润
2	布林带异侧外（做空止损放置在布林带上轨之上；做多止损放置在布林带下轨之下）	
3	符合资金管理比率要求；（一般是 2%~8%）	设定最大疆界，也就是说止损的最大幅度；截短亏损
4	给予市场一定的回旋空间（一般只允许行情回撤前一波段的 1/2）	

后位出场点永远与持仓方向相反，位于价格发展方向的后边，而不是前边，这就是后位出场点与前位出场点名称的主要由来，同位出场点则几乎是在当下价格处相机抉择的。

后位出场点，也就是跟进止损点如何设定是非常复杂的事情，一般交易者很难形成系统的思维，往往挂一漏万或者是被不同的设置方法搞得无所适从。下面我们就开始介绍上涨趋势中进场做多之后，如何设定后位出场点，一旦你能够很好地掌握这里介绍的各种后位出场点的设置方法，则你可以在交易出场的时候除去具体的形式，仅仅按照后位出场法的 4 个要点去操作，这违反了系统交易的形式，但却具有了系统交易的实质。下面我们就开始逐一介绍，请看图 24–32，这是以前期高点作为后位出场点设定基准的实例，这是英镑兑美元 15 分钟走势图，汇价从 1.4930 附近下挫到 1.4825 附近，然后开始拉升，假设你在 B 点附近进场做多（此处忽略初始止损的设定）。此后汇价一路上涨，最终上扬到前期高点之上，也就是A点价位之上，那么最近的跟进止损点，也就是后位出场点应该怎么设定呢？当汇价还在1.4970附近时，交易者可以将止损挂单设置在前期高点之下一些，具体按照后位出场法的4个要点去操作。此后，汇价从高位跌落，跌破前期高点之下设定的后位出场点，于是我们在C点附近了结多头仓位。

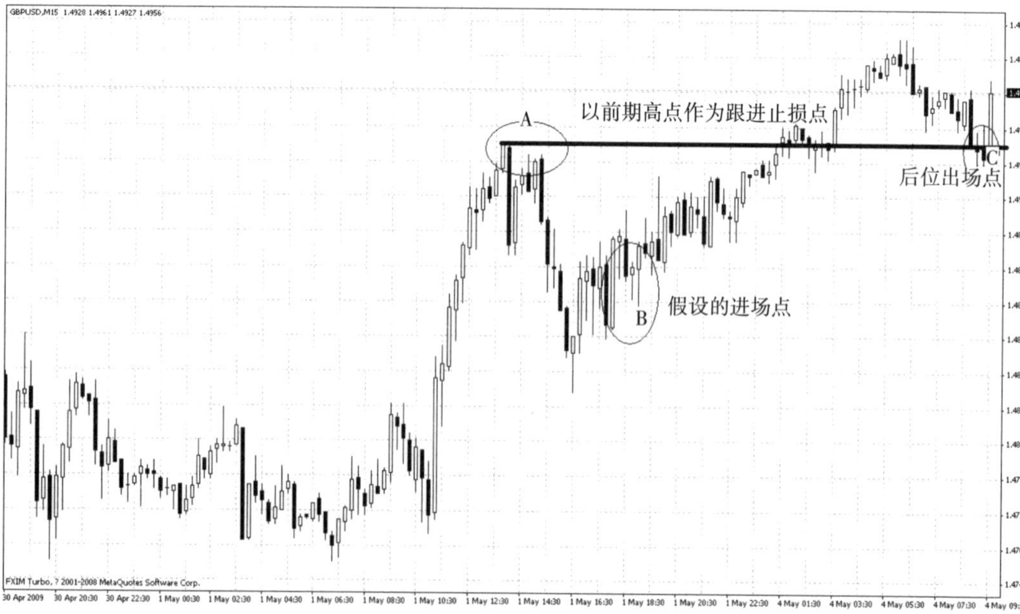

图24-32 上升趋势中的后位出场点：前期高点构成的R/S（1）

我们再来看第二个实例，请看图24-33，这是英镑兑美元5分钟走势，假定我们在A点进场，从现实的角度来讲当行情突破B点代表的前期高点的制约之后，我们对此后行情的发展其实是不能确知的，这时候需要对既有利润进行保护，同时还要让潜在利润有发展的可能，但是我们不能确知市场是继续往上走，还是接下来就反转，所以我们可以在前期高点B价位水平之下一些设定后位出场点，此后，汇价上冲失败触及后位出场点C，于是我们出场了结多头，此后市场再度创出新高，然后开始真正地向下反转。很多高手都会讲一句话：让市场告诉我应该做什么！为什么他们不说明白具体怎么操作的呢？或许是他们故弄玄虚，或许是他们本来就无意告诉你，或许……其实，他们一般都是在讲"破位进场"和"后位出场"，这两个都不需要自己去预测，都是让市场来给你进场和出场的最终决策。与之相对的是，"见位进场"和"前位出场"，它们要求交易者要有一定的预见性，不过这与绝大多数交易者追求的预测性相比，差之甚远。**所谓趋势跟随交易的传统精髓就是"破位进场"和"后位出场"，而"破位进**

场”和“后位出场”都是秉持一种“聆听市场的哲学”，这就是交易中的“上善若水”之道，水会寻求阻力最小的路径，而“聆听市场”也就是这种寻求努力的表现。

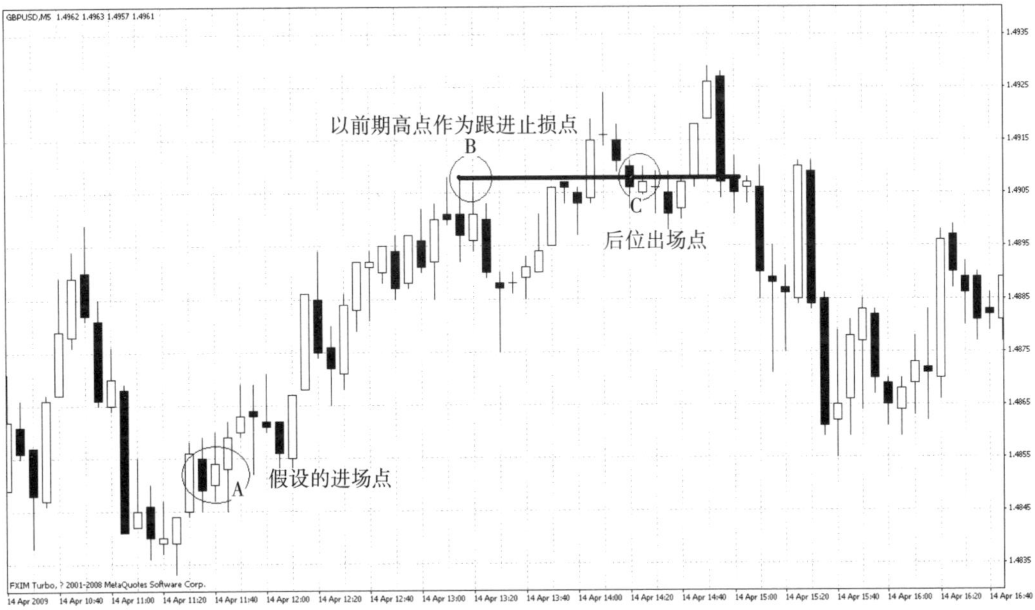

图 24-33　上升趋势中的后位出场点：前期高点构成的 R/S（2）

在上升趋势的做多交易中设定后位出场点还有一种参照基准就是前期低点，我们结合两个具体的实例来看，先看第一个实例，这是英镑兑美元 5 分钟的走势，请看图 24-34。汇价从 1.4655 之下逐步拉升，形成了上升 N 字，假设我们在 A 点附近进场做多。此后汇价一路上涨，根据我们的理论，途中肯定会设定和改换好几处后位出场点，我们就以该交易最后一个后位出场点为例，当汇价突破 1.4730 附近的前高创出新高时，我们可以选择临近价位的前期低点作为跟进止损点（也就是后位出场点），具体位置大概在 B 点附近，此后汇价从高位下落，触及了 B 点之下设定的前位出场点，于是在 C 点附近了结多头头寸并出场。

再来看做多交易中利用前期低点作为后位出场点设定基准的第二个例子（注意不是以前期低点作为后位出场点，在做多交易中，后位出场点肯定是在某条 R/S 水平之下一些的，在本例中应该设定在前期低点之下一些）。请看图 24-35，假设我们在 A 点进场做多，此后汇价一路上扬，你可以看到不少波段低点，杰西·利弗摩尔会把这些低点定义为 Pivot 点，作为跟进止损点，也就是我们所说的后位出场点。假如我们一直按此规则操作，此后汇价创下 B 点这样的前期低点之后再度上涨，按照后位出场法的原理，我们就应该把跟进止损点（前位出场点）移动到 B 点之下一些位置，此后汇价在

图 24-34 上升趋势中的后位出场点：前期低点构成的 R/S（1）

图 24-35 上升趋势中的后位出场点：前期低点构成的 R/S（2）

让我们持续占据主导权和优势地位的工具就是移动的后位出场点。

C 点处跌破了前位出场点，于是我们了结多头头寸出场。这里需要注意的一点是，**在我们的实际外汇操作中，除了前位出场点和同位出场点是唯一的之外，后位出场点是在随着行情不断调整的，这就是后位出场点的优势所在。**跟进止损点就是后位出场点，跟进的过程中，你需要不断评估和考量，所以跟进止损的操作比较麻烦，需要花费更多的脑力和时间，这导致许多外汇交易者不愿去采用后位出场法，**在日内波动幅度较大的市场中仅采用后位出场法，会使不少交易者的浮动利润被吞噬，白忙一场是这类情况的最佳写照，所以在外汇日内交易这样的情景中，后位出场法必须与前位出场法或者是同位出场法结合使用。**

除了前期高点和前期低点可以作为做多交易的后位出场点基准之外，前期成交密集区也可以作为做多交易的后位出场点基准。请看图 24-36，这是英镑兑美元 5 分钟走势图，假定我们在 A 点附近进场做多，中间一路持仓（因为并没有潜在的后位出场点被触及，同时也假定没有触及前位出场点），在 B 点附近汇价形成了小型震荡区域，然后汇价大幅拉高，此时按照做多交易中后位出场法的一般要求，我们可以在 B 点的成交密集区之下设定跟进止损点（后位出场点）。最终汇价在 C 点处击穿了后位出场点，于是我们了结此前持有的多头头寸。前期成交密集区一般是相邻多根价格线重叠构成的区域。从本例中还可以看出后位出场法的一个弊端，这个弊端与后位出场的优势并存，两者是同一枚硬币的两面，就是后位出场法可能让浮动利润损失大半。后位出场法必须在最大化利润和最小化亏损之间取得均衡，最大化利润要求后位出场点远离行情的发展，这样才能够避免被反向的市场噪声波动触及，也才能够“让利润奔跑起来”；最小化亏损要求后位出场点贴近行情的发展，这样才能及时减少转势带来的亏损

图 24-36　上升趋势中的后位出场点：前期成交密集区构成的 R/S（1）

（浮动盈利减少也是亏损的一种形式，如果你不把浮动盈利当作盈利，则你倾向于虚耗你的账户，如果你不把浮动亏损当作亏损，则你倾向于“让亏损奔跑”。绝大多数交易者都不认为浮动盈利是盈利，所以他们往往糟蹋掉这些盈利，同样绝大多数交易者也不认为浮动亏损是亏损，所以他们总是留在浮动亏损的头寸等待它的“回返”，但是他们忘记了“市场不在乎你的愿望”这条规律）。

我们再来看一个前期成交密集区作为后位出场点基准的例子，这是英镑兑美元 5 分钟交易的走势，如图 24-37 所示。假定我们在 A 点附近进场做多，此后汇价一路走高，然后在 B 点附近形成成交密集区，然后一根大阳线突破此成交密集区，于是我们在 B 点成交密集区之下一点设定后位出场点（跟进止损点）。汇价在高位盘整数根 K 线之后开始下跌，于 C 点处触及后位出场点，于是我们了结空头出场。这里需要提醒大家注意的一点是由于外汇日内交易，特别是在亚洲时段和较小的时间框上，行情波动有限时不能频繁改变后位出场点，在本例中，除了将初始止损点改到 B 点之下，此间无须其他出场点设置，如果改动频繁，则很难让市场有充分发展的机会，自然获利的潜力也就有限了。那么，如何防止市场在盈利不大的时候反过来触及初始止损，从而让本来赚钱的头寸变成亏损呢？一般办法就是盈亏平衡后位出场点，在《5 分钟动量交易系统》一书中，关天豪就是利用这种策略来避免盈利头寸最终亏损出场的。具体做法为：**当头寸出现了等于初始风险（初始止损点到进场点的幅度）的浮动盈利时，将**

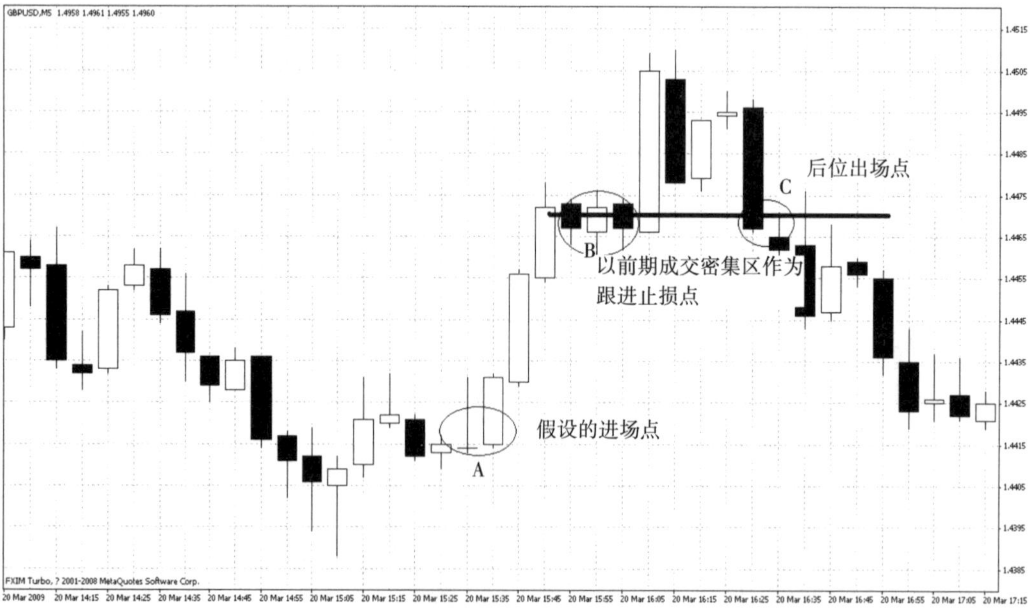

图 24-37　上升趋势中的后位出场点：前期成交密集区构成的 R/S（2）

移动止损点（后位出场点）移动到盈亏平衡点，这时的后位出场点就是盈亏平衡后位出场点，这个技巧可以加入任何交易策略中，这类后位出场点比较特殊，并不完全符合我们关于后位出场点的一般要求（4 个要素），但是大家完全可以把这个技巧用起来，这种技巧可以帮助交易者维持恰当的风险报酬率，同时让交易者获得心理优势（不可小看心理优势对外汇日内交易者的意义）。记住关天豪的“盈亏平衡后位出场点”技巧！

将止损适时地移动到盈亏平衡点可以让你具有某种心理上的优势。

斐波那契比率（以及斐波那契数字）是众多波浪理论（波浪理论可不仅仅是艾略特一家）的核心，在后位出场点的设定中，斐波那契线谱也有一席之地，只不过绝大多数交易者总是忽视了这一比率在出场方面的作用，而仅仅重视他们在进场中的作用。我们先来看斐波那契回调点位在做多交易中作为后位出场点的实例，先看实例 1，这是英镑兑美元 5 分钟交易走势，如图 24-38 所示。假定我们在 D 点附近进场做多，此后汇价一路走高，由于一路没有回撤，自然也就没有高点和低点，基本也没有成交密集区，当汇价发展到 B 点时，

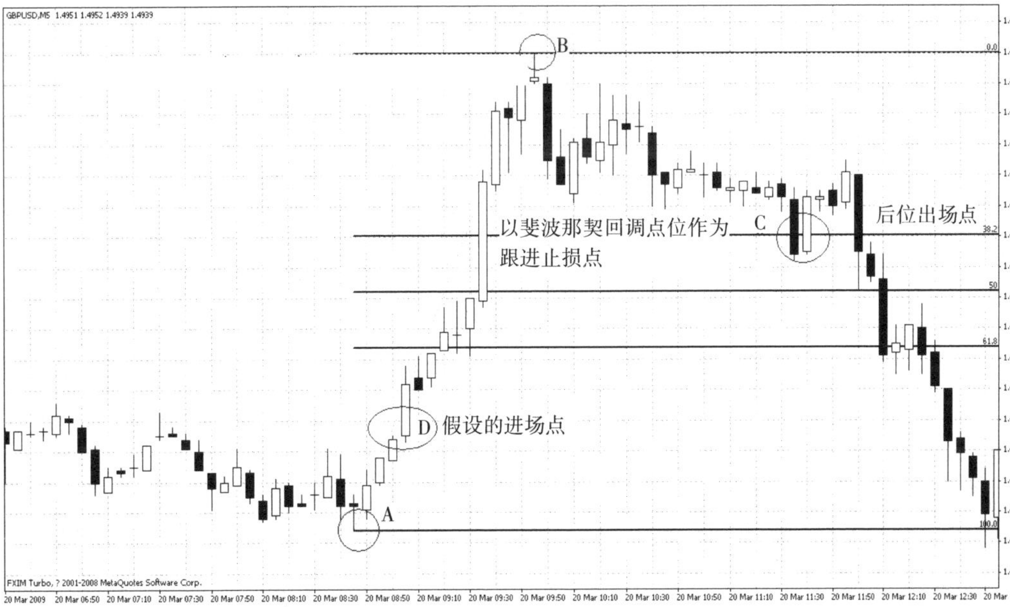

图 24-38　上升趋势中的后位出场点：斐波那契回调点位构成的 R/S（1）

我们怎么设定后位出场点呢？这时候你可以采用斐波那契回调点位作为跟进止损点（后位出场点）设置基准，一般我们采用 0.5 以下点位，通常是 0.382 和 0.5 两个点位，这个需要结合资金管理比率等 4 个要素来考量。在本例中，我们采用 0.382 作为后位出场点。此后，汇价在 C 点附近跌破 0.382 点位，于是我们了结多头头寸出场。

在太过陡直和流畅的大幅上涨中，你要找到“新防线”和“立足点”是非常困难的，这时候斐波那契回调点位就是最佳的选择，通常而言市场的逆趋势回撤不会超过 0.618，所以你可以选择 0.618 以下的点位作为后位出场点基准线，当然我们倾向于选择 0.5 和 0.382，因为行情如果跌破 0.382 了，即使此后再涨回去，你也要承担很大的心理压力，跌破 0.618 再出场的话，你已经损失了该波段 2/3 的浮动利润了，从这点来讲你可能已经违反了“恰当风险报酬比”的原则了。

我们再来看一个利用斐波那契回调点位作为后位出场点基准的实例，请看图 24-39。这是英镑兑美元 1 小时走势，本例中我们忽略了其他可能的后位出场点设定方式，只考虑以斐波那契回调点位作为后位出场点。假定我们在 B 点附近进场做多，此后汇价一路上涨（中间有不少波段低点和高点可以作为后位出场点，但是我们只考虑以斐波那契回调点位作为后位出场点）。本例中，我们以 AC 为单位 1，进行斐波那契分割，得到斐波那契线谱，我们采用 0.382 点位作为后位出场点的设定基准，具体而言就是将后位出场点设定在 0.382 点位之下一点。最终汇价触及了 0.382 点位之下的后位出场

图 24-39 上升趋势中的后位出场点：斐波那契回调点位构成的 R/S（2）

点，于是我们在 D 点附近了结多头头寸。斐波那契回调点位可以看作是市场多空力量对比的温度计，你也可以在重大数据公布前通过观察当前价格相对前一波段的斐波那契回调点位来掌握市场本身的多空观念，通常而言，当现价停留在 0.5 点位以下时，空方力量和空方观念占优势，位于 0.618 附近则是空方力量占优势（消息公布前，当市场犹豫不定时，汇价会停留在 0.5 水平附近），位于 0.382 附近则是多方力量占优势，当然这是针对相邻波段向上的情况。简而言之，你可以将斐波那契回调点位当作市场力量的温度计，在上升走势中，汇率在 0.382 处获得支撑，完成回调，则表明多方力量还比较强大，未来多头行情还可以期许，如果汇率跌穿 0.5，则多方空方力量基本均衡，后市上涨的可能性就小很多了。所以，我们不会用超过 0.5 的回调点位，比如 0.618 和 0.764 作为上涨趋势中的后位出场点设置基准。

当你幸运地捕捉到我们在《外汇交易进阶》和《外汇交易圣经》中提到的“数据行情”时，当此时的行情已经瞬间大幅度运动之后，你怎么在近乎笔直的走势中寻找“新防线”？这时候你可以利用斐波那契回调点位构筑后位出场点。斐波那契回调点位是后位出场者最后的武器之一，你一定要掌握这项工具，否则在快速发展的行情走势中，比如**权证日内飙升走势中，你将无法对急涨之后的急跌进行决策。**

天量对应价格线的低点或者高点其实也是很好的防守点。

采纳后位出场点的交易策略和系统有很多，不少是大家耳熟能详的，下面我们就来介绍其中用得较为普遍的一些策略，当然如果你想要自己的出场策略发挥最大效用，就应该将前位出场法、同位出场法和后位出场法结合起来使用。

移动平均线经常作为跟进止损（后位出场）的工具，虽然最终的平均线出场定义存在差异（比如，要求收盘价突破才有效），但是基本的原理是一样的。移动平均线是滞后指标，而成交量是先行指标，价格本身可以看作同步指标，从技术分析的角度可以这样看待三种类型的技术要素的关系。正因为移动平均线是滞后指标，所以才可以作为后位出场的工具（我们这里暗含一个前提，即滞后指标可以作为后位出场工具，而震荡指标一般可以作为同位出场工具）。请看图24-40，这是21期移动平均线，21是斐波那契数字，移动平均线的设定一般倾向于斐波那契数字，国内外不少“大师”和“名家”都拿着斐波那契数字作为参数的均线“招摇过市”，比如国外的比尔·威廉姆斯和国内的所谓股价定位系统，其实这些线的作用被夸大了。图24-40是英镑兑美元的5分钟走势图，这是关天豪喜欢采用的超短线交易框架，他采用的均线参数也与斐波那契数字相近，当然你也可以用其他理由解释其中的原理，这并不重要，重要的是你知道他们采用的是后位出场点。假定你在A点进场做多，当汇价下穿移动平均线时出场，则移动平均线本身就是后位出场点的基准线。随着行情的发展，你最终会在B点出场。**大部分交易者认为移动平均线具有神奇的力量，他们认为由于平均成本和自然规律的作用使得某些移动平均线具有支撑和阻力的作用。**

外汇市场中，行情过后总能找到某条具有“神奇效果”的均线。

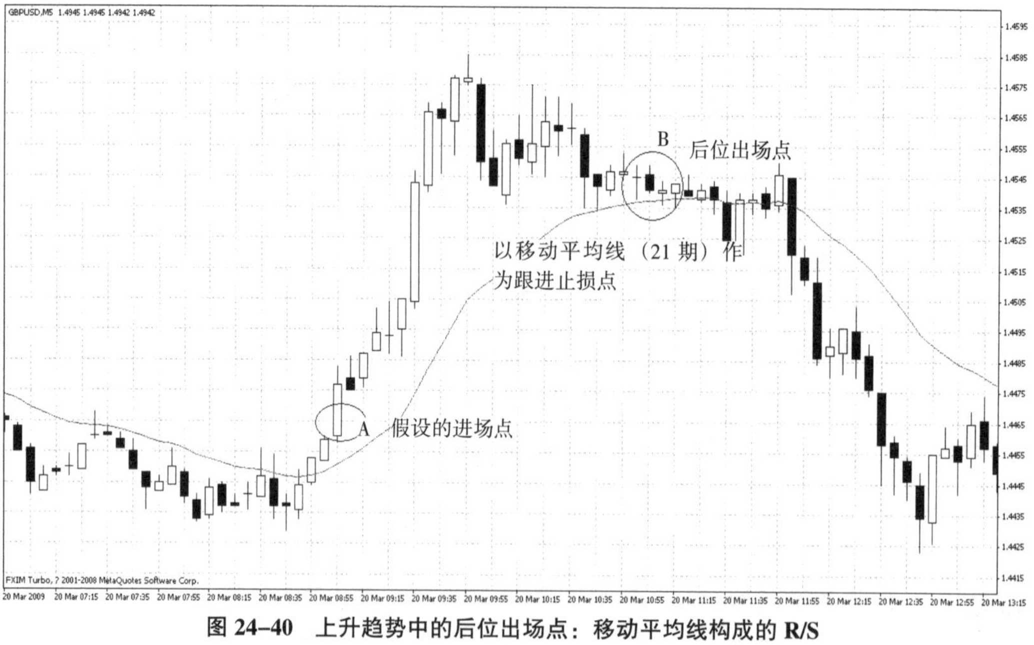

图24-40 上升趋势中的后位出场点：移动平均线构成的R/S

在做多交易中，移动平均线作为后位出场点有很多种运用方式，比如收盘价跌破单条移动均线出场，价格以持续下跌 K 线形态跌破单条移动平均线出场，短期移动平均线跌破长期移动平均线出场，三条以上移动平均线形成空头排列之后出场等，你可以结合自己的实践需要选择效用和效率较高的移动平均线使用方式来执行后位出场策略。

除了利用移动平均线来执行后位出场之外，其他趋势指标一般也可以执行类似的功能，比如大名鼎鼎的抛物线指标，请看图 24-41，这是英镑兑美元 5 分钟走势图。关于抛物线的用法我们就不再赘述，这属于初级层次的东西，大家可以自己去查阅相关的内容。假定我们在图中 A 点进场做多，而抛物线的一般用法就是帮助设置移动止损点，也就是机械地设置移动止损点，此后行情一路看涨，不久之后在 B 点汇价跌破抛物线（其实是原点）处设置的跟进止损点（后位出场点），那么按照抛物线的规则就应该了结多头头寸。抛物线与移动平均线在作为出场工具时一般都是作为后位出场点，当然某些非常特别的外汇交易系统中移动平均线也可以作为前位出场点，这是非常少见的使用方式。这里需要提醒大家的两点是：**第一，越少人使用的指标类型，则有效性相对越高；第二，越少人采纳的指标用法，则相对性越高。**这两点仍旧与我们不断倡导的“盲点即利润”原理相符。

图 24-41　上升趋势中的后位出场点：抛物线指标

比尔·威廉姆斯的分形指标与杰西·利弗摩尔的 Pivot 点类似，只是后者的主观性强一些而已。请看图 24-42，这是美元兑瑞郎的 4 小时走势图，图中的箭头标注了价格的分形结构，**向上分形你可以简单地理解为局部的高点，向下分形你可以简单地理解为**

分形是最简单而有效的跟进止损点。

局部的低点。向下分形与杰西的 Pivot 点类似，基本上可以作为做多交易中的后位出场点，通常你可以从向下分形（或者杰西的 Pivot 点）中选择适合的跟进止损点，也就是做多交易中适合的后位出场点。请看图 24–42，图中标注了假设的进场做多点，你在此入场做多，此后汇价一路攀升，你可以相应地跟进止损，你会以向下分形对应的最低价作为设定跟进止损的基准点位，当汇价跌穿此后位出场点时，你就需要了结此前的多头头寸。

图 24–42 上升趋势中的后位出场点：向下分形构成的 R/S

接着我们探讨做空交易中的后位出场点设定，先来看图 24–43，这是下降趋势中的后位出场法模型。交易者在分析清楚了“势、位、态”三要素之后，选择合适的仓位在 A 点介入做空，当汇价如预期发展的时候，我们要不断考虑是否继续持仓，这就是下降趋势中的出场问题。当汇价不断创出新低时，我们在现价之上设定出场点，这就是后位出场点。做空中的后位出场点设定在阻力线之上合适的位置，比如图 24–43 中的 B 点，当汇价向上突破此点时，交易者就应该按照后位出场法了结空头头寸。

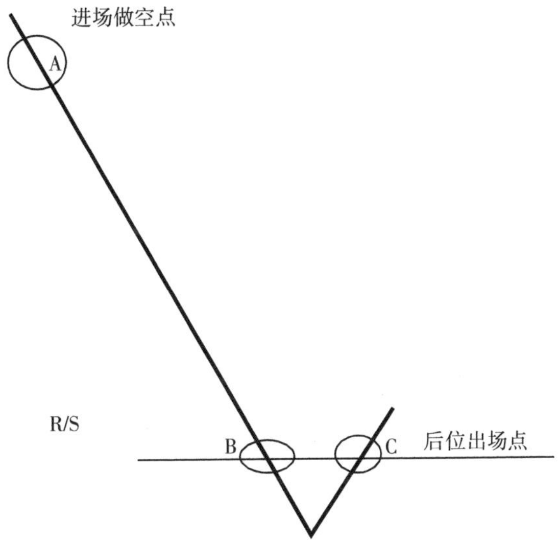

图 24-43　下降趋势中的后位出场法模型

这里插入一个比较重要的问题：或许少数细心的读者会关心我们本课介绍的出场策略与帝娜仓位管理模型是什么样的关系，两者并不对立，而是结合使用的关系。**本课介绍的帝娜出场三式，主要是针对出场的一般形式，而帝娜仓位管理模型中的金字塔减仓法其实就是讲无论你使用何种出场形式，都应该遵循微调的思路。**你现在应该知道我们的意思了吧。你可以否认帝娜仓位管理模型的形式，但是你应该遵循其实质：**当市场变化时，交易者应该根据胜算率和风险报酬率的变化相应地微调仓位，微调仓位的方法不拘一格，但要顺应市场的一般特质，微调仓位最终依靠帝娜进场三式和出场三式来完成。**

通过上面的澄清，你应该对出场方式和微调思路有所体悟，下面我们继续接着正题展开。我们来看做空交易中前期高点作为后位出场点基准的实例，请看图 24-44，这是美元兑瑞郎 15 分钟走势图。这个例子中的走势非常清晰地表明了 N 字结构理论的意义，假设我们在 A 点附近进场做空，然后价格大幅度下跌，反弹，再下跌，再反弹，继续下跌。当价格发展到 1.1365 附近时，我们可以在最近一个前期高点之上一些设定后位出场点，大致在图中的 B 点附近。最终，美元兑瑞郎在构筑双底之后上扬，于 C 点附近触及后位出场点，于是空头出场。

本课和上一课我们都是用两个例子来说明一些知识点，因为单是一个例子很难让你直观地把握住被说明对象的实质，很难让你有可操作的具体过程。同样，我们这里再介绍一例做空交易中以前期高点作为后位出场点的例子。请看图 24-45，这仍旧是美元兑瑞郎 15 分钟交易走势。假定我们在 A 点附近进场做空，然后汇价开始不规则地下跌，我们一路上以前一波段高点作为前位出场点基准。当汇价从 B 点开始下跌时，我们可以将跟进止损点，也就是后位出场点移动到 B 点之上一些，不久之后价格触及 C 点之上的（或者是再下一次的回升中）后位出场点，于是交易者了结空头头寸。

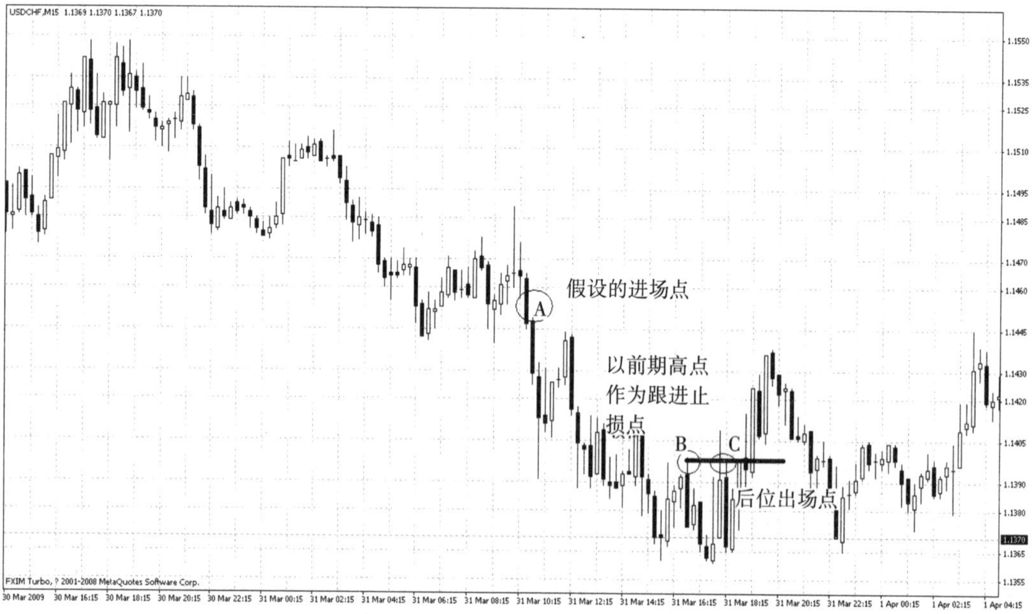

图 24-44　下降趋势中的后位出场点：前期高点构成的 R/S（1）

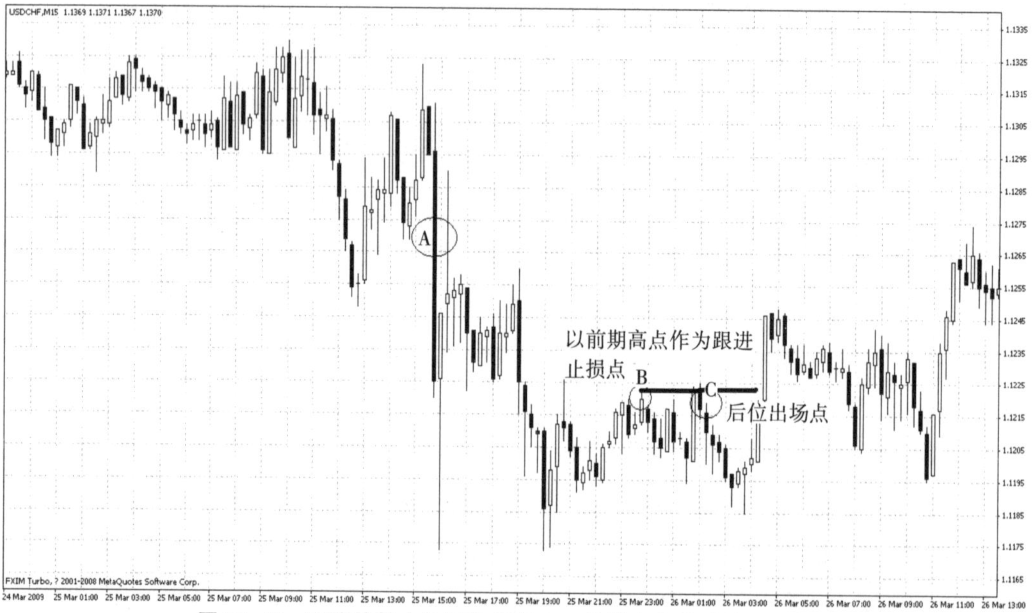

图 24-45　下降趋势中的后位出场点：前期高点构成的 R/S（2）

外汇日内交易的魅力在于简单的上下运动可以衍生出无穷的行情走势，变幻莫测的价格运动让交易者手忙脚乱，同样的问题出现在交易的操作上，虽然只有四种类型的进场方式和四种类型的出场方式，但它们复合出来的交易策略却让交易者眼花缭乱。但是，**如果你能精熟本课和上一课介绍的进出场基本原则和策略，并能以凯利公式驾驭这些“进出加减”的策略，则你在外汇市场上的“自由滑翔”指日可待。**

皮之不存，毛将焉附？外汇交易中什么是皮？什么是毛？

下面，我们继续传授可能令你感到些许枯燥的后位出场点设定技巧。接下来我们要讲解的是以前期低点作为后位出场点的基准，先来看第一个例子，请看图 24-46，这是澳元兑美元的 5 分钟走势图。汇价从 0.7235 附近跌落，假定交易者在 A 点附近进场做空。当澳元兑美元跌到 0.7105 附近时，我们在前期低点之上一些设定后位出场点，比如图中的 B 点附近。最终汇价向上触及 B 点附近的后位出场点，于是空头被了结（当然，如果你按照帝娜仓位管理模型去操作，则你应该采用微调的方式逐步了结你的空头头寸，当你持有单一头寸的时候就没办法利用帝娜仓位管理模型的具体手法了，当

图 24-46　下降趋势中的后位出场点：前期低点构成的 R/S（1）

然你还是应该明白“仓位微调”在外汇交易中有多么重大的意义）。

接下来，我们来看第二个做空交易中以前期低点为基础设定后位出场点的实例。请看图 24-47，这也是澳元兑美元 5 分钟交易的走势。汇价在 2009 年 4 月 22 日 19 点左右形成了一个局部低点（这个低点被早晨之星所标注，根据史蒂夫·尼森的理论，十字星可以作为 R/S 水平的提示，所以此处的十字星表明此价位在后续价格的发展中有可能成为阻力水平/支撑水平）。然后，澳元兑美元又上升到了 0.7115 附近，之后再度下跌（一个不那么明显的 N 字顶表明了短期趋势向下）。假定我们在 B 点附近进场做空，当汇价一口气跌到 0.7045 附近时，我们必须为浮动利润建立保护机制，同时也应该根据市场行情变化导致的风报率和胜算率变化调整自己的风险暴露水平（此时不是通过仓位调整，而是通过减少承担风险的资本来调整）。在这种情况下我们应该寻找能够恰当设定后位出场点的工具，前期高点太远了，前期低点和斐波那契回调点位则比较合适，本例中我们采用前期低点 A 作为跟进止损点（严格说，跟进止损点在前期低点之上一些位置）。最终，当汇价在 C 点击穿 A 点位水平附近的后位出场点时，空头头寸得到了结（其实，如果你的头寸是复合式头寸，则你也可以了结部分空头头寸，**仓位微调是一个比较难使用的交易习惯，这是大部分交易者的盲点，无论是股票交易者还是外汇交易者，大家都习惯于单一头寸进出，就是说要进场做多，一次进够头寸，出场的时候全部了结，逐步加仓，逐步减仓，对于他们而言无疑是“拖泥带水的做法”**）。

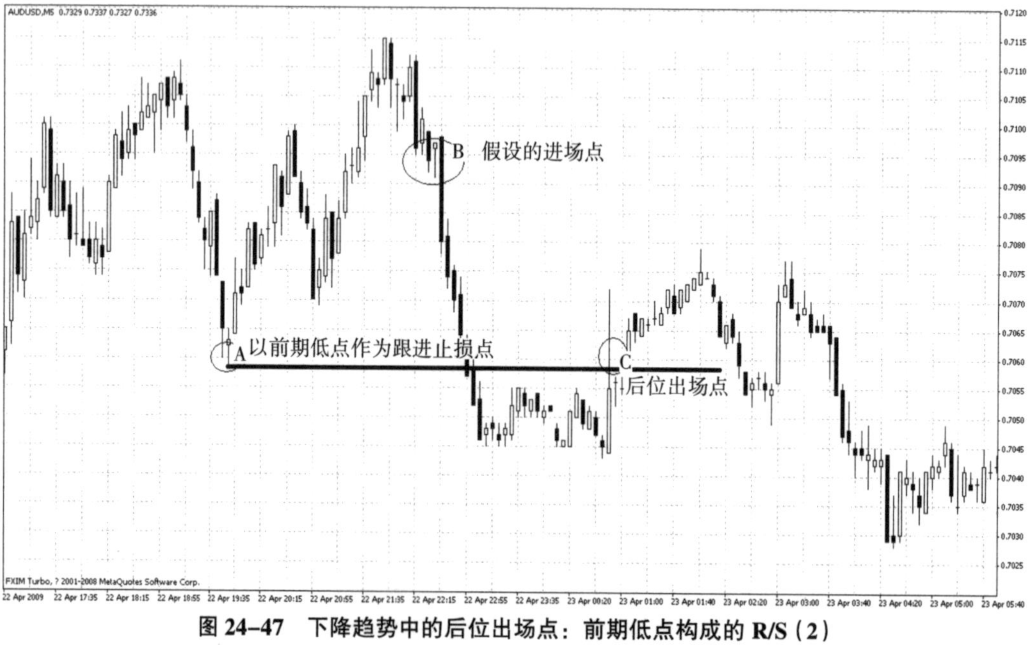

图 24-47 下降趋势中的后位出场点：前期低点构成的 R/S（2）

交易技能水平的大幅提高可以通过三个问题来达到：第一个问题是“究竟什么是大部分交易者的盲点?”；第二个问题是“究竟什么是市场运动不变的根本结构?”；第三个问题是“究竟什么是交易策略的根本不变因素?”。交易者的盲点是本书的核心内容之一，“盲点就是利润”，这是我们“盲利公式”的通俗表达。市场运动的根本结构是获得持续高报酬率的基础，巴菲特就是通过寻找相对确定的重要因素来获得持续较高的报酬率，把握不变的市场根本结构才能为交易者带来持续的利润，而不是短暂的利润，也不会因为热点和驱动因素的变化而导致交易策略效率的大变化，持续的高回报率借助于“复利公式”而产生令世人震撼的收益奇迹。反过来讲，交易者应该按照复利公式去操作：一方面寻求超越平均水平的收益（可以类比为“超额利润”），另一方面又要长时间维持这种超常收益水平，要做到这两点就只能寻找和把握市场运动中不变的根本结构。交易策略要想有效的话，则不管怎么变化都要受到“凯利公式”的制约，你可以在四种进出场策略中进行种种复杂化的设计，但是最终都是为了符合**“凯利公式”的要求**（关于凯利公式，拉瑞·威廉姆斯也没有很好理解，他将仓位看作是保证金动用，这是错误的，应是承担风险的资金，也就是可能被“止损的资金”）。你买了这本书，看到这里，我们非常有必要给予你一定的奖励，这就是上面这段“道破交易天机”的文字，如果这段文字放在本书非常显眼的位置，则对我们非常不利，毕竟超额利润来自于大众的盲点，如果都是大众的焦点了，那……

凯利公式近似于边际分析，讲的是如何根据格局选择相应的仓位，而如何选择格局本身却又是另外一个问题了。

下面，我们再总结一下三个“上帝之问”和“三利公式”的关系（见表24-3）。

表 24-3　帝娜三位一体的交易终极秘诀

	上帝三问	三利公式
1	究竟什么是大部分交易者的盲点?	盲利公式
2	究竟什么是市场运动不变的根本结构?	复利公式
3	究竟什么是交易策略的根本不变因素?	凯利公式

抽象的交易哲学透露了大部分内容给你，亲爱的读者，接下来我们从高处下切到具体的可操作层面上，不然会让你（特别是新手）觉得我们的书没有用处（新手看书好不好无非看有没有什么具体的马上可以用到赚钱上的绝招，或者是不是告诉了读者如何去高概率预测的秘诀）。与做多交易一样，做空交易中的后位出场点设定也可以用到前期成交密集区。遵循惯例，我们来看两个例子。请看图 24-48，这是美元兑日元的 1 小时走势图，汇价从 99.70 附近的高位下跌，在 99.00 和 97.55 之间形成收敛三角走势，假定我们在跌破此三角的 A 点附近入场做空。当汇价发展到 95.55 附近时，我们需要选择一个后位出场点以便于调适风险报酬率到恰当水平，B 处的成交密集区可以作为后位出场点的设定基准，交易者在此成交密集区之上（做空交易中，如果成交密集区较宽，则可以设定在成交密集区下边沿之上）设定后位出场点。最终，汇价在 C 点处触及后位出场点，于是交易者了结空头头寸。

图 24-48 下降趋势中的后位出场点：前期成交密集区构成的 R/S（1）

我们再来看一个做空交易中前期成交密集区作为后位出场点设定基准的实例，请看图 24-49，这是美元兑日元的 1 小时走势图，假定我们在图中顶部盘整区的位置进场做空，随着行情飞速的发展，我们应该如何通过移动跟进止损位（后位出场点）维持恰当的风险报酬比率？下跌过程中如何设定后位出场点的过程我们省略了，这里分析的是当汇价跌到 93.60 附近时，我们应该如何调整后位出场点，以便获得恰当的风险报酬比（这里需要注意的一点是，**在风险报酬比中，前位出场点直接涉及的是报酬部分，**

而后位出场点直接涉及的是风险部分，同位出场点则直接关系到胜率的高低，当然这三种出场方式都直接和间接地同风险报酬率和胜算率有关）。最后，当汇价回升触及前期成交密集区之上的后位出场点时，交易者应该了结空头（当然也可以采用帝娜仓位管理模型逐步减仓，但是先要减去大部分仓位，这样做的目的是尽快控制住风险）。

图 24-49　下降趋势中的后位出场点：前期成交密集区构成的 R/S（2）

做空交易中，我们也经常采用斐波那契回调点位作为后位出场点的设定基准，做空交易的斐波那契回调点位画法应该是从上拉到下（全球闻名的 MT4 软件上如此操作）。我们来看两个实例，第一个例子请看图 24-50，美元兑日元从 94.50 附近下跌，假设我们在汇价呈现顶部 N 字，并跌破 N 字前期低点时进场，大概就是图中的 B 点附近，这是我们进场做空的位置，此后汇价一路下跌，跌到 88.40 附近开始回升，这时候我们可以有很多选择来设定后位出场点，比如前期低点、前期高点、前期成交密集区，但是现在我们从斐波那契回调点位的角度来设定后位出场点，也就是跟进止损点。假如我们允许市场较大幅度地调整，则可以以整个下降波段作为单位 1，进行斐波那契分割，以 A 点为 1 水平，C 点为 0 水平，得到了重要的几个斐波那契回调点位，具体而言就是 0.618、0.5 以及 0.382。我们一般以 0.382 或者是 0.5 作为后位出场点的基准线，大多数情况下采用 0.382，本例中我们就是这样去操作的。汇价最后在 D 点附近触及设置在 0.382 水平之上的后位出场点，于是我们了结空头。

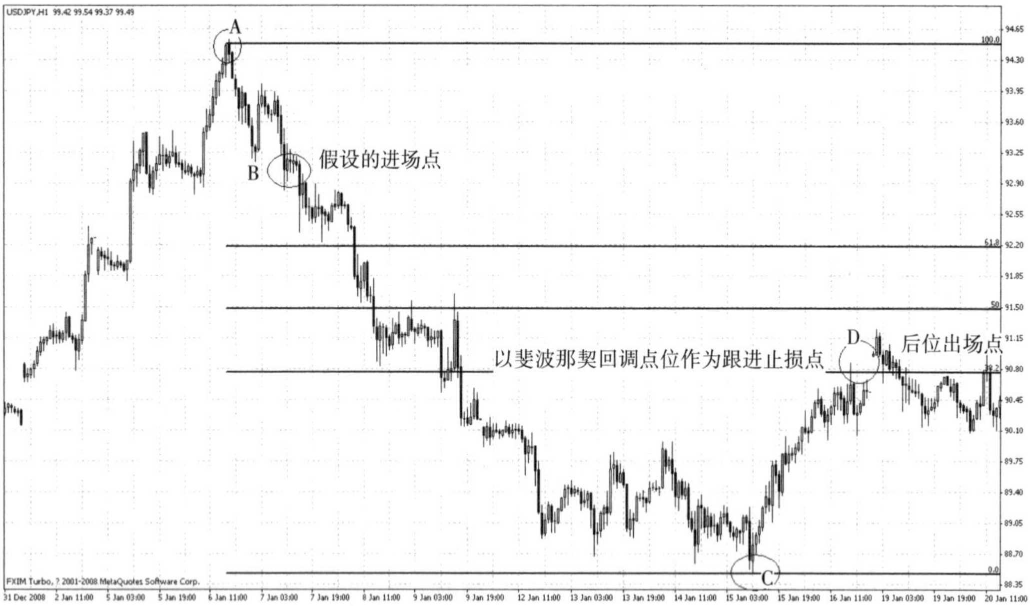

图 24-50　下降趋势中的后位出场点：斐波那契回调点位构成的 R/S（1）

第二个例子请看图 24-51，这是美元兑日元 1 小时交易走势。汇价在 98.35 附近形成了一个发散三角形，最终在 B 点跌破了这个发散三角（又名扩散三角，容易造成简单破位交易者的反复亏损），假定我们在 B 点进场做空。进场后汇价呈直线下跌状，跌到 91.00 附近的时候，我们需要移动止损点，也就是设定后位出场点，这时候我们很难

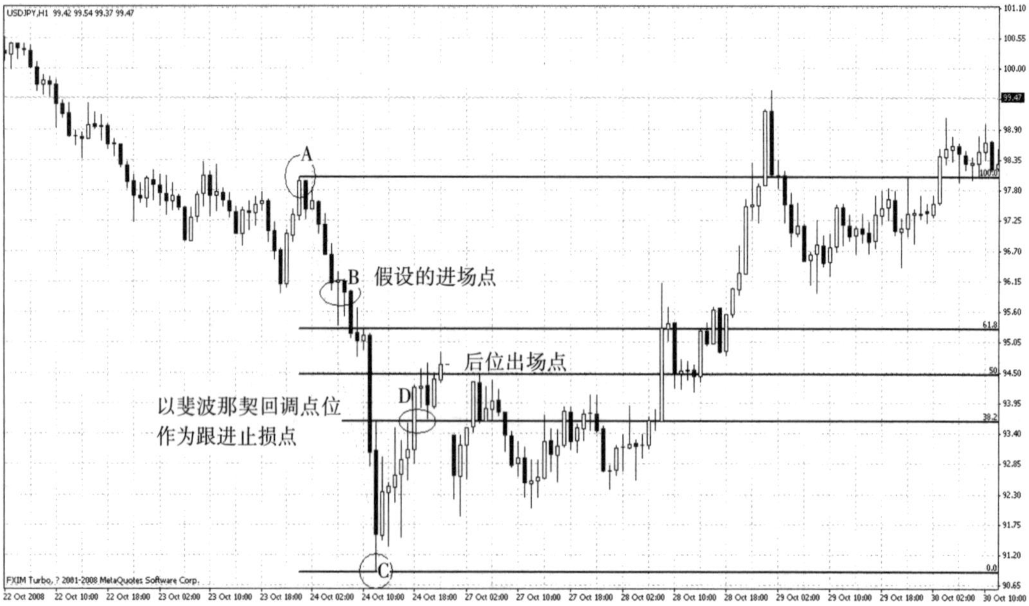

图 24-51　下降趋势中的后位出场点：斐波那契回调点位构成的 R/S（2）

选择前期高点、前期低点或者成交密集区作为后位出场点基准，所以只能以斐波那契回调点位 0.382 作为后位出场点基准。具体而言，交易者将后位出场点设定在 0.382 之上一些。此后汇价反弹，触及 D 点附近的后位出场点，于是交易者应该了结空头。

与做多交易一样，在做空交易中我们也可以采用移动平均线作为后位出场点基准。请看图 24-52，这是美元兑日元 15 分钟交易的走势，这个交易中采用了移动平均线作为后位出场点（跟进止损点），假定交易者在 A 点附近介入做空，则当汇价于 B 点向上突破时，交易者按照规则应该出场。这里介绍的是做空交易中移动平均线作为后位出场点最为简单的一种情况。也就是以价格突破移动均线作为后位出场的依据，当然你也可以增加一些额外条件，比如以收盘价跌破移动平均线作为后位出场的额外条件，在股票交易中你还可以用附带成交量作为后位出场的额外条件。额外条件还有很多，这个属于你去努力的方向，我们就没有必要再开列几倍于本课的篇幅去介绍如此繁多的后位出场额外条件了。同样，在见位进场、破位进场、顶位进场，以及前位出场和同位出场中，除了本书介绍到的操作条件之外，每个交易者都可以设定符合自己和市场双重条件的额外条件，这就是交易个性化的一面。

图 24-52 下降趋势中的后位出场点：移动平均线构成的 R/S

在进入交易界的早年阶段，每每获得一个交易系统，就想着靠这个交易系统赚取丰厚的利润，**但是结果往往都不尽如人意，要知道交易系统存在很多前提和局限性，这些前提和局限性往往是关于交易者特点、资本状况和市场时间框架，以及市**

复制看似能够提供捷径，其实却越来越远离自己的优势。

场阶段的。当你没有内化一个交易策略时，你无法利用它获利。经历了多年的交易实践，我们逐渐体悟到一个早年经常听说但是不能真正体会的道理：**我们应该从别人交易策略中学习的是“为什么”，而不是“怎么样”。**

当你妄图直接套取别人的盈利模式时，你注定无法成功，无论是在商业上，还是在交易上都是一个道理。不少读者拿着我们的书，就想得到现成的东西，其实这非常不现实，第一，市场是在不断变化的，做市商制度、交易量、驱动市场的关键因素在长期都处于结构性变化中，而交易策略往往都在这些方面有着潜在前提。第二，交易者是不同质的，资金起点不一样，思维习惯不一样，耐心程度和抗挫折能力不一样，交易策略都暗含了风险偏好、资金要求、时间框架要求和允许最大连续亏损等前提。第三，有效的策略基于对市场特点的认识，这些特点一旦被广泛知晓就会失去效用，基于的时间框架越短的策略越是如此。第四，交易者有所保留是比较正常的，毕竟人家花费了大量的心血得到某些东西，如果拱手相送，其实没有意义：一是新手的观念根本无法承载这些技巧，他们往往反唇相讥，我们何苦自取其辱呢？二是具体的方法（不是普遍的原理和市场的根本结构）被广泛传播后效率会下降，这样对大家都不利。三是高手并没有得到新手的任何精神和物质上的可观回报，为什么要冒风险去传授自己经过多年摸索和启发才找到的具体策略呢？巴菲特是个聪明人，他对上述四条理由的认识非常清晰，虽然他会谈到一些原理和认识，但是对于具体操作方法的全貌，他避而不谈，也防止家人外传。一个理性的交易者应该学会在既有的普遍原理和公布的策略中探索出背后的“为什么”，长此以往，成功是必然的。我们从来没有见过一个交易者，他能够在照搬的情况下持续获利，从来没有！

做空交易中，我们还可以利用专门的后位出场指标（一般是趋势指标）来操作后位出场，比如抛物线，请看图 24-53，这是美元兑日元 1 小时走势图，实际采用起来比较困难，特别是像外汇这样颠簸不断的品种（为了有效甄别市场，你往往要从心理分析和驱动分析入手，所谓技术面交易者不看基本面的说法是有前提和局限性的，这种说法不能算错，但是一定是相对低效的，记住帝娜交易者的原则是“有效果比有道理重要”），但是你还是应该从下面这个具体例子中找到背后的“为什么”。我们在图中假设的进场点进场做空，以抛物线作为后位出场点，最终汇价触及此后位出场点，于是交易者了结空头出场。其实，抛物线在理论上与移动平均线类似，都是滞后指标，在趋势市场运行良好，在震荡市场则表现得令人担忧，技术分析本身不能解决这一问题，**技术分析的圣杯只能在技术分析之外去寻找，驱动分析、心理分析、仓位管理是部分解决这一问题的关键，这是本书最大的秘密之一。**当然在《外汇交易三部曲》中我们会有更深入的分析，这些原理你也许永远不会体认，但是这确实是我们见过的不少短线顶尖高手的终极理念，这不是噱头，读者“好自为之”吧！

技术分析具有很强的迷惑性，好似万灵药，却又很难进行检验。

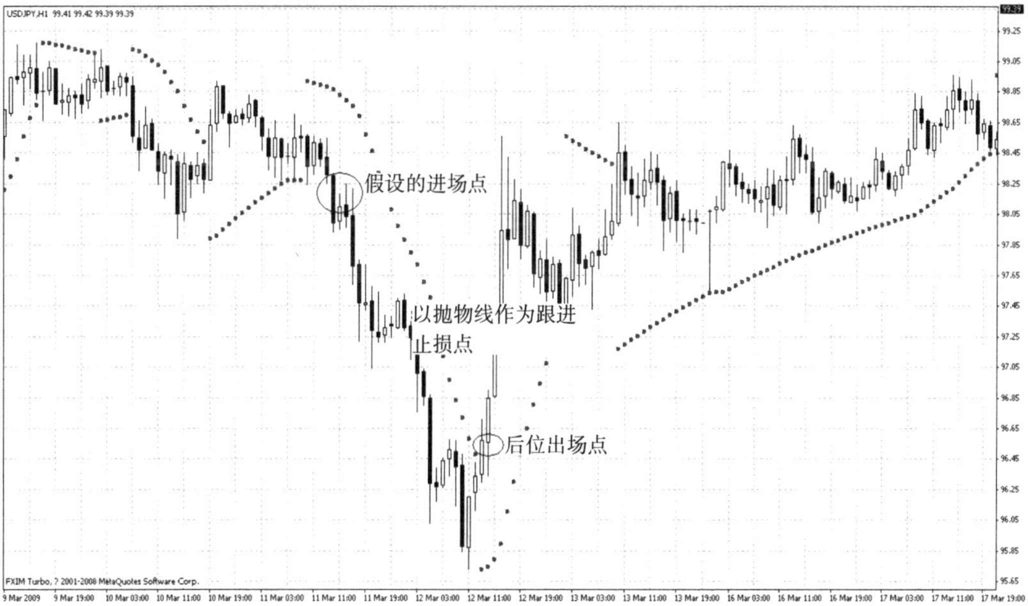

图 24-53　下降趋势中的后位出场点：抛物线指数

在做多交易中，我们已经提到了分形指标作为后位出场点基准的作法，这里我们则结合做空交易来介绍分形指标在后位出场中的运用。请看图 24-54，这是美元兑加元 1 小时走势图，假定我们在图中的 A 点附近进场做空，以分形指标作为后位出场基准，则做空交易中应该以向上分形作为后位出场基准（你可以将向上分形作为做空交易中的跟进止损点，这个指标较抛物线和移动均线要好很多，当然你可以采用《高级斐波那契交易法》中的出场方法，那种方法采取了自适应参数来出场，具体而言是以前波段的规定比率回撤来出场的）。当汇价出现 B 点处的向上分形之后，我们就可以在此设定后位出场点，不久之后汇价在 C 点处突破此后位出场点，则我们就应该了结空头头寸出场。

图 24-54　下降趋势中的后位出场点：向上分形构成的 R/S

后位出场是一种新手很难适应的方法，因为这种出场法要求交易者寻求“次优”，而不是妄图达到最优。索罗斯一生都在强调人类认知能力的有限性，所以追求相对性而不是绝对性的结论是索罗斯在社会科学和交易哲学上的原则。采用前位出场法的交易者，基本都假定人的认知能力可以帮助交易者达到最优；采用后位出场法的交易者，基本都假定人的认识能力只能帮助交易者达到次优。后位出场法其实是跟进止损的另一种说法，跟进止损是杰西·利弗摩尔倡导的方法，其要旨非常符合“截短利润，让亏损奔腾”，但是这种符合是有前提的，那就是市场是单边走势，而这个前提技术分析是无法去求证的，只能去技术分析之外追寻。请看图 24-55，这是欧元兑美元 15 分钟走势图，汇价一路从 1.3185 附近上涨，假定我们在 A 点附近进场做多，初始止损设定在近期低点之下，其实初始止损就是一个典型的后位出场点，这个后位出场点在任何交易中都是必要的，所以后位出场点是任何交易策略都不可或缺的。随着行情的逐步发展，我们会遵循止损点设定的几个要件，逐步跟进止损（但不是见着波段低点就设定止损，还要考虑过滤市场噪声，如果跟进止损过于频繁，则反而违背了让利润奔腾的初衷），在本例中，一共有 4 个跟进止损点。最终汇价在 B 点处触及跟进止损点，于是交易者应该了结多头头寸（具体的操作应该尽量遵循帝娜仓位管理模型）。

图 24-55 跟进止损与后位出场法

比尔·威廉姆斯是当代交易界几个较为出名的交易系统贩卖大师，他的策略在外汇市场中容易受到经常出现的反复震荡和快速突变影响，所以其效用在日内交易中往往大打折扣，不过他的混沌交易系统背后的设计原理却是值得我们去学习的，**他的策略非常符合杰西·利弗摩尔的顺势金字塔建仓手法**，我们这里仅就其出场进行部分讲解。混沌操作法的出场方法基本上都是后位出场，但是是几种后位出场的综合，利用了两条均线，同时也利用了临近价格最低价等，我们这里主要介绍其中一种普遍使用的出场方法，这就是跌破 8 期移动平均线出场，如图 24-56 所示，就是一种典型的利用移动

混沌操作法遇到超长时间的宽幅震荡时就相当于慢性自杀。为什么会这样呢？你可以自己好好想想原因。

平均线作为后位出场点的策略。混沌操作法的做多进场是在多头排列均线出现时的第一次向上分形被突破时，这是一种附加了额外条件的破位进场策略。从这些介绍你可以看出所谓混沌操作法基本上是“破位进场”和“后位出场”的结合，这类策略隐含了一个重要前提——“市场是趋势性为主的”，通过“试探—加仓”策略，交易者可以很好地减少趋势跟踪策略在震荡市场中的损失，同时扩大在单边市场中的盈利，具体的原理很难用文字来描述，大家可以自己去体悟。我们这里给出一个简单的解释：**“试探—加仓”策略在震荡走势中之所以能够控制损失是因为“试探”进场之后，市场很快折返，自然也就没有加仓的机会；“试探—加仓”策略在单边走势中之所以能够扩大利润是因为“试探”之后，市场继续发展，自然就给了足够的价格间隔来进行加仓操作。通过仓位管理来适应市场在震荡市场和趋势市场中的交替，这是一种“次优”的方法。**

海龟交易法后期就连遭重挫，这与它只重视技术点位和仓位管理，忽略市况有关。这是一种守株待兔式的操作方法，如果兔子很少，那就会被耗死。

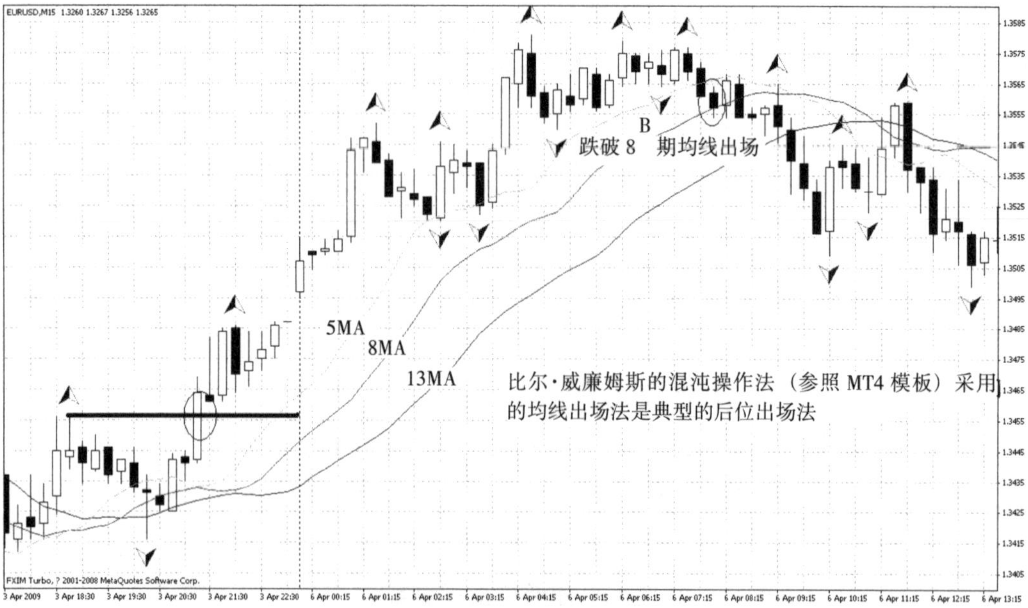

图 24-56　比尔·威廉姆斯的混沌操作法与后位出场法

海龟交易法与混沌操作法类似，也是趋势跟踪交易策略。这个策略比较符合期货市场的走势特征，这个市场倾向于

“低位箱体震荡—向上突破—持续单边—暴跌—点位箱体震荡”的走势结构。请看图 24-57，这是欧元兑美元的日线走势图，该图标注了 20 日内的最高点和 20 日内的最低点，这就是海龟交易法破位进场的基准线，进场之后的出场则是根据日内 10 的价格高低点决定的，这就是根据 N 期内的高点和低点来设定后位出场点。总体而言，海龟交易法也与混沌操作法一样，采用的是“破位进场”和“后位出场”的结合。

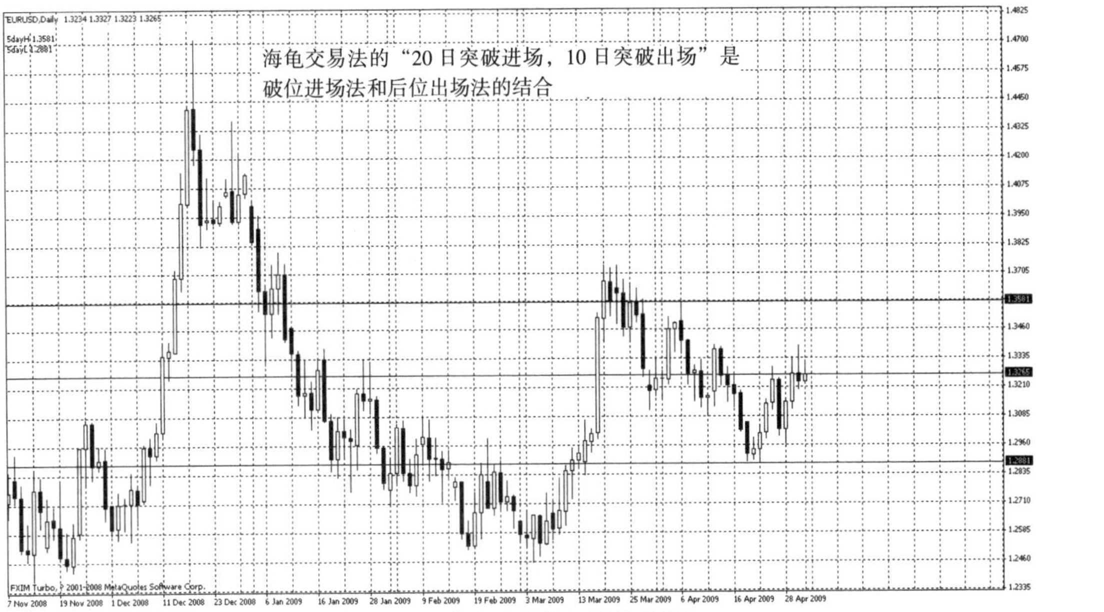

图 24-57 海龟交易法与后位出场法

海龟交易法利用的是 N 期高点和低点来管理进出场，这比混沌操作法的根据移动均线来管理进出场的策略更具有自适应性，如果说海龟交易法着重于同步指标的运用，则混沌操作法着重于滞后指标的运用，在外汇日内走势中，海龟交易法比混沌操作法更能适应变动迅速的市场。我们在《高级斐波那契交易法：外汇交易法波浪理论与实践》一书中介绍的推动调整波浪交易法，也就是 N 字结构交易法也是采用的后位出场法，但是这个方法的优点在于利用了市场的根本运动结构，能够自适应市场波动率的变化。请看图 24-58，这是美元兑加元 5 分钟交易走势（调整推动波浪交易法的时间结构主要有两类，第一类是 4 小时交易，第二类是 5 分钟交易）。假定我们在图中的 A 点进场做空，则当汇价形成 BC 波段时，可以进行斐波那契分割，B 为水平 1，C 为水平 0，得到固定的点位 0.25、0.382、0.618 和 0.75，如果汇价回升到 0.75 点位以上（具体要求是整根价格线在 0.75 点位以上），则继续持有空头头寸。由于市场的波动性是变化的，所以后位出场点的幅度也应该随之调整，采用移动平均线和固定回撤比率，固定回撤点值进行后位出场的策略则忽略了市场波动性的变化。本例中，汇价没有出现在 0.75 以上，所以继续持有空头头寸即可。这个交易法的出场策略和进场策略基本一样，这也是为了符合"截短亏损，让利润奔腾"的原则，这个策略也试图过滤一些市场噪声，预防震荡走势导致策略暂时失效。

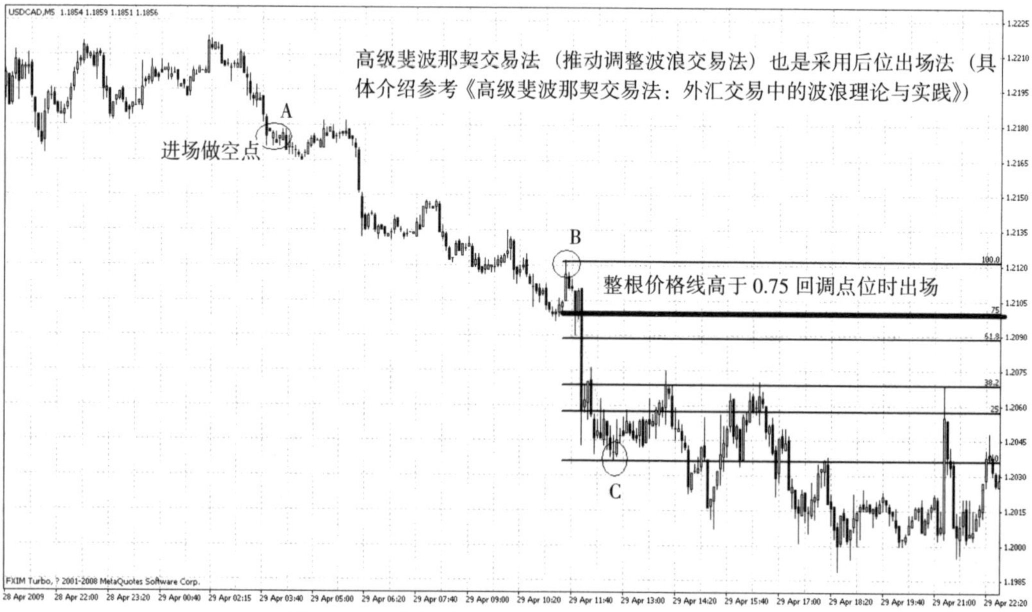

图 24-58 高级斐波那契交易法与后位出场法

后位出场法的具体形式我们基本已经介绍了，也举例说明了后位出场法涉及的交易系统，你可以在此基础上对它进行更加详细的研究和运用，当然你一定不要忘记在任何交易策略中都一定要有后位出场法加入，同时也不要忘记将后位出场法与其他两种有效的出场方法结合起来，当然，在进行出场操作的时候也一定要尽量运用帝娜仓位管理模型，以微调手法来管理自己的仓位，同时在关键位置执行仓位的具体调整。接下来，我们将介绍帝娜出场三式中的最后一个策略，这就是同位出场点，请看图 24-59，这是上升趋势做多交易中的同位出场法模型。假如我们在 A 点介入做多，出场点是由正在趋势方向上发展的价格给出的，这与前位出场点的既定价格出场和后位出场点的反趋势发展价格出场不同。同位出场法在日内刮头皮操作中使用最广泛，毕竟如果你等待市场回撤到一定幅度才出场（后位出场法），则整笔交易往往都是亏损的，而如果你在既定的价格出场（前位出场法），则真正该你赚钱的时候你都错过了，自然也就没有足够利润去应付亏损了。

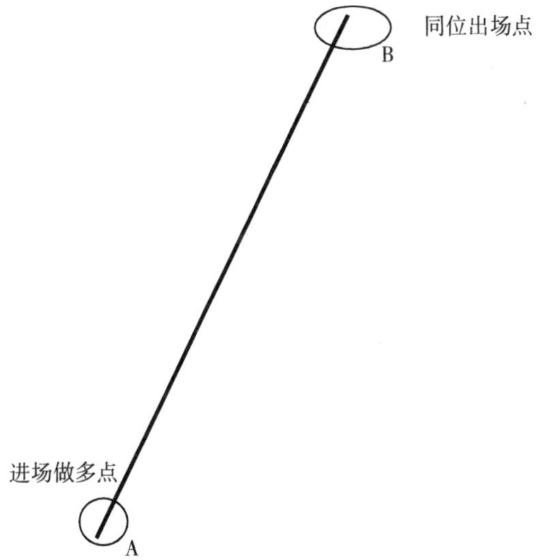

图 24-59　上升趋势中的同位出场法模型

部分同位出场法是在前位出场法的基础上演化而来的，但是两者的基本含义是不同的：同位出场法要求现价确认趋势停顿和反转的可能，而前位出场法则没有这个要求，因为后者往往一开始就认定了可能的最大盈利，然后据此操作。我们就来看看一些具体的同位出场策略，请看图 24-60，这是欧元兑日元 1 小时交易实例。汇价从 125.85 附近下跌，形成了 A 点，跌到 122.45 后开始逆转，假定交易者在 B 点附近进场做多，那么当汇价靠近前期高点 A 水平出现看跌 K 线形态时，同位出场点就在 C 点出

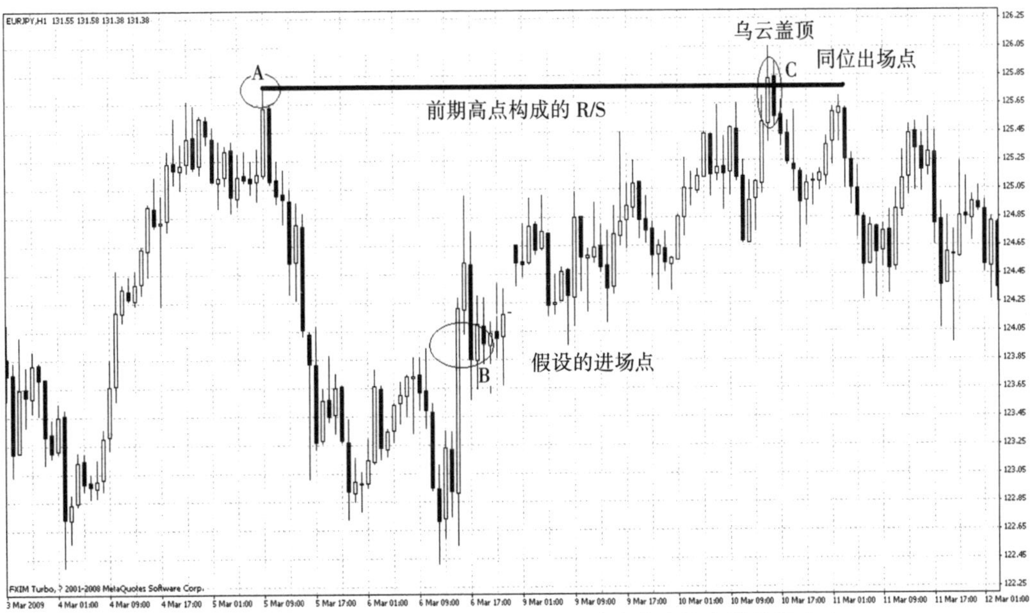

图 24-60　上升趋势中的同位出场点：前期高点结合蜡烛线（1）

现了，这时候按照同位出场法的要求就应该了结多头，这里需要注意的一点是如果在 A 点附近，价格并没有出现相应的反转 K 线形态，就没有同位出场点。其实，一部分同位出场点是关键位置和 K 线的组合，也就是“位”和“态”的组合。而相应的部分前位出场点则仅仅是关键位置所在而已。同位出场点的可靠性比前位出场点高，比后位出场点低；同位出场点的及时性要比后位出场点高，比前位出场点低。同位出场点反映出了“中庸的哲学”，但是仍旧不能作为唯一的出场手段在交易中采用，否则必然被偶然情况打个措手不及。在图 24-60 这个实例中，同位出场点是由前期高点提供的“位”和蜡烛线提供的反转“态”共同决定的，这个大家以后可以多加琢磨，毕竟反转的 K 线形态很多，我们在《外汇交易圣经》中归纳成了有限的几种，并进一步在《黄金高胜算交易》一书中二元化为“敛散形态分析理论”，大家可以在这些实战理论的基础上融入自己的创见，成为一个有“见地”的外汇交易者。

我们再来看一例前期高点结合蜡烛线的同位出场点实例，其实同位出场点类似于见位进场的操作，只不过两者分属于出场和进场，但是更为重要的是同位出场点是不管趋势的，这与后位出场点存在区别，同位出场点在乎的是追逐波段，而见位进场则往往需要注重趋势（不过，比起破位进场点而言，见位进场点对于趋势的注重又要稍弱一些）。请看图 24-61，这是欧元兑英镑的 30 分钟交易实例，汇价从 0.8730 附近的 A 点下跌，到 0.8580 附近止跌回升，当汇价形成 N 字突破时，我们在 B 点介入做多

图 24-61 上升趋势中的同位出场点：前期高点结合蜡烛线（2）

(你可以与破位进场做多联系起来)，此后当汇价升至前期高点 A 附近时出现了流星反转形态，于是我们按照同位出场法则出场，这就是 C 点附近的出场。不过，如果在前期高点 A 水平附近并没有出现反转的 K 线形态，则我们按照同位出场法就应该继续持有多头仓位。

做多交易中的同位出场策略还可以利用前期低点和蜡烛线反转形态的结合，下面我们就来看两个具体的例子。请看图 24-62，这是英镑兑日元 1 小时交易，这个货币对在涉及原油方面的驱动因素有重大变化时是非常好的交易标的。汇价在前期形成了一个阶段性低点 A，汇价在 208.90 附近形成了双顶形态，之后大幅度下跌，有飞流直下三千尺之感，倾泻而下。当汇价在 204.00 附近形成吞没看涨形态且构成 5 分钟图上的 N 字底之后，交易者在 B 点介入做多。当汇价升至前期低点 A 水平时出现了黄昏之星形态（按照形态敛散理论来讲，就是“正向发散—收敛—反向发散”结构），于是同位出场点在 C 点出现，做多交易者立即出场。从这里可以发现同位出场点的“当下性”，而后位出场点和前位出场点都是在触发之前就存在了，这就是三者之间的区别。

图 24-62 上升趋势中的同位出场点：前期低点结合蜡烛线（1）

我们再来看利用前期低点结合蜡烛线了结做多头寸的第二个实例，请看图 24-63，这是美元兑加元 1 小时走势图，汇价在前期走势中形成了波段低点 A，然后上冲到 1.2230 附近，然后大幅度下跌，形成 N 字底之后，交易者在 B 点介入做多。汇价涨到前期低点 A 附近时出现了纺锤线叠加看跌吞没的 K 线形态，于是在此同位出场点出场。

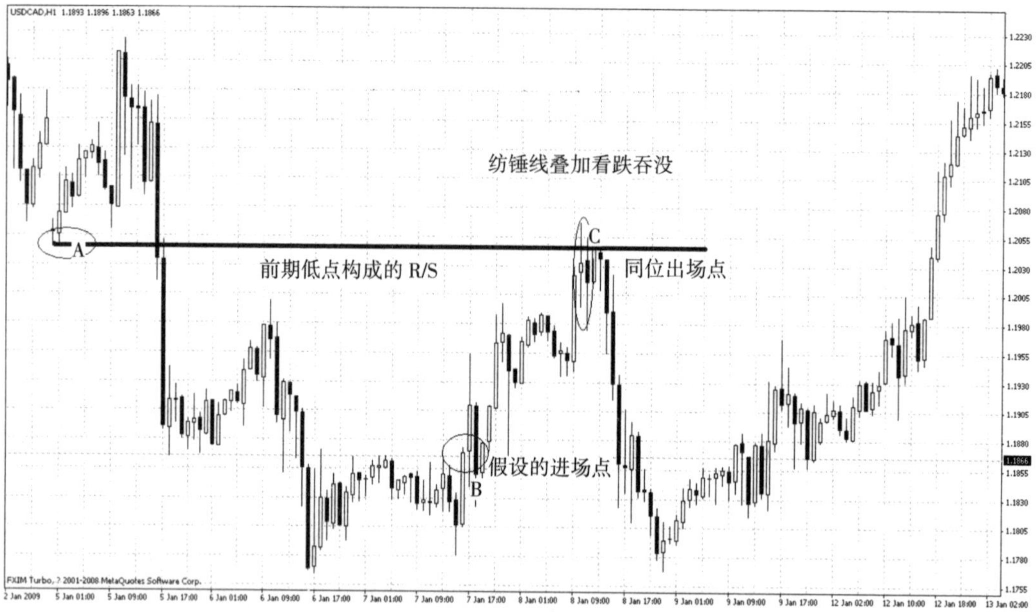

图 24-63　上升趋势中的同位出场点：前期低点结合蜡烛线（2）

关于蜡烛线反转形态的叠加有读者可能不太理解，说简单一点就是两个以上的同向反转 K 线形态同时出现在若干相邻的价格线中。关于反转形态的具体类别，不属于本课的叙述范围，大家可以自己多加研究和总结，大可不必因循 40 年前的一些经典著作的结论。现在不少国内交易者非常迷信约翰·墨菲的技术分析理论体系，殊不知真正起作用的是背后的“为什么”，这些“为什么”涉及心理学和统计学，以及博弈论的相关原理，这些原理才是市场中亘古不变的，其他那些形态随着市场组织结构的变化和交易理论的扩散而改变着。

做多交易中，我们还可以利用前期成交密集区和蜡烛线来确定当下的同位出场点，下面我们就来看两个具体的例子。第一个例子是英镑兑瑞郎的 1 小时交易，请看图 24-64，前期汇价从 1.6945 附近下跌，并形成了 N 字顶，在 1.6775 和 1.6730 之间形成了成交密集区。汇价跌到 1.6190 附近形成双底，此后逐步上扬，假定交易者在市场向上破位后的 B 点附近进场做多。汇价在大幅上扬之后在前期成交密集区 A 附近出现了三根纺锤线，与前后的大实体阳线和阴线结合起来恰好是变异的黄昏之星形态（从“正向发散—收敛—反向发散”结构去理解就可以避免具体形态标准与否的困扰了），前期成交密集区和看跌 K 线形态结合就呈现了当下的同位出场点 C，于是做多交易者在 C 点出场了结。

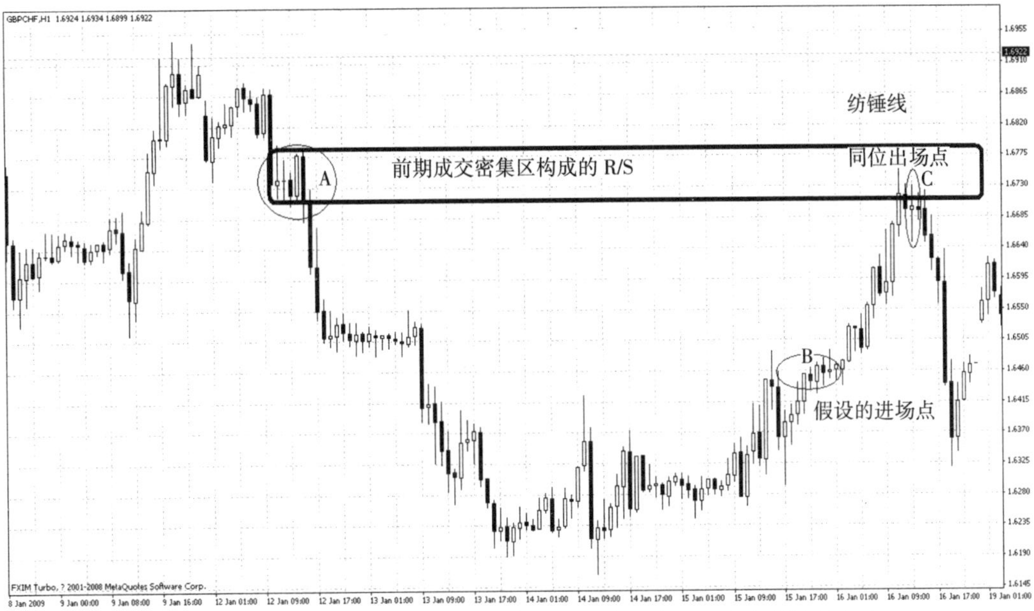

图 24-64 上升趋势中的同位出场点：前期成交密集区结合蜡烛线（1）

第二个实例是英镑兑日元 1 小时交易，见图 24-65，汇价从 109.05 附近下跌，之后在 182.80 和 181.55 之间形成了成交密集区 A，此后汇价继续下跌，到 166.55 附近开始回升，形成 N 字底，于是交易者可以在向上破位的时候进场做多，做多位置在 B 点附近。汇价升到前期成交密集区附近的时候出现了**流星叠加黄昏之星形态**，这就形成

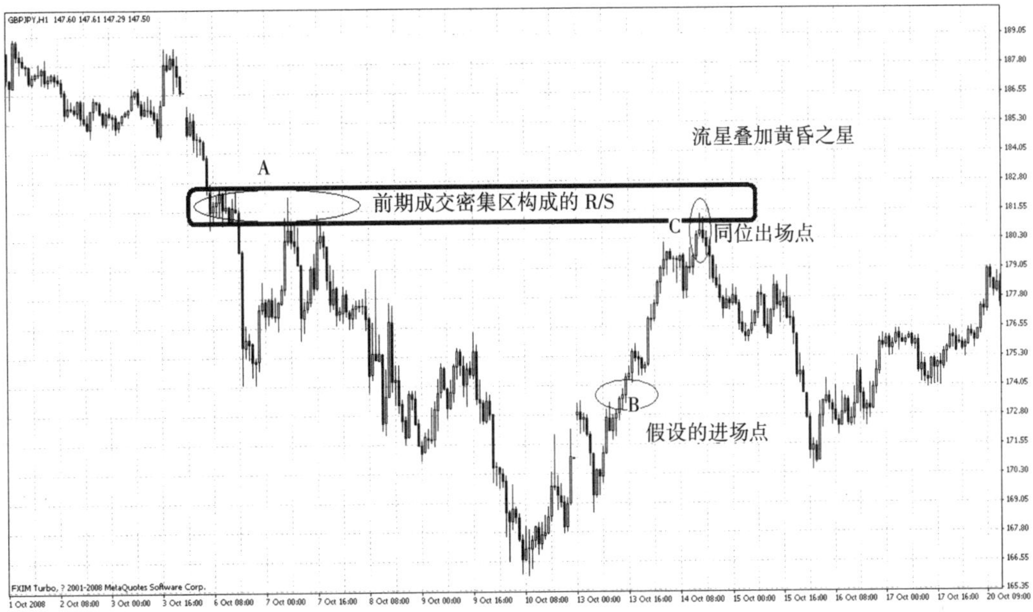

图 24-65 上升趋势中的同位出场点：前期成交密集区结合蜡烛线（2）

如果这个时候出现了利空消息，你对同位出场点的效能如何看？如果这个时候出现了利多消息，你对同位出场点的效能如何看？其实，两者都提高了其效率。前者是利空“出现”，后者是利多“兑现”。

了同位出场点 C，于是交易者应该了结多头头寸。

同位出场点的另外一种普遍形式是斐波那契扩展点位结合蜡烛线反转形态，我们这里来看做多交易中的两个实例，第一个例子是欧元兑日元 1 小时交易，请看图 24-66，汇价从 129.75 附近上扬，此前筑成了双底，A 点就是波段的起涨点，此后汇价从 B 点下落开始调整走势，然后在 C 点完成调整，假定交易者在 F 点附近进场做多，依据的理由可以是破位进场，这里就不详述了，毕竟进场不是本课的主题。我们以 AB 为单位 1，C 为斐波那契扩展起点，作出斐波那契扩展线谱，得到三个关键水平 0.382、0.618 和 0.764，一般 0.382 我们不采用，因为缺乏操作的实际价值。汇价在 0.764 扩展点位形成了反转 K 线形态，D 点是流星形态，但在我们的交易理论中这不是一个反转确认信号，只是提醒信号，汇价在流星出现之后继续上涨的情况很多，这时候理论家们就将其改名为“仙人指路”。E 点看跌吞没是一个可以确认反转的 K 线形态，出现在 0.764 扩展点位处，一个同位出场点就出现了。于是，做多交易者按照同位出场的要求应该在 E 点出场。

图 24-66　上升趋势中的同位出场点：斐波那契扩展点位结合蜡烛线（1）

第二个例子是美元兑加元 1 小时做多交易，请看图 24–67，汇价从 1.1745 开始起涨，然后在 B 点开始调整，在 C 点结束调整，当汇价在 E 点附近再度创出新高的时候，交易者介入做多，这就是典型的破位进场。以 AB 为单位 1，C 为扩展起点，得到斐波那契扩展线谱。进场之后，假定交易者利用同位出场法出场，最终汇价在 1 倍扩展点位 D 处出现了黄昏之星形态，这就是一个显著的同位出场点。这里需要注意的是我们在利用帝娜出场三式操作的时候，一定要寻找显著的低点、高点等，一定要“显著”，并且，采用斐波那契点位的时候，尽量忽略那些在顶位盘整状态中出现的信号，本例中就有这样的例子，你能看出来么？

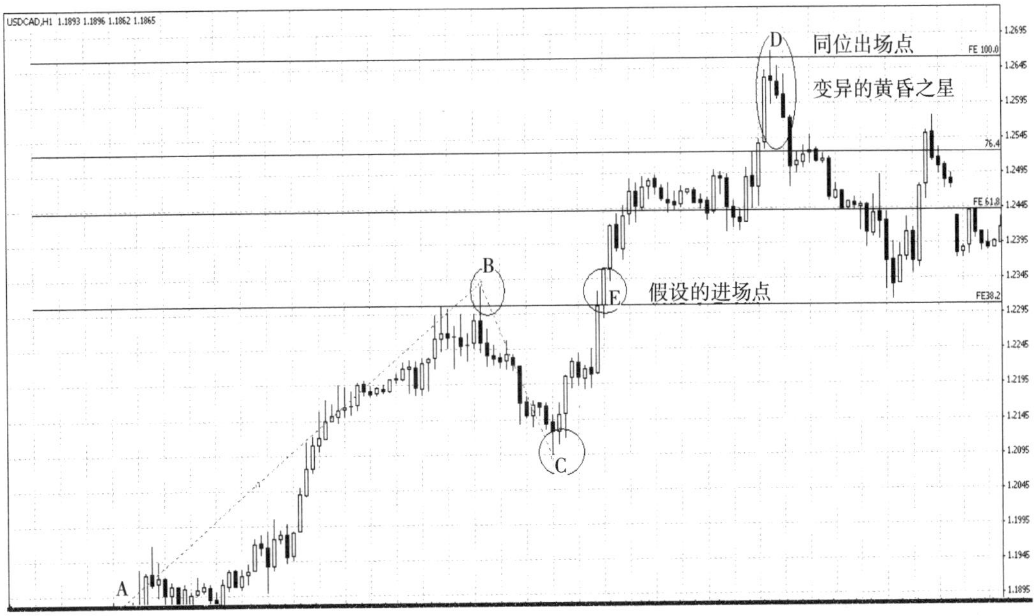

图 24–67　上升趋势中的同位出场点：斐波那契扩展点位结合蜡烛线（2）

做多交易中的同位出场法，除了利用斐波那契扩展点位之外，还可以利用斐波那契回调点位，我们来看两个利用斐波那契回调点位结合蜡烛线进行做多交易了结的实例。第一个例子请看图 24–68，这是英镑兑日元 1 小时交易。汇价从盘整的高位跌落，然后拉升到 A 点，之后再度下跌到 B 点附近。汇价之后从 238.00 附近回升，形成 N 字底之后继续上升，假定交易者在向上突破之后进场做多，大概在 C 点附近。进场之后以 AB 为单位 1，进行斐波那契分割，得到斐波那契分割线谱。汇价升到 0.764 点位附近时出现了看涨吞没，这时就确认了一个同位出场点，于是交易者应该在 D 点附近了结多头头寸。

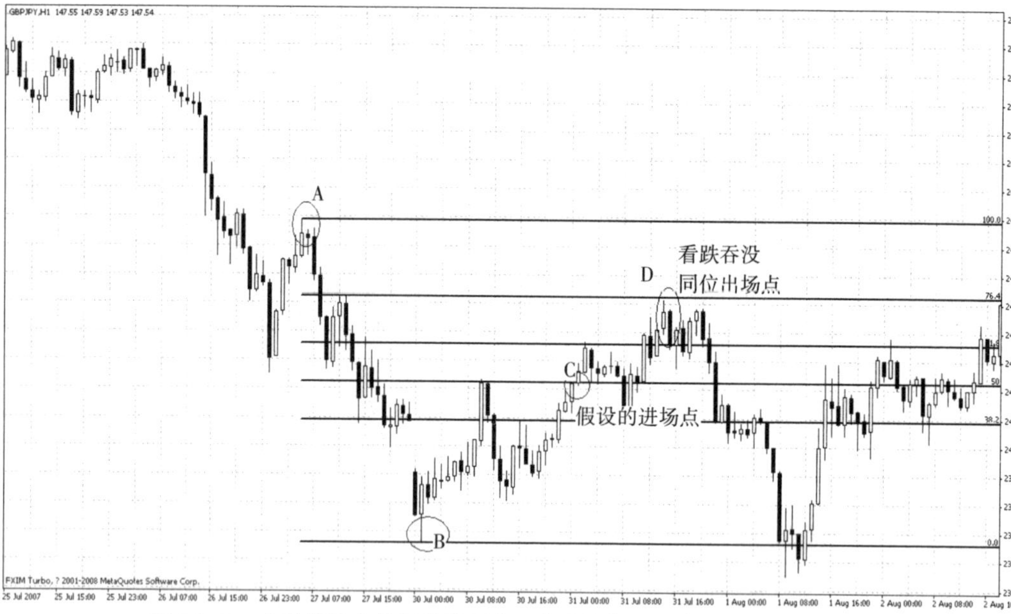

图 24-68　上升趋势中的同位出场点：斐波那契回调点位结合蜡烛线（1）

第二个例子利用斐波那契回调点位结合蜡烛线出场的是美元兑瑞郎 1 小时交易，请看图 24-69。汇价从 1.9945 附近下跌，跌到 1.9400 附近企稳，然后回升。假设交易中在 C 点附近进场做多，那么在进场之后以 AB 段为单位 1，进行斐波那契分割，得到斐波那契线谱。此后，汇价在 76.4 附近 D 点出现了流星形态（其实是流星叠加黄昏之

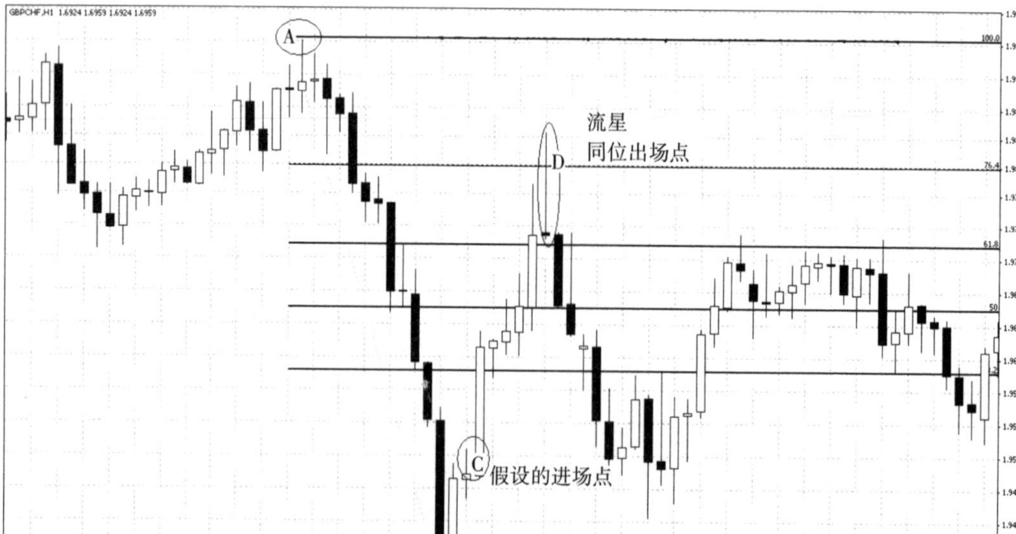

图 24-69　上升趋势中的同位出场点：斐波那契回调点位结合蜡烛线（2）

星)，同位出场点确认，于是交易者了结多头头寸。

上面已经介绍了进场做多的同位出场点设定，主要是结合关键阻力位置和蜡烛线看跌反转形态，当然你也可以利用其他技术指标帮助你决定当下的出场，比如成交量和震荡指标，不过在外汇市场上我们还是推荐 R/S 和蜡烛线形态的组合。下面我们来介绍进场做空的同位出场点设定，这时要利用关键支撑位置和蜡烛线看涨形态。图 24-70 演示了同位出场点的一般模式。交易者在 A 点介入做空，汇价下跌一段时间之后，根据价格当时的表现决定出场，这就是 B 点。**同位出场是一种“当下出场法”，不是回溯既往走势，也不是在进场之初就定下了明确的出场价位。**

同位出场法的问题在于其或然性。

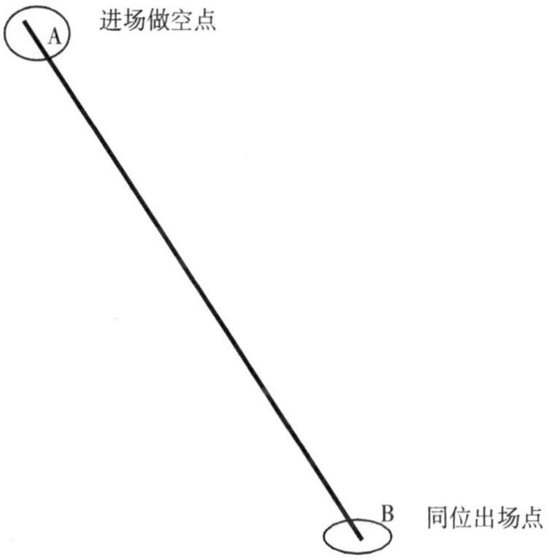

图 24-70 下降趋势中的同位出场法模型

做空交易中的同位出场与做多交易中的同位出场一致，但是对于不少交易者而言却很难理解，为什么可以做空？这是不少新手最爱问的一句话。在本书中，我们没有必要去回答诸如这样的问题，毕竟本书是面向高级交易者的，所以不可能花费篇幅去谈一些基础知识和概念定义，当然这必然会为某些读者所诟病，这并不重要，重要的是你能够从本书中学到什么。下面，我们就向你介绍做空交易中的同位出场。首先，我们介绍前期高点结合蜡烛线为做空交易提供的同位出场点。第一个例子是英镑兑瑞郎的 1 小时交易，请看图 24-71。汇价跌到 1.7505 附近后上升。假定交易者在 B 点附近进场做空，进场后汇价如预期般下跌，接下来我们就需要密切关注平仓（减仓）的信号了。汇价在前期高点 A 水平附近出现了早晨之星形态，这是一个同位出场信号，于是交易者在 C 点附近了结空头出场。**早晨之星和看涨吞没是两个效率最高的 K 线看涨形态，这个是大家需要留意的。**同样，在斐波那契点位中也有少数两三个点位是最有效的。从这些事实中，我们能够得出一个更有价值的结论：一定要化繁为简！**不要把所有的前期高点和低点都当作是可能的 R/S，只留下那些显著的点；不要把所有的斐波那契点位都当作是可能的 R/S，只留下一个到三个关键点位；不要把所有的蜡烛形态都记住，只使用最有效和常见的那两三种形态……**

缩减信号的好处在于可以提高信号的可操作性和可验证性。

图 24-71 下降趋势中的同位出场点：前期高点结合蜡烛线

第二个例子是英镑兑日元的 1 小时交易，请见图 24-72。汇价从 200.50 的盘整区下挫，跌至 197.50 附近 A 点开始回升。然后创出新高 201.70 后不久再度下跌，图中形成中继三角形，假定在跌破底边时，介入做空，做空位置在 B 点附近。

进场后，汇价陡直下落，跌到前期低点 A 附近出现了早晨之星，这就构成了一个同位出场点，于是交易者按照同位出场点的要求应该在 C 点附近了结空头。大家可能注意到我们在同位出场时基本用到的 K 线形态是：看涨吞没、看跌吞没、早晨之星和黄昏之星。这四个 K 线形态在外汇市场中的有效性最高，当然在股票市场上有效的 K 线形态有一些不同，比如流星配合巨量放出就是很有效的逃顶信号。

图 24–72　下降趋势中的同位出场点：前期低点结合蜡烛线（1）

做空交易中，前期低点结合蜡烛线也能够提供极好的同位出场点。不过一定要记住，只有那些显著的低点和高点我们才用作甄别出场点。请看图 24–73，这是英镑兑日元 1 小时交易。汇价在前期走势中形成了显著低点 A，位于 203.80 附近。此后汇价大幅度震荡，类似于扩散三角形。假定交易者在 B 点附近进场做空，汇价在进场做空之后大幅度下跌。跌到前期低点 A 水平附近出现了变异的早晨之星，这就构成了一个同位出场点，于是交易者就应该在 C 点附近了结空头头寸。

超级短线交易能够成功的前提在于交易成本近乎零。

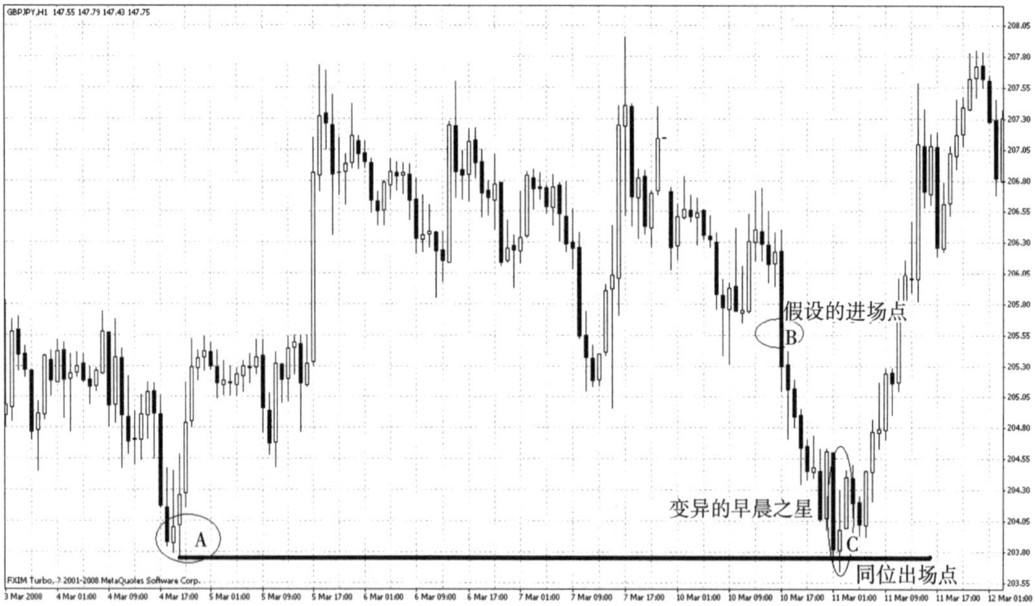

图 24-73　下降趋势中的同位出场点：前期低点结合蜡烛线（2）

做空交易中，前期成交密集区结合蜡烛线也可以成为空头头寸的同位出场点。请看第一个例子，如图 24-74 所示，这是英镑兑日元的 5 分钟交易，属于**超级短线交易**（仅次于 1 分钟交易）。汇价在前期上升过程中，在 143.45 和 143.15 之间形成了成交密集区，然后汇价升到 144.05 之后开始缓慢下跌，构成了一个 N 字顶，假定交易者在汇

图 24-74　下降趋势中的同位出场点：前期成交密集区结合蜡烛线（1）

价跌破前低时进场做空。汇价小幅下跌后不久，在前期成交密集区附近形成了看涨吞没，满足了同位出场点的要求，于是交易者按照相应规则应该在此点出场，这个出场信号要比前位出场信号更晚，比后位出场信号更早。

第二个例子是英镑兑美元 1 小时交易，请看图 24-75，汇价在前期上升的过程中形成了成交密集区 A。汇价升至 1.5070 附近后转而下跌。如果交易者在 B 点附近进场做空，当汇价跌到前期成交密集区出现看涨吞没时，按照同位出场法的要求就应该及时出场，也就是说在 C 点附近及时出场。虽然此例中汇价反弹之后继续下跌，但并不能以此推论此前的交易是错误的。

图 24-75　下降趋势中的同位出场点：前期成交密集区结合蜡烛线（2）

在做空交易中，斐波那契扩展点位和蜡烛线结合起来也可以构造同位出场点，我们来看两个实例。第一个实例是英镑兑美元 1 小时交易，请看图 24-76。汇价从 1.4035 附近下跌，跌到 1.3700 附近开始止跌反弹，反弹到 1.3915 附近继续下跌。假设我们在 D 点进场做空，然后汇价继续下跌。我们以 AB 为单位 1，以 C 点作为斐波那契扩展点位。得到斐波那契扩展线谱之后，我们会等待汇价在线谱各个点位的形态表现。此后，汇价跌到 1 倍扩展点位处出现了纺锤线和看涨吞没的叠加形态，于是交易者应该在 E 点了结空头头寸。

利用斐波那契扩展点位结合蜡烛线为做空交易确认出场点的第二个实例也是英镑兑美元 1 小时交易。请看图 24-77，汇价从 1.4370 附近下跌，跌到 1.4180 附近止跌反

图 24-76　下降趋势中的同位出场点：斐波那契扩展点位结合蜡烛线（1）

图 24-77　下降趋势中的同位出场点：斐波那契扩展点位结合蜡烛线（2）

弹（变异的早晨之星标注了该阶段底部），反弹到1.4300附近（黄昏之星标注了该阶段顶部）继续下跌。假定交易者在D处附近进场做空（也许是破位进场）。进场之后，交易者以AB为单位1，C点为斐波那契扩展的起点，得到斐波那契扩展线谱。**得到斐波那契扩展线谱之后，交易者应该等待蜡烛线形态来确认某一斐波那契扩展点位支撑的**

数据公布时点的 K 线最具验证意义。

有效性（当然，实际交易中，还需要利用后位出场点来预防市场不给出适当的同位出场信号）。当汇价跌到 1.3980 附近时，出现了看涨吞没形态，该处恰好是 1.618 扩展点位。1.618 的斐波那契扩展点位结合看涨吞没形态构造了一个同位出场点。于是，交易者应该在 E 点附近了结空头头寸。

在做空交易中，我们还可以利用斐波那契回调点位结合蜡烛线来确认同位出场点。请看图 24-78，这是英镑兑美元 1 小时交易。汇价从 1.4110 附近上扬，涨到 1.4950 之后出现了较长时间的横盘震荡，然后开始下跌。假定交易者在汇价跌破横盘震荡区域时进场做空，也就是 C 点进场做空。进场之后，交易者以 AB 为单位 1，以 B 点为斐波那契回调点位的起点。作出斐波那契回调线谱之后，交易者等待汇价和斐波那契回调点位的共振，在本例中，汇价先后在 0.382 附近出现了两次共振，都是以早晨之星确认了此处的支撑有效，进而构成了同位出场点。当然 D 处的信号是同位出场点，而 E 处的信号对于交易者的意义已经不大了。

图 24-78　下降趋势中的同位出场点：斐波那契回调点位结合蜡烛线

同位出场法在外汇市场上的运用主要是利用 R/S 水平和蜡烛线形态的结合，与见位进场类似，但是切不可以为同位出场法仅限于此。除了 R/S 水平和蜡烛线形态的结合构筑同位出场点之外，成交量形态、震荡指标也可以用来构筑同位出场点，下面我们就来看看同位出场点的一些非主流方法。

我们在本教程的前面课程专门介绍了 1 分钟成交量出场法，这种方法就是较少见到的同位出场法，请看图 24–79，这是欧元兑美元的 1 分钟交易。我们还是以 40 水平作为成交量出场基准。汇价从 1.3385 附近逐步下跌，当汇价跌到 1.3290 附近出现超标放量时，交易者根据 1 分钟成交量出场法了结空头头寸。

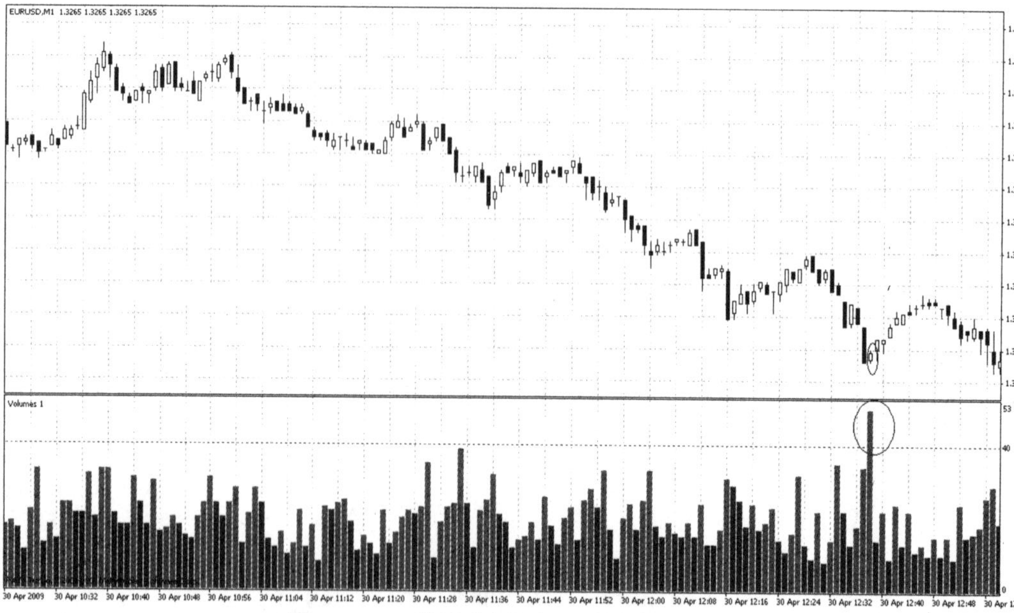

图 24–79　1 分钟成交量出场法与同位出场法

外汇日内交易中一般很少用到成交量来辅助出场，但是在权证日内交易中利用成交量形态出场却是非常重要的方法，请看图 24–80，这是宝钢权证的日内走势。我们在进行日内权证交易的时候，往往会利用成交量显著脉冲量来出场，这就是我们前面提到的同位出场法。权证日内走势中的波段高点往往都是显著脉冲式放量的对应点，如图 24–80 所示。我们在进行权证交易的时候，一般会查看两日分时图走势（包括交易日当天），当价格突破前期高点，同时放量，并且挂单和主动性买单符合标准时，就进场买入，当价格陡直上升，同时放出显著高于第一次放量的脉冲式成交量时就退场（同时，如果价格下跌超过该上涨波段的 50%时也出场，这就是后位出场），初始止损的设定则是近期低点同时考虑其他后位出场点设定的条件。在权证日内交易中，如果仅仅依靠价格来完成出场则往往会丢失绝大部分利润，利用成交量来及时出场则可以做得更好。

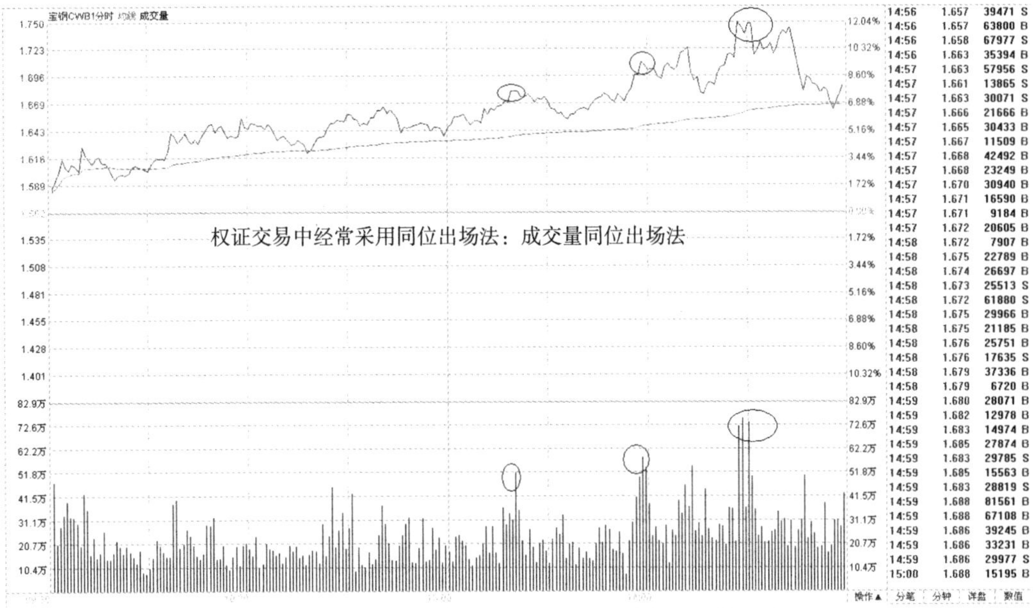

图 24-80　权证的高位脉冲放量出场法与同位出场法

震荡指标往往可以与趋势指标结合起来充当进场时机指示器，这是我们在《外汇交易进阶》中作了演示的观点。比如，当趋势指标指示向上时，交易者就可以等待震荡指标处于超卖区域且要回到正常区域的时机进场做多；当趋势指标指示向下时，交易者就可以等待震荡指标处于超买区域且要回到区域的时机进场做空。当然，我们这里不再去重复这些内容，我们主要是初步介绍震荡指标在出场中的意义。趋势指标往往作为后位出场的手段，震荡指标往往作为同位出场的手段。不少交易者往往倾向于利用震荡指标作为出场指示器，这本身并没有错，错在忘记了震荡指标作为出场指示器的市场状况，同时也忘了震荡指标作为出场工具的恰当用法。从驱动面和心理面出发，我们会对市场状况作出大致有效的判断，然后在以震荡为主的市况中利用震荡指标出场。**同时，利用震荡指标出场时必须等待震荡指标信号线从极端区域刚刚走进中性区域时出场。**比如，信号线从超买区域走进中性

钝化之所以出现往往是因为基本面过于强劲。

区域时，可以作为了结多头头寸的同位出场信号；信号线从超卖区域走进中性区域时，可以作为了结空头头寸的同位出场信号。当汇价刚进入极端区域就了结头寸容易失掉利润最丰厚的行情走势，如图 24-81 所示，注意其中的指标“钝化”走势。

图 24-81 RSI 区间信号出场与同位出场法

帝娜出场三式已经详细介绍完了，最厉害的即日交易者应该将三种方式结合起来使用，成熟的即日交易者必须在任何出场规划中融入后位出场策略，幼稚的即日交易者只采用前位出场策略，失败的交易者往往没有出场策略，或者是采用下面所谓的“进位出场法”。进位出场法是最差的出场策略，因为这种出场策略是由于人类天性驱使得到的，并不是基于概率科学。所谓“进位出场法”就是根据现价和进场点（参照点）的位置关系来决定是否出场。只有当现价与进场点位置关系使得头寸处于盈利状态时才考虑出场，**这就是进位出场法。**

不刹车，往往意味着要出大事。墨菲法则是对侥幸心理的惩罚。

请看图 24-82，在做多交易中，当现价低于进场价位时就继续持仓，当现价高于进场价位时就出场，这与前面介绍的倾向性效应有直接关系。换句话说就是只有当头寸处于盈利状况时才考虑出场，当头寸处于亏损状况时则继续持有头寸。在做空交易中，当现价高于进场价时就继续持仓，当现价低于进场价位时就出场，这也是由于倾向性效应，是每个初入交易行业的新手要去除的习惯。

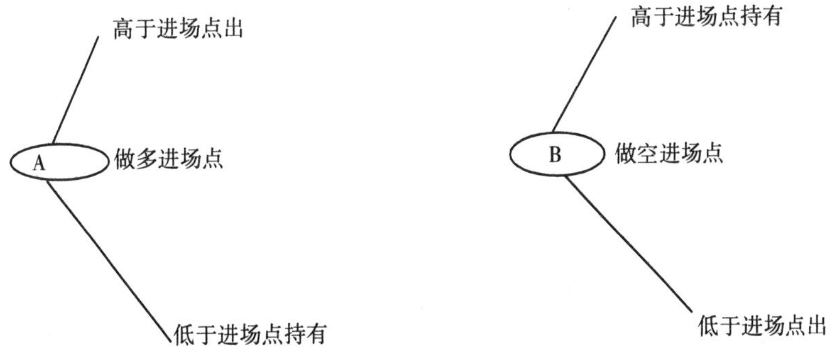

图 24-82　植根于人类天性的进位出场法

下面我们来看进位出场的实例，请看图 24-83。假定交易者在 1.3950 进场做多，当汇价高于此价位时交易者倾向于出场（通常情况下有 20 个点左右的盈利就足以让绝大部分日内交易者出场），当汇价低于此价位时交易者倾向于继续持仓，这种心理倾向几乎在所有“正常”的交易者身上都有所体现，在实际交易出场中也有不少交易者会真的按照这里的条件去执行出场。

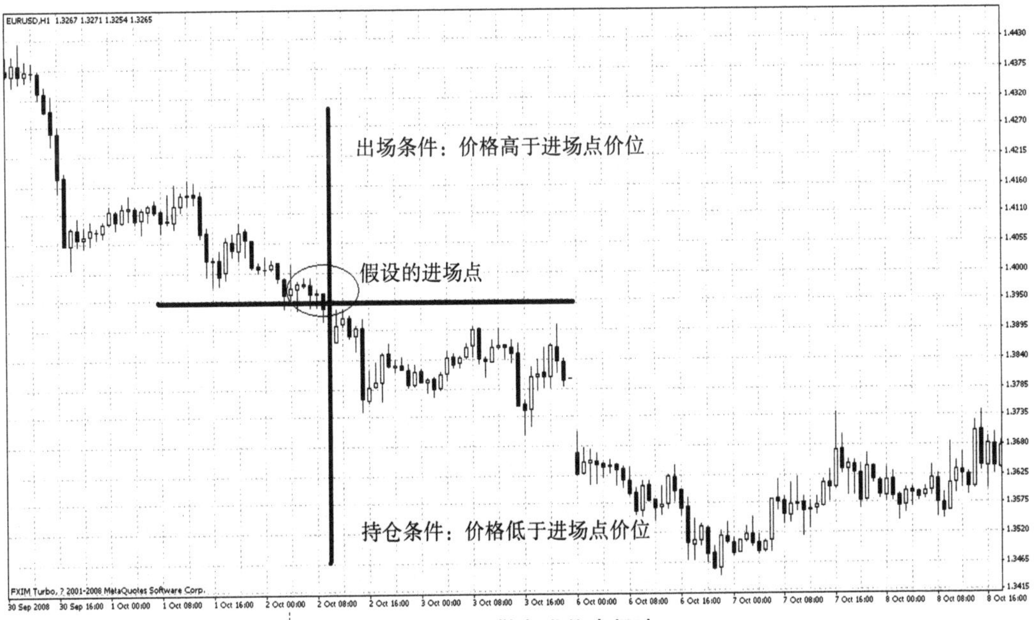

图 24-83　做多进位出场法

做空交易的进位出场实例请看图24-84。假定交易者在98.05进场做空，当汇价高于此价位的时候，交易者倾向于继续持有空头头寸；当汇价低于此价位的时候，交易者倾向于了结空头头寸（通常情况下有20个点左右的盈利就足以让绝大部分日内交易者出场）。

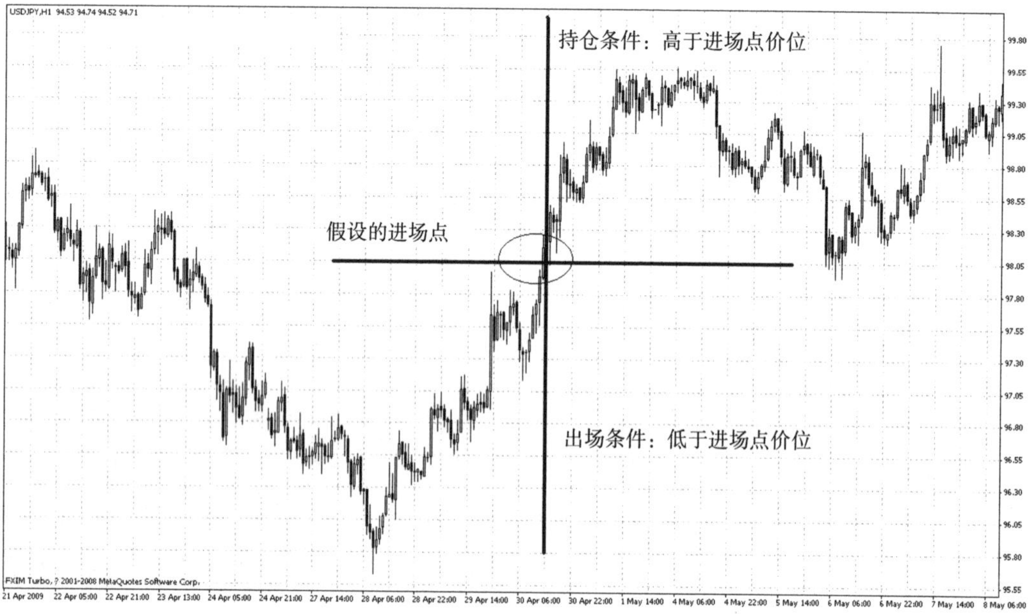

图24-84 做空进位出场法

三种有效的出场方法和一种无效的出场方法，我们已经详细、全面地介绍给了大家，接下来大家需要做的就是将这些出场方法融合进自己的交易策略之中。要做到融会贯通，学习者必须首先识别出自己目前所用的出场方法属于四种出场方法中的哪一种，如果是进位出场法，则应该完全戒绝，如果是帝娜出场三式中的一种，则应该继续努力将尚未采用的另外两种出场方法结合进去。**通常而言，帝娜出场三式应该同时出现在单笔交易之中，而最终实际触发出场的只是其中某一出场定式。**

对于新晋交易员，我们的要求是随意进场，然后让他找寻恰当的出场点，经过几个月的训练之后，其交易水平进步速度快于一般交易学习者好几倍。本书读者也可以利用这种方式训练自己的出场意识，你可以拿一枚硬币，正反两面分别代表做多进场和做空进场，然后在当下抛硬币，然后据此进场交易，进场之后根据自己的判断，本着“截短亏损，让利润奔腾”的原则寻找出场点。在国际象棋训练中，绝大多数棋手都是从开局开始的，但是真正的顶尖高手基本都是从残局开始的。从中大家悟到了什么？交易的真谛往往是由领悟出场得到，所以交易新手的学习一定是从出场开始的，然后才是进场，这就是本书要告诉你的最后秘密。请从出场开始练习，切记这个要领！但是，这里提到的这个交易技能的学习流程和思想一定不要广泛传播，知道的人越多则交易越难做！

24 堂课大家基本都是囫囵吞枣地看完的，这是毫无疑问的，所以有必要回过头去反复看上几十遍，这相当于给你的大脑潜意识“吃药”（催眠疗法），让其逐步接受“赢家的规则”，摆脱“输家的倾向”！

【开放式思考题】

在研读完第二十四课的内容之后，可以进一步思考下列问题。虽然这些问题并没有固定的标准答案，但能够启发思考，跳出来看某些观点。

1. 加码是破位进场更好还是见位进场更好？出场是一次性更好还是分批离场更好？

提示：对于趋势交易而言，破位顺势加码更好；对于价值投资而言，见位加码更好。至于出场是一次性还是分批，取决于你交易的时间框架和市场性质。

2. 本课提到“你的所有的一切都体现于出场之中，出场行为是一面镜子，折射出你的交易哲学、你的交易观念，以及你的人生哲学和人生观念”。为什么出场如此重要？

提示：出场意味着一个人接受反馈和修正行为的意愿和能力！如果缺乏这种基本能力，只能南辕北辙，永远也达不成目标！

【进一步学习和运用指南】

1. 关于离场，比较精彩的分析有《华尔街幽灵》，高潮退出是一个非常有价值的策略。关键是如何识别高潮？除了成交量还有什么呢？

2. 思考一下，为什么海龟交易法的离场策略在绝大多数时候都带来亏损？要让这一离场策略的胜算率提高，应该怎样做？单纯出场策略调整和细化能够解决问题吗？会不会带来新的问题？能不能通过驱动分析来筛选大行情，进而提高离场胜算率呢？

附录一

本书指标免费下载指南

本书采用的技术指标全部基于 MT4.0 软件，关于该软件使用说明请登录 www.520fx.com 查询，该软件的下载也请到该网站，该站点为我们提供编程方面的支持。本书使用到的技术指标都可以到该网站下载，具体而言，本书用到的指标有：

第四课
1. 放松 MP3
2. 梦想成真 MP3
3. 全脑大师系列 MP3

第七课
DOLLY 交易系统全套指标

第十一课
1. MACD 双线指标
2. OX 图指标
3. 顾比复合移动平均线指标
4. J 移动平均线（JMA）指标

第十二课
1. 普通轴心点指标
2. 斐波那契混合轴心点指标
3. 整数框架自动标准指标

第十四课
1. Camarilla 指标
2. 市场轮廓 TPO 指标

3. Hansbreaking 指标

第十六课　1. FxOverEasy 交易系统指标
　　　　　2. 加权日均波幅计算指标

第二十四课　维加斯1小时隧道交易法指标

关于MT4.0软件指标载入的方法请参考www.520fx.com中的相关文章，任何成功的交易方法都是符合交易者本身特点的方法，任何书本知识都不能代替真正的实践。另外需要申明的是：**我们不举办讲座，不接受社会资金，不代客理财，不推荐平台，不提人工交易指令**，所以请不要就以上问题向我们发送电邮，任何提供上述服务的机构与人士都与我们无关，我们也不愿意提供这些服务，我们致力于交易哲学和交易绩效的进步，在使用本书提供的交易技术时，请符合所在地的法律和法规。

附录二

外汇分析常用网址

http：//stock.eastmoney.com/globalroll.html　24 小时全球财经直播

http：//finance.sina.com.cn/money/forex/hq/USDCNH.shtml　美元人民币（离岸）

http：//quote.fx168.com/ndf

http：//www.fisherinvestments.com

http：//www2.dailyfx.com.hk

http：//au.oanda.com/lang/cns/analysis

http：//www.onlypricesmatter.com

http：//www.marketpulse.com

http：//www.yicai.com/video/jinrihuishi/index.html

http：//www.wm927.com　智通财经

http：//www.efel.com.cn

http：//www.tv007.com/tv/4138.html

http：//www.fx678.com　汇通网

http：//www.huidafx.com　汇达财经

http：//dailyfx.com

http：//forexblog.oanda.com

http：//forex.hexun.com/expert　外汇专家博客列表

http：//www.fxstreet.com/fundamental/economic-calendar　财经日历

http：//www.mataf.net/#en　外汇相关性分析

http：//fxtrade.oanda.com/analysis/currency-heatmap-sorted　外汇相对强弱表

http：//fxtrade.oanda.com/analysis/horizon-rates

http：//fxtrade.oanda.com/analysis/point-and-figure-charts　外汇点数图

http：//fxtrade.oanda.com/analysis/best-forex-trade-of-the-day　日内最佳交易

http：//fxtrade.oanda.com/lang/cns/analysis/currency-volatility　外汇波动

http：//fxtrade.oanda.com/analysis/labs　外汇实验室

http：//www.fx168.com

http：//www.ashraflaidi.com

http：//www.cnforex.com/comment/bank　银行汇评

http：//www.top100forexsites.com　外汇网站排名

http：//www.forex.com.cn　外汇通

http：//www.global-view.com

http：//www.forexfactory.com　数据走势图（含预期和修正值）

http：//www.forexfactory.com/market.php　消息和价格对照走势图

http：//fxtrade.oanda.com/lang/cns/analysis/economic-news-effects　消息价格走势图

http：//fxtrade.oanda.com/analysis/forex-market-tracker　新闻影响多维分析

http：//fxtrade.oanda.com/analysis/economic-indicators　经济指标

http：//www.currensee.com

http：//www.collective2.com

http：//www.joinyfx.com/myblog

http：//www.global-view.com/gvi3/fxsp.htm

http：//paper.people.com.cn/gjjrb　国际金融报

http：//www.ieforex.com

http：//www.dukascopy.com/swiss/english/marketwatch/sentiment　散户情绪

http：//www.dukascopy.com/swiss/english/marketwatch/COT　期货持仓走势

http：//fxtrade.oanda.com/analysis/commitments-of-traders　期货持仓走势

http：//fxtrade.oanda.com/analysis/top-100-forex-traders-statistics　最佳交易员持仓统计

http：//au.oanda.com/analysis/top-100-forex-traders-statistics　最佳交易员持仓统计

http：//fxtrade.oanda.com/lang/cns/analysis/open-position-ratios　散户持仓

http：//www.forexfactory.com/trades.php#positions　散户持仓人数和头寸数量百分比

https：//plus.efxnews.com/app.php/login　大投行外汇仓位统计

http：//www.forexfactory.com/sentiment.php　散户情绪

http：//www.investing.com/traders/sentiment-outlook　外汇商品股指债券情绪调查

http：//fxtrade.oanda.com/lang/cns/analysis　订单和持仓分布

http：//fxtrade.oanda.com/analysis/historical-positions　历史多空持仓比率

http：//fxtrade.oanda.com/analysis/historical-value-at-risk-calculator　波幅概率分布

http：//www.zhijinwang.com/usd　美元指数

http：//blog.sina.com.cn/s/articlelist_2422706557_0_1.html　美元大势分析博客

http：//www.treasury.gov/tic　美国国际资本流动数据（美国财政部）

http：//www.bls.gov/cpi　美国消费者物价指数

http：//www.federalreserve.gov　美联储

http：//www.cmegroup.com/trading/interest-rates/countdown-to-fomc.html　FedWatch

http：//economistsview.typepad.com/timduy　美联储观察

http：//www.economywatch.com

http：//cn.wsj.com/gb　华尔街日报

http：//www.bloomberg.com/quote/CCN12M：IND/chart　人民币 NDF

http：//report.futu.cn/?s=1&keywords=FX　国外外汇研报

http：//www.forexcrunch.com

http：//www.centralbanknews.info　全球央行动态

http：//www.marctomarket.com

http：//www.forexlive.com

http：//www.athensnews.gr　希腊新闻

http：//www.economonitor.com　全球宏观

http：//www.alhambrapartners.com　大资产配置和经济周期

http：//www.telegraph.co.uk

http：//www.cnbc.com

http：//www.guardiannews.com/uk-home

http：//www.businessday.com.au

http：//www.statcan.gc.ca　加拿大统计

http：//www.stockmarketwire.com

http：//www.zerohedge.com　大势网站

http：//jerrykhachoyan.com

http：//www.forbes.com

http：//seekingalpha.com

http：//alphanow.thomsonreuters.com

http：//abnormalreturns.com

http：//fxtrade.oanda.com/analysis/point-and-figure-charts　外汇点数图

http：//fxtrade.oanda.com/analysis/candlestick-patterns　外汇蜡烛图形态自动标注

http：//www.oanda.com/currency/strength-heat-map　全球汇率强弱对比图

http：//news-aggregator.oanda.com　新闻汇总

http：//wallstreetcn.com　华尔街见闻

http：//www.wallstopinion.com　华尔街评论

http：//www.brookings.edu

http：//mohicanmacro.com

http：//www.valuewalk.com

http：//www.bwchinese.com

http：//live.wallstreetcn.com　华尔街见闻即时信息

http：//cn.nikkei.com　日经中文网

http：//www.investing.com　全球各大金融市场数据和分析

http：//www.businessinsider.com

http：//economistsview.typepad.com/economistsview

http：//www.mauldineconomics.com

http：//qz.com

http：//www.mauldineconomics.com

http：//mises.org

http：//streetwiseprofessor.com

http：//econbrowser.com

http：//www.oftwominds.com/blog.html

http：//www.rba-llc.com

http：//www.calculatedriskblog.com

http：//www.dzhnews.com　中国经济精解

http：//calendar.hexun.com/Chart.aspx?ct=1&et=443　人民币实际有效汇率指数（工业增加值领先指标）

附录三

时区突破交易法复盘材料

——汉斯交易系统 2007 年全年交易记录

在本书第十四课中，我们以汉斯 123 交易系统作为一个例子说明了开盘区间对于外汇交易者的重要意义。在该课中，不光要从抽象层面上理解开盘区间对于外汇交易者的价值，同样也要通过汉斯 123 交易系统这样的具体策略来把握开盘交易哲学本身。你要掌握汉斯 123 交易系统，最好是对着本附录的每日交易记录去逐笔复盘琢磨其中的精义，这样才能获得盘感和对该系统的信心，从而也才能更好地使用这一绩效卓越的系统。单是本书中的这个系统就能为你带来不少的真金白银，但是光靠我们语言上的介绍并不能让你信服和体认系统本身，所以一定要依照本附录的数据去认真复盘。下面是汉斯 123 系统在 2007 年的详细交易记录，务必逐笔对着历史走势图进行研究，然后你可以在此基础上展开模拟交易，进而展开真实交易（为了便于复盘，我们是倒序排列所有交易记录的）。

December 28th
9：00 GMT ORDERS
BUY EURUSD @ 14672 closed eod 14710. P/L=+38
filled BUY GBPUSD @ 19992 closed SL 19933. P/L=-59
filled SELL GBPUSD @ 19933 closed at MSL. P/L=0
13：00 GMT ORDERS
filled BUY EURUSD @ 14721 closed eod 14710. P/L=-11
filled SELL GBPUSD @ 19954 closed at MSL. P/L=0
total=-32

December 27th
9：00 GMT ORDERS
filled BUY EURUSD @ 14524 closed at TP. P/L=+80
filled BUY GBPUSD @ 19906 closed at MSL. P/L=0
13：00 GMT ORDERS
filled BUY EURUSD @ 14524 closed at TP. P/L=+80
filled BUY GBPUSD @ 19932 closed eod 19950. P/L=+28
total=+188

December 24th
9：00 GMT ORDERS
filled BUY EURUSD @ 14395 closed eod 14406. P/L=+11
filled SELL GBPUSD @ 19804 closed eod 19770. P/L=+34
13：00 GMT ORDERS
filled SELL GBPUSD @ 19793 closed eod 19770. P/L=+23
total=+68

December 21th
9：00 GMT ORDERS
filled SELL GBPUSD @ 19839 closed eod 19809. P/L=+30
13：00 GMT ORDERS
filled BUY EURUSD @ 14390 closed at SL 14340. P/L=-50
filled SELL EURUSD @ 14349 closed eod 14371. P/L=-22
filled SELL GBPUSD @ 19825 closed eod 19809. P/L=+16
total= -26

December 20th
9：00 GMT ORDERS
filled SELL EURUSD @ 14329 closed eod 14318. P/L=+11
filled SELL GBPUSD @ 19872 closed eod 19840. P/L=+32
13：00 GMT ORDERS
filled SELL GBPUSD @ 19856 closed eod 19840. P/L=+16
total=+59

December 19th
9：00 GMT ORDERS
filled SELL EURUSD @ 14376 closed at MSL. P/L=0
filled BUY GBPUSD @ 20173 closed SL 20103. P/L=-70
filled SELL GBPUSD @ 20086 closed at TP. P/L=+120
13：00 GMT ORDERS
filled SELL EURUSD @ 14366 closed at MSL. P/L=0
filled SELL GBPUSD @ 20027 closed eod 19955. P/L=+72
total=+122

December 18th
9：00 GMT ORDERS
BUY EURUSD @ 14424 closed eod 14408. P/L=-16
filled SELL GBPUSD @ 20159 closed eod 21038. P/L=+21
13：00 GMT ORDERS
BUY EURUSD @ 14424 closed eod 14408. P/L=-16
filled SELL GBPUSD @ 20127 closed eod 20138. P/L=-11
total=-22

December 17th
9：00 GMT ORDERS
filled SELL EURUSD @ 14359 closed SL 14409. P/L=-50
filled BUY GBPUSD @ 20210 closed eod 20211. P/L=+1
filled SELL GBPUSD @ 20108 closed SL 20178. P/L=-70
13：00 GMT ORDERS
filled BUY EURUSD @ 14409 closed eod 14412. P/L=+3
filled BUY GBPUSD @ 20207 closed eod 20211. P/L=+4
total= -112

December 14th
9：00 GMT ORDERS
filled SELL EURUSD @ 14591 closed TP 14511. P/L=+80
SELL GBPUSD @ 20370 closed TP 20250. P/L=+120
13：00 GMT ORDERS
SELL EURUSD @ 14475 closed eod 14426. P/L=+49
SELL GBPUSD @ 20231 closed eod 20160. P/L=+71
total=+320

December 13th
9：00 GMT ORDERS
filled SELL EURUSD @ 14686 closed TP 14606. P/L=+80
SELL GBPUSD @ 20381 closed eod 20402. P/L=-21
13：00 GMT ORDERS
filled SELL EURUSD @ 14664 closed TP 14584. P/L=+80
SELL GBPUSD @ 20392 closed MSL. P/L=0
total= +139

December 12th
9：00 GMT ORDERS
filled BUY EURUSD @ 14732 closed eod 14711. P/L=-21
filled BUY GBPUSD @ 20454 closed SL 20384. P/L=-70
13：00 GMT ORDERS
filled BUY EURUSD @ 14712 closed SL 14663.P/L=-49
filled SELL EURUSD @ 14663 closed SL 14712. P/L=-49
filled BUY GBPUSD @ 20468 closed MSL. P/L=0
filled SELL GBPUSD @ 20388 closed SL 20458. P/L=-70
total = -256

December 11th
9：00 GMT ORDERS
filled SELL EURUSD @ 14695 closed MSL. P/L=0
filled SELL GBPUSD @ 20441 closed TP 20356. P/L=+85
13：00 GMT ORDERS
filled SELL EURUSD @ 14649 closed eod 14656. P/L=-7
filled SELL GBPUSD @ 20448 closed TP 20328. P/L=+120
total= +198

December 10th
9：00 GMT ORDERS
filled BUY EURUSD @ 14666 closed eod 14719. P/L=+53
filled BUY GBPUSD @ 20400 closed eod 20460. P/L=+60
13：00 GMT ORDERS

filled BUY EURUSD @ 14730 closed eod 14719. P/L=-11
filled BUY GBPUSD @ 20468 closed eod 20460. P/L=-8
total=+94

November 7th
9：00 GMT ORDERS
filled BUY EURUSD @ 14627 closed eod 14652. P/L=+25
filled BUY GBPUSD @ 20276 closed at MSL. P/L=0
13：00 GMT ORDERS
BUY EURUSD @ 14658 closed eod 14652. P/L=-6
total=+19

December 6th
9：00 GMT ORDERS
filled BUY EURUSD @ 14624 closed eod 14639. P/L=+15
filled SELL EURUSD @ 14547 closed SL 14697. P/L=-50
SELL GBPUSD @ 20209 closed SL 20279. P/L=-70
13：00 GMT ORDERS
filled BUY EURUSD @ 14588 closed eod 14639. P/L=+51
filled BUY GBPUSD @ 20314 closed eod 20274. P/L=-40
total=-94

December 5th
9：00 GMT ORDERS
filled SELL EURUSD @ 14693 closed at TP. P/L=+80
SELL GBPUSD @ 20396 closed TP. P/L=+120
13：00 GMT ORDERS
filled SELL EURUSD @ 14699 closed at TP. P/L=+80
SELL GBPUSD @ 20345 closed eod 20288. P/L=+57
total= +337

December 4th
9：00 GMT ORDERS
filled BUY EURUSD @ 14704 closed eod 14766. P/L=+62
filled SELL GBPUSD @ 20619 closed eod 20596. P/L=+23
13：00 GMT ORDERS
filled BUY EURUSD @ 14757 closed eod 14766. P/L=+9
filled SELL GBPUSD @ 20580 closed eod 20596. P/L=-16
total=+78

December 3rd
9：00 GMT ORDERS
filled SELL EURUSD @ 14637 closed eod 14668. P/L=-31
BUY GBPUSD @ 20644 closed eod 20633. P/L=-11
filled SELL GBPUSD @ 20535 closed at SL 20605. P/L=-70
13：00 GMT ORDERS
filled BUY EURUSD @ 14672 closed eod 14668. P/L=-4
filled BUY GBPUSD @ 20662 closed eod 20633. P/L=-29
total= -145

December 28th
9：00 GMT ORDERS
BUY EURUSD @ 14672 SL 14622 TP 14722
SELL EURUSD @ 14596 SL 14646 TP 14516
BUY GBPUSD @ 19992 SL 19933 TP 20112
SELL GBPUSD @ 19933 SL 19992 TP 19813
13：00 GMT ORDERS
BUY EURUSD @ 14721 SL 14671 TP 14801
SELL EURUSD @ 14639 SL 14689 TP 14559
BUY GBPUSD @ 20031 SL 19961 TP 20151
SELL GBPUSD @ 19954 SL 20024 TP 19834

December 27th
9：00 GMT ORDERS
BUY EURUSD @ 14524 SL 14474 TP 14604
SELL EURUSD @ 14469 SL 14519 TP 14389
BUY GBPUSD @ 19906 SL 19839 TP 20026
SELL GBPUSD @ 19839 SL 19906 TP 19719
13：00 GMT ORDERS
BUY EURUSD @ 14524 SL 14480 TP 14604
SELL EURUSD @ 14480 SL 14524 TP 14400
BUY GBPUSD @ 19932 SL 19863 TP 20052
SELL GBPUSD @ 19863 SL 19932 TP 19743

December 24th
9：00 GMT ORDERS
BUY EURUSD @ 14395 SL 14345 TP 14475
SELL EURUSD @ 14368 SL 14418 TP 14228
BUY GBPUSD @ 19948 SL 19878 TP 20068
SELL GBPUSD @ 19804 SL 19874 TP 19684
13：00 GMT ORDERS
BUY EURUSD @ 14420 SL 14370 TP 14500
SELL EURUSD @ 14374 SL 14424 TP 14394
BUY GBPUSD @ 19836 SL 19793 TP 19956
SELL GBPUSD @ 19793 SL 19836 TP 19673

December 21th
9：00 GMT ORDERS
BUY EURUSD @ 14417 SL 14367 TP 14497

SELL EURUSD @ 14347 SL 14397 TP 14267
BUY GBPUSD @ 19902 SL 19832 TP 20020
SELL GBPUSD @ 19839 SL 19909 TP 19719
13：00 GMT ORDERS
BUY EURUSD @ 14390 SL 14340 TP 14470
SELL EURUSD @ 14349 SL 14399 TP 14269
BUY GBPUSD @ 19899 SL 19829 TP 20019
SELL GBPUSD @ 19825 SL 19895 TP 19705

December 20th
9：00 GMT ORDERS
BUY EURUSD @ 14384 SL 14334 TP 14464
SELL EURUSD @ 14329 SL 14379 TP 14249
BUY GBPUSD @ 19976 SL 19906 TP 20196
SELL GBPUSD @ 19872 SL 19942 TP 19752
13：00 GMT ORDERS
BUY EURUSD @ 14374 SL 14324 TP 14454
SELL EURUSD @ 14303 SL 14353 TP 14223
BUY GBPUSD @ 19953 SL 19883 TP 20073
SELL GBPUSD @ 19856 SL 19926 TP 19736

December 19th
9：00 GMT ORDERS
BUY EURUSD @ 14430 SL 14380 TP 14510
SELL EURUSD @ 14376 SL 14426 TP 14296
BUY GBPUSD @ 20173 SL 20103 TP 20293
SELL GBPUSD @ 20086 SL 20156 TP 19966
13：00 GMT ORDERS
BUY EURUSD @ 14414 SL 14366 TP 14494
SELL EURUSD @ 14366 SL 14414 TP 14286
BUY GBPUSD @ 20206 SL 20136 TP 20326
SELL GBPUSD @ 20027 SL 20097 TP 19907

December 18th
9：00 GMT ORDERS
BUY EURUSD @ 14424 SL 14376 TP 14504
SELL EURUSD @ 14360 SL 14410 TP 14280
BUY GBPUSD @ 20234 SL 20164 TP 20354
SELL GBPUSD @ 20159 SL 20229 TP 20039
13：00 GMT ORDERS
BUY EURUSD @ 14424 SL 14474 TP 14504
SELL EURUSD @ 14373 SL 14323 TP 14293
BUY GBPUSD @ 20215 SL 20145 TP 20335
SELL GBPUSD @ 20127 SL 20197 TP 20007

December 17th
9：00 GMT ORDERS
BUY EURUSD @ 14460 SL 14410 TP 14740
SELL EURUSD @ 14359 SL 14409 TP 14279
BUY GBPUSD @ 20210 SL 20140 TP 20330
SELL GBPUSD @ 20108 SL 20178 TP 19988
13：00 GMT ORDERS
BUY EURUSD @ 14409 SL 14359 TP 14489
SELL EURUSD @ 14324 SL 14374 TP 14244
BUY GBPUSD @ 20207 SL 20137 TP 20327
SELL GBPUSD @ 20093 SL 20163 TP 19973

December 14th
9：00 GMT ORDERS
BUY EURUSD @ 14663 SL 14613 TP 14743
SELL EURUSD @ 14591 SL 14641 TP 14511
BUY GBPUSD @ 20456 SL 20386 TP 20576
SELL GBPUSD @ 20370 SL 20440 TP 20250
13：00 GMT ORDERS
BUY EURUSD @ 14613 SL 14563 TP 14733
SELL EURUSD @ 14475 SL 14525 TP 14395
BUY GBPUSD @ 20402 SL 20332 TP 20522
SELL GBPUSD @ 20231 SL 20301 TP 20111

December 13th
9：00 GMT ORDERS
BUY EURUSD @ 14742 SL 14692 TP 14822
SELL EURUSD @ 14686 SL 14736 TP 14606
BUY GBPUSD @ 20484 SL 20314 TP 20604
SELL GBPUSD @ 20381 SL 20451 TP 20261
13：00 GMT ORDERS
BUY EURUSD @ 14716 SL 14666 TP 14796
SELL EURUSD @ 14664 SL 14714 TP 14584
BUY GBPUSD @ 20460 SL 20392 TP 20580
SELL GBPUSD @ 20392 SL 20460 TP 20272

December 12th
9：00 GMT ORDERS
BUY EURUSD @ 14732 SL 14682 TP 14812
SELL EURUSD @ 14649 SL 14699 TP 14569
BUY GBPUSD @ 20454 SL 20384 TP 20574
SELL GBPUSD @ 20360 SL 20430 TP 20240
13：00 GMT ORDERS
BUY EURUSD @ 14712 SL 14663 TP 14792
SELL EURUSD @ 14663 SL 14712 TP 14583

BUY GBPUSD @ 20468 SL 20398 TP 20588
SELL GBPUSD @ 20388 SL 20458 TP 20268

December 11th
9：00 GMT ORDERS
BUY EURUSD @ 14757 SL 14707 TP 14837
SELL EURUSD @ 14695 SL 14745 TP 14615
BUY GBPUSD @ 20529 SL 20459 TP 20649
SELL GBPUSD @ 20441 SL 20511 TP 20321
13：00 GMT ORDERS
BUY EURUSD @ 14731 SL 14681 TP 14811
SELL EURUSD @ 14649 SL 14699 TP 14569
BUY GBPUSD @ 20533 SL 20463 TP 20653
SELL GBPUSD @ 20448 SL 20518 TP 20328

December 10th
9：00 GMT ORDERS
BUY EURUSD @ 14666 SL 14634 TP 14746
SELL EURUSD @ 14634 SL 14666 TP 14554
BUY GBPUSD @ 20400 SL 20330 TP 20520
SELL GBPUSD @ 20305 SL 20375 TP 20185
13：00 GMT ORDERS
BUY EURUSD @ 14730 SL 14680 TP 14810
SELL EURUSD @ 14643 SL 14693 TP 14563
BUY GBPUSD @ 20468 SL 20398 TP 20588
SELL GBPUSD @ 20361 SL 20431 TP 20141

December 7th
9：00 GMT ORDERS
BUY EURUSD @ 14627 SL 14593 TP 14707
SELL EURUSD @ 14593 SL 14627 TP 14513
BUY GBPUSD @ 20276 SL 20213 TP 20396
SELL GBPUSD @ 20213 SL 20276 TP 20093
13：00 GMT ORDERS
BUY EURUSD @ 14658 SL 14608 TP 14738
SELL EURUSD @ 14605 SL 14655 TP 14525
BUY GBPUSD @ 20354 SL 20284 TP 20474
SELL GBPUSD @ 20249 SL 20329 TP 20129

December 6th
9：00 GMT ORDERS
BUY EURUSD @ 14624 SL 14574 TP 14702
SELL EURUSD @ 14547 SL 14697 TP 14467
BUY GBPUSD @ 20318 SL 20248 TP 20438
SELL GBPUSD @ 20209 SL 20279 TP 20089
13：00 GMT ORDERS
BUY EURUSD @ 14588 SL 14543 TP 14668
SELL EURUSD @ 14543 SL 14588 TP 14463
BUY GBPUSD @ 20314 SL 20248 TP 20438
SELL GBPUSD @ 20174 SL 20244 TP 20054

December 5th
9：00 GMT ORDERS
BUY EURUSD @ 14766 SL 14716 TP 14846
SELL EURUSD @ 14693 SL 14643 TP 14613
BUY GBPUSD @ 20578 SL 20508 TP 20698
SELL GBPUSD @ 20396 SL 20466 TP 20276
13：00 GMT ORDERS
BUY EURUSD @ 14747 SL 14699 TP 14827
SELL EURUSD @ 14699 SL 14747 TP 14619
BUY GBPUSD @ 20432 SL 20312 TP 20552
SELL GBPUSD @ 20345 SL 20415 TP 20225

December 4th
9：00 GMT ORDERS
BUY EURUSD @ 14704 SL 14654 TP 14784
SELL EURUSD @ 14629 SL 14679 TP 14549
BUY GBPUSD @ 20682 SL 20619 TP 20802
SELL GBPUSD @ 20619 SL 20682 TP 20499
13：00 GMT ORDERS
BUY EURUSD @ 14757 SL 14707 TP 14837
SELL EURUSD @ 14635 SL 14685 TP 14585
BUY GBPUSD @ 20672 SL 20602 TP 20792
SELL GBPUSD @ 20580 SL 20650 TP 20460

December 3rd
9：00 GMT ORDERS
BUY EURUSD @ 14716 SL 14666 TP 14796
SELL EURUSD @ 14637 SL 14687 TP 14557
BUY GBPUSD @ 20644 SL 20574 TP 20764
SELL GBPUSD @ 20535 SL 20605 TP 20415
13：00 GMT ORDERS
BUY EURUSD @ 14672 SL 14622 TP 14752
SELL EURUSD @ 14614 SL 14664 TP 14564
BUY GBPUSD @ 20662 SL 20592 TP 20782
SELL GBPUSD @ 20517 SL 20587 TP 20397

November 30th
9：00 GMT ORDERS
filled BUY EURUSD @ 14770 closed SL 14720. P/L=-50

SELL EURUSD @ 14715 closed at TP. P/L=+80
filled BUY GBPUSD @ 20688 closed SL 20618. P/L=-70
filled SELL GBPUSD @ 20596 closed eod 20568. P/L=+28
13：00 GMT ORDERS
SELL EURUSD @ 14739 closed at TP. P/L=+80
filled SELL GBPUSD @ 20635 closed eod 20568. P/L=+67
total= +135

November 29th
9：00 GMT ORDERS
filled SELL EURUSD @ 14723 closed eod 14747. P/L=-24
filled SELL GBPUSD @ 20631 closed eod 20616. P/L=+15
13：00 GMT ORDERS
filled BUY EURUSD @ 14765 closed eod 14747. P/L=-18
total= -27

November 28th
9：00 GMT ORDERS
filled BUY EURUSD @ 14832 closed eod 14831. P/L=-1
filled SELL EURUSD @ 14717 closed SL 14767. P/L=-50
filled BUY GBPUSD @ 20714 closed eod 20800. P/L=+86
filled SELL GBPUSD @ 20590 closed SL 20660 . P/L=-70
13：00 GMT ORDERS
filled BUY EURUSD @ 14758 closed at TP. P/L=+80
filled BUY GBPUSD @ 20652 closed at TP. P/L=+120
total= +165

November 27th
9：00 GMT ORDERS
filled BUY EURUSD @ 14878 closed msl. P/L=0
filled SELL EURUSD @ 14809 closed eod 14827. P/L=-18
filled SELL GBPUSD @ 20669 closed edo 20665. P/L=+4
13：00 GMT ORDERS
filled BUY EURUSD @ 14866 closed msl. P/L=0
filled SELL EURUSD @ 14816 closed eod 14827. T/P=-11
filled BUY GBPUSD @ 20714 closed SL 20661. P/L=-53
filled SELL GBPUSD @ 20661 closed SL 20714. P/L=-53
total= -149

November 26th
9：00 GMT ORDERS
filled BUY EURUSD @ 14877 closed SL 14827. P/L=-50
filled BUY GBPUSD @ 20694 closed eod 20701. P/L=+7
13：00 GMT ORDERS
filled BUY GBPUSD @ 20730 closed eod 20701. P/L=-29
filled SELL GBPUSD @ 20665 closed SL 20730. P/L=-65
Total= -137
November 23rd：No Trading - Thanksgiving
November 22nd：No Trading - Thanksgiving

November 21st
9：00 GMT ORDERS
filled BUY EURUSD @ 14862 closed eod 14846. P/L=-16
filled SELL EURUSD @ 14779 closed SL 14723. P/L--44
filled SELL GBPUSD @ 20589 closed MSL. P/L=0
13：00 GMT ORDERS
filled BUY EURUSD @ 14828 closed eod 14846. P/L=+18
filled BUY GBPUSD @ 20652 closed eod 20626. P/L=-26
total=-68

November 20th
9：00 GMT ORDERS
BUY EURUSD @ 14773 closed eod 14837. P/L=+64
filled BUY GBPUSD @ 20664 closed eod 20669. P/L=+5
13：00 GMT ORDERS
filled BUY EURUSD @ 14805 closed eod 14837. P/L+32
filled BUY GBPUSD @ 20670 closed eod 20669. P/L=-1
total= +100

November 19th
9：00 GMT ORDERS
13：00 GMT ORDERS
BUY EURUSD @ 14639 closed eod 14666. P/L=+27
filled BUY GBPUSD @ 20552 closed eod 20596. P/L=-54
total=-27

November 16th
9：00 GMT ORDERS
filled BUY EURUSD @ 14653 closed eod 14661. P/L=+8
filled BUY GBPUSD @ 20490 closed eod 20515. P/L=+25
filled SELL GBPUSD @ 20397 closed MSL. P/L=0
13：00 GMT ORDERS
filled BUY EURUSD @ 14639 closed eod 14661. P/L=+22
filled BUY GBPUSD @ 20456 closed eod 20515. P/L=+59
total= +114

November 15th
9：00 GMT ORDERS
filled SELL EURUSD @ 14641 closed eod 14613. P/L=+28
filled SELL GBPUSD @ 20519 closed eod 20435. P/L=+84

13：00 GMT ORDERS
total=+112

November 14th
9：00 GMT ORDERS
filled BUY EURUSD @ 14678 closed MSL. P/L=0
filled BUY GBPUSD @ 20824 closed SL 20754. P/L=-70
filled SELL GBPUSD @ 20735 closed TP 20615. P/L=+120
13：00 GMT ORDERS
filled BUY EURUSD @ 14720 closed SL 14670. P/L=-50
filled SELL EURUSD @ 14640 closed eod 14648. P/L=-8
filled SELL GBPUSD @ 20637 closed TP 20517. P/L=+120
total=+112

November 13th
9：00 GMT ORDERS
filled BUY GBPUSD @ 20706 closed eod 20736. P/L=+20
13：00 GMT ORDERS
filled BUY EURUSD @ 14622 closed eod 14616. P/L=-6
filled BUY GBPUSD @ 20736 closed eod 20736. P/L=0
total=+14

November 12th
9：00 GMT ORDERS
filled SELL EURUSD @ 14599 closed eod 14530. P/L=+69
filled SELL GBPUSD @ 20768 closed TP 20648. P/L=+120
13：00 GMT ORDERS
filed SELL EURUSD @ 14538 closed eod 14530. P/L=+8
filled SELL GBPUSD @ 20664 closed TP 20544. P/L=+120
total=+317

November 9th
9：00 GMT ORDERS
filled BUY EURUSD @ 14738 closed SL 14688. P/L=-50
filled SELL EURUSD @ 14673 closed eod 14662. P/L=+11
filled BUY GBPUSD @ 21141 closed SL 21071. P/L=-70
SELL GBPUSD @ 21073 closed TP 20953. P/L=+120
13：00 GMT ORDERS
filled SELL EURUSD @ 14659 closed eod 14662. P/L=-3
SELL GBPUSD @ 20948 closed eod 20896. P/L=+52
total= +60

November 8th
9：00 GMT ORDERS
filled BUY EURUSD @ 14681 closed eod 14676. P/L=-5
filled BUY GBPUSD @ 21054 closed eod 21064. P/L=+10
13：00 GMT ORDERS
filled BUY EURUSD @ 14686 closed eod 14676. P/L=-10
filled BUY GBPUSD @ 21096 closed eod 21064. P/L=-30
total=-35

November 7th
9：00 GMT ORDERS
filled BUY EURUSD @ 14662 closed at MSL. P/L=0
filled BUY GBPUSD @ 20974 closed MSL. P/L=0
13：00 GMT ORDERS
filled BUY EURUSD @ 14712 closed at SL 14562. P/L=-50
filled SELL EURUSD @ 14641 closed eod 14627. P/L=+14
filled BUY GBPUSD @ 21061 SL 20991. P/L=-70
total= -106

November 6th
9：00 GMT ORDERS
BUY EURUSD @ 14538 closed eod 14564. P/L=+26
BUY GBPUSD @ 20893 closed eod 20878. P/L=-15
13：00 GMT ORDERS
filled BUY EURUSD @ 14562 closed eod 14564. P/L=+2
filled BUY GBPUSD @ 20891 closed eod 20878. P/L=-13
total= 0

November 5th
9：00 GMT ORDERS
filled SELL EURUSD @ 14449 closed at eod 14474. P/L=-25
filled SELL GBPUSD @ 20821 closed eod 20802. P/L=+19
13：00 GMT ORDERS
filled BUY EURUSD @ 14482 closed at eod 14474. P/L=-8
total= -14

November 2nd
9：00 GMT ORDERS
filled BUY EURUSD @ 14482 closed at MSL. P/L=0
filled BUY GBPUSD @ 20842 closed eod 20886. P/L=+44
13：00 GMT ORDERS
filled BUY EURUSD @ 14496 closed at MSL. P/L=0

filled BUY GBPUSD @ 20872 closed eod 20886. P/L=+14
filled SELL GBPUSD @ 20808 closed SL 20872. P/L=-64
total= -6

November 1st
9：00 GMT ORDERS
filled SELL EURUSD @ 14455 closed at MSL.P/L=0
filled BUY GBPUSD @ 20819 closed at MSL. P/L=0
filled SELL GBPUSD @ 20769 closed at SL 20819 . P/L=-50
13：00 GMT ORDERS
filled BUY EURUSD @ 14472 closed SL 14422. P/L=-50
filled BUY GBPUSD @ 20832 closed at MSL. P/L=0
total =-100

November 30th
9：00 GMT ORDERS
BUY EURUSD @ 14770 SL 14720 TP 14850
SELL EURUSD @ 14715 SL 14765 TP 14635
BUY GBPUSD @ 20688 SL 20618 TP 20808
SELL GBPUSD @ 20596 SL 20666 TP 20476
13：00 GMT ORDERS
BUY EURUSD @ 14791 SL 14741 TP 14871
SELL EURUSD @ 14739 SL 14789 TP 14659
BUY GBPUSD @ 20710 SL 20640 TP 20830
SELL GBPUSD @ 20635 SL 20705 TP 20515

November 29th
9：00 GMT ORDERS
BUY EURUSD @ 14841 SL 14791 TP 14921
SELL EURUSD @ 14723 SL 14773 TP 14643
BUY GBPUSD @ 20784 SL 20714 TP 20904
SELL GBPUSD @ 20631 SL 20701 TP 20511
13：00 GMT ORDERS
BUY EURUSD @ 14765 SL 14717 TP 14845
SELL EURUSD @ 14717 SL 14765 TP 14637
BUY GBPUSD @ 20688 SL 20618 TP 20808
SELL GBPUSD @ 20587 SL 20657 TP 20467

November 28th
9：00 GMT ORDERS
BUY EURUSD @ 14832 SL 14782 TP 14912
SELL EURUSD @ 14717 SL 14767 TP 14637
BUY GBPUSD @ 20714 SL 20644 TP 20834
SELL GBPUSD @ 20590 SL 20660 TP 20470
13：00 GMT ORDERS
BUY EURUSD @ 14758 SL 14708 TP 14838
SELL EURUSD @ 14705 SL 14755 TP 14625
BUY GBPUSD @ 20652 SL 20582 TP 20772
SELL GBPUSD @ 20575 SL 20642 TP 20455

November 27th
9：00 GMT ORDERS
BUY EURUSD @ 14878 SL 14828 TP 14958
SELL EURUSD @ 14809 SL 14859 TP 14729
BUY GBPUSD @ 20746 SL 20676 TP 20866
SELL GBPUSD @ 20669 SL 20739 TP 20549
13：00 GMT ORDERS
BUY EURUSD @ 14866 SL 14816 TP 14946
SELL EURUSD @ 14816 SL 14866 TP 14736
BUY GBPUSD @ 20714 SL 20661 TP 20834
SELL GBPUSD @ 20661 SL 20714 TP 20541

November 26th
9：00 GMT ORDERS
BUY EURUSD @ 14877 SL 14827 TP 14953
SELL EURUSD @ 14799 SL 14749 TP 14719
BUY GBPUSD @ 20694 SL 20624 TP 20814
SELL GBPUSD @ 20617 SL 20687 TP 20497
13：00 GMT ORDERS
BUY EURUSD @ 14893 SL 14843 TP 14973
SELL EURUSD @ 14820 SL 14870 TP 14740
BUY GBPUSD @ 20730 SL 20665 TP 20850
SELL GBPUSD @ 20665 SL 20730 TP 20545

November 23rd
THANKSGIVING

November 22nd
THANKSGIVING

November 21st
9：00 GMT ORDERS
BUY EURUSD @ 14862 SL 14812 TP 14942
SELL EURUSD @ 14779 SL 14723 TP 14699
BUY GBPUSD @ 20706 SL 20776 TP 20826
SELL GBPUSD @ 20589 SL 20519 TP 20469
13：00 GMT ORDERS
BUY EURUSD @ 14828 SL 14778 TP 14908
SELL EURUSD @ 14769 SL 14819 TP 14679

BUY GBPUSD @ 20652 SL 20582 TP 20772
SELL GBPUSD @ 20520 SL 20590 TP 20400

November 20th
9：00 GMT ORDERS
BUY EURUSD @ 14773 SL 14723 TP 14853
SELL EURUSD @ 14653 SL 14703 TP 14573
BUY GBPUSD @ 20664 SL 20594 TP 20784
SELL GBPUSD @ 20473 SL 20543 TP 20353
13：00 GMT ORDERS
BUY EURUSD @ 14805 SL 14755 TP 14885
SELL EURUSD @ 14731 SL 14781 TP 14651
BUY GBPUSD @ 20670 SL 20600 TP 20790
SELL GBPUSD @ 20574 SL 20644 TP 20454

November 19th
9：00 GMT ORDERS
BUY EURUSD @ 14692 SL 14642 TP 14772
SELL EURUSD @ 14615 SL 14765 TP 14535
BUY GBPUSD @ 20564 SL 20494 TP 20684
SELL GBPUSD @ 20444 SL 20514 TP 20324
13：00 GMT ORDERS
BUY EURUSD @ 14639 SL 14619 TP 14719
SELL EURUSD @ 14619 SL 14639 TP 14539
BUY GBPUSD @ 20552 SL 20482 TP 20672
SELL GBPUSD @ 20447 SL 20517 TP 20327

November 16th
9：00 GMT ORDERS
BUY EURUSD @ 14653 SL 14603 TP 14733
SELL EURUSD @ 14575 SL 14625 TP 14505
BUY GBPUSD @ 20490 SL 20420 TP 20610
SELL GBPUSD @ 20397 SL 20467 TP 20277
13：00 GMT ORDERS
BUY EURUSD @ 14639 SL 14589 TP 14719
SELL EURUSD @ 14583 SL 14633 TP 14533
BUY GBPUSD @ 20456 SL 20386 TP 20576
SELL GBPUSD @ 20347 SL 20417 TP 20227

November 15th
9：00 GMT ORDERS
BUY EURUSD @ 14712 SL 14662 TP 14792
SELL EURUSD @ 14641 SL 14691 TP 14561
BUY GBPUSD @ 20626 SL 20556 TP 20746
SELL GBPUSD @ 20519 SL 20579 TP 20399
13：00 GMT ORDERS
BUY EURUSD @ 14666 SL 14639 TP 14766
SELL EURUSD @ 14599 SL 14686 TP 14559
BUY GBPUSD @ 20602 SL 20532 TP 20722
SELL GBPUSD @ 20412 SL 20482 TP 20292

November 14th
9：00 GMT ORDERS
BUY EURUSD @ 14678 SL 14631 TP 14758
SELL EURUSD @ 14631 SL 14678 TP 14481
BUY GBPUSD @ 20824 SL 20754 TP 20944
SELL GBPUSD @ 20735 SL 20805 TP 20615
13：00 GMT ORDERS
BUY EURUSD @ 14720 SL 14670 TP 14640
SELL EURUSD @ 14640 SL 14690 TP 14560
BUY GBPUSD @ 20852 SL 20922 TP 20972
SELL GBPUSD @ 20637 SL 20517 TP 20517

November 13th
9：00 GMT ORDERS
BUY EURUSD @ 14640 SL 14690 TP 14710
SELL EURUSD @ 14561 SL 14511 TP 14481
BUY GBPUSD @ 20706 SL 20636 TP 20826
SELL GBPUSD @ 20596 SL 20666 TP 20476
13：00 GMT ORDERS
BUY EURUSD @ 14622 SL 14572 TP 14702
SELL EURUSD @ 14565 SL 14615 TP 14485
BUY GBPUSD @ 20736 SL 20666 TP 20856
SELL GBPUSD @ 20659 SL 20729 TP 20439

November 12th
9：00 GMT ORDERS
BUY EURUSD @ 14672 SL 14652 TP 14752
SELL EURUSD @ 14599 SL 14649 TP 14519
BUY GBPUSD @ 20874 SL 20804 TP 20994
SELL GBPUSD @ 20768 SL 20838 TP 20648
13：00 GMT ORDERS
BUY EURUSD @ 14616 SL 14566 TP 14696
SELL EURUSD @ 14538 SL 14588 TP 14458
BUY GBPUSD @ 20831 SL 20761 TP 20951
SELL GBPUSD @ 20664 SL 20734 TP 20544

November 9th
9：00 GMT ORDERS
BUY EURUSD @ 14738 SL 14688 TP 14818

SELL EURUSD @ 14673 SL 14723 TP 14593
BUY GBPUSD @ 21141 SL 21071 TP 21261
SELL GBPUSD @ 21073 SL 21143 TP 20953
13：00 GMT ORDERS
BUY EURUSD @ 14759 SL 14709 TP 14839
SELL EURUSD @ 14659 SL 14709 TP 14579
BUY GBPUSD @ 21170 SL 21100 TP 21290
SELL GBPUSD @ 20948 SL 21018 TP 20828

November 8th
9：00 GMT ORDERS
BUY EURUSD @ 14681 SL 14631 TP 14761
SELL EURUSD @ 14619 SL 14669 TP 14539
BUY GBPUSD @ 21054 SL 20984 TP 21074
SELL GBPUSD @ 20976 SL 21046 TP 20856
13：00 GMT ORDERS
BUY EURUSD @ 14686 SL 14639 TP 14766
SELL EURUSD @ 14639 SL 14686 TP 14559
BUY GBPUSD @ 20634 SL 20564 TP 20754
SELL GBPUSD @ 20544 SL 20614 TP 20424

November 7th
9：00 GMT ORDERS
BUY EURUSD @ 14662 SL 14612 TP 14742
SELL EURUSD @ 14609 SL 14659 TP 14529
BUY GBPUSD @ 20974 SL 20904 TP 21094
SELL GBPUSD @ 20923 SL 20993 TP 20803
13：00 GMT ORDERS
BUY EURUSD @ 14712 SL 14562 TP 14792
SELL EURUSD @ 14641 SL 14691 TP 14561
BUY GBPUSD @ 21061 SL 20991 TP 21181
SELL GBPUSD @ 20953 SL 21023 TP 20833

November 6th
9：00 GMT ORDERS
BUY EURUSD @ 14538 SL 14488 TP 14618
SELL EURUSD @ 14475 SL 14525 TP 14395
BUY GBPUSD @ 20893 SL 20823 TP 21013
SELL GBPUSD @ 20814 SL 20884 TP 20694
13：00 GMT ORDERS
BUY EURUSD @ 14562 SL 14512 TP 14642
SELL EURUSD @ 14509 SL 14559 TP 14429
BUY GBPUSD @ 20891 SL 20828 TP 21011
SELL GBPUSD @ 20828 SL 20891 TP 20708

November 5th
9：00 GMT ORDERS
BUY EURUSD @ 14507 SL 14457 TP 14587
SELL EURUSD @ 14449 SL 14499 TP 14369
BUY GBPUSD @ 20902 SL 20832 TP 21022
SELL GBPUSD @ 20821 SL 20891 TP 20701
13：00 GMT ORDERS
BUY EURUSD @ 14482 SL 14437 TP 14562
SELL EURUSD @ 14437 SL 14482 TP 14357
BUY GBPUSD @ 20870 SL 20800 TP 20990
SELL GBPUSD @ 20778 SL 20858 TP 20658

November 2nd
9：00 GMT ORDERS
BUY EURUSD @ 14482 SL 14432 TP 14562
SELL EURUSD @ 14415 SL 14465 TP 14335
BUY GBPUSD @ 20842 SL 20772 TP 20962
SELL GBPUSD @ 20763 SL 20833 TP 20643
13：00 GMT ORDERS
BUY EURUSD @ 14496 SL 14455 TP 14576
SELL EURUSD @ 14455 SL 14496 TP 14375
BUY GBPUSD @ 20872 SL 20808 TP 20992
SELL GBPUSD @ 20808 SL 20872 TP 20688

November 1st
9：00 GMT ORDERS
BUY EURUSD @ 14484 SL 14455 TP 14564
SELL EURUSD @ 14455 SL 14484 TP 14375
BUY GBPUSD @ 20819 SL 20769 TP 20939
SELL GBPUSD @ 20769 SL 20819 TP 20649
13：00 GMT ORDERS
BUY EURUSD @ 14472 SL 14452 TP 14552
SELL EURUSD @ 14401 SL 14451 TP 14321
BUY GBPUSD @ 20832 SL 20767 TP 20952
SELL GBPUSD @ 20747 SL 20817 TP 20627

October 31st
9：00 GMT ORDERS
filled BUY EURUSD @ 14474 closed eod 14478. P/L=+4
filled SELL EURUSD @ 14421 closed SL 14471. P/L=-50
filled BUY GBPUSD @ 20751 closed eod 20809. P/L=+58
13：00 GMT ORDERS
BUY EURUSD @ 14466 closed at MSL. P/L=0
filled SELL EURUSD @ 14419 closed SL 14466. P/L=-47
filled BUY GBPUSD @ 20750 closed eod 20809. P/L=+59

filled SELL GBPUSD @ 20704 closed SL 20750. P/L=-46
total=-22

October 30th
9：00 GMT ORDERS
filled BUY EURUSD @ 14416 closed eod 14440. P/L=+24
filled BUY GBPUSD @ 20637 closed eod 20679. P/L=+42
13：00 GMT ORDERS
filled BUY EURUSD @ 14422 closed eod 14440. P/L=+18
filled BUY GBPUSD @ 20680 closed eod 20679. P/L=-1
total= +85

October 29th
9：00 GMT ORDERS
SELL EURUSD @ 14399 closed eod 14420. P/L=-21
filled BUY GBPUSD @ 20588 closed eod 20627. P/L=+39
13：00 GMT ORDERS
filled SELL EURUSD @ 14399 closed eod 14420. P/L=-21
filled BUY GBPUSD @ 20634 closed eod 20627. P/L=-7
total= -10

October 26th
9：00 GMT ORDERS
filled BUY EURUSD @ 14380 closed eod 14388. P/L=+8
filled BUY GBPUSD @ 20573 closed SL 20503. P/L=-70
filled SELL GBPUSD @ 20503 closed eod 20506. P/L=-3
13：00 GMT ORDERS
filled BUY EURUSD @ 14382 closed eod 14288. P/L=+6
total= -59

October 25th
9：00 GMT ORDERS
filled BUY EURUSD @ 14296 closed eod 14328. P/L=+32
filled BUY GBPUSD @ 20504 closed MSL. P/L=0
13：00 GMT ORDERS
filled BUY EURUSD @ 14323 closed eod 14328. P/L=+5
filled BUY GBPUSD @ 20540 closed eod 20510. P/L=-30
total= +7

October 24th
9：00 GMT ORDERS
filled BUY EURUSD @ 14268 closed eod 14260. P/L=-8
filled BUY GBPUSD @ 20508 closed eod 20493. P/L=-15
13：00 GMT ORDERS
filled BUY EURUSD @ 14245 closed eod 14260. P/L=+15
filled BUY GBPUSD @ 20512 closed SL 20455= P/L=-57
filled SELL GBPUSD @ 20455 closed eod 20493. P/L=-38
total=-103

October 23rd
9：00 GMT ORDERS
BUY EURUSD @ 14225 closed eod 14260. P/L=+35
BUY GBPUSD @ 20396 closed at TP 20516. P/L=+120
13：00 GMT ORDERS
BUY EURUSD @ 14246 closed eod 14260. P/L=+14
filled BUY GBPUSD @ 20476 closed eod 20510. P/L=+36
total= +205

October 22nd
9：00 GMT ORDERS
SELL EURUSD @ 14290 closed TP 14210. P/L=+80
filled SELL GBPUSD @ 20465 closed at T/P. P/L=+120
13：00 GMT ORDERS
filled SELL EURUSD @ 14129 closed eod 14174. P/L=-45
filled SELL GBPUSD @ 20280 closed eod 20306. P/L=-26
total=+129

October 19th
9：00 GMT ORDERS
filled SELL EURUSD @ 14259 closed eod 14264.P/L= -5
13：00 GMT ORDERS
filled SELL EURUSD @ 14261 closed SL 14264. P/L=-3
filled BUY GBPUSD @ 20508. closed eod 20491. P/L=-17
total=-25

October 18th
9：00 GMT ORDERS
filled BUY EURUSD @ 14261 closed eod 14285.P/L=+24
filled BUY GBPUSD @ 20439 closed at MSL. P/L=0
13：00 GMT ORDERS
filled BUY EURUSD @ 14278 closed eod 14285. P/L=+7
filled BUY GBPUSD @ 20482 closed at MSL. P/L=0
total=+31

October 17th
9：00 GMT ORDERS
filled BUY EURUSD @ 14198 closed at MSL. P/L=0
filled BUY GBPUSD @ 20378 closed at MSL. P/L=0
13：00 GMT ORDERS
filled BUY EURUSD @ 14200 closed at MSL. P/L=0

filled BUY GBPUSD @ 20376 closed at MSL. P/L=0
total=0

October 16th
9：00 GMT ORDERS
filled SELL EURUSD @ 14152 closed eod 14172. P/L=-20
filled SELL GBPUSD @ 20335 closed at MSL. P/L=0
13：00 GMT ORDERS
filled BUY EURUSD @ 14194 closed eod 14172. P/L=-22
total=-42

October 15th
9：00 GMT ORDERS
filled BUY EURUSD @ 14230 closed eod 14211. P/L=-19
filled BUY GBPUSD @ 20394 closed at MSL. P/L=0
13：00 GMT ORDERS
filled SELL EURUSD @ 14209 closed eod 14211. P/L=-2
total=-21

October 12th
9：00 GMT ORDERS
filled BUY EURUSD @ 14205 closed SL 14163. P/L=-42
filled SELL EURUSD @ 14163 closed SL 14205. P/L=-42
filled BUY GBPUSD @ 20340 closed eod 20354. P/L=+14
13：00 GMT ORDERS
filled BUY EURUSD @ 14204 closed SL 14155. P/L=-49
filled SELL EURUSD @ 14155 closed SL 14204. P/L=-49
filled BUY GBPUSD @ 20314 closed eod 20354. P/L=+40
total= -128

October 11th
9：00 GMT ORDERS
filled BUY EURUSD @ 14204 closed SL 14154. P/L=-50
filled SELL GBPUSD @ 20337 closed eod 20337. P/L=0
13：00 GMT ORDERS
filled BUY EURUSD @ 14224 closed SL 14187. P/L=-37
filled SELL EURUSD @ 14187 closed at MSL. P/L=0
filled SELL GBPUSD @ 20360 closed eod 20337. P/L=-23
total= -110

October 10th
9：00 GMT ORDERS
filled BUY EURUSD @ 14137 closed eod 14140. P/L=+3
filled BUY GBPUSD @ 20446 closed eod 20415. P/L=-31
13：00 GMT ORDERS
filled BUY EURUSD @ 14155 closed eod 14140. P/L=-15
total= -43

October 9th
9：00 GMT ORDERS
filled BUY EURUSD @ 14056 closed eod 14104. P/L=+48
filled BUY GBPUSD @ 20354 closed eod 20370. P/L=+16
filled SELL GBPUSD @ 20317 closed at MSL. P/L=0
13：00 GMT ORDERS
filled BUY EURUSD @ 14058 closed eod 14104. P/L=+46
filled BUY GBPUSD @ 20362 closed eod 20370. P/L=+8
filled SELL GBPUSD @ 20264 closed SL 20334. P/L=-70
P/L=+48

October 8th
9：00 GMT ORDERS
filled SELL EURUSD @ 14081 closed eod 14046. P/L=+35
filled SELL GBPUSD @ 20360 closed eod 20356. P/L=+4
13：00 GMT ORDERS
filled SELL EURUSD @ 14074 closed eod 14046. P/L=+30
filled SELL GBPUSD @ 20354 closed eod 20356. P/L=-2
Total= +67

October 5th
9：00 GMT ORDERS
BUY EURUSD @ 14146 closed eod 14138. P/L=-8
filled SELL EURUSD @ 14103 closed at MSL. P/L=0
BUY GBPUSD @ 20396 closed eod 20422. P/L=+26
filled SELL GBPUSD @ 20324 closed SL 20394. P/L=-70
13：00 GMT ORDERS
filled BUY EURUSD @ 14147 closed eod 14138. P/L=-9
filled SELL EURUSD @ 13998 closed at TP 13928. P/L=+80
filled BUY GBPUSD @ 20414 closed eod 20422. P/L=+8
filled SELL GBPUSD @ 20333 closed at SL 20403. P/L=-70
Total=-43

October 4th
9：00 GMT ORDERS
filled BUY EURUSD @ 14112 closed at SL 14071. P/L=-41
filled SELL EURUSD @ 14071 closed SL 14112. P/L=-41
filled BUY GBPUSD @ 20325 closed eod 20384. P/L=+59

13：00 GMT ORDERS
filled BUY EURUSD @ 14140 closed at 14134. P/L=-6
filled SELL EURUSD @ 14088 closed at SL 14138. P/L=-50
filled BUY GBPUSD @ 20373 closed eod 20384. P/L=+11
Total= -68

October 3rd
9：00 GMT ORDERS
filled BUY EURUSD @ 14194 closed eod SL 14149. P/L=-45
filled SELL EURUSD @ 14149 closed eod 14090. P/L=+59
filled SELL GBPUSD @ 20380 closed eod 20319. P/L=+61
13：00 GMT ORDERS
filled SELL EURUSD @ 14153 closed eod 14090. P/L=+63
filled SELL GBPUSD @ 20332 closed eod 20319. P/L=+13
P/L= +151

October 2nd
9：00 GMT ORDERS
filled SELL EURUSD @ 14173 closed eod 14148. P/L=+25
filled BUY GBPUSD @ 20432 closed eod 20404. P/L=-28
13：00 GMT ORDERS
filled BUY GBPUSD @ 20445 closed eod 20404. P/L=-41
total= -44

October 1st
9：00 GMT ORDERS
filled SELL EURUSD @ 14213 closed eod 14231. P/L=-18
filled SELL GBPUSD @ 20439 closed at MSL. P/L=0
13：00 GMT ORDERS
Total= -18

October 31st
9：00 GMT ORDERS
BUY EURUSD @ 14474 SL 14424 TP 14554
SELL EURUSD @ 14421 SL 14471 TP 14341
BUY GBPUSD @ 20751 SL 20681 TP 20871
SELL GBPUSD @ 20671 SL 20741 TP 20551
13：00 GMT ORDERS
BUY EURUSD @ 14466 SL 14419 TP 145461
SELL EURUSD @ 14419 SL 14466 TP 14339
BUY GBPUSD @ 20750 SL 20704 TP 20870
SELL GBPUSD @ 20704 SL 20750 TP 20584

October 30th
9：00 GMT ORDERS
BUY EURUSD @ 14416 SL 14368 TP 14496
SELL EURUSD @ 14368 SL 14416 TP 14288
BUY GBPUSD @ 20637 SL 20567 TP 20757
SELL GBPUSD @ 20558 SL 20628 TP 20438
13：00 GMT ORDERS
BUY EURUSD @ 14422 SL 14381 TP 14502
SELL EURUSD @ 14381 SL 14422 TP 14301
BUY GBPUSD @ 20680 SL 20610 TP 20800
SELL GBPUSD @ 20608 SL 20678 TP 20488

October 29th
9：00 GMT ORDERS
BUY EURUSD @ 14443 SL 14399 TP 14523
SELL EURUSD @ 14399 SL 14443 TP 14319
BUY GBPUSD @ 20588 SL 20533 TP 20708
SELL GBPUSD @ 20533 SL 20588 TP 20413
13：00 GMT ORDERS
BUY EURUSD @ 14445 SL 14399 TP 14525
SELL EURUSD @ 14399 SL 14445 TP 14319
BUY GBPUSD @ 20634 SL 20564 TP 20754
SELL GBPUSD @ 20544 SL 20614 TP 20424

October 26th
9：00 GMT ORDERS
BUY EURUSD @ 14380 SL 14330 TP 14460
SELL EURUSD @ 14318 SL 14368 TP 14238
BUY GBPUSD @ 20573 SL 20503 TP 20693
SELL GBPUSD @ 20503 SL 20573 TP 20383
13：00 GMT ORDERS
BUY EURUSD @ 14382 SL 14340 TP 14462
SELL EURUSD @ 14340 SL 14382 TP 14260
BUY GBPUSD @ 20580 SL 20510 TP 20700
SELL GBPUSD @ 20473 SL 20543 TP 20353

October 25th
9：00 GMT ORDERS
BUY EURUSD @ 14296 SL 14242 TP 14376
SELL EURUSD @ 14242 SL 14296 TP 14162
BUY GBPUSD @ 20504 SL 20445 TP 20624
SELL GBPUSD @ 20445 SL 20504 TP 20325
13：00 GMT ORDERS
BUY EURUSD @ 14323 SL 14273TP 14403
SELL EURUSD @ 14242 SL 14292 TP 14162

BUY GBPUSD @ 20540 SL 20470 TP 20660
SELL GBPUSD @ 20465 SL 20535 TP 20345

October 24th
9：00 GMT ORDERS
BUY EURUSD @ 14268 SL 14218 TP 14348
SELL EURUSD @ 14183 SL 14233 TP 14103
BUY GBPUSD @ 20508 SL 20438 TP 20628
SELL GBPUSD @ 20418 SL 20488 TP 20298
13：00 GMT ORDERS
BUY EURUSD @ 14245 SL 14201 TP 14325
SELL EURUSD @ 14201 SL 14245 TP 14121
BUY GBPUSD @ 20512 SL 20455 TP 20632
SELL GBPUSD @ 20455 SL 20512 TP 20335

October 23rd
9：00 GMT ORDERS
BUY EURUSD @ 14225 SL 14009 TP 14136
SELL EURUSD @ 14169 SL 14056 TP 13929
BUY GBPUSD @ 20396 SL 20387 TP 20516
SELL GBPUSD @ 20317 SL 20326 TP 20197
13：00 GMT ORDERS
BUY EURUSD @ 14246 SL 14196 TP 14326
SELL EURUSD @ 14187 SL 14237 TP 14107
BUY GBPUSD @ 20476 SL 20406 TP 20596
SELL GBPUSD @ 20354 SL 20424 TP 20234

October 22nd
9：00 GMT ORDERS
BUY EURUSD @ 14346 SL 14296 TP 14426
SELL EURUSD @ 14290 SL 14340 TP 14210
BUY GBPUSD @ 20544 SL 20474 TP 20664
SELL GBPUSD @ 20465 SL 20535 TP 20145
13：00 GMT ORDERS
BUY EURUSD @ 14321 SL 14271 TP 14401
SELL EURUSD @ 14129 SL 14179 TP 14049
BUY GBPUSD @ 20519 SL 20449 TP 20589
SELL GBPUSD @ 20280 SL 20350 TP 20160

October 19th
9：00 GMT ORDERS
BUY EURUSD @ 14326 SL 14276 TP 14406
SELL EURUSD @ 14259 SL 14309 TP 14179
BUY GBPUSD @ 20504 SL 20434 TP 20624
SELL GBPUSD @ 20401 SL 20471 TP 20281
13：00 GMT ORDERS
BUY EURUSD @ 14298 SL 14261 TP 14378
SELL EURUSD @ 14261 SL 14298 TP 14181
BUY GBPUSD @ 20508 SL 20438 TP 20628
SELL GBPUSD @ 20410 SL 20480 TP 20290

October 18th
9：00 GMT ORDERS
BUY EURUSD @ 14261 SL 14219 TP 14341
SELL EURUSD @ 14219 SL 14261 TP 14139
BUY GBPUSD @ 20439 SL 20377 TP 20459
SELL GBPUSD @ 20377 SL 20439 TP 20257
13：00 GMT ORDERS
BUY EURUSD @ 14278 SL 14233 TP 14358
SELL EURUSD @ 14233 SL 14278 TP 14153
BUY GBPUSD @ 20482 SL 20412 TP 20602
SELL GBPUSD @ 20387 SL 20457 TP 20267

October 17th
9：00 GMT ORDERS
BUY EURUSD @ 14198 SL 14151 TP 14278
SELL EURUSD @ 14151 SL 14198 TP 14081
BUY GBPUSD @ 20378 SL 20308 TP 20498
SELL GBPUSD @ 20279 SL 20349 TP 20159
13：00 GMT ORDERS
BUY EURUSD @ 14200 SL 14161 TP 14280
SELL EURUSD @ 14161 SL 14200 TP 14081
BUY GBPUSD @ 20376 SL 20312 TP 20496
SELL GBPUSD @ 20312 SL 20376 TP 20192

October 16th
9：00 GMT ORDERS
BUY EURUSD @ 14233 SL 14283 TP 14213
SELL EURUSD @ 14152 SL 14202 TP 14082
BUY GBPUSD @ 20436 SL 20366 TP 20556
SELL GBPUSD @ 20335 SL 20405 TP 20215
13：00 GMT ORDERS
BUY EURUSD @ 14194 SL 14144 TP 14274
SELL EURUSD @ 14139 SL 14189 TP 14059
BUY GBPUSD @ 20398 SL 20328 TP 20518
SELL GBPUSD @ 20286 SL 20356 TP 20166

October 15th
9：00 GMT ORDERS
BUY EURUSD @ 14230 SL 14180 TP 14310

SELL EURUSD @ 14159 SL 14239 TP 14079
BUY GBPUSD @ 20394 SL 20325 TP 20514
SELL GBPUSD @ 20325 SL 20394 TP 20205
13：00 GMT ORDERS
BUY EURUSD @ 14250 SL 14200 TP 14330
SELL EURUSD @ 14209 SL 14259 TP 13929
BUY GBPUSD @ 20444 SL 20374 TP 20564
SELL GBPUSD @ 20355 SL 20425 TP 20235

October 12th
9：00 GMT ORDERS
BUY EURUSD @ 14205 SL 14163 TP 14285
SELL EURUSD @ 14163 SL 14205 TP 14083
BUY GBPUSD @ 20340 SL 20270 TP 20460
SELL GBPUSD @ 20242 SL 20312 TP 20122
13：00 GMT ORDERS
BUY EURUSD @ 14204 SL 14155 TP 14284
SELL EURUSD @ 14155 SL 14204 TP 13975
BUY GBPUSD @ 20314 SL 20244 TP 20434
SELL GBPUSD @ 20238 SL 20308 TP 20118

October 11th
9：00 GMT ORDERS
BUY EURUSD @ 14204 SL 14154 TP 14284
SELL EURUSD @ 14147 SL 14197 TP 14067
BUY GBPUSD @ 20430 SL 20360 TP 20550
SELL GBPUSD @ 20337 SL 20407 TP 20217
13：00 GMT ORDERS
BUY EURUSD @ 14224 SL 14187 TP 14304
SELL EURUSD @ 14187 SL 14224 TP 14107
BUY GBPUSD @ 20427 SL 20360 TP 20547
SELL GBPUSD @ 20360 SL 20427 TP 20240

October 10th
9：00 GMT ORDERS
BUY EURUSD @ 14137 SL 14095 TP 14217
SELL EURUSD @ 14095 SL 14137 TP 14015
BUY GBPUSD @ 20446 SL 20391 TP 20566
SELL GBPUSD @ 20391 SL 20446 TP 20271
13：00 GMT ORDERS
BUY EURUSD @ 14155 SL 14113 TP 14235
SELL EURUSD @ 14113 SL 14155 TP 14033
BUY GBPUSD @ 20483 SL 20454 TP 20544
SELL GBPUSD @ 20332 SL 20402 TP 20112

October 9th
9：00 GMT ORDERS
BUY EURUSD @ 14056 SL 14009 TP 14136
SELL EURUSD @ 14009 SL 14056 TP 13929
BUY GBPUSD @ 20354 SL 20317 TP 20474
SELL GBPUSD @ 20317 SL 20354 TP 20197
13：00 GMT ORDERS
BUY EURUSD @ 14058 SL 14015 TP 14138
SELL EURUSD @ 14015 SL 14058 TP 13935
BUY GBPUSD @ 20362 SL 20292 TP 20482
SELL GBPUSD @ 20264 SL 20334 TP 20144

October 8th
9：00 GMT ORDERS
BUY EURUSD @ 14146 SL 14096 TP 14226
SELL EURUSD @ 14081 SL 14131 TP 14001
BUY GBPUSD @ 20432 SL 20362 TP 20552
SELL GBPUSD @ 20360 SL 20470 TP 20140
13：00 GMT ORDERS
BUY EURUSD @ 14121 SL 14074 TP 14201
SELL EURUSD @ 14074 SL 14121 TP 13994
BUY GBPUSD @ 20406 SL 20354 TP 20526
SELL GBPUSD @ 20354 SL 20406 TP 20234

October 5th
9：00 GMT ORDERS
BUY EURUSD @ 14146 SL 14103 TP 14226
SELL EURUSD @ 14103 SL 14146 TP 13923
BUY GBPUSD @ 20396 SL 20326 TP 20516
SELL GBPUSD @ 20324 SL 20394 TP 20204
13：00 GMT ORDERS
BUY EURUSD @ 14147 SL 13998 TP 14227
SELL EURUSD @ 13998 SL 14147 TP 13928
BUY GBPUSD @ 20414 SL 20344 TP 20534
SELL GBPUSD @ 20333 SL 20403 TP 20213

October 4th
9：00 GMT ORDERS
BUY EURUSD @ 14112 SL 14071 TP 14192
SELL EURUSD @ 14071 SL 14112 TP 13991
BUY GBPUSD @ 20325 SL 20270 TP 20445
SELL GBPUSD @ 20270 SL 20325 TP 20150
13：00 GMT ORDERS
BUY EURUSD @ 14140 SL 14090 TP 14220
SELL EURUSD @ 14088 SL 14138 TP 14008

BUY GBPUSD @ 20373 SL 20303 TP 20493
SELL GBPUSD @ 20279 SL 20349 TP 20129

October 3rd
9：00 GMT ORDERS
BUY EURUSD @ 14194 SL 14149 TP 14274
SELL EURUSD @ 14149 SL 14194 TP 14079
BUY GBPUSD @ 20442 SL 20380 TP 20562
SELL GBPUSD @ 20380 SL 20442 TP 20260
13：00 GMT ORDERS
BUY EURUSD @ 14206 SL 14156 TP 14286
SELL EURUSD @ 14153 SL 14203 TP 14073
BUY GBPUSD @ 20424 SL 20454 TP 20544
SELL GBPUSD @ 20332 SL 20402 TP 20112

October 2nd
9：00 GMT ORDERS
BUY EURUSD @ 14232 SL 14182 TP 14312
SELL EURUSD @ 14173 SL 14223 TP 14093
BUY GBPUSD @ 20432 SL 20362 TP 20552
SELL GBPUSD @ 20362 SL 20432 TP 20242
13：00 GMT ORDERS
BUY EURUSD @ 14209 SL 14159 TP 14289
SELL EURUSD @ 14132 SL 14182 TP 14052
BUY GBPUSD @ 20445 SL 20375 TP 20565
SELL GBPUSD @ 20361 SL 20431 TP 20241

October 1st
9：00 GMT ORDERS
BUY EURUSD @ 14281 SL 14231 TP 14361
SELL EURUSD @ 14213 SL 14263 TP 14143
BUY GBPUSD @ 20502 SL 20439 TP 20622
SELL GBPUSD @ 20439 SL 20502 TP 20319
13：00 GMT ORDERS
BUY EURUSD @ 14254 SL 14204 TP 14334
SELL EURUSD @ 14203 SL 14253 TP 14123
BUY GBPUSD @ 20472 SL 20402 TP 20592
SELL GBPUSD @ 20368 SL 20438 TP 20248

September 28th
9：00 GMT ORDERS
filled BUY EURUSD @ 14175 closed at TP 14255. P/L=+80
filled BUY GBPUSD @ 20260 closed at TP. P/L=+120
13：00 GMT ORDERS
filled BUY EURUSD @ 14202 closed eod 14261. P/L=+59
filled BUY GBPUSD @ 20336 closed eod 20438. P/L=+102
total= +361

September 27th
9：00 GMT ORDERS
filled BUY EURUSD @ 14174 closed eod 14145. P/L=-29
filled BUY GBPUSD @ 20256 closed eod 20266. P/L=+10
13：00 GMT ORDERS
filled BUY EURUSD @ 14184 closed eod 14145. P/L= -39
filled BUY GBPUSD @ 20280 closed eod 20266. P/L=-14
total= -72

September 26th
9：00 GMT ORDERS
SELL EURUSD @ 14115 closed eod 14136. P/L= -16
filled SELL GBPUSD @ 20153 closed at MSL. P/L=0
13：00 GMT ORDERS
filled BUY EURUSD @ 14144 closed eod 14131. P/L=-13
filled BUY GBPUSD @ 20182 closed eod 20156. P/L=-26
total= -55

September 25th
9：00 GMT ORDERS
BUY EURUSD @ 14094 closed eod 14146. P/L=+50
filled BUY GBPUSD @ 20151 closed eod 20183. P/L=+32
13：00 GMT ORDERS
BUY EURUSD @ 14110 closed eod 14146. P/L=+36
BUY GBPUSD @ 20152 closed eod 20183. P/L=+31
total= +149

September 24th
9：00 GMT ORDERS
filled SELL EURUSD @ 14089 closed eod 14078. P/L=+11
filled SELL GBPUSD @ 20238 closed eod 20212. P/L=+26
13：00 GMT ORDERS
filled SELL EURUSD @ 14091 closed eod 14078. P/L=+13
filled SELL GBPUSD @ 20232 closed eod 20212. P/L=+20
toal=+70

September 21st
9：00 GMT ORDERS
filled SELL EURUSD @ 14067 closed eod 14074. P/L=-7
BUY GBPUSD @ 20144 closed eod 20204. P/L= +60

13：00 GMT ORDERS
filled BUY EURUSD @ 14094 closed eod 14074. P/L=-20
filled SELL EURUSD @ 14044 closed at SL 14094. P/L=-50
filled BUY GBPUSD @ 20180 closed eod 20204. P/L=+24
total= +7

September 20th
9：00 GMT ORDERS
filled BUY EURUSD @ 14068 closed at MSL. P/L=0
filled BUY GBPUSD @ 20096 closed at MSL. P/L=0
13：00 GMT ORDERS
filled BUY EURUSD @ 14062 closed at MSL. P/L=0
filled BUY GBPUSD @ 20122 closed eod 20088. P/L=-34
total= -34

September 19th
9：00 GMT ORDERS
filled SELL EURUSD @ 13957 closed eod 13966. P/L=-9
SELL GBPUSD @ 20069 closed TP 19949. P/L=+120
13：00 GMT ORDERS
filled BUY EURUSD @ 13984 closed at SL 13935. P/L=-49
filled SELL EURUSD @ 13935 closed eod 13966. P/L=-31
filled SELL GBPUSD @ 19960 closed eod 19995. P/L= -35
total= -4

September 18th
9：00 GMT ORDERS
filled BUY EURUSD @ 13870 closed TP 13950. P/L=+80
filled BUY GBPUSD @ 19968 closed TP 20088. P/L=+120
13：00 GMT ORDERS
filled BUY EURUSD @ 13884 closed TP 13970. P/L=+80
filled BUY GBPUSD @ 19990 closed TP 20110. P/L=+120
total= +400

September 17th
9：00 GMT ORDERS
filled SELL GBPUSD @ 20017 closed eod 19940. P/L=+77
13：00 GMT ORDERS
filled SELL EURUSD @ 13849 closed eod 13858. P/L=-9
filled SELL GBPUSD @ 19941 closed eod 19940. P/L=+1
total= +69

September 14th
9：00 GMT ORDERS
filled SELL EURUSD @ 13857 closed eod 13856. P/L=+1
filled SELL GBPUSD @ 20147 closed eod 20071. P/L=+76
13：00 GMT ORDERS
filled SELL EURUSD @ 13850 closed eod 13856. P/L=-6
filled SELL GBPUSD @ 20089 closed eod 20071. P/L=+18
total= +89

September 13th
9：00 GMT ORDERS
filled BUY EURUSD @ 13916 closed SL 13875. P/L= -41
filled SELL EURUSD @ 13875 closed eod 13864. P/L=+11
filled BUY GBPUSD @ 20298 closed SL 20243. P/L=-55
filled SELL GBPUSD @ 20243 closed SL 20298. P/L=-55
13：00 GMT ORDERS
filled SELL EURUSD @ 13875 closed eod 13864. P/L=+11
filled BUY GBPUSD @ 20304 closed at MSL. P/L=0
SELL GBPUSD @ 20227 closed eod 20189. P/L=+38
total=-91 pips

September 12th
9：00 GMT ORDERS
filled BUY EURUSD @ 13890 closed eod 13905. P/L=+15
filled BUY GBPUSD @ 20368 closed SL 20298. P/L=-70
filled SELL GBPUSD @ 20293 closed eod 20294. P/L=-1
13：00 GMT ORDERS
filled BUY EURUSD @ 13895 closed eod 13905. P/L=+10
filled SELL GBPUSD @ 20296 closed eod 20294. P/L=+2
total= -44

September 11th
9：00 GMT ORDERS
filled BUY EURUSD @ 13811 closed eod 13838. P/L=+27
filled BUY GBPUSD @ 20290 closed eod 20332. P/L=+42
13：00 GMT ORDERS
filled BUY EURUSD @ 13836 closed eod 13838. P/L=+2
filled BUY GBPUSD @ 20330 closed eod 20332. P/L=+2
total= +73

September 10th
9：00 GMT ORDERS
filled BUY EURUSD @ 13807 closed eod 13804. P/L=-3
filled BUY GBPUSD @ 20311 closed eod 20274. P/L=-37

13：00 GMT ORDERS
filled BUY EURUSD @ 13813 closed eod 13804. P/L=-9
filled SELL GBPUSD @ 20264 closed eod 20274. P/L=-10
total=-59

September 7th
9：00 GMT ORDERS
BUY EURUSD @ 13688 closed TP 13768. P/L=+80
BUY GBPUSD @ 20222 closed eod 20281. P/L=+59
13：00 GMT ORDERS
BUY EURUSD @ 13702 closed TP 13782. P/L=+80
BUY GBPUSD @ 20234 closed eod 20281. P/L=+47
total=+266

September 6th
9：00 GMT ORDERS
filled BUY EURUSD @ 13662 closed eod 13689. P/L=+27
filled BUY GBPUSD @ 20262 closed SL 20192. P/L=-70
filled SELL GBPUSD @ 20179 closed SL 20249. P/L=-70
13：00 GMT ORDERS
filled BUY EURUSD @ 13680 closed eod 13689. P/L=+9
filled BUY GBPUSD @ 20271 closed at eod 20230. P/L=-41
filled SELL GBPUSD @ 20158 closd SL 20228. P/L=-70
total= -215

September 5th
9：00 GMT ORDERS
filled BUY EURUSD @ 13626 closed eod 13650. P/L= +24
filled BUY GBPUSD @ 20153 closed eod 20198. P/L= +45
13：00 GMT ORDERS
filled BUY EURUSD @ 13605 closed eod 13650. P/L=+45
filled BUY GBPUSD @ 20126 closed eod 20198. P/L=+72
total= +186

September 4th
9：00 GMT ORDERS
filled SELL EURUSD @ 13592 closed at MSL. P/L=0
filled SELL GBPUSD @ 20144 closed MSL. P/L=0
13：00 GMT ORDERS
filled BUY EURUSD @ 13614 closed eod 13606. P/L=-8
filled SELL EURUSD @ 13568 closed at SL 13614. P/L=-46
filled SELL GBPUSD @ 20116 closed MSL. P/L=0
total= -54

September 3rd
9：00 GMT ORDERS
filled SELL EURUSD @ 13627 closed eod 13622. P/L=+5
filled SELL GBPUSD @ 20154 closed eod 20178. P/L=-26
13：00 GMT ORDERS
filled SELL EURUSD @ 13617 closed eod 13622. P/L=-5
total= -26

September 28th
9：00 GMT ORDERS
BUY EURUSD @ 14175 SL 14149 TP 14255
SELL EURUSD @ 14149 SL 14175 TP 14069
BUY GBPUSD @ 20260 SL 20190 TP 20380
SELL GBPUSD @ 20189 SL 20259 TP 20069
13：00 GMT ORDERS
BUY EURUSD @ 14202 SL 14164 TP 14282
SELL EURUSD @ 14164 SL 14202 TP 14184
BUY GBPUSD @ 20336 SL 20266 TP 20456
SELL GBPUSD @ 20225 SL 20295 TP 20105

September 27th
9：00 GMT ORDERS
BUY EURUSD @ 14174 SL 14125 TP 14254
SELL EURUSD @ 14125 SL 14174 TP 14045
BUY GBPUSD @ 20256 SL 20186 TP 20376
SELL GBPUSD @ 20152 SL 20222 TP 20032
13：00 GMT ORDERS
BUY EURUSD @ 14184 SL 14134 TP 14264
SELL EURUSD @ 14123 SL 14173 TP 14043
BUY GBPUSD @ 20280 SL 20210 TP 20400
SELL GBPUSD @ 20197 SL 20267 TP 20077

September 26th
9：00 GMT ORDERS
BUY EURUSD @ 14164 SL 14115 TP 14244
SELL EURUSD @ 14115 SL 14164 TP 13935
BUY GBPUSD @ 20196 SL 20153 TP 20316
SELL GBPUSD @ 20153 SL 20196 TP 20033
13：00 GMT ORDERS
BUY EURUSD @ 14144 SL 14105 TP 14224
SELL EURUSD @ 14105 SL 14144 TP 14025
BUY GBPUSD @ 20182 SL 20112 TP 20302
SELL GBPUSD @ 20097 SL 20167 TP 19977

September 25th
9：00 GMT ORDERS
BUY EURUSD @ 14094 SL 14054 TP 14174
SELL EURUSD @ 14054 SL 14094 TP 13974
BUY GBPUSD @ 20151 SL 20081 TP 20271
SELL GBPUSD @ 20077 SL 20147 TP 19957
13：00 GMT ORDERS
BUY EURUSD @ 14110 SL 14060 TP 14190
SELL EURUSD @ 14059 SL 14109 TP 13979
BUY GBPUSD @ 20152 SL 20084 TP 20272
SELL GBPUSD @ 20084 SL 20152 TP 19964

September 24th
9：00 GMT ORDERS
BUY EURUSD @ 14137 SL 14089 TP 14217
SELL EURUSD @ 14089 SL 14137 TP 14009
BUY GBPUSD @ 20326 SL 20256 TP 20446
SELL GBPUSD @ 20238 SL 20308 TP 20118
13：00 GMT ORDERS
BUY EURUSD @ 14130 SL 14089 TP 14210
SELL EURUSD @ 14089 SL 14130 TP 14009
BUY GBPUSD @ 20282 SL 20232 TP 20402
SELL GBPUSD @ 20232 SL 20282 TP 20112

September 21st
9：00 GMT ORDERS
BUY EURUSD @ 14127 SL 14077 TP 14207
SELL EURUSD @ 14067 SL 14117 TP 13987
BUY GBPUSD @ 20144 SL 20074 TP 20264
SELL GBPUSD @ 20072 SL 20142 TP 19952
13：00 GMT ORDERS
BUY EURUSD @ 14094 SL 14044 TP 14174
SELL EURUSD @ 14044 SL 14094 TP 13964
BUY GBPUSD @ 20180 SL 20119 TP 20300
SELL GBPUSD @ 20119 SL 20180 TP 19999

September 20th
9：00 GMT ORDERS
BUY EURUSD @ 14068 SL 14018 TP 14148
SELL EURUSD @ 13965 SL 14015 TP 13885
BUY GBPUSD @ 20096 SL 20026 TP 20216
SELL GBPUSD @ 19965 SL 20035 TP 19845
13：00 GMT ORDERS
BUY EURUSD @ 14062 SL 14021 TP 14142
SELL EURUSD @ 14021 SL 14062 TP 13941
BUY GBPUSD @ 20122 SL 20052 TP 20244
SELL GBPUSD @ 20029 SL 20099 TP 19909

September 19th
9：00 GMT ORDERS
BUY EURUSD @ 13994 SL 13957 TP 14074
SELL EURUSD @ 13957 SL 13994 TP 13877
BUY GBPUSD @ 20182 SL 20112 TP 20302
SELL GBPUSD @ 20069 SL 20139 TP 19949
13：00 GMT ORDERS
BUY EURUSD @ 13984 SL 13935 TP 14074
SELL EURUSD @ 13935 SL 13984 TP 13865
BUY GBPUSD @ 20108 SL 20038 TP 20228
SELL GBPUSD @ 19960 SL 20030 TP 19840

September 18th
9：00 GMT ORDERS
BUY EURUSD @ 13870 SL 13821 TP 13950
SELL EURUSD @ 13821 SL 13870 TP 13741
BUY GBPUSD @ 19968 SL 19898 TP 20088
SELL GBPUSD @ 19873 SL 19943 TP 19753
13：00 GMT ORDERS
BUY EURUSD @ 13884 SL 13851 TP 13974
SELL EURUSD @ 13851 SL 13884 TP 13771
BUY GBPUSD @ 19990 SL 19920 TP 20110
SELL GBPUSD @ 19885 SL 19955 TP 19765

September 17th
9：00 GMT ORDERS
BUY EURUSD @ 13895 SL 13847 TP 13975
SELL EURUSD @ 13847 SL 13895 TP 13767
BUY GBPUSD @ 20094 SL 20024 TP 20214
SELL GBPUSD @ 20017 SL 20087 TP 19897
13：00 GMT ORDERS
BUY EURUSD @ 13890 SL 13849 TP 13970
SELL EURUSD @ 13849 SL 13890 TP 13769
BUY GBPUSD @ 20018 SL 19948 TP 20138
SELL GBPUSD @ 19941 SL 20011 TP 19821

September 14th
9：00 GMT ORDERS
BUY EURUSD @ 13911 SL 13861 TP 13999
SELL EURUSD @ 13857 SL 13907 TP 13777
BUY GBPUSD @ 20234 SL 20164 TP 20354
SELL GBPUSD @ 20147 SL 20217 TP 20027

13：00 GMT ORDERS
BUY EURUSD @ 13892 SL 13850 TP 13972
SELL EURUSD @ 13850 SL 13892 TP 13770
BUY GBPUSD @ 20194 SL 20124 TP 20314
SELL GBPUSD @ 20089 SL 20159 TP 19969

September 13th
9：00 GMT ORDERS
BUY EURUSD @ 13916 SL 13875 TP 13996
SELL EURUSD @ 13875 SL 13916 TP 13795
BUY GBPUSD @ 20298 SL 20243 TP 20418
SELL GBPUSD @ 20243 SL 20298 TP 20123
13：00 GMT ORDERS
BUY EURUSD @ 13935 SL 13885 TP 14015
SELL EURUSD @ 13875 SL 13925 TP 13795
BUY GBPUSD @ 20314 SL 20384 TP 20434
SELL GBPUSD @ 20227 SL 20157 TP 20107

September 12th
9：00 GMT ORDERS
BUY EURUSD @ 13890 SL 13840 TP 13970
SELL EURUSD @ 13829 SL 13879 TP 13749
BUY GBPUSD @ 20368 SL 20298 TP 20488
SELL GBPUSD @ 20293 SL 20363 TP 20173
13：00 GMT ORDERS
BUY EURUSD @ 13895 SL 13845 TP 13975
SELL EURUSD @ 13837 SL 13887 TP 13757
BUY GBPUSD @ 20374 SL 20304 TP 20494
SELL GBPUSD @ 20296 SL 20364 TP 20176

September 11th
9：00 GMT ORDERS
BUY EURUSD @ 13811 SL 13771 TP 13891
SELL EURUSD @ 13771 SL 13811 TP 13691
BUY GBPUSD @ 20290 SL 20226 TP 20410
SELL GBPUSD @ 20226 SL 20290 TP 20106
13：00 GMT ORDERS
BUY EURUSD @ 13836 SL 13786 TP 13916
SELL EURUSD @ 13779 SL 13829 TP 13699
BUY GBPUSD @ 20330 SL 20260 TP 20350
SELL GBPUSD @ 20235 SL 20305 TP 20115

September 10th
9：00 GMT ORDERS
BUY EURUSD @ 13807 SL 13763 TP 13887
SELL EURUSD @ 13763 SL 13807 TP 13673
BUY GBPUSD @ 20311 SL 20255 TP 20431
SELL GBPUSD @ 20255 SL 20311 TP 20135
13：00 GMT ORDERS
BUY EURUSD @ 13813 SL 13769 TP 13893
SELL EURUSD @ 13769 SL 13813 TP 13689
BUY GBPUSD @ 20340 SL 20270 TP 20460
SELL GBPUSD @ 20264 SL 20334 TP 20144

September 7th
9：00 GMT ORDERS
BUY EURUSD @ 13688 SL 13688 TP 13768
SELL EURUSD @ 13657 SL 13657 TP 13577
BUY GBPUSD @ 20222 SL 20153 TP 20342
SELL GBPUSD @ 20153 SL 20222 TP 20133
13：00 GMT ORDERS
BUY EURUSD @ 13702 SL 13667 TP 13782
SELL EURUSD @ 13667 SL 13702 TP 13587
BUY GBPUSD @ 20234 SL 20170 TP 20354
SELL GBPUSD @ 20170 SL 20234 TP 20050

September 6th
9：00 GMT ORDERS
BUY EURUSD @ 13662 SL 13629 TP 13742
SELL EURUSD @ 13629 SL 13662 TP 13549
BUY GBPUSD @ 20262 SL 20192 TP 20382
SELL GBPUSD @ 20179 SL 20249 TP 20059
13：00 GMT ORDERS
BUY EURUSD @ 13680 SL 13640 TP 13760
SELL EURUSD @ 13640 SL 13680 TP 13560
BUY GBPUSD @ 20271 SL 20201 TP 20391
SELL GBPUSD @ 20158 SL 20228 TP 20038

September 5th
9：00 GMT ORDERS
BUY EURUSD @ 13626 SL 13576 TP 13706
SELL EURUSD @ 13563 SL 13603 TP 13483
BUY GBPUSD @ 20153 SL 20083 TP 20273
SELL GBPUSD @ 20035 SL 20105 TP 19915
13：00 GMT ORDERS
BUY EURUSD @ 13605 SL 13567 TP 13685
SELL EURUSD @ 13567 SL 13605 TP 13487
BUY GBPUSD @ 20126 SL 20056 TP 20246
SELL GBPUSD @ 20042 SL 20112 TP 19922

September 4th
9：00 GMT ORDERS
BUY EURUSD @ 13632 SL 13592 TP 13712
SELL EURUSD @ 13592 SL 13632 TP 13512
BUY GBPUSD @ 20200 SL 20144 TP 20320
SELL GBPUSD @ 20144 SL 20200 TP 20024
13：00 GMT ORDERS
BUY EURUSD @ 13614 SL 13668 TP 13794
SELL EURUSD @ 13568 SL 13614 TP 13488
BUY GBPUSD @ 20176 SL 20116 TP 20296
SELL GBPUSD @ 20116 SL 20176 TP 19996

September 3rd
9：00 GMT ORDERS
BUY EURUSD @ 13660 SL 13627 TP 13740
SELL EURUSD @ 13627 SL 13660 TP 13547
BUY GBPUSD @ 20222 SL 20154 TP 20342
SELL GBPUSD @ 20154 SL 20222 TP 20034
13：00 GMT ORDERS
BUY EURUSD @ 13662 SL 13617 TP 13742
SELL EURUSD @ 13617 SL 13662 TP 13537
BUY GBPUSD @ 20216 SL 20148 TP 20336
SELL GBPUSD @ 20148 SL 20216 TP 20128

August 31st
9：00 GMT ORDERS
filled BUY EURUSD @ 13682 closed at MSL. P/L=0
filled SELL EURUSD @ 13645 clsoed eod 13627. P/L=+18
filled BUY GBPUSD @ 20182 closed MSL. P/L=0
filled SELL GBPUSD @ 20119 closed eod 20163. P/L=-44
13：00 GMT ORDERS
filled BUY EURUSD @ 13721 closed SL 13671. P/L=-50
ffilled SELL EURUSD @ 13642 closed eod 13627. P/L=+15
filled BUY GBPUSD @ 20235 closed SL 20165. P/L= -30
filled SELL GBPUSD @ 20119 closed eod 20163. P/L=-44
total= -135

August 30th
9：00 GMT ORDERS
filled SELL EURUSD @ 13623 closed at MSL. P/L=0
filled SELL GBPUSD @ 20104 closed at MSL. P/L=0
13：00 GMT ORDERS
filled BUY EURUSD @ 13652 closed eod 13631. P/L=-21
filled BUY GBPUSD @ 20153 closed eod 20129. P/L= -24
total= -45

August 29th
9：00 GMT ORDERS
filled BUY EURUSD @ 13610 closed edo 13674. P/L= +64
filled BUY GBPUSD @ 20054 closed TP 20174. P/L=+120
13：00 GMT ORDERS
filled BUY EURUSD @ 13640 closed eod 13674. P/L=+34
filled BUY GBPUSD @ 20163 closed eod 20174. P/L=+11
total= +229

August 28th
9：00 GMT ORDERS
filled BUY EURUSD @ 13652 closed SL 13611. P/L= -41
filled SELL EURUSD @ 13611 closed edo 13600. P/L=+11
filled BUY GBPUSD @ 20080 closed at MSL. P/L= 0
filled SELL GBPUSD @ 20018 closed eod 19996. P/L=+24
13：00 GMT ORDERS
filled SELL EURUSD @ 13633 closed eod 13600. P/L=+33
filled SELL GBPUSD @ 20040 closed eod 19996. P/L=+44
total=+71

August 27th
9：00 GMT ORDERS
filled SELL EURUSD @ 13653 closed eod 13638. P/L=+15
filled SELL GBPUSD @ 20134 closed eod 20102. P/L=+32
13：00 GMT ORDERS
filled SELL EURUSD @ 13645 closed eod 13638. P/L=+7
filled SELL GBPUSD @ 20128 closed eod 20102. P/L=+26
total= +80

August 24th
9：00 GMT ORDERS
filled BUY EURUSD @ 13582 closed at TP 13662. P/L=+80
filled BUY GBPUSD @ 20053 closed eod 20131. P/L=+78
13：00 GMT ORDERS

BUY EURUSD @ 13635 closed eod 13672. P/L=+37
filled BUY GBPUSD @ 20067 closed eod 20131. P/L=+64
total=+259

August 23rd
9：00 GMT ORDERS
filled BUY EURUSD @ 13565 closed eod 13557.P/L=-8
filled BUY GBPUSD @ 19987 closed eod 20051. P/L=+74
13：00 GMT ORDERS
total=+66

August 22nd
9：00 GMT ORDERS
filled BUY EURUSD @ 13500 closed eod 13549. P/L=+49
filled BUY GBPUSD @ 19867 closed eod 19933. P/L=+66
13：00 GMT ORDERS
filled BUY EURUSD @ 13512 closed eod 13549. P/L=+37
filled SELL EURUSD @ 13474 closed SL 13512. P/L=-38
filled BUY GBPUSD @ 19913 closed eod 19933. P/L=+20
total=+134

August 21st
9：00 GMT ORDERS
filled BUY EURUSD @ 13489 closed at MSL. P/L=0
filled SELL EURUSD @ 13457 closed SL 13489. P/L=-32
filled SELL GBPUSD @ 19755 closed SL 19825. P/L=-70
13：00 GMT ORDERS
filled SELL EURUSD @ 13450 closed SL 13500. P/L=-50
total=-152

August 20th
9：00 GMT ORDERS
filled SELL EURUSD @ 13475 closed eod 13473. P/L=+2
filled BUY GBPUSD @ 19891 closed SL 19821. P/L=-70
13：00 GMT ORDERS
filled SELL EURUSD @ 13471 closed eod 13473. P/L=-2
filled SELL GBPUSD @ 19837 closed eod 19879. P/L=-42
total=-112

August 17th
9：00 GMT ORDERS
filled BUY EURUSD @ 13436 closed at TP 13516. P/L=+80
filled BUY GBPUSD @ 19807 closed TP 19927. P/L=+120
13：00 GMT ORDERS
filled BUY EURUSD @ 13460 closed at TP 13540. P/L=80
filled BUY GBPUSD @ 19807 closed TP 19927. P/L=+120
total=+400

August 16th
9：00 GMT ORDERS
filled SELL EURUSD @ 13393 closed at MSL. P/L=0
filled SELL GBPUSD @ 19792 closed eod 19842. P/L=-50
13：00 GMT ORDERS
filled BUY GBPUSD @ 19866 closed eod 19842. P/L=-24
total=-74

August 15th
9：00 GMT ORDERS
filled SELL EURUSD @ 13468 closed eod 13422. P/L=+46
filled BUY GBPUSD @ 19942 closed SL 19872. P/L=-70
filled SELL GBPUSD @ 19859 closed SL 19929. P/L=-70
13：00 GMT ORDERS
filled SELL EURUSD @ 13459 closed eod 13422. P/L=+34
filled BUY GBPUSD @ 19926 closd SL 19856. P/L= -70
filled SELL GBPUSD @ 19854 closed SL 19924. P/L=-70
total= -200

August 14th
9：00 GMT ORDERS
filled SELL EURUSD @ 13559 closed eod 13535. P/L=+24
filled SELL GBPUSD @ 20050 closed eod 19963. P/L=+87
13：00 GMT ORDERS
filled SELL EURUSD @ 13556 closed eod 13535. P/L=+24
filled SELL GBPUSD @ 19973 closed eod 19963. P/L=+10
total= +145

August 13th
9：00 GMT ORDERS
filled SELL EURUSD @ 13647 closed eod 13606. P/L=+41
filled SELL GBPUSD @ 20164 closed eod 20111. P/L=+53
13：00 GMT ORDERS
filled SELL EURUSD @ 13635 closed eod 13606. P/L=

+29
total=+123

August 10th
9：00 GMT ORDERS
filled BUY EURUSD @ 13704 closed SL 13654. P/L=-50
filled BUY GBPUSD @ 20243 closed SL 20273. T/P=-70
filled SELL GBPUSD @ 20159 closed SL 20229. T/P=-70
total：-190

August 9th
9：00 GMT ORDERS
SELL EURUSD @ 13747 closed at TP 13667. P/L=+80
filled SELL GBPUSD @ 20305 closed at MSL. P/L=0
13：00 GMT ORDERS
SELL EURUSD @ 13717 closed eod 13678. P/L= +39
SELL GBPUSD @ 20245 closed at SL 20315. P/L=-70
total=+49

August 8th
9：00 GMT ORDERS
filled BUY EURUSD @ 13760 closed at TP 13820. P/L=+80
filled BUY GBPUSD @ 20240 closed at TP 20360. P/L=+120
13：00 GMT ORDERS
filled BUY EURUSD @ 13786 closed eod 13794. P/L=+8
BUY GBPUSD @ 20333 closed eod 20350. P/L=+17
total=+225

August 7th
9：00 GMT ORDERS
filled SELL EURUSD @ 13783 closed eod 13742. P/L=+41
filed SELL GBPUSD @ 20255 closed at MSL. P/L=0
13：00 GMT ORDERS
filled SELL EURUSD @ 13775 closed eod 13742. P/L= +32
filled SELL GBPUSD @ 20273 closed at MSL. P/L=0
Total=+73

August 6th
9：00 GMT ORDERS
filled SELL EURUSD @ 13801 closed eod 13794. P/L= +7
SELL GBPUSD @ 20407 closed at TP 20287. T/P=+120
13：00 GMT ORDERS
filled SELL EURUSD @ 13785 closed eod 13794. P/L=-9
SELL GBPUSD @ 20281 closed eod 20309. P/L= -28
total=+90

August 3rd
9：00 GMT ORDERS
filled BUY EURUSD @ 13717 closed TP 13797. P/L=+80
filled BUY GBPUSD @ 20376 closed eod 20424. P/L= +48
filled SELL GBPUSD @ 20345 closed SL 20376. P/L= -31
13：00 GMT ORDERS
filled BUY EURUSD @ 13709 closed TP 13789. P/L=+80
filled BUY GBPUSD @ 20376 closed eod 20424. P/L= +48
filled SELL GBPUSD @ 20340 SL 20376. P/L= -36
total=+189

August 2nd
9：00 GMT ORDERS
filled BUY EURUSD @ 13684 closed eod 13699. P/L= +15
filled BUY GBPUSD @ 20339 closed eod 20367. P/L= +28
filled SELL GBPUSD @ 20281 closed SL 20339. P/L= -58
13：00 GMT ORDERS
filled BUY EURUSD @ 13681 closed eod 13699. P/L= +18
filled BUY GBPUSD @ 20320 closed eod 20367. P/L= +47
total= +50

August 1st
9：00 GMT ORDERS
fiilled BUY EURUSD @ 13668 closed eod 13675. P/L= +7
filled SELL EURUSD @ 13636 closed SL 13668. P/L= -31
filled BUY GBPUSD @ 20295 closed eod 20318. P/L= +23
13：00 GMT ORDERS
filled BUY EURUSD @ 13678 closed eod 13675. P/L= -3
filled BUY GBPUSD @ 20280 closed eod 20318. P/L= +38
total= +34

August 31st
9：00 GMT ORDERS
BUY EURUSD @ 13682 SL 13645 TP 13762
SELL EURUSD @ 13645 SL 13682 TP 13565
BUY GBPUSD @ 20182 SL 20119 TP 20302
SELL GBPUSD @ 20119 SL 20182 TP 19999
13：00 GMT ORDERS
BUY EURUSD @ 13721 SL 13671 TP 13801

SELL EURUSD @ 13642 SL 13692 TP 13562
BUY GBPUSD @ 20235 SL 20165 TP 20355
SELL GBPUSD @ 20119 SL 20189 TP 19999

August 30th
9：00 GMT ORDERS
BUY EURUSD @ 13679 SL 13529 TP 13759
SELL EURUSD @ 13623 SL 13673 TP 13543
BUY GBPUSD @ 20193 SL 20123 TP 20313
SELL GBPUSD @ 20104 SL 20174 TP 19984
13：00 GMT ORDERS
BUY EURUSD @ 13652 SL 13602 TP 13732
SELL EURUSD @ 13585 SL 13635 TP 13505
BUY GBPUSD @ 20153 SL 20083 TP 20273
SELL GBPUSD @ 20036 SL 20106 TP 19916

August 29th
9：00 GMT ORDERS
BUY EURUSD @ 13610SL 13560 TP 13690
SELL EURUSD @ 13559 SL 13609 TP 13479
BUY GBPUSD @ 20054 SL 19984 TP 20174
SELL GBPUSD @ 19970 SL 20040 TP 19850
13：00 GMT ORDERS
BUY EURUSD @ 13640 SL 13590 TP 13720
SELL EURUSD @ 13581 SL 13631 TP 13501
BUY GBPUSD @ 20163 SL 20093 TP 20283
SELL GBPUSD @ 20021 SL 20091 TP 19901

August 28th
9：00 GMT ORDERS
BUY EURUSD @ 13652 SL 13611 TP 13732
SELL EURUSD @ 13611 SL 13652 TP 13531
BUY GBPUSD @ 20080 SL 20018 TP 20200
SELL GBPUSD @ 20018 SL 20080 TP 19898
13：00 GMT ORDERS
BUY EURUSD @ 13689 SL 13639 TP 13769
SELL EURUSD @ 13633 SL 13683 TP 13553
BUY GBPUSD @ 20150 SL 20080 TP 20170
SELL GBPUSD @ 20040 SL 20110 TP 19920

August 27th
9：00 GMT ORDERS
BUY EURUSD @ 13688 SL 13653 TP 13768
SELL EURUSD @ 13653 SL 13688 TP 13573
BUY GBPUSD @ 20197 SL 20134 TP 20317
SELL GBPUSD @ 20134 SL 20197 TP 20014
13：00 GMT ORDERS
BUY EURUSD @ 13674 SL 13645 TP 13754
SELL EURUSD @ 13645 SL 13674 TP 13565
BUY GBPUSD @ 20182 SL 20182 TP 20302
SELL GBPUSD @ 20128 SL 20182 TP 20008

August 24th
9：00 GMT ORDERS
BUY EURUSD @ 13582 SL 13547 TP 13662
SELL EURUSD @ 13547 SL 13582 TP 13467
BUY GBPUSD @ 20053 SL 19983 TP 20173
SELL GBPUSD @ 19973 SL 20043 TP 19853
13：00 GMT ORDERS
BUY EURUSD @ 13635 SL 13575 TP 13715
SELL EURUSD @ 13564 SL 13614 TP 13484
BUY GBPUSD @ 20067 SL 20000 TP 20187
SELL GBPUSD @ 20000 SL 20067 TP 19880

August 23rd
9：00 GMT ORDERS
BUY EURUSD @ 13565 SL 13528 TP 13645
SELL EURUSD @ 13528 SL 13565 TP 13468
BUY GBPUSD @ 19987 SL 19923 TP 20107
SELL GBPUSD @ 19923 SL 19987 TP 19803
13：00 GMT ORDERS
BUY EURUSD @ 13595 SL 13545 TP 13675
SELL EURUSD @ 13532 SL 13582 TP 13452
BUY GBPUSD @ 20101 SL 20031 TP 20221
SELL GBPUSD @ 19935 SL 20005 TP 19815

August 22nd
9：00 GMT ORDERS
BUY EURUSD @ 13500 SL 13458 TP 13580
SELL EURUSD @ 13458 SL 13500 TP 13378
BUY GBPUSD @ 19867 SL 19807 TP 19987
SELL GBPUSD @ 19807 SL 19867 TP 19687
13：00 GMT ORDERS
BUY EURUSD @ 13512 SL 13474 TP 13592
SELL EURUSD @ 13474 SL 13512 TP 13394
BUY GBPUSD @ 19913 SL 19943 TP 20033
SELL GBPUSD @ 19822 SL 19892 TP 19702

August 21st
9：00 GMT ORDERS

BUY EURUSD @ 13489 SL 13457 TP 13569
SELL EURUSD @ 13457 SL 13489 TP 13377
BUY GBPUSD @ 19889 SL 19819 TP 20009
SELL GBPUSD @ 19755 SL 19825 TP 19635
13：00 GMT ORDERS
BUY EURUSD @ 13527 SL 13477 TP 13607
SELL EURUSD @ 13450 SL 13500 TP 13380
BUY GBPUSD @ 19874 SL 19804 TP 19994
SELL GBPUSD @ 19736 SL 19806 TP 19616

August 20th
9：00 GMT ORDERS
BUY EURUSD @ 13514 SL 13475 TP 13594
SELL EURUSD @ 13475 SL 13514 TP 13395
BUY GBPUSD @ 19891 SL 19821 TP 20011
SELL GBPUSD @ 19779 SL 19849 TP 19659
13：00 GMT ORDERS
BUY EURUSD @ 13514 SL 13471 TP 13594
SELL EURUSD @ 13471 SL 13514 TP 13391
BUY GBPUSD @ 19907 SL 19837 TP 20027
SELL GBPUSD @ 19837 SL 19907 TP 19717

August 17th
9：00 GMT ORDERS
BUY EURUSD @ 13436 SL 13386 TP 13516
SELL EURUSD @ 13362 SL 13416 TP 13282
BUY GBPUSD @ 19807 SL 19737 TP 19927
SELL GBPUSD @ 19645 SL 19715 TP 19525
13：00 GMT ORDERS
BUY EURUSD @ 13460 SL 13410 TP 13540
SELL EURUSD @ 13402 SL 13452 TP 13522
BUY GBPUSD @ 19807 SL 19737 TP 19927
SELL GBPUSD @ 19680 SL 19750 TP 19560

August 16th
9：00 GMT ORDERS
BUY EURUSD @ 13456 SL 13406 TP 13536
SELL EURUSD @ 13393 SL 13443 TP 13313
BUY GBPUSD @ 19898 SL 19828 TP 20018
SELL GBPUSD @ 19792 SL 19862 TP 19672
13：00 GMT ORDERS
BUY EURUSD @ 13446 SL 13396 TP 13526
SELL EURUSD @ 13353 SL 13403 TP 13273
BUY GBPUSD @ 19866 SL 19776 TP 19986
SELL GBPUSD @ 19762 SL 19832 TP 19642

August 15th
9：00 GMT ORDERS
BUY EURUSD @ 13526 SL 13576 TP 13606
SELL EURUSD @ 13468 SL 13518 TP 13388
BUY GBPUSD @ 19942 SL 19872 TP 20162
SELL GBPUSD @ 19859 SL 19929 TP 19739
13：00 GMT ORDERS
BUY EURUSD @ 13507 SL 13459 TP 13587
SELL EURUSD @ 13459 SL 13507 TP 13379
BUY GBPUSD @ 19926 SL 19856 TP 20146
SELL GBPUSD @ 19854 SL 19924 TP 19734

August 14th
9：00 GMT ORDERS
BUY EURUSD @ 13632 SL 13582 TP 13712
SELL EURUSD @ 13559 SL 13609 TP 13479
BUY GBPUSD @ 20141 SL 20071 TP 20261
SELL GBPUSD @ 20050 SL 20120 TP 19930
13：00 GMT ORDERS
BUY EURUSD @ 13602 SL 13556 TP 13682
SELL EURUSD @ 13556 SL 13602 TP 13476
BUY GBPUSD @ 20094 SL 20024 TP 20314
SELL GBPUSD @ 19973 SL 20043 TP 19853

August 13th
9：00 GMT ORDERS
BUY EURUSD @ 13712 SL 13662 TP 13792
SELL EURUSD @ 13647 SL 13697 TP 13567
BUY GBPUSD @ 20252 SL 20382 TP 20372
SELL GBPUSD @ 20164 SL 20234 TP 20094
13：00 GMT ORDERS
BUY EURUSD @ 13678 SL 13635 TP 13758
SELL EURUSD @ 13635 SL 13678 TP 13555
BUY GBPUSD @ 20191 SL 20121 TP 20311
SELL GBPUSD @ 20077 SL 20147 TP 19957

August 10th
9：00 GMT ORDERS
BUY EURUSD @ 13704 SL 13654 TP 13784
SELL EURUSD @ 13643 SL 13793 TP 13563
BUY GBPUSD @ 20243 SL 20273 TP 20363
SELL GBPUSD @ 20159 SL 20229 TP 20039
13：00 GMT ORDERS
BUY EURUSD @ 13781 SL 13731 TP 13861

SELL EURUSD @ 13640 SL 13690 TP 13560
BUY GBPUSD @ 20251 SL 20171 TP 20471
SELL GBPUSD @ 20146 SL 20216 TP 20026

August 9th
9：00 GMT ORDERS
BUY EURUSD @ 13823 SL 13773 TP 13903
SELL EURUSD @ 13747 SL 13797 TP 13667
BUY GBPUSD @ 20404 SL 20334 TP 20524
SELL GBPUSD @ 20305 SL 20375 TP 20185
13：00 GMT ORDERS
BUY EURUSD @ 13791 SL 13741 TP 13881
SELL EURUSD @ 13717 SL 13767 TP 13637
BUY GBPUSD @ 20378 SL 20308 TP 20498
SELL GBPUSD @ 20245 SL 20315 TP 20125

August 8th
9：00 GMT ORDERS
BUY EURUSD @ 13760 SL 13715 TP 13820
SELL EURUSD @ 13715 SL 13760 TP 13635
BUY GBPUSD @ 20240 SL 20170 TP 20360
SELL GBPUSD @ 20150 SL 20220 TP 20030
13：00 GMT ORDERS
BUY EURUSD @ 13786 SL 13737 TP 13866
SELL EURUSD @ 13737 SL 13786 TP 13617
BUY GBPUSD @ 20333 SL 20263 TP 20453
SELL GBPUSD @ 20211 SL 20281 TP 20091

August 7th
9：00 GMT ORDERS
BUY EURUSD @ 13818 SL 13783 TP 13898
SELL EURUSD @ 13783 SL 13818 TP 13703
BUY GBPUSD @ 20344 SL 20274 TP 20464
SELL GBPUSD @ 20255 SL 20325 TP 20135
13：00 GMT ORDERS
BUY EURUSD @ 13814 SL 13775 TP 13894
SELL EURUSD @ 13775 SL 13814 TP 13695
BUY GBPUSD @ 20320 SL 20273 TP 20440
SELL GBPUSD @ 20273 SL 20320 TP 20153

August 6th
9：00 GMT ORDERS
BUY EURUSD @ 13846 SL 13801 TP 13926
SELL EURUSD @ 13801 SL 13846 TP 13721
BUY GBPUSD @ 20470 SL 20407 TP 20590
SELL GBPUSD @ 20407 SL 20470 TP 20287
13：00 GMT ORDERS
BUY EURUSD @ 13838 SL 13785 TP 13918
SELL EURUSD @ 13785 SL 13838 TP 13705
BUY GBPUSD @ 20444SL 20374 TP 20564
SELL GBPUSD @ 20281 SL 20251 TP 20161

August 3rd
9：00 GMT ORDERS
BUY EURUSD @ 13717 SL 13677 TP 13797
SELL EURUSD @ 13677 SL 13717 TP 13597
BUY GBPUSD @ 20376 SL 20345 TP 20496
SELL GBPUSD @ 20345 SL 20376 TP 20225
13：00 GMT ORDERS
BUY EURUSD @ 13709 SL 13679 TP 13748
SELL EURUSD @ 13679 SL 13709 TP 13556
BUY GBPUSD @ 20376 SL 20340 TP 20496
SELL GBPUSD @ 20340 SL 20376 TP 20220

August 2nd
9：00 GMT ORDERS
BUY EURUSD @ 13684 SL 13645 TP 13764
SELL EURUSD @ 13645 SL 13684 TP 13565
BUY GBPUSD @ 20339 SL 20281 TP 20459
SELL GBPUSD @ 20281 SL 20339 TP 20161
13：00 GMT ORDERS
BUY EURUSD @ 13681 SL 13649 TP 13761
SELL EURUSD @ 13649 SL 13681 TP 13569
BUY GBPUSD @ 20320 SL 20273 TP 20440
SELL GBPUSD @ 20273 SL 20320 TP 20153

August 1st
9：00 GMT ORDERS
BUY EURUSD @ 13668 SL 13636 TP 13748
SELL EURUSD @ 13636 SL 13668 TP 13556
BUY GBPUSD @ 20295 SL 20225 TP 20415
SELL GBPUSD @ 20195 SL 20265 TP 20075
13：00 GMT ORDERS
BUY EURUSD @ 13678 SL 13631 TP 13748
SELL EURUSD @ 13631 SL 13678 TP 13551
BUY GBPUSD @ 20280 SL 20210 TP 20400
SELL GBPUSD @ 20198 SL 20268 TP 20078

July 31st，2007
9：00 GMT Orders

filled BUY EUR @ 13723 closed SL 13685 . P/L= -38
filled SELL EUR @ 13685 closed eod 13677. P/L= +8
filled Buy Gbp 20336 closed at MSL. P/L=0
13：00 GMT Orders
filled BUY EUR @ 13717 closed SL 13687. P/L= -40
filled SELL EUR @ 13687 closed eod 13677. P/L=+10
filled Buy GBP 20349 closed eod 20293. P/L=-56
P/L= -116

July 30th，2007
9：00 GMT Orders
filled BUY EUR @ 13678 closed eod 13696. P/L= +18
13：00 GMT Orders
filled BUY EUR @ 13688 closed eod 13696. P/L= +8
P/L= +26

July 27th，2007
9：00 GMT Orders
filled SELL EUR @ 13685 closed eod 13636. P/L= +49
filled Sell Gbp 20345 closed eod 20262. P/L=+83
13：00 GMT Orders
filled Sell GBP 20268 closed eod 20262. P/L=+6
Total=+138

July 26th，2007
9：00 GMT Orders
filled BUY EUR @ 13731 closed eod 13740. P/L=+9
filled SELL EUR @ 13698 closed SL 13731. P/L= -33
Buy Gbp 20530 closed at MSL. P/L=0
filled Sell Gbp 20477 closed SL 20530. P/L=-53
13：00 GMT Orders
filled BUY EUR @ 13737 closed eod 13740. P/L=+3
filled Buy GBP 20522 closed at MSL. P/L=0
P/L=-74

July 25th，2007
9：00 GMT Orders
filled SELL EUR @ 13755 closed eod 13720. P/L=+35
filled Sell Gbp 20539 closed eod 20536. P/L=-3
13：00 GMT Orders
filled SELL EUR @ 13717 closed eod 13720. P/L=-3
filled Sell GBP 20497 closed eod 20536. P/L=-39
P/L=-10

July 24th，2007
9：00 GMT Orders
filled BUY EUR @ 13840 closed eod 13826. P/L=-14
filled Sell Gbp 20615 closed eod 20614. P/L=+1
13：00 GMT Orders
filled BUY EUR @ 13844 closed eod 13826. P/L= -18
total=-31

July 23th，2007
9：00 GMT Orders
filled SELL EUR @ 13813 closed eod 13806. P/L=+7
filled Sell Gbp 20558 closed eod 20582. P/L=-24
13：00 GMT Orders
filled Buy GBP 20594 closed eod 20582. P/L=-12
total= -29

July 20th，2007
9：00 GMT Orders
filled BUY EUR @ 13814 closed eod 13834. P/L= +20
filled Buy Gbp 20521 closed eod 20550. P/L=+29
13：00 GMT Orders
filled BUY EUR @ 13807 closed eod 13834. P/L= +27
filled Buy GBP 20550 closed eod 20550. P/L=+5
total= +81

July 19th，2007
9：00 GMT Orders
filled BUY EUR @ 13820 closed eod 13796. P/L= -24
filled Sell Gbp 20506 closed eod 20491. P/L=+15
13：00 GMT Orders
filled Sell Gbp 20465 closed eod 20491. P/L=-26
total= -35

July 18th，2007
9：00 GMT Orders
filled SELL EUR @ 13775 closed eod 13804. P/L= -29
filled Sell Gbp 20502 closed at MSL. P/L=0
13：00 GMT Orders
filled BUY EUR @ 13802 closed eod 13804. P/L=+2
filled SELL EUR @ 13759 closed SL 13802. P/L=-43
filled Buy Gbp 20532 closed eod 20530. P/L= -2
filled Sell Gbp 20468 closed SL 20532. P/L= -64
total= -136

July 17th，2007
9：00 GMT Orders

filled SELL EUR @ 13772 closed eod 13781.P/L=-9
Buy Gbp 20394 closed eod 20462. P/L=+78
13：00 GMT Orders
Buy Gbp 20468 closed eod 20462. P/L=-6
total=+63

July 16th，2007
9：00 GMT Orders
filled BUY EUR @ 13799 closd eod 13772. P/L=-27
Buy Gbp 20376 closed eod 20360. P/L=-16
13：00 GMT Orders
filled SELL EUR @ 13772 closed eod 13772. P/L= 0
total=-43

July 13th，2007
9：00 GMT Orders
BUY EUR @ 13794 closed eod 13789. P/L=-5
filled Buy Gbp 20316 closed eod 20350. P/L=+34
13：00 GMT Orders
BUY EUR @ 13796 closed eod 13789. P/L=-7
filled Buy GBP 20342 closed eod 20350. P/L=+8
total=+30 pips

July 12th，2007
9：00 GMT Orders
filled BUY EUR @ 13799 closed eod 13787.P/L=-12
filled Sell Gbp 20301 closed eod 20299.P/L=+2
13：00 GMT Orders
filled SELL EUR @ 13769 closed eod 13787.P/L=-18
filled Sell Gbp 20305 closed eod 20299.P/L=+6
total=-22 pips

July 11th，2007
9：00 GMT Orders
filled BUY EUR @ 13769 closed eod 13744. P/L=-25
filed Buy Gbp 20302 closed eod 20316. P/L=+14
13：00 GMT Orders
filled Buy Gbp 20360 closed eod 20316. P/L=-44
total= -55 pips

July 10th，2007
9：00 GMT Orders
filled BUY EUR @ 13640 closed TP 13720. P/L=+80
Buy Gbp 20169 closed eod 20276. P/L=+107
13：00 GMT Orders
filled BUY EUR @ 13670 closed TP 13750. P/L=+80
filled Buy Gbp 20189 closed eod 20276. P/L=+87
total=+334

July 9th，2007
9：00 GMT Orders
filled Buy Gbp 20144 closed eod 20153. P/L=+9
13：00 GMT Orders
filled SELL EUR @ 13614 closed eod 13625. P/L=-9
filled Buy Gbp 20168 closed eod 20153. P/L=-15
total=-15

July 6th，2007
9：00 GMT Orders
filled BUY EUR @ 13607 closed eod 13627. P/L=+20
filled SELL EUR @ 13569 closed SL 13607. P/L= -38 pips
filled Buy Gbp 20120 closed at SL 20075. P/L= -45 pips
filled Sell Gbp 20075 closed at SL 20120. P/L=-45 pips
13：00 GMT Orders
filled BUY EUR @ 13606 closed eod 13627. P/L=+21 pips
filled SELL EUR @ 13577 closed SL 13606. P/L=-29 pips
filled Buy GBP 20136 closed eod 20108. P/L=-28 pips
filled Sell GBP 20075 closed at SL 20136.P/L= -61 pips
total= -205

July 5th，2007
9：00 GMT Orders
filled BUY EUR @ 13652 closed SL 13602. P/L=-50 pips
filled SELL EUR @ 13597 closed eod 13591. P/L=+6 pips
filled Buy Gbp 20176 closed SL 20132. P/L= -44
filled Sell Gbp 20132 closed SL 20176. P/L= -44
13：00 GMT Orders
filled SELL EUR @ 13625 closed eod 13591. P/L=+34 pips
filled Sell Gbp 20115 closed eod 20114. P/L=+1 pip
total= -97 pips

July 4th，2007
9：00 GMT Orders
filled Sell Gbp 20163 closed eod 20166. P/L=-3 pips
13：00 GMT Orders
filed Sell Gbp 20160 closed eod 20166. P/L= -6 pips
total=-9 pips

July 3rd，2007
9：00 GMT Orders

filled SELL EUR @ 13593 closed eod 13608. P/L=-15 pips
filled Sell Gbp 20145 closed eod 20165. P/L=-20 pip
13：00 GMT Orders
filled BUY EUR @ 13620 closed eod 13608. P/L=-12 pips
total= -47 pips

July 2nd，2007
9：00 GMT Orders
filled BUY EUR @ 13578 closed eod 13631. P/L=+53 pip
filled Buy Gbp 20178 closed eod 20173. P/L=-5 pip
13：00 GMT Orders
filled BUY EUR @ 13601 closed eod 13631. P/L=+30 pip
Buy Gbp 20130 closed eod 20173. P/L=+43 pips
total= +121 pips

July 31st，2007
9：00 GMT Orders
BUY EUR @ 13723 SL 13685 TP 13803
SELL EUR @ 13685 SL 13723 TP 13605
Buy Gbp 20336 SL 20266 TP 20456
Sell Gbp 20259 SL 20329 TP 20139
13：00 GMT Orders
BUY EUR @ 13717 SL 13687 TP 13797
SELL EUR @ 13687 SL 13717 TP 13507
Buy GBP 20349 SL 20279 TP 20469
Sell GBP 20275 SL 20345 TP 20155

July 30th，2007
9：00 GMT Orders
BUY EUR @ 13678 SL 13628 TP 13758
SELL EUR @ 13620 SL 13670 TP 13540
Buy Gbp 20298 SL 20228 TP 20418
Sell Gbp 20198 SL 20268 TP 20178
13：00 GMT Orders
BUY EUR @ 13688 SL 13647 TP 13758
SELL EUR @ 13647 SL 13688 TP 13567
Buy GBP 20297 SL 20227 TP 20317
Sell GBP 20219 SL 20289 TP 20099

July 27th，2007
9：00 GMT Orders
BUY EUR @ 13756 SL 13706 TP 13836
SELL EUR @ 13685 SL 13765 TP 13605
Buy Gbp 20496 SL 20426 TP 20616
Sell Gbp 20345 SL 20415 TP 20225
13：00 GMT Orders
BUY EUR @ 13717 SL 13667 TP 13797
SELL EUR @ 13627 SL 13677 TP 13547
Buy GBP 20402 SL 20332 TP 20522
Sell GBP 20268 SL 20348 TP 20148

July 26th，2007
9：00 GMT Orders
BUY EUR @ 13731 SL 13698 TP 13811
SELL EUR @ 13698 SL 13731 TP 13618
Buy Gbp 20530 SL 20477 TP 20650
Sell Gbp 20477 SL 20530 TP 20357
13：00 GMT Orders
BUY EUR @ 13737 SL 13787 TP 13817
SELL EUR @ 13686 SL 13736 TP 13616
Buy GBP 20522 SL 20452 TP 20642
Sell GBP 20418 SL 20538 TP 20298

July 25th，2007
9：00 GMT Orders
BUY EUR @ 13830 SL 13780 TP 13910
SELL EUR @ 13755 SL 13805 TP 13675
Buy Gbp 20626 SL 20556 TP 20746
Sell Gbp 20539 SL 20609 TP 20419
13：00 GMT Orders
BUY EUR @ 13786 SL 13736 TP 13866
SELL EUR @ 13717 SL 13767 TP 13637
Buy GBP 20576 SL 20506 TP 20696
Sell GBP 20497 SL 20567 TP 20377

July 24th，2007
9：00 GMT Orders
BUY EUR @ 13840 SL 13799 TP 13920
SELL EUR @ 13799 SL 13840 TP 13719
Buy Gbp 20662 SL 20615 TP 20782
Sell Gbp 20615 SL 20662 TP 20395
13：00 GMT Orders
BUY EUR @ 13844 SL 13799 TP 13924
SELL EUR @ 13799 SL 13844 TP 13719
Buy GBP 20657 SL 20655 TP 20677
Sell GBP 20585 SL 20587 TP 20465

July 23th，2007
9：00 GMT Orders
BUY EUR @ 13850 SL 13813 TP 13930

SELL EUR @ 13813 SL 13850 TP 13733
Buy Gbp 20612 SL 20558 TP 20732
Sell Gbp 20558 SL 20612 TP 20438
13：00 GMT Orders
BUY EUR @ 13833 SL 13789 TP 13913
SELL EUR @ 13789 SL 13833 TP 13709
Buy GBP 20594 SL 20550 TP 20714
Sell GBP 20550 SL 20594 TP 20430

July 20th，2007
9：00 GMT Orders
BUY EUR @ 13814 SL 13789 TP 13894
SELL EUR @ 13789 SL 13814 TP 13709
Buy Gbp 20521 SL 20474 TP 20641
Sell Gbp 20474 SL 20521 TP 20354
13：00 GMT Orders
BUY EUR @ 13807 SL 13773 TP 13887
SELL EUR @ 13773 SL 13807 TP 13693
Buy GBP 20550 SL 20484 TP 20670
Sell GBP 20484 SL 20550 TP 20464

July 19th，2007
9：00 GMT Orders
BUY EUR @ 13820 SL 13779 TP 13900
SELL EUR @ 13779 SL 13820 TP 13699
Buy Gbp 20547 SL 20506 TP 20567
Sell Gbp 20506 SL 20547 TP 20386
13：00 GMT Orders
BUY EUR @ 13838 SL 13791 TP 13918
SELL EUR @ 13791 SL 13838 TP 13711
Buy Gbp 20546 SL 20476 TP 20666
Sell Gbp 20465 SL 20535 TP 20346

July 18th，2007
9：00 GMT Orders
BUY EUR @ 13840 SL 13790 TP 13920
SELL EUR @ 13775 SL 13825 TP 13695
Buy Gbp 20556 SL 20502 TP 20676
Sell Gbp 20502 SL 20556 TP 20382
13：00 GMT Orders
BUY EUR @ 13802 SL 13459 TP 13882
SELL EUR @ 13759 SL 13802 TP 13679
Buy Gbp 20532 SL 20468 TP 20652
Sell Gbp 20468 SL 20532 TP 20348

July 17th，2007
9：00 GMT Orders
BUY EUR @ 13806 SL 13590 TP 13720
SELL EUR @ 13772 SL 13637 TP 13507
Buy Gbp 20394 SL 20357 TP 20514
Sell Gbp 20357 SL 20394 TP 20237
13：00 GMT Orders
BUY EUR @ 13803 SL 13753 TP 13883
SELL EUR @ 13751 SL 13801 TP 13671
Buy Gbp 20468 SL 20398 TP 20588
Sell Gbp 20363 SL 20433 TP 20243

July 16th，2007
9：00 GMT Orders
BUY EUR @ 13799 SL 13754 TP 13879
SELL EUR @ 13754 SL 13799 TP 13674
Buy Gbp 20376 SL 20332 TP 20496
Sell Gbp 20332 SL 20376 TP 20202
13：00 GMT Orders
BUY EUR @ 13810 SL 13777 TP 13890
SELL EUR @ 13772 SL 13810 TP 13692
Buy Gbp 20412 SL 20350 TP 20432
Sell Gbp 20350 SL 20412 TP 20230

July 13th，2007
9：00 GMT Orders
BUY EUR @ 13794 SL 13759 TP 13874
SELL EUR @ 13759 SL 13794 TP 13679
Buy Gbp 20316 SL 20253 TP 20436
Sell Gbp 20253 SL 20316 TP 20133
13：00 GMT Orders
BUY EUR @ 13796 SL 13758 TP 13876
SELL EUR @ 13758 SL 13796 TP 13478
Buy GBP 20342 SL 20272 TP 20462
Sell GBP 20293 SL 20363 TP 20173

July 12th，2007
9：00 GMT Orders
BUY EUR @ 13799 SL 13749 TP 13879
SELL EUR @ 13743 SL 13793 TP 13663
Buy Gbp 20373 SL 20301 TP 20493
Sell Gbp 20301 SL 20373 TP 20181
13：00 GMT Orders
BUY EUR @ 13805 SL 13769 TP 13885
SELL EUR @ 13769 SL 13805 TP 13689

Buy Gbp 20364 SL 20305 TP 20484
Sell Gbp 20305 SL 20364 TP 20185

July 11th, 2007
9: 00 GMT Orders
BUY EUR @ 13769 SL 13729 TP 13849
SELL EUR @ 13729 SL 13769 TP 13649
Buy Gbp 20302 SL 20239 TP 20422
Sell Gbp 20239 SL 20302 TP 20119
13: 00 GMT Orders
BUY EUR @ 13784 SL 13734 TP 13864
SELL EUR @ 13727 SL 13777 TP 13647
Buy Gbp 20360 SL 20290 TP 20480
Sell Gbp 20266 SL 20236 TP 20146

July 10th, 2007
9: 00 GMT Orders
BUY EUR @ 13640 SL 13590 TP 13720
SELL EUR @ 13587 SL 13637 TP 13507
Buy Gbp 20169 SL 20114 TP 20289
Sell Gbp 20114 SL 20169 TP 19994
13: 00 GMT Orders
BUY EUR @ 13670 SL 13620 TP 13750
SELL EUR @ 13612 SL 13662 TP 13532
Buy Gbp 20189 SL 20137 TP 20309
Sell Gbp 20137 SL 20189 TP 20017

July 9th, 2007
9: 00 GMT Orders
BUY EUR @ 13645 SL 13604 TP 13725
SELL EUR @ 13604 SL 13645 TP 13524
Buy Gbp 20144 SL 20090 TP 20264
Sell Gbp 20090 SL 20144 TP 19970
13: 00 GMT Orders
BUY EUR @ 13644 SL 13614 TP 13724
SELL EUR @ 13614 SL 13644 TP 13534
Buy Gbp 20168 SL 20112 TP 20288
Sell Gbp 20112 SL 20168 TP 19992

July 6th, 2007
9: 00 GMT Orders
BUY EUR @ 13607 SL 13569 TP 13687
SELL EUR @ 13569 SL 13607 TP 13489
Buy Gbp 20120 SL 20075 TP 20240
Sell Gbp 20075 SL 20120 TP 19955
13: 00 GMT Orders
BUY EUR @ 13606 SL 13577 TP 13686
SELL EUR @ 13577 SL 13606 TP 13497
Buy GBP 20136 SL 20075 TP 20256
Sell GBP 20075 SL 20136 TP 19955

July 5th, 2007
9: 00 GMT Orders
BUY EUR @ 13652 SL 13602 TP 13732
SELL EUR @ 13597 SL 13547 TP 13517
Buy Gbp 20176 SL 20132 TP 20296
Sell Gbp 20132 SL 20176 TP 20012
13: 00 GMT Orders
BUY EUR @ 13666 SL 13625 TP 13746
SELL EUR @ 13625 SL 13666 TP 13565
Buy Gbp 20210 SL 20140 TP 20330
Sell Gbp 20115 SL 20185 TP 19995

July 4th, 2007
9: 00 GMT Orders
BUY EUR @ 13638 SL 13603 TP 13718
SELL EUR @ 13603 SL 13638 TP 13523
Buy Gbp 20215 SL 20163 TP 20335
Sell Gbp 20163 SL 20215 TP 20043
13: 00 GMT Orders
BUY EUR @ 13630 SL 13603 TP 13710
SELL EUR @ 13603 SL 13630 TP 13523
Buy Gbp 20193 SL 20160 TP 20313
Sell Gbp 20160 SL 20193 TP 20040

July 3rd, 2007
9: 00 GMT Orders
BUY EUR @ 13640 SL 13593 TP 13720
SELL EUR @ 13593 SL 13640 TP 13513
Buy Gbp 20204 SL 20154 TP 20324
Sell Gbp 20145 SL 20195 TP 20025
13: 00 GMT Orders
BUY EUR @ 13620 SL 13577 TP 13700
SELL EUR @ 13577 SL 13620 TP 13493
Buy Gbp 20184 SL 20125 TP 20304
Sell Gbp 20125 SL 20184 TP 20005

July 2nd, 2007
9: 00 GMT Orders
BUY EUR @ 13578 SL 13528 TP 13658

SELL EUR @ 13521 SL 13571 TP 13471
Buy Gbp 20178 SL 20108 TP 20298
Sell Gbp 20064 SL 20134 TP 19944
13：00 GMT Orders
BUY EUR @ 13601 SL 13551 TP 13681
SELL EUR @ 13545 SL 13595 TP 13465
Buy Gbp 20130 SL 20074 TP 20250
Sell Gbp 20074 SL 20130 TP 19954

June 29th，2007
9：00 GMT Orders
filled BUY EUR @ 13464 closed eod 13534. P/L=+70
filled Buy Gbp 20054 closed eod 20062. P/L=+8
13：00 GMT Orders
filled BUY EUR @ 13516 closed eod 13534. P/L=+18
filled Buy Gbp 20068 closed eod 20062. P/L=-6 pips
total=+90 pips

June 28th，2007
9：00 GMT Orders
filled SELL EUR @ 13435 closed eod 13446. P/L= -11 pip
13：00 GMT Orders
filled SELL EUR @ 13442 closed eod 13446. P/L= -4 pips
filled Buy Gbp 20036 closed eod 20022. P/L= -14 pips
total=-29 pips

June 27th，2007
9：00 GMT Orders
filled BUY EUR @ 13451 closed eod 13450. P/L= -1 pip
filled Buy Gbp 19990 closed eod 19981. P/L= -9 pip
13：00 GMT Orders
filled BUY EUR @ 13455 closed eod 13450. P/L=-5 pip
filled Buy Gbp 19978 closed eod 19981. P/L=+3 pips
total=-12 pips

June 26th，2007
9：00 GMT Orders
filled BUY EUR @ 13472 closed eod 13456. P/L= -16 pips
filled Buy Gbp 19998 closed eod 19981. P/L=-17 pips
13：00 GMT Orders
filled BUY EUR @ 13474 closed eod 13456. P/L= -18 pips
filled Buy Gbp 20006 closed eod 19981. P/L= -25 pips
total=-76 pips

June 25th，2007
9：00 GMT Orders
filled Buy Gbp 20006 closed SL 19969. P/L=-37 pips
filled Sell Gbp 19969 closed SL 20006. P/L=-37 pips
13：00 GMT Orders
BUY EUR @ 13471 closed eod 13462. P/L=-9 pips
filled Sell Gbp 19963 closed eod 19976. P/L=-13 pips
total=-96 pips

June 22nd，2007
9：00 GMT Orders
filled BUY EUR @ 13431 closed at MSL. P/L=0
filled Buy Gbp 19970 closed eod 19991. P/L=+ 21 pips
13：00 GMT Orders
filled BUY EUR @ 13450 closed eod 13466. P/L=+16 pips
filled Buy Gbp 19980 closed eod 19991. P/L=+11 pips
total=+48 pips

June 21th，2007
9：00 GMT Orders
filled Sell Gbp 19904 closed eod 19920. P/L=-16 pips
13：00 GMT Orders
filled BUY EUR @ 13397 closed eod 13386. P/L=-11 pips
filled Buy Gbp 19940 closed eod 19920. P/L=-20
total=-47 pips

June 20th，2007
9：00 GMT Orders
filled SELL EUR @ 13412 closed eod 13399. P/L=+13 pips
filled Buy Gbp 19906 closed eod 19922. P/L=+16 pips
13：00 GMT Orders
filled SELL EUR @ 13410 closed eod 13399. P/L=+11 pips
filled Buy Gbp 19942 closed eod 19922. P/L=-20 pips
total=+20 pips

June 19th，2007
9：00 GMT Orders
filled SELL EUR @ 13399 closed eod 13422. P/L=-23 pips
filled Buy Gbp 19864 closed eod 19878. P/L=+14 pips
filled Sell Gbp 19829 closed at SL 19864. P/L= -35 pips
13：00 GMT Orders
filled BUY EUR @ 13418 closed eod 13422. P/L=+4 pips
filled Buy Gbp 19882 closed eod 19878. P/L=-4 pips
total= -44 pips

June 18th, 2007
9: 00 GMT Orders
13: 00 GMT Orders
filled BUY EUR @ 13424 closed eod 13413. P/L=-11 pips
filled Sell Gbp 19800 closed eod 19830. P/L=-30 pips
total=-41 pips

June 15th, 2007
9: 00 GMT Orders
filled BUY EUR @ 13332 closed eod 13378. P/L=+46 pips
filled Buy Gbp 19715 closed eod 19768. P/L= +53 pips
13: 00 GMT Orders
filled BUY EUR @ 13326 closed eod 13378. P/L=+52 pips
Buy Gbp 19718 closed eod 19768. P/L=+50 pips
total=+201 pips

June 14th, 2007
9: 00 GMT Orders
filled BUY EUR @ 13322 closed eod 13308. P/L=-24 pips
filled SELL EUR @ 13283 closed SL 13322. P/L=-39 pips
filled Sell Gbp 19682 closed eod 19689. P/L=-7 pips
13: 00 GMT Orders
filled BUY EUR @ 13321 closed eod 13308. P/L=-23 pips
filled SELL EUR @ 13290 closed SL 13321. P/L=-31 pips
filled Sell Gbp 19671 closed eod 19689. P/L= -18 pips
total=-142 pips

June 13th, 2007
9: 00 GMT Orders
filled SELL EUR @ 13267 closed eod 13309. P/L= -42
filled Sell Gbp 19698 closed eod 19724. P/L=-26 pips
13: 00 GMT Orders
filled BUY EUR @ 13296 closed eod 13309. P/L=-13 pips
filled Buy Gbp 19736 closed eod 19724. P/L=+8 pips
total=-73 pips

June 12th, 2007
9: 00 GMT Orders
filled SELL EUR @ 13359 closed eod 13299. P/L=+60 pips
filled Buy Gbp 19762 closed eod 19738. P/L=-24 pips
filled Sell Gbp 19717 closed at SL 19762. P/L=-55 pips
13: 00 GMT Orders
filled SELL EUR @ 13328 closed eod 13299. P/L=+29 pips
filled Buy Gbp 19753 closed eod 19738. P/L=-15 pips
total=-5 pips

June 11th, 2007
9: 00 GMT Orders
filled BUY EUR @ 13363 closed eod 13356. P/L= -7 pips
filled Buy Gbp 19691 closed eod 19691. P/L=0 pips
13: 00 GMT Orders
filled BUY EUR @ 13368 closed eod 13356. P/L=-12 pips
filled Buy Gbp 19692 closed eod 19691. P/L=-1 pips
total=-20 pips

June 8th, 2007
9: 00 GMT Orders
filled SELL EUR @ 13385 closed eod 13352. T/P=+33 pips
filled Sell Gbp 19675 closed at MSL
13: 00 GMT Orders
total=+33 pips

June 7th, 2007
9: 00 GMT Orders
filled SELL EUR @ 13485 closed eod 13424. T/P=+61 pips
filled Sell Gbp 19909 closed TP 19789. T/P=+120 pips
13: 00 GMT Orders
filled SELL EUR @ 13455 closed eod 13424. T/P=+31 pips
Sell Gbp 19835 closed eod 19769. T/P=+66 pips
total=+278 pips

June 6th, 2007
9: 00 GMT Orders
filled SELL EUR @ 13515 closed eod 13496. T/P=+19 pips
filled Sell Gbp 19922 closed eod 19922. T/P=0 pips
13: 00 GMT Orders
filled SELL EUR @ 13505 closed eod 13496. T/P=+9 pips
total=+28 pips

June 5th, 2007
9: 00 GMT Orders
filled BUY EUR @ 13520 closed at MSL
filled Buy Gbp 19956 closed at SL 19907. T/P=-49 pips
13: 00 GMT Orders
filled BUY EUR @ 13531 closed eod 13516. T/P=-15 pips
filled Buy Gbp 19956 closed at SL 19918. T/P=-38 pips
filled Sell Gbp 19918 closed eod 19929. T/P=-11 pips
total=-113 pips

June 4th，2007
9：00 GMT Orders
filled BUY EUR @ 13463 closed eod 13492. T/P=+29 pips
filled Buy Gbp 19853 closed eod 19913. T/P=+60 pips
13：00 GMT Orders
filled BUY EUR @ 13484 closed eod 13492. T/P=+8 pips
filled Buy Gbp 19890 closed eod 19913. T/P=+23 pips
total=+120 pips

June 1st，2007
9：00 GMT Orders
filled BUY EUR @ 13461 closed SL 13427. T/P= -34 pips
filled SELL EUR @ 13427 closed SL 13461. T/P= -34 pips
filled Buy Gbp 19808 closed eod 19819. T/P= +11 pips
13：00 GMT Orders
filled BUY EUR @ 13451 closed SL 13423. T/P=-28 pips
filled SELL EUR @ 13423 closed SL 13451. T/P=-28 pips
filled Buy Gbp 19804 closed SL 19766 . T/P= -38 pips
filled Sell Gbp 19766 closed SL 19804. T/P= -38 pips
Total= -189 pips

June 29th，2007
9：00 GMT Orders
BUY EUR @ 13464 SL 13427 TP 13544
SELL EUR @ 13427 SL 13464 TP 13347
Buy Gbp 20054 SL 20003 TP 20174
Sell Gbp 20003 SL 20054 TP 19883
13：00 GMT Orders
BUY EUR @ 13516 SL 13466 TP 13596
SELL EUR @ 13440 SL 13490 TP 13360
Buy Gbp 20068 SL 20004 TP 20188
Sell Gbp 20004 SL 20068 TP 19894

June 28th，2007
9：00 GMT Orders
BUY EUR @ 13488 SL 13438 TP 13538
SELL EUR @ 13435 SL 13485 TP 13355
Buy Gbp 20051 SL 19981 TP 20171
Sell Gbp 19933 SL 20003 TP 19813
13：00 GMT Orders
BUY EUR @ 13478 SL 13442 TP 13558
SELL EUR @ 13442 SL 13478 TP 13362
Buy Gbp 20036 SL 19991 TP 20156
Sell Gbp 19991 SL 20036 TP 19871

June 27th，2007
9：00 GMT Orders
BUY EUR @ 13451 SL 13423 TP 13531
SELL EUR @ 13423 SL 13451 TP 13343
Buy Gbp 19990 SL 19922 TP 20110
Sell Gbp 19922 SL 19990 TP 19800
13：00 GMT Orders
BUY EUR @ 13455 SL 13419 TP 13535
SELL EUR @ 13419 SL 13455 TP 13299
Buy Gbp 19978 SL 19925 TP 20098
Sell Gbp 19925 SL 19978 TP 19805

June 26th，2007
9：00 GMT Orders
BUY EUR @ 13472 SL 13426 TP 13552
SELL EUR @ 13426 SL 13472 TP 13346
Buy Gbp 19998 SL 19951 TP 20118
Sell Gbp 19951 SL 19998 TP 19831
13：00 GMT Orders
BUY EUR @ 13474 SL 13437 TP 13554
SELL EUR @ 13437 SL 13474 TP 13357
Buy Gbp 20006 SL 19961 TP 20126
Sell Gbp 19961 SL 20006 TP 19841

June 25th，2007
9：00 GMT Orders
BUY EUR @ 13477 SL 13433 TP 13557
SELL EUR @ 13433 SL 13477 TP 13353
Buy Gbp 20006 SL 19969 TP 20126
Sell Gbp 19969 SL 20006 TP 19849
13：00 GMT Orders
BUY EUR @ 13471 SL 13437 TP 13551
SELL EUR @ 13437 SL 13471 TP 13357
Buy Gbp 20014 SL 19963 TP 20134
Sell Gbp 19963 SL 20014 TP 19843

June 15th，2007
9：00 GMT Orders
BUY EUR @ 13332 SL 13299 TP 13412
SELL EUR @ 13299 SL 13332 TP 13219
Buy Gbp 19715 SL 19683 TP 19825
Sell Gbp 19683 SL 19715 TP 19563
13：00 GMT Orders
BUY EUR @ 13326 SL 13301 TP 13406

SELL EUR @ 13301 SL 13326 TP 13221
Buy Gbp 19718 SL 19685 TP 19838
Sell Gbp 19685 SL 19718 TP 19565

June 14th, 2007
9: 00 GMT Orders
BUY EUR @ 13322 SL 13283 TP 13402
SELL EUR @ 13283 SL 13322 TP 13203
Buy Gbp 19736 SL 19682 TP 19856
Sell Gbp 19682 SL 19736 TP 19562
13: 00 GMT Orders
BUY EUR @ 13321 SL 13290 TP 13401
SELL EUR @ 13290 SL 13321 TP 13210
Buy Gbp 19722 SL 19671 TP 19842
Sell Gbp 19671 SL 19722 TP 19551

June 13th, 2007
9: 00 GMT Orders
BUY EUR @ 13322 SL 13267 TP 13402
SELL EUR @ 13267 SL 13322 TP 13387
Buy Gbp 19758 SL 19698 TP 19878
Sell Gbp 19698 SL 19758 TP 19578
13: 00 GMT Orders
BUY EUR @ 13296 SL 13257 TP 13376
SELL EUR @ 13257 SL 13296 TP 13177
Buy Gbp 19736 SL 19670 TP 19856
Sell Gbp 19670 SL 19736 TP 19550

June 12th, 2007
9: 00 GMT Orders
BUY EUR @ 13376 SL 13359 TP 13456
SELL EUR @ 13359 SL 13376 TP 13279
Buy Gbp 19762 SL 19717 TP 19882
Sell Gbp 19717 SL 19762 TP 19597
13: 00 GMT Orders
BUY EUR @ 13560 SL 13328 TP 13640
SELL EUR @ 13328 SL 13560 TP 13258
Buy Gbp 19753 SL 19687 TP 19873
Sell Gbp 19687 SL 19753 TP 19567

June 11th, 2007
9: 00 GMT Orders
BUY EUR @ 13363 SL 13327 TP 13443
SELL EUR @ 13327 SL 13363 TP 13267
Buy Gbp 19691 SL 19646 TP 19811
Sell Gbp 19646 SL 19691 TP 19526
13: 00 GMT Orders
BUY EUR @ 13368 SL 13335 TP 13448
SELL EUR @ 13335 SL 13368 TP 13255
Buy Gbp 19692 SL 19649 TP 19712
Sell Gbp 19649 SL 19692 TP 19529

June 8th, 2007
9: 00 GMT Orders
BUY EUR @ 13435 SL 13385 TP 13515
SELL EUR @ 13385 SL 13435 TP 13305
Buy Gbp 19800 SL 19730 TP 19920
Sell Gbp 19675 SL 19745 TP 19555
13: 00 GMT Orders
BUY EUR @ 13406 SL 13356 TP 13486
SELL EUR @ 13314 SL 13364 TP 13234
Buy Gbp 19724 SL 19654 TP 19844
Sell Gbp 19615 SL 19685 TP 19495

June 7th, 2007
9: 00 GMT Orders
BUY EUR @ 13519 SL 13485 TP 13639
SELL EUR @ 13485 SL 13519 TP 13365
Buy Gbp 19950 SL 19909 TP 20070
Sell Gbp 19909 SL 19950 TP 19789
13: 00 GMT Orders
BUY EUR @ 13512 SL 13505 TP 13592
SELL EUR @ 13455 SL 13462 TP 13375
Buy Gbp 19936 SL 19866 TP 20056
Sell Gbp 19835 SL 19905 TP 19715

June 6th, 2007
9: 00 GMT Orders
BUY EUR @ 13546 SL 13515 TP 13626
SELL EUR @ 13515 SL 13546 TP 13435
Buy Gbp 19966 SL 19922 TP 20086
Sell Gbp 19922 SL 19966 TP 19802
13: 00 GMT Orders
BUY EUR @ 13536 SL 13505 TP 13615
SELL EUR @ 13505 SL 13536 TP 13425
Buy Gbp 19948 SL 19899 TP 20068
Sell Gbp 19899 SL 19948 TP 19779

June 5th, 2007
9: 00 GMT Orders

BUY EUR @ 13520 SL 13470 TP 13600
SELL EUR @ 13483 SL 13533 TP 13403
Buy Gbp 19956 SL 19907 TP 20076
Sell Gbp 19907 SL 19956 TP 19787
13：00 GMT Orders
BUY EUR @ 13531 SL 13494 TP 13611
SELL EUR @ 13494 SL 13531 TP 13414
Buy Gbp 19956 SL 19918 TP 20076
Sell Gbp 19918 SL 19956 TP 19798

June 4th，2007
9：00 GMT Orders
BUY EUR @ 13463 SL 13426 TP 13543
SELL EUR @ 13426 SL 13463 TP 13346
Buy Gbp 19853 SL 19819 TP 19973
Sell Gbp 19819 SL 19853 TP 19699
13：00 GMT Orders
BUY EUR @ 13484 SL 13438 TP 13564
SELL EUR @ 13438 SL 13484 TP 13358
Buy Gbp 19890 SL 19841 TP 20010
Sell Gbp 19841 SL 19890 TP 19721

June 1st，2007
9：00 GMT Orders
BUY EUR @ 13461 SL 13427 TP 13541
SELL EUR @ 13427 SL 13461 TP 13347
Buy Gbp 19886 SL 19839 TP 20006
Sell Gbp 19839 SL 19886 TP 19719
13：00 GMT Orders
BUY EUR @ 13451 SL 13423 TP 13531
SELL EUR @ 13423 SL 13451 TP 13343
Buy Gbp 19804 SL 19766 TP 19924
Sell Gbp 19766 SL 19804 TP 19646

May 31st，2007
9：00 GMT Orders
filled BUY EUR @ 13454 closed eod 13451. T/P=-3 pips
filled Buy Gbp 19780 closed eod 19801. T/P=+21 pips
13：00 GMT Orders
filled BUY EUR @ 13458 closed eod 13451. T/P=-7 pips
filled Buy Gbp 19788 closed eod 19801. T/P=+13 pips
total= +24 pips

May 30th，2007
9：00 GMT Orders
filled SELL EUR @ 13421 closed eod 13428. T/P=-7 pips
filled Sell Gbp 19755 closed eod 19757. T/P=-2 pips
13：00 GMT Orders
filled SELL EUR @ 13400 closed eod 13428. T/P=-28 pips
T/P=-37 pips

May 29th，2007
9：00 GMT Orders
filled BUY EUR @ 13464 closed at MSL. T/P=0
filled Buy Gbp 19878 closed at SL 19823. T/P= -45 pips
filled Sell Gbp 19823 closed eod 19811. T/P= +12 pips
13：00 GMT Orders
filled BUY EUR @ 13510 closed SL 13460 . T/P=-50 pips
filled SELL EUR @ 13447 closed eod 13447. T/P=0
filled Sell Gbp 19836 closed eod 19811. T/P=+25 pips
total= -58 pips

May 28th，2007
Holiday

May 25th，2007
9：00 GMT Orders
filled BUY EUR @ 13446 closed eod 13453. T/P=+7pips
filled Sell Gbp 19839 closed eod 19844. T/P=-5 pips
13：00 GMT Orders
filled BUY EUR @ 13451 closed eod 13453. T/P=+2 pips
total= +4 pips

May 24th，2007
9：00 GMT Orders
filled SELL EUR @ 13423 closed eod 13429. T/P= -6 pips
filled Buy Gbp 19890 closed SL 19840. T/P=-50 pips
filled Sell Gbp 19840 closed SL 19890. T/P=-50 pips
13：00 GMT Orders
filled BUY EUR @ 13451 closed SL 13418. T/P=-33 pips
filled SELL EUR @ 13418 closed eod 13429. T/P=-33 pips
filled Buy Gbp 19884 closed SL 19830. T/P= -54 pips
filled Sell Gbp 19830 closed eod 19845. T/P=-15 pips
total= -241 pips

May 23rd，2007
9：00 GMT Orders
filled BUY EUR @ 13469 closed at MSL. T/P=0
filled Buy Gbp 19765 closed TP 19885. T/P= +120 pips
filled Sell Gbp 19717 closed SL 19765. T/P= -48 pips

13：00 GMT Orders
filled BUY EUR @ 13501 closed SL 13451. T/P=-50 pips
filled Buy Gbp 19876 closed eod 19858. T/P=-18 pips
total= +4 pips

May 22nd，2007
9：00 GMT Orders
filled SELL EUR @ 13447 closed eod 14336. T/P=+11 pips
filled Buy Gbp 19740 closed eod 19746. T/P= +6 pips
13：00 GMT Orders
filled Buy Gbp 19740 closed eod 19746. T/P=+6 pips
total= +23 pips

May 21th，2007
9：00 GMT Orders
filled SELL EUR @ 13493 closed eod 13462. T/P= +30 pips
filled Sell Gbp 19708 closed eod 19704. T/P= +4 pips
Total= +34 pips

May 18th，2007
9：00 GMT Orders
filled BUY EUR @ 13508 closed SL 13475. T/P=-33 pips
filled SELL EUR @ 13475 closed SL 13508. T/P=-33 pips
filled Buy Gbp 19779 closed SL 19729. T/P= -50 pips
filled Sell Gbp 19729 closed SL 19779. T/P= -50 pips
13：00 GMT Orders
filled BUY EUR @ 13519 closed eod 13511. T/P= -8 pips
total= -174 pips

May 17th，2007
9：00 GMT Orders
filled SELL EUR @ 13515 closed eod 13496. T/P=+19 pips
filled Buy Gbp 19791 closed SL 19753. T/P= -38
filled Sell Gbp 19753 closed eod 19748. T/P=+5
13：00 GMT Orders
filled SELL EUR @ 13498 closed eod 13496. T/P=+2
filled Sell Gbp 19733 closed eod 19748. T/P=-15
total= -27 pips

May 16th，2007
9：00 GMT Orders
filled SELL EUR @ 13585 eod 13513. T/P=+72
filled Sell Gbp 19840 closed eod 19769. T/P=+71
13：00 GMT Orders
filled SELL EUR @ 13572 closed eod 13513. T/P=+59
filled Sell Gbp 19805 closed eod 19769. T/P=+36
total=+238 pips

May 15th，2007
9：00 GMT Orders
filled BUY EUR @ 13568 closed eod 13591. T/P=+23
filled SELL EUR @ 13527 closed SL 13568 . T/P=-41
filled Buy Gbp 19835 closed eod 19856. T/P=+21
filled Sell Gbp 19783 closed at SL 19835. T/P= -52 pips
13：00 GMT Orders
filled BUY EUR @ 13551 closed eod 13591. T/P=+40 pips
filled Buy Gbp 19823 closed eod 19856. T/P=+33 pips
total=+24 pips

May 14th，2007
9：00 GMT Orders
filled BUY EUR @ 13556 closed eod 13540. T/P=+16 pips
filled Sell Gbp 19813 closed eod 19789. T/P=+24 pips
13：00 GMT Orders
filled Sell Gbp 19792 closed eod 19789. T/P=+3 pips
total=+43 pips

May 11th，2007
filled BUY EUR @ 13492 closed eod 13520.T/P=+28 pips
filled Buy Gbp 19820 closed eod 19822. T/P= +2 pips
filled BUY EUR @ 13492 closed eod 13520. T/P=+28 pips
filled Buy Gbp 19812 closed eod 19822. T/P=+10 pips
total=+68 pips

May 10th，2007
9：00 GMT Orders
filled SELL EUR @ 13526 closed eod 13476. T/P=+50 pips
filled Sell Gbp 19925 closed at TP 19805. T/P=+120 pips
13：00 GMT Orders
filled SELL EUR @ 13511 closed eod 13476. T/P=+35 pips
filled Sell Gbp 19843 closed eod 19776. T/P=+67 pips
total=+272 pips

May 9th，2007
9：00 GMT Orders
filled BUY EUR @ 13560 closed SL 13528. T/P= -32 pips
filled SELL EUR @ 13528 closed SL 13560. T/P= -32 pips
filled Buy Gbp 19928 closed at MSL
13：00 GMT Orders

filled BUY EUR @ 13552 closed SL 13525 . T/P=-27 pips
filled SELL EUR @ 13525 closed eod 13526. T/P=-27 pips
filled Buy Gbp 19942 closed at MSL.
Total=-118 pips

May 8th，2007
9：00 GMT Orders
filled SELL EUR @ 13589 closed eod 13543. T/P=+46 pips
filled Sell Gbp 19916 closed eod 19887. T/P=+29 pips
13：00 GMT Orders
filled SELL EUR @ 13544 closed eod 13543. T/P=+1 pip
filled Sell Gbp 19908 closed eod 19887. T/P=+21 pips
Total=+97 pips

May 7th，2007
9：00 GMT Orders
filled BUY EUR @ 13618 closed eod 13595. T/P=-23 pips
filled Sell Gbp 19943 closed eod 19927. T/P=+16 pips
13：00 GMT Orders
filled BUY EUR @ 13624 closed SL 13595 . T/P=-29 pips
filled SELL EUR @ 13595 closed eod 13598. T/P=-3 pips
filled Sell Gbp 19947 closed eod 19927. T/P=+20 pips
Total=-19 pips

May 4th，2007
9：00 GMT Orders
filled BUY EUR @ 13582 closed eod 13598. T/P=+16 pips
filled Buy Gbp 19896 closed eod 19936. T/P=+40 pips
13：00 GMT Orders
filled BUY EUR @ 13580 closed eod 13598. T/P=+18 pips
filled Buy Gbp 19880 closed eod 19936. T/P= +56 pips
total= +130 pips

May 3rd，2007
9：00 GMT Orders
filled SELL EUR @ 13585 closed eod 13550. T/P=+35 pips
filled Buy Gbp 19937 closed SL 19884. T/P= -53 pips
filled Sell Gbp 19884 closed eod 19869. T/P=+15 pips
filled BUY EUR @ 13620 closed SL 13596. T/P= -24 pips
filled SELL EUR @ 13596 closed eod 13550. T/P=+46 pips
filled Sell Gbp 19908 closed eod 19869. T/P=+39 pips
total=+58 pips

May 2nd，2007
9：00 GMT Orders
filled BUY EUR @ 13605 closed eod 13582. T/P=+23 pips
filled Sell Gbp 19905 closed eod 19884. T/P=+21 pips
13：00 GMT Orders
filled BUY EUR @ 13592 closed eod 13582. T/P=+10 pips
filed Sell Gbp 19881 closed eod 19884. T/P=-3 pips
total=+54 pips

May 1st，2007
9：00 GMT Orders
filled BUY EUR @ 13668 closed SL 13618. T/P=-50 pips
filled SELL EUR @ 13618 closed eod 13604. T/P=+14 pips
filled Buy Gbp 20045 closed SL 19981. T/P=-64 pips
Sell Gbp 19981 closed eod 19984. T/P=-3 pips
13：00 GMT Orders
filled BUY EUR @ 13660 closed SL 13625. T/P= -35 pips
filled SELL EUR @ 13625 closed eod 13604. T/P= +21 pips
filled Buy Gbp 20062 closed SL 19994. T/P=-68 pips
Sell Gbp 19994 closed eod 19984. T/P=+10 pips
total=-175 pips

May 31st，2007
9：00 GMT Orders
BUY EUR @ 13454 SL 13423 TP 13534
SELL EUR @ 13423 SL 13454 TP 13343
Buy Gbp 19780 SL 19731 TP 19900
Sell Gbp 19731 SL 19780 TP 19601
13：00 GMT Orders
BUY EUR @ 13458 SL 13427 TP 13538
SELL EUR @ 13427 SL 13458 TP 13347
Buy Gbp 19788 SL 19733 TP 19908
Sell Gbp 19733 SL 19788 TP 19613

May 30th，2007
9：00 GMT Orders
BUY EUR @ 13458 SL 13421 TP 13538
SELL EUR @ 13421 SL 13458 TP 13361
Buy Gbp 19830 SL 19760 TP 19950
Sell Gbp 19755 SL 19825 TP 19635
13：00 GMT Orders
BUY EUR @ 13458 SL 13408 TP 13538
SELL EUR @ 13400 SL 13450 TP 13330
Buy Gbp 19802 SL 19732 TP 19922
Sell Gbp 19726 SL 19796 TP 19606

May 29th，2007

9：00 GMT Orders
BUY EUR @ 13464 SL 13425 TP 13544
SELL EUR @ 13425 SL 13464 TP 13365
Buy Gbp 19878 SL 19823 TP 19998
Sell Gbp 19823SL 19878 TP 19703
13：00 GMT Orders
BUY EUR @ 13510 SL 13460 TP 13590
SELL EUR @ 13447 SL 13497 TP 13367
Buy Gbp 19907 SL 19837 TP 20027
Sell Gbp 19836 SL 19906 TP 19716

May 28th，2007
Holiday

May 25th，2007
9：00 GMT Orders
BUY EUR @ 13446 SL 13407 TP 13526
SELL EUR @ 13407 SL 13446 TP 13327
Buy Gbp 19886 SL 19839 TP 20006
Sell Gbp 19839 SL 19886 TP 19719
13：00 GMT Orders
BUY EUR @ 13451 SL 13419 TP 13531
SELL EUR @ 13419 SL 13451 TP 13339
Buy Gbp 19872 SL 19833 TP 19992
Sell Gbp 19833 SL 19872 TP 19713

May 24th，2007
9：00 GMT Orders
BUY EUR @ 13468 SL 13423 TP 13548
SELL EUR @ 13423 SL 13468 TP 13343
Buy Gbp 19890 SL 19840 TP 20010
Sell Gbp 19840 SL 19890 TP 19720
13：00 GMT Orders
BUY EUR @ 13451 SL 13418 TP 13531
SELL EUR @ 13418 SL 13451 TP 13338
Buy Gbp 19884 SL 19830 TP 20004
Sell Gbp 19830 SL 19884 TP 19710

May 23rd，2007
9：00 GMT Orders
BUY EUR @ 13469 SL 13422 TP 13549
SELL EUR @ 13412 SL 13469 TP 13342
Buy Gbp 19765 SL 19717 TP 19885
Sell Gbp 19717 SL 19765 TP 19597
13：00 GMT Orders
BUY EUR @ 13501 SL 13451 TP 13581
SELL EUR @ 13410 SL 13460 TP 13330
Buy Gbp 19876 SL 19826 TP 19996
Sell Gbp 19708 SL 19758 TP 19588

May 22nd，2007
9：00 GMT Orders
BUY EUR @ 13483 SL 13447 TP 13563
SELL EUR @ 13447 SL 13483 TP 13367
Buy Gbp 19740 SL 19699 TP 19860
Sell Gbp 19699 SL 19740 TP 19579
13：00 GMT Orders
BUY EUR @ 13478 SL 13432 TP 13568
SELL EUR @ 13432 SL 13478 TP 13512
Buy Gbp 19740 SL 19698 TP 19860
Sell Gbp 19698 SL 19740 TP 19578

May 21st，2007
9：00 GMT Orders
BUY EUR @ 13526 SL 13493 TP 13606
SELL EUR @ 13493 SL 13526 TP 13413
Buy Gbp 19756 SL 19708 TP 19876
Sell Gbp 19708 SL 197562 TP 19588
13：00 GMT Orders
BUY EUR @ 13517 SL 13467 TP 13597
SELL EUR @ 13431 SL 13481 TP 13351
Buy Gbp 19745 SL 19675 TP 19865
Sell Gbp 19672 SL 19742 TP 19552

May 18th，2007
9：00 GMT Orders
BUY EUR @ 13508 SL 13475 TP 13588
SELL EUR @ 13475 SL 13508 TP 13395
Buy Gbp 19779 SL 19729 TP 19899
Sell Gbp 19729 SL 19779 TP 19609
13：00 GMT Orders
BUY EUR @ 13519 SL 13459 TP 13599
SELL EUR @ 13459 SL 13519 TP 13379
Buy Gbp 19787 SL 19717 TP 19907
Sell Gbp 19693 SL 19763 TP 19573

May 17th，2007
9：00 GMT Orders
BUY EUR @ 13551 SL 13515 TP 13631
SELL EUR @ 13515 SL 13551 TP 13435

Buy Gbp 19791 SL 19753 TP 19911
Sell Gbp 19753 SL 19791 TP 19633
13：00 GMT Orders
BUY EUR @ 13546 SL 13498 TP 13666
SELL EUR @ 13498 SL 13546 TP 13478
Buy Gbp 19800 SL 19733 TP 19920
Sell Gbp 19733 SL 19800 TP 19713

May 16th，2007
9：00 GMT Orders
BUY EUR @ 13616 SL 13585 TP 13696
SELL EUR @ 13585 SL 13616 TP 13505
Buy Gbp 19882 SL 19840 TP 20002
Sell Gbp 19840 SL 19882 TP 19720
13：00 GMT Orders
BUY EUR @ 13608 SL 13572 TP 13688
SELL EUR @ 13572 SL 13608 TP 13492
Buy Gbp 19875 SL 19875 TP 19995
Sell Gbp 19805 SL 19805 TP 19685

May 15th，2007
9：00 GMT Orders
BUY EUR @ 13568 SL 13527 TP 13648
SELL EUR @ 13527 SL 13568 TP 13447
Buy Gbp 19835 SL 19783 TP 19955
Sell Gbp 19783 SL 19835 TP 19663
13：00 GMT Orders
BUY EUR @ 13551 SL 13521 TP 13631
SELL EUR @ 13521 SL 13551 TP 13441
Buy Gbp 19823 SL 19753 TP 19943
Sell Gbp 19739SL 19809 TP 19619

May 14th，2007
9：00 GMT Orders
BUY EUR @ 13556 SL 13519 TP 13636
SELL EUR @ 13519 SL 13556 TP 13429
Buy Gbp 19852 SL 19813 TP 19972
Sell Gbp 19813 SL 19852 TP 19693
13：00 GMT Orders
BUY EUR @ 13564 SL 13530 TP 13644
SELL EUR @ 13530 SL 13564 TP 13450
Buy Gbp 19847 SL 19792 TP 19967
Sell Gbp 19792 SL 19847 TP 19672

May 11th，2007
9：00 GMT Orders
BUY EUR @ 13492 SL 13460 TP 13572
SELL EUR @ 13460 SL 13492 TP 13380
Buy Gbp 19820 SL 19764 TP 19940
Sell Gbp 19764 SL 19820 TP 19644
13：00 GMT Orders
BUY EUR @ 13492 SL 13469 TP 13572
SELL EUR @ 13469 SL 13492 TP 13389
Buy Gbp 19812 SL 19812 TP 19932
Sell Gbp 19763 SL 19763 TP 19643

May 10th，2007
9：00 GMT Orders
BUY EUR @ 13570 SL 13526 TP 13650
SELL EUR @ 13526 SL 13570 TP 13446
Buy Gbp 19970 SL 19925 TP 20090
Sell Gbp 19925 SL 19970 TP 19805
13：00 GMT Orders
BUY EUR @ 13562 SL 13512 TP 13642
SELL EUR @ 13511 SL 13561 TP 13431
Buy Gbp 19952 SL 19882 TP 20072
Sell Gbp 19843 SL 19913 TP 19723

May 9th，2007
9：00 GMT Orders
BUY EUR @ 13560 SL 13528 TP 13640
SELL EUR @ 13528 SL 13560 TP 13468
Buy Gbp 19928 SL 19876 TP 20048
Sell Gbp 19876 SL 19928 TP 19756
13：00 GMT Orders
BUY EUR @ 13552 SL 13525 TP 13632
SELL EUR @ 13525 SL 13552 TP 13465
Buy Gbp 19942 SL 19875 TP 20062
Sell Gbp 19875 SL 19942 TP 19755

May 8th，2007
9：00 GMT Orders
BUY EUR @ 13628 SL 13589 TP 13708
SELL EUR @ 13589 SL 13628 TP 13509
Buy Gbp 19970 SL 19916 TP 20090
Sell Gbp 19916 SL 19970 TP 19796
13：00 GMT Orders
BUY EUR @ 13608 SL 13558 TP 13688
SELL EUR @ 13544 SL 13594 TP 13464
Buy Gbp 19946 SL 19908 TP 20066

Sell Gbp 19908 SL 19946 TP 19788

May 7th, 2007
9：00 GMT Orders
BUY EUR @ 13618 SL 13590 TP 13698
SELL EUR @ 13590 SL 13618 TP 13510
Buy Gbp 19984 SL 19943 TP 20104
Sell Gbp 19943 SL 19984 TP 19823
13：00 GMT Orders
BUY EUR @ 13624 SL 13595 TP 13704
SELL EUR @ 13595 SL 13624 TP 13515
Buy Gbp 19982 SL 19947 TP 20102
Sell Gbp 19947 SL 19982 TP 19827

May 4th, 2007
9：00 GMT Orders
BUY EUR @ 13582 SL 13533 TP 13662
SELL EUR @ 13533 SL 13582 TP 13453
Buy Gbp 19896 SL 19913 TP 20096
Sell Gbp 19836 SL 19976 TP 19793
13：00 GMT Orders
BUY EUR @ 13580 SL 13539 TP 13660
SELL EUR @ 13539 SL 13580 TP 13459
Buy Gbp 19880 SL 19837 TP 20000
Sell Gbp 19837 SL 19880 TP 19717

May 3rd, 2007
9：00 GMT Orders
BUY EUR @ 13627 SL 13585 TP 13707
SELL EUR @ 13585 SL 13627 TP 13505
Buy Gbp 19937 SL 19884 TP 20057
Sell Gbp 19884 SL 19937 TP 19764
13：00 GMT Orders
BUY EUR @ 13620 SL 13596 TP 13700
SELL EUR @ 13596 SL 13620 TP 13516
Buy Gbp 19947 SL 19908 TP 20067
Sell Gbp 19908 SL 19947 TP 19788

May 2nd, 2007
9：00 GMT Orders
BUY EUR @ 13605 SL 13555 TP 13685
SELL EUR @ 13554 SL 13604 TP 13474
Buy Gbp 19978 SL 19908 TP 20098
Sell Gbp 19905 SL 19975 TP 19785
13：00 GMT Orders
BUY EUR @ 13592 SL 13557 TP 13672
SELL EUR @ 13557 SL 13592 TP 13477
Buy Gbp 19970 SL 19900 TP 20090
Sell Gbp 19881 SL 19951 TP 19761

May 1st, 2007
9：00 GMT Orders
BUY EUR @ 13668 SL 13618 TP 13776
SELL EUR @ 13618 SL 13668 TP 13538
Buy Gbp 20045 SL 19981 TP 20165
Sell Gbp 19981 SL 20045 TP 19861
13：00 GMT Orders
BUY EUR @ 13660 SL 13625 TP 13740
SELL EUR @ 13625 SL 13660 TP 13565
Buy Gbp 20062 SL 19994 TP 20182
Sell Gbp 19994 SL 20062 TP 19874

April 30th, 2007
9：00 GMT Orders
filled BUY EUR @ 13651 closed eod 13640. T/P= -9 pips
filled Buy Gbp 19976 closed eod 19995. T/P=+19 pips
filled Sell Gbp 19913 closed sl 19976. T/P=-63 pips
13：00 GMT Orders
filled BUY EUR @ 13624 closed eod 13640. T/P=+16 pips
filled Buy Gbp 19956 closed eod eod 19995. T/P=+39 pips
total= + 2 pips

April 27th, 2007
9：00 GMT Orders
filled BUY EUR @ 13612 closed at MSL
filled Buy Gbp 19931 closed eod 19968. T/P=+37 pip
13：00 GMT Orders
filled BUY EUR @ 13652 closed at MSL
filled Buy Gbp 20008 closed eod 19968. T/P=-40 pips
total：-3 pips

April 26th, 2007
9：00 GMT Orders
filled SELL EUR @ 13626 closed at eod 13590. T/P=+36 pips
filled Sell Gbp 20019 closed at TP
13：00 GMT Orders
filled SELL EUR @ 13585 closed at eod 13590. T/P=-5 pips
filled Sell Gbp 19911 closed eod 19906. T/P=+5 pips
total=+36 pips

April 25th，2007
9：00 GMT Orders
filled BUY EUR @ 13659 closed at SL 13621. T/P=-38 pips
filled SELL EUR @ 13621 closed at SL 13659. T/P=-38 pips
filled Sell Gbp 20014 closed eod 20017. T/P=-3 pips
13：00 GMT Orders
filled BUY EUR @ 13666 closed at 13642. T/P=-24 pips
filled SELL EUR @ 13642 closed at SL 13666. T/P=-24 pips
filled Sell Gbp 20016 closed eod 20017. T/P=-1 pip
total=-128 pips

April 24th，2007
9：00 GMT Orders
filledBUY EUR @ 13582 closed eod 13638. T/P=+56 pips
Buy Gbp 19992 closed at MSL
13：00 GMT Orders
buy BUY EUR @ 13595 closed eod 13638. T/P=+43 pips
Buy Gbp 20030 closed eod 20018. T/P=-12 pips
total=+87 pips

April 23th，2007
9：00 GMT Orders
filled SELL EUR @ 13564 closed eod 13575. T/P=-11 pips
13：00 GMT Orders
filled BUY EUR @ 13583 closed eod 13575. T/P=-8 pips
filled SELL EUR @ 13541 closed at SL 13583. T/P=-42 pips
filled Buy Gbp 20022 closed eod 20002. T/P=-20 pips
total=-81 pips

April 20th，2007
filled SELL EUR @ 13599 closed eod 13598. T/P= +1 pips
filled SELL EUR @ 13595 closed eod 13598. T/P= -3 pips
total= -2 pips

April 19th，2007
filled BUY EUR @ 13611 closed eod 13617. T/P=+6 pips
filled BUY EUR @ 13610 closed eod 13617. T/P=+7 pips
total=+13 pips

April 18th，2007
filled BUY EUR @ 13610 closed SL 13576. T/P=-34 pips
filled SELL EUR @ 13576 closed at SL 13610. T/P= -34 pips
filled Buy Gbp 20112 closed SL 20072. T/P= -40 pips
filled Sell Gbp 20072 closed at MSL. T/P=0 pips
filled SELL EUR @ 13581 closed eod 13611. T/P=-30 pips
filled Sell Gbp 20072 closed at MSL. T/P=0
total= -138 pips

April 17th，2007
filled BUY EUR @ 13554 closed eod 13573. T/P=+19 pips
filled Buy Gbp 19936 closed at TP 20056. T/P=+120 pips
filled BUY EUR @ 13560 closed eod 13573. T/P=+13 pips
filled Buy Gbp 20056 closed eod 20075. T/P=+19 pips
total= +171 pips

April 16th，2007
filled SELL EUR @ 13534 closed eod 13528. T/P=+6 pips
Buy Gbp 19902 closed eod 19887. T/P=-15 pips
filled SELL EUR @ 13542 closed eod 13528. T/P=+14 pips
total：+5 pips

April 13th，2007
9：00 GMT Orders
filled BUY EUR @ 13540 closed SL 13495. T/P=-45 pips
filled SELL EUR @ 13495 closed eod 13513. T/P=-18 pips
filled Buy Gbp 19876 closed SL 19806. T/P=-70 pips
filled Sell Gbp 19803 closed eod 19828. T/P=-25 pips
13：00 GMT Orders
filled BUY EUR @ 13555 closed SL 13510. T/P=-45 pips
filled SELL EUR @ 13510 closed eod 13513. T/P=-3 pips
filled Sell Gbp 19841 closed eod 19828. T/P=+13 pips
total= -193

April 12th，2007
9：00 GMT Orders
filled BUY EUR @ 13484 closed eod 13486. T/P=+2 pips
filled Buy Gbp 19798 closed eod 19791. T/P=-7 pips
13：00 GMT Orders
filled BUY EUR @ 13476 closed eod 13486. T/P=+10 pips
filled Buy Gbp 19789 closed eod 19791. T/P=-2 pips
. T/P=+3 pips

April 11th，2007
9：00 GMT Orders
filled BUY EUR @ 13442 closed SL 13409 . T/P=-33 pips
SELL EUR @ 13409 closed SL 13442. T/P=-33 pips
filled Sell Gbp 19734 closed eod 19752. T/P=-18 pips

13：00 GMT Orders
filled BUY EUR @ 13442 closed SL 13409. T/P=-33 pips
filled SELL EUR @ 13409 closed SL 13442. T/P=-33 pips
filled Sell Gbp 19752 closed eod 19752. T/P=0 pips
total= -150 pips

April 10th，2007
9：00 GMT Orders
filled BUY EUR @ 13434 closed eod 13430. T/P=-4 pips
filled Buy Gbp 19718 closed eod 19714. T/P=-4 pips
13：00 GMT Orders
filled BUY EUR @ 13433 closed eod 13430. T/P=-3 pips
filled Buy Gbp 19750 closed eod 19714. T/P=-36 pips
total=-47 pips

April 9th，2007
9：00 GMT Orders
filled SELL EUR @ 13348 close eod 13355. T/P=+13 pips
filled Sell Gbp 19638 closd eod 19622. T/P=+16 pips
13：00 GMT Orders
filled SELL EUR @ 13358 closed eod 13355. T/P=+3 pips
filled Sell Gbp 19617 closed eod 19622. T/P=-5 pips
total= +27 pips

APRIL 06
filled SELL EUR @ 13405 closed eod 13371. T/P=+34 pips
filled Sell Gbp 19683 closed EOD 19642. T/P=+41 pips
filled SELL EUR @ 13409 closed eod 13371. T/P=+38 pips
filled Sell Gbp 19689 closed EOD 19642. T/P=+47 pips
total= +160 pips

APRIL 05
filled BUY EUR @ 13379 closed eod 13429. T/P=+50 pips
filled Sell Gbp 19727 closed at MSL. T/P=0
filled BUY EUR @ 13390 closed eod 13429. T/P=+30 pips
total=+80 pips

APRIL 04
filled BUY EUR @ 13366 closed eod 13368. T/P=+2 pips
filed Buy Gbp 19776 closed EOD 19761. T/P= -5 pips
filled Sell Gbp 19720 closed SL 19776. T/P=-56 pips
filled BUY EUR @ 13381 closed eod 13368. T/P= -13 pips
filled Buy Gbp 19780 closed EOD 19761. T/P= -19 pips
filled Sell Gbp 19716 closed SL 19780. T/P= -64 pips
Total=-155 pips

APRIL 03
filled SELL EUR @ 13347 closed EOD 13328. T/P= +19 pips
filled Sell Gbp 19765 closed eod 19742. T/P=+23 pips
filled BUY EUR @ 13376 closed at SL 13342. T/P= -34 pips
filled SELL EUR @ 13342 closed EOD 13328. T/P=+14 pips
filled Sell Gbp 19736 closed eod 19742. T/P=-6 pips
total=+16 pips

APRIL 02
Filled BUY EUR @ 13368 closed EOD 13366. T/P=-2 pips
filled Buy Gbp 19748 closed eod 19773. T/P=+30 pips
Filled BUY EUR @ 13376 closed EOD 13366. T/P=-10 pips
filled Buy Gbp 19782 closed eod 19773. T/P=-9 pips
total=+9 pips

April 30th，2007
9：00 GMT Orders
BUY EUR @ 13651 SL 13601 TP 13731
SELL EUR @ 13585 SL 13635 TP 13505
Buy Gbp 19976 SL 19913 TP 20096
Sell Gbp 19913 SL 19976 TP 19793
13：00 GMT Orders
BUY EUR @ 13624 SL 13583 TP 13704
SELL EUR @ 13583 SL 13624 TP 13503
Buy Gbp 19956 SL 19886 TP 20076
Sell Gbp 19883 SL 19953 TP 19763

April 27th，2007
9：00 GMT Orders
BUY EUR @ 13612 SL 13581 TP 13792
SELL EUR @ 13581 SL 13612 TP 13501
Buy Gbp 19931 SL 19861 TP 20051
Sell Gbp 19858 SL 19928 TP 19738
13：00 GMT Orders
BUY EUR @ 13652 SL 13602 TP 13732
SELL EUR @ 13592 SL 13642 TP 13512
Buy Gbp 20008 SL 19963 TP 20128
Sell Gbp 19893 SL 19938 TP 19773

April 26th，2007

9：00 GMT Orders
BUY EUR @ 13661 SL 13626 TP 13741
SELL EUR @ 13626 SL 13661 TP 13546
Buy Gbp 20068 SL 20019 TP 20188
Sell Gbp 20019 SL 20068 TP 19899
13：00 GMT Orders
BUY EUR @ 13656 SL 13606 TP 13736
SELL EUR @ 13585 SL 13635 TP 13505
Buy Gbp 20050 SL 19980 TP 20170
Sell Gbp 19911 SL 19981 TP 19791

April 25th，2007
9：00 GMT Orders
BUY EUR @ 13659 SL 13621 TP 13739
SELL EUR @ 13621 SL 13659 TP 13541
Buy Gbp 20071 SL 20014 TP 20191
Sell Gbp 20014 SL 20071 TP 19894
13：00 GMT Orders
BUY EUR @ 13666 SL 13632 TP 13746
SELL EUR @ 13632 SL 13666 TP 13552
Buy Gbp 20067 SL 20016 TP 20187
Sell Gbp 20016 SL 20067 TP 19896

April 24th，2007
9：00 GMT Orders
BUY EUR @ 13582 SL 13545 TP 13662
SELL EUR @ 13545 SL 13582 TP 13465
Buy Gbp 19992 SL 19948 TP 20112
Sell Gbp 19948 SL 19992 TP 19828
13：00 GMT Orders
BUY EUR @ 13595 SL 13553 TP 13675
SELL EUR @ 13553 SL 13595 TP 13473
Buy Gbp 20030 SL 19960 TP 20150
Sell Gbp 19953 SL 20023 TP 19833

April 23th，2007
9：00 GMT Orders
BUY EUR @ 13602 SL 13564 TP 13682
SELL EUR @ 13564 SL 13602 TP 13484
Buy Gbp 20047 SL 19977 TP 20167
Sell Gbp 19967 SL 20037 TP 19847
13：00 GMT Orders
BUY EUR @ 13583 SL 13541 TP 13663
SELL EUR @ 13541 SL 13583 TP 13461
Buy Gbp 20022 SL 19974 TP 20142
Sell Gbp 19974 SL 20022 TP 19854

April 20th，2007
9：00 GMT Orders
BUY EUR @ 13644 SL 13599 TP 13724
SELL EUR @ 13599 SL 13644 TP 13519
Buy Gbp 20078 SL 20011 TP 20198
Sell Gbp 20011 SL 20078 TP 19891
13：00 GMT Orders
BUY EUR @ 13622 SL 13595 TP 13702
SELL EUR @ 13595 SL 13622 TP 13515
Buy Gbp 20056 SL 19986 TP 20176
Sell Gbp 19981 SL 20051 TP 19861

April 19th，2007
9：00 GMT Orders
BUY EUR @ 13611 SL 13561 TP 13691
SELL EUR @ 13555 SL 13605 TP 13475
Buy Gbp 20056 SL 19986 TP 20176
Sell Gbp 19977 SL 20047 TP 19857
13：00 GMT Orders
BUY EUR @ 13610 SL 13568 TP 13690
SELL EUR @ 13568 SL 13610 TP 13498
Buy Gbp 20052 SL 19982 TP 20172
Sell Gbp 19982 SL 20052 TP 19862

April 18th，2007
9：00 GMT Orders
BUY EUR @ 13610 SL 13576 TP 13690
SELL EUR @ 13576 SL 13610 TP 13496
Buy Gbp 20112 SL 20072 TP 20232
Sell Gbp 20072 SL 20112 TP 19952
13：00 GMT Orders
BUY EUR @ 13623 SL 13581 TP 13703
SELL EUR @ 13581 SL 13623 TP 13501
Buy Gbp 20141 SL 20072 TP 20261
Sell Gbp 20072 SL 20141 TP 19952

April 17th，2007
9：00 GMT Orders
BUY EUR @ 13554 SL 13523 TP 13634
SELL EUR @ 13523 SL 13554 TP 13443
Buy Gbp 19936 SL 19886 TP 20056
Sell Gbp 19886 SL 19936 TP 19766
13：00 GMT Orders

BUY EUR @ 13560 SL 13518 TP 13640
SELL EUR @ 13518 SL 13560 TP 13438
Buy Gbp 20056 SL 19912 TP 20176
Sell Gbp 19912 SL 20056 TP 19792

April 16th, 2007
9: 00 GMT Orders
BUY EUR @ 13569 SL 13534 TP 13649
SELL EUR @ 13534 SL 13569 TP 13454
Buy Gbp 19902 SL 19856 TP 20022
Sell Gbp 19856 SL 19902 TP 19736
13: 00 GMT Orders
BUY EUR @ 13570 SL 13542 TP 13690
SELL EUR @ 13542 SL 13570 TP 13422
Buy Gbp 19948 SL 19878 TP 20068
Sell Gbp 19863 SL 19933 TP 19743

April 13th, 2007
9: 00 GMT Orders
BUY EUR @ 13540 SL 13495 TP 13620
SELL EUR @ 13495 SL 13540 TP 13415
Buy Gbp 19876 SL 19806 TP 19996
Sell Gbp 19803 SL 19873 TP 19683
13: 00 GMT Orders
BUY EUR @ 13555 SL 13510 TP 13635
SELL EUR @ 13510 SL 13555 TP 13430
Buy Gbp 19895 SL 19841 TP 20015
Sell Gbp 19841 SL 19895 TP 19721

April 12th, 2007
9: 00 GMT Orders
BUY EUR @ 13484 SL 13447 TP 13564
SELL EUR @ 13447 SL 13484 TP 13367
Buy Gbp 19798 SL 19735 TP 19850
Sell Gbp 19735 SL 19798 TP 19563
13: 00 GMT Orders
BUY EUR @ 13476 SL 13435 TP 13556
SELL EUR @ 13435 SL 13476 TP 13355
Buy Gbp 19789 SL 19731 TP 19909
Sell Gbp 19731 SL 19789 TP 19611

April 11th, 2007
9: 00 GMT Orders
BUY EUR @ 13442 SL 13409 TP 13522
SELL EUR @ 13409 SL 13442 TP 13329
Buy Gbp 19824 SL 19754 TP 19944
Sell Gbp 19734 SL 19814 TP 19614
13: 00 GMT Orders
BUY EUR @ 13442 SL 13409 TP 13522
SELL EUR @ 13409 SL 13442 TP 13329
Buy Gbp 19800 SL 19752 TP 19920
Sell Gbp 19752 SL 19800 TP 19632

April 10th, 2007
9: 00 GMT Orders
BUY EUR @ 13434 SL 13401 TP 13514
SELL EUR @ 13401 SL 13434 TP 13321
Buy Gbp 19718 SL 19667 TP 19838
Sell Gbp 19667 SL 19718 TP 19547
13: 00 GMT Orders
BUY EUR @ 13433 SL 13396 TP 13513
SELL EUR @ 13396 SL 13433 TP 13316
Buy Gbp 19750 SL 19680 TP 19870
Sell Gbp 19667 SL 19737 TP 19547

April 9th, 2007
9: 00 GMT Orders
BUY EUR @ 13373 SL 13348 TP 13453
SELL EUR @ 13348 SL 13373 TP 13268
Buy Gbp 19659 SL 19638 TP 19779
Sell Gbp 19638 SL 19659 TP 19418
13: 00 GMT Orders
BUY EUR @ 13386 SL 13358 TP 13466
SELL EUR @ 13358 SL 13386 TP 13278
Buy Gbp 19656 SL 19617 TP 19776
Sell Gbp 19617 SL 19656 TP 19497

April 6th, 2007
9: 00 GMT Orders
BUY EUR @ 13429 SL 13405 TP 13509
SELL EUR @ 13405 SL 13429 TP 13325
Buy Gbp 19730 SL 19683 TP 19850
Sell Gbp 19683 SL 19730 TP 19563
13: 00 GMT Orders
BUY EUR @ 13429 SL 13409 TP 13509
SELL EUR @ 13409 SL 13429 TP 13329
Buy Gbp 19724 SL 19689 TP 19844
Sell Gbp 19689 SL 19724 TP 19579

April 5th, 2007

9：00 GMT Orders
BUY EUR @ 13379 SL 13347 TP 13459
SELL EUR @ 13347 SL 13379 TP 13267
Buy Gbp 19777 SL 19727 TP 19897
Sell Gbp 19727 SL 19777 TP 19607
13：00 GMT Orders
BUY EUR @ 13390 SL 13353 TP 13470
SELL EUR @ 13353 SL 13390 TP 13273
Buy Gbp 19777 SL 19707 TP 19897
Sell Gbp 19665 SL 19735 TP 19545

April 4th，2007
9：00 GMT Orders
BUY EUR @ 13366 SL 13322 TP 13446
SELL EUR @ 13322 SL 13366 TP 13262
Buy Gbp 19776 SL 19720 TP 19896
Sell Gbp 19720 SL 19776 TP 19600
13：00 GMT Orders
BUY EUR @ 13381 SL 13331 TP 13461
SELL EUR @ 13331 SL 13381 TP 13251
Buy Gbp 19780 SL 19716 TP 19900
Sell Gbp 19716 SL 19780 TP 19596

April 3rd，2007
9：00 GMT Orders
BUY EUR @ 13388 SL 13347 TP 13468
SELL EUR @ 13347 SL 13388 TP 13267
Buy Gbp 19831 SL 19765 TP 19851
Sell Gbp 19765 SL 19831 TP 19645
13：00 GMT Orders
BUY EUR @ 13376 SL 13342 TP 13456
SELL EUR @ 13342 SL 13376 TP 13262
Buy Gbp 19804SL 19736 TP 19924
Sell Gbp 19736 SL 19804 TP 19716

April 2nd，2007
9：00 GMT Orders
BUY EUR @ 13368 SL 13337 TP 13448
SELL EUR @ 13337 SL 13368 TP 13257
Buy Gbp 19748 SL 19678 TP 19868
Sell Gbp 19666 SL 19731 TP 19546
13：00 GMT Orders
BUY EUR @ 13376 SL 13339 TP 13456
SELL EUR @ 13339 SL 13376 TP 13259
Buy Gbp 19782 SL 19712 TP 19902
Sell Gbp 19709 SL 19779 TP 19589

March 30th，2007
9：00 GMT Orders
filled Buy Eur 13355 closed at 13372. T/P=+17
filled Sell Eur 13307 closed at SL 13355. T/P=-48
filled Buy Gbp 19651 closed at eod 19686. T/P=+35
filled Buy Eur 13333 closed at 13372. T/P=+39
filled Sell Eur 13293 closed at SL 13333. T/P=-41
filled Buy Gbp 19600 closed at eod 19686. T/P=+86
total=+88 pips

March 29th，2007
9：00 GMT Orders
filled Buy Eur 13334 closed eod 13330. T/P=-4
filled Sell Gbp 19624 closed at 19628. T/P=+4
filled Sell Eur 13313 closed eod 13333. T/P=-20
filled Sell Gbp 19629 closed at eod 19628. T/P=-1
total=-21 pips

March 28th，2007
9：00 GMT Orders
filled Buy Eur 13368 closed SL 13321. T/P=-47
filled Sell Eur 13321 closed 13311. T/P=+10
filled Buy Gbp 19669 closed SL 19619. T/P=-50
filled Sell Gbp 19619 closed SL 19669 . T/P=-50
13：00 GMT Orders
filled Buy Eur 13361 closed SL 13317. T/P= -44
filled Sell Eur 13317 closed 13311. T/P=+6
filled Buy Gbp 19660 closed at eod 19615. T/P=-45
total=-220 pips

March 27th，2007
9：00 GMT Orders
filled Buy Eur 13345 closed 13358. T/P=+13
Filled Sell Gbp 19659 closed at eod 19652. T/P=+7
filled Buy Eur 13361 closed 13358. T/P=-3
Sell Eur 13324 SL 13361 TP 13244. T/P=+20
total=+37 pips

March 26th，2007
filled Buy Eur 13288 closed eod 13328. T/P=+40 pips
filled Buy Gbp 19650 closed eod 19691. T/P=+41 pips
filled Buy Eur 13283 closed eod 13328. T/P=+45 pips
filled Buy Gbp 19635 closed eod 19691. T/P=+56 pips

total：+182 pips

March 23th，2007
9：00 GMT Orders
filled Buy Eur 13345 closed at SL 13312. T/P=-33 pips
filled Sell Eur 13312 closed at SL 13345. T/P=-33 pips
filled Buy Gbp 19669 closed at SL 19619. T/P=-50 pips
filled Sell Gbp 19619 closed at SL 19669. T/P=-50 pips
13：00 GMT Orders
filled Buy Eur 13342 closed SL 13296. T/P=-46 pips
filled Sell Eur 13296 closed eod 13291. T/P=+5 pips
filled Sell Gbp 19595 eod 19625. T/P=-30 pips
total：-237 pips

March 22th，2007
filled Sell Eur 13360 closed eod 13332. T/P=+28 pips
filled Buy Gbp 19698 closed at SL 19653. T/P=-45 pips
filled Sell Gbp 19653 closed eod 19647. T/P=+6 pips
filled Sell Eur 13341 closed eod 13332. T/P=+9 pips
filled Sell Gbp 19656 closed eod 19647. T/P=+9 pips
total= +7 pips

March 21th，2007
9：00 GMT Orders
filled Buy Eur 13326 closed eod 13386. T/P=+60 pips
filled Sell Eur 13297 closed at SL 13326. T/P=-29 pips
filled Buy Gbp 19660 closed eod 19684. T/P=+24 pips
filled Sell Gbp 19607 closed at MVSL. T/P=0 pips
filled Buy Eur 13328 closed eod 13386. T/P=+58 pips
filled Buy Gbp 19656 closed eod 19684. T/P=+28 pips
total= +141

March 20th，2007
9：00 GMT Orders
filled Buy Eur 13314 closed at eod 13321. T/P=+7 pips
filled Sell Eur 13277 closed at SL 13314. T/P= -37 pips
filled Buy Gbp 19499 closed at TP 19619. T/P= +120 pips
filled Sell Gbp 19436 closed at SL 19499. T/P=-63 pips
filled Buy Eur 13312 closed eod 13321. T/P=+9 pips
filled Buy Gbp 19585 closed at eod 19615. T/P=+30 pips
total= +66 pips

March 19th，2007
filled Buy Eur 13319 closed SL 13279. T/P= -40 pips
filled Sell Eur 13279 closed at eod 13300. T/P=-21 pips
filed Buy Gbp 19439 closed eod 19449. T/P= +10 pips
filled Buy Gbp 19468 closed eod 19449. T/P= -19 pips
total= -70 pips

March 16th，2007
filled Buy Eur 13318 closed at MSL. T/P=0
filled Buy Gbp 19440 closed at MSL.T/P=0
filled Buy Gbp 19506 closed at SL 19436. T/P=-70 pips
total=-70

March 15th，2007
9：00 GMT Orders
filled Buy Eur 13236 closed eod 13236. T/P=0 pips
filled Sell Eur 13203 closed at SL 13236 . T/P=-33 pips
filled Buy Gbp 19376 closed at eod 19362. T/P=-14
filled Sell Gbp 19313 closed at SL 19376 . T/P=-63 pips
filled Buy Eur 13229 closed eod 13236. T/P=+7 pips
filled Buy Gbp 19378 closed at eod 19362. T/P=-16 pips
total：-119 pips

March 14th，2007
filled Buy Eur 13216 closed eod 13216. T/P=0 pips
filled Buy Gbp 19314 closed at eod 19339. T/P=+25 pips
filled Sell Gbp 19212 closed at SL 19282. T/P=-70 pips
filled Buy Eur 13218 closed eod 13216. T/P=-2 pips
filled Buy Gbp 19257 closed at eod 19339. T/P=+82 pips
filled Sell Gbp 19212 closed at SL 19257. T/P=-45 pips
total pips：-10 pips

March 13th，2007
filled Buy Eur 13194 closed eod 13195. T/P=+1 pip
filled Sell Eur 13156 closed at SL 13194. T/P=-38 pips
filled Buy Gbp 19335 closed eod 19279. T/P=-56 pips
filled Buy Eur 13198 closed eod 13195. T/P=-3 pips
filled Buy Gbp 19327 closed eod 19279. T/P=-48 pips
total= -144 pips

March 12th，2007
filled Buy Eur 13140 closed eod 13192. T/P=+52 pips
filled Buy Gbp 19406 closed at SL 19336. T/P=-70 pips
Sell Gbp 19327 closed at MSL. P/L=0
filled Buy Eur 13189 closed eod 13192. T/P=+3 pips
filled Sell Gbp 19360 closed at eod 19332. T/P=+28 pips
total：+13 pips

March 9th，2007
filled Sell Eur 13133 closed eod 13111. T/P=+22 pips
Filled Buy Gbp 19344 closed 19328 eod. T/P=-16 pips
filled Sell Gbp 19267 closed SL 19337 . T/P=-70 pips
filled Sell Eur 13135 closed eod 13111. T/P=+24 pips
Filled Buy Gbp 19332 closed 19328 eod. T/P=-4 pips
total for march 9th=-44 pips

March 8th，2007
filled Sell Eur 13139 closed at eod 13136. T/P=+3 pips
Filled Sell Gbp 19305 closed eod 19295. T/P=+10 pips
filled Buy Eur 13178 closed at SL 13136. T/P=-42 pips
filled Sell Eur 13136 closed at eod 13136. T/P=0 pips
Filled Sell Gbp 19273 closed eod 19295. T/P=-22 pips
total for march 8th=-51 pips

March 7th，2007
9：00 GMT Orders
filled Buy Eur 13138 closed eod 13178. T/P=+40 pips
filled Buy Gbp 19332 closed 19305 eod. T/P=-27 pips
filled Buy Eur 13134 closed eod 13178.T/P=+44 pips
filled Buy Gbp 19314 closed 19305 eod. T/P=-9 pips
total= +48 pips

March 6th，2007
filled Sell Eur 13087 closed eod 13131. T/P=-44 pips
filled Buy Gbp 19314 closed 19333 eod. t/p=+19 pips
filled Sell Gbp 19231 closed at SL 19301 . t/p=-70 pips
filled Sell Eur 13092 closed eod 13131. t/p=-39 pipd
filled Buy Gbp 19310 closed 19333 eod. t/p=+23 pips
filled Sell Gbp 19245 closed at SL 19310. t/p=-65 pips
total march 6th= -176 pips

March 5th，2007
filled Sell Eur 13119 closed eod 13084. T/P=+35 pips
filled Sell Gbp 19211 closed at SL 19281. T/P=-70 pips
filled Sell Eur 13076 closed eod 13084. T/P=-8 pips
filled buy GBP 19266 closed SL 19196. T/P=-70 pips
filled Sell Gbp 19194 closed at SL 19264. T/P=-70 pips
total for March 5th= -183 pips

March 2nd，2007
9：00 GMT Orders
filled Buy Eur 13190 closed eod 13197. T/P=+7 pips
filled Sell Eur 13153 closed at SL 13190. T/P=-37 pips

March detailed orders entered into system

March 30th，2007
9：00 GMT Orders
Buy Eur 13355 SL 13307 TP 13435
Sell Eur 13307 SL 13355 TP 13227
Buy Gbp 19651 SL 19581 TP 19771
Sell Gbp 19543 SL 19613 TP 19423
13：00 GMT Orders
Buy Eur 13333 SL 13293 TP 13413
Sell Eur 13293 SL 13333 TP 13213
Buy Gbp 19600 SL 19539 TP 19720
Sell Gbp 19539 SL 19600 TP 19419

March 29th，2007
9：00 GMT Orders
Buy Eur 13334 SL 13306 TP 13414
Sell Eur 13306 SL 13334 TP 13226
Buy Gbp 19666 SL 19624 TP 19786
Sell Gbp 19624 SL 19666 TP 19504
13：00 GMT Orders
Buy Eur 13358 SL 13313 TP 13438
Sell Eur 13313 SL 13358 TP 13233
Buy Gbp 19664 SL 19629 TP 19784
Sell Gbp 19629 SL 19664 TP 19509

March 28th，2007
9：00 GMT Orders
Buy Eur 13368 SL 13321 TP 13448
Sell Eur 13321 SL 13368 TP 13241
Buy Gbp 19669 SL 19619 TP 19789
Sell Gbp 19619 SL 19669 TP 19499
13：00 GMT Orders
Buy Eur 13361 SL 13317 TP 13441
Sell Eur 13317 SL 13361 TP 13237
Buy Gbp 19660 SL 19591 TP 19780
Sell Gbp 19591 SL 19660 TP 19471

March 27th，2007
9：00 GMT Orders
Buy Eur 13345 SL 13317 TP 13425
Sell Eur 13317 SL 13345 TP 13237
Buy Gbp 19706 SL 19659 TP 19826
Sell Gbp 19659 SL 19706 TP 19539
13：00 GMT Orders

Buy Eur 13361 SL 13324 TP 13441
Sell Eur 13324 SL 13361 TP 13244
Buy Gbp 19700 SL 19630 TP 19820
Sell Gbp 19613 SL 19683 TP 19493

March 26th，2007
9：00 GMT Orders
Buy Eur 13288 SL 13248 TP 13368
Sell Eur 13248 SL 13288 TP 13168
Buy Gbp 19650 SL 19580 TP 19770
Sell Gbp 19575 SL 19645 TP 19455
13：00 GMT Orders
Buy Eur 13283 SL 13251 TP 13363
Sell Eur 13251 SL 13283 TP 13171
Buy Gbp 19635 SL 19581 TP 19755
Sell Gbp 19581 SL 19635 TP 19461

March 23th，2007
9：00 GMT Orders
Buy Eur 13345 SL 13312 TP 13445
Sell Eur 13312 SL 13345 TP 13232
Buy Gbp 19669 SL 19619 TP 19789
Sell Gbp 19619 SL 19669 TP 19499
13：00 GMT Orders
Buy Eur 13342 SL 13296 TP 13422
Sell Eur 13296 SL 13342 TP 13226
Buy Gbp 19699 SL 19629 TP 19819
Sell Gbp 19595 SL 19565 TP 19475

March 22th，2007
9：00 GMT Orders
Buy Eur 13398 SL 13360 TP 13478
Sell Eur 13360 SL 13398 TP 13280
Buy Gbp 19698 SL 19653 TP 19812
Sell Gbp 19653 SL 19698 TP 19533
13：00 GMT Orders
Buy Eur 13386 SL 13341 TP 13466
Sell Eur 13341 SL 13386 TP 13261
Buy Gbp 19735 SL 19665 TP 19855
Sell Gbp 19656 SL 19726 TP 19536

March 21th，2007
9：00 GMT Orders
Buy Eur 13326 SL 13297 TP 13406
Sell Eur 13297 SL 13326 TP 13217
Buy Gbp 19660 SL 19607 TP 19780
Sell Gbp 19607 SL 19660 TP 19487
13：00 GMT Orders
Buy Eur 13328 SL 13286 TP 13408
Sell Eur 13286 SL 13328 TP 13217
Buy Gbp 19656 SL 19586 TP 19776
Sell Gbp 19548 SL 19618 TP 19428

March 20th，2007
9：00 GMT Orders
Buy Eur 13314 SL 13277 TP 13394
Sell Eur 13277 SL 13314 TP 13197
Buy Gbp 19499 SL 19436 TP 19619
Sell Gbp 19436 SL 19499 TP 19316
13：00 GMT Orders
Buy Eur 13312 SL 13265 TP 13392
Sell Eur 13265 SL 13312 TP 13345
Buy Gbp 19585 SL 195157 TP 19605
Sell Gbp 19424 SL 19494 TP 19304

March 19th，2007
9：00 GMT Orders
Buy Eur 13319 SL 13279 TP 13389
Sell Eur 13279 SL 13319 TP 13199
Buy Gbp 19439 SL 19397 TP 19559
Sell Gbp 19397 SL 19439 TP 19277
13：00 GMT Orders
Buy Eur 13325 SL 13275 TP 13405
Sell Eur 13274 SL 13324 TP 13194
Buy Gbp 19468 SL 19409 TP 19588
Sell Gbp 19409 SL 19468 TP 19389

March 16th，2007
9：00 GMT Orders
Buy Eur 13318 SL 13275 TP 13398
Sell Eur 13275 SL 13318 TP 13195
Buy Gbp 19440 SL 19470 TP 19560
Sell Gbp 19364 SL 19434 TP 19244
13：00 GMT Orders
Buy Eur 13346 SL 13296 TP 13426
Sell Eur 13289 SL 13339 TP 13209
Buy Gbp 19506 SL 19436 TP 19626
Sell Gbp 19393 SL 19463 TP 19273

March 15th，2007

9：00 GMT Orders
Buy Eur 13236 SL 13203 TP 13316
Sell Eur 13203 SL 13236 TP 13123
Buy Gbp 19376 SL 19313 TP 19496
Sell Gbp 19313 SL 19376 TP 19193
13：00 GMT Orders
Buy Eur 13229 SL 13188 TP 13309
Sell Eur 13188 SL 13229 TP 13108
Buy Gbp 19378 SL 19308 TP 19498
Sell Gbp 19300 SL 19370 TP 19180

March 14th，2007
9：00 GMT Orders
Buy Eur 13216 SL 13175 TP 13296
Sell Eur 13175 SL 13216 TP 13095
Buy Gbp 19314 SL 192446 TP 19434
Sell Gbp 19212 SL 19282 TP 19092
13：00 GMT Orders
Buy Eur 13218 SL 13171 TP 13298
Sell Eur 13171 SL 13218 TP 13091
Buy Gbp 19257 SL 19212 TP 19377
Sell Gbp 19212 SL 19257 TP 19092

March 13th，2007
9：00 GMT Orders
Buy Eur 13194 SL 13156 TP 13274
Sell Eur 13156 SL 13194 TP 13076
Buy Gbp 19335 SL 19265 TP 19455
Sell Gbp 19265 SL 19335 TP 19145
13：00 GMT Orders
Buy Eur 13198 SL 13150 TP 13278
Sell Eur 13150 SL 13198 TP 13070
Buy Gbp 19327 SL 19267 TP 19447
Sell Gbp 19267 SL 19327 TP 19147

March 12th，2007
9：00 GMT Orders
Buy Eur 13140 SL 13103 TP 13220
Sell Eur 13103 SL 13140 TP 13023
Buy Gbp 19406 SL 19336 TP 19526
Sell Gbp 19327 SL 19397 TP 19207
13：00 GMT Orders
Buy Eur 13189 SL 13139 TP 13269
Sell Eur 13120 SL 13170 TP 13060
Buy Gbp 19442 SL 19372 TP 19462
Sell Gbp 19360 SL 19430 TP 19240

March 9th，2007
9：00 GMT Orders
Buy Eur 13164 SL 13133 TP 13244
Sell Eur 13133 SL 13164 TP 13053
Buy Gbp 19344 SL 19274 TP 19464
Sell Gbp 19267 SL 19337 TP 19147
13：00 GMT Orders
Buy Eur 13164 SL 13135 TP 13244
Sell Eur 13135 SL 13164 TP 13055
Buy Gbp 19332 SL 19262 TP 19452
Sell Gbp 19259 SL 19329 TP 19139

March 8th，2007
9：00 GMT Orders
Buy Eur 13189 SL 13139 TP 13269
Sell Eur 13139 SL 13189 TP 13059
Buy Gbp 19352 SL 19305 TP 19472
Sell Gbp 19305 SL 19352 TP 19185
13：00 GMT Orders
Buy Eur 13178 SL 13136 TP 13258
Sell Eur 13136 SL 13178 TP 13056
Buy Gbp 19362 SL 19292 TP 19482
Sell Gbp 19273 SL 19343 TP 19153

March 7th，2007
9：00 GMT Orders
Buy Eur 13138 SL 13088 TP 13218
Sell Eur 13087 SL 13138 TP 13007
Buy Gbp 19332 SL 19262 TP 19452
Sell Gbp 19261 SL 19331 TP 19141
13：00 GMT Orders
Buy Eur 13134 SL 13092 TP 13114
Sell Eur 13092 SL 13134 TP 13012
Buy Gbp 19314 SL 19261 TP 19434
Sell Gbp 19261 SL 19314 TP 19141

March 6th，2007
9：00 GMT Orders
Buy Eur 13138 SL 13088 TP 13218
Sell Eur 13087 SL 13138 TP 13007
Buy Gbp 19314 SL 19244 TP 19434
Sell Gbp 19231 SL 19301 TP 19111
13：00 GMT Orders

Buy Eur 13134 SL 13092 TP 13114
Sell Eur 13092 SL 13134 TP 13012
Buy Gbp 19310 SL 19245 TP 19430
Sell Gbp 19245 SL 19310 TP 19125

March 5th，2007
9：00 GMT Orders
Buy Eur 13182 SL 13132 TP 13262
Sell Eur 13119 SL 13169 TP 13039
Buy Gbp 19333 SL 19263 TP 19453
Sell Gbp 19211 SL 19281 TP 19091
13：00 GMT Orders
Buy Eur 13148SL 13098 TP 13228
Sell Eur 13076 SL 13136 TP 12996
Buy Gbp 19266 SL 19196 TP 19386
Sell Gbp 19194 SL 19264 TP 19074

March 2nd，2007
9：00 GMT Orders
Buy Eur 13190 SL 13153 TP 13270
Sell Eur 13153 SL 13190 TP 13073
Buy Gbp 19592 SL 19522 TP 19712
Sell Gbp 19518 SL 19588 TP 19398
13：00 GMT Orders
Buy Eur 13181SL 13136 TP 13261
Sell Eur 13136 SL 13181 TP 13056
Buy Gbp 19567 SL 19423 TP 19687
Sell Gbp 19423 SL 19567 TP 19303

March 1st，2007
9：00 GMT Orders
Buy Eur 13247 SL 13198 TP 13327
Sell Eur 13198 SL 13247 TP 13118
Buy Gbp 19638 SL 19568 TP 19758
Sell Gbp 19561 SL 19631 TP 19441
13：00 GMT Orders
Buy Eur 13241 SL 13207 TP 13321
Sell Eur 13207 SL 13241 TP 13127
Buy Gbp 19654 SL 19584 TP 19774
Sell Gbp 19581 SL 19651 TP 19461

February 28th，2007
filled Buy Eur 13234 closed eod 13224. T/P：-10 pips
filled Sell Gbp 19525 closed at SL 19595. T/P：-70 pips
filled Buy Eur 13215 closed eod 13224. T/P：+9 pips
filled Buy Gbp 19604 closed at eod 19528：T/P：+24 pips
total for February 28th，2007：-41 pips

February 27th，2007
filled Buy Eur 13237 closed eod 13238，T/P=+1 pip
filled Buy Eur 13215 closed eod 13238，T/P= +23 pips
filled Buy Gbp 19668 closed at SL 19619 . T/P= -49 pips
filled Sell Gbp 19619 closed et eod 19645. T/P= -26 pips
total Feb 27th= -51 pips

February 26th，2007
filled Buy Eur 13194 closed at eod 13188.P/L=-6 pips
filled Sell Eur 13154 closed at sl 13194 .P/L= -40 pips
filled Sell Gbp 19611 closed at eod 19637. p/L=-26
filled Buy Eur 13180 closed at eod 13188. p/L=+8
filled Buy Gbp 19648 closed at eod 19632. p/L=-16
total for feb 26th：-80 pips.

February 23th，2007
9：00 GMT Orders
filled Buy Eur 13137 closed at eod 13172. P/L=+35 pips
filled Sell Eur 13104 closed at SL 13137 .P/L=-33 pips
filed Buy Gbp 19608 closed at eod 19641. P/L= +33 pips
filled sell Gbp at 19542 closed at SL 19608. P/L=-66 pips
filled Buy Eur 13137 closed at eod 13172. P/L=+35 pips
filled Buy Gbp 19618 closed at eod 19641. P/L=+23 pips
total for feb 23th：+27 pips

February 22th
filled Buy Eur 13142 closed at eod 13126. P/L=-16 pips
filled Sell Eur 13080 closed at SL 13130. P/L=-50 pips
filled Buy Gbp 19544 closed at eod 19564.P/L= +20 pips
filled Buy Eur 13112 closed at eod 13126. P/L=+14 pips
filled Buy Gbp 19527 closed eod 19564. P/L= + 37 pips
total February 22：+5 pips

February 21th，2007
9：00 GMT Orders
filled Sell Eur 13129 closed eod 13142. P/L=-13 pips
filled Sell Gbp 19519 closed eod 19540.P/L=-21 pips
filled Sell Eur 13113 closed eod 13142.P/L=-29 pips
total feb 21st：-63 pips

February 20th，2007

filled Buy Gbp 19558 closed eod. 19536 T/P：-22 pips
filled Buy Gbp 19525 closed EOD 19536 T/P=+11 pips
total Feb 20th：-11 pips

February 19th，2007
Filled Sell Eur 13130 closed at 13150 EOD. P/L=-20 pips
filled Sell Gbp 19494 closed at MSL. P/L=0
Filled Buy Eur 13156 closed at 13150. EOD. P/L=-6 pips
filled Buy Gbp 19536 closed at 19506. EOD. P/L=-30 pips
total for today：-56 pips

February 16th，2007
Filled Buy Eur 13137 closed at SL 13108. P/L= -29 pips
Filled Sell Eur 13108 closed at SL 13137. P/L=-29 pips
Filled Sell Gbp 19465 closed at EOD 19505. P/L= -40 pips
filled Buy Eur 13144 closed at EOD 13136. P/L= -8 pips
Filled Sell Eur 13102 closed at SL 13144. P/L= -42 pips.
filled Buy Gbp 19510 closed at EOD SL 19500. P/L= -10 pips
Filled Sell Gbp 19468 closed at SL 19510 . P/L= -42 pips
total February 16th：-200 pips

February 15th，2007
Filled Buy Eur 13160 closed at EOD 13136. P/L=-24 pips
Sell Gbp 19618 closed at MSL. P/L=0 pips
Filled Buy Eur 13148 closed at EOD 13136. P/L=-12 pips
Filled Sell Gbp 19539 closed at EOD 19511. P/L=+28 pips
total for February 15th= -8 pips.

February 14th，2007
Filled Buy Eur 13103 closed at EOD 13132，P/L=+29 pips
Filled Buy Gbp 19546 closed at EOD 19629，P/L=+83 pips
Filled Buy Eur 13107 closed at EOD 13132，P/L=+25 pips
Filed Buy Gbp 19574 closed at EOD 19629，P/L=+55 pips
total for February 14th：+192 pips

February 13th，2007
Buy Eur 13012 closed at msl. p/l=0
Sell Gbp 19471 closed at msl. p/l=0
Buy Eur 13026 closed at eod 13035. p/l=+9 pips

February 12th，2007
9：00 GMT Orders
filled Sell Eur 12993 closed at EOD 12963. T/P=+30 pips
Filled Sell Gbp 19481 closed at MSL. P/L=0
Sell Eur 12937 SL 12987 TP 12857
total Feb 12th：+30 pips

February 9th，2007
9：00 GMT Orders
Filled Sell Eur 12992 closed at EOD 13008. P/L=-16 pips
filled Sell Gbp 19479 closed at EOD 19506. P/L=-27 pips
filled Buy Gbp 19515 closed at EOD 19501. P/L=-14 pips
total for February 9th.= -57 pips

February 8th，2007
9：00 GMT Orders
filled Buy Eur 13031 closed at eod 13038. P/L=+7 pips
Sell Eur 12975 closed at SL 13025 TP P/L=-50 pips
Filled Sell Gbp 19651 closed at EOD 19691. P/L=+60 pips
Filled Buy Eur 13004 closed at EOD 13038.P/L=+34 pips
Filled Sell Gbp 19579 closed at EOD 19791. P/L=-12 pips
total for february 8th= +39 pips

February 7th，2007
9：00 GMT Orders
Filled Buy Eur 13000 closed at EOD 13015. P/L：=+15 pips
filled Buy Gbp 19733 closed at SL 19683. P/L=-50 pips
filled Sell Gbp 19683 closed at SL 19733. P/L=-50 pips
filled Buy Eur 13006 closed at EOD 13015. P/L=+9 pips
filled Buy GBP 19726 closed at EOD 19700. P/L=-26 pips
total for February 7th：-102 pips.

February 6th，2007
filled Buy Eur 12943 closed at EOD 12984 P/L=+41 pips
filled Buy Gbp 19652 closed at EOD 19710 P/L=+58 pips
filled Buy Eur 12968 closed at EOD 12984 P/L=+16 pips
filled Buy GBP 19704 closed at EOD 19710. P/L=+6 pips
total for February 6th 2007：+121 pips

February 5th，2007
Filled Sell Eur 12925 closed @ 13132，P/L=-7 pips
Filled Sell Gbp 19620 closed @ 19602，P/L=+18 pips
Filled Sell Eur 12914 closed @ 13132，P/L=-18 pips
Filled Sell GBP 19548 closed @ 19602. P/L=-54 pips
total for February 5th，2007：-61 pips

February 2nd，2007
Filled Buy Eur 13032 closed at MSL. P/L=0

Filled Sell Eur 13005 closed at 12958. P/L= +47 pips
Filled Buy Gbp 19694 closed at MSL. P/L=0
Filled Sell Gbp 19636 closed at SL 19694. P/L= -58 pips
13：00 GMT orders
Filled Buy Eur 13034 closed at MSL. P/L=0
Filled Sell Eur 13008 closed at 12958 EOD. P/L=+50 pips
Filled Buy Gbp 19700 closed at MSL. P/L=0
Filled Sell Gbp 19659 closed at 19667 EOD P/L=-8 pips
I traded this sell @ 19636 instead @ 19659（my mistake when I entered the order on my trading platform. The real order is 19659 sell） I corrected it here to show real hans trading.
total for today，February 2nd：+31 pips

February 1st，2007
9：00 GMT Orders
filled Buy Eur 13038 closed at EOD 13022，P/L= -16 pips
filled Sell Eur 13008 closed at SL 13038，P/L=-30 pips
filled Buy Gbp 19668 closed at MSL，P/L=0
filled Buy Eur 13038 closed at EOD 13022，P/L=-16 pips（order was 13036，filled at 13038（2 pip slippage））
filled Buy Gbp 19695 closed at MSL，P/L=0
total for February 1st，2007= -62 pips

February 28th，2007
9：00 GMT Orders
Buy Eur 13234 SL 13184 TP 13314
Sell Eur 13179 SL 13229 TP 13099
Buy Gbp 19646 SL 19576 TP 19766
Sell Gbp 19525 SL 19595 TP 19405
13：00 GMT Orders
Buy Eur 13215 SL 13175 TP 13295
Sell Eur 13175 SL 13215 TP 13095
Buy Gbp 19604 SL 19534 TP 19724
Sell Gbp 19510 SL 19580 TP 19390

February 27th，2007
9：00 GMT Orders
Buy Eur 13237 SL 13187 TP 13317
Sell Eur 13155 SL 13205 TP 13075
Buy Gbp 19682 SL 19612 TP 19802
Sell Gbp 19586 SL 19656 TP 19466
13：00 GMT Orders
Buy Eur 13215 SL 13195 TP 13295
Sell Eur 13195 SL 13215 TP 13115
Buy Gbp 19668 SL 19619 TP 19788
Sell Gbp 19619 SL 19668 TP 19499

February 26th，2007
9：00 GMT Orders
Buy Eur 13194 SL 13154 TP 13274
Sell Eur 13154 SL 13194 TP 13074
Buy Gbp 19667 SL 19611 TP 19787
Sell Gbp 19611 SL 19667 TP 19391
13：00 GMT Orders
Buy Eur 13180 SL 13045 TP 13260
Sell Eur 13045 SL 13180 TP 13065
Buy Gbp 19648 SL 19600 TP 19768
Sell Gbp 19600 SL 19648 TP 19480

February 23th，2007
9：00 GMT Orders
Buy Eur 13137 SL 13104 TP 13217
Sell Eur 13104 SL 13137 TP 13024
Buy Gbp 19608 SL 19542 TP 19728
Sell Gbp 19542 SL 19608 TP 19422
13：00 GMT Orders
Buy Eur 13137 SL 13096 TP 13217
Sell Eur 13096 SL 13137 TP 13026
Buy Gbp 19618 SL 19548 TP 19738
Sell Gbp 19529 SL 19599 TP 19409

February 22th
9：00 GMT Orders
Buy Eur 13142 SL 13092 TP 13222
Sell Eur 13080 SL 13130 TP 13000
Buy Gbp 19544 SL 19474 TP 19664
Sell Gbp 19455 SL 19525 TP 19335
13：00 GMT Orders
Buy Eur 13112 SL 13075 TP 13192
Sell Eur 13075 SL 13112 TP 12995
Buy Gbp 19527 SL 19473 TP 19647
Sell Gbp 19473 SL 19527 TP 19353

February 21th，2007
9：00 GMT Orders
Buy Eur 13173 SL 13129 TP 13253
Sell Eur 13129 SL 13173 TP 13049
Buy Gbp 19600 SL 19530 TP 19720
Sell Gbp 19519 SL 19589 TP 19399

13：00 GMT Orders
Buy Eur 13160 SL 13113 TP 13240
Sell Eur 13113 SL 13160 TP 13033
Buy Gbp 19580 SL 19510 TP 19700
Sell Gbp 19480 SL 19550 TP 19360

February 20th，2007
9：00 GMT Orders
Buy Eur 13196 SL 13146 TP 13276
Sell Eur 13125 SL 13175 TP 13045
Buy Gbp 19558 SL 19488 TP 19678
Sell Gbp 19475 SL 19545 TP 19355
13：00 GMT Orders
Buy Eur 13164 SL 13125 TP 13244
Sell Eur 13125 SL 13164 TP 13045
Buy Gbp 19525 SL 19471 TP 19645
Sell Gbp 19471 SL 19525 TP 19351

February 19th
9：00 GMT Orders
Buy Eur 13169 SL 13130 TP 13249
Sell Eur 13130 SL 13169 TP 13050
Buy Gbp 19566 SL 19496 TP 19686
Sell Gbp 19494 SL 19564 TP 19374
13：00 GMT Orders
Buy Eur 13156 SL 13117 TP 13236
Sell Eur 13117 SL 13156 TP 13037
Buy Gbp 19536 SL 19466 TP 19656
Sell Gbp 19423 SL 19493 TP 19303

February 16th，2007
9：00 GMT Orders
Buy Eur 13137 SL 13108 TP 13217
Sell Eur 13108 SL 13137 TP 13028
Buy Gbp 19548 SL 19478 TP 19668
Sell Gbp 19465 SL 19535 TP 19345
13：00 GMT Orders
Buy Eur 13144 SL 13102 TP 13224
Sell Eur 13102 SL 13144 TP 13022
Buy Gbp 19510 SL 19468 TP 19630
Sell Gbp 19468 SL 19510 TP 19348

February 15th，2007
9：00 GMT Orders
Buy Eur 13160 SL 13114 TP 13240
Sell Eur 13114 SL 13160 TP 13034
Buy Gbp 19686 SL 19618 TP 19806
Sell Gbp 19618 SL 19686 TP 19498
13：00 GMT Orders
Buy Eur 13148 SL 13113 TP 13228
Sell Eur 13113 SL 13148 TP 13033
Buy Gbp 19673 SL 19603 TP 19793
Sell Gbp 19539 SL 19609 TP 19419

February 14th，2007
9：00 GMT Orders
Buy Eur 13103 SL 13053 TP 13183
Sell Eur 13018 SL 13068 TP 12938
Buy Gbp 19546 SL 19476 TP 19666
Sell Gbp 19451 SL 19521 TP 19331
13：00 GMT Orders
Buy Eur 13107 SL 13069 TP 13187
Sell Eur 13069 SL 13107 TP 12989
Buy Gbp 19574 SL 19504 TP 19694
Sell Gbp 19481 SL 19551 TP 19361

February 13th，2007
9：00 GMT Orders
Buy Eur 13012 SL 12962 TP 13092
Sell Eur 12953 SL 13003 TP 12873
Buy Gbp 19532 SL 19471 TP 19652
Sell Gbp 19471 SL 19532 TP 19351
13：00 GMT Orders
Buy Eur 13026 SL 12980 TP 13106
Sell Eur 12980SL 13026 TP 12900
Buy Gbp 19517 SL 19447 TP 19637
Sell Gbp 19395 SL 19465 TP 19275

February 12th，2007
9：00 GMT Orders
Sell Eur 12993 SL 13041 TP 12913
Buy Eur 13041 SL 12993 TP 13121
Buy Gbp 19574 SL 19504 TP 19694
Sell Gbp 19481 SL 19551 TP 19361
13：00 GMT Orders
Buy Eur 13013 SL 12963 TP 13093
Sell Eur 12937 SL 12987 TP 12857
Buy Gbp 19514 SL 19449 TP 19635
Sell Gbp 19431 SL 19515 TP 19329

February 9th，2007
9：00 GMT Orders
Buy Eur 13051 SL 13001 TP 13131
Sell Eur 12992 SL 13042 TP 12912
Buy Gbp 19608 SL 19538 TP 19728
Sell Gbp 19479 SL 19549 TP 19359
13：00 GMT Orders
Buy Eur 13022 SL 12982 TP 13102
Sell Eur 12982 SL 13022 TP 12902
Buy Gbp 19515 SL 19449 TP 19635
Sell Gbp 19449 SL 19515 TP 19329

February 8th，2007
9：00 GMT Orders
Buy Eur 13031 SL 12981 TP 13111
Sell Eur 12975 SL 13025 TP 12895
Buy Gbp 19729 SL 19659 TP 19824
Sell Gbp 19651 SL 19721 TP 19531
13：00 GMT Orders
Buy Eur 13004 SL 12969 TP 13084
Sell Eur 12969 SL 13004 TP 12889
Buy Gbp 19711 SL 19641 TP 19831
Sell Gbp 19579 SL 19649 TP 19459

February 7th，2007
9：00 GMT Orders
Buy Eur 13000 SL 12967 TP 13080
Sell Eur 12967 SL 13000 TP 12887
Buy Gbp 19733 SL 19683 TP 19853
Sell Gbp 19683 SL 19733 TP 19563
13：00 GMT Orders
Buy Eur 13006 SL 12972 TP 13086
Sell Eur 12972 SL 13006 TP 12892
Buy GBP 19726 SL 19666 TP 19846
Sell GBP 19666 SL 19726 TP 19546

February 6th，2007
9：00 GMT Orders
Buy Eur 12943 SL 12907 TP 13023
Sell Eur 12907 SL 12943 TP 12827
Buy Gbp 19652 SL 19582 TP 19772
Sell Gbp 19582 SL 19652 TP 19462
13：00 GMT Orders
Buy Eur 12968 SL 12925 TP 13048
Sell Eur 12925 SL 12968 TP 12845
Buy GBP 19704 SL 19634 TP 19824
Sell GBP 19607 SL 19677 TP 19487

February 5th，2007
9：00 GMT Orders
Buy Eur 12973 SL 12925 TP 13053
Sell Eur 12925 SL 12973 TP 12845
Buy Gbp 19676 SL 19620 TP 19796
Sell Gbp 19620 SL 19676 TP 19500
13：00 GMT Orders
Buy Eur 12964 SL 12914 TP 13044
Sell Eur 12914 SL 12964 TP 12834
Buy GBP 19656 SL 19586 TP 19776
Sell GBP 19548 SL 19618 TP 19428

February 2nd，2007
9：00 GMT Orders
Buy Eur 13032 SL 13005 TP 13112
Sell Eur 13005 SL 13032 TP 12925
Buy Gbp 19694 SL 19636 TP 19814
Sell Gbp 19636 SL 19694 TP 19516
13：00 GMT orders
Buy Eur 13034 SL 13008 TP 13114
Sell Eur 13008 SL 13034 TP 12920
Buy Gbp 19700 SL 19659 TP 19820
Sell Gbp 19659 SL 19700 TP 19539

February 1st，2007
9：00 GMT Orders
Buy Eur 13038 SL 13008 TP 13118
Sell Eur 13008 SL 13038 TP 12928
Buy Gbp 19668 SL 19614 TP 19788
Sell Gbp 19614 SL 19668 TP 19494
13：00 GMT orders
Buy Eur 13036 SL 12997 TP 13116
Sell Eur 12997 SL 13038 TP 12917
Buy Gbp 19695 SL 19625 TP 19815
Sell Gbp 19625 SL 19695 TP 19505

January 31 st，2007
Buy Eur 12972 closed @ EOD 13022，P/L= +50 pips
Sell Eur 12926 closed @ SL 12972，P/L=-46 pips
Buy Gbp 19642 closed @ EOD 19641，P/L=-1 pips
Sell Gbp 19519 closed @ SL 19589，P/L=-70 pips
Buy Eur 12967 closed @ EOD 13022，P/L= +55 pips

Buy Gbp 19563 closed @ EOD 19641, P/L= +78 pips
Sell Gbp 19504 closed @ SL 19563, P/L= -59 pips
total for January 31st, = +7 pips.

January 30, 2007
Filled Buy Eur 12977 closed at SL 12945, T/P=-32 pips
filled Sell Eur 12945 closed @ EOD 12967, T/P= -22 pips
filled Sell Gbp 19607 closed @ EOD 19631, T/P=-24 pips
filled Sell Eur 12945 closed @ EOD 12967, T/P=-22 pips
filled Sell Gbp 19628 closed @ EOD 19631, TP=-3 pips
total for January 30th: -103 pips

January 29, 2007
Filled Buy Eur 12930 closed at EOD 12958. P/L= +28 pips
Buy Gbp 19610 closed at EOD 19604. P/L=-6 pips
Sell Gbp 19557 closed at SL 19610, P/L= -53 pips
Buy Eur 12935 closed at EOD 12958. P/L=+23 pips
Buy Gbp 19602 closed at EOD 19604. P/L=+2 pips
total January 29th, 2007: -6 pips

January 26, 2007
Filled Sell Eur 12901 closed at EOD 12911. P/L= -10 pips
Filled Sell Gbp 19607 closed at MSL. P/L=0 pips
Filled Sell Eur 12885 closed at EOD 12911. P/L=-26 pips
Filled Sell Gbp 19577 closed at EOD 19593. P/L=-16
total for today January 26th: -52 pips

January 25, 2007
filled Sell Eur 12949 closed @ EOD 12929. P/L= +20 pips
filled Sell Gbp 19643 closed at EOD 19638.P/L=+5 pips
filled Sell Eur 12959 closed @ EOD 12929. P/L=+30 pips
filled Buy Gbp 19725 closed @ SL 19667, P/L=-58 pips
filled Sell Gbp 19667 Closed at EOD 19638. P/L= +29 pips
total for January 25: +26 pips

January 24, 2007
Sell Eur 12969 closed @ EOD 12965, P/L=+4 pips
Sell Gbp 19708 closed at 19687, P/L= +21 pips
Sell Eur 12969 closed @ EOD 12965, P/L=+4 pips
Sell Gbp 19690 closed at MSL, P/L=0 pips
total January 24th, 2007: +29 pips

January 23, 2007
Filled Buy Eur 12993 closed at EOD 13020. P/L= +27 pips
Filled Gbp 19844 closed at MSL. P/L=0 pips
Filled Sell Gbp 19805 at EOD 19819. P/L=-14 pips
total January 23, 2007: +13 pips

January 22, 2007
filled Sell Eur 12957 closed at MSL P/L=0 pips
filled Buy Gbp 19764 closed @ 19752, P/L= -12
filled Sell Gbp 19730 closed @ SL 19764 . P/L=-34
filled Buy Gbp 19772 closed @ EOD 19752, P/L= -20
total for January 22: -66 pips

January 19, 2007
Filled Sell Eur 12968 closed @ MSL. P/L=0
Buy Gbp 19773 closed @ SL 19734 P/L= -39
Sell Gbp 19734 closd @ SL 19773 P/L=-39
Filled Sell Eur 12948 closed @ MSL. P/L=0
Sell Gbp 19700 closed @ EOD 19740. P/L =-40
total for January 19: -118 pips

January 18, 2007
9: 00 GMT Orders
Filled Sell Eur 12947 closed at MSL. P/L =0
Filled Sell Gbp 19708 closed at MSL. P/L=0
Buy Eur 12966 closed at EOD 12960. P/L =-6 pips
Filled Sell Eur 12909 closed at SL 12959 . P/L= -50 pips
Filled Sell Gbp 19670 closd at SL. P/L=-70 pips
total January 18th: -126 pips

January 17, 2007
Filled Buy Eur 12943 closed @ EOD 12939, P/L: -4 pips
Filled Sell Eur 12912 closed @ SL 12943 P/L: -31 pips
Filled Buy Gbp 19675 closed @ EOD 19698, P/L: +23 pips
Filled Buy Eur 12937 closed @ EOD 12939, P/L: +2 pips
Filled Sell Eur 12907 closed @ SL 12937, P/L: -30 pips
Filled Buy Gbp 19686 closed @ EOD 19698, P/L: +12 pips
total for today: -32 pips

January 16, 2007
9: 00 GMT Orders
Filled Buy Eur 12980 closed @ SL 12932. P/L=-48 pips
Filled Sell Eur 12932 closed @ EOD 12913. P/L=+19 pips
filled Buy Gbp 19696 closed at SL 19637 , P/L= -59 pips
Sell Gbp 19637 closed @ MSL. P/L=0 pips
Sell Eur 12947 closed @ EOD 12913. P/L=+34 pips

Sell Gbp 19623 closed @ EOD 19611，P/L=+12 pips
total for Januray 16th：-42 pips

January 15，2007
Filled Buy Gbp 19649 Closed at 19640 EOD，P/L=-9 pips
Filled Sell Eur 12929 closed @ 12934 EOD，P/L=-5 pips
Filled Sell Gbp 19626 closed at 19645 EOD，P/L= -19 pips
total January：-33 pips

January 12，2007
9：00 GMT Orders
Buy Eur 12924 closed @ 12914 EOD，P/L= -10 pips
Filled Sell Eur 12888 closed at SL 12924 P/L= -36 pips
Filled Buy Gbp 19494 closed EOD @ 18579，P/L= +85
Buy Eur 12922 closed at EOD 12914. P/L=-8 pips
Filled Sell Eur 12881 closed at SL 12922，P/L=-41 pips
Filled Buy Gbp 19519 closed EOD @ 19579，P/L=+60 pips
total for January 12：+50 pips

January 11，2007
9：00 GMT Orders
Filled，Buy Eur 12978 closed 12978 moved SL. P/l=0
Sell Eur 12935SL closed @ 12897 Eod P/l=38 pips
Buy Gbp 19358 closed @ TP 19478 P/l=120 pips
Sell Eur 12954 closed @ 12897 Eod P/l=57 pips
total January 11：+215 pips

January 10，2007
Buy Eur 13005 SL 12962 TP 13085（MISSED BY ONE PIP-NOT FILLED）/Other brokers may have this filled
Filled Sell Eur 12962 closed @ 129341 EOD：P/L= +21
Filled Sell Gbp 19352 close @ 19331 EOD：P/L=+21 pips
Filled Sell Eur 12972 closed @ 12941 EOD：P/L= +31
Filled Sell Gbp 19357 close @ 19331 EOD P/L=+26 pips
total for January 10：+99 pips

January 9，2007
Filled Sell Eur 13020 Closed @ EOD 12996，P/L=+24 pips
Filled Sell Gbp 19405 closed @ EOD 19393，P/L=+12 pips
Filled Sell Eur 13001 Closed @ EOD 12996，P/L=+5 pips
Filled Sell Gbp 19400 closed @ EOD 19393，P/L=+7 pips
total January 9：+48 pips

January 8，2007
Filled Buy Eur 13034 closed at 13030 EOD. P/L=-4 pips
Filled Sell Eur 12990 closed at SL 13034 Profit/Loss=-44 pips
Filled Buy Gbp 19355 closed @ 19390. P/L=+35 pips
Filled Buy Eur 13030 closed at 13030 EOD. P/L=0 pips
Filled Sell Eur 12997 Closed at SL 13030 Profit/Loss=-33 pips
Filled Buy Gbp 19354 closed at 19390. P/L=+36
Filled Sell Gbp 19304 closed at SL 19354 profit/loss=-50 pips
total for January 8：-60 pips

January 5，2007
Filled，Sell Eur 13063 Closed EOD @ 13012 Profit/Loss：+ 51
Filled，Sell Gbp 19356 closed EOD @ 19305 Profit/Loss：+51
Filled，Sell Eur 13083 Closed at TP 13003 Profit/Loss：+80
Filled，Sell Gbp 19377 closed @ 19305 Profit/Loss：+ 72
total for January 5：+254 pips

January 4，2007
Filled，Buy GBP @ 19470. Closed 19441. Reason EOD. Profit/Loss -29 pips
Filled，Sell EUR @ 13109. Closed 13093. Reason EOD. Profit/Loss +16 pips.
Filled，Sell EUR @ 13082. Closed 13093. Reason EOD. Profit/Loss -11 pips.
total January 4：-24 pips.

January 3，2007
Filled，Sell GBP @ 19698. Closed 19578. Reason TP. Profit/Loss +120 pips.
Filled，Sell EUR @ 13260. Closed 13260. Reason MSL. Profit/Loss 0.
Filled，Sell EUR @ 13213. Closed 13167. Reason EOD. Profit/Loss +46 pips.

Filled，Sell GBP @ 19587. Closed 19511. Reason EOD. Profit/Loss +76 pips.
total January 3：+242 pips.

January 2，2007
Filled，Buy GBP @ 19736. Closed at 19731. Reason EOD. Profit/Loss -5 pips
Filled，Buy EUR @ 13290. Closed at 13276. Reason EOD. Profit/Loss -14 pips
Filled，Buy EUR @ 13296. Closed at 13276. Reason EOD. Profit/Loss -20 pips
Filled，Buy GBP @ 19745. Closed at 19731. Reason EOD. Profit/Loss -14 pips
total for January 2：-53 pips

January 31，2007
9：00 GMT Orders
Buy Eur 12972 SL 12926 TP 13052
Sell Eur 12926 SL 12972 TP 12846
Buy Gbp 19642 SL 19572 TP 19762
Sell Gbp 19519 SL 19589 TP 19399
13：00 GMT Orders
Buy Eur 12967 SL 12919 TP 13047
Sell Eur 12919 SL 12967 TP 12839
Buy Gbp 19563 SL 19504 TP 19683
Sell Gbp 19504 SL 19563 TP 19384

January 30，2007
9：00 GMT Orders
Buy Eur 12977 SL 12945 TP 13057
Sell Eur 12945 SL 12977 TP 12865
Buy Gbp 19704 SL 19634 TP 19824
Sell Gbp 19607 SL 19677 TP 19487
13：00 GMT Orders
Buy Eur 12988 SL 12945 TP 13068
Sell Eur 12945 SL 12988 TP 12865
Buy Gbp 19677 SL 19628 TP 19797
Sell Gbp 19628 SL 19677 TP 19508

January 29，2007
9：00 GMT Orders
Buy Eur 12930 SL 12895 TP 13010
Sell Eur 12895 SL 12930 TP 12815
Buy Gbp 19610 SL 19557 TP 19730
Sell Gbp 19557 SL 19610 TP 19437
13：00 GMT Orders
Buy Eur 12935 SL 12901 TP 13015
Sell Eur 12901 SL 12935 TP 12821
Buy Gbp 19602 SL 19546 TP 19722
Sell Gbp 19546 SL 19602 TP 19426

January 26，2007
9：00 GMT Orders
Buy Eur 12944 SL 12901 TP 13024
Sell Eur 12901 SL 12944 TP 12821
Buy Gbp 19679 SL 19609 TP 19799
Sell Gbp 19607 SL 19677 TP 19487
13：00 GMT Orders
Buy Eur 12936 SL 12886 TP 13016
Sell Eur 12885 SL 12935 TP 12805
Buy Gbp 19657 SL 19587 TP 19777
Sell Gbp 19577 SL 19647 TP 19457

January 25，2007
9：00 GMT Orders
Buy Eur 13009 SL 12959 TP 13089
Sell Eur 12949 SL 12999 TP 12869
Buy Gbp 19737 SL 19667 TP 19857
Sell Gbp 19643 SL 19713 TP 19523
13：00 GMT Orders
Buy Eur 13006 SL 12959 TP 13086
Sell Eur 12959 SL 13006 TP 12879
Buy Gbp 19725 SL 19667 TP 19845
Sell Gbp 19667 SL 19725 TP 19547

January 24，2007
9：00 GMT Orders
Buy Eur 13042 SL 12992 TP 13122
Sell Eur 12969 SL 13019 TP 12889
Buy Gbp 19836 SL 19766 TP 19956
Sell Gbp 19708 SL 19778 TP 19588
13：00 GMT Orders
Buy Eur 13021 SL 12971 TP 13101
Sell Eur 12969 SL 13019 TP 12889
Buy Gbp 19779 SL 19709 TP 19899
Sell Gbp 19690 SL 19760 TP 19570

January 23，2007
9：00 GMT Orders
Buy Eur 12993 SL 12943 TP 13073

Sell Eur 12929 SL 12979 TP 12849
Buy Gbp 19844 SL 19774 TP 19964
Sell Gbp 19766 SL 19836 TP 19646
13：00 GMT Orders
Buy Eur 13048 SL 12998 TP 13128
Sell Eur 12966 SL 13016 TP 12886
Buy Gbp 19924 SL 19854 TP 20044
Sell Gbp 19805 SL 19875 TP 19685

January 22，2007
9：00 GMT Orders
Buy Eur 12984 SL 12957 TP 13064
Sell Eur 12957 SL 12984 TP 12877
Buy Gbp 19764 SL 19730 TP 19884
Sell Gbp 19730 SL 19764 TP 19610
13：00 GMT Orders
Buy Eur 12981 SL 12931 TP 13061
Sell Eur 12917 SL 12967 TP 12837
Buy Gbp 19772 SL 19710 TP 19892
Sell Gbp 19710 SL 19772 TP 19590

January 19，2007
9：00 GMT Orders
Buy Eur 13008 SL 12968 TP 13088
Sell Eur 12968 SL 13008 TP 12888
Buy Gbp 19773 SL 19734 TP 19893
Sell Gbp 19734 SL 19773 TP 19614
13：00 GMT Orders
Buy Eur 12991 SL 12948 TP 13071
Sell Eur 12948 SL 12991 TP 12868
Buy Gbp 19781 SL 19711 TP 19901
Sell Gbp 19700 SL 19770 TP 19580

January 18，2007
9：00 GMT Orders
Buy Eur 12978 SL 12947 TP 13058
Sell Eur 12947 SL 12978 TP 12867
Buy Gbp 19787 SL 19717 TP 19907
Sell Gbp 19708 SL 19778 TP 19588
13：00 GMT Orders
Buy Eur 12966 SL 12916 TP 13046
Sell Eur 12909 SL 12959 TP 12829
Buy Gbp 19771 SL 19701 TP 19891
Sell Gbp 19670 SL 19740 TP 19550

January 17，2007
9：00 GMT Orders
Buy Eur 12943 SL 12912 TP 13023
Sell Eur 12912 SL 12943 TP 12832
Buy Gbp 19675 SL 19605 TP 19795
Sell Gbp 19603 SL 19673 TP 19483
13：00 GMT Orders
Buy Eur 12937 SL 12907 TP 13017
Sell Eur 12907 SL 12937 TP 12827
Buy Gbp 19686 SL 19631 TP 19806
Sell Gbp 19631 SL 19686 TP 19511

January 16，2007
9：00 GMT Orders
Buy Eur 12980 SL 12932 TP 13060
Sell Eur 12932 SL 12980 TP 12752
Buy Gbp 19696 SL 19637 TP 19816
Sell Gbp 19637 SL 19696 TP 19517
13：00 GMT Orders
Buy Eur 12996 SL 12947 TP 13076
Sell Eur 12947 SL 12996 TP 12867
Buy Gbp 19715 SL 19645 TP 19835
Sell Gbp 19623 SL 19693 TP 19503

January 15，2007
9：00 GMT Orders
Buy Eur 12963 SL 12923 TP 13043
Sell Eur 12923 SL 12963 TP 12843
Buy Gbp 19649 SL 19583 TP 19769
Sell Gbp 19583 SL 19649 TP 19463
13：00 GMT Orders
Buy Eur 12960 SL 12929 TP 13040
Sell Eur 12929 SL 12960 TP 12849
Buy Gbp 19677 SL 19626 TP 19797
Sell Gbp 19626 SL 19677 TP 19506

January 12，2007
9：00 GMT Orders
Buy Eur 12924 SL 12888 TP 13004
Sell Eur 12888 SL 12924 TP 12808
Buy Gbp 19494 SL 19436 TP 19614
Sell Gbp 19436 SL 19494 TP 19316
13：00 GMT Orders
Buy Eur 12922 SL 12881 TP 13002
Sell Eur 12881 SL 12922 TP 12801

Buy Gbp 19519 SL 19449 TP 19639
Sell Gbp 19441 SL 19511 TP 19321

January 11, 2007
9: 00 GMT Orders
Buy Eur 12978 SL 12935 TP 13058
Sell Eur 12935SL 12978 TP 12855
Buy Gbp 19358 SL 19315 TP 19478
Sell Gbp 19315 SL 19358 TP 19195
13: 00 GMT Orders
Buy Eur 13022 SL 12972 TP 13102
Sell Eur 12954SL 13004 TP 12874
Buy Gbp 19545 SL 19475 TP 19665
Sell Gbp 19342 SL 19412 TP 19222

January 10, 2007
9: 00 GMT Orders
Buy Eur 13005 SL 12962 TP 13085
Sell Eur 12962 SL 13005 TP 12882
Buy Gbp 19430 SL 19360 TP 19550
Sell Gbp 19352 SL 19422 TP 19232
13: 00 GMT Orders
Buy Eur 13009 SL 12972 TP 13089
Sell Eur 12972 SL 13009 TP 12892
Buy Gbp 19408 SL 19357 TP 19528
Sell Gbp 19357 SL 19408 TP 19237

January 9, 2007
9: 00 GMT Orders
Buy Eur 13060 SL 13020 TP 13140
Sell Eur 13020 SL 13060 TP 12940
Buy Gbp 19464 SL 19405 TP 19584
Sell Gbp 19405 SL 19464 TP 19285
13: 00 GMT Orders
Buy Eur 13044 SL 13001 TP 13124
Sell Eur 13001 SL 13044 TP 12921
Buy Gbp 19445 SL 19400 TP 19565
Sell Gbp 19400 SL 19445 TP 19280

January 8, 2007
9: 00 GMT Orders
Buy Eur 13034 SL 12990 TP 13114
Sell Eur 12990 SL 13034 TP 12910
Buy Gbp 19355 SL 19285 TP 19475
Sell Gbp 19279 SL 19349 TP 19159
13: 00 GMT Orders
Buy Eur 13030 SL 12997 TP 13110
Sell Eur 12997 SL 13030 TP 12917
Buy Gbp 19354 SL 19304 TP 19474
Sell Gbp 19304 SL 19354 TP 19184

January 5, 2007
9: 00 GMT Orders
Buy Eur 13111 SL 13063 TP 13191
Sell Eur 13063 SL 13111 TP 12983
Buy Gbp 19442 SL 19372 TP 19562
Sell Gbp 19356 SL 19428 TP 19236
13: 00 GMT Orders
Buy Eur 13112 SL 13083 TP 13192
Sell Eur 13083 SL 13112 TP 13003
Buy Gbp 19428 SL 19377 TP 19548
Sell Gbp 19377 SL 19428 TP 19257

January 4, 2007
9: 00 GMT Orders
Buy Eur 13183 SL 13233 TP 13263
Sell Eur 13109 SL 13159 TP 13029
Buy Gbp 19527 SL 19457 TP 19647
Sell Gbp 19395 SL 19465 TP 19275
13: 00 GMT Orders
Buy Eur 13133 SL 13083 TP 13213
Sell Eur 13082 SL 13132 TP 13002
Buy Gbp 19470 SL 19400 TP 19590
Sell Gbp 19391 SL 19461 TP 19271

January 3, 2007
9: 00 GMT Orders
Buy Eur 13294 SL 13260 TP 13374
Sell Eur 13260 SL 13294 TP 13180
Buy Gbp 19752 SL 19698 TP 19872
Sell Gbp 19698 SL 19752 TP 19578
13: 00 GMT Orders
Buy Eur 13278 SL 13228 TP 13358
Sell Eur 13213 SL 13263 TP 13133
Buy Gbp 19723 SL 19653 TP 19843
Sell Gbp 19587 SL 19657 TP 19467

January 2, 2007
9: 00 GMT Orders
Buy Eur 13290 SL 13240 TP 13370

Sell Eur 13225 SL 13275 TP 13145
Buy Gbp 19736 SL 19666 TP 19856
Sell Gbp 19632 SL 19702 TP 19512
13：00 GMT Orders
Buy Eur 13296 SL 13259 TP 13376
Sell Eur 13259 SL 13296 TP 13179
Buy Gbp 19745 SL 19679 TP 19865
Sell Gbp 19679 SL 19745 TP 19559

附录四

部分精彩读后感和读书笔记

一、四个方面看待外汇交易的压力（读者：杰克逊）

就从我自己的亲身实践来说起吧！总结一下可以分四个方面去看待外汇交易的压力。

1. 从模拟交易和实盘交易的轻仓交易说起（很重要的阶段）

开始的时候我没怎么认真做过模拟交易，感觉那个太小儿科，即使赚钱了也没有劲（从这里可以看出我的"目标确定"是非常强的）。所以就开个真仓开始交易，刚开始交易，不懂控制仓位，一下就下很大的单，记得第一次交易浮动亏损就达到了 50%。那个时候就懵了，稀里糊涂地把第一个仓爆了。

做模拟交易是否认真？从这件小事上就反映出交易者在外汇交易中的压力是不是比较大。一个有错误目标的人，而且是目标感特别强的人，是不容易克服外汇交易的压力的。记得那时候吃饭都没有胃口。

所以劝诫各位后来者，不论是做模拟交易还是 1000 美元的小仓交易，先把目标明确好：不是为了赚大钱，而是为了更好地得到经验。用一种非常认真的态度去对待模拟交易和小规模的真仓交易。这样，你才能真正体会到交易的困惑、交易的压力。

2. 交易过程中，在亏损的情况下，怎么去对待交易压力？（很重要的阶段）

通过一段时间的学习，我慢慢地学会把仓位规模变到和自己资金量匹配的程度。但是亏损老是发生，刚开始坚决止损，没有一点问题。但是次数多了，偶尔就会要点小聪明，止损设置得很宽，尝到甜头，慢慢地习惯就变了，有点乱，有时候小幅度止损，有时候大幅度止损。一段时间下来，照亏不误。

解决的办法个人觉得有两个：你必须认真做好交易计划，哪怕简单得像《5 分钟动量交易系统》那样的交易计划（其实个人觉得 5 分钟动量交易系统是外汇交易狂人里面最好的一个交易系统，它的简单让我着迷）。然后，就是强调止损，设置止损不要撤销它。

3. 交易过程中，在盈利的情况下，怎么去对待交易压力？（很重要的阶段）

第一种情况，刚开始入场就有盈利。比如说你刚出场做空，然后行情按照你的预期走。很快你就浮动利润赚了15个点，但是随后5分钟的随机指标又向上走，价格准备向上反弹，你该怎么办呢？以前我的方法是浮动盈利15个点就把止损调到盈亏平衡点（截短亏损嘛），可是很多次，价格打掉我调整以后的止损点就又往下走。后来我改变策略：盈利15个点以后就把初始止损往下调整，到止损只有10点的位置（如果加上浮动盈利就是25个点），等待随机指标第二次往下调整，然后又盈利了15个点，这时就把止损调整到盈亏平衡点来。这个方法屡试不爽。这是我个人的仓位管理小技巧。

第二种情况，入场以后行情走得特顺溜，赚好几十个点。这时候，你心里就纠结了：是赚个百八十个点就前位出场呢？还是做中长线放久一点（让利润奔腾）？这个时候，你必须稳住，不要急于兑现利润。其实只要慢慢地在小时图上道氏点跟进止损就好。如果你选择第一种，也许你能够单笔盈利。但是从中长期来看收益的话，赚钱的交易总是只有那么关键的几笔。

4. 从交易以后的总结来看待交易的压力

真正的总结，是用理性的眼光去看待交易的纪律执行情况，而不是看自己账户的收益情况。每个人都有“行为弹性”，而你是不是做到“君子戒慎乎其所不睹，恐惧乎其所不闻”？是不是自己每一笔交易都是按照自己原来的计划进行的？你只有这样去看待交易结果，才能够更加认真负责地对待每一笔交易，做交易才能做得踏实。其实，做交易的人，都能够感觉到自己到了什么境界，离成功的终点还有多远。

其实我觉得外汇交易的压力来自交易者对仓位管理的知之甚少。如果能够用心去体会仓位管理在交易中的作用，外汇交易的压力就会减少很多。恐惧和贪婪这两种情绪每个人都有，看你怎么去驾驭它们。不要一味地执着，赚钱了就总是不出场，让赚到的钱白白回吐给市场或者赚一小部分就离场。亏钱了也总不出场，希望幸运之神的降临。改变思路很重要，但是改变得恰到好处也很重要（这也是人们所说的分寸，看懂一件事情是一回事，但是看透一件事情才能把握好分寸）。而在仓位管理中有个重要的前提是你判断市场行情在什么区域？是震荡行情还是趋势行情？怎么去判断，请参考《外汇交易三部曲》最后那一章节的内容。

随便写的感想，我知道我写得不好，希望各位提意见！

二、人类行为学与交易——为什么恐惧会搞砸我们的交易（读者：葫芦兄弟）

帝娜系列的书，字里行间都流露出老师们对于行为金融学的深刻感悟。或许这就是理解市场的正确着眼点吧。

简单谈谈我的一点肤浅的理解，算是抛砖，希望高手们多多指点。

为什么恐惧会搞砸我们的交易？

我们先看例子，然后引入人类行为学进行解释。

一个小孩子被狗咬了之后，他对所有的狗都会产生恐惧，再见了狗会躲着走。但实际情况是，并非所有的狗都会去咬他。如果他因为恐惧而选择远离所有的狗，那么他这一生都无法体验和狗一起玩耍的快乐。

同样，一个人吃苹果的时候吃到了一条虫子，感觉很恶心，从此再也不吃苹果（一致强化），那么他就无法获取苹果中的营养。其实并不是所有的苹果都有虫子（随机强化）。

在交易中，我们不能因为一次或者少数几次的亏损就否定我们的决策系统，从而恐惧下单，不敢出手。道理很简单——没有进场就没有获利。

问题到这里还没有结束，我们在交易中常常遇到的情况是，亏损后不敢下单，然后大行情来了，错失机会，后来忍受不住利益的诱惑，在行情的尾声进了场，行情反转，交易再次亏损，进入一个周而复始的恶性循环，最终导致交易生涯的失败。

如何理解这件事情呢？

原来，我们人类原始的大脑系统，为了保护人的安全，繁衍人的族群，为了能够对环境变化快速反应，经过千百万年的进化，形成了一套自我保护的自决策系统（内分泌和边缘系统）。其所采取的学习的过程比较简单，一般是在取得经验教训后，在激素刺激的作用下，前额叶皮质神经元细胞会增生，这些系统形成一个决策路径，以后再遇到同种情况，无须经过思考就可以快速由这些部位发出决策指令，从而趋利避害，这就是狭义上的本能或者潜意识。

并且，潜意识决定比认知决定具有优先性，执行速度更快，就像吃饭、呼吸一样想都不用想。

更有甚者，只要有风吹草动，我们就会产生紧张情绪，大脑控制下的各种器官分泌大量激素，比如睾丸素、抗利尿素等。这些激素会放大潜意识发出的指令，从而使我们更快速地行动，逃离危险。

这套自决策系统对于逃离野兽的攻击，逃离自然灾害，当然是有利的。问题是，我们在交易中再使用这套系统，就会进入前面所说的恶性循环，账面就会一而再地亏损——交易是随机强化而不是一致强化。

所以我们不能按潜意识行事，不能单纯依赖本能，因为本能驱使我们追涨杀跌，本能驱使我们恐惧和贪婪，本能迫使我们一错再错。我们必须理智地作出决断。

还有，我们还要控制心态，不能压力太大。因为一紧张，激素就会过剩，潜意识决定就更容易战胜认知决定。那样的话，在本能自决策系统所指挥下的交易决策，受潜意识与压力双重影响，交易的结果肯定是经常性、不受控制地冲动交易、草率交易及计划外交易，不该入场时开重仓，该进场时反因害怕亏损而纠结，就会和市场中的普通大众一样，沦为金融大鳄们的俎上肉。

对于这个问题的解决方法，我大致有三点建议：

（1）轻仓上阵，减轻心理压力。放松，可以让我们更理智地决策，可以提高我们的胜率和交易绩效。

（2）长期交易，多交易。亏损次数多了，习惯了，就不害怕了（打皮了）；获利多了，也就有了自信。

（3）采用呼吸法、情景想象法、暗示法等心理调节手段，与潜意识沟通，了解潜意识，争取建立适应金融市场规律的自决策系统。

三、《外汇短线交易的24堂精品课》第十课笔记（读者：武当白无涯）

金融市场第一定律：驱动因素经过心理因素过滤导致行为因素变动，驱动因素和心理因素决定了市场的二元性质（单边还是震荡）。

杨永兴的投机思路是什么样的？

（1）杨永兴如何练习投机？通过不断地参加交易比赛，以赛代练。

（2）交易计划和执行计划分开进行，交易时不去计划，避免情绪影响。

（3）交易强调概率和统计思维，确定性放在交易第二位。

（4）第一天收盘后做足功课，做驱动分析和心理分析，这是非常重要的前技术分析。以此寻找第二天的交易目标。

（5）如何做“心理分析”？最看重各大券商的报告，“如果结果都一样，一般错不了”。看研究报告时想到其他人看研究报告的心理，而不是研究报告本身。

（6）要看“资金流向”，杨永兴会直接拿深交所和上交所的数据进行统计。

（7）在第二天会选择交易风险最小、利润最大（或者是他较为擅长）的时间段进行交易，“其他时间段的上涨和我没有关系”。

（8）杨永兴如何决定买入时机？首先看大盘，大市决定了仓位，其次看当前热点。

（9）当技术形态处于方向选择的时候（不确定的时候），想象哪些板块能带动大盘上涨，如果没有，则大盘向下概率就很大。

（10）杨永兴认为他们团队最大的优势是“风险控制能力”和“把握短期趋势的能力（心理分析上的优势）”。

（11）杨永兴如何规避风险？首先看准大市，其次控制仓位，最后操盘技巧。大市好，很难亏到哪去（但书中又说“大市由板块构成，板块由龙头股构成，是各板块龙头股引导大市”，有点鸡生蛋，蛋生鸡的意味）。

（12）杨永兴如何看待基本面和技术面？粗糙地说是“基本面选股，技术面炒股”，但基本面和技术面要相互印证，任何利好若不转化为市场需求，股价就不会上涨；反之亦然。

遗留问题：

（1）如何理解市场的“焦点”、“热点”和“盲点”？为什么“盲点”是超额利润的源泉？

（2）如何深入理解“单边”和“震荡”这两个概念？

（3）无法深入理解金融第二定律到第四定律，基础知识不足。

四、大众的盲点是成功者的焦点（读者：静）

任何秘密技巧都基于普遍的交易哲学，你的交易哲学水平越高，发展出来的交易技巧水准也越高。交易哲学不直接产生利润，也不代表交易实力，它代表你的交易潜力，交易哲学水准直接决定了你的潜在高度，潜在高度制约了你的实际高度。

交易水准的提高涉及三个问题：

（1）究竟什么是大部分交易者的盲点（盲利公式）？

（2）究竟什么是市场运动不变的根本结构（复利公式）？

（3）究竟什么是交易策略的根本不变因素（凯利公式）？

学会在既有的普遍原理和公布的策略中探索出背后的为什么。

恰当地将基本面、心理面和技术面因素结合起来。

传统方法是交易系统形成的基础，既不能受限于这个基础，也不能忽视这个基础，同时要超越这个基础。

懂的技术分析工具要多，采用的技术分析工具要少。

对交易的不确定性有充分的认识，坚持以概率的思维和原则把握交易。与时间为友，与概率为友。

将各个层面和领域的技术分析理论汇总，寻找共同点，超越技术分析的形式本身。

必须从市场制造的幻境中独立出来，交易是最好的修炼，交易就是学习如何脱离幻境，最终觉悟！

从自己的观念和天性出发去发掘技巧，融贯一体，自成一家。

目标明确、感官敏锐、行为富有弹性（接受回馈）、与市场建立一致性（亲和力）。上善若水。

持续不断地练习。

不唯书，不唯上，只唯实。

以无法为有法，以无限为有限。

有效果比有道理更重要。

化繁为简。

从残局开始。

改进要点：

（1）系统性思维，对整体走势得有一种大视角和整体意识，非精细化的聪明。

● 交易的3+1步；

● 完整的交易流程；

● 帝娜外汇分析三部曲；

● 帝娜金融市场运行四定律；

● 帝娜仓位管理模型；

● 进场策略；

● 出场策略；

● 止损的设置需要考虑。

（2）机会的甄别，聚焦属于自己的少数交易，不因为怕错失大行情而进行能力范围之外的交易。

（3）使交易处于受控的状态，对交易进行恰当的可操作的管理，重视交易管理的组织性。

（4）交易当下，认知转换：记忆→当下，避免交易心理和市场走势的错配。

（5）观念（认知）和技巧（行为）的同步改进，加强潜意识支持。

● 交易者认知行为疗法专用表；

● 倾向效应；

● 纯价格分析只跟随而作，而不是预测的认知；

● 形态指针有限预测能力的唯一性认知；

● 规避技术分析对市场二元性带来的困境；

● 交易可证伪的掌握；

● 正确使用艾略特波浪理论；

● 正确对待形态的预测价值和管理价值，将形态与进场（位置）联系起来，而不是与预测（方向）联系起来；

● 动用资金的份额应该随着当下交易的胜率和报酬率而相应变化；

● 从整体上看待亏损。

保持最大程度的理性，要做到：

交易前制定计划、交易中执行计划，交易后反省计划。但是制定计划并不能保证成功，只有严格执行既定的交易计划才能带来正确的交易行为，从而得到一个良好的交易结果。

不要做：

● 情绪化交易：要以利润最大化为交易目的，而不是其他什么的最大化；

● 仓位过重的交易：单笔交易的亏损不超过 5%，以凯利公式考虑仓位；

● 过度频繁的交易；

● 疲劳状态下的交易；

● 没有止损设置的交易；

● 抱着侥幸心理的交易；

● 没有计划的交易。

正确的交易进阶之路：

● 理解“仓位管理”的客观规律；

● 树立正确的“交易观念”；

● 建立正确的“交易心态”；

● 塑造正确的“交易行为”。

进一步了解：

● PTSD 症状；

● EMDR 治疗机理；

● Maximum Adverse Excursion；

● 凯利公式；

● 情景规划（Scenario Planning）；

- 博弈树；
- 噪声过滤工具；
- K线反转的“正向发散—反向发散”或“正向发散—收敛—反向发散”；
- Fibonacci 回档介入法；
- 汉斯交易法；
- 卡尔波普哲学；
- 日内波动统计。

日内交易中采用前位出场法的一个重要原因是市场走势的反复性，著名策略有：

1）Camarilla 交易法：见位进场、前位出场（固定水准）。

2）汉斯交易法：破位进场，前位出场（关键水准）。

3）维加斯隧道交易法。

The Tunnel Method-1HR；

Vegas Tunnel4HR；

Vegas Wealth Builder；

Vegas Wealth Builder PART II；

Tunnel Modified；

海龟交易法——日均波幅、周规则；

模糊数学思维；

敛散对称性原理；

认知疗法 CBT；

理查德·丹尼斯采用的周规则突破交易系统；

《5分钟动量交易系统》盈亏平衡后位出场点、N字法则；

《外汇交易进阶》、《外汇交易圣经》、“资料行情”；

《高级 Fibonacci 交易法》、“N字结构交易法”；

《黄金高胜算交易》、“敛散形态分析理论”、节点捕捉、Fibonacci 混合轴心点系统、形态敛散分散理论；

《解套绝招》Fibonacci；

《斐波那契高级交易法》；

《外汇交易进阶》；

《外汇交易圣经》、“帝娜外汇基本分析矩阵”结构性和非结构性、鞍马式交易策略；

《成功投资要问的三个问题》；

《期货交易者的资金管理策略》破产动力学；

《Trading Rules that Work》；

《外汇交易的三部曲》。

五、营养丰富，香甜可口的乱炖（读者：掐出新鲜）

经过前两本书的洗礼，我本有些失望，再看到他出的这么多书，不免让我怀疑他发现了——卖牛仔裤比挖金子划算。翻开这本，才眼前一亮。虽然有点结构上的小瑕疵（可能是因为多人所写导致的），到关键处也遮遮掩掩的，有些观点还值得商榷，同样，有些地方很简单，他又要当个宝来说（哈哈），但是绝对值得一看。

此外，我不免手痒得想做点补充，补充一点他没有谈到，或者有谈到，但是谈得不够细致的地方。

（1）系统是否失效的判断。

我看到有些人说，经常在一个系统大亏以后，才发现这个系统原来不能用，甚至不乏高手也这么说。有这样观念的人，常是因为系统不是他设计的，他也没搞明白这个系统是怎么运作的。

在使用一个系统之前，要先明白设计这个系统的理念是什么。先有理念，再有系统。如果是趋势跟踪的系统，在单边市里亏钱，或没赚啥钱，那就有问题了。而在震荡市里亏钱，那就不用太紧张（当然，实际上对于震荡时候的亏钱情况分析要复杂得多）——当然，理念不仅限于此。我对于那些说震荡市我不参与，专门做趋势的人，持怀疑态度——未发生之前，你怎么知道接下来是要震荡还是单边？

另外，我觉得系统一定要自己设计，自己做测试。一个系统是包含了进出加减位、风险报酬率、破产概率、头寸规模及周转率等方方面面的问题，绝对不是拿来一套指标确定出入点就用上去的。而且自己没测试过的系统，用起来心里怎么会有底。费恩对海龟系统的极大信心，除了因为对理查德·丹尼斯极其崇拜外，他喜欢做测试的爱好，也必然有深刻的影响。

（2）预测的可能性。

对书上所说的预测方式我持保留态度。不是说它完全没道理。宏观基本面的确可以当作是基础（比如说商品的价格总不可能跌到零吧），但是依然非常难以确定目标。如果是一个真正有预测能力的人，那他必然可以做到抄底抄顶。这样成功的人，有几个？

书上所说的预测方法，最重要的地方却没好好说——预测错了怎么办？当然是止损，但其实这事并没看上去的那么简单。不预测是为了不幻想，一旦预测，就很难不幻想。

好像还有一些要讨论的，但是想不起来了。就到这吧。对了，我找这本书的时候，看到有人说，书的前面和后面都在扯淡，只有中间那些才真正有用。我的看法相反，真正精华的地方在前面和后面。除了资金管理讲得不够细致以外，一个系统的方方面面全都讲到了。

六、精彩，独到，国内首部深入分析交易精髓和心态心法的典范之作（读者：明彰）

虽然刚拿到书，看了一部分。但发现这本书如同为现在的我量身定做一样，即使仅仅把目录部分浏览一遍，所面临的困境和疑惑都从里面发掘出了可以解决的办法。目前来说，迈向高级境界距离并不远，但要能完全达到却似乎又隔有万水千山，在乎心也。心智的成熟和磨炼需要全身心地投入并适时地对身心进行深层次的放松，而通过潜意识来改变自己的意识和行为是非常不可或缺的。观念藏于潜意识当中，彰显于意识中，但意识通常并不自知。潜意识的力量是非常强大但又让人难以明确感知，它力图让信念为主的各种观念外化（自我实现）。

投机市场包括股票、外汇、黄金、商品期货、股指期货、利率期货及期权等众多品种，这些品种背后的实质就是人心的情绪控制的资金流动。

前言部分就是点睛之笔，伟大交易者的某些共同心理特征是其彰显伟大的最突出的地方，任何技巧都建立在特定的观念上，而观念的外化就是心态。如果缺乏某些态度，则绝对不可能正确运用某些技巧，更为常见的情况是根本无法接受这些技巧。

成功的交易者必须有负责的态度，掌控自己的命运，并对自己的行为负责，而不是让他人或者环境负责。

我们都是有情众生，唯一的现实做法就是坚守戒律，“戒定慧”的修炼之道在投机市场上也不无适合，甚至远比在日常宏观生活中感悟更加直接。

成功的外汇交易者都不会盲从大众和顺从自己的本性，不会去做那些令自己本能感到舒服的决策。管理好自己的情绪是第一位的。

市场行为的本质就是让绝大多数人成为输家，市场的一切行为都是围绕这个原理展开的，市场要造成绝大多数交易者的亏损，就必须利用绝大多数交易者的普遍特性，也就是人的天性。成功的交易者，其实如同社会各行各界的成功者一样，都是“异常心理者”，想他人未想、行他人未行是成功之源，而这来源于对人性的高度认知和操纵。如果心理和众人一样，注定就会是输家，这是金融游戏的终极规律。金融交易的心法精髓在于：重要的是你的行为，而非你的感觉。

贪嗔痴，或者恐惧是人活在世界上的根本所在，无法全然去除，关键看如何运用它们，其实这些情绪都是中性的，无好坏对错之分，你能控制它，为己所用，就能带来正面的效果。

记得杨百万曾经在一次访谈节目中面对主持人叶蓉的发问，让他回答自己纵横股市数十载的成功秘密以及近期大盘何时见底。他曾经如是回答，让主持人面目尴尬，赶快转移话题。真相总是让人无法接受和直接面对，更何况有多少人敢于面对自己的内心，时时拂尘埃呢？

人的天性倾向于活在过去，或者是活在未来，很少活在当下，要改变这种人的天性，或许最好的方式就是不断通过重复来强化，或者通过想象和放松。

人通常追求局部和眼前的最优，同时对于未来的看法都是直线的，往往根据现在推断未来，要么过于乐观，要么过于悲观，如此才往往很难去做到“截短亏损，让利润奔腾”。在人生中，也往往让自己限于比较悲惨或者被动的局面内，如同温水青蛙一般，而不能放手追求自己内心真正需要的，以至于以后抑郁终生。厌恶风险胜于追求盈利，是人类进化中发展出来的风险防范意识，在受教育过程中，或者受群体性行为影响，“宁可不做大事，也不做错事”的传统实在害人不浅。这种消极保守的观念过于深入人心，让人人明哲保身，最终承担时间成本和机会成本。

今天要成为一个赢家很难，因为周围的环境不允许你成为赢家，合起来催眠你并让你固守本性，也就是固守失败，因为社会绝大多数人都是失败者（这个失败姑且定义为无法全然获得精神的自由和富足，而实现这个必须有财务自由的前提并让心灵不受羁绊），如果不“觉悟”，将导致永远都是南辕北辙。

什么在阻挠绝大部分交易者的成功呢？是内在的信念结构，虽然看似花了很多力气，但是为学越深，距道越远。

如何深层次地了解自己的问题所在，以及如何通过一些途径来消除潜意识的根源，并有效地调整自己的情绪和状态，是这本书所能提供的最好的东西，当然一切都需要自己的实证。

道理，都是各有各的道理，效果只有自己才明了。

感受很深，难以言表。信手涂鸦一番，知者自知。

又及：不适合新手看，也不适合没经验的人来看。只有有过充分的经验和心路历程者才能有所共鸣。

最后的故事

前几年与一个国内顶尖期货交易高手闲谈时，他说了这样一个故事，我们留作结语与大家一起回味：

一只火鸡和一只公牛在聊天

“我非常想到那棵树顶上去，”火鸡叹气道，“但是我没有那份力气。”

“这样啊，你为什么不吃点我的粪便呢？”公牛答道，“那里面充满了营养。”火鸡吃了一团牛粪，发现它真的使自己有力气达到树的第一个分叉处。

第二天，在吃了更多的牛粪后，火鸡达到了树的第二个分叉处。

最终，两星期后，火鸡非常骄傲地达到树的顶端。

但不幸的是，没多久，它就被一个农夫盯上了，并且农夫非常利索地就把火鸡射下来了。

这个故事告诉我们：牛粪（狗屎运）也许能使你达到顶峰，但它不能使你永远待在那儿。